KB161167

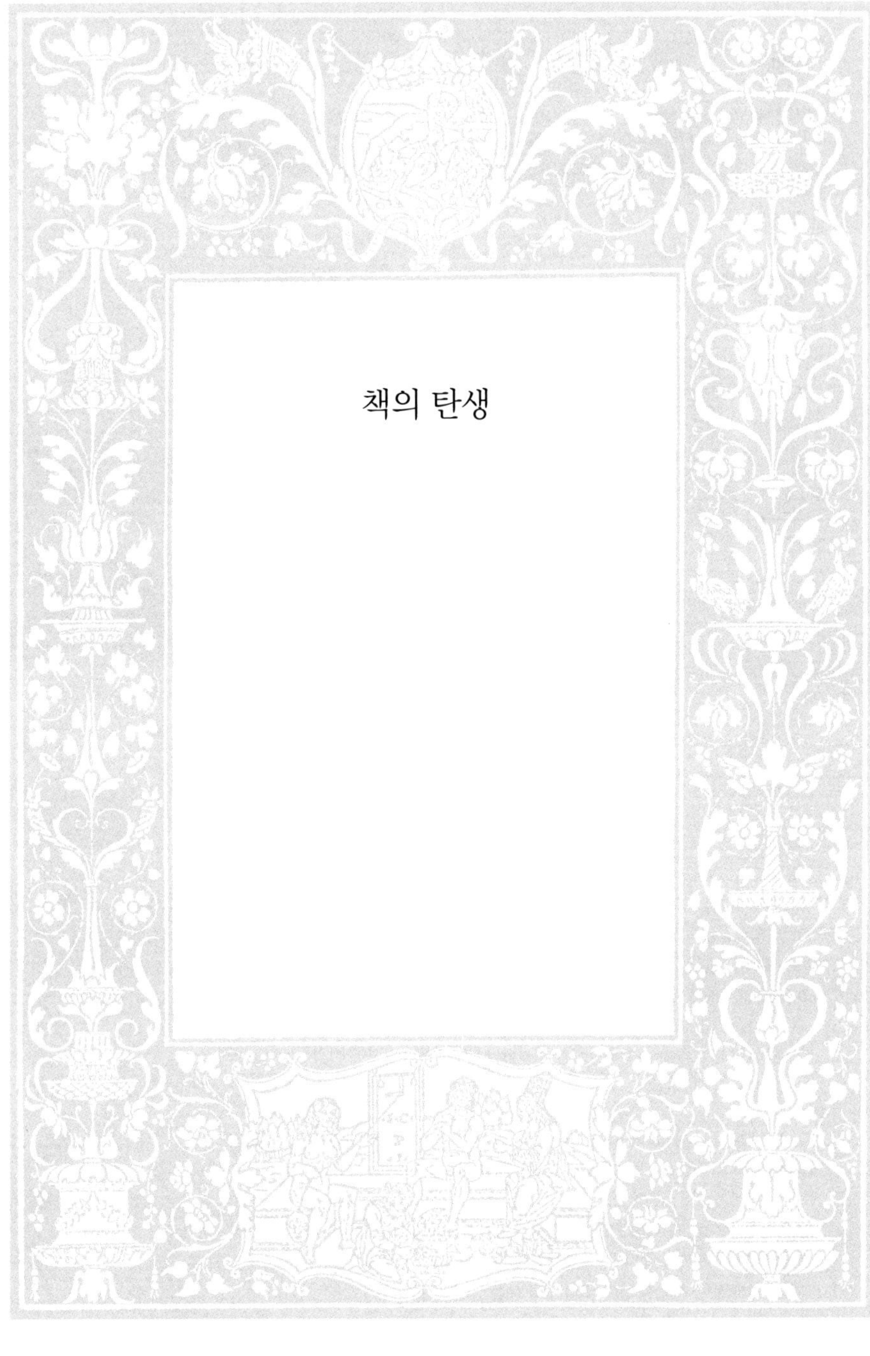

책의 탄생

지은이 소개

뤼시앵 페브르 Lucien Febvre 1878년 프랑스 북동부 낭시 태생으로 프랑스의 역사학 발전에 크게 이바지한 근대 사학자다. 특히 중세사 연구가인 마르크 블로크Marc Bloch와 함께 '아날학파'를 창시하고 『아날』 지誌(경제사회사 연보)를 창간했다(아날학파는 역사 연구의 방향을 단순히 정치적·군사적·외교적 측면에 국한시키지 않고 사회경제사를 포함해 '종합적'으로 추구하는 학파다). 대표 저서로는 『16세기의 무신앙 문제: 라블레의 종교를 중심으로』, 『마르틴 루터』, 『역사지리학 개관』 등이 있다.

앙리 장 마르탱 Henri-Jean Martin 1924년 프랑스 파리 태생으로 책과 출판의 역사를 중심으로 연구한 문헌사학자다. 뤼시앵 페브르를 도와 『책의 탄생』을 집필했으며, 텍스트 문화와 인쇄본의 발전, 유럽 문명의 성장 등과 관련해 상당한 연구 업적을 남겼다. 페브르를 만나 이 책을 집필하던 동안에는 프랑스 국립도서관 사서로 일했고, 이 책의 출간 후 프랑스 국립 고문서 학교에서 문헌사학·서지학 교수로도 재직했다. 대표 저서로는 『17세기 프랑스의 인쇄, 권력, 민중』, 『프랑스 도서』, 『역사와 글쓰기의 힘』 등이 있다.

책의 탄생

L'apparition du livre

뤼시앵 페브르 · 앙리 장 마르탱 지음
강주헌 · 배영란 옮김

책은 어떻게
지식의 혁명과 사상의 전파를
이끌었는가

돌베개

15세기 인큐내뷸러 인쇄 도시 현황
1~9종
10~99종
100~999종
1,000종 이상
1452~1460
1461~1470
1471~1480
1481~1490
1491~1500
10년간의 초판 부수
뤼베크
하우다
즈볼레
데벤테르
마그데부르크
델프트
웨스트민스터
런던
라이프치히
안트베르펜
콜로뉴
루뱅
에르푸르트
마인츠
루앙
밤베르크
슈파이어
뉘렘베르크
파리
스트라스부르크
울름
아우크스부르크
로이틀링겐
비엔나
바젤
메밍겐
푸아티에
브레시아
비첸차
제네바
밀란
트레비소
리옹
베네치아
파비아
페라라
파도바
볼로냐
툴루즈
플로렌스
부르고스
살라망카
사라고사
로마
바르셀로나
나폴리
세비야

중세의 대표적인 스콜라 철학자 토마스 아퀴나스(1225~1274).

활판인쇄술을 발명한 요하네스 구텐베르크(1398?~1468).

평판 인쇄기와 스톱 실린더 인쇄기 등을 발명한 프리드리히 쾨니히(1774~1833).

7~9세기 작품으로 추정되는 아일랜드의 채색 성경.

당대 가장 유명한 애서가였던 베리 공작(1340~1416)의 기도서 중 5월의 그림.

PARABOLE

Incipit prologus sancti iheronimi
presbiteri ī parabolas salomonis

Iungat epistola quos iūgit sacerdoci-
um: immo carta non dividat: quos
xp̄i nectit amor. Cōmentarios in osee.
amos. ⁊ zachariā malachiā. quoq;
poscitis. Scripsissē: si licuisset pre vali-
tudine. Mittitis solacia sumptuum.
notarios nr̄os et librarios sustenta-
tis: ut vobis potissimū nr̄m desudet
ingeniū. Et ecce ex latere frequēs turba
diversa poscentiū: quasi aut equū sit me
vobis esurientibȝ aliis laborare: aut
in racione dati et accepti. cuiq̄; preter
vos obnoxiꝰ sim. Itaq; lōga egrota-
tione fractus. ne penitus hoc anno re-
ticerē. ⁊ apud vos mutus essem. tridui
opus nomini vr̄o consecravi. interp̄-
tacionē videlicet triū salomonis vo-
luminū: masloth qđ hebrei pabolas.
vulgata editio p̄v̄bia vocat: coeleth.
quē greci ecclesiasten. latine cōcionatorē
possumꝰ dicere: sirasirim. qđ ī linguā
nr̄am vertitur canticū cāticorȝ. Fertur et
panaretos. ihū filii sirach liber: ⁊ aliꝰ
pseudographus. qui sapientia salo-
monis inscribitur. Quorȝ priorē hebra-
icum reperi. nō ecclesiasticū ut apud la-
tinos: sed pabolas p̄notatū. Cui iūcti
erāt ecclesiastes. et canticū canticorȝ: ut
similitudinē salomonis. nō solū nu-
mero librorū: sed etiā materiarȝ gene-
re coequaret. Secūdus apud hebreos
nusq̄ est: quia et ipse stilus grecam
eloquētiā redolet: et nōnulli scriptorȝ
veterȝ hūc esse iudei filonis affirmāt.
Sicud ergo iudith ⁊ thobie ⁊ macha-
beorȝ libros. legit quidē eos ecclesia. sed
inter canonicas scripturas nō recipit:
sic ⁊ hec duo volumina legat ad edi-
ficationē plebis: nō ad auctoritatem
ecclesiasticorȝ dogmatū cōfirmandam.
Si cui sane septuaginta interpretum
magis editio placet: habet eā a nobis
olim emendatā. Neq; enim nova sic cu-
dimꝰ: ut vetera destruamꝰ. Et tamē cū
diligentissime legerit. sciat magis nr̄a
scripta intelligi: que nō in tertiū vas
trāsfusa coacuerit: sed statim de prelo
purissime cōmendata teste: suū saporē ser-
vaverit. Incipiunt parabole salomonis

Parabole salomonis
filii david regis isr̄l:
ad sciendā sapienti-
am ⁊ disciplinā: ad
intelligenda verba
prudentie et suscipi-
endā eruditationē doctrine: iusticiā
et iudiciū ⁊ equitatē: ut detur parvulis
astutia: et adolescenti sciencia et intel-
lectus. Audiēs sapiēs sapientior erit: ⁊
intelligēs gubernacula possidebit. Ani-
madvertet parabolam et interpretatio-
nem: verba sapientū ⁊ enigmata eorȝ.
Timor dn̄i principiū sapientie. Sapien-
tiam atq; doctrinam stulti despiciūt.
Audi fili mi disciplinā p̄ris tui et ne
dimittas legem m̄ris tue: ut addatur
gracia capiti tuo: ⁊ torques collo tuo.
Fili mi si te lactaverint peccatores: ne ac-
quiescas eis. Si dixerit veni nobiscū.
insidiemur sāguini. abscōdamꝰ tedi-
culas contra insontem frustra. degluti-
amus eū sicud infernus viventē ⁊ inte-
grum. quasi descendentē in lacū: omnē
p̄ciosā substanciā reperiemꝰ. implebimꝰ
domus nr̄as spoliis. sortem mitte no-
biscum. marsupiū sit unum omniū
nr̄m: fili mi ne ambules cū eis. Pro-
hibe pedem tuū a semitis eorȝ. Pedes
enī illorȝ ad malū currūt: ⁊ festināt ut
effundant sāguinem. Frustra autem
iacitur rete ante oculos pennatorȝ. Ipi q̄;
contra sanguinē suū insidiantur: et

구텐베르크가 제작한 『42행 성서』.

『인간 구원의 거울』 15세기 판본에 수록된 아비가일 삽화.

Dat oude ende dat nieu vve testa ment

Deutronomiū. iiij. C. a.
Ghi en sult daer niet toe doē tot dyen dat ick
v gebiede. ende ghi en sult daer oock niet af
doen. op dat ghi houden mucht
die geboden des HEE-
REN dijns
Gods
Deutronomiū. vi.
Eñ dese woorden die ick v ghebiede/ suldy ter
herten nemen. eñ ghi sulse uwen kinde
ren vertellen. eñ daer af sprekē
als ghi in v huys sidt/
oft optē we
ge gaet

루터의 신약성서를 토대로 한 1526년판 네덜란드어 성경.

1549년 안트베르펜에 자리잡은 크리스토프 플랑탱의 인쇄 장비
(『책, 그 살아 있는 역사』, 마틴 라이어스, 21세기북스).

Biblia:
Das ist : Die
gantze Heilige Schrifft/
Deudsch/Auffs new
zugericht.
D. Mart. Luth.
Begnadet mit
Kurfürstlicher zu Sachsen
Freiheit.
Gedruckt zu Wit-
temberg/ Durch Hans Lufft.
M. D. XLV.

루터가 번역한 1534년판 독일어 성서.

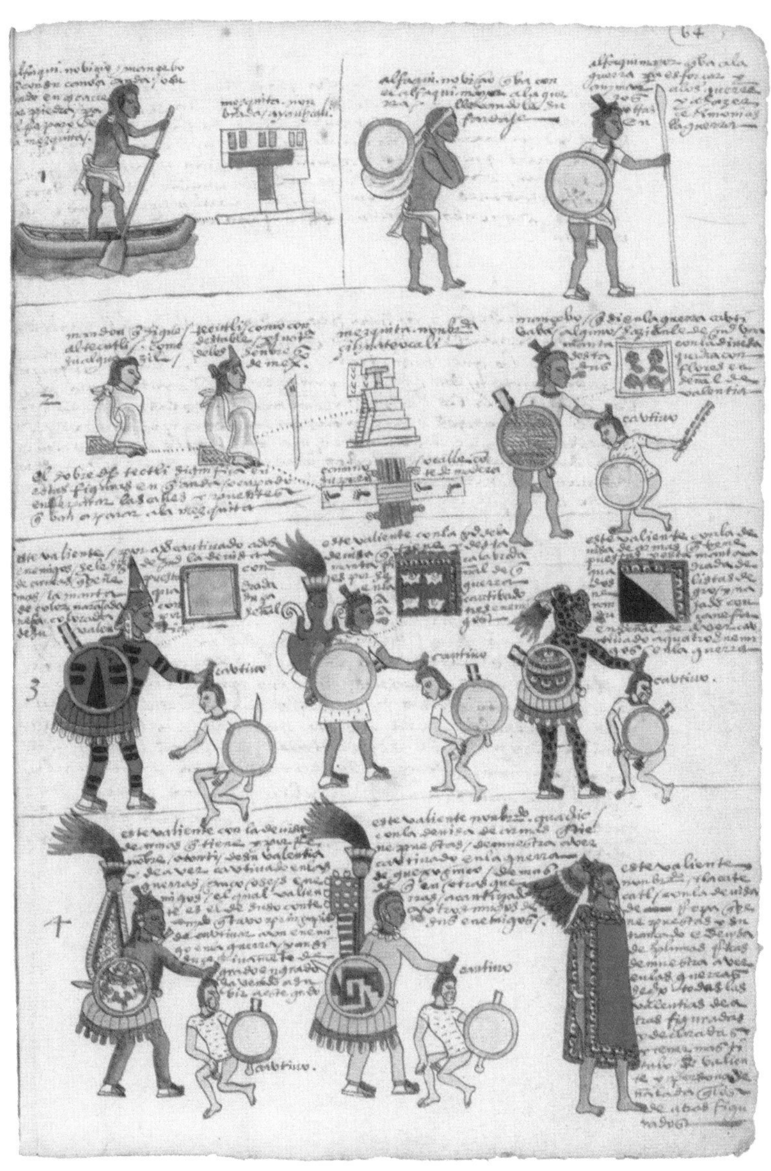

에스파냐 식민지 시절 아즈텍에서 만들어진 멘도사 코덱스(고사본古寫本).

중세 파리 대학에서 총장과 박사들이 접견하는 모습.

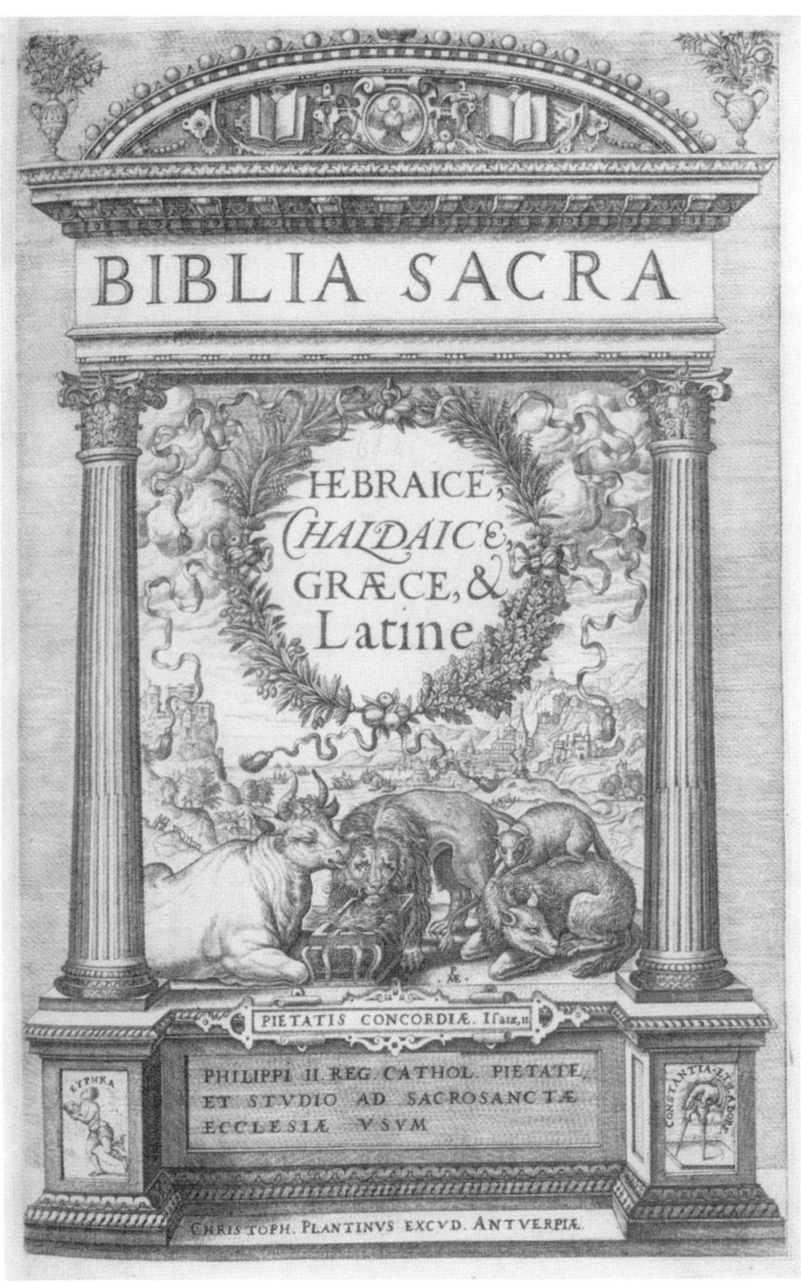

플랑탱이 안트베르펜에서 출간한 다국어 성서의 권두 삽화.

1751년에 첫 권이 나온 『백과전서』 초판, 2절 판형, 총 17권
(『책, 그 살아 있는 역사』, 마틴 라이어스, 21세기북스).

파리의 서적행상(작자 미상, 17세기 프랑스 회화).

클로드 가라몽(1480~1561)이 만든 로마체 활자, 청주고인쇄박물관.

1953년 뤼시앵 페브르는 내게 이 책을 함께 쓰자고 제안했다. 그는 전반적인 저술 계획과 뒤에 실린 서문을 내게 건네주었다. 내가 초고를 작성하면 그가 덧붙이고 보완하기로 합의를 보았다. 1955년 10월, 나는 페브르에게 1장과 2장, 4장 그리고 5장의 앞 두 절을 보내며 수정하고 정리해달라고 부탁했다. 1956년 1월에는 3장, 5장의 결론 부분, 6장과 7장을 완성해서 넘겨주었다. 그는 내 원고를 살펴보고 구두로 승낙하며 자신의 생각을 전했다. 당시 그는 책 전체를 전반적으로 수정할 생각이었다. 그러나 모두가 아는 이유 때문에, 나는 그의 소중한 조언을 받지 못한 채 마지막 장을 작성하고 책의 전반을 손질하는 작업을 떠안아야 했다. 그러므로 이 책에 대한 전반적인 책임은 거의 전적으로 나에게 있다. 그러나 이 책은 그가 기획하고 추진했기 때문에, 나는 이 책의 표지에 당연히 뤼시앵 페브르라는 이름이 쓰여야 한다고 생각한다. 그것만이 내가 그를 사랑하고 그에게 감사하는 마음을 전할 수 있는 방법이기도 하다.

1957년 10월
앙리 장 마르탱

차례

'인류의 진화'L'Evolution de l'Humanité 총서를 기획한 앙리 베르Henri Berr의 생각에서 『책의 탄생』은 무척 중요한 위치를 차지했다. 총서 2부('기독교의 기원과 중세')의 마지막 권이었던 『책의 탄생』은 '근대 세계'라는 제목의 3부가 르네상스로 시작했다는 점에서 약속으로 가득한 새로운 시대의 예고였다.

1930년경, 앙리 베르는 뤼시앵 페브르Lucien Febvre에게 이 중요한 책을 책임지고 써달라고 부탁했다. 이 책이 중세에서 근대로 넘어가는 전환점을 이루며, 생각을 전달하는 수단의 혁명적 변화 덕에 많은 분야에서 진정한 혁명이 가능했다는 사실을 보여주리라고 생각했기 때문이었다.

뤼시앵 페브르보다 더 이 주제를 능숙하게, 또 그 시대를 생생하게 되살려낼 사람이 어디에 있었겠는가? 더구나 페브르는 그 시대에 관심이 많았다. 특히 16세기를 각별히 사랑한 때문인지 앙리 베르에게 총서에서 16세기와 관련해 기획한 서너 권의 책을 단독으로 혹은 자신의 지도와 책임하에 공동작업으로 쓰겠다고 약속까지 한 터였다.

1942년 총서 53호 『16세기의 무신앙 문제: 라블레의 종교를 중심으로』*Le problème de l'incroyance au XVIe siècle: la religion de Rabelais*(이하 『무신앙 문제』)는 16세기에 대한 연구에서 필독서로 꼽히는 탁월한 책인데, 이를 출간한 후, 그리고 2차 세계대전이라는 비극의 시기가 있은 후, 뤼시앵 페브르는 사상가인 동시에 행동하는 지식인으로서 자신의 역할을 다하기 위해 이런저런 책임을 떠맡고, 때로는 울며 겨자 먹기로 잡다한 감투까지 써야 했다. 이에 앙리 베르는 그에게서 원고를 받지 못했다. 앙리 베르는 페브르의 책을 제때에 출간하지 못하는 안타까운 심정을 나에게 몇 번이고 피력했다. 물론 베르는 페브르에게 원고를 주기적으로 독촉했다. 그때마다 페브르는 용서를 구하며, "항상 생각하고 있어 전체적인 구상은 이미 끝냈지만 (……) 글을 쓸 시간이 없네"라고 말했다. 하지만 대학이라는 지적인 세계에 있는 학자들에게 가해지는 잡다한 의무에 끝없이 시달리는 사람이 개인적 시간을 어디에서 구할 수 있었겠는가?

앙리 베르는 혹시라도 자신이 세상을 떠나면 약속된 모든 원고가 연기될 거라는 염려를 떨치지 못했다. 이제 뤼시앵 페브르도 우리 곁을 떠났으나 약속은 지켜졌다. 그래서 『책의 탄생』을 여기에 소개할 수 있게 되었다.

앙리 베르와 마찬가지로 뤼시앵 페브르도 뛰어난 '팀장'이었기 때문이다. 페브르는 역사학자로서 자신의 관심사, 즉 자신이 규명하려던 중요한 문제들을 제자들의 머릿속에 넘겨주는 데 탁월한 능력이 있었다. 그는 '활력을 북돋워주는' 숨결과 열정과 열의로 제자들을 이끌어갈 줄 알았다.

앙리 장 마르탱Henri-Jean Martin의 존재만으로도 제자들에 대한 스승의 영향을 충분히 확인할 수 있었다. 또한 이런저런 일을 하느라 계획적인 노력이 요구되는데도 뤼시앵 페브르가 그 많은 일을 성공적으로 마무리 지을 수 있었던 이유도 앙리 장 마르탱의 존재에서 증명된다. 페브르는 공동작업자들을 선택할 때, 지적 능력과 지식이 자신이 추구하는 목표와 의도에 합당한 사람을 찾아내는 재주가 있었다. 이런 공동작업을 통해 그들 사이에 깊은 우의가 형성되었고 그 덕에 알찬 결실을 맺었다. 학식 못지않게 인간의 가치를 중요하게 생각했다는 증거다. 이 책은 앙리 장 마르탱의 짤막한 헌사로 시작된다. 그 짧은 글에서도 마르탱은 그들의 우의가 어떤 것이었는지 입증해 보인다. 그러나 내 사상적 스승이 그의 스승에게 의뢰한 원고를 나에게 건넨 사람, 즉 그 자신의 역할에 대해서는 한마디도 언급하지 않는다. 나는 이처럼 세대를 이어 완성된 이 책을 생각할 때마다 우리 책임을 깊이 의식하지 않을 수 없다.

뤼시앵 페브르는 자신의 공동작업자에게 전반적인 계획을 나타내는 약간의 방향 지시와 몇 페이지짜리의 짤막한 서문만을 주더라도, 이를 그것만을 바탕으로 혼자 이 책을 써낼 수 있을 것이라 판단했다. 뒤에 보겠지만 페브르의 서문은 그야말로 감동적이다. 아무튼 오늘날 앙리 장 마르탱에게는 뤼시앵 페브르 부인과 (스승의 사상과 뜻을 이어가는) 페르낭 브로델의 추천에 따라 이 책의 저자로서 자신의 이름이 뤼시앵 페브르라는 이름 옆에 쓰이는 것만으로도 대단히 자랑스러울 것이다.

책의 역사라는 주제를 사랑하고, 그에 걸맞게 이 주제에 깊은 관심을 가진 마르탱은 지금까지의 연구를 바탕으로 후속편, 즉 이 책에서 끝난 시점부터 현재까지 책의 역사를 추적하는 후속편을 쓰기로 마음먹었다. 마르탱의 후속작을 총서에서 49-2호로 포함시키는 데는 문제될 것이 없었다. 따라서 수년 후에는 이 책의 후속편을 볼 수 있을 것이다. 이 책의 독자라면 후속편의 필요성을 충분히 이해할 것이기 때문에, 후속편의 출간을 손꼽아 기다릴 것이라 확신한다(인쇄술과 언어문제에 관해 본격적인 담론을 펼치고자 했던 49-2권은 결국 미출간되었고, 앙리 장 마르탱은 2007년에 사망했다—옮긴이).

진정한 스승이 제자들에게 심어주는 충격과 자극은 훨씬 멀리까지 퍼져나가고, 그가 남긴 중요한 저작은 일반적인 생각보다 훨씬 위대하다. 이런 점에서 진정한 스승은 영원불멸하다고 말할 수 있지 않을까.

한편 앙리 장 마르탱도 자신의 공동작업자를 찾아내야 했다. 그는 작업의 일부를 직접 다루지 않고 다른 전문가에게 맡기는 편이 낫다고 판단했다. 다행히 그의 주변에는 유능한 전문가들이 있었고, 그는 이들에게 도움을 청했다. 우리는 앙리 장 마르탱과 '인류의 진화' 총서의 이름으로 그들의 협력에 감사의 말을 전하고 싶다. 그들은 일반적으로 거의 알려지지 않은 부분들을 정성껏 다루어줌으로써 이 책의 가치를 더해주었다.

프랑스 국립도서관 필사본 보관실 관리자인 마르셀 토마가 '들어가며' 부분을 써주었다. 이 책은 인쇄된 책의 탄생을 집중적으로 다루었지만 필사본부터 시작해야 했다. 또한 인쇄기가 발명되었을 때, "오랜 세기 동안 글로 쓰인 생각을 전달하는 유일한 수단"이었던 그 소중한 물건이 어떻게 제작되고 '분배'되었는지 보여줘야만 했다.

역시 국립도서관 필사본 보관실 관리자인 기냐르M. R. Guignard 부인은 책의 제작기술이 극동 지역에서 어떻게 발전했는지 기꺼이 연구해서 그 자료를 넘겨주었다(125~134쪽).

국립도서관 사서인 바사노프 부인은 '책의 지리적 분포'를 다룬 장에서 슬라브 국가들에 관련된 단락을 써주었다(342~356쪽).

한편 앙리 베르나르 메트르Henry Bernard-Maître 신부는 중국 역사에 관련된 도움을 주었을 뿐 아니라 극동아시아 지역에서 유럽 책에 관련된 단락을 써주었다(364~369쪽).

끝으로 인쇄기 보급과 인본주의 확대 간의 관계를 다루어야 했을 때는 인쇄기가 히브리학 연구의 발전에 미친 역할을 정확히 파악하기 위해 마르탱은 친구인 모셰 카탄Moché Catane에게 글을 써달라고 부탁했다. 예루살렘 국립도서관의 사서인 카탄은 유대인들이 무척 일찍 인쇄기를 사용했다는 사실을 역사적으로 입증해 보였다(454~459쪽). 카탄이 제공한 새롭고 참신한

정보에 다시 한번 감사의 뜻을 전한다.

독자들은 이 책에 실린 지도들에 주목하지 않을 수 없을 것이다. 이 지도들을 구하는 데 많은 도움을 준 프랑스 고등연구원의 지도연구소 소장 베르탱과 지도제작자 아르벨로에게 진심으로 감사의 말을 전하고 싶다.

삽화로 들어간 목판 영인본들은 앙리 장 마르탱이 직접 선별한 것이다. 책의 내용에 정확히 맞추어 영인본들을 선택해준 그의 노력에 다시 한번 감사한다.

이 책은 많은 노력을 기울여 완성된 독창적인 책이다. 총서의 다른 책들과 형식에서 다르지만, 그 때문에 이상하게 생각할 사람은 없을 것이다. 전체적인 골격은 뤼시앵 페브르의 작품이지만, 글쓴이는 스승의 문체에 영향을 받은 앙리 장 마르탱이기 때문이다. 이에 나는 페브르가 직전에 출간한 책이었고, 앙리 베르가 자신의 소견을 밝혔던 『무신앙 문제』를 다시 집어들고 서문을 펼쳤다.[1] 베르의 견해는 지금도 되새길 만한 가치가 있다고 생각하기에 여기 인용해보려 한다. "나는 인류의 진화라는 총서를 시작할 때, 총서의 권위를 더해줄 것으로 첫째는 역사를 구성하는 요소들, 즉 역사를 설명해주는 중요한 문제들을 포착하려는 프로그램을 꼽았고, 둘째로는 학문의 상관성과 저명한 저자들의 역량일 것이라고 말했다. 그러나 총서를 구성하는 모든 책이 절대로 서로 비슷하지 않을 것이며, 일차적인 조건들이 지켜지면 공동작업자도 자유롭게 자신만의 특성과 방식을 드러낼 수 있고, 때로는 자신의 재능을 마음껏 펼칠 수 있을 것이라고 말했다."(『무신앙 문제』, VII~VIII쪽)

앙리 베르는 곧이어 이 책이 독창성을 띤다면 역사적 근거에서 저자는 극도로 신중해야 할 것이며 어떤 수를 써서라도 "과오 중 과오, 용서받을 수 없는 과오, 즉 고증의 오류는 피하려고" 애써야 한다고 지적했다.[2] 나는 원고를 읽기 전에 마르탱과 수없이 대화를 나눌 때마다 앙리 베르의 이런 경고를 마음에 새겼다. 하지만 대화과정에서 이 책이 지닌 뚜렷한 특징을 적어도 감각적으로 인지할 수 있었다. 정확히 말하면 15세기와 16세기 사람들에 대한 심리적 탐구였다. 그들은 어떤 면에서는 우리와 무척 유사했지만 어떤 면에서는 상당히 달랐다. 게다가 다른 시간에 살았던 사람들이었기 때문에, 지금 우리가 항상 쉽게 상상할 수만은 없는 조건에서 느꼈고 행동했던 사람들이었다. 이런 이유에서 저자는 진실이라는 부적절하고 지나치게 편의적인 지성을 경계하며 "하지만 오해하지는 마십시오"라고 되풀이해서 말했다.

여기에서 이 책의 내용을 요약하는 것은 그다지 바람직하지 않다. 하지만 우리가 일반적으로 무척 잘 알고 있다고 생각하는 사실들을 새롭게 조명해서 뜻밖의 결과를 이끌어낸 몇 구절이라도 먼저 소개하고 싶다.

순전히 기술적인 사실에 관련된 사례를 들어보자. 앙리 장 마르탱은 첫 장에서부터 기술적인 면을 다룬다. 우리는 책의 탄생을 생각할 때 거의 습관적으로 인쇄기라는 위대한 발명품을 머릿속에 떠올린다. 책이 무엇보다 종이다발이라는 사실을 망각한 결과다. 그러므로 1장에서 '선결되어야 할 문제, 즉 유럽에서 종이의 출현'이라는 의문을 제기하고, 그 의문부터 해결하려는 방식은 충분한 타당성을 갖는다.

"15세기 초에는 점점 늘어나는 수요에 부응하기 위해 일부 필사본을 연속적으로 제작하는 데 노력을 기울였다."(51쪽) 그러나 독서 욕구가 들불처럼 확산되었다는 증거는 찾기 힘들다. 아무튼 과거의 일부 시기보다 독서 욕구가 거세지는 않았다.

이미 오래전에 필사본의 제작방법이 개량되면서 필경사들의 손길이 바빠진 적이 있었다.[3] 더 잘하고 더 많은 것을 해낼 수단이 없었다. "기계식 복제에 필요한 자원이란 무엇일까? 일단 생각해볼 수 있는 것은 '활자'다."(52쪽) 또한 활자의 발명은 정교한 조작을 요구했을 테고 금은세공사들이 그 문제에 가장 먼저 맞닥뜨렸을 것이다. 실제로 금은세공사들의 세계에서 새로운 기술이 개발되었다. "하지만 왜 굳이 15세기 중엽이었을까? 이 같은 기술이 그보다 앞선 14세기쯤 이와 같은 방식으로 구체화되지 않았을 이유가 없지 않은가? 순수하게 '인쇄'라고 하는 방식에 대해서도 마찬가지다. 하지만 왜 굳이 15세기 중엽이었을까? 이 같은 기술이 그보다 앞선 14세기쯤 이와 같은 방식으로 구체화되지 않았을 이유가 없지 않은가? 순수하게 '인쇄'라고 하는 방식에 대해서도 마찬가지다. (……) 하지만 중요한 점은 그게 아니었다. (……) '인쇄산업'이라는 것은 수공업의 형태로 처음 탄생한 때부터 이 분야에 있어 반드시 없어서는 안 될 1차적 원료의 절대적 영향을 받는다. 이 요소가 없다면 인쇄산업에서는 그 무엇도 불가능하다. 바로 '종이'다."(52쪽)

"생각을 전하는 새로운 매체", 즉 종이는 기원후 2세기에 중국에서 처음 발명되었다. 그로부터 400년 후, 중국인들은 목판술과 그에 필적한 만한 방법들을 찾아냈다. 극동 지역도 유럽에 앞서 활자를 사용했다. 아랍의 중개로 종이가 서유럽에 처음 도입되었을 때, 목판술도 곧바로 서유럽에 전해졌다. 목판술은 처음에 직물 인쇄에 활용되었고, 종이는 훨씬 나중에 가서 쓰였다. 거대한 판화, 특히 종교를 주제로 한 판화가 이 시기, 즉 14세기와 15세기에 발달하면서 제지산업의 성장에 적잖은 역할을 했다고 말하는 이유가 어렵지 않게 이해된다. 제지산업이 성장한 덕분에 종이에 인쇄하는 것도 가능해졌다.[4]

이 책에서는 지금까지 밝혀지지 않은 여러 정보가 소개된다. 15세기와 16세기의 여러 시기에 햇빛을 본 출판물들에 관련된 정보들, 예컨대 출판사와 인쇄 부수 등을 수집하는 힘든 작업을 해낸 저자의 노고에 박수를 보내지 않을 수 없다. 또한 어떤 해부터 어떤 해까지 인쇄되어 발간된, 종교적 성격을 띤 책의 종수와 인문주의 서적의 종수를 비교한 결과도 확인할 수 있으며, 법관과 성직자의 서재에 어떤 책이 있었는지 슬쩍 훔쳐볼 수도 있다.

8장 3절 '책과 종교개혁'에서 보여준 앙리 장 마르탱의 탁월한 안목에도 감탄하지 않을 수 없다. 여기에서 마르탱은 모국어의 위치를 공고히 하고 라틴어를 몰아내는 데도 인쇄술이 중요한 역할을 했다고 역설한다. 인쇄술이 등장했을 때 이미 존재하던 저작물들의 인쇄 여부를 결정하는 데 우리 조상들이 얼마나 신중했는지도 확인할 수 있다. 어떤 저작물은 사라졌지만 어떤 저작물은 거의 무한대로 인쇄되었다. "이는 15세기 사람들이 자신들의 관심사와 취향에 따라 작품을 선별한 결과였다."(442쪽)

이런 점에서 이 책은 15세기 말과 16세기 사람들에 대한 분석으로 여겨질 수도 있다. 오늘날 인쇄물의 강력한 경쟁자인 사진이나 영화와 마찬가지로 인쇄도 과학기술인 동시에 예술이다. 그러므로 인쇄가 발전하기 위해서는 유리한 사회적 환경이 필요했다. 귀스타브 코엔Gustave Cohen(1879~1958, 프랑스 중세학자)이 총서의 일차적인 계획에서 이 책의 바로 앞, 즉 48호로 발간된 책에서 지적했듯이, 루이 11세 시대의 환경은 인쇄업을 꽃피우기에 적합했다. 절대적으로 평화로운 시기는 아니었지만 "상대적으로 안정된 시기였다. 인쇄라는 새로운 기법과 인본주의 (……) 그리스어 교육이 발달하기에 부족함이 없었다."[5]

우리는 이 책을 통해 인쇄술의 성공이 결국 인문주의 성공의 한 단면이었다는 사실도 확인할 수 있다. 인문주의로 조성된 활기찬 분위기를 고려하지 않으면 인쇄술의 보편적인 확산과 경이로운 발전은 무의미하다. 예컨대 1600년쯤에 구텐베르크 이전의 사고방식으로 회귀한다는 것은 생각할 수도 없었다. 물론 책도 정신적이고 사회적인 조건에 영향을 미쳤다. 철학자라면 인쇄된 책의 출현으로 인간이라는 개념에 새로운 가치가 주어졌다고 말할 것이다. "이로써 예술가들도 자신의 작품에 서명을 남기고 작가들도 자신의 글에 서명을 남기는 새로운 시대가 온다. 그리고 서서히 작가라는 직업도 이전과 다른 양상을 띠게 된다. 아울러 좀더 폭넓은 대중을 대상으로 한 새로운 작품들이 대거 등장하면서 중세가 물려준 유산들은 서서히 그 비중을 잃어간다."(443쪽)[6]

그러나 인쇄는 뜻밖의 부분에도 영향을 미쳤다.

5장에는 '출판길드의 작은 세계'라는 제목이 붙여졌다. 작가의 조건을 본격적으로 다루기 전에, 마르탱은 책에 관련된 일을 하는 사람들의 다양한 조건들을 먼저 다루었다. 마르탱은 직인과 장인을 차례로 다루었고, 인문주의 인쇄업자부터 철학자인 서적상까지 연구했다. "다른 노동자들과 마찬가지로 그 자신의 두 손으로 노무를 제공하는 활판인쇄공은 수공업자에 속했으되 '지식인'이었다. 글을 읽을 줄 아는 데다 대개는 라틴어도 약간 알고 있었기 때문이다. 책 속에 파묻혀 살아가며 이들은 무엇보다도 새로운 사상에 정통할 수 있었고, 논리를 중시하며" 이에 "수공업적 특성과 지식산업의 특성을 모두 갖고 있는 인쇄업을 행하는 것이, 이 분야의 종사자들에게 어떤 식으로 특유의 직업정신을 만들어냈는지 살펴보는 것"도 흥미로운 작업이다(230쪽).

그러므로 많은 작가가 인쇄공이었거나 서적상이었던 것은 당연하다. 그들은 투쟁문학을 전파하는 데도 최적의 위치에 있었다. "문인이나 학자로서 인쇄업에 뛰어든 이런 사람들의 활동이 16세기 초만큼 두드러진 영향을 미친 때도 없다. (……) 인문주의자면서 활동가인 이들은 (……) 눈부신 성공을 거두는 경우가 많았고, 그렇게 하여 자신들이 지지하는 사상을 널리 확산시켰다."(253~254쪽) 인문주의자인 인쇄공들의 가문도 이런 식으로 형성되었다. 그들의 일은 무척 힘들었나. "이는 르네상스 시대의 사람들같이 열정적이고 지칠 줄 모르는 일꾼들만이 제대로 해낼 수 있는 수준의 작업량이다." (264쪽) 에티엔 돌레Étienne Dolet(1509~1546) 사건에서 보듯이 무척 위험한 일이기도 했다(268~270쪽).

이 책을 읽는 과정에서 책이라는 작은 세계가 모든 색이 점점 뚜렷해지는 하나의 그림처럼 나타난다. 그 색들은 우리가 책을 덮는 마지막 순간까지 점점 진해질 것이다.[7] 인쇄공과 서적상, 행상과 저자 등 모두가 자신들의 역할을 차츰 분명하게 보여준다. 그와 동시에 문제도 제기된다. 그들도 인간인 까닭에 취약점이 있기 마련이었다. 따라서 책은 점점 상품으로 전락해갔지만, 그들의 이상에서 책은 변화를 유도하는 효소였다.

500쪽이 넘는 책에서 과학기술적인 면이 언급된 후에 인간이라는 요인이 재도입되어야 할 때 이런 문제들이 종종 제기된다. 피상적으로 글을 읽는 독자에게는 이런 문제제기가 약간 혼란스럽게 여겨질 수 있다. 뤼시앵 페브르는 생명으로 가득한 책을 머리와 가슴으로 열망했고, 그 열망이 이 책의 씨앗이었으며, 앙리 장 마르탱이 그 씨앗을 완벽한 생명체로 키워냈기 때문이다. 그러나 궁극적으로 이 책의 핵심이 인쇄술이라는 과학기술의 추적이 아니기 때문이기도 하다. 이런 이유에서 이 책의 장점이 더욱 두드러진다. 온갖 생각과 감정, 두려움, 희망과 투쟁, 승리와 화형 등 책과 처음에 인연을 맺은 사람들을 특징짓고, 그들에게 닥친 이 모든 것이 이 책에서 재구성된다. 우리는 그들에게 감사하며 탄복하지 않을 수 없다. 그들이 우리에게 물려준 경이롭지만 위험천만한 도구가 자리잡은 동안, 그들은 지적인 면에서는 물론이고 물질적인 면에서도 궁핍한 상태에서 일했다. 지금 당시 상황을 생각해보면 아찔할 지경이다. "그들에게는 아무것도 없었다. 무기도 없었고 변변한 도구도 없었으며 전반적인 계획도 없었다. 뜨거운 열의밖에 없었다. 간단히 말하면 의지밖에 없었다."[8]

앙리 장 마르탱이 과학기술의 발전과정과 그 영향에서 인간의 중요성을 과소평가하지 않으면서 연구를 진행했다는 증거는 여러 곳에서 발견된다. 기술사학자 베르트랑 질Bertrand Gille이 수년 전에 통합연구소에 제출한 '고대와 중세에서 과학기술의 느릿한 발전'에 대한 연구서를 생각하면,[9] 이런 점을 다시 강조하지 않을 수 없다. 베르트랑 질이 "과학기술의 역사는 추상적으로 다루어져서는 안 된다. 살아 있는 인간의 맥락에서 연구되어야 마땅하다"라고 논문을 끝맺으며 어떤 의미에서는 이 책을 넌지시 소개하고 있기 때문에, 질의 논문이 이 책을 이해하는 데 도움이 될 것이다.

베르트랑 질의 결론은 앙리 베르의 끝없는 관심사였고, 이 책에서도 확인할 수 있겠지만 뤼시앵 페브르의 관심사이기도 했다.[10]

폴 샬뤼스Paul Chalus

| 서문 |

1450년경 서유럽 전역에서, 특히 북유럽에서 상당히 색다른 '필사본'들이 등장했다. 겉모습은 전통적 필사본과 크게 다르지 않았지만 가동활자와 인쇄기를 이용해서 종이에, 때로는 독피지(송아지가죽으로 만든 종이)에 '인쇄'한 것이었다. 인쇄방법은 꽤 간단했다. 하지만 이 '간단한' 인쇄방법은 많은 사람에게 엄청난 호기심을 불러일으켰다. 이 새로운 형태의 책은 당시 종교계와 세속에서 책을 열심히 읽던 열독가들의 습관만이 아니라 그들의 지적 노동조건까지 바꿔놓을 기세였다. 책을 만드는 방식의 변화(혁명이라 말하지는 않겠다)가 인쇄술이 처음 발명된 땅을 넘어서 곧 다른 세상에도 중대한 영향을 미쳤기 때문이다. 이 책의 목적은 이런 변화의 원인과 결과를 살펴보고, 인쇄된 책이 필사본은 꿈도 꾸지 않았고 꿈도 꿀 수 없었던 위치까지 어떻게 신속하게 올라갈 수 있었는지 되짚어보는 것이다. 물론 그 이유에 대해서도 자세히 살펴볼 것이다. 총서 기획자가 이 책에 『책의 탄생』이라는 멋진 제목을 미리 붙여놓지 않았더라면, 그저 수수하게 『역사를 위한 책』이라는 제목이 쉽게 붙여졌을 것이다.

그러나 이 책을 읽지도 않고 이러저러한 책일 거라고 섣불리 판단하지는 말자. 이 책은 인쇄의 역사를 다시 쓰겠다는 의도로 쓰인 것은 아니다. 프랑스에는 샤를 모르테Charles Mortet의 『인쇄의 기원과 초기』*Les Origines et les débuts de l'imprimerie*(1922)를 비롯해 인쇄의 역사를 다룬 훌륭한 책들이 있는데 그런 책들을 다시 써서 무슨 소용이 있겠는가.

인쇄의 역사를 다룬 저자들은 책의 역사에 대해서도 최소한 오늘날 알려진 정도까지는 알았을 것이라고, 다시 말해 모르테 이후로 인쇄의 역사를 다룬 모든 저작을 충분히 꿰뚫고 있었을 거라고 가정해도 상관없을 것이다. 이 저작들에서 어둠에 싸인 초기 시대는 어쩔 수 없이 불확실하게, 때로는 불충분하게 다루어졌지만, 이 책에서도 '인쇄의 발견' 과정을 지루하게 이야기하지는 않을 것이다. 또 어느 나라의 인쇄술이 가장 탁월했고, 어느 작업장의 인쇄공이 중요한 역할을 했으며, 인쇄를 처음으로 발명한 사람이라거나 현존하는 활판인쇄본 중 가장 오래된 책이라는 명예로운 지위를 누구에게 주어야 하는지 등에 대한 진부한 논쟁도 되풀이하지 않을 것이다. 이런 문제에 대한 독자의 관심을 채워주기에 충분한 책들은 많다. 이에 우리는 똑같은 유형의 책을 또 쓰고 싶지는 않았다.

인쇄된 책은 서구 사회에서 새로운 발명품이었다. 책은 15세기 중반에 탄생했지만, 20세기 중반인 지금 완전히 다른 원리에서 출발한 새로운 발명품들에 위협받고 있어 앞으로도 그 역할을 해낼 수 있을지 확실하지 않다. 지금까지 책은 어떤 욕구를 채워주었고 어떤 역할을 해왔을까? 또 책은 누구에게 도움을 주었고 누구에게 눈엣가시였을까? 책은 오랫동안 지속되는 문명세계라면 어김없이 겪어야 하는 변화와 전환의 시대, 즉 창조력이 왕성하던 시대에 탄생했다. 정확히 말하면 15세기부터다. 사람들이 평화의 상징인 인쇄기와 즐겨 비교하던 화약과 휴대 가능한 총기의 발명으로 말미암은 혼란이 있은 직후에 책은 잉태되고 탄생되었다. 책이 탄생하고 수십 년이 지난 후에는 프톨레마이오스 시대에 알려진 세계였고, 토마스 아퀴나스가 알

왔던 세계가 넓어지기 시작했다. 다시 말해 1492년부터 시작된 대항해로 그 이전까지 유럽인들에게 알려지지 않았던 거대한 대륙들이 발견되었다. 요컨대 인쇄가 뚜렷한 성과를 거둔 후에야 유럽인들은 공간에 대한 새로운 인식을 500년 동안 점진적으로 형성하며 현재와 같은 공간 인식을 갖게 되었고, 발트 지역에서 의전사제로 일하던 한 천문학자(코페르니쿠스를 가리킨다—옮긴이)의 계산 때문에 우리 지구가 천체의 중심에서 변방으로 떨어지는 굴욕적인 사건도 발생했다. 따라서 인쇄된 책은 당시에 광범위한 분야에서 일어난 근본적인 변화에 적잖은 역할을 했지만, 그런 변화는 한꺼번에 닥친 것도 아니었고, 변화의 영향들이 처음부터 차근차근 축적된 것도 아니었다. 하지만 인쇄된 책의 영향으로 다양한 분야에서 일어난 혁신적인 변화들을 파악하지 않는다면, 책이 15세기 말과 16세기 초의 사람들에게 무엇을 뜻했는지 우리가 어떻게 올바로 이해할 수 있겠는가?

어떻게, 또 어떤 이유에서 인쇄된 책은 편리한 기술의 실현이라는 수준을 넘어, 서구 문명이 여기저기 흩어진 대표적 사상가들의 생각을 한곳에 모을 때 사용한 가장 강력한 도구의 하나가 되었을까? 책이 한 학자의 연구결과를 즉각적으로 다른 학자들에게 전달함으로써 연구를 하는 데 중요한 편의성을 제공한 때문이었다. 또 쥘 미슐레Jules Michelet(1798~1874)가 쓴 불멸의 표현처럼, 책은 모든 분야의 탁월한 창조적인 영혼들의 위대한 작품을 크게 힘들이지 않고, 또 감당하기 힘든 비용을 들이지 않고도 신속하고 편리하게, 항구적으로 담아냈기 때문이다. 이처럼 책은 위대한 영혼들이 남긴 사상을 되살려내는 동시에 그 사상들에 미증유의 힘을 주었다. 또한 그들의 작품은 완전히 새로운 형태로 재편집됨으로써 과거와는 비교할 수 없는 속도로 널리 확산되고 사람들의 머릿속에 파고들었다. 문자와 말이라는 장벽 때문에 접근하기 힘들던 영역까지 새로운 개념들이 빠른 속도로 확산되었다. 게다가 사상가들에게만이 아니라 소수 집단에 불과한 사상가들을 훌쩍 넘어, 머리를 활용하는 사람들에게도 지적 노동이라는 새로운 습관이 자리잡게 되었다. 요컨대 인쇄된 책이 이런 식으로 세계를 지배하는 데 가장 효과적인 도구 중 하나였다는 사실을 입증하는 것이 이 책의 목적이며, 그게 곧 이 책만의 새로운 특색이기를 바란다.

책을 쓸 때는 항상 그렇듯이, "책을 어떤 순서로 써내려가고 어느 시대부터 어느 시대까지 다룰 것인가?"라는 기본적인 문제가 제기된다.

우리는 뚜렷한 증거도 없이 인위적으로 시대를 구분하는 어리석은 짓을 하고 싶지 않았다. 그런 시대 구분은 열네 살짜리 학생들과 그들의 선생에게는 마음에 들지 모르겠지만, "중세시대가 몇 년 몇 월 며칠에 끝났는가?"라는 질문은 우리에게 "중세시대가 언제 시작돼서 언제 끝났다며 그런 날짜를 조작해낸 사람들의 머릿속에는 교육적 편의성 이외에 어떤 존재 이유를 갖는가?"라는 의문을 불러일으킬 뿐이다. 이에 우리는 그런 불확실한 문제를 따지는 데 시간을 보내고 싶지 않았다. 다만, 인쇄된 책이 처음 등장한 15세기 중엽부터 18세기 말까지, 즉 처음 300년 동안 문화적으로 어떤 의미를 지녔고 어떤 영향을 미쳤는지 집중적으로 살펴볼 생각이다. 이 시기의 처음과 끝에는 중대한 변화가 있었다. 이 시기의 처음에는 지적으로나 사회경제적으로 큰 변동이 있었고, 유럽인들의 정신과 마음과 행동에 꾸준히 영향을 미쳤다. 미슐레는 이 시기에 '르네상스'Renaissance라는 멋진 이름을 붙여주었다. 이 시기가 끝날 즈음에 유럽인들은 또 한 번의 중대한 변화를 맞았다. 이번에는 급격한 경제사회적 변화가 계속되던 와중에 정치적 혁명이 일어났고, 정치적 혁명이 문화 분야까지 확대되어, 문학과 미술에서 이른바 낭만주의라는 이름으로 새로운 이념과 감성을 표출하는 혼돈의 시대였다. 기독교 정신의 현저한 발흥을 통해, 또 사회개혁의 가능성과 관련된 정서적 만족감을 찾으려는 열정을 통해 감성적인 면들이 표출되었지만, 산업화로 인해 당시 사람들이 프롤레타리아라 칭하기 시작한 사람들 사이에서 계급의식이 싹트면서 자신들의 요구를 실현하기 위한 실천적 행동이 있었다는 사실을 간과해서는 안 된다.

한 시대의 종말은 다른 시대의 시작을 뜻하기 마련이다. 다시 말해 엘리트 사회가 가고 대중사회가 시작되었다. 인쇄는 변화의 과정에서 빼놓을 수 없는 요소였다. 새로운 욕구를 불러일으켰고 새로운 고객들이 생겼다. 이에 기계식 인쇄기가 발명되며 수동 인쇄기를 밀어냈다. 숙련공과 기계공, 가내공업식 인쇄와 공장식 대량 인쇄 사이에 반목이 있을 수밖에 없었다. 그래도 새로운 발명이 신속하게 뒤따르며, '인쇄의 해악'이 급격하게 증가하는 결과를 낳았다. 기계는 훗날 출판산업으로 발전한 분야에 서서히 그러나 강력하게 뿌리를 내렸다. 인쇄는 기계화되면서, 근력과 다른 형태의 동력을 찾아 나섰다. 1803년과 1814년 사이에 독일의 발명가 프리드리히 쾨니히Friedrich König는 현대 인쇄기의 원형이라 할 수 있는 세 가지 유형의 인쇄기를 발명했다. 동력을 이용한 평판 인쇄기와 스톱 실린더 인쇄기, 2회전 인쇄기였다. 1791년에는 영국인 조지 니콜슨George Nicholson(1760~1825)이 잉크를 자가 공급하는 증기 원압 인쇄기(원통 모양의 압동壓胴으로 가압하는 방식의 인쇄기) 원리를 고안해냈다. 물론 이런 발명품들로 책의 생산이 크게 증가했고, 신문 발행의 터전이 마련되어 마침내 신문이 출판세계에 처음 등장했다. 신문은 인쇄가 19세기 말과 20세기 초에 독자들을 어떻게 사로잡았는지 단적으로 보여주는 증거였다. 이런 모든 것이 거대한 사회적 변화에서 비롯되었지만, 한편으로는 지엽적으로 일어난 사회적 변화가 바깥세상으로 확산되는 데 큰 역할을 해냈다.

그렇다면 우리가 한정한 시기, 다시 말해 르네상스부터 산업혁명까지 약 380~400년의 시기를 어떤 기준에 맞추어 어떻게 나눠야 할까?

인쇄술이 발명되고 처음 300년 동안의 역사를 쓰는 게 이 책의 목적이었다면, 인쇄술의 발전 단계에 따라 책의 전개과정을 구분해야 했을 것이다. 설령 그런 목적이었더라도 나는 그런 식의 구분이 최선인지 확신할 수 없었다. 1789년 프랑수아 앙브루아즈 디도François-Ambroise Didot가 과거의 시도들을 타산지석으로 삼아 전지全紙를 한꺼번에 인쇄할 수 있는 인쇄기를 발명해내기 전까지 쓰인 방법들은, 구텐베르크가 다시 태어나서 루이 16세가 프랑스를 통치하기 시작한 때의 인쇄소를 둘러보았다면 자신의 작업장에서 사용하던 방법과 별로 다르지 않다고 생각했을 정도였기 때문이다. 그러나 앞에서도 말했듯이, 이 책의 목적은 인쇄술의 역사를 되짚어보는 데 있지 않다. 근본적으로 귀족 중심이던 유럽 사회에 생각을 전달할 수 있는 새로운 수단이 등장하면서 유럽 문화에 어떤 영향을 미쳤는지 살펴보는 것이 이 책의 목적이다. 인쇄술의 발명으로, 유럽 사회는 일부 사회집단만이 누리던 문화와 학습을 어떻게 점진적으로 받아들였을까? 이런 의문을 추적하기 위해 앞에서 언급한 엘리트라는 용어가 모호하고 애매하지만 상대적으로 제한된 의미에서 엘리트라는 단어를 사용할 예정이다. 따라서 여기에서 언급하는 엘리트에는 혈연에 의한 귀족 이외에 막대한 부, 정치권력 혹은 지적인 명성을 지닌 사람들이 포함된다. 인쇄된 책이 이런 엘리트들의 지배와 활동에 어떤 도움을 주었을까? 11세기부터 15세기까지의 선조들이 남긴 윤리와 종교와 문학의 유산은 어떻게 보존했을까? 또 구텐베르크 시대의 사람들을 초기 기독교 시대와 로마와 그리스까지 이어주는 전통의 맥을 인쇄된 책이 어떻게 담보했을까? 한편 우리가 때로는 르네상스라는 이름으로, 때로는 인문주의Humanism라는 이름으로 분류하는 새로운 사상들을 확산시키는 매체로 책이 성공을 거둔 이유는 어디에 있을까? 다른 종파는 말할 것도 없고, 가톨릭과 프로테스탄티즘은 인쇄를 어떻게 이용했을까? 계시종교, 즉 기독교에 대한 자유사상가, 이신론자, 무신론자, 유물론자의 연이은 공격에 반격을 가하기 위해 기독교인들은 책을 어떻게 이용했을까? 또 책은 어떤 문학 형태의 확산에 기여했고 어떤 문학 형태를 거부했을까? 라틴어에 대한 자국어의 오랜 저항에도 라틴어가 살아남는 데 책이라는 형태를 띤 문학이 얼마나 도움을 주었을까? 이 책에서 다룬 주제들을 계속 나열할 필요는 없을 것이다. 이에 사회구조라는 기본적 틀 내에서 주제별로 분할되고, 관련된 주제에서 독자에게 전달하려는 정보에 따라 재분류하는 방법을 선택할 수밖에 없었다.

우리가 과문한 탓인지 몰라도 전에는 이런 관점에서 책의 역사에 접근할 때 어떤 위험이 있고, 어떤 결과에 도달하는지 누구도 이야기한 적이 없기 때문에, 본격적 여정을 시작하기 전에 이 책에서 다룰 내용을 간략하게나마 소개할 필요가 있었다. 아무튼 우리는 지루하지 않게 이 책을 써보려고 혼신의 노력을 다했다. 어떤 독자든 이 책을 읽고 나면, 믿을 만한 통계 자료와 지금까지 누구도 포괄적으로 접근한 적 없고 제대로 평가한 적도 없는 자료들을 바탕으로 이 책이 탄생했다고 확신할 수 있으리라 믿는다.

뤼시앵 페브르

인쇄된 책의 출현부터 발전과정을 다루는 책을 시작하기 전에, 필사본의 역사적 역할을 간략하게 되짚어보는 것도 필요한 듯하다. 인쇄술이 발명되기 전까지 오랫동안 필사본은 글로 쓰인 생각을 널리 확산시키는 유일한 도구였기 때문이다. 물론 이 글의 목적은 필사본의 역사를 돌이켜보자는 것이 아니다. 필사본의 역사를 살펴보는 데만도 한 권의 책이 필요할 것이기 때문이다. 따라서 여기에서는 13세기 중반부터 15세기 말까지 날로 커지는 독자들의 요구에 부응하기 위해 필사본이 어떻게 제작되었고, 인쇄된 책이 등장해서 뒤를 이을 때까지 필사본이 어떤 욕구를 채워주려고 애썼는지 간략히 지적하는 것으로 그치려 한다.

역사학자들은 서유럽에서 필사본의 발전과정을 두 시기, 즉 '수도원 시대'와 '수도원 밖의 시대'로 거의 습관적으로 나누었다. 필사본의 역사에 대해 조금이나마 관심 있는 사람들에게는 두 용어가 별로 낯설지 않을 것이다. 두 시대로 구분하는 것이 다소 정확하지 않을 수 있지만, 두 개념이 부인할 수 없는 사실을 요약한 표현인 것만은 분명하다. 로마의 몰락부터 12세기까지 700년 동안 수도원이나 수도원에 연계된 교회가 책의 생산과 책에 관련된 문화를 거의 독점한 것도 사실이며, 12세기 말부터 급격한 변화가 일어난 것도 사실이다. 지적 세계의 변화로 세속세계에서 대학이 실립되고 학문이 발전했으며, 동시에 사회의 변화로 부르주아가 하나의 계급으로 등장했다. 이런 변화는 책이 쓰이고 복제되며 배포되는 방법에도 큰 영향을 미쳤다.

수도원 시대에 대해서는 최근에 발표된 훌륭한 연구서가 많기 때문에 여기에서 더는 언급하지 않을 생각이다.[1] 13세기 이후로 꾸준히 증가한 독자들의 책에 대한 요구를 새로운 전문가 조직이 어떻게 충족시켜주었는지 살펴보는 것으로 그치려 한다(필사본에 관련된 많은 문제가 아직 해결되지 않았기 때문에 현존하는 증거가 허락하는 범위 내에서).

필사본을 제작한 중심지들을 정확히 목록화하고 특정한 시대에 특정한 지역에서 제작된 필사본이 무엇인지 정확히 추적하는 것은 불가능하다. 하지만 13세기부터 15세기까지 필사본들이 어떤 환경에서 제작되고 배포되었는지는 상당히 정확하게 추정할 수 있다. 나는 필사본의 변화과정에서 가장 중요한 특징들에 대해서도 여기에서는 언급하지 않을 생각이다. 인쇄기가 책을 제작하는 사람들에게 새로운 제작기술로 도입된 당시의 전후 상황을 살펴보는 것으로 만족할 것이다.

'수도원 밖의 시대'에 책의 외양과 장식에서 확인되는 변화들을 고려하지 않더라도 기술적인 면에서 작은 향상들이 있었다고 말할 수 있다. 그러나 책의 제작과 가격에 중대한 영향을 미친 혁신적인 변화에 대해서는 언급하지 않을 수 없다. 바로 종이의 출현이었다. 종이가 양피지를 대체하지는 않았지만, 부족한 양피지를 보충하면서 전통적으로 호화로운 필사본 이외에 상대적으로 저렴한 책을 제작할 수 있게 해주었다. 그러나 가격 차이는 생각만큼 크지 않았다. 또한 종이의 출현으로 전보다 훨씬 많은 수량의 책을 제작할 수 있었다.

뒤에서 종이가 유럽에 도입되는 과정이 간략하게 설명되기 때문에, 여기에서는 종이가 어떻게 인쇄의 발달로 이어졌는지에 대해서만 살펴보기로 하자. 필사본의 수준에서는 적어도 이론적으로 낮은 가격과 대량생산 가능성을 제외하면 종이가 양피지보다 나을 것이 없었다. 중세의 종이는 양피지보다 약했고 표면도 거칠었으며 잉크가 잘 스며들지 않았고, 채색가들이 사용하는 안료도 제대로 먹지 않았다. 물론 종이가 양피지보다 가볍기는 했다. 그러나 13세기에 양피지는 무척 정교하게 제작되어 굉장히 부드러웠고, 심지어 당시의 종이보다도 더 얇았다. 다만 지금 우리가 흔히 생각하는 것만큼 가볍지는 않았다. 예컨대 그 시대에 제작된 작은 성경들은 양피지 제작자들과 필경사들의 뛰어난 능력 덕분에, 훗날 르메트르 드 사시Louis-Isaac Lemaistre de Sacy(1613~1684)가 번역한 두 권짜리 성경보다 크지 않았다. 물론 지금도 그 작은 성경을 읽어내려면 뛰어난 시력이 필요할 정도이며, 눈도 필체에 익숙해져야 한다. 그러나 그 작은 성경들이 초기에 인쇄된 유명한 성경들보다, 심지어 16세기 이전에 제작된 휴대용 성경들보다 덜 거추장스러웠던 것은 부인할 수 없는 사실이었다.

값이 쌌고 15세기쯤에는 상대적으로 풍부했다는 점이 종이의 주된 이점이었다. 하지만 양피지와 종이를 정확히 비교하기는 쉽지 않다. 필사본을 제작하는 데 필요한 양피지의 가격이 기록된 필사본과, 양피지와 종이를 구입한 내역을 기록한 거래장부(주로 왕실의 거래장부)가 전해지지만,[2] 사용된 용어의 의미가 항상 정확하게 파악되는 것은 아니다. 양피지는 일반적으로 다발(대체로 18영, 영은 가죽을 세는 단위. 12영 혹은 1영으로 구입했고, 때로는 6~8쪽으로 잘려 책자 형태로 접힌 '절지'折紙)로 구입했다. 더구나 거래장부에 언급된 '절지'가 어떤 크기였고 몇 쪽이었는지 짐작할 방법이 없다. 그러므로 양피지의 가격에 대해서는 확실한 결론을 내리기 힘들다.

14세기 말, 파리에서 가죽의 가격은 12~20드니에로 거래되었다. 가죽의 평균 면적이 0.5제곱미터였고, 14~15세기의 전형적인 필사본이 24×16센티미터의 크기로 150쪽이었기 때문에 한 권의 필사본을 제작하려면 10~12장의 가죽이 필요했다. 따라서 이런 필사본의 제작에 필요한 원재료는 가공되지 않은 상태에서도 10~20수(1수는 12드니에) 상당의 값이 나갔다. 여기에 털과 얼룩을 제거해서 글을 쓰기에 적합한 상태로 표면을 가공하는 데 4~6드니에를 추가로 더 들여야 했다. 가죽의 상태, 공급량, 매매되는 지역에 따라 가격이 천차만별이었기 때문에 이런 수치들은 그야말로 어림값에 불과하다. 파리에서는 생드니에서 매년 6월 11일부터 24일까지 2주일 동안 열린 랑디장 Lendit場이 양피지 거래의 중요한 중심지였다.

간단히 계산해봐도 한 권의 필사본을 제작하는 데 필요한 가죽을 얻기 위해 양과 송아지를 엄청나게 죽여야 한다는 전설 같은 이야기가 엉터리라는 것을 쉽게 알 수 있다. 요즘에 발표되는 학술서적도 이런 구태의연한 실수를 되풀이하고 있어 놀라울 뿐이다. 예컨대 제임스 월터 톰슨James Walter Thompson(1847~1928)은 영국의 클레어 백작부인이 한 서생에게 1324년 『광야의 교부들의 삶』*Vitae patrum*을 필사해달라고 부탁했다는 사실을 언급하며, 최소한 1,000장의 가죽이 필요한 작업이었다고 말했다.[3] 당시 가죽 한 장이 2페니였기 때문에 필사본을 제작하기 위한 양피지를 구입하는 데만도 6파운드가 필요한 작업이었다. 그러나 라틴어로 쓰인 필사본이나 프랑스어로 번역된 필사본으로 『광야의 교부들의 삶』을 면밀히 살펴보면, 두 단으로 쓸 경우 24×16센티미터의 크기로 150~160쪽에 전문을 담아낼 수 있다는 것을 어렵지 않게 확인할 수 있다. 면적으로 계산하면 6제곱미터에 지나지 않아 12장의 가죽이면 충분하다는 뜻이다.

거의 같은 시기에 기록된 왕실거래장부를 보면,[4] 종이는 '작은 크기'(대략 50×30센티미터)로 한 권(20매)의 값이 2수 6드니에였다. 이에 따라 0.15제곱미터인 한 쪽의 값은 1.5드니에였다. 반면 앞에서 말했듯이, 양피지의 원재료인 가죽은 0.5~0.6제곱미터에 비싼 경우에는 24~46드니에였고, 여기에 가공 비용을 더해야 했다. 가격 차이가 뚜렷해 보이지만 그런 차이가 크게 부각되지는 않았다. 실제로 15세기까지 종이는 양피지에 비해 뚜렷한 이점을 지니지 않은 듯하며, 양피지를 대신할 만큼 시장에서 대량으로 거래되지도 않았던 것 같다.

그럼 양피지는 넉넉하게 공급되었을까? 프랑스와 영국에서 14세기 중반부터 15세기 전반기까지 책의 제작량이 급증했지만 양피지 가격은 상당히 안정적이었다. 이로 미루어보건대 양피지는 무척 희귀한 상품은 아니었던 것으로 추정된다. 가축, 특히 양의 수를 조사해보면, 흥미롭게도 가축 수가 같은 시기에 상당히 증가했다는 사실을 확인할 수 있다. 아무튼 그 뒤 300년이 지나 양피지가 법적인 서류와 일부 산업적 목적에 쓰인 경우를 제외하고 거의 사용되지 않은 때에도 프랑스에서는 연간 평균 10만 다발(다발당 40영) 이상이 거래되었다.[5]

이런 수치들 때문에 종이가 없었더라도 인쇄술이 예정대로 발달했을 거라고 말할 수는 없다. 물론 양피지도 낱장으로는 인쇄기를 쉽게 통과할 수 있었겠지만, 아무리 작은 판형의 책이라도 대량으로 제작하려면 수백 장의 가죽이 필요했을 것이다. 더구나 판형이 커지면 수천 장의 가죽이 필요했을 것이다. 알로이스 루펠Aloys Ruppel(1882~1977, 독일 역사학자)은 독피지에 인쇄된 구텐베르크 성경 각 권이 42×62센티미터 크기의 340쪽으로 이루어졌기 때문에 각 권을 제작하는 데 170장의 가죽이 필요했을 거라고 계산해냈다.[6] 따라서 30권 남짓만 제작했더라도 거의 5,000장의 가죽이 필요했을 것이다. 종이로 100부를 인쇄하면, 송아지가죽을 무려 1만 5,000장이나 절약할 수 있는 셈이었다. 이런 조건이었는데도 15세기와 16세기에 독피지에 인쇄된 호화로운 판본이 상당히 많이 제작되었다는 사실이 놀랍기만 하다. 대다수가 무척 작은 판형의 기도서였지만.

'수도원 밖의 시대'에도 수도원에서는 '수도원 시대'에 그랬듯이 자체에서 사용하기 위해 다양한 필사본을 계속 제작했다. 수도원의 규칙에서 수도자들은 매일 일정한 시간 동안 지적 노동을 해야 했고, 필사筆寫가 그런 지적 노동에서 상당한 부분을 차지했다. 전통적 관례에 따라 마련된 필사실 scriptorium에서는 학습을 위한 책과 예배에 관련된 책을 제작했다.[7] 인쇄가 과거의 필사본을 완전히 대체한 후에도 이런 관례는 계속되었다. 실제로 전통만큼이나 필요성 때문에 수도원은 16세기까지 미사경본, 성가집, 성무일과서를 계속 옮겨 썼다. 하지만 13세기부터 시작된 새로운 시대의 두드러진 특징이라면 수도원이 책을 만들어내는 유일한 생산자가 아니었다는 것이다. 그러므로 수도원은 자체 용도 이외에 다른 종류의 책을 굳이 만들어낼 필요가 없었다.

이제 지적인 삶의 중심은 수도원 밖으로 옮겨갔다. 그 후로는 대학에서 학자와 교수와 학생이 숙련된 장인들과 협력해서 일하며 적극적으로 책을 제작했다.

하지만 수도원에는 서체와 채식彩飾의 기술이 완벽하게 전래되었기 때문에 간혹 군주와 귀족이 호화로운 필사본의 제작을 수도원에 부탁하는 경우가 있었다(이런 사례는 프랑스보다 영국에서 더 오래도록 지속되었다). 이런 호화로운 필사본의 제작은 수도원에 소중한 소득원이었지만 그런 부탁은 차츰 줄어들었다. 베리 세인트 에드먼즈 수도원의 수사였지만, 1446년 생애 말년까지 영어로 직접 시를 써서 필사본으로 제작해 평신도들에게 팔았던 존 리드게이트John Lydgate(1370년경~1451년경)는 예외적인 경우였다.[8]

13세기 초부터 더 멀리는 12세기 말부터 대학이 설립되고 발전하면서 새로운 독서층이 형성되었다. 그 새로운 독자들은 여전히 주로 성직자였지만, 그들은 대학에 몸담고 있는 동안에는 종교기관보다 대학과 상대적으로 더 밀접한 관계를 맺고 지냈다.

교수들에게는 강의를 위한 교과서 이외에 참고문헌과 해설서가 필요했다. 중세의 교육에서는 권위 있는 교과서에 대한 주해서나 해설서가 모든 학습 분야에서 무척 중요했다. 그러므로 교수들이 그런 책들을 언제든 편하게 읽어볼 수 있어야 했고, 대학은 교수들이 그런 책들을 참조할 수 있도록 도서관을 마련해야 했다. 그러나 기존에 필사된 책들을 확보하는 게 항상 가능한 것도 아니었고 쉬운 일도 아니었다. 그래서 대학은 숙련된 장인을 고용해 기본적인 교과서들을 신속하고 적은 비용으로 필사할 수 있는 작업장을 만들 수밖에 없었다.

그렇다고 대학 밖에 있던 도서관들이 활용되지 않았다는 뜻은 아니다. 대학 밖의 도서관에 간혹 희귀하면서도 유용한 저작들이 적지 않았다. 책의 대출은 중세시대에도 이미 관습으로 굳어진 관례였다. 수도원과 참사회 같은 종교기관들이 많은 저작을 새로이 설립된 대학 도서관에 판매하는 형식으로 양도했지만, 결코 양도할 수 없었던 책들은 빌려주었다.

구술교육이 중요했지만 학생들에게도 최소한으로 기본적인 책들이 필요했다. 학생들이 교수의 강의를 받아 적었고, 중세의 교육법이 기억법을 발달시키는 데 힘을 기울였던 만큼 자신들의 기억력을 믿었지만, 최소한의 기본적인 작품들은 소장할 필요가 있었다. 그런 책들을 직접 옮겨 적을 시간은 없었지만 그 일을 남에게 맡길 정도의 재력이 있었던 학생들은 전문 필경사들에게 의뢰했다. 이에 따라 당시 대학 주변에는 그런 필경사들의 수가 급증했던 것으로 보인다.

대학을 중심으로 책과 관련된 전문가들, 필경사들로 이루어진 길드가 형성되기 시작했다. 평신도로 구성된 길드도 형성되었다. 서적상은 평신도였던 반면, 필경사들, 즉 '작가'는 주로 성직자였다. 서적상과 필경사는 곧 대학의 일원으로 여겨졌다. 그들은 대학의 '고용인'으로서 인두세와 야경의 의무 등을 면제받는 특혜를 누렸으며, 대학 법정에서 재판받는 권리도 부여받았다. 이 권리는 13세기 초까지 거슬러 올라가는 '코미티무스' committimus(상급 재판소에 청원할 수 있는 권리)라는 특권이었다.[9]

이런 특혜를 누리는 대가로 서적상과 필경사, '파수병'stationnaire(고대 로마까지 거슬러 올라가는 용어로, 이탈리아 대학에서 처음 되살려냈다)은 대학의 엄격한 관리를 받아들여야 했다. 그들은 학자들을 우선적으로 지원하고 돕는 사람들이었기 때문에, 일반 장인들처럼 개인적 이익을 위해 자유롭게 일할 수 없었다. 그들은 요즘이라면 '공직'이라 칭할 수밖에 없는 역할을 반복해서 수행해야 했다.

많은 기록, 특히 1275년, 1302년, 1316년, 1323년, 1342년의 기록에서 그들이 의무적으로 어떤 역할을 했는지 상당히 정확하게 파악할 수 있다.[10] 그들은 평판과 직업적 능력을 확인하기 위한 기본 조사를 거친 후에 임명되었다. 임명된 후에는 담보물을 제시하고 충실하게 일할 것을 대학 당국에 선서까지 해야 했다.

정식으로 임명된 후에 그들의 임무가 정확히 정해졌고 업무 수행능력을 끊임없이 감독받았다. 서적상은 책을 판매하는 소매상이라기보다는 책의 관리자였다. 필사본은 상대적으로 부족했기 때문에, 수세대 동안 학생들과 교수들 사이에서 팔리고 또 팔렸다. 중고시장은 서적상을 중개자로 활용했지만, 서적상은 주로 판매자의 대리인 역할에 불과했고, 그 자리에 임명되기 위해 제공한 담보가 그의 지불능력을 보장했다. 서적상은 일정한 조건에서만 필사본을 사고팔 수 있었다. 또한 그는 자신이 보유한 필사본들의 제목을 공시해야 했다(필사본이 부족한 현상을 이용해서 이득을 취하는 것을 방지하기 위한 대책이었다). 서적상은 고정된 수수료율에 따라 노동의 대가를 얻었지만, 구매자가 대학의 학생이나 교수인 경우에는 수수료가 권당 4드니에를 넘을 수 없었고, 학생이나 교수가 아닌 경우에도 권당 6드니에 이상의 수수료를 요구할 수 없었다.

서적상은 단순히 책을 팔거나 책의 거래를 중개하는 역할에 그쳤지만, '파수병'의 역할은 훨씬 복잡했다. 데트레 신부가 얼마 전에 발표한 저서에서 파수병의 역할이 한층 명확하게 밝혀졌다. 또한 필사본의 가격이 어떻게 결정되었고, 필사본들이 어떻게 유통되었으며, 일반적으로 '페시아'pecia(책의 일부분을 빌려주는 관습)라고 불렸던 제도가 어떻게 이루어졌는지에 대해서도 밝혀졌다.[11]

학습에 지장을 주지 않으면서도 경제적으로 책의 유통을 관리하기 위해 대학은 교수와 학생에게 반드시 필요한 책들에 의미를 왜곡할 정도로 오류가 끼어들지 않도록 텍스트의 내용이 철저하게 점검되기를 바랐다. 필경사가 함부로 추측해서 본문을 훼손하지 않도록, 즉 최상의 조건에서 최대한 많은 필사본을 만들어내기 위해 대학은 정교한 시스템을 고안해냈다. 세심하게 검토하고 점검한 필사본을 빌려주어 베껴 쓰도록 하고 수고비를 주는 방식이었다. 원본은 파수병에게 반환되었기 때문에 파수병은 원본을 또 다른 필경사에게 빌려줄 수 있었다. 언제나 동일한 원본을 베껴 쓰는 이런 방식

덕분에 베껴 쓸 때마다 개악될 수 있었던 원문의 훼손은 그런대로 방지되었다. 고대 문헌의 전달과정을 연구하는 학자라면 누구나 이런 방식이 최선이었다는 사실을 인정할 수밖에 없을 것이다.

파수병은 사본의 수를 늘리는 데 역점을 두었지만, 학생들에게 원본을 빌려주기도 했다. 그러면 학생은 직접 원본을 베껴 쓰거나 검증된 필경사에게 돈을 주고 부탁했다. 파수병은 학생들에게 한 권의 책을 통째로 빌려주지 않고 부분적으로 빌려주었다. 따라서 책이 한 학생에게서 오랫동안 지체할 가능성이 애초에 배제되었고, 게다가 여러 명의 필경사가 부분적이었지만 한 권의 필사본을 동시에 베껴 쓸 수 있었다. 책의 일부분(페시아)을 빌리는 값은 대학에서 결정했고, 파수병이 임의적으로 인상할 수 없었다. 게다가 파수병은 필사본을 원하는 사람에게 차별 없이 빌려줘야 했다. 결함이 있는 것으로 확인된 '원본'은 즉각 회수되어 더는 유통되지 않았다.

지금까지 전해지는 상당수의 이런 원본들은 대부분 큼직한 필체로 쓰였고, 반복해서 보았던지 무척 닳아 해진 상태다. 그래도 일정한 기준에 따라 쓰였기 때문에 한 명의 필경사가 베껴 쓸 수 있는 양을 합리적으로 추정할 수 있어 고객과 필경사가 수고비를 합의하기가 한결 쉬웠을 것이다.

이런 식으로 필사본의 수를 늘려가던 체제는 중세시대가 끝날 때까지 대학에서 계속되었다. 특히 파리에서는 대학 당국의 후원하에 인쇄까지 이런 체제에 도입되었다. 대학 당국이 보기에, 인쇄기는 중요한 텍스트를 '페시아' 시스템보다 훨씬 신속하고 정확하게 늘려갈 수 있는 편리한 방법에 불과했던 것이다.

뒤에서 다시 다루겠지만, 파리에서 초기에 인쇄기는 대학에서 가르치던 중요한 문헌을 제작하기보다는 고전시대 문헌들과, 특히 수요가 빗발쳤던 순수한 라틴어로 쓰인 문헌을 다량으로 생산하기 위해 설치되었다. 인쇄기가 도입되기 전에는 '페시아' 시스템으로 이런 요구에 그런대로 쉽게 부응할 수 있었을 것이다. 필경을 위한 작업장이 12세기 말과 13세기 초에 완전히 자리잡기 전에도 아리스토텔레스의 라틴어 저서는 유럽 전역에 퍼져나갔다.[12] 13세기와 14세기에 제작된 아리스토텔레스의 저작물만도 2,000부 이상이 지금까지 전해질 정도다. 훨씬 많은 부수가 사라졌을 것이라 가정하면, 아리스토텔레스 같은 저자의 작품들이 널리 알려졌고, 그들의 사상이 느릿하게 확산되었을지라도 영향을 미쳤던 것만은 분명하다. 그렇더라도 여기에서 기억의 역할을 과소평가해서는 안 된다. 중세시대의 교육은 기억력을 향상시키는 방법으로 여겨졌다. 우리에게는 놀랍게만 여겨지지만 지금도 12세의 무슬림 아이는 쿠란을 처음부터 끝까지 암기할 수 있어야 한다는 사실을 생각해보라.

하지만 연구에 필요한 모든 책을 수집하기는 무척 어려웠다. 예컨대 라울 드 프렐Raoul de Presles이 아우구스티누스의 『신국론』을 번역할 때 최대한 원문에 충실하게 번역할 생각으로 30종 남짓의 필사본을 대조했고, 정확히 주석을 달기 위해 200종의 저작을 참조했다.[13] 그러나 14세기의 필사본에 있던 주석 하나를 인용하기 위해 치른 대가에 대한 이야기는 이런 작업이 얼마나 어려운 것인지 단적으로 보여준다. "나는 그 필사본을 베껴 쓴 필경사에게 14솔(12드니에), 여관주인에게 10드니에, 여관에서 그 필사본을 찾아낸 사람에게 2솔을 주었다." 뜻밖의 장소에 중요한 필사본이 있다는 사실을 알려준 사람에게 돈을 주고 보상했다는 이야기는 『필로비블리온』*Philobiblion*을 쓴 리처드 드 베리Richard de Bury(1287~1345)의 책 탐험을 떠올려줄 정도다. 하지만 14세기와 15세기의 학자들이 겪은 어려움을 굳이 과장할 필요는 없다. 인쇄가 대세로 굳어진 후에 오히려 책을 구하기가 더욱 힘들어졌을 정도였다. 15세기와 16세기의 장서 보유에 관련된 정보에서 당시 상황을 조금이나마 짐

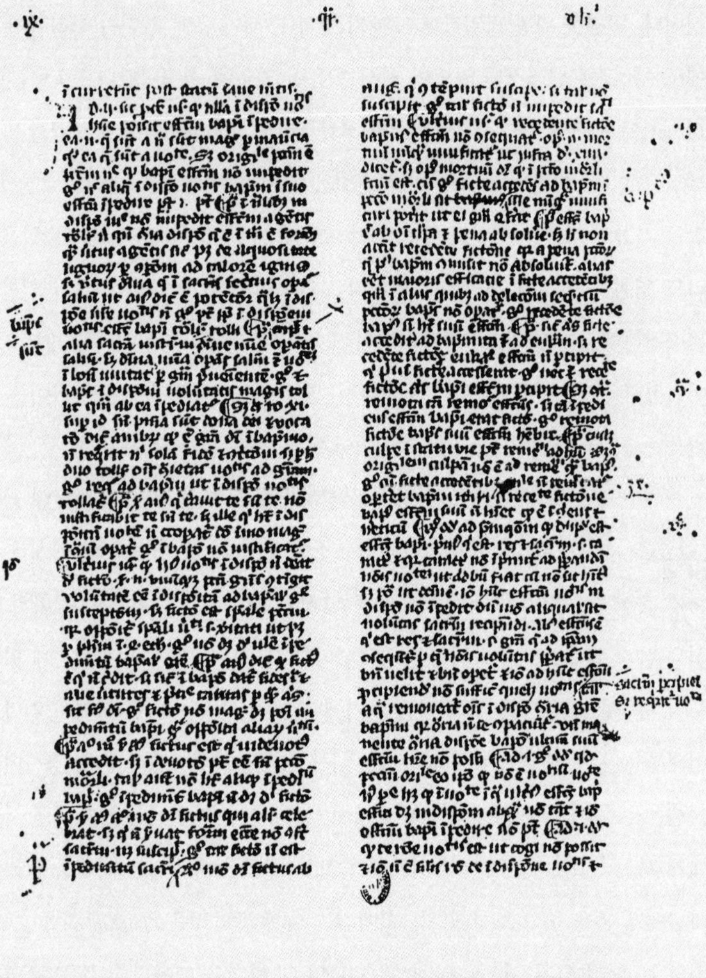

그림 1 토마스 아퀴나스가 파리대학 교수 시절에 쓴 『명제집 주석』.
아홉 번째 페시아의 첫 페이지.

작할 수 있을 것이다(446쪽 이후).

그러나 인쇄라는 새로운 방법이 대학에서는 점점 수요가 많아지는 학술 서적을 최대한 보급하기 위해 사용되었지만, 요즘 심심풀이를 위한 통속문학이라 칭해지는 작품들의 제작은 여전히 풀리지 않는 숙제였다.

봉건제도가 서서히 변하면서 13세기 말부터 새로운 계급이 형성되었다. 귀족과 성직자 이외에 부르주아 계급이 등장했고, 그들도 문화생활을 누릴 만한 능력이 있었다. 법학자들, 왕족의 고문들, 고위 관리들과 부자 상인들, 얼마 후에는 시민들도 책을 원했다. 법이나 정치 혹은 과학처럼 그들이 종사하는 분야에 대한 책만이 아니라 윤리적 교화를 위한 책, 소설, 번역물 등 문예물까지 원했다.

이런 문예물은 성직자를 위해 쓰인 것은 아니었지만 성직자가 간혹 문예물을 쓰기도 했다. 아무튼 문예물은 주로 자국어로 쓰였다. 운문과 산문으로 차례로 쓰인 창작물만이 아니라 옛 작품을 개작하거나 고대와 중세에 라틴어로 쓰인 작품을 번역하거나 번안한 작품들도 줄지어 출간되었다. 그런 작품을 보급해서 점점 폭넓어지는 독자들의 욕구를 채워주기 위해서는 책을 제작하는 체제 자체가 완전히 달라져야 했다.

프랑스에서 프랑스어로 쓰인 문예물이 12세기에 이미 존재했다는 사실은 프랑스 문학사만을 살짝 들여다봐도 어렵지 않게 확인할 수 있다. 그러나 그런 문예물을 어떻게 확산시키느냐는 완전히 다른 문제였다. 그 시대의 문예물은 주로 사람들 앞에서 암송하거나 큰 소리로 읽기 위해 쓰인 것이었다. 글을 읽을 줄 아는 사람이 많지 않아 다른 식의 문예물은 생각하기 힘들었다. 이런 조건에서도 문학의 전통이 상당히 구축될 수 있었다는 게 놀랍기만 하다. 그러나 지금 우리는 글로 쓰인 문화에 익숙해 있기 때문에, 많은 문화

권에서 확인되듯이 구술문학이 어떻게 지속적으로 전달되었는지 머릿속에 그러내기기 쉽지 않다. 하지만 글로 쓰이지 않은 생각을 다른 사람들에게 전달하는 우리 시대의 새로운 매체, 즉 영화와 라디오를 연구하면, 작품과 생각이 글로 쓰인 텍스트라는 매체를 거치지 않고도 어떻게 수많은 사람에게 전달될 수 있는지 그런대로 이해할 수 있을 듯하다.

11세기와 12세기에 자국어로 쓰인 글을 읽는 사람은 거의 없었지만, 자국어로 글을 짓는 경우는 상당히 많은 편이었다. 예컨대 에드몽 파랄Edmond Faral(1882~1958)[14]이 1910년에 발표한 책에서 설득력 있게 증명했듯이, 성을 떠돌아다니며 시와 소설, 성자들의 삶 등을 암송하고 읽어주던 음유시인들은 직접 이야기를 지어 널리 퍼뜨리는 역할까지 맡았다(그런 이야기들은 기억하기 쉽게 운문으로 쓰이는 경우가 많았다). '트루베르', '트루바두르' 등 음유시인을 뜻하는 이런 이름들에서 그들이 문학의 창작자로서 활동했다는 사실을 짐작할 수 있다. 반면 제후의 집에 식객으로 살았던 민스트럴minstrel(우리말로는 역시 음유시인으로 번역된다—옮긴이)은 제후와 그 가족들만을 위해 기존에 알려진 작품을 암송하거나 직접 지은 작품을 읽어주었다.

이 최초의 문인文人들이 처한 환경 때문에 미묘한 문제가 발생했다. 그들이 직접 짓거나 개작한 작품을 욕심 사납게 혼자만의 것으로 간직하지 않고 남들에게 알리면, 그 작품에 대한 저작권을 계속 유지하기 힘들었다. 하지만 그들이 그렇게 행동했다면, 모든 창작자가 그렇듯이 자신의 작품을 가능한 한 많은 사람에게 알리는 데서 얻는 자긍심은 조금도 얻지 못했을 것이다.

음유시인은 물질적 욕구를 채우는 형식으로 이처럼 모순되는 두 욕망을 해결하는 수밖에 없었다. 당연한 말이겠지만 최선의 해결책은 고대 로마에서 그랬듯이 후원자를 찾는 것이었다. 음유시인은 후원자에게 물질적 혜택을 받는 대가로 자신의 작품을 후원자에게 바쳤고, 필요한 경우에는 그 작품에 후원자나 후원자의 가족을 찬양하는 말을 슬며시 끼워넣었다. 후원자를 구하지 못한 경우에는 다른 음유시인들에게 돈을 받고 시를 짓는 법을 가르치거나 자신이 공들여 쓴 작품집을 팔기도 했다.

13세기 말과 14세기 초에는 글을 듣는 것에 만족하지 않고 직접 글을 읽을 수 있는 사람의 수가 눈에 띄게 증가했다. 게다가 일종의 전문화 현상마저 나타났다. 그때부터 작가들은 미래의 독자에게 전달할 방법을 고민하지 않고 작품을 쓰거나 편찬하는 데 집중하기 시작했다.

물론 가장 확실한 성공 방법은 후원자에게 꾸준히 도움을 받는 것이었다. 왕이나 제후 혹은 영주에게 작품을 헌정하며 호화롭게 장정한 원본을 증정할 수 있다면, 작가는 고생한 대가로 물질적 보상을 받는 데 그치지 않고 자신의 작품을 많은 사람에게 알리는 행운까지 얻었다. 유행은 위에서 아래로 전해지는 법이다. 이런 속물근성은 예나 지금이나 똑같다. 예컨대 프랑스 왕이 어떤 작품을 인정했을 뿐 아니라 새로운 작품까지 의뢰했다는 소문이 궁궐 밖으로 퍼져나갔다면, 왕의 선례를 따르려는 고객들이 그 작가의 작품을 구하려고 경쟁을 벌였을 것이다. 그럼 작가는 자신이 직접 지명한 필경사에게 원본을 베껴 쓰게 했을 것이고, 그 필경사는 작가의 출판업자가 되었을 것이다. 보카치오가 이런 방법을 활용했다.[15] 보카치오는 친구인 마기나르도 데이 카발칸티에게 새로운 작품 중 하나를 호화롭게 장정한 판본을 보내면서, 그 작품을 완성한 지 상당한 시간이 지났지만 누구에게 헌정해야 할지 몰라 그때까지 지니고 있었다는 내용의 편지를 함께 보냈다. 결국 보카치오가 친구에게 그 작품을 보낸 이유는 자명했다. 친구가 먼저 읽은 후에 교분 있는 사람들에게 읽게 하고, 다시 많은 사람에게 알려주기를 바랐던 것이다. 이런 역할은 후원자가 암묵적으로 인정하던 의무였던 것으로 보인다. 실제로 보카치오는 안드레이나 아치아우올리Andreina Acciajuoli에게 『뛰어난 여성들에 대해』*De claris mulieribus*를 헌정하며, "부인께서 제 책을 세상 사람들에게 널리 전해도 괜찮은 작품이라 판단하시면, 그래서 부인의 후원하에 제 작품이 세상에 알려지면, 그 후로는 저에게 악의를 지닌 사람들의 모욕을 너끈히 이겨낼 수 있을 것이라 확신합니다"라는 편지를 보냈다.

한편 물질적 이익에 더 관심이 많았던 작가들은 작품의 원본을 고이 간직했다가 많든 적든 사본을 직접 제작해서 판매하기도 했다. 심지어 사본을 제작하는 작업장을 운영하는 작가들도 있었다. 대표적인 예가 몽스 출신의 장 보클랭Jean Wauquelin(?~1452)으로, 그는 작가 겸 출판인이었다.[16] 반면에 서적상을 대리인으로 활용하는 작가들도 있었다. 예컨대 장 골렝Jean Golein(1325~1403, 프랑스의 신학자)은 기욤 뒤랑Guillaume Durand(1230년경~1296)의 『전례해설』*Rationale*을 번역한 원본을 서적상인 앙리 뒤 트레부에게 보냈고, 트레부는 그 원본을 1395년에 "장 골렝을 대신해서 그의 이름으로" 그 원본을 오를레앙 공작을 대신한 공작의 시종에게 팔았다(그 번역본은 장 골렝이 원래 샤를 5세를 위해 20년 전에 번역한 것이었다).[17]

후원제도는 특히 14세기와 15세기에 작품을 세상에 내놓는 새로운 방법으로 널리 확산되었다. 최근에 쓴 작품의 원본을 증정받는 대가로 왕이나 제후가 작가에게 간혹 엄청난 액수의 하사금을 내렸던 반면, 그 후에 제작된 사본들, 심지어 호화롭게 장정한 사본들은 훨씬 낮은 가격에 팔린 이유가 후원제도로 설명되는 듯하다. 경제학자의 관점에서 보면 원본에는 저작권료가 고려된 것일 수 있다. 원본이 한 권밖에 없기도 했지만, 그 후로 작가는 자신의 작품에 대한 어떤 권리도 갖지 못했기 때문이다.

따라서 후원제도라는 관습 덕분에 '문인'들이 글만 쓰면서도 어느 정도 살 수 있었다. 대신 작가는 후원자의 비위를 거스르는 말을 하지 않아야 했고, 많은 대중에게 즐거움을 줄 수 있는 글을 써야만 했다.[18] 게다가 급한 주문에 맞추어 글을 써야 하는 경우도 적지 않았다. 예컨대 많은 번역가들을 후원했던 샤를 5세는 정치개혁을 앞당기고 싶은 마음에 보좌관들과 고위 관리들에게 아리스텔레스의 『정치학』, 『경제학』, 『니코마코스 윤리학』을 읽힐 생각으로 니콜 오렘Nicole Oresme(1325~1382)에게 1369년부터 1372년까지 이 책들을 번역하게 했다.[19]

작품이 완성되고 그 작품을 의뢰한 후원자에게 '초판본', 즉 원본이 넘어가거나 선물로 주어지면, 그 후의 보급은 서적상과 필경사들이 맡았다. 작가도 초기 단계에는 그 과정에 참여했지만 어떤 조건에서 참여했는지는 아직까지 불분명하다. 아무튼 작품이 작가의 손을 떠나면 작가는 자신의 작품에 대한 소유권을 주장할 수 없어, 자신의 작품이 빠르게 확산되더라도 과거의 음유시인들보다 금전적 이득을 더 얻었던 것은 아닌 듯하다. 하지만 완전히 어둠 속에만 빠져 지낼 수는 없었을 것이다. 이에 작가는 양립관계에 있는 두 이익 사이에서 균형점을 찾아야 했다.

대학이라는 울타리 밖에서 서적상이라는 직업이 어떻게 운영되었는지 알려진 바는 없다. 하지만 대학에서 임명한 서적상이 개인과 거래를 할 수 있었고, 그런 경우에는 대학 관련자들에게 적용되던 규칙에 구애받지 않았다는 정도는 알려져 있다. 정확히 말하면 개인과의 거래에 관련된 규제가 없다는 사실에서 그렇게 추론할 수 있다. 실제로 프랑스에서는 12세기 말부터, 영국에서는 14세기 초부터[20] 필경사를 고용해 자국어로 된 책을 제작하는 작업장이 있었고, 오늘날 인쇄된 책을 판매하는 방식과 똑같은 방식으로 책을 판매했다.

귀족들은 자체로 필경사를 고용하고 있었지만, 그런 작업장에서 책을 구입하기도 했다. 예컨대 베리 공작(1340~1416)은 자신의 집에서 기숙하며 물질적으로 도움을 받던 예술가들에게 호화판豪華版의 제작을 뻔질나게 주문했을 뿐 아니라 서적상이 판매하는 아름다운 필사본들을 구입하기도 했다. 특히 1403년 베리 공작이 라울 뒤 몽테라는 서적상에게 산문으로 쓰인 아서 이야기의 필사본을 구입했다는 것은 널리 알려진 사실이다.[21]

현존하는 기록에 따르면 그 필사본은 베리 공작에게 주문을 받아 제작한 것이 아니라 베리 공작이 서적상의 상점에서 직접 구입한 것이었다. 호화로운 필사본의 구매자가 결정되지 않은 상황에서도 서적상이 상당한 비용을 들여 그런 필사본을 미리 제작해둘 정도로, 호화로운 필사본에 관심 있는 고객이 그 시대에 많았다는 방증이라 할 수 있다(그런 필사본은 300금화에큐에 팔렸다).

하지만 고객의 증가는 수요의 증가로 이어졌고, 그에 따라 책과 관련된 필경사들과 장인들은 최대한 신속하게 많은 필사본을 만들기 위해 필사본의 규격화를 시도했다.

한편 작업의 전문화는 이보다 훨씬 전에 수도원의 필경실에서 시작되었다. 각자의 능력에 따라 어떤 수도자는 텍스트를 옮겨 쓰는 작업에 전념했고 어떤 수도자는 채식에 열중했지만, 두 수도자는 나란히 앉아 긴밀히 협조하며 일했다. 그러나 수도원 밖의 시대에는 작업방식이 더욱 세분화되었고, 필경사와 주서가朱書家(중요한 구절을 붉은색으로 강조하는 사람)와 채식사가 별도의 작업장에서 일했다. 이렇듯 장인들의 역할이 뚜렷이 구분되면서 필사본을 제작하는 생산라인이 차츰 구축되기 시작했다.

원재료(양피지)도 필사본을 제작하는 작업장에서 직접 준비하는 경우가 점점 줄어들었다. 왕실거래장부에서도 확인할 수 있듯이 양피지는 가공하지 않은 상태로 구입되어 얇게 다듬고 잘라내며 하얗게 표백하는 장인의 손에 넘겨졌다. 일반적으로 각 공정의 보수는 따로따로 책정되었다. 필경사가 텍스트의 옮겨 쓰기를 끝내면, 다른 전문가(주서가)가 중요한 구절을 붉은

색으로 강조하거나 장의 제목을 덧붙였다. 끝으로 장식문자에 색을 입히거나 채식이나 장식을 더할 때는 또 다른 전문가가 그 역할을 맡았다. 그는 텍스트를 읽지도 않았던지, 그가 망설이거나 시간을 허비하지 않도록 장식문자가 들어갈 빈 공간에 필경사가 해당되는 문자를 자그맣게 표기해두었다. '대기 문자'lettre d'attente라고 불렸던 이런 문자에서는 필사본을 제작하는 작업이 단계별로 진행되었다는 증거를 엿볼 수 있다.

필요한 경우에는 필사본에 채식이 더해졌다. 채식사의 역할에 대해서는 오래전부터 많은 연구가 있었고, 특히 앙리 마르탱Henri Martin의 연구 덕분에 채식사 조합에 대해서도 이제는 상당히 많이 알려졌기 때문에,[22] 여기서는 채식이 어떤 식으로 이루어졌는지 간략히 설명하는 것으로 끝내려 한다.

채식사의 작업장이 필경사의 작업장과 완전히 분리되어 있었지만, 필경사는 자신이 어떤 채식을 원하는지 대략 표기해두었을 것이다. 필경사가 여백에 표기했던 지시는 현존하는 필사본에서 찾아보기 힘들지만, 레오폴 빅토르 드릴Léopold Victor Delisle(1826~1910, 프랑스의 애서가 겸 역사학자)은 그런 많은 사례를 언급했다.[23] 필경사의 지시는 무척 간단했던 것으로 여겨진다. 예컨대 '옥좌에 앉은 교황', '두 수도자', '말을 탄 귀부인' 등으로 표기되었다. 따라서 수석 채식사가 먼저 작업을 시작하며, 어떤 장면이나 어떤 인물을 그릴 건지 결정했을 것이다.[24] 필사본이 유별나게 고가가 아닌 경우, 수석 채식사가 연필로 대략 스케치해서 제자들에게 넘기면, 제자들이 과거에 배우고 수백 번씩 연습한 대로 스케치를 바탕으로 색을 칠했을 것이다. 이에 15세기 초에 채식사의 작업장에서는 '로앙의 기도서'로 알려진 아름다운 기도서처럼 희대의 걸작을 제작하기도 했으나, 채식사의 습관이나 기법은 엿보이지만 눈부신 재능이 더해지지 않고 서둘러서 대량으로 제작하기도 했다. 아무튼 기본적인 채식작업이 끝난 후에도 배경을 칠하는 데 특별한 기법이 필요한 경우, 예컨대 배경에 소용돌이, 점묘, 바둑판무늬 등을 넣느냐 마느냐에 따라서, 또 광택이 나는 황금색을 칠하느냐 마느냐에 따라서 그에 관련된 전문가들이 필요했을 것이다.

이처럼 필사본을 제작하는 과정이 여러 단계로 나뉘고 복잡해졌기 때문에, 한 권의 책을 제작하는 데 엄청난 노동과 수고가 있었다는 점을 강조하는 학자들이 많았다. 이런 해석이 합리적이기는 하지만 너무 쉽게 일반화해서는 안 된다. 무척 호화로운 필사본, 예컨대 그 시대의 가장 유명한 애서가였던 베리 공작이 소유한 화려한 필사본들은 그 자체가 예술작품이어서 독서용이 아니라 감상용이었다. 또한 그런 필사본을 제작하는 데는 수년까지는 아니어도 수개월이 걸렸고, 이에 따라 가격도 무척 비쌌다. 그러나 같은 시대에 채식되고 장식된 필사본들—특히 14세기와 15세기에 유럽 전역으로 확산된 기도서들—이 상당히 많이 제작되어, 주머니가 두둑하지 않은 사람들도 구입할 수 있었다.

이런 기도서는 일부 전문화된 작업장에서 거의 독점적으로 제작되었다. 무엇보다 그런 작업장에서는 노동을 적절하게 분할함으로써 시간을 절약하고 대량생산할 수 있었다. 특히 플랑드르에 이런 작업장이 많았다. 레옹 들레세Léon Marie Delaissé(1914~1972)가 입증했듯이, 채식사들은 종교적으로 중요한 축제들(예수의 탄생, 수태고지 등)의 장면을 똑같이 그려냈고, 필경사들은 주교 관구에 따라 다른 연중 행사표를 작성하면서도 행사와 관련된 기도서의 내용은 주교 관구에 상관없이 일치하도록 작성했다.

채식사들은 원화原畫를 그대로 그려낼 수 있는 기술적 방법을 완벽하게 다듬었다. 앙리 마르탱이 증명했듯이 일종의 투사지carta lustra가 14세기에 이미 사용되었다. 수지樹脂를 기초로 만든 투사지를 이용해 채식사들은 '밑

그림', 즉 원화를 똑같이 베껴 그릴 수 있었다. 따라서 '밑그림'은 채식사들에게는 무엇과도 바꿀 수 없이 소중했기 때문인지 서로 '밑그림'을 훔쳤다고 비난하는 말다툼, 심지어 주먹다짐까지 빈번했던 것으로 전해진다. 이런 방법이 기도서의 제작에만 활용되었던 것은 아니다. 예컨대 프랑스 국립도서관에 소장된 필사본 117~120은 아서왕의 전설을 담은 것으로, 아스날 도서관에 소장된 필사본을 완벽하게 모사한 것이다. 쪽수 매기기, 삽화의 주제와 위치 등 모든 것이 똑같다. 리프팅크Gerard Isaac Lieftinck가 네덜란드에서 발견하고 샤를 사마랑Charles Samaran이 1955년 역사학회에서 소개한 필사본에서, 이런 방법을 이용한 작업장의 제작 역량을 조금이나마 엿볼 수 있다.[25] 레이덴 대학 도서관에서 발견된 필사본으로 여덟 작가의 글을 모아놓아 '여덟 작가'Auctores Octo로 불리며, 1437년에 제작된 이 필사본(B. P. L. 138)에는 십중팔구 서적 도매상인이었을 사람이 작업장의 수석 필경사에게 주문한 내용이 플랑드르어로 쓰여 있다. 대학의 교양학부에서 사용할 교과서로, 각각의 텍스트에 대한 부수가 명기된 주문이었다. 예컨대 7편의 참회시 200부, 플랑드르어로 쓰인 디오니시우스 카토의 2행시 200부, 작은 기도서 400부 등이었다. 언급된 부수만큼 필사본을 똑같은 모양으로 제작했다는 뜻이다.

이에 따라 13세기 중엽부터 필경사들은 점점 증가하는 수요를 충족시키기 위해 새로운 방법을 개발해야만 했고, 일부 작업장에서는 표준화된 대량생산방법을 고안해냈다. '페시아' 시스템을 이용해 필경사들은 대학교재를 대량으로 제작하면서도 실수를 대폭 줄일 수 있었다. 또한 대규모 작업장에서는 작업과정을 합리적으로 조직함으로써 훨씬 많은 양의 교재와 기본적인 교과서, 문학작품(번역서, 산문으로 각색한 무훈시, 궁중소설 등), 특히 신앙서적을 제작할 수 있었다. 더구나 신앙서적은 결혼선물로 주고받는 경향이 있어 서너 권의 신앙서적이 없는 부르주아 집안이 없을 정도였다. 예컨대 1356년에 완성된 『장 드 망드빌의 여행』*Voyage de Jean de Mandeville*은 인쇄본으로 제작되기 전에도 필사본 형태로 널리 보급되어 지금까지 다양한 언어로 번역된 필사본이 250권이나 전해진다. 독일어와 네덜란드어판 73권, 프랑스어판 37권, 영어판 40권, 라틴어판 50권 이외에 에스파냐어와 이탈리아어, 덴마크어와 체코어, 아일랜드어로 번역된 필사본도 있으며, 거의 모두가 15세기 초에 존재한 것이다.[26] 따라서 모든 면에서 필경사의 작업은 인쇄공의 작업을 위한 발판을 차근차근 놓았다고 말할 수 있다. 더구나 인쇄술이 등장하기 직전에 사회에서 점점 세력을 확대해가던 계층, 정확히 말하면 부르주아와 상인 계급에서 책을 찾는 수요가 눈에 띄게 증가했다. 15세기 전반기에 그들은 용광로와 같은 혁신적인 기술의 혜택을 누린 장인들이기도 했다. 인쇄도 근본에서는 기술의 진보였기 때문에 처음에는 그 파급효과를 예측하기 힘들었다. 그러므로 인쇄가 등장한 과정과 더불어 처음에 예측했던 목적을 넘어 어떤 영향을 미쳤는지 살펴보는 것이 이 책의 목적이다.

마르셀 토마Marcel Thomas,
프랑스 국립도서관 필사본 보관실

1장

1차적 논제: 유럽 내 종이의 등장

유럽에서는 왜 15세기 중엽쯤에 처음으로 인쇄본이 등장했는가? 15세기 전반기에 프랑스 남부 아비뇽에서 독일의 마인츠에 이르기까지, 또 네덜란드의 하를럼에서 프랑스 동북부 스트라스부르에 이르기까지 거의 도처에서 학자들이 저마다 여러 권으로 된 필사본의 기계적인 복제가 제기하는 수많은 문제점을 해결하려 애썼던 이유는 무엇인가?

지적인 차원에서의 이유 때문이었을까? 물론 그 당시 여러 도서관에 흩어져 있던 희귀본을 찾아 끊임없이 헤매던 장서가들을 비롯해 15세기 초 사람들은 같은 책의 사본을 저렴한 비용으로 양산해낼 수 있는 방법을 꿈꿔왔다. 그렇지 않았다면 아무도 이 문제의 해법인 '인쇄술'을 연구하는 데 관심을 두지 않았을 것이다. 아울러 수많은 변화가 예고되었던 15세기 초에는 점점 늘어나는 수요에 부응하기 위해 일부 필사본을 연속적으로 제작하는 데 노력을 기울였다. 하지만 다량의 필사본을 제작해야 할 필요성은 13세기에 대학들이 설립되면서 이미 대두된 바 있다. 그 당시 문자적 측면에서의 발달이 이루어지기는 했으나 이는 지엽적 개선만을 가져왔을 뿐이었다. 가령 좀더 정교한 약어들이 채택되고 '페시아' 시스템이 도입된 것이다. 이에 따라 필경사들은 더 빠른 시간 내에 작업을 해나가면서 동시에 각자 하나의 분책에만 매달려 필사본을 만들 수 있었다.

그리하여 사람들은 여전히 손으로 베껴 쓰는 작업을 지속했다. 서방세계에서는 아직 텍스트의 기계적 복제방식에 꼭 필요한 모든 자원이 구비되지 않은 상태였기 때문이다.

기계식 복제에 필요한 자원이란 무엇일까? 일단 생각해볼 수 있는 것은 '활자'다. 활자를 만들려면 먼저 단단한 금속 각인기가 필요했고, 이보다 강도가 떨어지는 철판 위에다 이 각인기로 꽤 정교하게 글자를 찍어 넣어 자모字母를 제작해야 했다. 끝으로 이 자모를 이용해 적당한 합금으로 된 활자를 주조한다. 이 모든 작업으로 미루어보면, 15세기 중엽 금은세공사들의 작업 과정에서 이 새로운 기술이 구체화된 것도 쉽게 이해가 간다. 하지만 왜 굳이 15세기 중엽이었을까? 이 같은 기술이 그보다 앞선 14세기쯤 이와 같은 방식으로 구체화되지 않았을 이유가 없지 않은가? 순수하게 '인쇄'라고 하는 방식에 대해서도 마찬가지다. 글자를 조합하는 것이든 잉크를 활용하는 것이든, (인쇄작업에 있어 절대적으로 필요했던) 인쇄기를 이용하는 것이든, 인쇄와 관련한 모든 작업은 구텐베르크가 활판인쇄술을 발명하기 훨씬 이전에 만들어질 수도 있었을 것이다. 하지만 중요한 점은 그게 아니었다.

(19세기 초부터 인쇄공정의 기계화가 이루어졌음을 짐작하게 해주는 표현인) '인쇄산업'이라는 것은 수공업의 형태로 처음 탄생한 때부터 이 분야에 있어 반드시 없어서는 안 될 1차적 원료의 절대적 영향을 받는다. 이 요소가 없다면 인쇄산업에서는 그 무엇도 불가능하다. 바로 '종이'다. 활자로 조판한 인쇄원판이 있다 한들 그것만 가지고 무슨 인쇄를 하겠는가? 동물의 가죽에는 잉크가 쉽게 배어들지 못할뿐더러 사산한 송아지가죽으로 만든 '독피지'

역시 최선의 대안은 아니다. 물론 독피지는 꽤 평평하고 부드러워서 인쇄기 밑으로 통과시키는 게 어렵지는 않지만 구하기도 어렵고 가격도 상당하다. 따라서 새로운 지식 보급 매체인 종이가 중국에서 아랍인들의 경로를 통해 유럽으로까지 전파되지 않았다면 인쇄술의 발명이 이루어지기 어려웠을 것이며, 2세기 전쯤 종이가 먼저 유럽으로 들어온 덕분에 14세기 말엽 유럽에서 종이가 보편적으로 사용되면서 인쇄술이 발명되기 위한 토대가 마련되었다.

1. 종이의 발전 단계[1]

새로운 형태의 '양피지'처럼 보이던 종이가 이탈리아에 처음 등장한 것은 12세기경이었다. 그 당시 아랍인들과 왕래하던 이탈리아 상인들이 가져온 이 종이는 물론 외견상 양피지와 질적으로 동일한 상태가 아니었다. 양피지보다 더 얇고 솜털로 덮인 듯한 양상을 하고 있었으며 (그 때문에 오랫동안 면화로 제작된 것인 줄 알았으나) 양피지보다 견고함이 더 떨어지고 손쉽게 찢어졌다. 이에 따라 종이는 일단 양피지 '대용품'이라는 소박한 역할을 담당했고, 이것만으로도 나쁠 건 없었다. 심지어 어떤 경우에는 양피지보다 더 적절히 쓰일 때도 있었다. 가령 간단한 통신문이나 대충 끼적인 초고처럼 금방 쓰고 버리는 문서의 경우가 이에 해당했다. 혹은 촌각을 다투어 곧바로 모든 내용을 베껴 써야 하는 경우도 양피지보다는 종이를 쓰는 편이 더 나았다. 따라서 이탈리아 제노바의 공증인들은 등기부 작성을 위해 하얀 종이로 된 공책을 사용하는 데 주저하지 않았으며, 때로는 종이로 된 아랍 필사본의 여백에도 기록을 했다.

곧이어 다발로 묶인 종이들이 이탈리아 항구에 쇄도한다. 간혹 상서국(과거의 행정사무국)에서도 종이가 쓰였는데, 일견 취약해 보이는 이 정체를 알 수 없는 종이라는 매체가 도중에 훼손될 것을 우려했던 군주들은 증서를 작성할 때 종이를 쓰지 못하도록 한다. 1145년부터 로제 왕은 전임자 재임 시절 '코튼지'carta cuttanea 위에 작성된 모든 증서를 양피지 위에 베껴 쓴 후 폐기하라는 명령을 내린다. 1231년에도 신성로마제국의 프리드리히 2세는 공문서를 작성할 때 종이 사용을 금지했다.[2]

이렇듯 종이 사용을 금했어도 종이는 점차 곳곳에서 쓰인다. 심지어 이탈리아에서는 본격적인 제지 중심지까지 생겨난다. 14세기 초부터 제지업자들이 파브리아노 주위로 몰려든 것이다. 이러한 제지 중심지의 발달은 두 가지 사실을 기반으로 한다. 이에 따라 서유럽 전역으로 제지산업의 확산이 용이해지는데, 먼저 첫 번째는 기술적 차원의 문제다. 11세기 이후로 그리고 어쩌면 그보다 앞선 시기에 사람들은 절구가 돌아가는 식의 회전운동에서 망치로 두드리는 반복운동을 생각해냈다. 겸자(집게)로 공이를 들어올려 방아를 찧는 방식을 고안해낸 것이다. 이 같은 운동방식의 전환은 수많은 산업 혁신의 기원이 되었고, 파브리아노의 제지업자들도 이 방식을 채택해 과거 아랍인들이 천조각을 빻고 찧는 데 썼던 절구 대신 나무망치를 이용했으며, 이로써 원가를 줄이면서도 품질이 더 뛰어난 종이를 생산해 효율성을 높였다.[3] 두 번째는 중세 후반, 대마와 아마의 재배가 확대된 것이다. 리넨이 속옷 옷감으로 양모를 대체하며 일반적으로 널리 쓰이기 시작하면서, 넝마 가격이 떨어지고 양도 더 많아졌다.

이러한 환경의 변화에 따라 파브리아노 제지업자들의 일은 굉장히 크게 확대되었다. 1354년부터 이탈리아 법학자 바르톨루스는 최고 품질의 종이가 생산되던 파브리아노의 활동에 주목한다. 종이 품질을 개선하고 생산 효율성을 높여야 할 필요성을 느낀 파브리아노 제지상들은 좀더 높은 완성도를 추구한다. 이들은 처음으로 절구 대신 나무망치를 이용했을 뿐 아니라 종이에 풀을 입히는 과정도 개선했으며, 동양인들이 애용하던 식물성 풀을 쓰는 대신 갖풀(아교풀)과 동물성 풀을 이용했다(참고로 동양에서 쓰는 것처럼 식물성 풀을 이용할 경우, 종이 표면에서는 솜털 같은 느낌이 일게 된다). 또한 이들은 종이 표면을 반들반들하게 만드는 데도 정성을 쏟았는데, 단순히 이 일만을 전담한 일꾼들도 있었다. 아울러 각 종이 제조상들은 자신이 제작한 종이에 개인적으로 투명무늬를 새겨 넣어 다른 제조상이 제작한 종이와 구별되게 했는데, 이는 곧 유럽에서 이 새로운 재질인 종이가 본격적으로 현지 풍토 속에 자리잡는 계기가 된다.[4]

14세기 후반부터 종이 제조상들은 파브리아노 내에서만 종이를 생산하기에는 사업반경이 협소하다고 생각하기 시작한다. 이에 사람들은 곧 볼트리, 파도바, 트레비소, 제노바 등지로 퍼져나갔으며, 어느 정도 시간이 지나자 두 개의 다른 제지 중심지가 더 생겨났다. 하나는 제노바 근처의 '리구리아'였으며, 다른 하나는 가르다 호수 부근의 베네치아 지역이었다. 그런데 이탈리아 상인들은 특히 이탈리아 북부의 롬바르디아를 중심으로 유럽 전역에 이 새로운 상품을 전파한다. 종이에 새겨진 제조상 특유의 투명 로고와 관련해 스위스 역사학자 브리케Charles Moïse Briquet(1839~1918)가 쓴 책에 따르면, 가령 1362년과 1386년 사이에 후광이 그려진 독수리 문양의 로고가 새겨진 종이가 이탈리아에서뿐 아니라 에스파냐와 프랑스, 스위스, 심지어 네덜란드와 벨기에 등지에서까지 나타난 것으로 집계되었다.[5] 그 무렵인 1365년 경, 파브리아노 제지상 로도비코 디 암브로지오Lodovico di Ambrogio가 쓴 일지를 보면, 그가 파노를 필두로 마르케 지역에, 페루자를 통해 움브리아 지방에 자신이 만든 종이를 유통시켰다는 사실을 알 수 있다. 그는 또한 토스

카나 연안의 작은 항구 탈라모네를 통해 베네치아까지 물건을 보냈으며, 프랑스 에그모르트를 통해서는 몽펠리에까지 종이를 납품했다. 가령 1365년 11월 23일, 그는 1,333킬로그램에 달하는 종이 묶음 20단을 몽펠리에로 보냈는데, 이후 3년 반 만에 탈라모네를 통해 종이 240단을 출고했으며, 그 무게는 1만 4,715킬로그램에 달했다.[6]

이 시기부터 종이는 거의 도처에서 양피지를 대신하기 시작한다. 13세기 후반에는 이미 프랑스 남부에서도 (1248년 마르세유 공증인 등기, 1248년 랑그도크 조사관 등기, 1243~1248년 알퐁스 드 푸아티에Alphones de Poitiers 조사관 등기, 1272~1274년 툴루즈 왕실 조사관 등기 등) 등기용으로 종이를 사용한 기록이 남아 있으며, 13세기 말과 14세기 초에는 스위스에서도 통상적으로 종이가 쓰인다. 같은 시기, 종이는 프랑스 북부에서도 점차 그 쓰임이 확대되었고, 1340년에는 왕실 상서국의 필사생들이 종이 등기를 사용한 것이 현재 왕궁 문서고에 보관되어 있다.[7] 이와 동시에 종이는 네덜란드와 독일 북부로 점차 확산되었으며, 남부의 경우는 베네치아 상인들의 활약에 힘입어 이미 오래전부터 종이가 일반적으로 쓰였다.

게다가 이제는 이탈리아 이외 지역에서도 종이를 제작하기 시작한다. 사업확장을 꾀하며 해외에 자리를 잡은 이탈리아 상인들은 점점 늘어나는 수요에 부응하고자 곧바로 고국에서 1세대 제지기술자들을 불러들여 종이 만드는 법을 가르친다. 14세기부터는 트루아 지방, 콩타 브내생 지역, 파리 인근의 코르베유, 에손, 생클루드 등지에 제지소가 등장한다. 15세기 중반 프랑스는 종이를 자급자족할 수 있게 되었고, 샹파뉴 지방은 종이를 수출까지 할 수 있는 상태였다.[8] 이탈리아는 에스파냐와 영국, 네덜란드, 오스트리아, 독일 등지에 종이를 공급했고, 독일에서도 이미 스위스처럼 제지소가 운영되었다. 물론 인쇄술이 발명되던 시기, 구텐베르크의 나라인 독일에서는 그 같은 기계설비가 미흡했다. 그러나 어느 도시에 가더라도 이탈리아산 종이를 보관하는 창고가 있었다. 게다가 50여 년 전부터 종이에 대해 끝까지 안 좋은 선입관을 갖고 있던 사람들이 완전히 사라져갔다. 하지만 그 후로도 오랫동안 학생들과 필경사들은 양피지 위에 필사본을 만들었다. 뿌리치지 못한 인습이었을까? 어쩌면 그럴지도 모른다. 하지만 이는 검증된 굳건한 재질 위에 필사본을 남기고자 하는 욕구의 반영이기도 했다. 그래야만 문헌이 더욱 오랜 기간 확실하게 보존될 수 있기 때문이었다. 게르송Jean de Gerson(1363~1429) 역시 이 점에 착안해 1415년, 종이 위에 텍스트를 옮겨 적는 방식을 만류하고 나선다. 종이는 양피지보다 강도가 약하기 때문이다.[9] 하지만 죽은 자만 억울할 뿐 종이는 세상을 장악했다. 종이는 모든 필사본의 복제에 쓰이기 시작했고, 이로써 인쇄된 책이 원활히 보급되기 위해 반드시 필요한 선결조건 가운데 하나가 실현되었다.

2. 제지업이 발달하기 위한 자연환경과 산업 여건

인쇄작업소가 늘어나려면 먼저 앞서 설명한 바와 같은 제지업 중심지가 형성되어야 하고, 그 같은 제지업 중심지의 분포는 인쇄소의 분포에도 영향을 미치게 마련이다. 아울러 인쇄라는 이 새로운 기술은 제지산업의 비약적 발전을 초래한다. 하지만 이에 대해 자세히 파고들기에 앞서, 먼저 제지업 중심지의 출현에 필요한 몇 가지 조건들을 살펴보자.

우선 사람들은 어떻게 정교한 종이를 만들 수 있었을까? 14세기와 18세기 사이에 제지기술은 거의 발전하지 않았으며, 17세기 말 무렵부터 나무망치가 원통으로 바뀐 게 전부다. 이것만이 일부 큰 사업장에서 이루어진 유일

한 혁신적 변화였다.[10]

종이의 원료가 되었던 헌옷은 대개 전문 상인들이 수거해 제지소로 가져오고, 이곳에서 분류작업이 이루어진다. 양질의 종이, 특히 인쇄에 쓰일 수 있을 정도로 품질이 좋은 종이를 얻으려면 뻣뻣한 재질에 몸통이 모두 제거된 하얀 헝겊이 필요했다.

분류작업이 끝나면 이어 제지용 넝마를 물에 담그는 작업이 이루어진다. 잘게 찢어진 헝겊은 보통 지하창고 같은 특수한 곳에 보관되는데, 이곳에서 발효과정을 거친다. 이 과정에서 지방질은 제거되고 서서히 섬유소가 분리된다. 이어 바로 이 섬유소만이 제분소로 옮겨진다. 대개는 밀을 빻던 물레방아가 이후 종이 제조에 활용되었는데, 작은 나뭇조각이 달린 방아의 돌대가 돌아가며 나무망치와 공이를 들어올리고, 위로 들린 망치와 공이가 아래로 떨어지며 용기 안의 헝겊을 내려친다. 망치와 공이에는 못이나 작은 칼날이 덧대어져 있어 용기 안의 헝겊은 조금씩 긁히는 정도가 아니라 완전히 으스러진다.

제지용 넝마는 다소 두꺼운 종이 반죽을 만들기 위해 적당히 배합된 비눗물 안에서 이렇게 분쇄된다. 이와 같이 만들어진 종이 반죽은 특정 온도로 데워진 물을 가득 채운 통으로 옮겨진다. 여기에 나무틀을 집어넣는데, 나무로 된 뼈대에 철사로 엮인 철골구조가 덧대어진 이 틀은 물만 통과시키고 반죽은 그대로 고정시켜둔다. 이 제지 틀을 이용하면 종이 반죽이 고르게 펼쳐진다. 건조작업을 마친 후, 이렇게 얻어진 얇은 종이는 '금박 직공'이 제지 틀에서 떼어낸다. 이 직공은 물기를 빨아들여줄 펠트 위에다 떼어낸 종이를 널어놓는다. 낱장의 종이와 펠트가 차곡차곡 쌓여 압착기 아래에 놓이고, 압착기는 물기를 완전히 제거한다. 그리고 보통 이 마지막 공정이 반복된다. 이어 낱장의 종이들은 소형 건조대 위에서 자연 건조된다. 이 상태에서도 종이는 바로 사용될 수 있지만, 이대로라면 잉크가 번지게 마련이다. 그러므로 여기에 풀을 먹여 종이를 빳빳하게 만들어준다.

이 단계까지 거친 종이는 대형 건조대 위로 옮겨져 한 번 더 건조과정을 거친다. 이어 규석을 이용해 매끈하고 반질반질하게 만든 뒤, 보통 한 권에 25매씩 묶여 20권씩 포장되어 공장에서 소비자의 손으로 넘어간다.

종이를 만들기 위해서는 일단 상당한 양의 정제수가 필요하다. 물은 나무망치를 작동시키는 데도 필요하고 반죽을 분쇄할 때도 필요하다. 브리케의 설명에 따르면, 종이 1킬로그램을 제작하는 데 약 2,000리터의 물이 들어간다고 한다. 또 다른 제지 전문가인 자노Janot는 오늘날에도 시간당 종이 300킬로그램을 만드는 데 물 20만 리터가 필요하다고 하며, 이는 시간당 종이 1킬로그램을 만드는 데 물 700리터가 소요된다는 말이다.[11]

종이를 만드는 데 사용되는 물은 몇 가지 조건을 충족시켜야 한다. 제지소 인근의 여느 강물에서 가져다 쓰면 적절한 품질의 제품을 만들어내지 못한다. 그런 물을 쓰게 되면 종이가 갈색으로 변해 보기 흉해지는데, 물속에 철 또는 흙이 섞여 있거나 해조류, 유기물 등의 잔해가 섞여 있기 때문이다. 따라서 종이 제작에 쓰이는 물은 원칙적으로 맑고 깨끗해야 한다. 종이 제조상들은 각종 불순물로 오염된 물을 쓰지 않기 위해 가급적 강의 하류 쪽 도시보다 상류 쪽에 제지소를 세우고 싶어했다. 제지소가 대개 큰 강의 상류나 그 지류의 중간쯤에 자리잡은 이유도 여기에 있다. 게다가 물은 유동적이기 때문에 폭이 좁고 구불구불한 상류는 직접 수로를 만드는 것도, 수로의 방향을 트는 것도 용이한 편이다(대개는 활시위처럼 수로를 변형시켜 활용한다). 또한 규모가 큰 제지업 중심지는 대개 석회암 지역에서 생겨났다. 최근에야 석회수가 종이 제작에 그다지 적합하지 않다는 사실이 알려지기는 했지만,[12] 과거 이렇게 석회 지대에 제지업 중심지가 발달한 이유는 아마도 석회수가 갖고 있는 단점보다 다량으로 석회수가 존재한다는 사실 자체가 더 큰 이점으로 작용했기 때문이 아닐까.

사실 하천이 풍부할 경우, 제지소를 세우는 데 필요한 조건들은 대부분 충족된다. 프랑스에서는 오베르뉴, 티에르, 앙베르, 샤말리에르 등의 산악 지대, 생디에와 에피날 부근의 보주 산맥, 앙구무아와 샹파뉴 평야 지대 등에서 주요 제지소가 발달했다.

과거 종이를 제작하던 장인들에게 있어 여전히 중요하고 신경 쓰이는 문제가 하나 남아 있다. 바로 종이의 원료가 되는 누더기 천이다. 적절한 종이를 만들기 위해서는 일단 다량의 낡은 헝겊과 오래된 밧줄이 필요했다. 천을 구해야 할 필요성이 대두됨에 따라, 제지상들은 도심 주변에 자리잡기 시작했고, 때로는 항구 주위에 제지소가 들어서기도 했다. 항구는 제작한 종이를 외부로 보내기도 용이했지만, 제노바의 경우처럼 낡은 로프를 구하기도 쉬웠기 때문이다. 그 외에도 종종 천이나 포목을 만들던 지역에 종이 생산업자들이 자리잡는 것 역시 단순한 우연은 아니었다. 보주 산맥 지대 또한 제지소가 들어서기에 천혜의 자연환경을 갖춘 곳이었다. 샹파뉴 지방이나 도피네 지방 등에서도 대마 재배가 확대되면서 부르구앙, 생장앙루아양, 튈랭, 도멘, 페이뤼스 등지를 중심으로 18세기 제지산업의 발달이 용이해졌다.[13]

다만 종이 생산지가 발달함에 따라 넝마를 구하기가 점점 더 어려워졌고, 이에 따라 천을 구하러 더 멀리까지 가야 했다. 그에 따라 넝마주이의 역할이 중요해진다. 15세기에서 18세기 사이, 낡은 천을 주워 모으는 일은 상당히 벌이가 좋았다. 보주 산맥 지역에서 전문적으로 넝마를 모으던 사람들은 은이나 장식 핀 등으로 값을 치러 낡은 천을 사들였다(1588). 이후에는 자기

류로 값을 쳐주기도 했다. 넝마주이들은 보통 '헌옷 상인'을 대신해 돌아다니며 헌옷을 사들였고, 제지소 인근에 자리잡은 헌옷 상인들은 넝마주이들이 주워온 헌옷을 간단히 분류한 뒤 이를 되팔았다. 이들은 일단 근처에서 헌옷을 끌어모으고, 이어 좀더 멀리까지 천을 구하러 나갔다. 1576년부터는 메츠와 퐁아무송, 부르고뉴까지 발을 뻗었으며, 그 외 프랑스 남부 툴루즈에서도 앙투안 드 로주리에르Antoine de Laugerière 같은 사람은 16세기 초반, 수만 킬로그램에 달하는 넝마를 팔아 상당한 수입을 올렸다. '네피에'naypiers라고 불리던 그 당시 툴루즈의 카드상들은 카드장사와 넝마주이 활동을 함께 겸하는 경우가 많았다.[14]

하지만 이 정도만 해도 아직 그리 규모가 큰 산업 중심지는 아니었다. 트루아 지역의 경우, 일부 판매상들은 넝마로 가득 찬 수레를 끌고 프랑스 북동부 샹파뉴 지방의 박람회장(정기시)까지 찾아온 것으로 보인다. 프랑스 중부 오베르뉴 지방이 제지업 중심지로 발돋움할 때는 동부 부르고뉴 지방의 넝마처럼 가장 품질이 우수한 넝마들이 손Saône 강을 통해 리옹 지역으로까지 운송되었으며, 오베르뉴나 포레 지방에서 블레와 니베르네로부터 헌옷 가지들을 받아 보내주면, 리옹의 마차들이 이를 실어가곤 하는 게 그 당시 풍경이었다.[15]

종이 제작에 필요한 원료들을 확보하고 넝마주이들이 넝마 가격을 지나치게 높여 부르지 않도록 하기 위해 제지상들은 종종 정부에 도움을 호소하며 넝마 수집에 대한 독점권을 요청했다. 1366년부터 트레비소의 제지업자들은 베네치아 원로원으로부터 이 같은 특권을 부여받았다. 1424년 파브리아노 출신으로 제노바에서 일하던 한 사업가는 오래된 로프의 구매 독점권을 획득한다. 제노바에서는 또 15세기 중엽 제지상들이 넝마장수들의 절대적 영향하에 놓이는 것에 불만을 표하며 이들에 대해 소송을 제기한다. 스위스의 경우, 바젤 지방에서 제지업이 성행하자 역내 생산 보호를 위해 비슷한 조치를 취해야 하는 상황에 이른다. 그리하여 정부는 판매 개시 후 24시간이 지난 옷에 대해 헌옷가지는 바젤 지역의 사람들에게만 팔 수 있도록 한다. 독일에서 제지산업이 등장했을 때도, 대개는 각 제지 중심지 주위로 작은 구역을 설정해 그 안에서만 넝마 매매를 한정적으로 허용했고, 종이 제조상들에게 역내에서의 특권을 부여했다. 가령 1622년 브레멘 지방에서 수거되는 모든 헌옷가지에 대한 이용 권한을 가진 것은 오로지 브레머푀르데 제지소와 알트클로스터 제지소뿐이었다.[16]

프랑스의 경우, 넝마 수급 부족 현상이 다른 지역에 비해 좀더 늦게 나타난 듯하나 그 강도는 더욱 심했다. 16세기 말과 17세기 무렵 트루아 지방의 제지산업이 뒤처지기 시작한 건 종이 제작의 원재료가 되었던 넝마 파동이 그 시초였던 것으로 보인다. 1674년 프랑스의 제지산업 쇠퇴를 우려한 콜베르Jean Baptiste Colbert(1619~1683, 루이 14세 시절의 프랑스 재무장관)는 문제에 대한 인식은 했으되 실질적인 해결책은 가져오지 못했고, 그저 제조업자들에게 넝마로 창고를 가득 채우는 것만을 전면 금지하는 조치로만 만족했다. 18세기에는 글을 읽고 쓰는 사람들이 점점 더 많아졌고, 이에 따라 다시금 종이 파동이 일어난다. 특히 오베르뉴 지방 같은 경우, 종이 기근이 심각해 1732년과 1733년 낡은 천조각의 반출이 금지되었고, 상황이 더욱 심각해진 1754년에는 넝마 수출을 막기 위해 항구와 국경 지역에 넝마주이들이 창고를 두지 못하도록 했다.[17]

그러므로 새롭고 획기적인 방안이 나오지 않는 한, 이 만성적인 종이 파동이 해결되지 않으리라는 점은 거의 모두가 공감했다. 이미 1719년에 레오뮈르Antoine Ferchault de Réaumur(1683~1757)는 프랑스 학사원의 자연과학 연구기관 '아카데미 데 시앙스'Acedémie des Sciences에 나무를 이용해 종이 생산이 가능할 것이라는 의견을 내놓았다. 1727~1730년 시기에는 독일의 브뤼크만Brückman이 그와 같이 만든 종이 위에 자신의 책 『신비로운 땅속 세계』*Magnalia Dei in locis subterraneis* 몇 권을 인쇄한다. 1741년 아카데미 데 시앙스의 회원인 장에티엔 게타르는 종려나무, 에스파르트, 알로에, 쐐기풀, 뽕나무, 갈조류 등 다양한 품종의 나무를 대상으로 실험을 시작한다. 영국의 존 스트레인지John Strange와 작센 지방의 셰퍼Schäffer도 비슷한 연구를 수행한다. 1786년 랑글레Langlée의 레오리에 드릴Léorier Delisle은 접시꽃을 기반으로 만든 종이에 비예트Villette 후작의 작품을 출판한다. 영국에서는 1801년과 1804년 사이, 이 같은 방식으로 종이를 제작하는 공정을 산업적으로 발전시킨다. 하지만 이는 아직 초기의 미완적 노력에 불과했다. 물론 프랑스 혁명기 동안 옛날에 쓰이던 종이를 대거 재이용한 것은 사실이다. 그 때문에 예전의 책들이 폐기처분되고 오래된 고문서들이 소실되기도 했다. 하지만 1844년에 가서야 비로소 제본공인 고틀리프 켈러Gottlieb Keller가 넝마에 나무를 섞어 넣어 종이 반죽을 만들면 어떨까 하는 생각을 하게 되었고, 1847년 뵐터Woelter가 이 같은 방식을 응용하는 실용 특허를 얻는다. 그리고 밀짚이 신문지 제작을 위해 넝마 대용품으로 널리 쓰이게 된 것도 1860년 무렵의 일이었다.[18]

이처럼 14세기에서 19세기에 걸친 시기 동안은 넝마가 종이 제작의 가장 중요한 원료로 쓰였기 때문에, 제아무리 제지시장이 폭넓게 확대된다 한들 엄청난 확장세의 제지산업 중심지는 언제나 원자재 수급 위기에 처해 있을 수밖에 없었다. 16세기에는 트루아 지방과 베네치아 지방이 원자재 난을 겪었고, 17세기와 18세기에는 오베르뉴 지방과 앙구무아 지방이 제지 원료가 부족해 종이 파동을 경험했다. 종이 원료는 빠듯한데 그에 대한 수요는 점점 늘어나자, 제지업자들은 종이 제작 수량을 늘리기 위해 종이의 질을 떨어뜨려야 했다. 이들은 질이 좋지 않은 넝마를 이용해야 했고, 그 결과 종이도 품질이 더 떨어지는 제품을 생산해낼 수밖에 없었다. 이에 소비자들은 불만을 토로하며 다른 제지업자들을 찾아 나선다. 그리하여 예전에는 제지소를 찾아볼 수 없었던 지역에 새로이 제지소가 들어섰는데, 이런 경우는 대개 종이 소비지와 가까운 곳에 제지소가 마련되었다. 이렇듯 제지산업의 확산과정은 (적어도 부분적으로는) 원료 수급상황에 따라 좌우되는 양상을 보인다.

3. 제지산업 발달의 상업적 조건

이처럼 14세기에서 17세기 사이, 제지업자들의 수가 많아지면서 점차 늘어나는 수요에 부응한다. 제지 원료의 부족으로 제지 중심지의 발달이 제한된 반면, 그동안 종이 제작기술을 알지 못했던 지역에서는 새로운 제지소가 끊임없이 생겨난다. 생산된 종이의 유통을 좀더 원활하게 하기 위해 이들은 항상 상업 요충지 인근에 위치했으며, 가능하면 중점적으로 소비되는 곳 부근에 자리를 잡았다.

여기에서도 이탈리아인들은 애초부터 그 자본력과 기술력을 바탕으로 주된 역할을 담당했다. 15세기 말부터는 이탈리아에서 생산되는 양만으로 이탈리아 이외 지역의 수요를 충족시킬 수 없는 지경에 이른다. 더욱이 운송비가 더해지면 안 그래도 값비싼 상품인 종이의 판매가가 더욱 무겁게 책정될 수밖에 없었다. 프랑스나 독일의 소비자에게 이르기까지 서너 번의 유통경로를 거쳐야 했기 때문이다. 또한 이탈리아 북부 롬바르디아의 도매상들은 프랑스, 스위스, 독일 등지의 소비 거점 인근에 위치한 방앗간을 제지용 물레방앗간으로 변모시키는 데 자금을 투자했고, 그 과정에서 이들은 고국으로부터 이 신기술을 가르칠 만한 인력을 불러들였다. 그렇게 하여 1372년에는 한 피렌체 사람이 아비뇽 인근의 카르팡트라에 제지용 방앗간을 만들었고, 이탈리아 출신 상인들은 피네롤로 지역의 제지업자들을 불러들여 15세기 초반 아비뇽 부근에 제지소를 가동시켰다.[19] 때로는 프랑스 현지 상인들이 이탈리아 기술자를 불러들이는 경우도 있었다. 가령 1391년 뉘른베르크의 한 부호 울만 스트뢰머Ulman Stroemer는 글라이스뮐Gleismühl의 곡물방앗간을 제지방앗간으로 바꾸었고, 프랑수아 드 마르치오와 그 형제 마르크 드 마르치오, 현지인 한 명 등 세 명의 이탈리아인에게 부탁해 독일 사람들에게 종이 만드는 법을 가르치도록 했다. 고위 성직자들 역시 이 새로운 산업에 관심을 기울이는 사람들이 많았다. 1466년에는 뤽쇠유의 신부 장 드 주프루아의 허가로 이탈리아 북서부 피에몬테 출신의 두 사람이 랑테른 강의 지류 브뢰셍에 자리잡을 수 있게 되었다. 대신 이들은 연간 종이 2,000매를 사용료로 지불했다. 1455년 이전에는 프랑스 중서부 앙굴렘의 생일레르 수도회가 수도원 소속의 곡물방앗간을 제지용 방앗간으로 용도 변경했다.[20] 더 적은 비용으로 충분한 양의 종이를 공급받고 싶었던 대학 역시 제지방앗간의 설립을 장려한다. 특히 파리의 대학들은 코르베유, 에손, 생클루드, 특히 트루아 지방 주위를 중심으로 제지소 설치를 장려했다.

파리 지역 제지소 발달의 역사는 슈타인과 르 클레르의 연구작업 덕분에 잘 알려져 있다.[21] 이를 통해 살펴보면 파리 같은 소비 중심지와 트루아 지방 같은 유명한 상업 중심지 주위에서 어떻게 제지산업이 크게 발전할 수 있었는지 알 수 있다.

14세기 중반부터 파리의 대학들은 당시 국왕이었던 장 르 봉Jean Le Bon (1319~1364) 2세로부터 에손, 트루아 등지에 자체 제지소를 보유할 수 있는

Chartarius. Der Papyrer.

EX vetulis pannis tenuem contexo papyrum,
Vertitur in gyros dum mola ſcabra ſuos.
In tabulis olim ſua ſcripſit verba vetuſtas,
Quas rudis ex cæra dextra liquente dabat.

J'ai un poëme latin par Jésuite Imberd, intitulé: Papyrus sive ars conficiendae papyri. Claromonti, 1693.

... Les bons livres consomment peu de papier... l'ab. Desfont. lettre 460. tome 31. page 229. 1743.

Ger. Meerman et doctorum Virorum ad Eum Epistolae de chartae vulgaris seu lineae Origine. hagae-Comitum. 1767, in 8°. Meerman avoit proposé un prix pour le meilleur mémoire sur l'époque précise de l'invention du papier de chiffes.

Cùm mera ſimplicitas æuo rariſsima noſtro,
Et merus in terris ſcribere iuſsit amor.
Principibus noſtris vix ſufficit aurea charta,
Sit licet aurata ſæpe notata manu.
Fama vetus nulli certos adſcripſit honores,
Iſtius inuentor qui prior artis erat.

C 4 Concin-

... Qui croiroit que des chiffons, des puans et pourris haillons cueillis dans la boue et parmi les fumiers, ayant un peu esté pilez

그림 2 아트만 쇼퍼Hartmann Schopfer의 종이 제작 현장,
『모든 전문적 기술 또는 기계공학에 대하여』*De omnibus illiberalibus artibus sive mechanicis artibus*,
프랑크푸르트, 1574, 4절판.

권한을 얻었다. 대학의 협력기관 자격을 얻은 제지소 주인들은 세제 면제 혜택까지 받는다. 그때부터 파리 주위에는 제지소가 점점 늘어났고, 코르베유와 에손 지방 주위에는 제지업 중심지가 발달한다. 그리고 파리와 좀더 가까운 지역인 생클루드에서는 1376년에 파리의 부호인 두 제지업자가 이곳의 주교로부터 대형 방앗간 한 곳의 장기 임대차를 얻어낸다. 이렇게 해서 빌린 방앗간은 이제 종이류를 만들어내는 제지소로 이용되며, 곡식 같은 것을 빻을 일이 없는 한, 수익에 도움이 될 만한 작업을 하는 곳으로 쓰인다.

그런데 파리에서 쓰이는 종이는 특히 트루아 지방에서 제작된 경우가 많다. 일찍이 이탈리아 도매상들은 종이를 가지고 와서 샹파뉴박람회에 참여하곤 했다. 종이 운송은 론 강이나 손 강을 통한 것으로 보이며, 이어 센 강과 그 지류를 통해 손쉽게 파리 지역으로 운반될 수 있었다. 그리고 항구 등지를 통해 영국으로까지 종이 운반이 이루어졌다. 트루아 지방과 플랑드르 지역 사이에 왕성한 교류가 있었으며, 피카르디와 샹파뉴 지방은 삼 재배로 유명했다. 상황이 이러하니 센 강과 그 지류를 중심으로 (간혹 이탈리아 자본을 기반으로 설립된) 제지소가 대거 포진해 있던 것도 놀랄 일은 아니었다. 15세기 말부터는 샹파뉴 지방이 북유럽 일부로 종이를 공급한다. 75년쯤 후, 독일의 활판인쇄기술자 울리히 게링Ulrich Gering이 투명무늬로 로고가 새겨진 종이를 사들인 것도 바로 이 지역에서였다. 이 투명 로고가 새겨진 종이는 인쇄술 발명 초기 인쇄본의 제작에 쓰였는데, 같은 문양이 찍힌 종이가 네덜란드의 루방과 델프트, 독일의 쾰른과 마인츠 등지에서도 발견되었다.[22]

파리에서는 제지업자들이 길드를 형성하고 1398년부터는 자체 규약까지 만들었다. 1415년 3월 11일, 트루아 지방과 파리 지역의 제지업자들은 파리 주위로 제지소가 들어서자 그에 따른 종이값 인하효과가 나타나는 것을 인지하고 대학 측에 자신들의 특권 유지를 위해 개입해달라고 요구한다. 1489년 3월, 결국 샤를 8세의 공문에 따라 대학의 허가권이 인정되고, 교수·강사·학생 이외에 대학의 허가권을 누릴 수 있는 사람들의 목록이 정해진다. 서적상 스물네 곳, 양피지 제조상 네 곳, 파리의 제지업자 넷, 트루아·코르베유·에손 지역 종이 제조업자 일곱, 삽화공 둘, 소설가 둘, 제본공 둘 등이 그 대상이었다. 파리의 도매상과 트루아 제지업자들 가운데 '대학 공인 제지업자' 자격을 따려는 사람들이 많았으며, 이는 일종의 귀족 작위 비슷했을 뿐 아니라 상당한 이득을 안겨주는 직위였다. 세금도 면제받고 대학이 얄미울 정도로 혼자서만 누리고 있던 수많은 이점들을 함께 공유할 수 있었기 때문이다.

파리의 경우에서 알 수 있듯이 대도시 주위에는 대개 인쇄소가 들어섰다. 수많은 간행물을 뽑아주는 리옹이 근처에 없었다면, 보졸레에도 오베르뉴에도 그렇게 많은 제지소가 생기지는 않았을 것이다. 그런데 종이는 종종 제지소에서 멀리 떨어진 곳에서 이용되는 경우도 많았다. 15세기와 16세기, 17세기 초반에 걸쳐 샹파뉴 지방에서 생산된 종이는 플랑드르와 네덜란드, 독일 북부 등지에서 사용되었고, 프랑스 중서부 앙굴렘에서 생산된 종이도 16세기와 17세기에 에스파냐와 영국, 네덜란드, 발트 해 연안국 등지에서 쓰였다. 또한 규모가 큰 제지 생산 중심지도 보통 상업로가 교차되는 길목에 있는 경우가 많았다. 하지만 파리, 리옹과 인접해 있다는 지리적 특수성만으로는 트루아 지역의 제지업자들이 샹파뉴 지방의 박람회에, 그리고 오베르뉴 지역의 제지업자들이 리옹박람회에 각각 그렇게 많이 모습을 드러내지는 못했을 것이다. 종이는 무게가 많이 나가는 제품이었기 때문에 수로 운송이 불가피했고, 따라서 규모가 큰 강가에 위치해 있다는 지리적 여건이 제지산업의 발달을 용이하게 해준다. 항구 근처의 도시라면 말할 것도 없다. 14세기부터는 이탈리아 제지업자들이 베네치아나 제노바 근처에 자리를 잡았고, 이후 16세기와 17세기에는 앙굴렘 지역의 약진이 두드러진다. 영국 침략기에는 이탈리아 종이가 보르도를 통해 영국으로 보내졌다. 이후 현지 산업이 육성되고, 그 생산량은 대부분 라로셸과 보르도를 통해 외부 지역으로 수출되었다. 이에 따라 18세기 말, 앙굴렘의 종이가 그 품질로 유명세를 얻자 파리 지역 서적상들이 육로로만 앙굴렘 종이를 받는 것에 불만을 토로한다. 해상 운송으로 앙굴렘의 종이를 받아서 쓰던 네덜란드 사람들보다 더 높은 값을 치러야 했기 때문이다.[23]

4. 책의 등장과 제지업의 발달(15~18세기)

책이 등장했을 때, 종이에 대한 수요는 여러 분야에서 점점 더 많아졌다. 교육이 확대되고 서면 계약이 고차원적으로 발전하며 점차 복잡해짐에 따라, 서면상의 필기작업이 더 많아졌기 때문이다. 게다가 잡화상, 식료품상, 양초판매상 등 수공업 분야에서도 모두 종이가 필요했다. 그뿐만 아니라 카드상, 상자와 게임 카드 제조상, 종이 붙이기 인부 등 제지산업과 관련된 직종들도 다수 생겨난다. 경쟁 길드에서 여러 차례 소송을 제기했는데도 종이와 관련된 직업들은 그 수를 헤아릴 수 없을 정도였다.

하지만 종이를 가장 많이 사용하는 직업은 바로 인쇄업자였다. 신종 직업인 인쇄업은 종이를 굉장히 많이 소비하는 일이었다. 정상적으로 인쇄작업을 하기 위해서는 매일 1,500장의 종이가 필요했다. 사실 증거 자료가 없기 때문에 이전 시대와 비교해 어느 정도로 수치가 늘어난 것인지 가늠하기는 힘들다. 하지만 17세기 프랑스에서는 어느 정도 규모가 큰 인쇄기를 포함해 총 500대에서 1,000대 정도의 인쇄기가 존재했을 것으로 추정된다. 이에 따라 제지소에서는 매일 이 같은 수요를 충족시키기 위해 종이 1,000연連(50만 장, 1연連은 500장—옮긴이)에서 3,000연을 공급해야 했고, 최대 효율로 작업한다고 가정하면 연간 45만에서 90만 연에 해당하는 양을 뽑아내야 하는 것이었다.[24] 그러므로 스트라스부르에서 구텐베르크의 동업자 중 한 명이 제지소를 보유하고 있었다고 해도 그리 놀랄 일은 아니며,[25] 종이 도매상 가운데 돈이 많은 사람들은 분명 책의 유통까지 담당했을 것이다. 그러다 책의 세계를 흠모하게 된 그 자식들 가운데 몇몇은 활판인쇄술에도 관심을 가졌을 테고, 이들은 종이를 만들거나 팔아서 벌어들인 수입을 다시 출판업에 재투자했을 것이다. 따라서 제지업 중심지의 발달은 인근 지역으로 인쇄업 중심지의 발달을 부추겼다. 가령 1486년 샤를 8세가 트루아 지방의 도시에 입성했을 때 사람들은 시로써 이를 환영했고, (그 작법의 수준은 떨어지더라도) 이 시에서 제지업자들은 상당히 큰 비중으로 나타난다.

거기에는 또한 트로이 출신의 제지업자들도 있었네
아찔할 정도의 화려한 차림으로
저들은 위용 있는 군마 위에 올라탔네.
테두리는 아름답고도 말끔하게 장식한 채
저들은 제지소를 제쳐두고
수문을 연 뒤 센 강을 유유히 건너 이곳에 왔다네.

이 시를 지은 사람은 제지업자 혹은 그 부친으로, 몇몇 가설에 따르면 르 베Le Bé 가문 사람일 것으로 추정된다. 이 분야의 전형적인 집안으로 제지 명문이기도 한 르 베 가家는 16세기와 17세기 유능한 각인기 조각사와 활자

주조공을 배출한 가문이다.[26]

1405년부터는 제지업자 기욤 르 베 1세가 트루아 지방 근처 생캉탱 제지소를 빌려 작업을 이어간다. 르 베 가문은 서서히 사업을 넓혀 곧 여러 개의 제지소를 보유하게 되었으며, 아버지에서 아들로 대를 물려 대학 공인 제지업자를 이어가고 자신들이 만든 종이를 직접 판매하기도 한다. 1470년에서 1490년 사이에는 파리, 도르트문트, 트루아, 캔터베리, 하이델베르크, 디종, 마인츠, 위트레흐트, 브뤼헤, 쾰른 등 프랑스와 독일, 벨기에, 영국의 여러 도시에서 르 베 가문의 표식인 'B.'가 투명무늬로 찍힌 종이가 유통되었다. 16세기에는 매우 부유한 가문으로 성장했고, 17세기에는 귀족 가문으로 발돋움한다. 하지만 르 베 가문 중 일원인 기욤 르 베는 활판인쇄술과 각인기의 크기에 관심을 갖는다. 1545년에서 1550년 사이, 그는 프랑스 사전학자이자 인쇄업자로, 프랑스 출판업계의 거장 로베르 에스티엔Robert Estienne(1503~1559) 밑에서 일한다. 기욤 르 베가 비록 히브리어는 알지 못했지만 적어도 글자를 판독하는 법은 배울 수 있었고, 이어 그는 베네치아와 로마로 떠난 뒤 15세기 베네치아의 저명한 인쇄 가문 알도 가와 그에 범접하는 인쇄 가문들을 만나 기술을 연마한다. 파리로 돌아온 그는 생장드라트랑 가와 생장드보베 가 두 거리 한구석에 자리를 잡은 뒤, '그로스 에크리투아르'Grosse écritoire라는 간판을 내건다. 이곳에서 그는 로베르 에스티엔의 히브리어 판본을 새기고, 르 루아 앤드 발라르Le Roy & Ballard 출판사가 사용하게 될 음표를 조각한다. 그는 프랑스에서 최초로 문자를 조판한 선구자가 되었으며, 그 아들인 기욤 르 베 2세는 17세기 초 제지업자이자 글자 각인사로 활동했고 서적상과 인쇄업자 일도 겸했다.

르 베 가문이 이례적인 것은 아니었다. 비슷한 사례는 여러 제지업자들,

혹은 출판업에 뛰어든 유명 제지업 가문의 후손들에게서도 얼마든지 찾아볼 수 있다. 그 시절, 책은 굉장히 더니게 판매되었고 작업은 책의 판매량에 따라서만 지불되었다. 그래서 제지업자들은 대개 서적상이나 인쇄업자들을 상대로 은행가 역할까지 겸했다. 상호적으로 출판업자들도 이따금씩 제지소를 빌려 그곳에서 생산된 종이를 이용했는데, 구텐베르크의 스트라스부르 동업자 안드레아스 하일만 소유의 제지소 역시 1526년 볼프 쾨펠에게 빌려준 뒤, 1550년에 또 다른 인쇄업자 벤델린에게 대여된다.[27] 1535년 무렵에는 외스타슈 프로샤우어Eustache Froschauer가 취리히 인근의 제지소 한 곳을 빌리고, 그 형제인 크리스토프는 취리히에서 인쇄업을 이끌어간다. 외스타슈가 1549년에 세상을 떠나자 크리스토프가 자기 이름으로 제지소를 빌린다.[28] 1575년과 1587년 사이에는 바젤에서 유명한 인쇄업자였던 에우세비우스 에피스코푸스Eusebius Episcopus가 몽벨리아르 인근의 쿠르셀 제지소를 빌린 기록이 있고, 17세기 후반 툴루즈의 출판 가문인 부드Boude 가는 툴루즈 인근의 제지소를 운영한 것으로 전해진다.[29] 이후 보마르셰Beaumarchais 역시 볼테르의 작품들을 출판하게 되었을 때, 아르슈Arches와 아르셰트Archettes 제지소를 인수한다. 그리고 1789년 디도 가는 에손 지역의 제지소를 사들이고 10년 후 이곳에서 최초의 제지기계가 작동되는데, 이에 대해서는 뒤에 가서 다시 살펴보기로 한다.

이렇듯 제지산업과 출판산업 사이의 관계는 매우 밀접하며, 한쪽이 잘되려면 다른 한쪽도 잘되어야 한다. 서유럽에서 제지소의 지형과 인쇄소의 지형이 각각 시대에 걸쳐 어떻게 달라졌는지만 살펴보더라도 이를 알 수 있다. 그리고 인쇄술이 서구 사회를 지배했던 1475년과 1560년 사이, 유럽 전역이 제지소로 뒤덮여 있었던 것도 그리 놀랄 일은 아니다.

이런 점에서 1475년과 1560년 각각의 제지소 분포도를 비교해보는 것도 좋을 듯하다. 특히 프랑스의 경우 그 차이가 확연히 드러난다.[30] 1475년 인쇄술의 발명이 미친 영향을 실감하기 전에 프랑스의 로렌, 프랑슈콩테, 앙베르, 페리괴 등지에서는 몇몇 외딴 제지소가 운영되고 있던 상황이었다. 프랑스에서는 오직 트루아와 아비뇽 두 개의 제지업 중심지만이 상대적으로 큰 비중을 보이고 있었다. 하지만 1560년경, 샹파뉴 지방의 제지소들은 세기 초에 비해 그 운영상황이 경미하게 위축되었으나, 1475년에 비해서는 세 배나 더 규모가 커진 상태였다. 보주 지방의 제지소는 수적으로 세 배 증가세를 보였다. 게다가 이제는 노르망디와 브르타뉴에서도 제지소를 찾아볼 수 있었다. 17세기에 상당히 큰 비중을 차지했던 앙굴렘 제지업 중심지의 경우 한창 성장가도를 달리는 상태였고, 리옹 주변으로는 수많은 인쇄소와 박람회장이 몰려들면서 보졸레 지역, 그리고 특히 오베르뉴 변경 지역에서 제지업을 태동시켰다. 프랑스는 이제 이탈리아를 대신해 유럽에 종이를 공급하는 입장이 되었고, 스트라스부르에서 인쇄된 인쇄술 발명 초기 출판물 대부분은 프랑스의 투명무늬 로고를 달고 있는 종이 위에 인쇄되었다. 특히 대부분은 샹파뉴 지방의 제지업자 로고를 달고 있었다. 트루아 지방의 제지업자들을 필두로 프랑스 제지업자들이 뻗어나갈 사업 영역은 여전히 넓은 상태였다. 그때까지만 해도 독일 북부와 네덜란드, 플랑드르 지역과 잉글랜드 등지에서는 제지산업이 아직 성행하지 않았기 때문이다. 바르르뒤크 지역의 경우와 같이 제지용 방아가 두세 개 정도 있을 뿐인 작은 제지소에서 만들어진 종이가 15세기 말경에는 뫼즈 강을 통해 루방, 브뤼셀, 위트레흐트, 즈볼레 등지로까지 보내졌다. 그리고 이 종이 위에 『죽음의 기술』*Ars moriendi*, 『인간 구원의 거울』*Speculum humanae salvationis*, 『시대별 연대기』*Fasciculus Temporum* 등이 인쇄되었으며, 이 종이는 옥스퍼드까지 장악해 초서Geoffrey

Chaucer(1343~1400)의 『캔터베리 이야기』*Canterbury Tales* 제작에도 이용된다.[31]

그런데 (물론 프랑스에서보다는 디디게 이루어진 게 사실이지만) 물레방아를 이용한 제지소는 프랑스 이외의 유럽 지역에서도 점차 늘어난다. 스위스에서는 프리부르, 바젤 인근 지역에서 제지소가 등장하는데, 특히 바젤에서는 이탈리아 출신인 갈리키아니 가문이 자리를 잡기도 했다. 1570년 바젤 주위에는 제지소 일곱 곳이 바젤에 종이를 공급한다.

독일 최초의 제지소는 뉘른베르크 부근에서 1391년 운영을 시작한 글라이스뮐 제지소였다. 1420년에는 뤼베크에서도 제지산업이 활성화되었고, 몇 년 후에는 클레베 근처의 게넵(1428), 1431년에는 뤼네부르크, 1460년에는 아우크스부르크, 1469년에는 울름과 그 외 도시들에서 제지산업이 이루어지고 있었다. 1480~1490년에는 라이프치히에서, 1482년에는 에틀링겐에서, 1489년에는 란츠후트에서, 1490년에는 브레슬라우에서, 1496년에는 로이틀링겐에서 제지소가 운영되었다. 하지만 제지산업의 발전 속도는 상당히 더딘 편이었고, 독일은 16세기 중반 무렵에 가서야 비로소 종이를 자급자족할 수 있었다. 그리고 뇌르틀링겐, 아우크스부르크, 뉘른베르크 등은 1516년까지도 밀라노 도매상의 손을 빌렸고, 서부에서는 여전히 프랑스의 도움을 받았다.[32] 이처럼 라인 강 주위의 도시들은 인쇄업이야 비록 눈부신 발전을 이루었다 해도 종이만큼은 오랜 기간 수입에 의존하며 살아갔다.

제지업의 발전이 좀더 늦게 이루어졌던 네덜란드보다야 상황이 나은 편이지만 이는 어쨌든 놀라운 현상이기는 하다. 인쇄업자 플랑탱Christophe Plantin(1520~1589)은 필요한 종이를 통상 샹파뉴 제지소로부터 조달해 사용했고,[33] 17세기 내내 모레투스 가는 여전히 프랑스에서 종이를 사서 썼으며, 엘제비어 가는 프랑스와의 무역이 중단된 이후 자신의 인쇄소가 문을 닫게 되지는 않을까 우려했다.[34] 그 때문에 이들은 인쇄기를 돌리기 위해 당시로서는 작은 판형을 채택했으며, (학자들의 조롱에도 불구하고) 저 유명한 12절판 컬렉션을 제작하기 시작한다. 한편 네덜란드 도매상들은 샤랑트 지역의 제지업 발전을 위해 자금을 투자한다. 이들은 이곳 제지소에서 물건을 납품받아 영국, 에스파냐, 네덜란드, 발트 해 연안국 등 유럽 전역에 종이를 판매하는 역할을 담당했다. 앙굴렘 부근에서는 암스테르담 문장紋章을 단 우수한 품질의 종이가 제작되었는데, 이 가문은 루이 14세 통치 초기 프랑스를 떠나 일찌감치 세금 한 푼 내지 않은 채 살아가다 책과 간혹 비방문을 담은 소책자의 형태로 다시 고국을 찾은 셈이었으니, 그 책이나 소책자에 실린 내용이 늘 루이 14세의 마음에 들었을 리 만무하다.

그런데 다른 곳과 마찬가지로 네덜란드에서도 곧 현지에서 종이를 생산해야 할 필요성이 대두된다. 1671년 정부가 프랑스 종이의 수입을 금지하자, 네덜란드 사람들은 현지에서 제지소를 차리기 시작한다. 더 나은 수익성을 달성하고, 이 나라의 동력인 바람의 기복을 조절해야 할 필요성에 따라 새로운 발명품이 생겨난다. 이는 기존 넝마 분쇄에 이용되던 원통형 망치를 대신해 좀더 나은 품질의 제품을 더욱 빨리 생산할 수 있게 만들어준다. 독일 북부 지역에서는 이 새로운 방식이 상당히 빨리 채택되었지만, 프랑스에서는 18세기에 이르러서야 간신히 도입되면서 이 분야에서 네덜란드의 우월한 지위가 오랜 기간 보장된다.

그런데 1725년에 이르러 위기의 여파가 본격적으로 불어닥친 프랑스 제지업이 다시 일어선다. 브르타뉴, 남서부 지역, 도피네, 샹파뉴, 르 노르 지역 등 프랑스 거의 도처에서 새로운 제지소가 등장한 것이다. 그러나 오베르뉴나 샤랑트 지역의 대형 제지업 중심지 같은 경우는 기존에 유럽 시장에서 차지하고 있던 지위를 회복하지 못했다. 이제는 유럽 내 거의 모든 국가에서 자국 내 제지업을 보유했고, 독일에서는 공장까지 양산되었다. 18세기 말 독일에서는 제지소 500여 군데가 집계되었고, 연간 생산량은 12억 5,000만 장에 달했다. 이탈리아 제지업이 현상유지를 했던 반면, 16세기 말 제시방앗간 몇 개를 보유한 게 전부였던 영국에서는 1696년 100여 개에 달하는 제지소를 보유했고, 그 가운데 대다수는 프랑스 위그노(칼뱅파 신교도)가 세운 것이었다. 1722년 영국에서는 1,500만 장의 종이가 생산되었으며, 1750년에는 영국인 존 바스커빌John Baskerville(1706~1775)이 처음으로 놋쇠 줄 자국도, 쇠막대 자국도 없는 벨렝지를 개발한다.

이렇듯 유럽 전역에서는 이제 방앗간 방식을 활용한 제지소가 자리잡는다. 유럽의 제지소는 유럽 내 종이 소비와 인쇄업이 성행하는 속도에 발맞추어 늘어났다. 대규모 산업의 출현이 예고되던 이 시기에는 기술에 대한 탐구 역시 활발히 일어났다. 이 분야에서 전통적인 수공업 제작방식을 가장 오랫동안 고수했을 프랑스는 18세기 초반 기술적 진보 면에 있어 어느 정도 뒤처진 상태였다. 이어 프랑스는 뒤처진 기술을 만회하려 노력한다. 공장 감독관인 데마레츠는 네덜란드에서 교육을 받은 한 기술자 에크레비스의 보조를 받고 있었는데, 그는 특히 브리 지역 쿠르탈랭-파르무티에의 레베이용가와 같은 진취적인 대규모 사업가들을 독려한다. 그뿐만 아니라 아노네이에서는 요아노 가와 몽골피에(최초의 열기구 발명가) 집안도 부추기며 이들에게 새로운 방식을 채택하도록 권유한다. 그런데 1789년 3월 26일 대혁명 전야에, 과거 이미 인쇄업의 기술적 완성을 위해 노력해온 인쇄 가문 디도 가에서는 에손 지역의 제지소를 사들이고, 그 10년 후 영국과 독일에서 과거의 수작업 방식을 기계식 제작방식으로 대체한다. 디도 가에서 일하던 직원인 회계사 루이 니콜라 로베르는 미국에서 돌아와 최초의 대량생산용 제지기계를 제작한다. 사실 19세기 초, 교육에 대한 수요와 정보 확대에 대한 필요성에 부응하려면 책과 행정문서를 더욱 많이 만들어야 했고, 이어 신문도 제작되어야 했으며, 이에 따라 종이도 더 많이 필요했다. 책과 종이를 만드는 데 기계적 생산방식이 도입된 이유는 이로써 설명된다.

2장

기술적 어려움과 문제의 해결

15세기 말, 구텐베르크와 그 시절 학자들은 인쇄본의 제작이 제기하는 기술적 난세들을 어떻게 극복할 수 있었던 것일까? 이들은 어떤 단계를 거쳐 적절한 해법에 이를 수 있었을까? 이에 대해 우리는 어떤 추측을 해볼 수 있으며, 또 이에 대해 알고 있는 것은 어느 정도인가? (인쇄술이 발명된) 구텐베르크 시대에서 (디도체를 발명한 인쇄와 출판 명문) 디도 가 시대에 이르기까지, 인쇄기술은 어떻게 완성되어갔는가? 이 같은 인쇄기술의 개선은 어떤 식으로 인쇄산업의 부흥에 이바지했으며, 이를 통해 책의 확산에는 또 어떻게 기여했는가? 이번 장을 통해 우리가 다루고 싶은 문제들은 사실 무언가의 태동기에는 풀기 어려운 난제에 속한다. 박식하다고 정평이 난 학자들이나 역사가들도 고심했던 문제들이고, 특히 하인Hain, 해블러Haebler, 프록터Proctor 학파의 뛰어난 전문가들이 여기에 파고들었다.

다시 한번 강조하고 싶은 게 있다. 바로 이 책에서 무엇보다도 중요한 것은 특정 인물 혹은 특정 국가 덕분에 어떤 발명이나 기술개선이 이루어졌다는 사실을 밝히는 일이 아니라는 점이다. 우리는 인쇄산업 태동기에 어떠한 기술 변천과정을 통해 초창기 인쇄본이 성공적으로 인쇄될 수 있었는지 짚어보고, 이어 15세기와 16세기에 좀더 짧은 시간 내에 더욱 많은 양을 인쇄해내기 위해 당시 사람들이 어떻게 원시적 인쇄방식을 개선해나갔는지 알아보는 데 중점을 둔다. 따라서 16세기에서 18세기 사이에 수동 인쇄기를 쓰던 구식 인쇄방식으로 사람들이 어떻게 인쇄를 했는지 알아보고 18세기 말과 19세기 초, 인쇄술에 있어 그 어떤 기술적 혁명이 있었기에 책과 신문에 대해 점차 늘어가는 수요에 부응할 수 있었는지 살펴보기로 한다.

1. 목판술은 책의 기원인가?

앞에서 살펴봤듯이 14세기 중엽 서유럽 지역에서 종이는 거의 도처에서 쓰였고, 14세기 말에 이르면 흔한 상품으로 대중화된다.

이에 따라 새로운 가능성이 열리는데, 종이 원가가 낮아졌기 때문이 아니라 완전한 평면의 공간이 제공되는 종이를, 그것도 다량으로 생산할 수 있게 되었기 때문이다(심지어 종이 제작 단가는 매우 천천히 떨어졌다). 이 모든 점 덕분에 종이는 문자와 그림을 널리 확산시킬 수 있도록 만들어주는 최고의 기록매체로 거듭났다.

그런데 사람들은 이미 오래전부터 하나의 그림이나 도안을 대량으로 복제하는 방식을 알고 있었으며, 14세기 사람들 역시 마찬가지였다. 삽화집이나 민담집의 경우, 음각으로 새긴 금속판을 가죽 위에 눌러 장정裝幀했고, 독피지나 양피지로 제작된 필사본에서 새로운 장이나 단락이 시작하는 대목이 나오면, 필경사 전용 공간으로 비워진 여백에다 해당 필경사의 장식 이니셜을 찍을 때 신속한 작업을 위해 나무나 금속에 양각으로 새겨 넣은 압인壓印을 이용했다. 특히 천 위에 프린트 문양을 입히는 기술은 동양에서 전래되었는데, 이 방식 또한 이미 사람들 사이에 전파되어 있었다. 덕분에 당시 사람들은 색깔 잉크를 사용해 리넨이나 비단 천 위에 종교적 그림이나 성서의 장면, 혹은 장식 문양 등을 찍어 넣을 수 있었다.[1] 그러므로 나무나 금속에 새겨 넣은 그림이나 글씨를 종이 위에 흑백으로 찍을 준비는 이미 다 된 상태였다. 또한 종이를 이용하면 천 위에 하는 것보다 더 정교하고 깔끔하게 무늬를 찍을 수 있었다. 따라서 초기 목판인쇄물이 애초에 천 위에 프린트하기 위해 만들어진 그림이나 글씨들을 찍어낸 것과 비슷한 형상을 하고 있었던 것도 당연한 이치였다. 게다가 유럽에서 종이의 사용이 대중화된 지 얼마 안 되어 이렇듯 최초의 목판인쇄물이 나온 것도 쉽게 짐작할 수 있는 부분이다. 그리고 그로부터 70년 후, 인쇄본이 등장한다. 목판인쇄를 바탕으로 새로운 길이 개척된 것이며, 이 또한 예견된 수순이라고 할 수 있다.[2]

우리에게 알려진 초기 목판인쇄기술자들에 대해 살펴보려면 사실 14세기 후반으로 거슬러 올라가야 한다. 15세기 전후로 이들은 라인 강 유역과 부르고뉴 공의 프랑스-플랑드르 지역에서 왕성한 활동을 벌인다. 나뭇조각 몇 개와 조각칼 하나면 충분했기 때문에 매우 간단한 재료로 손쉽게 다량의 종교화를 제작하게 해준 이 새로운 기술은 대번에 막대한 성공을 거둔다. 종교가 신앙생활과 지식 탐구의 중심에 서 있던 이 시기, 교회는 상당히 중요한 위치를 차지했고, 모든 문화는 대부분 구두口頭로 이루어졌으며, 이러한 상황에서 종교화를 많이 만들어낼 수 있는 그림 제작방식은 사람들에게 인쇄술보다 더 필요한 방식이었다. 이전까지만 해도 건축물의 기둥머리, 정문, 외벽 등의 장식이나 교회 유리창에서만 볼 수 있었던 성상들은 이제 어디에든 삽입될 수 있었으며, 성인들에 관한 전설을 퍼뜨리는 것도 수월해졌고, 각자가 저마다 자기 집에서 편할 때 아무 때나 예수의 기적, 고난의 장면을 감상할 수 있게 되었다. 목판화의 주된 역할은 성경 속 인물들을 되살리고 죽음의 문제를 논하며 영혼을 둘러싼 천사와 악마의 싸움을 보여주는 것이었다. 이는 책을 다량으로 복제해내는 것보다 훨씬 더 빨리, 훨씬 더 크게 그 필요성이 느껴졌다. 그때까지 필사본으로 제작되던 문학이나 신학, 과학 분야의 책을 복제하는 것은 극소수 학자들 아니면 성직자들에게서나 그 수요가 있었을 뿐이다.

그러므로 제아무리 텍스트 복제가 그림 복제보다 기술적으로나 물리적으로 더 쉽다 해도, 판화는 당연히 책의 인쇄보다 먼저 나타날 수밖에 없었다. 그렇다고 목판인쇄가 활판인쇄에 조금이나마 영감을 주었다는 것은 아니다. 뒤에서도 살펴보겠지만 둘은 서로 완전히 다른 기술이다.[3]

이에 따라 15세기 초부터는 종교적 성격의 온갖 대중적 그림들이 등장하기 시작한다. 초기 목판화 제작소가 수도원 부근, 심지어 수도원 내부에서 생겨났으리라는 추측도 얼마든지 가능하다. 그리고 이렇게 만들어진 종교화는 규모가 큰 수도원을 발판으로 쉽게 확산되었을 것이다.[4] 어쨌든 목판 기술자들의 영업은 매우 빠른 속도로 확대된다. 브뤼셀 성모(1423), 성 세바스티앙 드 비엔(1437), 성 로슈, 성녀 아폴린 등과 같은 종교적 인물들의 그림이 거의 도처에서 확산되었고, 이 그림들은 서민들의 집을 꾸미거나 이들의 삶을 지켜주는 용도로 쓰였다. 성 크리스토프는 여행자들을 지켜주는 수호성인이었고, 성 세바스티앙은 상처로부터 지켜주며, 성 로슈는 페스트로부터, 성녀 아폴린은 치아의 병으로부터 사람들을 지켜주는 존재였다. 그 외에도 갖고 있으면 죄를 씻어준다는 성인들의 그림이 순례길이나 교회 문 앞에서, 혹은 박람회장 같은 곳에서 불티나게 판매되었다.

초기 목판인쇄물들은 도안에 글자를 넣지 않고 단순히 그림만 새겨 넣는 식이었다. 하지만 특별히 글씨를 써넣을 공간을 마련하거나 아니면 인물 사이의 여백에 주석 형식으로 글자를 삽입하거나 간단한 경구를 집어넣으면 유용할 것 같다는 생각에, 처음에는 손으로 직접 글씨를 써넣다가 나중에는 그림을 새겨 넣듯 나무에 글자를 새겨 넣는다. 이와 더불어 목판인쇄물은 점차 '세속적으로' 발전한다. 사람이나 동물 모양의 신기한 알파벳이 등장하는가 하면, '아홉 명의 영웅들'Neuf preux 같은 전설 시리즈를 만들기도 하고, 엄청난 속도로 성공가도를 달리게 될 '카드산업'도 탄생한다. 카드놀이에 쓰일 카드가 이제 더는 손으로 직접 그리거나 채색되지 않고 나무 위에 새겨져 착색되는 것이다. 하지만 글자가 들어간 목판화의 성공은 풍자성 벽보나 상업적 광고 전단, 연중행사표처럼 그림보다 텍스트가 우선적인 장르에는 별 영향을 주지 않았다.[5]

그런데 이제는 낱장의 그림 하나만으로는 부족했다. 이에 따라 오늘날의 4절 판형과 비슷한 형태의 목판인쇄 소책자가 등장한다. 이와 더불어 온갖 문학이 발전하기 시작했고, 그 가운데서는 『그림으로 보는 요한계시록』*Apocalypses figurées*, 『빈자의 성서』*Bible des Pauvres*, 『성모 이야기』*Histoires de la Vierge*, 『구원의 거울』*Miroirs de la Rédemption*, 『예수의 고난』*Passions du Christ*, 『성인의 생애』*Vies des Saints*, 『죽음의 기술』*Arts de mourir* 등 그 당시 가장 인기가 많았던 종교적·도덕적 주제들을 찾아볼 수 있다. 그림 옆에 텍스트가 비중 있게 자리한 이 소책자들은 '가난한 성직자들'이 설교를 준비하거나 교리를 가르칠 때 예시 자료로 쓰였다. 특히 가격도 저렴하고 내용 이해도 쉬웠기 때문에, 처음으로 책이라는 존재가 서민 계층에게 다가갈 수 있는 계기가 되었다. 심지어 글을 읽을 줄 몰랐던 사람들도 그림의 의미를 이해할 수 있었으며, 더듬더듬이나마 글자를 읽을 수 있는 사람들은 대중적 언어로 쓰인 설명을 좀더 쉽게 알아들었다(그림보다는 글씨가 더 큰 비중을 차지하는 이 같은 책자가 크게 성공을 거둔 것으로 미루어볼 때, 그 당시 기초적인 수준으로나마 글씨를 읽을 수 있었던 사람들이 많았을 것으로 추정된다).

그런데 대부분 인쇄술의 발견 이후 목판에 인쇄된 이 소책자들의 등장과 함께, 이제 막 태동기에 있던 목판인쇄본의 역사가 서서히 막을 내린다. 하지만 그렇다고 목판인쇄물이 아예 사라진 것은 아니었다. 이 소책자들에 새겨진 그림들은 사실 초기 인쇄본에서 발견되는 목판화 삽화의 원형이다. 삽화가 들어간 초창기 책들은 대부분 독립적인 목판인쇄에서 사용되던 목판화를 이용해 그림을 넣었다. 사진이 등장하기 전까지, 수세기 동안 판화사업은 책과 더불어 오래도록 성행했다.

하지만 그 어떤 목판인쇄물도 관심 있게 연구되지 않았으며, 오늘날까지 그 이름이 전해져오는 목판인쇄기술자들이 드문 만큼 그 인쇄물 또한 제대로 탐구되지 못했다. 분명 목판인쇄사업이 활발히 이루어졌을 텐데, 그 자료는 거의 남은 게 없다. 아마도 이를 좋아했던 사람들은 대개 보관에 별 관심이 없었던 사람들이 아니었을까 싶다. 그나마 지금까지 전해져오는 것 가운데 대부분은 양장본이나 한 질 속에 포함되어 있었기 때문에 살아남았을 것이다. 어느 나라, 어느 지역이 이 같은 기술에 있어 앞서 있었는지에 대한 해묵은 논쟁은 여기서는 하지 않으려 한다. 목판인쇄물과 관련한 이런저런 연대기적 날짜 싸움도 안 할 것이다. 그보다는 인쇄술의 발명과정과 좀더 직접적으로 연관이 되는 또 다른 문제가 있다. 최초의 목판인쇄물이 등장한 지 한참 후에야 비로소 활판인쇄술이 발명되었다면 목판인쇄물에서 활판인쇄본으로 이어지는 계보를 세워볼 수 있지 않을까? 매 페이지마다 새로운 글자를 다시 새기는 게 싫증났던 목판 조각사들이라면, 언젠가 하루쯤은 새겨야 할 목판 글자 조각을 나눠보려는 생각을 하지 않았을까? 아니면 글자들

그림 3 〈프로타 숲〉(1380년경), 19세기에 발견된 목판화의 일부로서 제단보 장식으로 추정된다.

을 아예 따로 하나씩 조각해 문자 조합하듯 그렇게 나란히 배열해볼 생각은 하지 못했을까? 그렇게 하고 난 후에는 기술이 발전해 나무를 금속으로만 바꾸면 되는 일이었을 테니 말이다.

흥미로운 가설이다. 옛날에도 이미 크게 인기를 끌었던 가설로, 일부 인쇄사 연구자들은 지난 세기에 이 문제를 꽤 다룬 바 있었다. 다만 깊이 있는 연구로 이어지지 못하고 단순한 수준에서만 연구가 이루어진 게 흠이었다. (대개 문자 부분을 손으로 쓴 것을 포함해) 목판인쇄물이 대거 나타난 시기는 15세기 후반이었다. 따라서 대중문학 분야에서 본다면, 대량의 목판인쇄물이 나온 게 경쟁 상대였던 인쇄본이 처음 등장한 이후였던 셈이다. 특히 조판 제작의 어려움과 기술적으로 불가능했던 부분을 고려해야 하는데, 문자를 서로 정확하게 조합할 수 있을 만큼 충분히 정교하게 나무 글자를 새기기는 힘들다(나무라는 재질이 건조하거나 습한 날씨의 영향을 많이 받기 때문이다). 그뿐만 아니라 조각해놓은 글자가 쉽게 마모된다는 문제도 생각해볼 수 있다. 이에 따라 하나의 글자를 여러 개로 조각해두어야 할 필요가 있었을 것이다. 또한 나무를 금속으로 대체했을 때 목판 조각사들이 전혀 상상하지 못하는 부분들이 존재한다. 가령 목판 조각사들은 금속의 재단방식도 전혀 모르고, 특히 어떻게 해야 금속으로 모양을 만들 수 있는지도 알지 못한다. 그런데 이 기술들은 모두 서구 인쇄술의 기본에 속한다.

게다가 초기 인쇄본이 신기술에 적응한 목판인쇄소에서 나오지 않았음을 증명해주는 자료들도 많다. 초기 인쇄본을 제작한 사람은 모두 금속 전문가들이었다. 그 가운데 대표적인 인물이 바로 구텐베르크다. 그 역시 금은세공사로서 금속에 관한 한 전문가였기 때문에 인쇄술을 발명할 수 있었으리라 짐작된다. 같은 시기 마인츠에서 이루어지던 것과 비슷한 연구를 시도했던 프라하의 프로코페 발트포겔Procope Waldvogel 역시 금은세공사였고, 특

그림 4 『빈자의 성서』, 바랭 혹은 네덜란드, 1460년경.

히 바젤 지역을 비롯해 1세대 인쇄기술자들 대부분이 금은세공사 길드에 이름이 등재된 경우가 많았다.

이로 미루어볼 때 활판인쇄본은 목판인쇄물이 발전한 형태로 보기 힘들다. 활판인쇄본 특유의 특징적인 점들도 있다. 활판인쇄와 목판인쇄의 잉크가 다르다는 점이다. 활판인쇄에서는 진한 검은색의 인쇄용 잉크를 사용했는데, 진득한 게 특징인 이 잉크는 기존 목판인쇄에서 쓰이던 잉크와 확연히 다르다. 목판인쇄용 잉크는 램프 그을음을 기반으로 만들어져 대개 갈색빛을 띠고 지나치게 묽은 데다 활판인쇄본이 등장하고 난 이후에 나타났다. 게다가 활판인쇄의 인쇄기는 목판인쇄에서 쓰이던 '바렌('마렵'이라고도 불리며, 목판화에서 사용되는 문지르개를 말한다—옮긴이)'의 대체품으로 볼 수 없다. 바렌의 경우 한쪽 면에만 인쇄할 수 있는데, 그나마도 인쇄술의 발명 이후에 등장한 도구였다.[6]

그렇다고 활판인쇄본이 목판인쇄물에 전혀 빚을 지고 있지 않다는 말은 아니다. 목판인쇄술이 보여준 미래에 대한 전망은 문서의 대량복제에 있어 종이가 가져온 가능성들을 더욱 부각시켜주었고, 또한 목판인쇄물의 성공 덕분에 좀더 수준 높은 인쇄방식이 가져올 성공에 대해 가늠할 수 있다. 한마디로 목판인쇄물이 널리 유통된 덕분에 구텐베르크가 좀더 열심히 활판인쇄술 연구에 매진할 수 있었으며, 그 덕에 푸스트 역시 구텐베르크의 연구를 적극적으로 도울 수 있었다는 뜻이다. 아마도 활판인쇄술 발명 초기 단계에서 일부 문자들은 나무의 형태가 자국을 남기는 흙 거푸집에서 주조되었을 가능성이 높다. 아니면 목판인쇄술 대신 금속판인쇄술을 시도해봤을 수도 있다. 중요한 점은 이러한 연구들이 금속 전문가들, 특히 금속을 주조하는 전문가들의 손에 의해서만 시도되었다는 사실이다. 그리고 이제 이들이 시도했던 그 연구에 대해 살펴볼 차례다.

2. 인쇄술의 '발견'

15세기 초반 인쇄술을 연구하던 학자들은 어떤 문제를 파고들었을까? 기계적인 방식으로 더 많은 책을 양산해낼 편리한 방식을 찾으려던 이들은 어떤 문제에 직면하게 되었을까? 그 답을 찾으려면 일단 몇 가지 기본 개념을 정리하고, 서양에서 최종적으로 채택한 해법이 어떤 것이었는지 간략하게 살펴볼 필요가 있다. 이렇게 채택된 해법은 조금씩 수정되고 점차 세부적으로 완성되어 19세기 산업·기술 혁명기까지 인쇄산업 전체의 근간을 이루었다.

수공업 방식으로 인쇄를 하는 기술은 세 가지 기본 요소로 구성된다. 금속활자, 걸쭉한 인쇄용 잉크 그리고 인쇄기다.[7]

이 책에서는 잉크와 인쇄기에 관해서는 상세히 다루지 않을 생각이다. 기존의 잉크보다 좀더 진득한 잉크를 만든다거나 과거 목판인쇄술에서 쓰이던 바렌 같은 기존 방식을 폐기하고 인쇄기를 개발해낸 것은 사실 상대적으로 해결하기 쉬운 문제들이었다. 우리가 다루게 될 근본적인 문제들에 비하면 이는 부차적인 부분이다. 우리는 그보다 인쇄술의 본질에 대해 살펴보고자 한다. 구텐베르크 시절에 개발되어 이후 19세기 말까지 모든 인쇄물에 적용되었던 인쇄방식의 기본이 되는 본질적인 문제, 즉 '따로따로 떨어진 구동 활자를 이용해 어떻게 하나의 페이지를 구성할 것인가?'의 문제를 살펴보려는 것이다.

먼저 인쇄기법의 측면에 대해 살펴보도록 하자. 활판인쇄술에서 사용되는 문자나 기호를 만들기 위해서는 일단 단단한 금속으로 된 각인기를 만들어야 한다. 이 각인기의 한쪽 끝에는 문자나 기호가 양각으로 새겨진다. 각인기보다 강도가 더 약한 금속으로 만들어진 금속판 위에 이 각인기를 두드리면 원하는 글자의 형태가 음각으로 찍힌다. 그리고 이 자모字母를 주형(거푸집)에 넣으면, 인쇄에 필요한 수만큼 원하는 활자를 주조할 수 있다. 이때 주조되는 활자의 금속 재질은 납처럼 낮은 온도에서도 녹을 수 있는 것이어야 하며, 최종적으로 만들어진 이 활자는 금속 각인기에서와 같이 양각으로 새겨진 형태로 나타난다.

인쇄술을 연구하던 사람들은 이러한 면에 있어 금은세공사와 메달이나 화폐 조각가의 경험에서 많은 도움을 받았다(참고로 메달이나 화폐 조각가 역시 금은세공사 가운데서 채용되는 경우가 많았다). 책 그 자체에 있어서도 당시 사람들은 짤막한 전설이나 그림을 제본해 장식하기 위한 용도로 이미 도장이나 금속판을 양각 혹은 음각으로 새겨 넣는 방법을 알고 있었다. 13세기부터는 금속주조공들이 양각으로 새긴 금속 재질의 각인기를 이용해 음각의 자모를 만들어냈으며, 흙 거푸집을 활용하면 이 음각 자모로부터 양각으로 조각된 글씨나 모양을 얻어낼 수 있었다. 14세기에 이르면 주석 잔을 만들던 주조공들이 구리로 된 모형母型 원판을 보유한다. 이후로도 오랫동안 사람들은 주화나 메달, 도장 등을 만드는 과정에서 각인기를 사용했다. 보통 메달이나 주화는 두 개의 주형 사이에 얇고 강도가 약한 금속판을 집어넣은 뒤 망치로 주형을 두드려서 결과물을 얻어냈는데, 거푸집에 금속을 녹여 이를 얻어내는 경우도 있었다. 고대부터 쓰이던 이 같은 방식은 14세기 말 이탈리아에서 다시금 인기를 얻는다.[8]

그러므로 15세기 초반에 사람들은 금속이나 흙(고운 모래와 점토) 재질의 거푸집에 녹여 주조하는 기법과 두드려서 주조하는 기법을 완벽하게 알고 있는 상태였다. 따라서 이 두 가지 기법을 연계해 양각의 각인기로부터 음각의 모형을 얻어내고, 이 모형 안에 금속을 녹여 양각으로 새겨진 형태를 얻어내는 방식은 이미 당시 사람들도 알고 있는 지식이었는데, 이것이 바로 활자 제작의 기본 원칙이었다. 남은 문제는 이 같은 원칙을 인쇄술에 적절히 접목시키려는 생각을 해내는 것뿐이었고, 부차적으로 그 같은 응용과정에서 제기되는 세부적인 문제점을 해결하는 것이었다. 이에 우리는 초기 인쇄술을 연구하던 사람들이 모든 가능성에 입각해 서로 다른 여러 가지 방법을 알아보며 조금씩 최종 해법에 다다르게 된 경위를 살펴볼 것이다. 최근 연구를 미루어보면, 초기 인쇄술을 연구하던 사람들은 한 페이지 안에서 제각각 움직이는 수많은 활자들을 보며 어찌할 줄 몰랐을 테고 종이 위에 인쇄할 때도 잉크를 잔뜩 칠해놓은 평면 위에 모아놓은 활자들을 어떻게 그 상태 그대로 유지할 수 있을지에 대해서도 난감해했을 것이다. 그러므로 이들은, 아니 적어도 그들 가운데 일부만이라도 조판의 '블록화'로써 이 같은 난관을 극복해보려 했으리라는 예상이 가능하다. 각각의 각인기를 이용해 덩어리째 자모를 만든 뒤 한 블록으로 주조된 활자를 써서 페이지를 부분부분 나누어 제작하는 것이다.[9]

이 부분에 대해서는 독자들도 쉽게 이해할 수 있으리라 생각되므로 이쯤에서 넘어가도록 하고, 이번에는 인쇄술이 발명되던 초기, 어떤 연구가 시행되었는지 알아보게 해주는 문헌들을 살펴보고자 한다.

안타깝게도 이에 대한 자료는 별로 남아 있지 않다. 더욱이 지금까지 전해져오는 상당히 희귀한 고문서 자료들은 그 이해조차 쉽지 않다. 만들어지던 당시의 기술과 관련해서는 이를 가리키는 적절한 기술용어도 없는 상태고, 따라서 이제 막 탄생하려는 새로운 기술개발에 전념하던 연구자들이 사용했던 기자재나 도구를 지칭할 만한 어휘 역시 갖춰지지 않았다. 그뿐만 아니라 이런저런 시기에 관해 알려주는 명확한 자료 역시 보기 드문 상황이다. 지금까지 전해져 내려오는 오래된 인쇄본에 대한 연구 역시, 여러 가지 가설들만 추측하게 할 뿐 인쇄술의 연구과정에 관해 확실한 그 무엇도 알려주지 못한다. 그 가운데 대부분은 인쇄기법이 어느 정도 궤도에 이르고 산업적으로 이미 응용되었던 시기에 이루어진 연구들이었다.

일단 고문서 자료부터 살펴보자. 먼저 1439년 스트라스부르에서 있었던 어느 유명한 소송에 관한 기이한 자료를 참고해볼 수 있다.[10] 오늘날 우리가 보통 '구텐베르크'라고 부르는 마인츠 기술자 요하네스 겐스플라이슈 Johannes Gensfleisch는 전문 금은세공사로, 조폐공 집안에서 태어나 개인적으로 1434년경부터 스트라스부르에 자리를 잡는다. 이후 1436년에서 1439년 사이에 그는 한스 리페, 안드레아스 드리첸, 안드레아스 하일만 등과 함께 동업자 관계를 맺는다. 엑스라샤펠박람회를 목표로, 이들 세 사람은 구텐베르크의 산업기술을 공유하되 그에게 소정의 대가를 지불하기로 했다.[11] 안드레아스 드리첸이 사망하자 그 후손들이 뒤를 이어 동업에 참여하길 요구했으므로 이에 소송이 시작된다. 그리고 그 자료가 지금까지 전해져 내려오고 있는 것이다. 이 자료를 통해 우리는 구텐베르크가 세 가지 분야의 산업기술을 보유하고 있었음을 알 수 있다. 하나는 원석을 연마하는 기술이었고, 다른 하나는 (독일어로 '거울'을 뜻하는 슈피겔spiegel이라는 용어로 미루어봤을 때) 거울 제작기술이었으며, 나머지 하나는 압착기를 이용한 '신기술', 즉 분리하고 녹이는 '부품들'stücke, '납' 형태formen를 하고 있으며 '인쇄 행위와 관련 있는 기술'der zu dem Trücken gehöret이었다. 여러 가지 상반된 해석을 가능하게 해주는 이 자료의 내용은 적어도 구텐베르크가 인쇄술에 몰두하고 있었음을 알려준다. 하지만 그가 어떤 식으로 연구방향을 잡아갔는지에 대해 알려주는 내용은 거의 없다. 어느 정도 연구가 진척되었고 어떤 방식을 사용했는지, 또 그가 이미 통상적으로 책을 인쇄했는지 역시 추측하기가 힘들다. 따라서 구텐베르크에게만 초점을 맞추지는 않을 생각이다. 더욱이 인쇄술을 연구하던 이가 구텐베르크 하나뿐이었던 것도 아니다. 아비뇽에서 발견된 여러 자료에 따르면, 프라하 출신의 또 다른 금은세공사인 프로코페 발트포겔이 1444년과 1446년 사이에 아비뇽 사람들과 여러 건의 계약을 체결한 기록이 있다.[12] 이 계약에 의거해 그는 여기저기에서 금은공예술 ars argenterie과 도구를 이용해 글씨를 쓰는 기술ars scribendi artificialiter을 가르쳤다. 1444년 계약에서는 그가 "강철로 된 철자 둘과 철로 된 형태 둘, 강철 나사 1개, 주석 형태 48개, 그 외 인위적인 도구로 글을 쓰기에 적합한 다른 여러 형태들"(duo abecedaria calibis, et duas formas ferreas, unum instrumentum calibis vocatum vitis, quadraginta octo formas stangni, necnon diversas formas ad artem scribendi pertinentes)을 보유하고 있다는 내용이 등장한다. 1446년에는 "인위적인 도구를 이용해 글을 쓰기 위한 강철, 철, 구리, 납, 주석 등의 도구 혹은 장비 일체"(Nonnulla instrumenta sive artificia, causa artificialiter scribendi, tam de ferro, de callibe, de cupro, de lethono, de plumbo, de stangno et de fuste) 등에 관한 논의가 오고 간다. 같은 해, 발트포겔은 유대인 다뱅 드 카드루스Davin de Caderousse에게 "철로 된 27개 철자와 주석, 철 등으로 된 장비 등 인위적인 도구를 이용해 라틴어 글자를 쓰는 데 유용한 도구 일체 등"(viginti septem litteras ebreaycare formatas, s(c)isas in ferro bene et debite juxta scientiam et praticam scribendi... una cum ingeniis de fuste, de stagno et de ferro... ingenia et instrumenta ad scribendum artificialiter in lettera latina) 히브리어와 라틴어 문구를 복사하기 위한 장비를 제공해주기로 한다.

발트포겔은 정확히 어떤 글쓰기 방식을 고안해내려 했던 것일까? 적절한 기술적 어휘가 없던 탓에 여기에서도 역시 해석의 문제가 제기된다. 따라서 명확한 답변을 제시하기는 어렵다. 단순한 탁본방식으로 볼 수도 있고 일종의 타자기 같은 것이었을 수도 있다. 하지만 그보다 1444년 증서에서 언급된 강철 알파벳 둘과 철로 새긴 철자 48개, 1446년의 히브리어 철자 27개 등은 각인기였을 가능성이 더 높다. '주석 형태'formas de stagno는 용해의 결과물이었을 수 있다. 그런데 스트라스부르 소송 관련 문건에서도 이미 사용되었던 '포르마'forma(형태)라는 단어를 어떻게 해석해야 할까? 이는 각각이 개별적으로 떨어진 글자를 말하는 것일까, 아니면 한꺼번에 덩어리로 주조된 글자를 일컫는 것일까? 1444년에 문제가 되었던 '포르마스 페레아스'formas ferreas(철로 된 형태)는 각인기로 찍은 자국을 연결해 제작한 덩어리 모형이었을까? 모리스 오댕Maurice Audin[13]이 주장하는 바에 따르면 그렇다.

이번에는 고문서 자료에서 구술 자료로 넘어가보자. 우선 『쾰른 연대기』*Chroniques de Cologne*(1499)에 나온 저 유명한 구문을 예로 들 수 있다. 이 책의 저자는 쾰른 최초의 인쇄업자 울리히 첼Ulrich Zell로부터 정보를 얻었다고 밝히고 있는데, 울리히 첼은 구텐베르크의 동업자 중 하나였던 쇠퍼와 관계 있는 인물이다. 이 구문을 번역해보면 내용은 다음과 같다. "[인쇄술이라는] 이 훌륭한 기술은 일단 독일 라인 강 유역의 마인츠에서 발명되었다. 1440년 이 기술이 우리에게까지 전해졌고, 이후 1450년까지 이 기술은 그와 관련된 모든 것이 끊임없이 개량되고 완성되었다. 비록 이 기술이 마인츠에서 발견된 것이었으나 그 태동vurbyldung은 네덜란드에서 제작된 '도나투스 라틴어 문법서'였다. 그 시기 전에 이미 이곳에서는 인쇄가 이루어졌기 때문이다gedrückt syn. 그러므로 예의 그 기술이 시작된 것은 바로 이 책이라고 볼 수 있다. 지금은 최초의 방식보다 그 기술 수준이 훨씬 더 정교하고 뛰어나며, 조금씩 더 완성되어가고 있는 상황이다*mehr künstlicher wurden*."[14]

그토록 논란이 되고 있는 문제인 '최초의 방식'이 바로 여기에서 언급된다. 네덜란드에서 쓰였다는 이 '최초의 방식'은 과거에도 그랬고 지금도 역시 수많은 가설과 연구 대상이다.[15] 네덜란드에서 이 방식이 많이 사용되었다는 점을 감안할 때, 이는 목판인쇄술이었을 거라는 추측이 가능하다. 하지만 그 기술이라면 독일에서도, 라인 강 유역에서도, 프랑스에서도 모두 알고 있는 상태였다. 시기상으로 더 늦게 올라온 자료로, 오랜 전설을 입증해주는 다른 문헌에서는 사람들이 재현해내려고 애쓰던 방식을 이용해 네덜란드에서 이미 활판인쇄가 이루어졌으리라는 가설이 확인된다. 1561년 네덜란드 하를럼의 두 인문주의자 얀 반 주렌Jan Van Zuren과 디르크 폴케르트룬 코어른헤르트Dirk Volkertroon Coornhert는 자신들의 도시가 활판인쇄기술의 요람이었다고 주장한다. 1568년경 하를럼의 의사 아드리안 폰 욘게Adrian von Jonghe는 그의 사후 인쇄된 『네덜란드 연대기』*Chronique de Hollande*를 통해 과거 그 도시에서 코스터Coster라는 별칭의 라우렌트 얀스춘Laurent Janszoon이라는 사람이 1441년 이전에 하나의 텍스트를 기계적 방식으로 복제하기 위해 주조한 활자들을 조합하는 기술을 발명했을 거라는 그 지역 속설을 전해준다. 그는 『인간 구원의 거울』, 도나투스의 라틴어 문법서, 그 외 다른 책들도 인쇄했을 것으로 여겨지며, 이후 그의 비법이 1442년 암스테르담으로 전해진 뒤 그의 곁을 떠난 어느 직공에 의해 쾰른, 마인츠로까지 퍼졌을 것이라는 주장이다.[16]

앞서 언급한 텍스트는 가끔 브뤼헤에서 '주형으로 주조된' 교리서 구매에 관련한 언급과 비교된다. 이는 캉브레Cambrai 생오베르Saint-Aubert의 장 르로베르Jean le Robert 신부가 남긴 『비망록』*Mémoriaux* 중 1445~1451년 기록에서 찾아볼 수 있다. 하지만 여기에서도 해석의 문제가 제기된다. '주형으로 주조된'이라는 표현이 '주형으로 깎은'이라는 뜻이었으면 어떻게 할 것인가? 이 경우, 이는 단순히 목판인쇄술에 지나지 않는다(그 당시 게임용 카드 제조상들은 '주형으로 깎는 이들'이라고 불렀다). 반대로 '주형으로 주조된'이라는 표현이 금속 인쇄기법을 암시하는 것이었다면, 사람들은 사전에 준비한 모형에 한 페이지 전체를 한 덩어리로 찍어냈던 것일까? 때로 사람들은 그렇게 믿고 싶어하는 듯하다.

이처럼 모든 문헌이 해석의 문제에 있어 모호한 측면이 있기 때문에, 대개는 네덜란드에서 인쇄술의 시도가 있었을지도 모른다고 상당히 불확실한 추측을 하는 정도로 국한된다. 책 그 자체를 살펴보더라도 초기 인쇄술 연구자들이 어떤 기술을 썼을지와 관련해서는 얻을 수 있는 정보가 전무하다. 다만 한 가지 주목해야 할 부분이 있는데, 네덜란드에서 제작된 것일 가능성이 높은 연대 미상의 활자 인쇄본 시리즈가 존재한다는 점이다. 그 가운데는 알파벳 교본 네 장과 '도나투스 라틴어 문법서' 두 장이 포함되어 있었으며, 이는 현재 하를럼 도서관에서 보관 중이다. 전문가들은 이 책들을 인쇄하는 데 사용된 문자들이 금속 자모가 아닌 모래 거푸집에서 주조된 것이라고 확신했다. 아마도 나무로 된 각인기에 글자를 파서 제작한 게 아닐까 싶은데, 이 책들이 마인츠에서 만들어진 최초의 인쇄물 이후에 제작되었을 가능성이 높지만, 여기에 쓰인 기법만은 마인츠의 기법보다 앞선 방식에서 영감을 얻어 발명되었을 것으로 추측해볼 수 있다.[17]

우리보다 능력이 뛰어난 다른 전문가들은 지금도 여전히 이 문제를 명확히 밝히기 위해 노력하고 있다. 이 책에서 우리는 인쇄술 연구자들이 최종적인 결과를 얻어내기까지 넘어야 했던 단계들을 확실히 규명하는 것은 결코 가능하지 않으리라는 점을 확인하는 선에서 만족해야 할 듯하다. 중요한 점은 활자의 제작방식이다. 초기 시범 인쇄에서 사용된 각인기의 재질은 무엇이었을까? 자모는 여전히 금속 재질을 이용했을까? 처음에는 가는 모래나 점토를 쓰지 않았을까? 이 경우, 나무로 된 각인기를 사용하지는 않았을까? 나무나 금속 각인기 주위에 납을 녹여 납 주형을 제작하지는 않았을까? 그리고 납 주형을 사용해 금속이나 납 재질의 활자를 만들어내지는 않았을까? 처음에는 글자 덩어리째로 자모를 만들고 페이지 전체를 하나로 제작하지 않았을까? 이 과정에서 인쇄술 연구사들이 어떤 단계를 거쳐 인쇄술 발명에 성공했는지 규명하는 것은 불가능하다 할지라도 어쨌든 한 가지 사실만은 분명하다. 최종 해법에 도달하기 전에 충분히 오랫동안 시행착오 기간을 거쳤으리라는 점이다. 그리고 또 다른 사실 하나도 분명한 듯하다. 네덜란드의 (혹 존재했다면) 코스터든, 마인츠의 구텐베르크, 푸스트, 쇠퍼든, 아비뇽의 발트포겔이든 도처의 수많은 연구자들이 텍스트를 기계적으로 복사할 수 있는 하나 이상의 방식을 개발해내려 노력했다는 점이다. 자료가 부족해 이들 이외 다른 연구자들에 대해서는 이름을 거론하기 힘들지만, 저들 역시 1430~1450년 시기 동안 구텐베르크와 똑같은 문제로 고심했을 것이다. 이 시기, 목판인쇄술의 성공이 이곳저곳의 모두에게 그 같은 활판인쇄술의 발명이 가져올 편리함과 미래에 대해 알려주고 있었기 때문이다.

어찌 되었든 1445~1450년 기간에 비록 완벽하지는 않지만 인쇄술에 대한 연구가 거의 마무리 단계에 와 있는 상태였고, 이후 15년간은 인쇄술의 역사에 있어 결정적인 단계에 해당했다. 최종적으로 개발이 마무리된 인쇄술이 산업적으로 응용되고 유럽 전역으로 확대되기 시작했기 때문이다.

이 최초의 인쇄산업이 태동한 요람은 단연 마인츠다. 그 개발과 관련해서는 세 사람의 이름이 등장한다. 한 사람은 스트라스부르 소송에서 등장했던 구텐베르크이고, 다른 한 사람은 자금을 대던 부유한 자산가 요한 푸스트이며, 나머지 한 사람은 인쇄업자가 되기 전 필경사 겸 명필가로 파리에서 대학을 다녔던 페터 쇠퍼다.

적어도 1444년까지는 스트라스부르에 머물렀던 구텐베르크는 1448년 10월이 되기 전에 고향인 마인츠로 돌아간다. 연구를 계속해 인쇄방식의 발명을 완수하려던 그에게는 자본이 필요했다. 그리하여 그는 '푸스트'라는 이름의 출자자를 찾았고, 그는 구텐베르크에게 5퍼센트 이자로 새로운 인쇄 도구 '겍추게'geczuge 등 몇몇 인쇄 장비를 제작하기 위한 자금 800플로린을 건네준다(1450). 이후 새로운 계약을 통해 책작업Werk der Bücher을 위한 300플로린을 더 대주기로 약속하고, 이 계약에서는 종이와 양피지, 잉크의 구입 비용까지 정해두었다. 이 모든 점으로 미루어볼 때 구텐베르크가 완벽하지는 않더라도 인쇄술을 완성시키기 위한 최종 단계에 이르렀음을 알 수 있다. 하지만 1455년 극적인 일이 발생한다. 푸스트가 계약 위반으로 구텐베르크에게 소송을 걸어 법정 공방이 벌어진 것이다. 소송에서 구텐베르크는 푸스트에게 지급해야 할 이자를 지불하고, 아직 사용하지 않은 자본금을 되돌려주라는 판결을 받는다.[18] 그 2년 후인 1457년 10월 14일, 연대가 밝혀진 최초의 인쇄물 『마인츠 시편』*Psautier de Mayence*이 등장한다. 푸스트와 그의 새 동업자 페터 쇠퍼가 만들어낸 작품이었다. 이어 쇠퍼는 사업을 발전시키고, 그의 사업장은 16세기 초까지도 오래도록 존속했으며, 이는 유럽 전체에서 가장 큰 규모였다.

하지만 여전히 수많은 궁금증이 남는다. 『마인츠 시편』이 완벽하게 제작될 수 있었다는 사실은 이것이 단순한 시험 인쇄가 아니었음을 방증한다. 도나투스 문법책과 독일의 천체 달력으로 인쇄작업을 시험해보면서 늦어도 1450년부터는 이미 산업적 생산방식으로 인쇄를 했을 거라는 계산이 나온다. 이런 상황에서 구텐베르크는 마인츠로 돌아가기 이전에 이미 인쇄작업을 해봤을지 모르고, 특히 푸스트와 동업하던 그 시기에는 인쇄제작방식을 마무리 지었을 수 있다. 특히 구텐베르크의 연구가 최종 단계에 이르렀음을 확인한 푸스트는 이제 성가신 존재가 된 인쇄기술개발자 구텐베르크를 소송이라는 방식으로 떼어냈던 것이 아닐까? 그리고 이어 그의 동업자 중 한 사람이었던 페터 쇠퍼를 기용하지 않았을까? 쇠퍼라면 구텐베르크의 비법을 알고 있었을 테고, 그보다 더 고분고분한 모습을 보여주었을 것이며, 게다가 사업 감각까지 있었다면? 만일 이러한 추측이 맞는다면 구텐베르크는 수년간 고심해 연구해놓고 그 결과물만 쏙 빼앗기는 전형적인 학자의 모습이 아닌가? 푸스트와 결별한 뒤, 그는 연구작업을 계속했을까? 구텐베르크는 어떻게 되었을까? 결정적 증거는 없지만 사람들이 추측하듯 그렇게 밤베르크에서 연구를 계속 이어갔을까? 1455년 이후의 그에 대해 알려져 있는 것은 별로 없다. 다만 그가 돈에 쪼들리며 살았으리라는 추측 정도는 가능하다. 1457년부터 죽기 전까지 구텐베르크는 1422년 스트라스부르의 성토마스 수도회에서 빌린 금액에 대해 연 이자로 갚아야 할 4리브르를 갚을 수 없는 처지였기 때문이다. 하지만 1465년 마인츠의 엘렉퇴르 대주교는 사람들을 위해 공을 세운 것에 대해 그에게 작위를 수여하고, 구텐베르크가 자신의 엘트빌레 궁에서 일하도록 했다. 구텐베르크는 여기서 자신의 인쇄소를 차렸을 수도 있다. 어쨌든 오늘날 수많은 문헌에서 구텐베르크는 인쇄술 발명 과정에서 중요한 역할을 맡은 인물로 강조되고 있지만, 구텐베르크라는 이름은 그 어떤 책에도 기재되어 있지 않다.[19]

1450~1455년부터는 마인츠에서 동시에 여러 개의 인쇄소가 운영되었으며, 이 인쇄소들은 수많은 책을 다량으로 생산해냈다. 기초 라틴어를 가르치는 도나투스 문법 개론서, 통속어로 쓰인 연중행사표, 키프로스의 기 드 뤼지냥Guy de Lusignan 왕을 구하기 위해 1451년 교황 니콜라스 5세가 발행한 면죄부를 구입한 사람들에게 발급된 수취증인 면죄부 증서, 그리고 이보다 더 비중 있는 책으로 통상 최초의 성경 인쇄본으로 꼽히는 저 유명한 『42행 성서』, 1461년 이전에 2절 판형의 세 권으로 제작된 『36행 성서』, 앞서 언급된 『마인츠 시편』, 『콘스탄츠 미사경본』, 지오반니 발비의 『카톨리콘』(1460) 등

이 모든 책은 마인츠 최초의 인쇄기에서 탄생했으며, 치밀한 연구 대상인 이 책들은 그 활자의 형태에 따라 여러 가지 범주로 분류된다.[20] 좀더 깊이 파고들어가는 연구자들은 각 책들이 정확히 어떤 인쇄소에서 찍혔는지까지 알고자 노력했다. 굳이 그 정도까지 파고들 것 없이 우리는 그저 이 시기에 인쇄술이 산업적 용도로 응용되기 시작했다는 점만 짚고 넘어가면 될 듯하다. 그리고 인쇄기법이 점차 보완되어 완성도를 높여가고 생산방식이 개선됨에 따라 활판인쇄기술자들이 점차 공신력을 얻어갔을 것이라는 점도 추측해볼 수 있다. 초기 활판인쇄기술자들은 벽보와 격문, 소책자만을 찍어냈고 이후 좀더 과감하게 반경을 넓혀 두꺼운 책까지 출간한다. 밤베르크의 인쇄업자 피스터는 텍스트와 판화 그림을 결합시키려는 생각을 해냈고, 결국 삽화가 들어간 책이 최종 완성된다. 한편 초기 인쇄기술자의 문하생들은 유럽 전역으로 퍼져나가면서 지금까지 우리가 알고 있는 가장 효율적인 사상 보급방식을 가르치기 시작한다.

3. 활자의 제작

비록 초기 인쇄업자들이 사용한 방식이 어느 정도 원시적일 수는 있었겠지만, 이들은 종종 굉장한 작품을 만들어냈다. 구텐베르크 성경으로도 유명한 『42행 성서』는 여전히 이를 연구하는 전문가들의 감탄을 자아낸다. 그런데 이런 결과물에 이르기까지 어떤 어려움이 있었으며, 당시 사람들은 얼마나 많은 정성과 시간을 쏟았던 것일까? 사실 인쇄산업이라는 이 새로운 부문의 능률을 올리기 위해서는 아직 기술적으로 발전시켜야 할 부분들이 상당히 많았다. 실제로 인쇄과정에서는 수많은 문제들이 제기되었고 이 문제들은

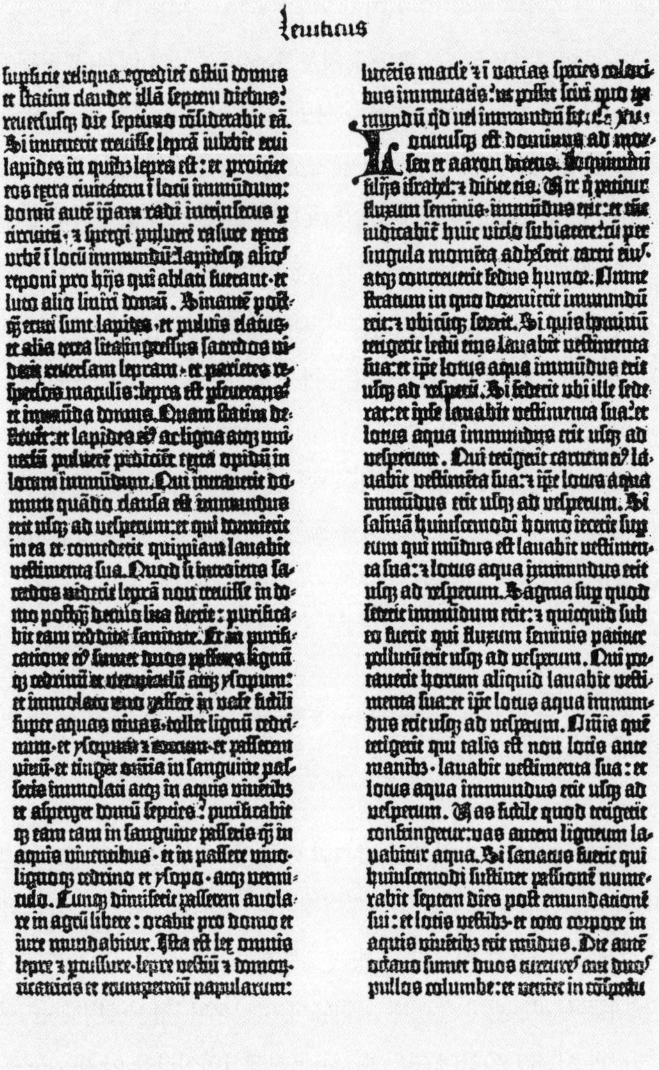

Leuiticus

supficie reliqua. egredietur ostium domus
et statim claudet illam septem diebus.
reuersusq die septimo considerabit eam.
Si inuenerit creuisse lepram: iubebit erui
lapides in quibus lepra est: et proiicier
eos extra ciuitatem in locum immundum:
domum autem ipsam radi intrinsecus p
circuitum: et spargi puluerem rasure extra
urbem in locum immundum: lapidesq alios
reponi pro hiis qui ablati fuerant: et
luto alio liniri domum. Si autem post
quam erasi sunt lapides et puluis elatus
et alia terra lita: ingressus sacerdos ui-
derit reuersam lepram et parietes re-
spersos maculis: lepra est perseuerans:
et immunda domus. Quam statim de-
struent: et lapides eius ac ligna atq uni-
uersum puluerem proiicient extra oppidum in
locum immundum. Qui intrauerit do-
mum quando clausa est immundus
erit usq ad vesperum: et qui dormierit
in ea et comederit quippiam lauabit
vestimenta sua. Quod si introiens sa-
cerdos viderit lepram non creuisse in do-
mo postq denuo lita fuerit: purifica-
bit eam reddita sanitate. Et in purifi-
catione eius sumet duos passeres lignum
q cedrinum et vermiculum atq ysopum:
et immolato uno passere in uase fictili
super aquas viuas tollet lignum cedri-
num et ysopum et vermiculum et passerem
viuum et tinget omnia in sanguine pas-
seris immolati atq in aquis viuentibus
et asperget domum septies: purificabit
q eam tam in sanguine passeris q in
aquis viuentibus et in passere viuo
lignoq cedrino et ysopo atq vermi-
culo. Cumq dimiserit passerem auola-
re in agrum libere: orabit pro domo et
iure mundabitur. Ista est lex omnis
lepre et percussure lepre vestium et domorum
cicatricis et erumpentium papularum:

lucentis macule et in varias species colori-
bus immutatis: ut possit sciri quo tem-
mundum quid vel immundum sit. XV
Locutusq est dominus ad moy-
sen et aaron dicens. Loquimini
filiis israhel: et dicite eis. Vir qui patitur
fluxum seminis immundus erit: et tunc
iudicabitur huic uitio subiacere cum per
singula momenta adheserit carni eius
atq concreuerit fedus humor. Omne
stratum in quo dormierit immundum
erit: et ubicuq sederit. Si quis hominum
tetigerit lectum eius lauabit vestimenta
sua: et ipse lotus aqua immundus erit
usq ad vesperum. Si sederit ubi ille sede-
rat: et ipse lauabit vestimenta sua: et
lotus aqua immundus erit usq ad
vesperum. Qui tetigerit carnem eius la-
uabit vestimenta sua: et ipse lotus aqua
immundus erit usq ad vesperum. Si
saliuam huiuscemodi homo iecerit sup
eum qui mundus est lauabit vestimen-
ta sua: et lotus aqua immundus erit
usq ad vesperum. Sagma sup quod
sederit immundum erit: et quicquid sub
eo fuerit qui fluxum seminis patitur
pollutum erit usq ad vesperum. Qui por-
tauerit horum aliquid lauabit vesti-
menta sua: et ipse lotus aqua immun-
dus erit usq ad vesperum. Omnis quem
tetigerit qui talis est non lotis ante
manibus lauabit vestimenta sua: et
lotus aqua immundus erit usq ad
vesperum. Vas fictile quod tetigerit
confringetur: vas autem ligneum la-
uabitur aqua. Si sanatus fuerit qui
huiuscemodi sustinet passionem nume-
rabit septem dies post emundationem
sui: et lotis vestibus et toto corpore in
aquis viuentibus erit mundus. Die autem
octauo sumet duos turtures aut duos
pullos columbe: et veniet in conspectu

그림 5 구텐베르크의 『42행 성서』, 레위기, fol. 15.

무척 더디게 해결될 수밖에 없었으며, 수많은 연구와 시행착오 끝에 사람들은 수차례 실험과 실제 적용을 시도하며 조금씩 문제를 해결했다. 그리고 이를 연구하는 전문가들과 역사가들조차 당시의 연구와 시행착오 과정을 전혀 복원하지 못하고 있다.

일단 활자와 그 제작과정에서 수많은 문제들이 생겨났다. 각인기-자모 활자의 구조로 자형字形을 만드는 방식을 고안해낸 것만으로는 충분하지 않았다. 각인기는 고작 자모 몇 개만을 만들고 손상되기 일쑤였으며, 용해된 합금을 흘려넣는 과정에서 자모 역시 너무 빨리 닳아 없어졌다. 그러므로 이 같은 문제를 해결하려면 꽤 다양한 강도의 합금과 금속을 찾아내야 했다. 아울러 이 합금으로 만들어진 활자는 적당량의 잉크를 묻힐 수 있어야 했으며 사용 횟수에 따라 지나치게 빨리 마모되지 않아야 했다.

그런데 최초의 각인기는 놋쇠나 청동 등 (이후 사용된) 강철보다 견고함이 떨어지는 재질이었고, 당시에는 각인기 주위에 납을 녹여 얻은 자모-주형을 사용했다. 그리고 이어 납으로 된 자모를 사용하다 구리 재질의 자모를 쓰게 된다. 각인기와 자모의 제작에 강철과 구리를 도입한 사람은 쇠퍼였다고 보는 것이 정설이다. 하지만 간혹 15세기 후반 이후부터 강철 각인기를 쓴 것으로 보는 사람들도 있으며, 또 16세기 초까지도 납으로 된 자모를 쓴 흔적이 발견된다.[21] 15세기에 굉장히 다양한 형태의 활자체가 나타났던 것은 활자의 재료로 사용된 금속의 속성과 그 품질 때문이 아니었을까 싶다. 각인기와 자모가 몇 번 쓰고 나면 금세 폐기처분되어야 했기 때문에 이를 끊임없이 만들어내야 했을 테니 말이다. 인쇄에서 쓰이는 기호가 지금보다 훨씬 더 많았던 만큼 문제는 더 심각했을 것이다. 육필 서체를 따라가고 싶은 마음에, 인쇄공들은 (ā=an ou am; q=quia 등) 합자合字와 약어를 써서 하나로 합쳐진 문자들을 함께 주조했으며, 이에 따라 만들어내야 할 기호들이 더 많이 늘어났다. 하지만 15세기와 16세기 인쇄본에서 그토록 많이 등장하던 이 합자와 약어의 쓰임이 점차 줄어들었는데, 조각해야 할 각인기와 두드려야 할 자모의 수를 줄이려는 생각도 여기에 부분적으로는 영향을 미치지 않았을까 싶다. 이 같은 성향은 점차 획일화와 간소화의 방향으로 흘러갔고, 이는 곧 책과 그 산업의 발전과정에서 나타나는 특징적 양상이 된다.

순수한 의미에서의 활자 역시 유사한 문제를 낳았다. 손쉽게 마모되지 않을 수 있을 만큼 견고한 합금을 과연 단번에 찾아낼 수 있었을까? 오늘날의 활자가 납-주석-안티몬 3중 합금으로 되어 있다는 사실을 안다면 이게 얼마나 어려운 문제였는지 짐작이 갈 것이다. 그것도 가장 견고한 강도를 얻어내려면 합금의 혼합 비율 역시 엄격하게 지켜야 한다. 납으로만 만들면 산화하기 십상이고, 납과 주석을 섞으면 확실한 강도가 보장되지 않기 때문이다.

15세기의 활자는, 그리고 3세기 후인 18세기까지의 활자는 확실히 견고한 편이었다. 다만 오늘날의 활자보다는 강도가 떨어졌다. 인쇄업자 가문 알도 가의 그리스 인쇄물을 연구하면서, 앙브루아즈 피르맹디도Ambroise Firmin-Didot는 알도 가에서 쓴 활자들이 빠르게 마모되었다는 사실을 알게 되었다. 1570년 파올로 마누치오Paolo Manuzio 역시 여전히 같은 문제로 고심했다. 새 책의 작업을 위해 활자를 주조해달라고 주문했는데 책작업이 절반쯤 끝난 4개월 후 활자들이 마모되었기 때문이다.[22] 인쇄 관련 정보를 알려주는 간기刊記의 내용을 바탕으로 유추하면, 초기 활자들이 주석 기반의 합금으로 제조되었을 것으로 추정해볼 수 있다. 납으로 된 자모에서 납으로 된 활자를 주조해 이 자모가 상하는 것을 방지하려는 이유로 활자의 합금 성분에 지나치게 많은 납을 섞는 것은 망설이지 않았을까 하는 생각이 든다. 그 작업도 가능하기는 하지만 작업이 꽤 까다로워지기 때문이다. 다른 한편, 안티몬은 합금의 성분으로 꽤 뒤늦게 도입되었을 것으로 추정된다. 안티몬 광산이 16세기에 이르러서야 채굴을 시작했기 때문이다. 이 이론에서 유일한 한 가지 장애물이라면, 모리스 오댕이 연구했던 현존하는 최고最古의 활자인 '리옹 활자'(15세기 말 혹은 16세기 초로 추정)가 스펙트럼 분석 결과 납과 주석, 안티몬의 3중 합금으로 만들어진 것으로 판명되었으며, 간혹 여기에 약간의 은이나 철이 들어가기도 했다.[23] 그러므로 배합되는 분량을 결정하기가 매우 어려운 이 같은 합금에서 오직 비율 차이 문제만이 강도가 더 떨어지는 상황을 설명해줄 수 있었을 것으로 보인다(합금 비율은 연구된 문자별로 상이하게 나타난 듯하다). 한편 이보다 기술이 더 떨어진다거나 혹은 합금에 필요한 모든 금속을 갖고 있지 못했던 일부 인쇄업자들은 품질이 더 낮은 합금을 만들어냈다. 거의 3세기 가까이 지난 뒤인 1764년, 유명한 활자주조 기술자 푸르니에P. S. Fournier가 한 말을 잊어서는 안 된다. 그는 제대로 된 합금을 만들어내는 일이 얼마나 어려운 일인지 지적하고, 사람들이 오랜 기간 납, 안티몬, '금색동'potin이라 불리는 제련되지 않은 구리, 그리고 약간의 철이 들어간 혼합물을 사용했다고 이야기한다. 이에 따라 상당히 끈끈한 액상의 금속이 만들어진다. 30여 년 전부터는 납과 안티몬 감마 합금을 사용해 금속의 질이 개선되고 작업이 간소해졌다.[24] 이는 18세기에도 아직은 완전히 만족할 만한 수준의 합금을 만들어내지 못했음을 의미한다.

어찌 되었든 당시의 활자는 상당히 빠른 속도로 마모되었다. 이에 따라 인쇄업자들은 수시로 활자를 교체해야 했고, 이러한 점 때문에 인쇄업자들은 오랜 기간 수많은 문제에 봉착한다.[25]

그 당시 작업의 어려움을 가늠하려면, 각인기를 깎고 자모를 찍으며 자모의 행 길이를 정리한 뒤 활자를 주조하는 일이 그만큼 장시간을 요하는 난해한 작업이었음을 유념해야 한다. 이는 숙련된 전문가들만이 정상적으로 작업을 마무리할 수 있을 만큼 까다로운 작업이었다. 특히 각인기를 새기는 사람들은 다년간의 수련과 실습을 거친 경험자여야 했다. 그런데 전적으로 새로운 산업인 인쇄술이 처음 등장했을 때, 초기 활판인쇄기술자들은 손수 각인기를 깎고 자모를 제작해야 했으며, 주조작업도 직접 해야 했다. 비용도 많이 들고 장시간이 요구되는 고된 작업이었으며, 전직 금은세공사들이었던 이들이 통상 사용했을 자재나 장비 역시 원시적 수준이었을 것이 분명하다.

하지만 얼마 안 가 다행히도 인쇄 전문 기술자가 나타났고, 이들은 인쇄소를 옮겨다니며 업주들에게 노무를 제공했다. 장비를 수리 혹은 보완하고 싶어하던 업주들은 이들을 작업장 내로 받아들여주었다. 그런데 각인기와 자모에는 각 인쇄소 고유의 속성이 남아 있었기 때문에, 인쇄술 발명 초기의 인쇄본에서 사용된 활자들은 상당히 다양한 형태로 나타난다. 한편 이렇게 활자를 제작하는 방식에는 상당한 시간이 소요되었다. 또한 활자가 제작될수록 점차 새로운 글자를 사용하게 되었고, 사람들은 이를 기존의 알파벳에 섞어 쓰며 조금씩 글자의 교체가 이루어졌다. 게다가 이 모든 과정에는 상당한 비용이 요구되었다. 그리고 한 인쇄소가 도산하거나 인쇄업자가 사망하는 경우, 사람들은 그 기회를 놓치지 않고 있다가 매물로 나온 해당 작업소의 장비들을 다시 사들였다. 하지만 이런 기회는 상대적으로 드물었기 때문에 인쇄업자들은 좀더 자본력이 풍부한 동료에게 손을 벌리는 수밖에 없었다. 이들에게서 주조된 글자를 다시 사들이거나 혹은 이들에게 자모를 양도해달라고 부탁하는 것이었다. 그런데 주조된 글자보다는 자모 쪽을 양도받는 게 작업하기는 더 수월했다. 필요한 글자들을 원하는 만큼 주조해낼 수 있기 때문이었다. 15세기 후반, 인쇄업자들은 이 같은 방식의 매매를 주고받았던 듯하며, 초반에는 아마도 다소 소극적으로 매매가 이루어졌을 것이다. 그리고 각 작업장에서 생산된 글자들의 차별화를 위해 몇몇 대문자는 다시 각인해 바꿔 넣었을 가능성도 높다.

그렇게 인쇄작업의 전문화가 시작된다. 16세기 초반에는 활자를 거래하는 일이 성행했다. 처음에는 게르만계 지역에서 이루어지던 활자 매매 관행이 점차 대형 인쇄업자들로 확대되었던 반면, 프랑스의 경우는 상황이 조금 달랐다. 프랑스에서는 활자를 새기는 게 소수 조각가들이 전문적으로 하는 일이 되었고, 그 가운데 일부는 가라몽Claude Garamond(1480~1561)이나 그랑종Robert Granjon(1513~1589) 같은 삽화가들이었다. 이와 동시에 하나의 각인기에서 만들어지던 자모와 활자가 늘어남에 따라, 활자 제작에 사용되던 각인기의 수가 줄어들었다. 고딕체를 버리고 로마체를 채택하면서 이러한 통일이 용이해졌고, 이와 동시에 기존에 사용되던 장비 대부분은 쓸 수 없게 되었다. 이어 16세기에는 활자의 제작과 판매가 서서히 소수 업체에 집중되었고, 업주들은 우수한 각인기를 수집해 들였다. 이에 따라 17세기와 18세기에는 힘 있는 몇몇 회사들이 유럽 전역에서 활자 매매의 독점권을 행사한다.[26] 이후 활자시장은 합리적으로 조직되는 양상을 보이는데, 각각의 인쇄업자들이 굳이 스스로 활자를 제작하지 않고도 필요한 활자를 구할 수 있게 되었기 때문이다. 그러나 주조된 활자들이 꽤 높은 값에 팔렸고, 그래서 사람들은 여전히 꽤 적은 양의 활자를 구입하는 습성을 버리지 못했다. 16세기 말 기준으로 통상 10만~60만 자 정도의 활자를 구입하곤 했는데, 이는 한 번에 몇십 페이지 정도밖에 조판하지 못하는 양이다. 따라서 같은 글자는 계속해서 재사용될 수밖에 없었고, 이 글자들은 그만큼 더 빠르게 마모되었다. 또한 활자를 좀더 빨리 회수하기 위해 조판이 되는 즉시 인쇄기에 집어넣었는데, 이에 따라 열성적인 저자들은 인쇄가 되고 있는 과정에서 교정작업을 할 수밖에 없었다. 이로써 같은 판형 내부에서도 달라지는 부분이 상당히 많아졌다.

활자 매매시장이 구축되고 있던 반면, 서체 크기의 통일은 여전히 갈 길이 먼 상태였다. 이는 과거의 인쇄공들에게 상당히 많은 어려움을 유발했을 것으로 보인다.

오늘날 서체 높이는 공식 규정에 따라 정해져 있으며, 프랑스에서는 이를 24밀리미터로 지정해두고 있다. 그런데 예전에는 이 높이가 작업장별로, 지역별로 제각각이었다. 심지어 한 작업장 내에서도 활자 크기가 달랐다. 지금까지 전해져오는 15~16세기 리옹의 222개 서체를 살펴보면, 14개가량의 제각각인 서체 높이를 확인할 수 있다. 활자 하나하나의 높이도 달라졌기 때문에, 하나를 기준으로 서체를 재단하지 않으면 두 개 이상의 활자를 함께 쓸 수도 없었다. 이는 상당히 큰 문제가 되었으며 이에 따라 인쇄작업 역시 더뎌질 수밖에 없었다. 하지만 활자의 제조가 일부 대형 주조 전문 업자들만의 전유물이 되어감에 따라 서체 높이의 통일이 어느 정도 이루어진다(물론 하나의 주조업체 내부에서도 서체 높이는 여전히 제각각인 경우가 존재했다). 이에 따라 한 업체를 이용하던 고객은 계속해서 그 업체만 이용한다. 그리고 18세기에도 여전히 규격의 통일은 이루어지지 않았다. 18세기에 루이 15세가 10줄 반으로 활자의 높이를 정해주었음에도, 푸르니에에 따르면 리옹의 인쇄업자와 주조업체는 활자 높이가 11줄 반 정도에 이르는 활자까지 쓴 것으로 나타났다.[27]

활자 전체의 크기와 관련해서도 통일성이 부족했다. 이와 관련해서는 그 어떤 치수도 정해지지 않은 상태였다. 관습적으로 대략 어림짐작하는 정도가 다였다. 크게 뜬 눈의 크기라던가, 보석 크기라던가, 키케로 작품 출판 활자 크기, 큰 로마체 규격, 아우구스티누스 활자 크기 등과 같은 식으로 경험적인 치수를 사용할 뿐이었다. 이에 따라 사람들이 이해하는 규격도 저마다 달랐으며 치수의 혼동이 야기되었다. 여기에서도 18세기에 이르러서야 푸르니에의 노력과 디도 가의 작업에 따라 안정적으로 규격이 통일된다. 군왕의 발에 비해 144배 작은 크기로 서체의 크기를 정한 것이다. 그리고 오늘날의 활판인쇄업자들 역시 이 기준을 따르고 있다.[28]

4. 조판과 인쇄

각인기를 깎고 글자를 주조하는 이들의 활자 제작과정에 대해 알아보았으니 이번에는 조판과 인쇄라는, 인쇄업자 본연의 작업에 대해 알아보자. 조판이라 함은 페이지별로, 그리고 페이지 묶음별로 활자를 모은 뒤, 이를 인쇄기 아래에 가져다놓는 일을 말하고, 이는 그다음 단계인 인쇄작업, 즉 종이 등의 매체에 이를 찍어내기 위한 사전 단계다.

기계 조판에서 사용하는 (라이노타이프와 모노타이프 등) 식자기의 발명 이후 요즘에는 그 쓰임이 점점 줄어들고 있지만, 손으로 조판하는 기술은 인쇄술이 발명된 뒤 조금도 변하지 않았다. 우선 '활자케이스'라고 하는 나무 칸막이함은 작은 칸칸으로 나뉘어 있는 크고 평평한 나무상자다. 매 칸마다 해당 인쇄 기호들이 들어 있으며, 그 앞에서 식자공은 글자를 하나씩 집어 식자스틱 안에 넣는다. 기다란 형태의 소형 도구인 식자스틱은 과거에는 목재로 만들어졌지만 지금은 금속 재질로 제작된다. 행 하나의 조판이 이루어지면, 식자공은 조판된 이 행을 '갤리쇄'(교정쇄)라는 작은 판에 옮기거나 각 글자들을 고정시켜주는 두 개의 '인테르'(활자조판에서 행간을 띄기 위해 각 행과 행 사이에 넣는 물건—옮긴이) 사이에 각각의 행을 끼워넣는다. 이어 식자공은 이 행들을 모아 하나의 페이지를 만들고, 이 페이지들을 모아 '판'을 뜬다. 이 활자판 안의 각 행과 페이지들은 나뭇조각으로 고정되고 단단하게 끈으로 조여진다.

따라서 식자공은 상당히 빠른 시간 내에 꽤 까다로운 일련의 수작업을 진행해야 하며, 그러면서도 작업은 실수 없이 꼼꼼히 이루어져야 한다. 이들은 거의 자동적으로 움직여야 했으며, 15세기로서는 그 같은 '자동화'의 개념도 전에 없던 새로운 방식이었다. 15세기에서 18세기까지 최적의 조건에서 인쇄작업이 가능할 수 있는 해법을 찾아 헤맸던 인쇄업자들은 생산효율성을 올려야겠다는 필요성을 어느 정도나 느꼈을까?[29]

일단 인쇄술 발명 초기의 식자공들은 오늘날의 식자공들보다 더 열악한 상황에서 조판작업을 했다는 점에 유념해야 한다. 오늘날의 식자공들은 비스듬히 기울어진 소판대 위에 활자케이스를 올려놓고 서서 작업을 하는데, 이 같은 작업환경이라면 식자공들은 얼마든지 자유롭게 움직일 수 있다. 하지만 15세기에는 아니 심지어 16세기까지도 식자공의 작업환경은 요즘 같지 않았다. 1499~1500년 시기, 리옹의 독일 출신 인쇄업자 마티유 후츠가 제작한 판화 〈죽음의 무도—인쇄공 편〉을 보면 그 당시 식자공들이 작업하던 모습을 엿볼 수 있다. 이 그림 속에서 식자공은 약간 기울어진 형태로 나무 발판 위에 낮게 올려진 활자케이스 앞에 앉아 있는 모습으로 나타난다. 16세기 초, 주로 인쇄업자들의 로고를 새긴 판화작품들을 살펴보면, 활자케이스의 높이가 좀더 올라간 것을 알 수 있고, 각도가 더 기울어져 있어 윗부분에 정리된 활자들을 가져다 쓰기가 더욱 편한 구조로 되어 있다. 또한 받침대가 사라지고 일종의 작업대 같은 것 위에 활자케이스가 올려져 있어 작업이 더욱 수월해졌다. 하지만 식자공은 여전히 앉아서 작업했다. 활자케이스가 오늘날과 같은 형태로 배치된 것은 16세기 후반에 이르러서야 비로소

그림 6 〈죽음의 대무도—인쇄공 편〉(리옹, 후츠M. Husz, 1499, 2절판)에 나타난 15세기 인쇄소의 모습.

가능해졌으며, 식자공이 지금처럼 서서 작업을 하게 된 것도 바로 이 시기 이후부터였다.

또 한 가지는 과거 식자공들의 작업이 대개 상당히 까다로웠다는 사실이다. 가령 오늘날은 식자공들이 활자의 윗면에 파인 홈을 만져보는 것만으로도 활자의 올바른 방향을 가늠할 수 있으며, 따라서 굳이 눈으로 확인하지 않더라도 뒤집어지지 않은 제대로 된 방향으로 식자스틱에 활자를 끼워넣을 수 있다. 그런데 오늘날까지 전해져 내려오는 과거의 활자들과 또 몇몇 책 속에서 인쇄 시 뒤집어진 형태로 들어가 있던 활자들의 흔적으로 미루어 봤을 때 우리가 알 수 있는 사실은 15세기의 활자들에 대개 홈이 패어 있지 않았으며, 따라서 식자공들은 식자스틱에 글자를 끼우기 전에 일일이 눈으로 활자를 확인해야 했다는 점이다.

그런데 소판작업에 있어 가장 중요한 문제는 활자케이스 내부에 글자들을 배열하는 일이었다. 작업에 속도가 붙으려면 식자공은 굳이 눈으로 보지 않고도 바로바로 활자를 집어올 수 있어야 했다. 이 부분에서는 오늘날 타이피스트들이 기계적으로 타자기를 타이핑하는 것처럼 숙련된 반사적 행동이 요구되었다. 이 같은 기계적 작업 습관이 몸에 배려면, 어느 작업장이든 동일한 배열로 글자들이 배치된 활자케이스에서 식자공들이 작업할 수 있어야 했다. 그러므로 식자공이 다음 작업장에서 일을 하더라도 기계적으로 몸에 밴 습관이 통용될 수 있도록 서로 다른 작업장에서의 활자케이스가 저마다 통일된 배열로 활자들을 담고 있어야 했다. 그렇지 않으면 작업장이 바뀔 때마다 식자공들이 자신의 반사적인 작업 습관을 다시 익혀야 했을 텐데, 15세기와 16세기 그리고 심지어 17세기까지도 활판인쇄기술자들이 작업장을 바꾸는 경우가 지금보다 더 빈번했기에 활자케이스 배열구조의 통일화는 상당히 중요한 문제였다.

오늘날은 이 같은 단점을 피하고자 한 나라 안에서는 대동소이한 차이만 있을 뿐 거의 동일한 형태의 활자케이스를 사용한다. 활자케이스의 상단에는 두 개로 구분된 활자 칸에 크고 작은 대문자들을 배치하고, 식자공과 좀 더 가까운 위치의 하단에는 소문자를 배치한다. 하지만 각 나라의 활자케이스는 그 나라에서 쓰이는 언어에 따라 달라지며, 타자기 자판에서의 문자 배열 역시 마찬가지다. 타이핑 작업이 좀더 쉽게 이루어질 수 있으려면, 가장 민첩하고 힘 있는 가운뎃손가락들로 가장 많이 사용되는 자판을 두드릴 수 있어야 한다. 마찬가지 이유로 식자공들의 작업 역시 더 수월하게 이루어질 수 있으려면, 활자케이스에서 가장 손이 닿기 쉬운 위치에 가장 많이 쓰이는 활자들이 배치되어 있어야 했다.

그렇다면 예전에는 활자케이스에서 어떻게 활자를 분류해놓았을까? 글자들은 처음부터 오늘날처럼 분류방식이 나라별로 달라졌을까, 아니면 반대로 다들 라틴어를 사용했으니 대체적으로 통일된 분류 형태를 보였을까? 후자의 경우, 언제부터 나라별로 활자의 정리 배열이 달라졌던 것일까? 활자케이스 내 활자의 분류와 관련해 이와 같은 질문을 던져볼 수 있겠으나 안타깝게도 여기에 답을 하는 것은 거의 불가능하다. 17세기 말 이전의 그 어떤 고문서도 이 부분에 대해 명확한 자료를 제시하지 않고 있기 때문이다.

어쨌든 15세기와 16세기 말, 기호 활자들의 수는 주로 약어의 사용과 한꺼번에 묶어서 주조되거나 합자같이 연결된 문자를 만들어 쓰던 관행에 따라 달라졌다. 그러므로 활자케이스의 구조는 안정적일 수가 없었을 것이다. 한편 활자의 배열은 지역별로, 즉 한 지역 내에서의 언어적 쓰임새에 따라 달라졌을 거라는 추측이 가능하다. 그 당시에는 인쇄 분야에 있어서 지역별 전통이 강했기 때문에, 15세기와 16세기의 나무는 그 스타일에 따라, 15세기의 활자는 그 형태에 따라 출처 확인이 가능하다. 심지어 인쇄기의 형태도 지역별로 다른 실정이었나. 그런데 그 당시 인쇄업자들은 지역 간 이동이 활발했기 때문에 고향으로부터 멀리 떨어진 지역에 자신의 인쇄방식을 옮겨놓는 경우도 있었다. 길게 보면, 이 같은 관행 덕분에 어느 정도 방식의 통일화가 이루어진 셈이었다. 가장 좋은 방식이라고 정평이 난 인쇄방식이 환호를 받으며 주된 인쇄방식으로 자리잡았기 때문이다. 아마도 그래서 당시 사람들이 인쇄의 몇 가지 기본 원칙을 자발적으로 세웠던 게 아닐까 한다. 가령 활자케이스에서 대문자를 위쪽에, 소문자를 아래쪽에 배치했던 게 이에 해당한다. 그러나 불과 몇 세기 전까지만 해도 그 어떤 규정도 구체적으로 정해진 게 없었다. 명확한 규정 몇 가지만 있었더라도 식자공의 작업이 훨씬 더 수월했을 것이고, 앞서 그 중요성을 언급한 거의 자동적인 작업 습관도 몸에 밸 수 있었을 텐데 말이다.

『인쇄술 실용학』*Science pratique de l'imprimerie*[30]이라는 제목의 책에서, 아미앵 지역의 한 인쇄업자인 페르텔Fertel은 활자케이스에서 활자의 배치방법이 프랑스 내 작업장별로도 달라졌다고 이야기한다. 아마도 작업을 하던 사람들이 자기 임의로 바꾸어두었던 듯하고 주로 대문자 칸에서의 변화가 많이 나타났으며, 이에 따라 식자공들은 작업장을 바꾸었을 때 활자케이스의 어떤 부분이 자기가 쓰던 배치방식과 다른지 파악해야 했다. 앞서 기술한 인쇄업자 페르텔은 자신이 편리하다고 생각하는 두 가지 배열방식을 제안하며 이 방법이 보편화되길 기대했다. 우선 첫 번째는 크고 작은 대문자들을 오늘날과 같은 알파벳순으로 배치하는 것이다. 인쇄술 개발 초기, 쓰임새가 많지 않았던 J와 U는 열외로 밀렸는데, 이는 그와 같은 전통이 오래전부터 있었음을 알려주는 대목이다. 활자케이스에서 상단에 위치한 대문자 칸의 좌측 하단과 활자케이스 하단의 소문자 칸에는 속칭 '활자케이스 하단 문자'라 불리는 소문자가 배치되었으며, 오늘날과 마찬가지로 자주 쓰이는 활자들이 들어 있던 칸은 크기가 꽤 큰 편이었다. 물론 현격한 차이가 있다 해도, 이와 같은 배열방식은 앙투안-프랑수아 모모로의 인쇄업자 매뉴얼 『인쇄술 기본서』*Traité élémentaire de l'imprimerie*와 『백과전서』*Encyclopedie*[31]의 내용에서도 찾아볼 수 있다. 이들 문헌에 따르면, 활자케이스 상단에서의 배열구조는 하단에서의 배치와 일치하지 않는다. 그러므로 18세기 말까지 프랑스에서는 활자케이스에서 문자의 위치가 절대적으로 확실히 정해진 게 아니었다. 그리고 19세기 초에 이르러서야 비로소 모모로나 백과전서에서 말하는 활자 배치에 근접한 배열구조가 보편적으로 사용되기 시작했다.[32] 그렇다고 이 같은 활자 배치방법이 절대적으로 확실히 정해진 것은 아니었지만 말이다.

순수하게 인쇄 그 자체의 문제로 들어가면 여기에서의 주된 도구는 바로 인쇄기다. 16세기 중엽 이후 18세기에 이르기까지 투박하고 단단한 인쇄기의 형태는 조금도 달라지지 않았다.

일단 인쇄의 기본 원칙은 상당히 간단하다.[33] 활자들을 모아 움직이지 않도록 단단히 고정시킨 페이지들의 묶음인 '판본'을 '인쇄대' 위에 놓는다. 초창기 인쇄대는 평평하고 매끄러운 대리석으로 만들어졌으나 18세기에는 강철판으로 교체된다. 그렇게 인쇄대 위에 놓인 판본은 털 뭉치로 된 기구를 이용해 잉크를 묻힌다. 이어 활자들 위에 종이가 놓인다. 그다음 인쇄기의 압착 기능을 작동시키는데, 웜 나사(혹은 스크루) 형태의 커다란 인쇄 나사 중간에 달린 기다란 손잡이를 돌리면 나사가 돌아가고, 이 작용으로 나사 끝에 달린 수평의 판인 '압판'이 인쇄대 바로 위까지 이동한다. 압판이 판본 위를 누르면 그에 따라 종이 위에 활자들이 인쇄된다.

이렇게 도식화시켜놓고 보면 인쇄기의 기본 원리보다 더 간단한 것도 없는 듯하다. 하지만 실제로는 산업적 용도로 이 기구를 사용할 수 있기까지, 세 가지 근본적인 문제가 먼저 해결되어야 했다.

첫 번째 문제는 인쇄 평대와 압판 사이에서는 판본에 잉크를 바를 수가 없다는 점이다. 잉크를 바를 수 있을 만큼 충분히 위쪽으로 압판을 들어올릴 수가 없기 때문이다. 그러므로 잉크 도포작업을 위해서는 판본을 이동시켜야 한다. 이 작업을 하기 위해 인쇄기술자들은 바퀴가 달린 작은 수레 위에 인쇄대와 판본을 올려놓았고, 매우 간단한 도르래 원리로 손잡이를 회전시켜 이 수레를 이동시켰다.

두 번째 문제점은 인쇄 그 자체의 과정에서 나타나는 부분이다. 먼저 인쇄 시 종이에는 얼룩이 지면 안 되는데, 특히 가장자리 부분에 잉크 얼룩이 묻는 것을 주의해야 한다. 잉크를 도포할 때 판본 전체에 잉크가 쏟아질 위험이 있기 때문에, 인쇄 시 종이에 얼룩이 묻는 것에 각별히 신경을 써야 한다. 이를 위해 당시 사람들은 종이나 양피지로 된 종이 가림막을 써서 잉크가 묻으면 안 되는 여백 공간을 미리 이걸로 가려둔다. 이를 이용하면 판본의 활자 부분에만 잉크가 묻을 수 있기 때문이다. 아울러 아무리 활자의 품질이 좋고 식자공이 '양끝맞추기'justification에 신경을 쓴다 하더라도, 활자의 높이가 모두 같지 않다는 문제가 생길 수 있다. 금속 압판 아래에 바로 종이가 놓일 경우, 다소 낮게 위치한 몇몇 활자들은 제대로 인쇄되지 않을 수 있고, 어떤 글자는 지나치게 두드러져 보이는 반면 어떤 글자는 제대로 찍히지 않을 가능성이 높다. 따라서 인쇄 시 작업의 편의를 위해서는 종이와 압판 사이에 펠트지나 종잇단을 놓아야 한다.

이 같은 필요에 따라 활판인쇄기술자들은 프리스킷Frisquette or Frisket과 팀판Tympan을 이용한다. 팀판은 큰 것과 작은 것의 이중구조로 되어 있는데, 경첩으로 전체 틀에 고정되어 있으며, 그 안에 인쇄대와 판본이 위치한다. 이들 두 팀판의 각각에는 양피지가 덧대어지며, 작은 팀판에는 플란넬 천 종류의 얇은 천을 덧대어 활자 자국이 더 두드러지게 나타날 수 있도록 한다. 일종의 접이식 종이 가림막인 프리스킷은 큰 팀판에 경첩으로 연결된 또 다른 구조 틀로, 큰 팀판의 한쪽이 인쇄대에 경첩으로 연결되어 고정된다면 다른 한쪽은 프리스킷과 연결된다. 조판된 페이지 위에 활자가 드러날 부분만 군데군데 구멍을 낸 양피지나 두꺼운 종이를 붙인 프리스킷은 인쇄 시 종이가 더러워지는 것을 방지해준다. 인쇄를 할 때에는 프리스킷을 팀판 위로 한 번 접어 종이를 고정시키는데, 송곳 같은 것으로 단단히 팀판에 고정된 종이는 움직일 수 없는 상태가 된다.

마지막 문제는 좀더 해결하기가 어려웠는데, 압판의 크기가 절대적으로 작다는 점이었다. 적절한 인쇄가 이루어지기 위해서는 인쇄 나사의 나선축 중간에 달린 손잡이를 돌렸을 때 압판이 확실한 힘을 받아 제대로 눌러주어야 하며, 활자들의 윗면 전체를 균일하게 눌러줘야만 모든 활자가 인쇄될 수 있다. 따라서 압판의 면적은 활판의 면적과 정확히 일치해야 한다. 전지 크기의 판본을 한번에 인쇄하기까지 꽤 오랜 기간이 필요했던 이유도 여기에 있다. 그러므로 나선축의 손잡이를 한 번 움직여 전체 판본의 절반을 먼저 인쇄하고, 이어 수레를 움직여 나머지 절반을 인쇄하는 식이었다. 따라서 전지 한 장만큼을 인쇄하려면 나선축의 손잡이를 두 번 움직여야 했다.

16세기 중반에서 17세기까지 유럽 지역 국가 대부분에서 사용되던 인쇄 방식은 이러했다. 평판 인쇄기의 경우는 상대적으로 완성도가 높은 기구였다. 물론 이 같은 인쇄기가 일반 목수들이 만들어낼 수 있을 만큼 제작하기 간단한 도구이긴 했다. 그 때문에 18세기까지 적어도 프랑스에서는 인쇄기 전문 제조공이 부재한 상황이었다.[34]

활판인쇄술의 유용함에 생각이 미쳐 이를 개발해내기 전, 초기 인쇄술 연구자들은 어쩌면 목판인쇄술에서 쓰이넌 바렌부터 사용하기 시작하지 않았을까? 가능성 있는 이야기다. 어쨌든 평판 인쇄기의 이용은 상당히 이른 시기부터 시작되었는데, 그게 아니라면 『42행 성서』같이 완벽한 상태로 그렇게 귀중한 작품을 인쇄해낼 도리가 없었을 것이다. 그런데 초창기 인쇄기는 어떻게 나타났을까? 사람들은 어떻게 적절한 형태의 인쇄기를 발명해낼 수 있었을까? 처음에는 다른 방식을 쓰다가 나중에야 지금과 같은 인쇄기를 채택하지 않았을까? 그리고 이곳저곳을 돌아다니며 작업하던 인쇄업자의 경우처럼 일부는 인쇄기 없이 인쇄를 하거나 좀더 간단하고 가벼운 인쇄기를 사용하지 않았을까?

우리가 알고 있는 바에 따르면 초기 인쇄기술자의 인쇄기법은 몇몇 측면에서 꽤 알쏭달쏭한 부분이 있다. 아마 우리가 추측할 수 있는 범위를 벗어나는 양상으로 나타났을지 모른다. 특히 활자의 조합과 판본 부분은 정확한 추측이 어렵다. 지금까지 남아 있는 가장 오래된 활자들을 살펴보면 몇몇 책의 지면에서 뒤집어진 형태로 남아 있는 15세기 서체의 흔적으로 미루어봤을 때, 우리는 놀라운 사실들을 알 수 있다. 이 글자들 대부분에 구멍이 뚫려 있거나 균열이 가 있었기 때문이다. 그 가운데 상당수는 글자의 다리 부분이 비스듬히 깎여 있거나 역V자 형태로 깎여 있었다. 수많은 가설이 제기되는 부분이다.

일단 여러 글자에서 확인되는 측면 구멍은 활자들을 가는 줄이나 철사로 연결해 같은 줄에 고정시킴으로써 좀더 균일한 행렬을 만들기 위한 것이 아니었을까 하는 추측을 해볼 수 있다. 그 당시는 원판의 활자들을 고정시켜주는 방식이 아직 개발되기 전이었기 때문이다. 하지만 결정적으로는 별로 가능성이 없어 보이는 가설이다. 활자가 주조된 이후에 글자 하나하나를 들고

날카로운 도구와 줄을 이용해 이렇게 구멍을 뚫었던 것이라고 가정하면, 그 같은 작업을 하는 데 상당한 시간이 소요되었으리라고 충분히 짐작할 수 있다. 그렇게 되면 이는 문제가 된다. 하지만 활판인쇄기법이 아직 개발되지 않았던 시기, 때로 거의 극복하기 힘든 어려움이라도 초기 인쇄기술자는 인쇄작업을 하는 과정에서 이를 극복해내야 했다.[35]

이보다 더 신기한 것은 글자의 끝부분을 비스듬히 혹은 역V자로 깎던 관행이다. 물론 그렇게 함으로써 인쇄지 위의 모든 글자 높이를 균일하게 만드는 일이 좀더 수월했을 수는 있다. 비스듬히 깎은 모양은 더욱 정확하고 수월한 작업을 가능하게 해주기 때문이다. 하지만 활자는 밑동이 평평한 경우가 비스듬히 깎은 경우보다 더 안정적으로 자리잡게 되어 있으며, 그렇듯 불안정하게 위치한 활자들은 함께 모여 있더라도 쉽게 뒤집어질 수 있다. 특히 단단히 조여주는 장치를 이용해 한 면의 자간과 행간 배열이 균일해지도록 만드는 기술이 아직 알려지지 않은 시대에서라면 더더욱 그렇다. 활자들이 균형을 맞추기 어렵고 그 주조 상태도 그리 완전하지 않았던 데다 글자들을 고정시키는 기술도 미비했던 상황에서, 15세기의 책들은 어떻게 그와 같이 균일한 형태로 인쇄가 이루어질 수 있었을까? 이러한 문제를 제기한 공학기술자들은 상당히 무모한 가설을 제시한다. 이들에 따르면 당시의 인쇄가 어떤 경우에는 판본이 뒤집어진 형태로 종이 위에 배치되면서 지금의 인쇄방식과 반대로 이루어졌을 것이라는 사실이다. 만일 그랬다면 초창기 인쇄기는 이후의 인쇄기와 꽤 다른 모습이었을 것이며, 아마도 훨씬 더 단순한 구조로 되어 있었을 가능성이 높다. 여기에서 한발만 더 나아가 생각해보면 애초에 인쇄를 하는 데 평압식 인쇄기가 필요하지 않았을 수도 있다. 특히 작은 책자인 경우라면 더더욱 그랬을 것이고, 또 15세기에는 떠돌아다니며 인쇄 일을 하는 업자들도 상당히 많았는데, 이들이 매번 이동할 때마다 인쇄기

Imprimo dum varios ære micante libros.
Quæ prius aucta ſitu, quæ puluere plena iacebant,
Vidimus obſcura nocte ſepulta premi.

Hæc veterum renouo neglecta volumina Patrum
Atq; ſcolis curo publica facta legi.

그림 7 아트만 쇼퍼에 따른 작업 중인 인쇄소,
『모든 전문적 기술 또는 기계공학에 대하여』, 프랑크푸르트, 1568, 8절판.

를 들고 다녔을지도 의문이다. 현재 진행 중인 기술적 연구에서 이 같은 문제들이 언젠가는 해결되길 바랄 뿐이다.[36]

어찌 되었든 초창기 인쇄기들은 상당히 원시적인 형태였을 것이다. 인쇄술 발명 초기에 만들어진 책들은 페이지별로 인쇄작업이 이루어졌고, 4절판인 경우라도 상황은 다르지 않았다. 판본 자체도 한 쪽 크기에 불과했다.[37] 이 작업에 아무리 공을 기울이더라도 이렇게 연속적으로 인쇄된 페이지 내의 줄들은 정확히 제 높이에 있을 수 없었고, 대개는 책을 보면 지면의 같은 위치에서 똑같이 흐트러진 행렬을 볼 수 있었다. 그런데 1470년부터는 이러한 단점이 사라지는 경향을 보인다. 이때부터 인쇄 나사의 나선축을 두 번 움직여서 인쇄하는 시스템을 도입한 듯하고, 마찬가지로 이 시기부터 판본 하나가 여러 페이지로 구성되어 이 같은 시스템으로 여러 가지 크기의 종이를 한 번에 인쇄할 수 있었던 것 같다. 그러나 이 방식을 쓸 수 있으려면 판본을 빠르고 정확하게 이동시켜야 하고, 그에 따라 바퀴가 달린 수레에 판본을 올려놓게 된다. 15세기 말 이전 이 수평식 이동을 구현하기 위해 사람들은 곧 도르래와 크랭크 시스템을 이용하기 시작했다. 오랜 기간 사람들은 그렇게 평평한 작업대 위에 이와 같은 수레를 밀어넣는 방식에 만족했으며, 이후 여기에 레일을 장착함으로써 좀더 쉽고 정확하게 작업을 진행한다.

15세기에서 18세기에 이르기까지 인쇄기에 나타난 발전 양상은 이뿐만이 아니었다.[38] 인쇄업자들이 인쇄기의 작동원리 자체를 바꾸려 애썼기 때문이 아니라 이들이 조금씩 인쇄기를 완성시켜가려 노력했기 때문에 생긴 결과였다. 16세기 초부터 이들은 인쇄기의 나무 나사를 금속 나사로 교체하고, 작업 시 힘이 더 많이 가는 요소들을 강화시킴으로써 인쇄기를 더욱 튼튼하게 만들었다. 이렇게 해서 개량된 인쇄기의 모습은 그 당시 인쇄기의 모습을 담아낸 판화나 인쇄업자 로고에서 잘 드러난다. 16세기 초에 쓰이던 인쇄기의 종류는 리옹식 인쇄기, 독일식 인쇄기, 플랑드르식 인쇄기 세 가지 정도로 구분된다. 길쭉하고 내구성이 약해 보이는 독일식 인쇄기는 여러 인쇄소에서 플랑드르식 인쇄기에 밀려난다. 파리에서 사용되던 리옹식 인쇄기는 곧이어 프랑스 전역으로 그 이용이 확대되고, 나아가 스위스와 영국 그리고 네덜란드, 에스파냐로까지 확산된다. 16세기 말엽에는 여러 곳에서 대중적으로 사용된 듯하다.

그런데 17세기 초에 네덜란드에서 인쇄산업이 발전하기 시작했을 때, 지도제작자이자 대형 인쇄업자인 빌렘 얀스존 블라외Willem Janszoon Blaeu(1570~1630)는 천문학자인 티코 브라헤Tycho Brahe(1546~1601)와의 공동 작업으로 수학 관련 도구를 제작하다가 이후 출판업에 매진한다. 그런 그가 인쇄기에 여러 면에서의 개량을 실현한다. 인쇄기를 더 견고하게 만들기 위해 가는 일부 부품을 더욱 튼튼하게 만들고, 일종의 용수철과 같은 균형추를 이용해 압판의 압력을 좀더 균일하게 만드는 데 성공한다. 네덜란드식 인쇄기는 점차 네덜란드 전역으로 그 쓰임이 확대되고, 이에 따라 네덜란드는 곧 우수한 인쇄 품질로 명성을 얻게 되며, 이어 영국으로까지 네덜란드 인쇄기가 전파된다. 하지만 프랑스에서는 한 번도 네덜란드 인쇄기를 도입한 적이 없었으며, 프랑스의 경우 계속해서 고전적 형태의 인쇄기를 사용한다. 그리하여 16세기에서 18세기에 이르기까지 나사축의 손잡이를 두 번 움직이는 방식의 고전적인 인쇄기는 세부적 개량과정을 거친다. 거의 3세기에 이르는 시간 동안 활판인쇄기술자들은 이 같은 형태의 견고한 인쇄기에 만족했으며 이러한 도구를 가지고 엄청난 속도로 책을 인쇄했다. 16세기와 17세기의 기술자들은 하루 12시간에서 16시간가량을 작업하며 (물론 단면 인쇄로) 하루 2,500매에서 3,500매가량을 찍어냈다. 이 말은 곧 종이 한 장 전체를 찍는

데 나사축의 손잡이를 두 번 돌려야 하는 초창기 인쇄기로 20초마다 한 장씩 인쇄물을 뽑아냈다는 뜻이다. 이 놀라운 생산성에 우리는 놀라움을 금치 못한다.[39]

18세기 말에 이르면 인쇄 생산성이 높아지고 (백과전서가 출간된 시기인 만큼) 기술적 문제의 해결에 따른 이익이 높아지자, 인쇄업자들은 더욱 빨리 인쇄작업을 수행하고 일꾼들의 수고를 덜어줄 방법에 관심을 기울인다. 1782년과 1785년 사이에 두 대형 인쇄업자 프랑수아 앙브루아즈 디도François-Ambroise Didot(1730~1801)와 로랑 아니송Laurent Anisson (1600~1672)은 각각 나사축의 손잡이를 두 번 움직여야 하는 인쇄기에서 나사의 홈 부분을 수정해 이를 한 번만 움직여도 종이 전체를 다 찍을 수 있는 인쇄기를 발명해낸다. 하지만 이들의 발명품은 널리 확산되지 못했다. (앞서 언급한 바와 같이 종이 제작기술의 발달에 따라) 인쇄량이 급격히 증가하면서 전적으로 새로운 구조의 인쇄기가 채택된 것이다. 1795년경 런던에서는 스탠호프 경Lord Stanhope(1753~1816)이 기계공 워커Walker의 도움으로 거의 전체가 다 금속으로 이루어진 철제 인쇄기를 발명한다. 이는 오늘날까지도 수많은 인쇄업자들이 사용하는 인쇄기가 되었다. 1814년 11월 29일, (발행 부수가 가장 많은 신문 중 하나인) 『타임』 지 국장 존 워커John Walker는 수동식 인쇄기 앞에서 조업에 들어갈 준비를 하고 있는 활판인쇄기술자들에게 산업용 기계식 인쇄기에서 뽑은 다음 호 『타임』 지를 보여주었다. 이 발행호에서 그는 자랑스럽게 다음과 같이 쓴다. "오늘자 신문은 인쇄술이 발명된 이후, 최고 수준에 이른 인쇄술의 실제 결과물을 대중에게 선보인다." 그리고 이렇게 덧붙인다. "단 한 시간 만에, 우리는 최소 1,100장 이상을 뽑아낼 수 있는 경지에 이르렀다."[40]

이렇게 해서 인쇄술은 역사상 새로운 전기로 접어들었다.

5. 판 걸기와 접지[41]

과거 활판인쇄공에게 제기되었던 문제들은 비단 앞서 언급한 문제들만이 아니었다. 인쇄가 적절히 이루어지려면 품질이 우수한 종이가 있어야 했고, 이렇게 좋은 종이를 얻는다는 것이 언제나 쉬운 일은 아니었다. 그뿐만 아니라 인쇄작업에 적합하게 가공하는 과정도 거쳐야 했다. 게다가 종이 한 장에다 한 번에 여러 페이지를 인쇄해야 할 경우도 있었는데 이는 상당히 복잡한 문제였다. 이번에 다루게 될 내용도 이에 관한 내용이다.

인쇄압의 무게를 견디고 잉크가 적절히 배어들 수 있으려면 종이는 상당히 쫀쫀하게 반죽된 상태여야 한다. 그런데 원판에 걸린 종이가 늘 그런 상태였던 것은 아니다. 그래서 제지업자들은 15세기부터 인쇄용 종이의 품질에 대해 세심히 살피는 습관이 있었으며, 특히 이탈리아 제지업자들은 그 당시 꽤 두껍고 가볍게 솜털로 덮인 최상의 품질을 갖춘 종이를 만들어냈다. 색감은 꽤 균일하고 옅은 회색이었으며, 인쇄용 종이로서 상당한 만족감을 안겨준 듯하다.

그런데 인쇄기는 상당히 종이를 많이 '먹는' 기구다. 그리고 대개는 물레방아 형식으로 돌아가는 제지소들이 수요량에 맞게끔 종이를 생산해내지 못하는 경우가 많았다. 15세기와 16세기 초, 하나의 책을 만드는 데 있어서도 여러 제지소에서 생산된 종이를 써야 하는 경우가 많았다. 그리고 인쇄기가 점점 늘어가던 16세기에는 인쇄업자에게 제대로 된 품질의 종이를 공급하지 못하는 곳이 속출했다. 품질이 좋은 넝마도 부족했고, 또 좀더 빨리 생산해 더 많은 수익을 거둬들이고픈 욕심에 제지업자들은 질이 나쁜 종이를 공급하게 되었던 것 같다. 따라서 이렇듯 잘 찢어지고 성기며 불순한 종이를 납품한 제지업자들에 대해, 꽤 오랜 기간 거의 도처에서 인쇄업자들의 항의와 불만이 빗발쳤다. 그뿐만 아니라 원가절감의 필요성이 대두되자 인쇄업자들은 그냥 그 지역에서 만들어진 종이를 쓰는 데 만족했다. 인쇄소 근처에 위치한 제지소의 종이를 사다 씀으로써 운송비를 줄이는 것이다. 이에 따라 종이의 품질은 더더욱 낮아질 수밖에 없었고 이 같은 관행은 18세기까지도 계속되었다.

그러나 이 분야에서 가장 까다로웠던 문제는 원판에서 페이지를 배치하는 일이었다. 더 명확한 설명을 위해 책의 '판형'과 관련한 기본적인 몇 가지 개념을 짚고 넘어가자. 전지를 한 번 접어 나오는 크기를 '2절 판형' 혹은 '폴리오folio 판형'이라고 한다. 그러므로 각 전지 한 장에는 (두 장 양면의) 네 페이지가 인쇄된다. 전지를 두 번 접어 나오는 형태가 '4절 판형'으로, 여기에는 (네 장 양면의) 여덟 페이지가 인쇄되고, 전지를 세 번 접은 '8절 판형'에는 (여덟 장 양면의) 열여섯 페이지가 인쇄된다. 이렇게 접지된 종이들이 모여 절지 한 묶음을 이루고, 2절 판형에는 네 페이지가, 4절 판형에는 여덟 페이지가, 그리고 8절 판형에는 열여섯 페이지가 만들어진다. 그런데 2절 판형과 4절 판형에서는 안정적인 재단을 위해 간지를 넣어 재단하고, 이에 따라 재단된 종이는 그 매수도 두께도 두 배가 된다. 그런데 16절 판형이나 24절 판형, 32절 판형과 같은 작은 판형에서는 이미 전지 한 장을 접지해 만들어진 재단본이 꽤 두꺼운 상태다. 이에 따라 인쇄공들은 전지 하나에 인쇄되는 페이지 수를 계산해 여러 권의 재단본을 만들어낸다. 가령 16절 판형을 만들기 위해서는 일단 전지를 둘로 잘라 8장 16페이지의 16절 판형 두 권을 만드는 식이다. 24절 판형인 경우, 전지를 세 번 잘라 8장 16페이지의 한 권과, 4장 8페이지의 한 권, 총 두 권의 절지를 만들어낸다(두꺼운 절지본 하나와 얇은 소책자 형태가 나오는 것이다).

이렇게 전지(혹은 원지)를 접을 수 있으려면, 활판인쇄공들은 각각의 페이지에 어떤 원판의 내용이 찍히게 될지 염두에 두어야 한다. 2절 판형인 경우, 한쪽에 1페이지와 4페이지를, 다른 한쪽에 2페이지와 3페이지를 묶어야 한다. 그리고 다른 판형인 경우도 방식은 비슷하다. 겉으로 보기에는 복잡해 보이지만 그래야 하나의 절지본이 적절한 두께가 되고 제본된 책 한 권이 최대 분량으로 나올 수 있다. 또한 이는 제본공의 작업을 훨씬 수월하게 만들어준다. 제본공은 책 한 권의 낱장들을 제본할 때, 기계적으로 일괄 제본하게 마련이기 때문이다. 그러므로 이 같은 방식을 도입하기 전에는 페이지 매기는 작업에서 오류가 상당히 많이 발생했으나 이제는 그럴 위험이 없게 되었다.

최근에 발견된 자료에 따르면,[42] 필경사들 역시 이 같은 접지방식을 인지하고 활용한 것으로 나타났으며, 특히 (교과서, 자료집 등의) 교육 용도나 (성무일과서, 기도서, 교구 행정문서 등) 교회 관련 용도로 제작된 작은 판형의 필사본을 다량으로 제작할 때 이러한 방식을 활용했다. 하지만 활판인쇄기술자들은 오랜 시간이 지난 후에야 이 같은 방식을 채택한다. 책을 페이지별로 인쇄하던 습관도 있었고, 판본의 크기가 종이의 크기보다 작았으니 아마도 처음에는 인쇄를 하기 전에 종이를 먼저 자르고 시작했던 것 같다. 그리고 이에 따라 작업 시간은 더욱 더뎌졌다. 그런데 레가리스 판형(약 70×50센티미터)과 메디안 판형(약 50×30센티미터) 등 두 가지 판형을 필두로 다소 변형된 형태의 판형이 나타났고, 이에 따라 사람들은 메디안 판형의 절지 옆에 레가리스 판형 절반 크기를 함께 만들어 사용했다. 이에 따라 같은 한 권의 책이라도 2절 판형으로 들어가는 게 있고, 4절 판형으로 들어가는 게 있었다. 재단된 절지의 묶음당 장 수는 제본이 튼튼하게 이루어질 수 있다고 판단되는 수만큼 그 수가 정해졌고, 절지 묶음 하나당 들어가는 페이지 수는 같은 한 권의 책 안에서라도 달라지는 경우가 많았다. 가령 인쇄술 발명 초기의 인쇄본 '인큐내뷸러'incunabula에서 4절 판형 절지 묶음은 전지 한 장만을 두 번 접어서 만드는 경우가 드물었다. 그보다는 두세 장을 한꺼번에 접지하는 경우가 보통이었고, 15세기 말에는 2장씩 4절 판형 절지 묶음을 만들어서 한 번에 8매를 뽑아냈다. 이 같은 방식에서 나타날 단점에 대해서도 생각해볼 수 있다. 바로 인쇄과정에서 나타나는 문제점인데, 한 권의 책 안에서 각 페이지가 제자리에 들어갈 수 있도록 인쇄공이 계산을 잘해야 한다는 것이다. 또한 인쇄물을 엮는 제본공이 겪게 될 어려움도 생각해볼 수 있다. 이 모든 것으로 미루어볼 때, 다른 분야에서와 마찬가지로 이 분야에서도 역시 활판 인쇄공의 일이 상당히 복잡했을 것이라고 짐작할 수 있다. 이후 여러 차례의 경험을 통해 이들은 16세기 무렵에 일관된 방식을 채택하고 직업 노하우를 터득한다. 그리고 이는 19세기까지 존속했으며, 때로는 오늘날까지도 이어지고 있다.

6. 앞서 간 중국*

앞서 살펴봤듯이 종이를 발명한 중국은 유럽 활판인쇄술의 발견에 간접적으로 기여했다.[43] 지금까지 밝혀진 자료로는 유럽의 활판인쇄술이 중국의 영향을 받았을 것이라고 추측할 만한 부분이 전혀 없다. 그러나 중국은 구텐베르크가 활판인쇄술을 발명하기 5세기 전부터 이미 활자를 이용한 인쇄기법을 알고 있었다.

---

* 이번 장은 프랑스 국립도서관 필사본 담당국 학예연구사 기나르가 작성한 것이다. 참고도서 목록에서는 유럽의 언어로 쓰인 책에 대해서만 언급하도록 한다.

세상 다른 그 어느 곳에서보다 더없이 훌륭한 문명국가로, 학문이 삶의 근원처럼 숭배되던 중국에서는 안 그래도 뿌리 깊은 문학이 시대를 거듭할수록 그 깊이를 더해갔다. 가장 오래된 기록문서 자료를 보면, 기원전 1765~1123년경의 중국 상나라(혹은 은나라) 시절부터 책이 존재했을 것으로 추정된다. 불에 달군 뾰족한 송곳 같은 것으로 거북이의 등껍질이나 동물의 뼛조각 위를 그어서 그 갈라지는 모양으로 점괘를 알아내곤 했는데, 이로부터 2,500개에 가까운 서로 다른 문자들을 찾아낼 수 있었다. 이는 오늘날 사용되는 8만 개 한자의 기원이다. 그런데 여기에서 쉽게 찾아볼 수 있는 것이 중국 서책의 가느다란 모양을 나타내고 있는 글자다. 지금도 책을 의미하는 이 문자는 네 개의 세로획과 이를 관통하는 하나의 가로획으로 되어 있는데 이는 사실 가장 오래된 책의 형태를 나타내는 것이었다. 당시 사람들은 끝이 뾰족한 막대기를 유약 같은 것에 묻혀 나무나 대나무로 만들어진 이 서판書板 위에 세로로 글을 쓰고, 가죽 끈이나 비단 줄로 잘 엮어 편철編綴했다. 죽간竹簡 혹은 목간木簡이라 불리는 이 대나무패나 나뭇조각을 엮어 만든 이 책들은 수세기 동안 서사 재료로 사용되었다. 공자도 이 죽간을 이용해 주역을 공부했으며, 이를 너무 열심히 읽은 나머지 죽간을 엮은 가죽 끈이 세 번이나 끊어졌다는 일화가 있다. 이른바 위편삼절韋編三絶이다. 현재 남아 있는 가장 오래된 중국 책들은 50년 전 중앙아시아의 모래에서 출토되었다(이 책이 처음 출간된 1957년의 시점에서 50년 전을 말하므로 현재 시점에서는 약 100여 년 전인 1907년에 해당하며, 둔황석굴에서 왕원록이 발견한 유물 가운데 하나를 아우렐 스타인이 사들인 중국 고문서를 말한다—옮긴이). 죽간이나 목간에 기록된 이 책들은 어휘, 책력, 의학 처방집, 비단길을 감시하는 중국 수비대의 일지를 기록한 공문서 등의 내용을 담고 있다. 대부분은 서기 98년과 137년 사이의 연대로 기록되어 있다.[44] 이 책들에서는 이미 상당한 발전 양상이 나타난다. 붓으로 먹물을 묻혀 죽간에 기록을 했기 때문이다. 하지만 거추장스럽고 무거우며 줄이 끊어질 때마다 헝클어졌던 죽간은 곧 부드럽고 가벼우며 견고한 서사 재료인 비단으로 대체되었다. 약 30센티미터 넓이로 짜인 비단천은 양쪽 끝에 나무 막대기를 달고 돌돌 말아 사용했으며, 장식으로 어느 정도 꾸며진 이 가름대가 지지대 역할을 해주었다. 이 같은 책자를 가리키는 말도 '돌돌 말다'라는 의미의 '두루마리'였다.[45]

하지만 사람들은 값비싼 비단 대신 저렴한 대체재를 찾는다. 그리하여 시행착오를 통해 일단 비단 부스러기를 사용하다 이어 좀더 흔한 재료인 낡은 천조각과 헌 어망, 마, 뽕나무 껍질 등을 가지고 반죽을 만든 뒤, 이를 건조시켜 글쓰기가 가능한 상태로 만든다. 왕실에서 이로운 것은 무엇이든 백성에게로 전파하는 전통이 깊은 중국에서는 종이 발명을 그 당시 왕실 수공업장을 관리하던 환관, 채륜(서기 121년에 사망)의 공으로 보고 있다. 하지만 채륜이 종이를 발명하기 훨씬 이전부터 중국에서는 종이에 기록을 했던 게 분명해 보인다. 다만 서기 105년에 채륜이 종이 발명에 관한 보고서를 황제에게 제출했고, 문서 기록으로는 유일하게 이것만 남아 있기 때문에 그 외 수천 명의 이름 없는 제지 장인들의 노고가 묻혀버렸다. 지금까지 알려진 최초의 종이 역시 중앙아시아에서 나온 것이었다. 소그드어로 쓰인 일곱 통의 편지는 정성껏 접힌 종이 위에 쓰여 있었고, 수신인의 주소 역시 쓰여 있었다. 아우렐 스타인 경은 서기 2세기 중반 무렵부터 중국 군대가 버리고 간 만리장성 경비탑의 폐허에서 이를 발견했다.[46] 비스너J. von Wiesner 교수의 정밀 분석에 따라 종이 반죽이 오로지 마 섬유조직으로만 제작된 것임이 밝혀졌으며, 몇몇 작은 파편들은 형태가 그대로 남아 있는 상태였다.[47] 중국에서 제작된 게 확실한 이 종이들은 생산지로부터 멀리 떨어진 이방인들에게 사용되었고, 이는 종이라는 이 새로운 발명품이 얼마나 빨리 전파되었는지를 보여준다. 따라서 고급 필사본을 작성할 때를 제외하면, 종이는 비단을 대체한 서사 재료가 되었다. 하지만 종이의 크기가 25×45센티미터 정도로 작았기 때문에 끝과 끝을 붙여서 길게 만들었으며, 손잡이용으로 나무 막대기(권축)를 끝에 매달아 둘둘 말았다 폈다 하며 사용했다. 둔황석굴 안에 유폐된 서고에서는 5~10세기 말 정도로 추정되는 필사본 1만 5,000여 점이 나왔고, 오늘날 이는 각각 파리국립도서관과 베이징국립도서관, 영국박물관에 나뉘어 소장되어 있다. 대부분은 종이 두루마리로 말려 있는 형태였으나, 여기에서는 인쇄술의 발명에 따라 달라질 다양한 책의 형태들도 발견되었다.

굳이 두루마리를 몇 미터씩 펼치지 않더라도 원하는 페이지를 보고자 하는 욕구도 있었고, 길고 좁은 종려나무 잎을 가는 끈으로 엮어 만든 인도 경전을 따라 하고 싶은 순수한 의도도 있었으며, 각각 인쇄된 종이로 책을 제본해야 할 필요성도 생겨남에 따라 곧 책의 양상이 달라졌다. 둔황석굴의 필사본 가운데는 단단한 종이를 한 장 한 장 엮은 뒤, 구멍을 뚫어 줄로 묶은 형태도 존재했다. 낱장으로 흩어지지 않고 한데 모여 있는 이 종이 묶음들은 때로 그 단면을 이어 붙여 아코디언 책 같은 형태로 나타나기도 했다. 이를 두고 중국인들은 '선풍엽'旋風葉이라고 불렀는데, 책을 읽는 사람이 원하는 페이지를 찾아 책장을 빠르게 넘기는 모습이 꼭 회오리바람(선풍) 같다고 붙인 이름이다. 이 같은 제책 형태는 곧 널리 차용되었고, 아랍의 저술가 무함마드 이븐 이스하크도 989년에 다음과 같이 적고 있다. "중국인들은 병풍처럼 펴지는 형태로 종이 낱장을 이어 그 위에다 종교와 학문에 관한 책을 쓴다." 절반은 인도식이고 절반은 중국식인 이 같은 첩장帖裝 형식의 도서 장정은 불교나 도교의 교리 내용을 기록하는 데 쓰였으며, 탁본 모음집이나 화첩, 서예 교본 등을 만드는 데도 사용되었다. 하지만 종이가 고정되어 있지 못한 탓에 금세 찢어지기 일쑤였고, 따라서 이 같은 장정방식은 낱장을 중간에서 반으로 접은 뒤 이 접힌 곳에 풀칠 해 낱장을 모두 이어 붙인 형태로 개선되는데, 책장이 나비처럼 파닥거린다고 이를 '호접장'이라고 부르기도 했다. 오늘날 책의 형태와 거의 비슷한 이 같은 장정 형태는 필사본을 담기에 적절했으나, 양각으로 새긴 나무판에 잉크나 먹을 칠해 원문을 인쇄하는 방식은 낱장의 한쪽 면밖에 사용할 수 없었다. 또한 백지로 남아 있는 그 이면을 안 보이도록 하기 위해 글씨가 있는 쪽이 바깥으로 나오게 반을 접어 이를 한꺼번에 꿰매는데, 이번에는 접힌 부분이 아닌 가장자리를 꿰매는 방식이었다. 중국과 한국, 일본의 종이는 상당히 유연하고 얇은 편이었기 때문에 이 같은 가제본방식이 가능했다. 그리고 이는 이후 오늘날까지 별로 달라진 부분이 없다. 하나로 엮인 낱권의 책에는 종이나 비단으로 표지를 만들었는데, 이 구분이 곧 한 장章의 구분이 되었다. 그렇게 모인 낱권 여섯 개 혹은 여덟 개를 모아 질 좋은 나무판 사이에 넣어 고정시키거나 혹은 다소 값비싼 천으로 덮인 상자 안에 넣어두는 게 과거 책을 보관하던 방식이었다. 책은 선반 위에 가로로 눕혀 보관했으며, 제본된 낱권 하나하나마다 안에 담긴 내용을 알려주는 페이지가 끼어 있었기 때문에 책을 읽는 이는 책의 대략적인 내용에 관해 상세한 목차를 알 수 있었다.

그런데 중국인들은 서고의 매력만을 깨달은 것이 아니었다. 산업정신이 뛰어난 중국인들은 일찍이 실용적이고 경제적인 방식으로 원문을 복제할 수 있는 방법을 연구했다. 20세기 초부터 이들은 판각기술에 있어 꽤 숙달된 수준에 도달했고, 성화 혹은 주술문을 다량으로 생산하기 위해 승려들이나 도교주의자들은 경전 또는 부적 문구를 커다란 대리석비에 음각으로 새겨넣었다.

석판 위에 정방향의 음각으로 새긴 탁본은 그림이나 글귀를 복제하기 위한 좋은 방식이었다. 그런데 글귀의 전문을 보존하고 어떤 일을 기념한다거나 혹은 누군가에게 경의를 표하기 위한 목적으로 석비를 이용하긴 했으나, 이는 또한 순례길에 오른 사람들의 순례 기념품으로도 사용될 수 있었다. 탁본기술은 조금도 변하지 않았으며, 저렴한 비용에 신속히 만들 수 있는 이 같은 복제방식은 그 효용가치 또한 그대로다. 중국의 종이는 유연하고 견고하기 때문에 솔질을 하거나 망치로 두드려서 각인된 표면 전체로 종이를 들러붙게 할 수 있고, 종이가 축축해지면 석판 위 돌이 조금씩 패어 있는 부분까지 종이가 들러붙는다. 이어 검정색 먹물이나 색깔 있는 도료로 표면 전체를 칠한다. 각인된 부분만 잉크가 발라지지 않고, 종이가 다 마르면 서서히 종이를 떼어낸다. 그러면 어두운 색깔의 바탕 위로 각인된 부분만 하얗게 나온다.

그런데 인쇄술로 이어진 것은 분명 역방향의 양각으로 새긴 압인기법이었을 것이다. 기원 후부터 그 같은 각인기술을 이용한 사례가 점차 늘어났고, 종교인들은 이미 이 같은 기법을 이용해 장문의 글을 새기기도 했다. 곧 이어 기도문과 함께 부처나 보살 이미지가 곁들여지면서 승려들의 방 안이나 독실한 신자들의 방 안에 내걸렸다. 조각사들의 능력은 점점 더 일취월장했다. 특히 종이 위에는 환상적인 수준으로 문양이 찍혀 나왔는데, 반면 비단 위에는 아무것도 찍히지 않았다. 중국에서든 서구에서든 적절한 서사 매체를 찾아낸 뒤, 여러 차례의 실험이 반복되고, 조각사의 과감한 기질이 더욱 빛을 발하며, 신자들의 뒤에는 유인물이 따라다닌다. 그 뒤를 이어 짧은 종교서가 등장하고, 책력이나 사전 같은 대중문헌이 나타난다.

양각으로 새긴 가장 오래된 목판인쇄 작품은 (중국 신강 위구르 자치구 고차庫車 현에 있는 도시) 쿠차 부근에서 폴 펠리오가 발견한 작은 부처 그림이었으며, 서기 800년대 중반에 만들어진 것이었다. 파리국립박물관의 둔황 컬렉션은 신자들이 함께 그려진 수많은 성화들이 소장되어 있다(9세기 작품). 하지만 영국박물관에서는 세계에서 가장 오래된 목판인쇄물을 소장하고 있다는 굉장한 특권을 누리고 있다. 이는 868년에 목판으로 인쇄된 긴 두루마리 인쇄물로, 불경의 내용을 담고 있다. 표제가 달려 있던 이 경전은 조판 상태도 훌륭하고 각인 상태도 매끄러워 그 당시 기술이 얼마나 뛰어났는지를 보여준다(영국박물관에 소장된 『금강반야바라밀경』을 말하는 것으로, 700~750년경에 인쇄되었을 것으로 추정되는 『무구정광대다라니경』과는 달리 간기가 정확히 명기되어 있어 아직까지는 세계 최고最古의 목판인쇄물로 인정받고 있으며, 참고로 『다라니경』이 출토되어 학계에 알려진 것은 이 책이 출간된 1957년 이후인 1966년의 일이었다—옮긴이). 그리고 당시 교양 있는 사람들은 경전의 내용을 이와 같은 방식으로 인쇄하는 것을 신성모독이라 생각했고, 또한 이에 따라 필경사들의 일이 침해를 받을 거라고 생각했기 때문에, 그런 이들의 반대를 물리치기까지는 최소 100년의 시간이 소요되었다. 일단 양쯔 강 상·하류에 자리잡은 목판인쇄업은 경전의 내용을 보존하고 유포하는 방식으로서의 당위성을 식자들로부터 인정받는다. 당시 중국의 장관급 직위에 있던 펑타오馮道(882~946) 역시 황제에게 바치는 보고서에서 공식적으로 이 같은 명분을 제시하며 목판인쇄술을 권장했다. 채륜의 보고서와 마찬가지로 이 보고서 역시 오늘날 고문서로 남아 전해지고 있으며, 덕분에 지금까지도 이들은 중국 황실로 이목을 집중시키게 만든 이 발명품을 탄생시킨 공신으로 여겨진다. 여기에서 한발 더 나아가 932년에 펑타오는 목판인쇄술로 경전의 내용을 찍어두자는 제안을 한다. 왕실 재정이 넉넉했던 황금기에는 충분히 제작할 수 있었던 석경石經을 제작할 재원이 왕실에 더는 없었기 때문이다. 그의 시도가 성공을 거두자(932~953) 목판인쇄술이 확고히 자리잡았고, 그 당시 중국에 존재하던 모든 문헌이 다 인쇄되었다. 곧이어 사람들은 이 같은 새로운 인쇄기법을 빠르게 완성시켜갔으나, 구리판에 판화작업을 하는 시도나 활판인쇄를 위한 시도는 마무리되지 못했다.

1041~1048년경, 중국에서 활자를 이용한 인쇄기법을 최초로 시도했던 인물은 중국의 필승畢昇이었다. 화학자이자 대장장이였던 필승은 점토와 풀을 이용해 불에 견딜 수 있는 활자를 만들어낸다. 조판은 철판 위에서 이루어졌는데, 우선 철판 위에 종이 태운 재와 밀랍, 송진 혼합물을 발라준다. 그리고 이 철판 위에 활자를 심은 뒤, 철제 인판印版으로 이를 고정시켜준다. 이와 같이 조판된 활자를 약하게 불에 덥힌 뒤 다시 이를 식힌다. 그러면 완벽하게 응고된 활자들을 얻을 수 있고, 인쇄가 끝난 후 이를 다시 뜨겁게 덥혀 회수할 수 있다.[48] 매우 단단한 대추나무를 깎아 활자를 만들거나 납 또는 구리를 녹여 활자를 만드는 등 초기적인 형태의 활자 또한 만들어 사용했는데, 사실 이는 중국에서만 한정적으로 나타나는 기법이었다. 특히 이 같은 구리 활자나 납 활자를 이용해 중국 황실 주도의 대규모 편찬사업이 몇 차례 이루어지기도 했다. 그 가운데 대표적인 것이 18세기에 제작된 백과사전 『고금도서집성』古今圖書集成이다. 총 1만 장章으로 이루어진 이 백과사전의 제작에는 구리 활자가 사용되었는데, 이는 녹여서 주조하는 방식이 아닌 조각방식으로 만들어졌다. 강희제康熙帝(1654~1722)의 지시에 따라 편찬된 이 대백과사전에서는 214개의 부수를 기준으로 한자를 분류한 새로운 방식이 채택된다. 이 실용적인 분류방식을 이용하면 수만 개에 이르는 한자를 쉽게 찾아 쓴 뒤, 사용 후에도 좀더 쉽게 제자리에 배열해둘 수 있다. 활자의 제작 비용과 인력 유지 비용이 너무 높았기 때문에 오직 정부 차원에서만 이를 감당할 수 있었다. 정부 주도의 이 같은 대규모 편찬사업은 관료나 문인들의 업무와 연구 도구로 사용되었으며, 그 원가는 별로 중요치 않았다. 이 같은 대규모 사업이라면 그 어떤 개인으로서도 재정을 감당할 수 없었을 것이며, 이렇게 많은 인력을 제공하지도 못했을 테고, 또한 그렇게 수많은 재료와 도

구를 제대로 분류해 유지·보존하기도 힘들었을 것이다. 중국의 먹물은 너무 잘 흘러내리기 때문에, 금속을 이용한 인쇄방식에 적합하지 않았다. 그리고 심미적·감성적 차원의 이유로, 중국인들은 책장을 넘기면서 그 위에 아름답게 흘려 쓴 서예 글씨를 감상하는 걸 좋아했다. 글의 내용과 미묘한 조화를 이루는 이런저런 서예가들의 훌륭한 글씨체를 감상하는 것도 이들에게 있어서는 하나의 즐거움이었다. 목판으로 새긴 인쇄본에서는 그 맛이 제대로 드러났으며, 이는 오늘날까지도 변함없이 사랑받는 방식이다. 그리하여 활자인쇄라는 새로운 방식이 20세기 들어서야 비로소 중국에 도입되었지만, 대중서나 신문을 만들 때에만 한정적으로 사용되었다.

중국에서 문헌의 편찬이 대개 목판인쇄술에 관심을 가진 개인으로부터 자금 지원이 되었다면, 한국의 경우 중앙정부가 이를 부담해 서적을 유포했고, 이미 활자를 이용한 인쇄기법의 발달이 정점에 도달한 상태였다.

한국에서 활판인쇄술이 처음 나타난 것은 13세기 전반의 일이었다. 그리고 이후 15세기에는 태종의 장려정책에 따라 활판인쇄술이 비약적으로 발전한다. 1403년에 태종은 칙령을 내려 계몽정책을 포고한다. "무릇 나라를 다스리려면 반드시 널리 전적典籍을 보아야 한다. 그런 뒤에야 모든 이치를 추구하고 마음을 바르게 해 수신제가치국평천하修身齊家治國平天下의 효과를 이루게 되는 것이다. 조선은 중국과 바다 건너 멀리 떨어져 있어서 중국 서적을 쉽게 구할 수 없고, 또 판각본板刻本은 훼손되기 쉬우며, 또한 천하의 많은 책을 모두 간행하기 어렵다. 그러므로 짐이 동활자를 주조해, 서적을 구하는 대로 반드시 인쇄해 널리 전파함으로써 진실로 무궁한 이로움으로 삼고자 한다. 그러나 그에 지공支供되는 비용을 백성에게서 거둬 내는 것은 부당하니, 이에 내탕內帑의 돈을 다 내놓고서……."[49]

이 칙령에 따라 10만 자의 활자 한 벌이 제작되고, 이어 추가로 새로운 활자본이 주조되었으며, 한 세기 만에 열 벌의 활자가 만들어져 경연청에 소장된다. 1403년(계미자)과 1420년(경자자), 1434년(갑인자) 세 차례에 걸쳐 중앙정부 주도로 이루어진 조선의 활자주조는 유럽에서 인쇄술이 발명되었던 것보다 앞서 있었다.

중국의 또 다른 이웃인 위구르 유목민족 역시 활자기법을 사용했다. 활판인쇄술은 자모음을 갖추고 있던 위구르 문자에 맞는 최적의 인쇄방식이었다. 펠리오는 둔황석굴에서 1300년경 작은 나뭇조각에 새겨진 위구르 문자 꾸러미를 발견했다. 하지만 중앙아시아의 투르크계 민족인 위구르족이 서방세계와 더 직접적으로 접촉해 유럽에 인쇄술을 전파했을 것 같지는 않다.

14세기 초, 이란의 몽골 군주들을 진료하던 의원 라쉬드 엣딘Rachid ed-Din의 증언만 제외한다면, 그 어떤 여행자도 인쇄술을 언급하지 않는다.

페르시아의 몽골 제왕이 프랑스·영국 국왕과 교황에게 보내는 서신에서 경면주사鏡面朱沙에 찍힌 낙관의 형태로 맨 처음 유럽에 이른 목판인쇄물에조차 유럽인들은 관심을 기울이지 않았던 듯하다(1289년과 1305년으로 날짜가 찍힌 두 개의 사본이 파리국립고문서보관소에 소장되어 있다).

매사에 호기심이 풍부했던 마르코 폴로 역시, 중국에서 통용되던 은행권에 놀라움을 금치 못했으나, 이 은행권들이 판각기법을 이용해 인쇄된 것이라는 점은 눈치 채지 못했다. 따라서 인류 문명의 발달에 있어 상당히 중요한 역할을 했을 이 기법이 보유하고 있는 잠재력은 수많은 여행자들의 관찰력에서 벗어나 있는 듯했다. 최소한 그 누구도 기록으로 이를 적어두지는 않았다.

3장

책의 외형

이번에는 책장을 한번 열어볼 차례다. 시간이 흘러오면서 책의 외관이 어떻게 달라졌는지 살펴보는 것이다. 그동안 책의 외양은 어떤 식으로 달라져왔으며, 또 어떤 이유에서 그렇게 변형된 것일까?

일단 먼저 짚고 넘어가야 할 점은 '인큐내뷸러'라고 칭하는 인쇄술 발명 초기의 간행본이 필사본과 정확히 같은 외양을 하고 있었다는 사실이다. 초창기 활판인쇄기술자들은 혁신에 대한 생각보다는 필사본을 최대한 똑같이 따라 만드는 데에만 고민을 집중했다.[1] 가령 『42행 성서』는 라인 강 유역 필사 미사경본의 필체를 매우 충실히 따라 한 활자체로 인쇄되었다. 오랜 기간 활판인쇄공들은 필사본 특유의 알파벳 글씨체를 따라 했을 뿐만 아니라 필사본 글씨체에서와 똑같이 글자를 연결시켰다. 더욱이 인쇄본에서 본문의 첫 글자는 같은 명필가들이 손으로 직접 붉은색 글씨를 써넣었고, 채식 역시 필사본 작업에 참여했던 동일한 작가들이 담당했다. 따라서 잘 모르는 사람들은 책을 한참 동안 자세히 살펴본 이후에야 비로소 그게 인쇄본인지 필사본인지 알아볼 수 있었다.

필사본과 초기 인쇄본 사이에 나타나는 이 같은 유사성을 설명하기 위해 수많은 가설들이 제기되었다. 새로운 제책방식에 거부감을 가졌던 구입자를 속이려고 그렇게 했던 것이라는 가설도 간혹 제기되었고, 또 필경사들의 의심을 사거나 관심을 일깨우지 않기 위해 그런 것이라는 가설도 있다. 그렇게 기존의 독점적 지위를 유지하려는 필경사 '길드'로부터 제소가 들어오는 상황을 피하려던 것이었다.[2]

하지만 이 가설들은 자세히 살펴보고 나면 결국 무너지게 되어 있다. 구매자를 속인다는 것도 말이 안 되는 게, 설령 그런 일이 생긴다 해도 이는 곧 발각되기가 쉬웠다. 15세기의 사람들은 이 부분에 있어 우리보다 눈이 밝았기 때문에 아무리 비슷해 보이더라도 분명 필사본과 인쇄본을 쉽게 구분했을 것이다. 게다가 독자들은 기존의 필사본보다 더 정확하고 읽기도 쉬운 인쇄본 쪽으로 마음이 금세 기울어졌으리라 짐작된다.

물론 필경사들이나 필사본의 복제와 판매를 담당했던 서적상들이 저항했을 수도 있다. 하지만 저들 가운데 대부분은 대학의 규제하에 있었으며, 순수한 의미에서의 길드는 구성하지 못했다. 그러므로 저들은 학장의 지시 아래 대학의 권고사항을 따라야만 했고, 이 시기 새로이 발명된 인쇄술에 모두들 호의적인 입장이었다. 따라서 이들 가운데 몇몇이 불만을 갖고 있었다 하더라도, 이들이 소訴를 제기할 수는 없었다. 게다가 필사본의 복제와 판매를 병행했던 서적상들은 활판인쇄공들과 함께 손을 잡았던 듯하다. 필경사들 자체는 인쇄업자들의 경쟁력에 불만을 품었겠지만, 필사본으로 영업을 하던 서적상들도 그 같은 태도를 보인 것은 아니었다. 가령 파리나 아비뇽에서 기존에 필사본의 제작과 판매를 모두 담당했던 서적상들 대다수는 필사본 옆에 인쇄본을 함께 두고 판매하는 경우가 많았다. 그리고 이들 가운데 이 새로운 원문 복제방식의 이점을 깨달은 사람이 많았고, 이에 과감히 직접 책을 펴내거나 인쇄소 설립에 출자금을 대주었다. 예를 들어 앙투안 베라르 Antoine Vérard(1485~1512) 같은 인물은 기존에 자신이 자랑스레 글씨를 꾸미고 색깔을 넣던 고급 필사본을 독피지 위에 도색까지 입혀가며 인쇄본으로 만들었는데, 그는 필경사들의 필사본 제작소도 함께 운영했다.

초기 인쇄업자들은 눈앞에 있는 필사본의 내용을 그대로 정확히 옮기고자 노력했고, 맹목적으로 필사본을 베끼려고 애를 썼기 때문에, 그 두 가지를 겸업했다고 해서 이상할 것도 없고, 또 앞서 언급한 가설들을 제기할 만한 요소도 전혀 없었다. 조금만 깊이 생각해보면 이는 지극히 당연한 일이다. 초기에 인쇄된 책들이 필사본을 그 모델로 삼았는데, 어떻게 활판인쇄기술자들이 필사본과 외형적으로 다른 인쇄본을 생각할 수 있었겠는가? 인쇄본과 필사본의 동일한 형태가 저들에게는 하나의 기술적 성공을 보여주는 것인 동시에 상업적 성공을 보장해주는 부분이 아니었을까? 그러므로 인쇄술의 등장은 책의 외형에 있어 그다지 획기적인 변화를 불러오지 못한다. 이는 다만 한 가지 진화의 시초였을 뿐인데, 이제부터 이 부분에 대해 짚어볼 생각이다. 인쇄본은 어떤 과정을 거쳐 조금씩 필사본과 달라졌으며, 또 어떻게 인쇄본 고유의 특징을 갖게 되었을까? 16세기 중반 무렵부터 오늘날과 같은 형태가 되기 전까지 약 100년에 가까운 시간 동안 인쇄본의 외양이 세부적으로 달라진 이유는 무엇일까?

1. 활자의 형태

인쇄술이 태동하던 1450년경, 책은 그 성격이나 용도에 따라 서체가 무척 다양하게 달라졌다. 그 가운데 네 가지 주요 서체를 꼽아볼 수 있는데, 각각

의 서체별로 그 나름의 특정 용도가 정해져 있었다.[3]

우선 스콜라학파들이 사용하던 고딕체가 있는데, 로툰다Rotunda체라고도 하며 (토마스 아퀴나스의 『신학대전』에서 쓰인 서체라고 하여) '대전문자체'라고도 일컫는다. 주로 신학자들과 대학교수들이 즐겨 썼다.

텍스투라Textura체라고도 일컫는 두 번째 대표 서체는 이보다 더 크고 각진 느낌의 고딕체로, 획이 곧고 활자에 장식이 들어간다. '미사경본 문자체'라고도 불리며, 교회 관련 서적에 주로 사용된다.

그다음은 '바타르' 고딕체라 불리는 서체로, 공문서 작성 시 사용되던 초서체의 변형 필체다. 이 서체는 속어로 쓰인 고급 필사본에서 흔히 쓰였으며, 서사적 라틴 문헌 일부에서도 이 서체가 사용된다.

마지막은 제일 늦게 등장해 오래도록 명맥을 이어가게 될 서체인데, 서구 유럽 인쇄본 대부분에서 통상적으로 사용하는 서체가 되었기 때문이다. 바로 인문주의자들이 즐겨 쓰던 '리테라 안티쿠아'(안티쿠아 문자), 즉 미래의 '로마체'다. 카롤링거 서체에서 따온 이 서체는 페트라르카와 그에게 질세라 그 뒤를 따르던 이들이 유행시켰는데, 1450년경만 해도 인문주의자들 일부만이 쓰던 필체였다. 또한 책을 좋아하는 대귀족들도 이를 사용했는데 고대 원전을 좀더 원형에 가까운 모습으로 만들기 위해서였다(적어도 이들은 그게 원형에 가까운 서체일 것이라고 생각한 듯하다). 그러다 보니 이를 중세 정통 문헌에 대비시켜보는 경우까지 생겨났다. 이어 이 로마체를 좀더 흘려 쓴 칸첼라레스카cancellaresca체가 등장하는데, 오늘날 이탤릭체의 기원이 되는 서체로, 15세기 중엽에는 교황청 상서국에서 채택한 서체이며, 이어 피렌체와 페라라, 베네치아 등지의 상서국에서도 이를 채택한다.

사실 현실은 꽤 복잡한 곳이고, 그 어떤 경직된 구분과 분류도 거부한다. 그러므로 위와 같이 간단히 살펴본 당시의 실상만이 전부일 것이라고 여기는 독자는 없을 것이다. 앞서 열거한 서체들 가운데는 중간 단계에 속하는 온갖 서체들이 다 있다. 가령 볼로냐의 필사생들이 쓰던 고딕체는 인문주의자들의 서체에서 영향을 받은 것이었다. 그런데 한 가지 형태의 서체라고 하더라도 지역에 따라 미묘한 차이가 존재했다. 왕궁 상서국에서 만들어져 이후 통속어로 기록된 필사본에서 쓰인 파리 바타르체는 당시 출판업체인 베라르 사나 르 누아르 사의 활자에 영향을 미쳤다. 그런데 이는 네덜란드의 필사생들이 브뤼헤의 요한 필사본을 정성껏 써내려가며 사용했던 필체와도 또 달랐다. 이 필사본은 이후 브뤼헤의 인쇄업자 콜라트 만지온Colard Mansion(1440~1484)이 서체 모델로 사용한다. 각 지역별로 서체의 특색이 뚜렷했기 때문에, 서체에 정통한 사람이라면 해당 필사본이 어느 지역 것인지 쉽게 알아챌 수 있었다.

따라서 활판인쇄공들은 다양한 필사본 서체 모델을 참고했고, 이에 따라 인쇄 초창기 인큐내뷸러나 심지어 16세기 초의 도서들에서까지도 굉장히 다양한 서체들이 나타난다. 필사본 시대 때와 마찬가지로 활판인쇄술 시대에도 책의 범주에 따라, 즉 대상 독자에 따라 대표 서체가 달라졌다. 성직자나 대학교수가 보는 스콜라 신학서 혹은 교회법령집 등은 로툰다 고딕체(『신학대전』 문자체)로 인쇄되었고, 교회 밖에서 속어로 쓰인 이야기책들은 바타르체로 인쇄되었다. 언어적 관심이 높은 이들이 주로 보는 라틴어 고전서나 인문주의 저술서는 로마체로 인쇄되었다. 한 가지 특이한 것은 파리에서 게링 등을 중심으로 한 초창기 인쇄업자들이 사용한 서체였다. 소르본 문학부의 요청으로 그곳 대학 경내에 자리잡은 인쇄소에서는 인문주의 성향의 문학부를 의식해 당연히 로마체를 썼다. 그런데 소르본을 떠나 생자크 거리에 인쇄소를 차린 이들은 여기에서는 좀더 폭넓은 독자들, 즉 일반 대학가 사람들을 상대로 한 신학서나 법령집의 간행에는 고딕체를 사용했다. 그 당시 필사본의 서체를 따라 하고 싶었던 인쇄업자들은 여기에서 한발 더 나아간다. 가령 영국의 서적상인 리처드 핀슨Richard Pynson(1448~1529)은 루앙의 인쇄기술자 기욤 르 탈뢰르Guillaume Le Tailleur에게 앵글로-노르망디 법 조약문 두 권의 인쇄를 의뢰한다. 이를 위해 르 탈뢰르는 그가 통상 쓰던 서체와는 상당히 다른 폰트 하나를 준비하고, 영국 필사생들이 이런 종류의 문서를 쓸 때 사용했던 매우 특별한 초서체를 똑같이 따라 하려 애를 썼다.[4]

인쇄업계에서는 서서히 통일화의 노력이 감지되는데, 일단 재료상의 이유로 통일이 이루어진다. 그 당시에는 아직 활자의 매매가 조직적으로 이루어지기 전이었기 때문에, 대개 활판인쇄공들은 스스로 직접 각인기로 활자를 새겨야 했고, 각각의 서체별로 새겨둔 각인기 일체는 업자들에게 있어 작은 재산과도 같은 것이었다. 또한 당시 활판인쇄기술자들은 각자가 갖고 있는 활자 수가 그리 많지 않았기 때문에 필사본 모델의 서체와 동일한 알파벳 서체를 재단하거나 입수하는 게 불가능한 경우가 많았다. 서로 다른 도시나 국가 내에서 동일 판형의 책들이 존재해야 할 필요성이 대두되고, 특히 초창기 인쇄업자들이 여러 곳을 옮겨 다니며 일하던 관행에 따라 지역 내에서 형태적 통일화가 유발되었으며, 지역별 차이 또한 별로 두드러지지 않게 되었다. 물론 라인 강 유역에서 시작해 유럽 전역으로 활판인쇄술이라는 새로운 기술을 가르치러 다닌 독일 인쇄기술자들은 우선 현지에서 사용되던 서체를 모방하려 노력했다. 이탈리아에서는 인문주의자들의 서체를 따라 하고, 특히 볼로냐 필사생들의 둥근 서체를 모방했다. 하지만 돈이 별로 없던 이들은 이 같은 과정을 진행하기에 충분한 자금이 없었고, 업자들 대부분이 이에 속했다. 그리하여 자신들의 전 재산인 약간의 인쇄 재료들(일부 각인기와 자모 등)만을 갖고 외국으로 떠난 인쇄업자들은 이미 만들어진 활자들을 고향에서 멀리 떨어진 곳으로 가서까지 사용한다. 바젤에서 만들어진 대전문자체의 흔적이 리옹에서뿐만이 아니라 툴루즈나 에스파냐에서까지 발견되는 이유다.[5] 마찬가지로 리옹에서 기욤 르 루아Guillaume Le Roy가 초창기에 인쇄할 때 사용했던 활자들은 게르만 지역에서 주조된 것이었다.[6] 또한 그 당시에는 파리나 루앙에서 만들어진 활자들이 영국에서도 사용되었고, 이 같은 관행은 오래도록 지속된다.[7]

이렇듯 우선 지역별 서체의 통일이 이루어졌고, 이어 좀더 느린 속도로 대표적 유형별 서체의 통일이 이루어졌다. 그리고 마지막으로는 로마체 하나가 다른 서체들을 제치고 유럽 전역에서 폭넓게 사용된다. 이탈리아와 프랑스, 스위스 일부 지역 그리고 에스파냐와 영국 등지에서 로마체가 쓰이게 된 것이다.

로마체의 성공은 곧 인본주의 정신의 승리를 의미한다. 그러므로 이 같은 로마체 성공사에 대해 살펴볼 필요가 있을 듯하다.

앞서 살펴봤다시피 로마체는 이탈리아의 일부 인문주의자들이 유행시킨 서체였다. 이 가운데는 페트라르카, 니콜로 니콜리Niccolò Niccoli(1364~1437, 피렌체 출신의 학자로, 이탈리아 르네상스 시대의 유명한 인문주의자 겸 장서가)가 포함되어 있었으며, 이들은 자신들이 필사하던 고전 문헌을 좀더 원형에 가까운 형태로 만들고 싶어했다(그 당시 많은 문인들과 마찬가지로 이들은 열정적인 필사가이자 훌륭한 명필가였다). 어쨌든 이들은 중세 문헌의 서체, 즉 자신들이 우습게 여기던 고딕체와 다른 서체를 쓰고 싶어했다. 알베르티Alberti 같은 사람은 고딕체를 두고 전통적인 중세 건축의 장식 문양이라고 힐난했다.[8]

곧이어 로마체는 이탈리아 전역으로 퍼져나간다. 특히 나폴리와 로마, 피렌체 등지의 필경사 작업소에서 로마체가 사용된다. 왕이나 주교, 신부, 추기경, 은행가, 돈 많은 상인 등 고전 문헌을 좋아하는 이들은 이 새로운 서체의 필사본을 사들인다. 그 가운데 특히 부유했던 사람들이나 마티아스 코르비누스Matthias Corvinus 헝가리 국왕, 나폴리 군주들, 페라라 공작들은 개인적으로 필사작업실을 보유하고 있었는데, 이들은 자신들에게 소속된 필사생들에게 라틴 고전 문헌을 필사하는 경우라면 로마체를 쓰도록 지시했고, 심지어 교부의 저작물에 대해서도 로마체로 필사하게 했다. 이탈리아 이외 지역에서는 글로스터 공작과 이후 루앙의 조르주 앙부아즈 대주교가 '인문주의' 스타일의 필사본을 서고에 소장한다.[9] 이렇듯 인쇄술이 태동했을 때는 비단 인문주의자들뿐만 아니라 소수 문학 애호가들을 중심으로 로마체라는 이 새로운 필체가 사랑받고 있었으며, 이들에게 이는 생소하지 않은 서체였다. 물론 당대의 문인들을 포함해 수많은 사람들이 여전히 고전적인 고딕 서체를 충실히 따르던 상황이었다.

고객층을 넓히려던 초기 인쇄업자들은 통상 전통적인 고딕체를 쓰기 시작했다. 그런데 이미 이탈리아에서는 로마체가 폭넓게 사용되고 있었다. 또한 자신들이 좋아하던 작품의 내용을 필사본으로 소유하려던 문학 애호가들도 많았고, 그런 이들이 원전에서 영감을 얻은 새 필체, 즉 로마체로 작성된 필사본을 원하리라는 것은 어찌 보면 당연한 일이라고 할 수 있다. 그런데 그 당시 고전 문헌의 필사본은 상대적으로 희귀했다. 그리하여 이들은 자신이 직접 돈을 대서 인쇄소를 차리거나, 아니면 인쇄소 설립을 부추겼다. 이에 따라 인쇄업은 얼마 안 가 과거 페트라르카와 그 일파들이 유행시킨 이 필체를 알리는 데 기여한다. 그렇게 해서 수비아코와 로마의 인쇄업자였던 츠바인하임과 파나르츠 그리고 이탈리아에서 작업했던 초기 인쇄기술자들은 처음에는 로마체 풍의 활자를 사용하다가 이어 좀더 특징적인 로마체를 쓰게 된다(1465~1467). 그런데 이 시기부터는 스트라스부르의 인쇄업자 아돌프 루슈도 로마체 활자본을 보유하고 있었던 듯하며, 그래서 1467년보다 앞서 라바누스 마우루스Rabanus Maurus Magnentius(780~856)의 백과사전을 작업할 때 이를 사용했던 것 같다. 1469년부터는 베네치아에 자리잡은 독일의 요한 폰 슈파이어Johann von Speyer가 로마체 활자를 사용해 키케로의 『가족들에게 보내는 편지』*Epistolae ad familiares*를 출판하고, 1470년에는 파리에서 게링이 슈바인하임과 파나르츠 서체에서 영감을 얻은 알파벳을 사용한 반면, 베네치아에서는 니콜라 장송Nicolas Jenson이 로마체를 사용해 키케로의 『아티쿠스 서간집』*Epistolae ad Atticum*을 출간하는데, 이는 오늘날까지도 걸작으로 손꼽히는 작품이다.[10]

따라서 1480년 이전에 인쇄된 초창기 인쇄본 '인큐내뷸러' 가운데서는 로마체로 인쇄된 작품이 어느 정도 나타난다. 그런데 그 수량은 이 시기 전체에 생산된 전체 인쇄물에 비하면 꽤 적은 편이다. 예를 들어 1480년까지 독일에서 사용된 로마체 폰트는 고작 10여 개에 불과하다. 사실 로마체를 사용한 인쇄물을 즐겨 찾는 사람들의 수도 여전히 미약한 편이었다. 주로 고전 작품들을 로마체로 인쇄하던 활판인쇄공들이 1472년 생산 과잉으로 촉발된 재정난에 시달리던 반면, 앞서 살펴본 바와 같이 파리에서 소르본을 떠나 생자크로 자리를 옮긴 게링과 그 일파는 로마체를 정통 고딕체로 교체한다. 에스파냐에서도 상황은 비슷했다. 플랑드르 출신의 랑베르 팔마르Lambert Palmart가 에스파냐 발렌시아에서 페놀라의 작품을 로마체로 인쇄하기 시작했으나 다른 인쇄업자들은 그의 선례를 따르지 않았다. 거의 도처에서 인쇄소들은 보통 바타르 고딕체와 정통 고딕체(『신학대전』 문자체)를 갖추고 있었으며, 바타르 고딕체로는 주로 프랑수아 비용의 『유언시집』*Grant Testament*, 『파틀랭 소극』Farce de Pathelin, 기사문학, 프랑스어 연표, 대중소설, 목자 달력, 『죽음의 기술』 등이, 그리고 정통 고딕체로는 오컴Ockham, 니콜라스 라이라Nicholas of Lyra의 저술 작품과 수많은 피에트로 롬바르도Pierre Lombard 해석본 등이 출간되었다.

그런데 인문주의 필법이 유행을 타고 로마체가 주로 사용되던 이탈리아 인쇄본이 유포되면서 로마체가 대세를 이룬다. 이와 더불어 이탤릭체 역시 동반 성공을 거두었는데, 이와 관련해서는 베네치아의 역할이 컸다. 베네치아의 알도Aldo 가가 대표적인데, 이곳에서 알도 가는 장차 16세기의 주요 활자 판각사들에게 영향을 미치게 될 로마체를 주조하고, 프란체스코 그리포Francesco Griffo에게 로마체 칸첼라레스카에서 영감을 얻은 활자를 깎게 해 약간 기울어진 서체인 이탤릭체를 유행시킨다(1501). 자간이 더 좁은 편인 이탤릭체는 작은 판형의 페이지 위에 상대적으로 긴 본문을 인쇄할 수 있게 해준다는 장점이 있다.[11] 베네치아의 선례를 따라 (이전에 베네치아에서 인쇄 일을 배운 바 있었던) 아메르바흐Amerbach와 그에 뒤이어 프로벤 역시 점차 로마체와 이탤릭체를 채택한다. 이들은 독일에서 두 서체의 유행을 퍼뜨렸으며 프랑스로의 확산까지 부추겼다. 이후 얼마 안 있어 리옹에서도 베네치아의 서체들을 따라 했고, 이 같은 서체가 등장하자 곧이어 발타자르 드 가비아노Balthasar de Gabiano와 바르텔레미 트로Barthélemy Trot는 알도의 이탤릭체를 모방한다. 파리에서는 조스 바드Josse Bade와 앙리 에스티엔Henri Estienne이 로마체를 대중화시키고, 결국 1530년과 1540년 사이 파리에서는 일련의 로마체들이 등장한다. 우선은 로베르 에스티엔Robert Estienne, 시몽 드 콜린Simon de Colines, 크레티앙 베셸Chrétien Wechel, 앙투안 오주로Antoine Augereau 등을 중심으로 로마체가 사용되었는데, (누구의 작품인지 구별할 수는 없지만) 가라몽Garamond체를 만들어낸 장본인도 이 가운데 있었을 것으로 보는 게 정설이다. 맨 처음 이들 서체에 영감을 주었던 서체들보다도 완성도가 더 높은 이 서체들은 곧이어 인쇄 활자의 표준으로 자리잡았고, 유럽 전역에

ue maria
gr̃a plena
dominus
tecũ bene
dicta tu in mulierib⁹
et benedictus fruct⁹
uentris tui : ihesus
christus amen.

Gloria laudis resonet in ore
omniũ Patri genitoqȝ proli
spiritui sancto pariter Resul
tet laude perhenni Labori-
bus dei vendunt nobis om-
nia bona. laus: honor: virtus
potẽtia: & gratiarũ actio tibi
christe. Amen.

Uiue deũ sic & viues per secula cun-
cta. Prouidet & tribuit deus omnia
nobis. Proficit absque deo null⁹ in
orbe labor. Illa placet tell⁹ in qua
res parua beatũ. Me facit & tenues
luxuriantur opes.

Si fortuna volet fies de rhetore consul.
Si volet hec eadem fies de cõsule rhetor.
Quicquid amor iussit nõ est cõtẽdere tutũ
Regnat et in dominos ius habet ille suos
Uita data ẽ vtẽda data ẽ sine fenere nobis.
Mutua: nec certa persoluenda die.

Usus & ars docuit quod sapit omnis homo
Ars animos frangit & firmas dirimit vrbes
Arte cadunt turres arte leuatur onus
Artibus ingenijs quesita est gloria multis
Principijs obsta sero medicina paratur
Cum mala per longas conualuere moras
Sed propera nec te venturas differ in horas
Qui non est hodie cras minus aptus erit.

Non bene pro toto libertas venditur auro
Hoc celeste bonum preterit orbis opes
Precunctis animi est bonis veneranda libertas
Seruitus semper cunctis quoque despicienda
Summa petit liuor perflant altissima uenti
Summa petunt dextra fulmina missa iouis
In loca nonnunquam siccis arentia glebis
De prope currenti flumine manat aqua

Quisquis ades scriptis qui mentem forsitan istis
Ut noscas adhibes prociniis istud opus
Nosce: augustensis ratdolt germanus Erhardus
Litterulas istos ordine quasqȝ facit
Ipse quibus veneta libros impressit in vrbe
Multos & plures nunc premit atqȝ premet
Quique etiam varijs celestia signa figuris
Aureas qui primus nunc monumenta premit
Quin etiam manibus proprijs vbicunqȝ figuras
Est opus: incidens dedalus alter erit

Nobis benedicat qui in trinitate viuit
& regnat Amen: Honor soli deo est tribuendus
Aue regina celorum mater regis angelo-
rum o maria flos virginum velut rosa
velilium o maria: Tua est potentia tu
regnum domine tu es super omnes gen
tes da pacem domine in dieb⁹ nostris
mirabilis deus in sanctis suis Et glori
osus in maiestate sua

Est homini uirtus fuluo preciosior auro:
Ingenium quondam fuerat preciosius auro.
Miramurqȝ magis quos munera mentis adornãt:
Quam qui corporeis emicuere bonis.
Si qua uirtute nites ne despice quenquam
Ex alia quadam forsitan ipse nitet

Nemo sue laudis nimium letetur honore
Ne uilis factus post sua fata gemat.
Nemo nimis cupide sibi res desiderat ullas
Ne dum plus cupiat perdat & id quod habet.
Ne ue cito uerbis cuiusquam credito blandis
Sed si sint fidei respice quid moneant
Qui bene proloquitur coram sed postea praue
Hic erit inuisus bina ꝙ ora gerat

Pax plenam uirtutis opus pax summa laborum
pax belli exacti pretium est pretiumque pericli
Sidera pace uigent consistunt terrea pace
Nil placitum sine pace deo non munus ad aram
Fortuna arbitriis tempus dispensat ubi
Ita rapit iuuenes illa ferit senes

Indicis characterũ diuersarũ mane-
rierũ impressioni paratarũ: Finis.

Erhardi Ratdolt Augustensis viri
solertissimi: preclaro ingenio & miri
fica arte: qua olim Veneti, excelluit
celebratissimus. In imperiali nunc
vrbe Auguste vindelicorũ laudatissi
me impressioni dedit. Annoqȝ salu
tis. M.CCCC.LXXXVI. Calẽ.
Aprilis Sidere felici compleuit.

그림 8 에르하르트 라트돌트Erhard Ratdolt의 다양한 서체 연습, 아우크스부르크, 1486.

서 사용된다. 파올로 마누치오와 플랑탱도 바로 이 서체를 연구하고 따라 하도록 만들었으며, 프랑크푸르트의 에게놀프Christian Egenolff 역시 이 활자체를 구매한다. 그 당시 주조기술을 이용해 이 시기에 만들어진 각인기가 18세기까지 끊임없이 사용된다.

따라서 로마체는 인문주의의 위세가 높아질수록 나날이 더 큰 입지를 차지한다. 그동안 바타르 고딕체로 인쇄되어왔던 통속 언어 작품들이 로마체로 인쇄되기 시작하고, 1529년 갈리오 뒤 프레Galio Du Pré는 『장미 설화』*Roman de la Rose*와 알랭 샤르티에의 작품들을 '현대적' 서체로 탈바꿈시킨다. 1532년에는 프랑수아 비용의 『유언시집』도 같은 작업을 거치는데, 이 책의 기존 독자들이 차츰 로마체를 선호하기 시작했기 때문이다. 이후 로마체는 해를 거듭할수록 더욱더 많은 출판물에서 사용되었다.[12] 그런데 이 새로운 서체가 어디에서나 통용된 것은 아니었다. 얼마간은 대학에서 여전히 정통 고딕체를 더 선호하는 경향이 지속되었고, 이후 몇십 년이 더 지나고 난 후에야 정통 고딕체가 인쇄물에서 사라진다. 정통 고딕체는 먼저 법령집에서 자취를 감추고, 그다음에는 신학서에서도 모습을 보이지 않게 되는데, 전례서에서는 더 오래도록 존속한다. 특히 필사본 글씨체에 익숙해진 수많은 부르주아 계층과 서민층 사람들은 로마체나 이탤릭체보다 더 친숙한 바타르 고딕체를 오래도록 고집했다. 리옹박람회에서 더욱 폭넓은 대중에게 판매될 목적이었던 『가르강튀아 연대기』*Les Chroniques gargantuines*도 고딕체로 인쇄된다. 따라서 사람들은 오랫동안 정통 고딕체를 사용해 달력이나 고딕 소책자 등의 대중서적을 인쇄했다. 대개 상당히 가난한 편이었던 활판인쇄기술자들은 이런 책들을 수천 권 출간해 활자가 다 마모될 때까지 사용했으며, 좀더 돈이 많은 인쇄업자들이 자신에게 필요 없는 활자들을 팔면 싼값에 이를 다시 사들였다. 16세기 후반에 이르러서야 비로소 이들은 새로운 인쇄 재료를 사들일 수밖에 없는 처지가 되어 대중들에게 차츰 익숙해진 로마체를 채택하기로 결정한다.

이렇듯 인쇄술이 발명되고 불과 1세기도 안 되어 로마체는 유럽 거의 전역에서 주요 인쇄 활자로 채택된다. 원래는 소수 문인들이 인위적으로 만들었던 필체의 승리로, 그 시절 라틴어가 만국 공통어였고 라틴어 서적의 판매가 일반적으로 성행했던 사실을 빼면, 이는 상당히 놀라운 일이었다. 활자체가 지나칠 정도로 다양하면 출판물의 판매에 장애가 되는 경우가 많았으므로, 결국에는 로마체 역시 만국 공통의 알파벳 서체가 되었다. 로마체는 이탈리아에서 통속 언어로 쓰인 원고의 주요 인쇄 활자로 채택된 뒤, 수많은 저항을 이겨내고 뒤이어 프랑스와 에스파냐에서 또다시 인쇄 활자로 채택되었으며, 이후 영국에서도 좀더 힘겨운 과정을 거쳤으나 결국 인쇄 활자로 채택되었다. 하지만 그러한 로마체라 할지라도 게르만어권 국가에서는 대중적 성공을 거두지 못했다. 물론 독일과 네덜란드, 오스트리아에서도 라틴어 서적은 로마체로 인쇄했다. 하지만 그 나라 언어로 쓰인 원고는 기존 방식대로 계속해서 고딕체로 인쇄되었다. 16세기에는 '움라우트'와 '슈바바흐' 두 서체가 고딕체를 통합하며 오늘날까지 존속된다.[13] 그리하여 독일어권 독자들은 별다른 충격 없이 이들 두 서체로 이행한다. 마르틴 루터Martin Luther 역시 초기에는 자신의 저작물을 로마체로 인쇄했으나, 이후에는 좀더 폭넓은 독일어권 독자들과 만나기 위해 자국의 서체를 이용했다.

이에 따라 한쪽에서는 라틴어권과 영국이, 다른 한쪽에서는 게르만어권이 공존했고, 오랜 기간 사람들은 서로 다른 서체로 쓰인 글을 읽어왔다. 그리고 이 기간 동안 슬라브계 국가에서는 인쇄업자들이 완전히 다른 서체를 이용한다. 바로 고대 그리스 서체에서 본뜬 키릴 서체를 사용한 것이다.[14]

2. 책의 내력: 속표지, 판권장, 상표

오늘날의 독자들은 어떤 책의 첫 장만 열어봐도 대번에 책에 대한 모든 정보를 알 수 있다. 이 정보를 바탕으로 독자들은 그 책에 끌릴 수도, 혹은 그냥 책을 덮을 수도 있다. 이 같은 정보가 담긴 부분이 바로 책의 속표지다. 이 속표지에는 저자의 이름과 책 제목, 책이 출간된 장소, 출판사명, 출판일 등의 정보가 명기되어 있다. 이는 원칙상 법으로 규정되어 있는 기재 항목이며, 적어도 프랑스에서만은 이를 법으로 규정해두고 있다.

15세기, 심지어 16세기까지도 사람들은 책에 속표지를 넣는 것에 별로 관심이 없었다. 이에 당시 사람들은 책장을 한참이나 넘기고 난 후에야 비로소 그 책의 '내력'에 대해 알 수 있었다. 사실 초기 인쇄본에서는 속표지가 들어가 있지 않다. 필사본에서와 마찬가지로 당시의 책에서는 보통 책의 제목과, 또 간혹 저자의 이름이 병기되어 있는 짤막한 한두 줄이 끝난 뒤 곧바로 첫 장 첫 페이지부터 본문이 시작된다. 16세기 초에 이르기까지 오랜 기간, 당시 사람들은 책에 대해 좀더 폭넓은 정보를 얻으려면 책의 말미에 가서 과거 필사본에서처럼 쓰이던 '판권장'版權張을 찾아봐야 했다. 일찍이 인쇄 장소와 인쇄업자의 이름, 그리고 책의 상세한 제목과 저자의 이름이 명시되어 있는 것이 바로 책 말미에 삽입된 이 판권장이었다.

그런데 새로운 기재 항목인 '인쇄업자 로고'가 등장한다. 15세기부터 목판에 새기기 시작한 인쇄업자 로고가 책의 속표지와 판권장에 더해진 것이다. 처음에는 검은 바탕 위에 목판으로 새긴 대문자 약자로 표시한 게 전부였다. 원래 서적상이나 인쇄업자들이 운송상 편의를 위해 책 꾸러미 위에 새기던 고유의 식별 기호를 그렇게 업체 로고로 쓴 것이었다. 그런데 이 기호를 판권지나 마지막 장의 백지 뒷면에 함께 인쇄하기 시작하면서, 업체의 로

그림 9　시몽 드 콜린의 인쇄 로고.

고는 곧 광고 일러스트의 역할을 하게 된다. 이 같은 상표는 책이 어디에서 만들어졌는지에 대한 정보를 주는 것뿐 아니라 장식의 기능까지 했으며 그 품질을 확인시켜주는 징표이기도 했다. 이에 서적상과 인쇄업자들은 작업장의 간판 모양을 따라 로고를 만들어 책 속에 집어넣었으며, 사훈 문구 같은 것도 함께 기재했다. 고전 우화寓畵나 문장紋章을 책 속에 집어넣는 게 유행처럼 번지자 상징적 의미를 내포한 요소들까지 등장했고, 그 의미는 대개 한번에 파악되지 않는 경우가 많았다. 가령 알도는 잉크를 업체 로고로 사용했고, 케르베와 에스티엔은 각각 유니콘과 올리브 나무를 선택했다. 갈리오 뒤 프레는 그 이름을 본떠 '갤리'galée선의 선박을 로고로 채택한다. 그런데 15세기 말부터 속표지의 사용이 점점 대중화되어감에 따라 처음에는 권말에 삽입되던 이 업체 로고들이 곧 속표지를 장식하는 용도로 변경된다.

속표지가 탄생하게 된 배경에 대해 알아보는 것은 상당히 흥미로운 일이다. 오늘날은 책의 간단한 '인적사항'만을 독자에게 알려주는 용도로 쓰이고 있지만, 속표지는 꽤 특색 있는 역사를 갖고 있다. 이를 살펴보면 속표지가 어떤 과정을 거쳐 오늘날과 같은 형태에 이르게 되었는지 알 수 있으며 책에 대한 개략적인 정보를 좀더 쉽게 알 수 있도록 추가된 여러 가지 새로운 용도에 대해서도 알 수 있다. 우선 첫 번째 장의 앞면은 다른 페이지보다 쉽게 때가 타고 먼지가 잘 끼기 때문에, 일부 인쇄기술자들은 원문의 시작 부분이 더러워지는 것을 피하기 위해 첫 장의 뒷면부터 인쇄를 시작했고, 따라서 첫 장의 앞면은 백지 상태가 되었다. 그러다 보니 백지로 남아 있는 이 앞면에다 자연히 제한적인 크기로 표제를 인쇄했고, 이에 따라 독자들은 책의 내용을 좀더 쉽게 가늠할 수 있었다.[15]

그렇게 해서 1475~1480년 사이 속표지가 등장한다. 속표지의 유용성

그림 10 장 뒤 프레의 인쇄 로고.

은 사람들에게 금세 알려졌다. 프랑스의 경우, 특히 베라르 사갈이 책의 미적인 외형에 관심이 많았던 출판사들은 목판으로 크게 새긴 이니셜로 속표지를 장식한다. 그리고 이 이니셜은 대개 그로테스크한 그림으로 꾸며지는 경우가 많았다. 또 다른 업자들은 표제 아래 남아 있는 여백에 업체 로고나 목판으로 새긴 그림을 집어넣기도 했다. 알렉상드르 드 빌디유Alexandre de Villedieu의 6각시 문법서 『교훈서』*Doctrinal* 같은 일부 입문서에는 선생님과 학생들을 나타낸 도판이 사용되기도 했고, 대중서적 곳곳에서 목판화 그림이 사용되었다.

15세기 말엽에는 거의 모든 책에 속표지가 실렸다. 하지만 속표지는 아직 오늘날과 같은 양상이 아니었다. 처음에는 제한적인 크기로 실리던 표제가 곧이어 엄청나게 길어진다. 16세기 초에는 페이지 전체를 다 메워야 한다는 생각 때문에 출판사들은 긴 문장 속에 표제를 심어둔다. 때로는 책의 주요 대목에 표제를 덧붙여 속표지에 집어넣기도 했고, 또 때로는 저자와 그 측근들의 이행二行 문구를 삽입하기도 했다. 광고효과를 기대했던 서적상들은 페이지 밑에 업체의 상호명과 주소지를 집어넣는다. 그래도 아직은 책의 말미에 있는 판권장을 찾아봐야만 인쇄 업체명 같은 상세정보를 알 수 있었다. 특히 인쇄가 마무리된 정확한 날짜에 관한 정보는 판권장에만 기재되었다.

이와 동시에 사람들은 속표지를 꾸미는 데 더욱더 많은 관심을 기울인다. 속표지에 판화 테두리 장식을 넣는 게 점차 유행으로 확산되는데, 스트라스부르에서 발둥 그리엔Baldung-Grien은 1510년경부터 크노블로흐Knobloch, 쇼트Schott, 그뤼닝거Grüninger 인쇄소를 위해 테두리 장식 판화작업을 진행했다. 얼마 후에는 바젤에서 홀바인이 프로벤 사를 위해 상당히 많은 테두리 장식을 디자인했고, 이어 뉘른베르크와 아우크스부르크, 파리 등지에서는 조스 바드를 중심으로 새로운 양식이 확산된다. 건축 스타일을 장식 도안으

로 이용한 것이다.[16]

그런데 장식 테두리를 넣는 유행이 오래도록 지속되었던 영국과 게르만어권 나라들에서는 표제가 긴 문장 속에 파묻혀 여러 기재 사항들과 분간이 안 가는 경우가 많았던 반면,[17] 이탈리아의 알도 가와 프랑스의 시몽 드 콜린, 에스티엔 가, 드 투른 가 같은 인문주의 인쇄업자들은 속표지의 외형을 좀더 간소하게 정리하는 방식으로 나아간다. 인문주의가 승승장구하던 시기인 1530년부터는 새 책을 만들 때, 저자의 이름과 함께 짤막한 표제 정도만 기재하는 분위기였으며, 페이지 아래에 서지 항목만 함께 적어둔 것이 전부였다. 로마체와 이탤릭체가 도처에서 성공을 거두는 한편, 속표지도 점점 더 오늘날과 같은 양상을 띠게 된다.

16세기 말, 목판에 새기던 기법이 동판화기법으로 바뀌면서 속표지의 외관에도 새로운 변화가 일어났다. 물론 대부분의 책에서 표제 부분은 여전히 같은 식으로 나타났으나 표제 주위의 테두리 장식이 다시 등장한 것이다. 처음에는 각별히 신경 써서 만든 커다란 판형의 책에서 이 같은 장식이 쓰였고, 이어 모든 종류의 책에서 테두리 장식이 나타났다. 원래는 속표지의 순수한 글귀 부분이 판화로 새긴 테두리 장식의 중앙에 위치해 인쇄되는 방식이 종종 이용되었다. 하지만 그러자면 이중 인쇄라는 까다로운 기술이 요구된다(나무에 테두리 장식을 새겨 넣던 때와 다르게, 동판에 새긴 테두리 장식은 활자로 이루어진 표제 부분과 동시에 인쇄할 수가 없기 때문이다). 게다가 활자 부분의 두꺼운 획이 판화 부분의 가는 선들과 눈에 거슬릴 정도로 대비되었기 때문에, 사람들은 곧 표제의 문구를 테두리 장식과 함께 동판화로 만들었다. 이때부터 속표지를 꾸미는 일은 예술가들의 영역으로 들어간다. 그리고 이들은 자연히 삽화의 비중을 늘리는 쪽으로 나아가고, 대신 텍스트의 영역은 줄어든다. 삽화는 서서히 페이지 전체를 다 차지했으며, 서적상 주소나 인쇄일 같은 정보는 페이지 하단으로 밀려나 찔끔하게 한 줄로 처리된다. 반면 책의 표제는 좌대나 휘장 장식 위에 놓여 책장의 한가운데 위치한다. 바로 이 같은 분위기 속에서 루벤스의 그림과 함께 판화로 조각된 표제들이 등장한 것이다. 이는 모레투스Moretus가 자신의 출판물 가운데 최고로 손꼽는 책들이었다.[18] 17세기 초반에 출간된 대다수 책들의 속표지는 이 같은 모습으로 나타났고, 요즘처럼 간소화된 속표지에 익숙해진 우리로서는 놀라움을 금할 수가 없다. 다른 그 어떤 분야도 이 분야만큼 바로크 문화의 과도함이 두드러지지 않았기 때문이다. 특히 종교서적의 표제 도안은 그 성격상 루벤스같이 재능 있는 예술가들의 능력이 발휘되기 좋은 구실이 되었다. 저마다 하나의 우의적 의미를 담고 있는 수많은 인물이 등장하는 작품을 구상하는 게 가능했기 때문이다. 하지만 그 복잡한 구성 때문에 전체적으로 분명한 메시지를 전달해주는 효과는 줄어들었다.

반면 좀더 간소함을 추구했던 프랑스에서는 토마 드 뢰Thomas de Leu, 레오나르 고티에Léonard Gautier와 그 문하생들이 (건축물의) 열주랑 중앙에 표제를 집어넣는 방식을 이어갔다. 그런데 안트베르펜에서 작업하던 미셸 란Michel Lasne은 루벤스 스타일의 표제 장식을 따라 했으나, 지나치게 복잡한 구성이나 우의적 의미를 심어둔 표현방식은 피했다. 곧이어 1640년에는 왕궁 인쇄소의 출판물 속표지 꾸미는 일을 의뢰받은 푸생Poussin이 실로 하나의 혁명을 이루어낸다.[19] 그가 그린 몇 개의 데생은 곧 여기저기에서 사람들에게 영향을 미쳤는데, 간결한 구성을 추구했던 푸생은 속표지 위에 고대식으로 옷을 걸친 위인들 몇 명만을 나타낸다. 고전적 간결함이 돋보이는 구성이었다. 그런데 루벤스 같은 한 사람의 화가로서, 그는 속표지의 구성에 통일성을 부여하고 싶었고, 이에 책의 표제를 페이지 중앙에서 멀리 떨어진 곳으로 밀어버린다. 푸생의 영향으로 순수하게 장식적인 목적으로 판화에 새겨진 표제는 책머리에 위치한 삽화를 뜻하는 '프론티스피스'의 일부가 되었고, 이에 따라 출판사들은 별도의 속표지에 순수한 서지 항목만을 모아둘 수밖에 없는 처지가 되었다. 이에 따라 이 속표지는 순수하게 활자로만 구성되어 '프론티스피스'라는 첫 장 그림 바로 뒤이어 나오게 되었다. 책의 구성에서 실질적으로 유용한 항목인 속표지는 그 후 오늘날과 같은 양상을 계속 유지한다.

3. 본문의 형태와 책의 판형

책의 본문 형태와 관련해서도 마찬가지로 좀더 간결하게 만들고 통일화시키려는 경향이 나타났다. 하지만 이 부분과 관련해서도 인쇄술의 출현이 상황을 갑작스럽게 바꾸지는 못했다. 인쇄술이라는 새로운 기술이 제공해줄 가능성에 대해 사람들은 매우 더디게 깨우쳐나갔다.

인쇄술이라는 이 혁신적인 기술이 어느 정도로 진보를 가져왔는지 알아보려면 일단 과거 필사본 시대에 학자들이나 학생들 같은 지식인이 부딪힌 난관을 떠올리면 된다. 그 당시에는 어떤 원문을 인용하려고 해도 오늘날 우리가 흔히 하는 그 방식대로 페이지 번호를 표시할 수가 없었다. 해당 도서의 어떤 페이지에서 그 내용을 뽑아왔는지 기재할 수가 없었다는 것이다. 이유는 간단하다. 적어도 원칙상으로는 각 필사본에 따라 페이지 번호가 달라질 수밖에 없기 때문이다. 그러므로 해당 장의 부제를 적거나 그 부제 번호를 적어야 했고, 심지어 문제의 대목이 나온 단락을 적어야 할 때도 있었다. 게다가 각 단락에 개별 부제를 달아줘야 하는 경우도 많았고, 애초에 원문

인용을 고려해 알아보기 쉽게 작은 단락으로 텍스트를 구분하는 사례는 더더욱 빈번했다. 문제는 이뿐만이 아니다. 양피지와 종이가 상당한 귀중품이었던 그 시대에, 책의 본문은 자간이 매우 좁게 필사되었으며, 약어도 많이 사용되었고, 행간의 간격은 거의 보기 힘들었다. 단락과 단락 사이 그리고 각 장의 사이에 여백을 둘 만한 공간은 있을 수 없었다. 그러니 학술용 필사본이 그렇게 알아보기도 힘들 정도로 복잡하게 구성되었던 것이다.

앞서 살펴본 바와 같이, 초기 인쇄본은 필사본과 외형적으로 완전히 똑같았다. 전체적인 구성도 그랬지만 연구용 필사본과 인쇄본에서 나타나는 약어도 똑같았으며 글자들이 빼곡히 들어선 것도 똑같았다. 물론 행간이 서서히 늘어나고 글자들도 좀더 커지는 방향으로 나아갔으며 약어 사용도 줄어들기는 했다. 그러나 인쇄본과 필사본의 외형은 오랜 기간 거의 똑같은 양상이었다. 가령 1480년과 1490년 사이에 출간된 아리스토텔레스와 란슬로의 저서, 1520년에 출간된 이들 작가의 책에서는 거의 차이점이 발견되지 않는다. 대중의 취향이 고전에서 신문학으로 대거 이동하고, 로마체가 널리 사용되기 시작한 이후에야 비로소 인쇄본의 본문 형태가 조금씩 변화해간다.

인쇄물에 페이지를 매기던 관행은 원래 독자들의 편의를 위해서가 아니라 책을 만들던 장인들의 작업에서 기준점을 삼기 위해서였던 것 같다. 특히 제본공의 작업이 이에 해당했는데, 절지 묶음이 보통 동일한 장 수로 이루어져 있지 않았고, 각각의 낱장도 제각각으로 끼워져 있었기 때문에 제본공의 작업은 무척 까다로울 수밖에 없었다. 이에 인쇄업자들은 규모가 큰 필사작업소의 필경사들이 쓰던 방식을 따라 한다. 책에 목차를 만들어 각 분책의 첫 단어를 기입하거나 두 장 단위registre로 각각의 첫 단어를 기입해 제본공의 일을 수월하게 해준 것이다. 또 같은 목적에서 인쇄공들은 각각의 분책마다 알파벳 문자 한 개씩을 달아 구분하는 습관이 있었으며, 이 문자는 보통 매 장의 우측 하단에 인쇄되었다. 또한 이들 문자에 하나의 숫자를 달아주어 연속되는 각 낱장을 구분시켜주었다(signature, 제본 순서 표시 번호). 그리고 아마도 이런 목적에서 각각의 낱장별로 번호를 매기기 시작했던 것 같다(낱장별로 번호가 매겨진 가장 오래된 책들에는 제본 순서 표시 번호가 매겨져 있지 않고, 반대로 제본 순서 표시 번호가 매겨져 있으면 낱장 번호는 매겨져 있지 않다). 어찌 되었든 낱장 번호를 매기던 관행은 더디게 보편화되었다. 16세기 초에는 여전히 낱장의 번호가 매겨지지 않은 책들이 많았으며, (보통 로마 숫자로 기입되는) 번호 매기기는 틀리는 경우도 빈번했다. 그러므로 이후 오랜 시간이 흐른 후에야 비로소 낱장에 번호가 제대로 매겨지게 되었고 오늘날과 같이 매 페이지마다 쪽 번호도 매기게 되었다. 제일 처음 쪽 번호를 매기기 시작한 것은 1499년 알도 가였으나, 이 같은 쪽 번호 매기기가 보편화된 것은 16세기 초·중엽, 인문주의 계열 인쇄업자들의 공이 컸다.

그리고 앞서 살펴본 바와 같이, 바로 이 시기부터 책이 오늘날과 같은 양상을 띤다. 인문주의가 성공을 거둠에 따라 고딕체보다 활자체 크기가 더 커서 읽기도 쉬웠던 로마체 사용이 확대된 시기였다. 이제 사람들은 다단식으로 원고를 인쇄하는 게 아니라 긴 행별로 원고를 인쇄한다. 이와 동시에 행간은 점점 더 넓어지며, 더 명료한 구성방식을 추구하고, 각 장의 표제들은 중간중간 여백이 생긴 만큼 더 쉽게 눈에 띄었다. 따라서 본문의 형태도 서서히 오늘날과 같은 양상을 보인다.

그런데 인쇄술이 보급되고 인쇄되는 원고가 늘어나자 이제 책은 도서관 서고에서나 찾아봐야 하는 귀중품이 아니게 되었다. 책을 직접 보유하거나 손쉽게 휴대하고 다니면서 언제 어디서든 읽고 싶어하는 사람들이 점점 더 늘어났다. 이에 따라 16세기 초, 휴대용 판형이 대중적 성공을 거둔다. 이 시기부터는 주교나 학자들, 높은 귀족 이외의 사람들도 책에 관심을 가졌고, 수많은 중산층 사람들도 자기만의 서고를 갖추기 시작한다.

물론 15세기부터는 4절 판형과 8절 판형을 사용하는 경우가 많았으나, 그렇게 하면 보통 짧은 텍스트밖에 인쇄할 수가 없었고, 이를 2절 판형으로 인쇄하면 두께가 너무 얇아진다. 이에 따라 독서대 위에 놓고 보게 될 책들은 대개 커다란 판형으로 제작되었다. 이 시기부터 작은 판형으로 제작된 책들은 대개 신앙서, 기도서 등이었다. 폭넓은 대중이 수시로 펼쳐보는 이 책들은 쉽게 들고 다닐 수 있는 판형이어야 했기 때문이다. 소위 '고딕소설'이라 불리며 폭넓은 독자들을 대상으로 펴낸 소책자 형태의 대중문학서 역시 이와 같은 작은 판형으로 인쇄되었다.

그러나 15세기 말부터는 고전 작가들의 글이 좀더 쉽게 읽히길 바랐던 알도 가에서 휴대가 편리한 판형으로 고전 컬렉션을 펴낸다. 소수 인문주의자들이 좋아했던 작은 판형의 책들은 16세기 초 점점 더 확산된다. 가령 파리에서는 시몽 드 콜린이 알도의 휴대용 판형 고전 컬렉션과 유사한 형태로 시리즈를 펴내는데, 이를 따라 한 업자들이 상당히 많았다. 특히 리옹에서는 베네치아의 선례를 모방하는 경우가 잦았다. 새로 출간되는 문학서들은 쉽게 들고 다니면서 꺼내 보기 쉽도록 무조건 작은 판형으로 출간되었다. 기사문학 같은 경우는 여전히 2절 판형이나 4절 판형으로 인쇄되었던 반면, 인문주의자들의 라틴 시집, 마로나 라블레, 마르그리트 드 나바르 등의 작품, 플레이아드 시인들의 작품은 작은 판형으로 출간된다. 에라스무스의 『격언집』 역시 이러한 판형으로 제작되어 유럽 전역으로 확산된다. 마찬가지로 루터와 종교개혁주의자들이 그 사상을 전파하기 위해 인쇄물로 만들었던 유인물 역시 이와 같은 작은 판형으로 제작되었다. 이와 동시에 삽화집에서도 이 판형이 사용된다. 1540년경, 홀바인은 작은 도안들을 모아 4절 판형과 8절 판형으로 『성서 화보집』*Images de la Bible*과 『성서 우상집』*Les Simulacres de la mort*을 펴내어 굉장한 성공을 거둔다.[20] 리옹에서는 드 투른 가문이, 이어 파리에서는 드니 자노Denis Janot가, 그리고 곧이어 거의 도처에서 인쇄업자들이 8절 판형으로 『성서의 인물』*Figures de la Bible*, 알치아의 『엠블렘집』*Emblèmes*, 오비디우스의 『변신』을 출간한다.[21] 그런데 학자들은 학술서적에 대해서는 2절 판형을 선호했다. 책을 손에 들고 보는 것은 물론 쉽지 않았지만 본문이 좀더 명확하게 표현되고, 원하는 참고 부분을 더 쉽게 찾아볼 수 있었기 때문이다.

따라서 도서관 서고에서 찾아보는 용도인 학술서적의 묵직한 판형과 좀더 폭넓은 독자를 대상으로 하는 문학작품이나 논쟁집의 가볍고 작은 판형의 대비가 이 시기부터 나타난다. 이는 17세기 출판사상의 특징이기도 하다. 가톨릭 부흥기였던 17세기 전반부에는 프랑스 전역이 수도원으로 뒤덮였고, 각각의 수도원마다 도서관을 갖추고 있었다. 개신교 신학자들이 예수회와 지식을 겨루던 시기였다. 사법관들은 성직자들을 모방해 굵직한 종교 문헌들을 자기 서고로 그러모은다. 반면 중산층 계급은 16세기에 보였던 독서에 대한 흥미를 잃어버리고, 교부들의 저작물이나 종교회의 교리집, 법령집 등이 출간되던 커다란 판형의 출간물이 다시 성행하며 2절 판형의 대형 출간물이 늘어난다. 이와 동시에 사람들은 길이가 더 짧은 책들에 대해서도 특히 프랑스어로 쓰인 경우 8절 판형보다는 4절 판형을 선호하는데, 손에 들고 다니며 보기에는 더 불편했지만 글씨가 읽기에 더 편했기 때문이다. 전쟁이 나자 프랑스로 필요한 종이를 들여오지 못한 엘제비어 가가 매우 작은 12절 판형에 상당히 작은 활자로 책을 냈을 때, 주로 학자들을 중심으로 고객층이 형성되어 있던 이 출판사의 고객들이 불평을 늘어놓기 시작했던 원인도 여기에서 찾아볼 수 있다. 반면 17세기 후반부에는 창작 저서에 관심을 갖는 사람들이 늘어난다. 소설이나 대중서의 출간이 점점 많아진 것이다. 반면 대형 출판업체의 경제상황이 안 좋아졌는데, 작은 판형의 책들이 성공을 거두게 된 것도 여기에 기인한다. 18세기에도 역시 2절 판형은 사전이나 백과사전같이 부피가 큰 책들을 출간하는 데만 쓰였다. 4절 판형, 특히 8절 판형으로 제작되는 서적들은 주로 소설이나 문학서, 대중적 학술 개론서, 논쟁서 등이었으며, 그리스와 라틴 저자들의 출판물이 인쇄물의 상당 부분을 차지했다.

4. 삽화

기도서나 미사경본, 신앙서, 기사소설, 사냥 개론서 등 일부 필사본의 텍스트에 그림을 곁들여 장식하는 관행은 예전부터 있어왔다. 그런데 이렇게 그림이 곁들여지거나 능숙한 필경사의 훌륭한 글씨가 들어가 있는 필사본, 또는 간혹 유명 화가의 손으로 채색이 된 필사본 등은 일반 필사본보다 더 희귀해서 교회 안팎의 높은 귀족들이나 돈 많은 부르주아 등 소수의 일부 특권층만 이용할 수 있었다.

이 부분에 있어서도 인쇄술의 등장에 따라 급격하게 달라진 면은 없었다. 필경사와 도색 화가들은 이전과 다름없이 작업을 지속했으며, 부르디숑 Jean Bourdichon(1457~1521)이나 콜롱브 Michel Colombe(1430~1512) 등이 작업한 '안느 드 브르타뉴의 기도서'가 대표적이다. 베라르 출판사같이 주로 고급 서적을 취급하는 전문 출판사들은 이들 필사본에서 채화를 담당한 화가들에게 인쇄본에 대해서도 똑같이 그림을 그려달라고 부탁해야 했다. 그래야만 인쇄본이 고급 필사본에 대적할 만한 경쟁력을 갖추는 셈이었다.

하지만 이 같은 방식은 시간도 너무 오래 걸릴뿐더러 비용도 많이 소요되었다. 높은 사람들에게 바칠 목적으로 독피지에 증정본 몇 권을 만들고 말 게 아니라면 적절하지 못한 방식이었다. 문제는 필사본 몇 권만을 꾸미는 게 아니라 수백 권의 인쇄본을 장식하는 일이었다. 책이 점차 대중화되어가자 이제는 다른 방식을 찾아야 할 필요성이 대두되었다. 텍스트를 연속적으로 복제하기 위해서는 거기에 실리는 이미지 또한 연속적으로 복제될 수 있어야 했고, 그러자면 기계적인 제작방식에 그림도 끼워넣어야 했다.

그런데 그림을 기계적으로 제작하는 방식은 초기 인쇄본이 등장하기 전부터 이미 당시 사람들에게 알려져 있었고, 또 실제로도 널리 이용되었다. 바로 목판화 방식이다. 앞서 살펴봤다시피 14세기 말부터 목판화는 대량으로 널리 확산되기 시작했고, 인쇄술이 등장했을 당시 목판술 산업은 절정에 달해 있었다. 그림을 새긴 목판을 인쇄원판에, 그것도 활자 가운데 집어넣고 텍스트와 그림을 동시에 인쇄하는 데는 그 당시 기술로서도 전혀 문제될 게 없었고, 사람들은 곧 이 편리한 해법을 채택해 인쇄본의 삽화문제를 해결한다. 1461년경, 밤베르크의 한 인쇄업자였던 알브레히트 피스터Albrecht Pfister(1420~1466)는 그런 식으로 여러 권의 책에 삽화를 집어넣었고, 그 가운데 하나가 울리히 보너Ulrich Boner의 대중우화집 『에델슈타인』*Edelstein*(보석)이었다. 명암이 들어가지 않은 단순한 그림이었고, 일단 수채화로 빠르게 도색작업을 했던 책이지만, 최초로 삽화가 들어간 책인 이 작품은 비록 투박하기는 했어도 보기에 썩 나쁘지 않았다. 목판으로 조각된 그림체에 익숙해진 독자들은 이 책을 보고도 크게 이질감을 느끼지 못했다. 곧이어 피스터는 같은 식으로 삽화가 들어간 다른 이야기책을 출간하는데, 『네 개의 이야기』*Historie von Daniel, Joseph, Judith und Esther*라고 일컫는 책이 이에 해당한다. 아

Von geistlichem leben·

Ins mals ein affe kam gerant·Do er vil guter
nusse vant·Der hette er gessen gerne·Im was
gesagt von dem kerne·Der wer gar lustiglich unde
gut·Beschwert was sein thümer mut·Do er der pit=
terkeit enphant·Der schalen darnach zu hant·Be=
greiff er der schalen herrikeit·Von den nussen ist mir
geseit·Sprach er das ist mir worden kunt·Sie ha-
ben mir verhonet meinen munt·Hyn warffe er sie
zu der selben vart·Der kerne der nusse ym nye wart·
Dem selben affen sein gleich·Weide iung arm unde
reich·Die durch kurze pitterkeit·Verschmehen lan-
ge sussikeit·wenn man das feur enzunden wil·So
wirt des rauches dick zu vil·Der thut einem in den
augen wee·wenn man darzu pleset mee·Piß es en
zundet wirt wol·Und dañ hize gibt als es sol·Das
feur sich kaum erwigt·Das es hize und licht gibt·
Also ist es umb geistlichs leben·welchs mischt sich

그림 11 울리히 보너Ulrich Boner, 『에델슈타인』*Edelstein*, 밤베르크, 피스터A. Pfister, 1461년경.

우크스부르크에서는 귄터 자이너Gunther Zainer(?~1478)가 수많은 대중서적과 신앙서 소책자에 목판화 그림을 넣어 출간했다. 울름이나 다른 독일 도시에서도 마찬가지로 울리히 첼Ulrich Zell(?~1503) 등 여러 인쇄업자들이 목판화를 이용한 삽화작업을 진행했다. 목판술에서와 마찬가지로 이 같은 책에 있어서도 중요한 점은 일단 텍스트의 내용을 설명하는 일이었다. 다시 말해 삽화를 이용해 책의 내용을 좀더 구체적으로 설명해주는 게 주였지, 삽화 그 자체가 예술작품으로서 삽입된 것은 아니었다.[22]

이처럼 목판술이 꽃을 피웠던 독일에서는 일찍이 대중서적에 목판화 삽화를 집어넣는 경우가 많았고, 이어 목판화에 새기는 기술이 점차 완성되고 난 이후에는 모든 종류의 책에 목판화 삽화가 들어갔다. 그런데 독일의 활판 인쇄공들은 고국을 떠나 멀리 가서 일하는 경우가 많았는데, 그러면서 이들은 목판화 원본도 함께 챙겨 가거나 아니면 자신들이 인쇄하는 책에 실을 용도로 새로이 직접 목판화를 새기곤 했다. 따라서 유럽 전역에서 나타나는 초창기 삽화가 들어간 책들은 대개 독일 기술자들의 작품인 경우가 많았다. 가령 이탈리아에서 맨 처음 인쇄본이 등장하고 나서 2년 후인 1467년부터는 로마에 자리잡은 두 명의 독일 인쇄업자 슈바인하임Sweynheim과 파나르츠Pannartz가 토르케마다Torquemada 추기경의 『명상록』을 출간하는데, 여기에는 독일인의 손으로 새겨진 목판화 삽화가 수록되었다. 또한 나폴리에서 맨 처음 삽화가 실린 책으로는 보카치오의 작품이 있는데, 이 책은 독일인 리싱거Riessinger가 인쇄한 것이었으며, 책에 삽입된 목판화 그림 역시 리싱거와 같은 고국 출신의 사람이 작업한 것으로 보인다. 독일의 영향은 베네치아에서도 한껏 느껴지는데, 이 지역은 특히 독일 인쇄업자들이 대거 자리잡고 있던 곳이기 때문이다. 프랑스에서 맨 처음 삽화가 들어간 책은 리옹에서 인쇄된 『인간 구원의 거울』*Mirouer de la Rédemption de l'humain lignaige*로, 이 책은 독일 활판인쇄업자 마티유 후츠가 작업한 것이었다. 그는 1474년 쾰른에서, 그리고 1476년 바젤에서 이미 사용한 바 있던 목판화 그림을 이 책의 삽화로 재활용했다. 루방, 브뤼셀, 브뤼헤, 고다, 안트베르펜 등지에서도 쾰른 판화가들의 스타일에서 영향을 받았으며, 이후 영국과 에스파냐에서 처음 등장한 삽화 삽입 도서에서도 독일의 영향이 드러난다.[23]

이와 같이 인쇄본에 삽화가 처음 들어가기 시작했던 이 시기에는 그 방식과 구상 측면에서 독일인이 영향을 미쳤던 것이 사실이다. 하지만 얼마 안 있어 지역적인 영향 또한 서서히 감지되었고, 지역별 특색도 만들어지기 시작했다.

상당히 드물기는 하지만, 일부 지역에서는 초창기 삽화작업을 그 나라의 예술가들이 맡아 목판을 새긴 경우도 있었다. 전직 카드 제조공이었을 가능성이 높은 이들은 독일의 모델을 전혀 차용하지 않았다. 가령 베로나에서 인쇄된 초창기 삽화 삽입본 발투리오Valturius의 『군사 개론』*De re militari*(1472) 같은 경우는 책에 수록된 판화에서 독일의 영향이 전혀 느껴지지 않는다. 마찬가지로 1481년 파리에서 장 뒤 프레Jean Du Pré가 인쇄한 『베르뎅 미사 경본』*Missel de Verdun* 역시 독일의 영향을 찾아볼 수 없다. 아울러 이 책에서는 처음으로 덩굴무늬 테두리 장식이 나타나며, 필사본에서 직접 따온 기하학적 문양이나 동물 그림도 함께 등장한다. 처음부터 파리에서는 같은 시기 독일의 판화보다 더 유연하고 독창적인 삽화 양식이 발달되었으며, 루앙이나 잉글랜드 등에서도 그 영향이 느껴진다. 15세기 말, 파리에서 삽화가 들어간 책을 가장 많이 생산해내던 베라르는 런던에도 창고를 두고 있지 않았을까? 또 프랑스에서 출간된 일부 인쇄본을 영어로 번역해 인쇄하지 않았을까?[24] 그런데 이탈리아에서는 로마, 나폴리, 베네치아 등 독일 인쇄업자들이 맨 처음 삽화를 집어넣기 시작했던 지역들에서 지역 고유의 스타일이 형성되기 시작한다. 이는 특히 회화와 프레스코화 기법의 영향을 받은 것으로, 유려한 기법에 익숙한 이탈리아 사람들은 자신들의 취향에 맞는 삽화가 등장하기 전까지는 그림이 들어간 책에 대해 그다지 좋게 평가하지 않았다. 이러한 이탈리아 대중의 입맛을 맞추기 위해 독일 판화가들뿐만 아니라 이들의 수련생과 이들을 흉내 내던 이탈리아 판화가들까지도 이탈리아의 스타일을 도입하려 노력한다. 토르케마다 추기경의 『명상록』에 들어간 목판화를 새긴 사람은 아마도 이미, 산타 마리아 소프라 미네르바의 프레스코화에서 영향을 받은 로마 화가의 그림을 따라 했을 것이다. 동양미가 풍부한 장식 형태를 선호하던 나폴리 사람들의 취향은 이후 나폴리의 인문주의자 투포Tuppo 밑에서 일한 독일 인쇄업자들이 1485년 인쇄한 이솝우화집을 장식한 화가들에게도 영향을 미친다.[25]

이처럼 주요 출판 중심지에서는 화가와 삽화공의 지역적 특색, 그리고 평소 이들이 가까이 두고 보던 기념 건축물에서 영향을 받은 삽화 유파가 서서히 생겨난다. 또한 각각의 삽화 유파는 그 나름의 스타일과 고유의 느낌을 창조해냈으며 차츰 자신들만의 특색을 만들어갔다. 가령 피렌체의 판화가들은 특히 그 지역 사람들을 대상으로 한 대중서적의 삽화를 그렸고, 반면 출판사들이 주로 수출용으로 작업하던 상업도시인 베네치아나 리옹에서는 주로 성서나 교회 관련 책들에 특화된 삽화가 발달한다. 리옹에서는 도덕 개론서나 신앙서 등의 대중서도 나타나는데, 좀더 한정된 소비자들을 위해 그 당시 사람들에게 가장 인기 있던 라틴 작가 테렌티우스나 오비디우스의 번역본에 삽화가 실린 작품도 등장한다. 파리에서는 기도서나 신앙서, 비용 시집, 파틀랭 소극 같은 희극, 교회 관련서, 연대기, 기사문학 등 온갖 종류의 책들에 삽화가 게재되어 출간된다. 네덜란드 고다에서는 삽화가 들어간 책들을 전문적으로 내던 인쇄업자 제라르 르외Gérard Leeu(1445~1492)가 네덜란드의 부유한 중산층 고객을 위한 신앙서와 기사소설 출간에 매진한다. 뉘른베르크에서는 학술서를 주로 출간하던 안톤 코베르거Anton Koberger 역시 삽화가 게재된 책들을 펴낸다. 그는 판화가 볼게무트Wolgemut에게 한 페이지 전체가 성서의 장면들과 우의적 장면들을 나타내는 91개 그림들로 구성된 『샤츠베할터』*Schatzebehalter*의 삽화를 (판화로) 새겨달라고 부탁한다(1491).

아울러 하르트만 셰델Hartmann Schedel의 『세계 연대기』*Liber chronicarum*에 들어갈 삽화를 위해 판화 약 2,000장의 판각을 주문하는데, 이 작품은 『뉘른베르크 연대기』*Chronique de Nuremberg*(1493)라는 제목으로 더 잘 알려져 있다. 라틴어판과 독일어판이 동시에 출간된 이 책은 프랑스와 이탈리아, 크라코프(폴란드의 옛 수도—옮긴이), 부다페스트 등지에서 판매된다.[26] 그로부터 몇 년 후, 코베르거는 『성녀 브리짓타의 고백』*Révélations de sainte Brigitte*(1500), 『흐로스비타 작품선』*Œuvres de Hroswita*(1501) 등을 제작할 때 뒤러Dürer의 판화를 삽화로 활용한다.

각각의 일러스트 유파가 자기 나름의 신조와 고유의 스타일을 갖고 있기는 했으되, 외부로부터의 영향 또한 계속해서 감지된다. 삽화가 들어간 책이 유럽 전체를 통틀어 얼마 되지 않았기 때문에, 모사본이 등장하는 경우도 많았다. 앞서 언급한 코베르거의 『뉘른베르크 연대기』 역시 아우크스부르크의 쇤슈페르거Schönsperger가 모사본을 제작한다(1496, 1497, 1500). 세바스티안 브란트Sebastian Brandt의 동명 작품을 형상화한 〈바보배〉Nef des fous 바젤 판화작(1494) 역시 파리(1497)와 리옹(1498) 판화가들이 보고 따라 한 모델이 되었다.[27] 물론 이런 식으로 모사를 하던 화가들이 간혹 독창적인 작품을

Ma dame Je viens deuers vous.
Comme ſinguliere maiſtreſſe.
Et ſupplie a deux genoulz
Que par voſtre noble largeſſe.
Acquites vers moy la promeſſe.
Soubz laquelle auec vous me tiens.
Et ay tenu par Jeuneſſe.
Affin dauoir de vous des biens.

그림 12 앙주 공작 르네 대공René d'Anjou,
『탐욕스러운 궁중 인사』*L'Abuzé en court*, 리옹, 1480년경.

만들려 애쓰기도 한다. 르네상스 시기 파리에서 삽화가 들어간 가장 유명한 책 가운데 하나인 『폴리필로의 꿈』*Le Songe de Poliphile*은 물론 50년 앞서 베네치아의 알도 가가 출간한 판본의 변형에 불과했다. 그러나 이 작품의 판화는 이탈리아의 원본 모델과 상당히 다른 성향을 풍긴다. 프랑스 대중의 취향을 반영해 어느 정도 '겉멋'이 들어가 있기 때문이다. 그러나 판화가의 실력이나 노력이 부족하거나 다소 급박하게 작업을 한 경우, 기존 모델을 따라 한 사본은 단순한 모사본에 지나지 않는 경우가 대부분이었다. 가령 15세기 베네치아의 판화가들이 프랑스와 독일의 영향을 받은 뒤 이를 자기 것으로 소화해낸 것은 사실이었으나, 16세기의 상황도 그와 같은 것은 아니었다. 특히 수출용으로 책을 제작하던 출판사로부터 주문이 밀려들어오자 다급해진 이들은 독창성에 대한 별다른 고민 없이 외국 모델을 그대로 따라 하는 데 그치고 만다.

따라서 각 출판 중심지에서는 외국 양식이 영향을 미치는 경우가 빈번했기 때문에, 한 도시에서 사용되는 목판화는 대개 외국에서 들여온 경우가 많았다. 출판사들은 보통 여러 도시에 상점을 내고 있었고, 이에 따라 하나의 판화를 여러 지역에서 사용하는 경우가 많았다. 바젤과 파리의 서적상이었던 콘라트 레슈Conrad Resch는 바젤에서 새겨진 판화를 이용해 파리에서 출간되는 책의 삽화로 활용했다. 심지어 일부 출판사들은 해외 동료들에게 부탁해 그 지역의 이름난 화가들에게 자신이 필요한 판화를 새겨달라고 하는 경우도 있었다. 바젤의 유명한 화가 우르스 그라프Urs Graf는 바젤 인쇄업자 프로벤의 요청에 따라 삽화가로 활동하던 중, 간혹 스트라스부르의 마티아스 쉬러Mathias Schürer나 홉퍼프Hupfuff, 하게나우의 토마스 안셀라Thomas Anshelra, 파리의 피에르 비두Pierre Vidoue와 콘라트 레슈 등을 위해 작업하기도 했다.[28]

그림 13 보카치오Boccacio, 『불행한 귀족들』*Des nobles malheureux*, 파리, 베라드A. Vérard, 1492, 2절판.

상황이 이러한지라 도서의 삽화에 대해 연구하는 것이 얼마나 복잡한 일인지 짐작이 갈 것이다. 특히 책을 만드는 기술이 별것 아닌 듯해도 실상 이는 각 시대의 주된 예술조류나 지적 경향, 사회적 흐름에 따라 연구해야 하기 때문에 그만큼 더 연구가 쉽지 않다. 하지만 이런 측면까지 모두 다 다루는 것은 이 책의 목적이 아니다. 이에 대해 다루려면 아마 책 한 권 정도로는 부족할 것이다.

어쨌든 판화가들과 손을 잡고 삽화를 게재한 책들은 도상학적 테마의 확대에 있어 중요한 역할을 한 것으로 짐작된다. 책에 쓰인 그림들이 다른 분야에서 다른 용도로도 활용되는 것이다. 프랑스 예술사학자로 중세 기독교 예술 전문가인 에밀 말Émile Mâle(1862~1954)은 이 같은 맥락에서 『빈자의 성서』와 『인간 구원의 서울』이 미친 영향을 보여주었다. 『베리 공작의 풍요로운 시간』 *Très riches heures*이라는 기도서에서 채색을 맡은 세밀화가도 이미 『인간 구원의 거울』 필사본을 사용했고, 1440년과 1460년에는 각각 반 아이크Van Eyck와 반 데어 바이든Van der Weyden이 이 책을 필사본으로 갖고 있었으며, 아마도 이 책을 목판본으로 갖고 있었을 가능성도 있는데, 이들 역시 이 책에서 영감을 받아 작업했다. 그러나 특히 『빈자의 성서』와 『인간 구원의 거울』 두 책이 인기를 끌며 화가들에게 영향을 미친 것은 바로 목판화 삽화본으로 간행되었을 때였다. 라 셰즈듀la Chaise-Dieu와 랭스Reims 대성당의 태피스트리(장식융단)도 이들 작품에서 영향을 받았으며, 상스Sens, 대성당과 샬롱쉬르손Chalon-sur-Saône의 태피스트리 또한 이로부터 영감을 받아 제작된 것이었다. 빅르콩트Vic-le-Comte의 생트샤펠Sainte-Chapelle 성당에 있는 커다란 스테인드글라스 두 개 역시 『빈자의 성서』와 『인간 구원의 거울』을 본뜬 것이었다. 더욱이 일부 조각가들은 도피네 지방의 비엔에 있는 생모리스 성당의 중앙 정문 제작에

HERODOTI HISTORICI INCIPIT.
Laurentii Vallen. conuerſio de Græco in Latinum.

h

ERODOTI Halicarnaſei hiſtoriæ explica-
tio hæc eſt: ut neq; ea quæ geſta ſunt ex rebus
humanis obliterentur ex æuo: neq; ingentia &
admiranda opera: uel a Græcis edita: uel a Bar
baris gloria fraudētur: cum alia: tum uero: qua
de re iſti inter ſe belligerauerūt. Perſarū eximii
memorāt diſſenſionū auctores extitiſſe Phœ-
nices qui a mari quod Rubrum uocatur: in hoc noſtrum proficiſ-
centes: & hanc incolentes regionem: quam nunc quoq; incolunt:
longinquis continuo nauigationibus incubuerunt: faciendiſq;
Aegyptiarum & Aſſyriarum merciū necturis in alias plagas: præ-
cipueq; Argos traiecerunt. Argos & enim ea tempeſtate omni-

그림 14 헤로도토스Herodotos, 『역사 9권』*Historiarolum Libri novem*, 발라L. Valla 역, 베네치아, 드 그레고리이스J. & G. de Gregoriis, 1494, 2절판.

도 이 작품들을 활용했고, 트로이 대성당의 정면 출입구 역시 마찬가지로 이 작품들로부터 영감을 얻은 것이었으며, 상아 세공으로 제작된 보관함에 리보주의 에나멜기법으로 부조작업을 하던 것 역시 이들 두 작품의 영향이었다.

이 같은 사례가 이례적인 것은 전혀 아니었다. 기도서에 등장하는 그림들은 태피스트리나 스테인드글라스 작업을 하던 사람들에게 영감을 주는 경우가 많았고, 『목자의 달력』*Calendriers des bergers*이나 『죽음의 무도』 같은 기도서에 나온 그림 역시 벽화의 모델이 되곤 했다. 멜라-르-그르네Meslay-le-Grenet와 라 페르테-루피에르Ferté-Loupière 지역의 성당에 있는 벽화도 기 마르샹Guy Marchant과 쿠스티오와 메나르가 인쇄한 『죽음의 무도』로부터 영감을 받은 작품이다. 마르샹의 『죽음의 무도』 역시 이노상Innocents 공동묘지에 있던 걸 베낀 것이었다. 이후 시간이 좀더 흘러 16세기가 되면, 1501년 그뤼닝거가 출간한 『아이네이스』나 장 드 모르가르Jean de Meauregard가 간행한 『황금 양털 기사단 정복 이야기』*l'Histoire de la conquête de la Toison d'or* 같은 책 속의 삽화를 따라 그리는 에나멜 도색공이 많아졌고, 장 르 메르 드 벨주Jean Le Maire de Belges의 『골족 삽화집』*l'Illustration des Gaules*에 등장하는 일부 인물들은 태피스트리 작업에 영향을 미쳤다.

그런데 삽화가 들어간 책이 예술기법의 확산 측면에서 가장 두드러지게 영향을 미친 경우는 아마도 『성서』와 오비디우스의 『변신』이 아닐까 한다. 1553년과 1557년 장 드 투른이 출간한 이 두 권의 책에는 베르나르 살로몽Bernard Salomon의 넝쿨무늬 테두리 장식이 들어갔는데, 두 권 모두 엄청난 성공을 거두었으며, 특히 오비디우스의 『변신』은 사실상 신교 선전물이었다. 베르나르 살로몽의 넝쿨무늬 테두리 장식은 태피스트리에도 영향을 미치고 비단 제품류나 에나멜 제품류, 도기류, 목공예품에도 영감을 주었다. 그의 넝쿨무늬 테두리 장식은 직접적으로든 혹은 이를 따라 한 판화작품을 통해서든 수많은 회화 연작에도 영향을 미쳤는데, 『변신』의 각 페이지별 테두리 장식은 레이스 문양 제본 장식의 모델이 된다.[29]

여기에서는 16세기에 가장 유명했던 책들 가운데 일부를 언급하며 앞으로 종종 인용하게 될 몇몇 화가들의 이름을 환기시키는 정도로 만족해볼까 한다.

독일과 프랑스에서 삽화가 삽입된 형태로 출간된 책은 이례적으로 호황기를 맞이한다.[30] 이는 주로 판화에 해당하는 경우가 많았는데, 그중에서도 특히 알브레히트 뒤러Albrecht Dürer(1471~1528)의 연작을 묵과할 수가 없다. 그가 작업을 담당한 『계시록』*L'Apocalypse*(1498), 『대수난』*La Grande Passion*(1498~1510), 『성모의 생애』*La Vie de la Vierge*(1502~1510) 등은 일단 판화 형태로 처음 선보였다가 이후 텍스트가 함께 실린 책으로 발간되었다. 1512년부터 뒤러는 아우크스부르크로 가서 막시밀리안 1세의 총애를 산 인쇄업자 쇤슈페르거와 함께 동업한다. 황제의 공적을 치하하기 위해(327쪽 참고) 그는 쇤슈페르거가 간행한 『개선문』*L'Arc triomphal*, 그리고 이어 『승리』*Les Triomphes*의 삽화작업을 한다. 한스 부르크마이어Hans Burgkmair 역시 종종 이 판화작업에 동참했다. 얼마 후 부르크마이어와 쇼이펠라인Schäufelein, 레오나르 벡Léonard Beck이 모여 황실 결혼에 대해 우의적으로 묘사한 작품, 저 유명한 『토이어당크』*Teuerdank*의 공동 삽화작업을 진행한다(327쪽 참고).

같은 시기, 그뤼닝거를 필두로 한 스트라스부르 출판업자들이 낸 출판물에서는 그림이 들어간 책이 양산된다(326쪽 참고). 스트라스부르의 한스 바이디츠 주니어Hans Weiditz le Jeune는 부르크마이어의 수제자로, 당대 최고의 화가 겸 판화가였다. 특히 그는 크노블라우흐Knoblauch를 위해 독일어 성서의 삽화를 그렸으며(1524), 1532년 아우크스부르크에서 슈타이너Steyner가 간행한 페트리르카의 『행운의 서』*Glucksbuch* 역시 그의 작품으로 추정된다. 그런데 그가 작업한 최고의 판화는 오토 브룬펠스Otto Brunfels의 『식물 생태도』*Eicones vivae herbarum*에 수록되어 있다(Schotten, 1530~1536). 이 작품에서 다른 이들은 모두 생동감 있는 표현만을 추구했으나 바이디츠는 오로지 정확한 표현에만 치중했는데, 그 덕에 동물과 식물이 더없이 자연스럽고 완벽한 모습으로 나타났다. 좀더 통속적이고 노골적인 스타일을 보여준 사람으로는 알자스의 한스 발둥 그리엔Hans Baldung-Grien(1484~1545)을 들 수 있는데, 그는 특히 플라흐Flach가 쓴 『영혼의 작은 정원』*Hortalus animae*에 수록될 판화 43점을 작업했으며, 이외에도 그뤼닝거의 의뢰로 수많은 판화작업을 진행했다. 끝으로 뉘른베르크의 유명한 두 판화가 요스트 암만Jost Amman과 비르질 솔리스Virgil Solis 역시 출판업자 파이어아벤트Feyerabend의 수많은 목판화작업을 담당했다.

비텐베르크에서 크라나흐Cranach 가가 루터와 함께 일을 했던 반면(495쪽 참고), 바젤에서 프로벤은 앞서 언급한 대로 우르스 그라프Urs Graf와 손을 잡았으며, 특히 한스 홀바인Hans Holbein, 암브로시우스 홀바인Ambrosius Holbein과 함께 작업했다. 한스 홀바인은 자신의 손으로 직접 판화를 새기지는 않았지만, 뤼첼부르거Lützelburger 같은 판화가들이 그가 그린 밑그림을 매우 능숙하게 판화로 표현했다. 1538년 리옹에서 트레셀Trechsel이 인쇄한 유명작 『성서 인물집』에 들어갈 용도로, 홀바인의 작품을 작은 넝쿨무늬 테두리 장식으로 만든 것도 아마 뤼첼부르거였을 것으로 추정된다. 홀바인의 원화는 현재 바젤미술관에 소장되어 있다.

프랑스 도서의 삽화는 독일의 삽화에 비해 전혀 뒤처지지 않는다. 시몽 보스트르Simon Vostre, 아르두앵Hardouyn 가, 그리고 그에 뒤이어 피에르 비두 등 수많은 출판업자들이 기도서를 출간했다(447~448쪽 참고). 이들 책에서는 때로 독일의 영향과 이탈리아의 영향이 두루 나타나는 한편, 두 가지 영향이 섞여서 나타나기도 한다. 독일의 영향은(케르베르Kerver, 베셸Wechel 등) 독일계 서적상을 중심으로 유입되었고, (뒤러, 숀가우어Schongauer, 홀바인 등) 몇몇 유명 화가들을 통해서도 독일의 영향이 미치게 된다. 당시 프랑스 사람들은 독일, 특히 바젤을 통해 르네상스를 접했는데, 도피네 지방의 수학자로 판화와 테두리 장식을 새긴 오롱스 피네Oronce Finé가 이 같은 경우에 속한다. 특히 리옹에서는 이러한 영향을 많이 받았으며, 앞서 살펴본 바와 같이 트레셸이 홀바인의 작품을 활용했던 것과 같은 맥락에서였다. 같은 시기 이탈리아가 미친 영향은 간혹 직접적으로 느껴지는 경우도 있었다(『조프루아 토리』, 265쪽).

하지만 프랑스 도서는 서서히 해외의 영향에서 벗어난다. 그러다 세기 중반쯤이 되면 그 절정에 달하는데, 그 당시 제작된 걸작 가운데 하나로 손꼽히는 작품이 『폴리필로의 꿈』(168쪽 참고)이다. 일부 판화는 장 구종Jean Goujon의 작품으로 추정된다. 1547년 가조Gazeau가 펴낸 비트루비우스의 한 저서에 들어간 삽화나 1549년 로페Roffet가 출간한 『앙리 2세의 입성』*Entrée de Henri II*에 들어간 삽화는 유명 조각가가 새긴 것이었을 가능성이 높다. 그런데 1560년에 장 쿠쟁Jean Cousin 1세는 『원근법론』*Traité de perspective*을 펴낸다. 리옹에서는 장 드 투른이 리옹 최고의 화가이자 판화가인 베르나르 살로몽에게 애착을 보인다. 살로몽은 무척 생동감 넘치는 덩굴무늬 테두리 장식을 만들어냈으며, 그의 스타일은 표현력이 넘치는 동시에 부드럽고 유연했다. 종종 로마식 신전에 등장하는 배경 장식도 보이곤 했다. 『마르그리트 중의 마르그리트 공주』*La Marguerite des Marguerites des princesses*(1547)에 나오는 '암퇘지'La Coche 우화에서 그가 선보인 그림들도 빼놓을 수 없다. 특히 클로드 파라댕Claude Paradin의 『성서의 네 가지 역사적 사건』*Quadrins historiques de la Bible* 삽화나 『그림으로 보는 오비디우스의 변신』 속 삽화는 간과할 수 없는 작품들인데, 이에 대해서는 조금 뒤에 가서(178~180쪽 참고) 이 같은 작품들이 어떤 성공을 거두었는지 살펴보기로 하자.

위의 몇 가지 사례들을 미루어보면 그림이 들어간 16세기의 책이 어느 정도 수준이었고 또 얼마나 비중이 컸는지 짐작할 수 있다. 이 시기는 특히 삽화 쪽에서 빛을 발하던 때였다. 이 부분에 대한 고찰은 이쯤에서 접어두고, 이번에는 15세기와 18세기 사이에 어떤 범주의 책에 삽화가 삽입되었으며 어떤 수요를 충족시키기 위해 이들 삽화가 활용되었는지, 그리고 그 주된 대상 독자는 누구였는지 살펴보자.

앞서 살펴본 바와 같이 삽화가 들어간 책의 기원은 목판인쇄술이었다. 따라서 그 목적과 대상 독자층 또한 목판인쇄술과 동일했다. 간신히나마 글을 읽을 수 있는 사람들로 넓은 독자층을 형성하고, 그림을 이용해 텍스트의 내용을 설명하며, 예수와 선지자, 성인들의 삶과 관련한 다양한 일화들을 이해하기 쉽게 구체적으로 보여주는 것, 그리고 죄인의 영혼을 사이에 두고 서로 싸우는 천사와 악마의 모습이라든가, 그 시대 사람들에게 친숙한 신화와 전설 속 인물들의 모습을 좀더 현실감 있는 외양으로 표현하는 것, 이는 과거 목판인쇄기술자들이 추구하던 목표이자 초기 삽화에서 추구하는 목표였다. 따라서 15세기에 굉장한 성공을 거둔 그림책들은 자연히 통속어로 쓰인 종교적·교훈적 성격의 대중서적이었다. 초기 인쇄본의 목록을 보면, 프랑스와 독일에서 재출간된 15세기 그림책들은 대개 예수의 고난과 생애, 사탄 이야기(자크 드 테라모Jacques de Theramo의 『벨리알』*Bélial*), 『구원의 거울』, 『인간 삶의 거울』, 『죽음의 기술과 잘사는 법』*Art de bien mourir et celui de bien vivre*, 야코부스 데 보라지네Jacques de Voragine의 『성서 이야기』*Histoire de la Bible*, 『목자

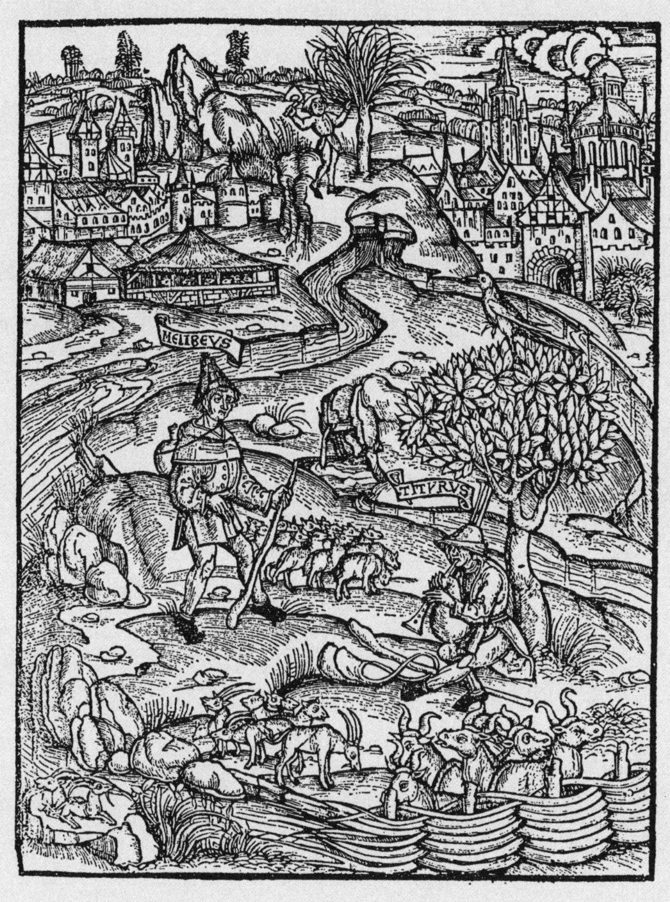

그림 15 베르길리우스, 『오페라』*Opera*, 스트라스부르, 그뤼닝거J. Grüninger, 1502, 2절판, '전원시'Buvoliques 상단의 목판화.

의 달력』, 이솝이나 비드페이, 카토 등이 쓴 교훈적이고 대중적인 수많은 우화들을 다룬 책이었다. 이 시기의 그림책들은 직접적으로 예술성을 추구했다기보다 주로 실용적 목적에서 삽화가 실린 경우가 많았다. 그 시대 사람들이 일상적으로 언급하던 장면들을 구체적으로 눈에 보이게끔 해주는 것이다. 명암효과에 대한 연구는 거의 전무하다고 봐도 무방하고 대개는 굵은 윤곽선으로 그려 새긴 단순한 그림인 경우가 많았다.

그런데 인쇄술이 등장하자 기도서를 보유한 사람들도 늘어났고 기사소설을 읽는 사람들도 끊임없이 늘어났으며, 오래전부터 통속 언어로 읽어온 라틴 작가들의 작품에 삽화를 게재해 재간행하는 경우도 많아졌다. 가령 베르길리우스의 작품도 이 같은 맥락에서 삽화를 곁들여 재발행한 것이었다. 하지만 인쇄술이 등장한 후 발행된 이 같은 책들은 이전 필사본의 경우처럼 손으로 직접 채화를 할 수가 없었다. 따라서 이 작업을 하던 이들 그 자신을 위해서라도 그 같은 과거의 도색방식을 포기할 수밖에 없었는데, 어느 정도 주저하며 하는 수 없이 과거의 방식을 포기하는 경우가 많았다. 가령 베네치아에서는 일단 과도기적 방법을 사용한다. 그림은 화가들이 그린 캔버스를 이용하고, 그 테두리만 판화로 새기는 것이다. 독일에서는 삽화를 수채화 물감으로 채색하기도 한다. 16세기 초에 이를 때까지 오랜 기간 각 장의 첫머리에 그림이 들어갈 공간을 여백으로 남겨둔 책들이 많았고, 그렇게 해서 결국 그림이 들어가는 책이 얼마 되지 않았어도 기존의 그 같은 관행은 오래도록 지속되었다.

그림이 실린 필사본과 같은 내용을 다루는 책을 삽화 게재 인쇄본으로 찍는 경우, 해당 필사본을 소장하고 있지는 않더라도 그 존재를 알고 있는 독자들을 고객으로 포섭하기 위해 (베라르같이) 판화작업과 출판작업을 겸하는 업자들이 작업에 공을 들이면서, 차츰 그림책이 고급 도서의 외양을 띠게 되었다. 프랑스에서 상당히 유행을 끌었던 기도서 역시 정교하게 새긴 수많은 작은 목판화로 꾸며졌고, 각 페이지마다 목판화에는 테두리 장식이 더해졌다. 그리고 사람들은 조금씩 명암효과에 대해 고민하기 시작한다. 판화가들이 다른 화가들과 경쟁하기 위해 동판화작업을 많이 진행했던 이탈리아에서는 책의 삽화용으로 제작하던 목판화 스타일도 달라진다. 가령 베네치아에서는 1500년경부터 선으로 음영을 넣는 경우가 많아졌다. 하지만 이는 대개 그림을 지저분하게 만들었고, 판화 본연의 느낌이 퇴색될 때도 있었다.

이탈리아의 기법과 르네상스가 미친 영향은 프랑스와 독일어권 국가에서 발행된 책의 삽화에서 드러난다.

물론 15세기 말에서 16세기 초, 주로 학자들이 대부분이던 초기 인문주의자들은 삽화가 들어간 책에 대해 처음에는 소르본 신학자들 못지않게 멸시했다. 삽화라는 것은 무지한 자들이 책의 내용을 이해할 수 있도록 가르쳐 주는 단순한 방식이 아니던가? 더욱이 이들이 경멸의 시각으로 바라보는 이 독자층을 위해 테렌티우스와 오비디우스 같은 고전을 번역까지 수록해 그림과 곁들이지 않았던가? 그러다 보니 이들이 그 같은 상황을 거북하게 느끼는 것은 당연한 일이었다. 책 속의 그림은 고고학 따위에는 별 관심도 없는 예술가들이 고대에 대해 무지한 독자들을 위해, 15세기 스타일로 옷을 입은 테렌티우스 작품 속 인물들에 열광하는 독자들을 위해 그린 것이었기 때문이다. 알도 가에서 고대 정신에 좀더 부합하는 삽화본 『폴리필로의 꿈』을 출간하기 위해 노력하던 때, 주요 고객층인 인문주의자들은 이 경이로운 작품에 대해 약간의 불만을 토로했고, 이후 베네치아에서는 추가 간행이 전혀 이루어지지 않았다.

그런데 프랑스에서는 조프루아 토리의 모델을 본떠 단아하게 만든 테두리 장식이 크게 인기를 끌었고 도처에서 이를 따라 한 책들이 등장한다. 곧이어 케르베르Kerver는 파리에서 『폴리필로의 꿈』을 새출간하고, 삽화는 이탈리아 목판화에서 영감을 얻은 판화작품을 이용했다. 그리고 1500년 무렵까지만 해도 베네치아에서 제한적인 성공밖에 거두지 못했던 이 작품은 1549년부터 파리에서 인정을 받기 시작한다. 그런데 연구과정에서 책의 삽화에 흥미를 갖게 된 수학자 오롱스 피네Oronce Finé가 기하학적 테두리 무늬를 고안해낸다. 그의 장식은 대개 우의적 주제를 담고 있는 경우가 많았으며, 독일 르네상스 정신에 충실한 스타일이었다. 사실 새로운 정신에 입각한 독자층이 점차 넓어지고 있었는데, 15세기에 이솝 우화나 『성서의 인물』, 『장미 설화』*Roman de la Rose*, 『트로이 이야기』*l'Histoire de Troie*, 『란슬로』 등을 읽고 자란 세대의 아이들이 이 새로운 독자층을 이루고 있었기 때문이다. 이들은 그림이 있는 책을 습관적으로 읽었으며, 그림이 들어간 책이 자신의 취향에 맞는다고 당당히 말할 수 있었다. 홀바인과 이어 그를 고용한 바젤의 출판사들은 『구약과 신약 성서 이야기』*l'Histoire de l'Ancien et du Nouveau Testament*나 『그림으로 보는 오비디우스의 변신』 같은 대중서적에 수록할 작고 섬세한 테두리 장식을 그린다. 곧이어 이 책들은 리옹의 투른, 파리의 자노와 그룰로 등을 비롯해 도처의 출판사에서 모방하고 따라 하는 대상이 된다. 15세기에 크게 유행했던 삽화는 16세기에는 그보다 더 큰 인기를 누린다. 이와 동시에 사람들은 16세기 중반 이후 엄청난 성공을 거둔 엠블렘집에서도 이 같은 테두리 장식을 활용한다.

그런데 글을 잘 읽을 줄 모르던 서민이나 상인들은 옛날 방식의 삽화에 오래도록 애착을 가졌던 듯하다. 이들의 경우 삽화에 대한 취향은 거의 변하지 않았으며, 따라서 자금이 여유롭지 않았던 인쇄업자와 서적상들은 이들 독자층을 위해 계속 고딕체를 썼다. 또한 15세기와 16세기 초의 구식 목판화를 도로 사들여 여전히 이를 활용했으며, 판화가 거의 다 닳을 때까지 이를 가지고 그림을 찍어냈다. 그리고 판화를 다시 새기더라도 전혀 수정하지 않고 그대로 모양을 찍어냈다. 1570년부터 목판화 방식과 대중적인 목판화 모음집이 다시금 유행을 타게 된 것도 바로 이 같은 독자층의 비중이 상당히 높았기 때문으로 보인다. 이 시기, 몽토르궤이Montoregueil 거리의 판화가들은 『빈자의 성서』 뒤를 이은 『성서 이야기』를 많이 만들어냈다. 이 작품에서는 각 페이지마다 커다란 판화 그림과 몇 줄의 설명이 수록되어 있는데, 반면 에피날 판화의 모태가 된 압인과 목판화집은 종교전쟁의 주요 장면들을 연상시키는 그림들을 수록하며 엄청난 인기를 끌었다. 그렇게 16세기 말에는 새로운 범주의 삽화본이 등장한다. 바로 행상들이 판매한 대중문학 서적이다. 프랑스에서는 인쇄업자와 서적상 몇몇이 파리와 트로이 등지를 중심으로 『갈리아의 아마디스』*L'Amadis de Gaule*, 『요정 멜뤼진』*Mélusine*, 『성서의 인물』, 『목자의 달력』 등을 꾸준히 출간하고 17세기, 나아가 18세기까지도 이 책들은 행상들을 따라 프랑스의 지방이나 소도시로 대거 확산되며 파리까지도 퍼져나간다. 이에 따라 저마다 책을 읽을 수 있게 된 19세기에는 과거 행상들이 퍼뜨린 대중문학 서적이 다시금 놀라울 정도로 인기를 얻게 되고, 15세기에 인기를 끌었던 문학들도 도처에서 다시 등장한다. 에라스무스, 라블레, 라퐁텐 우화, 볼테르 같은 작품들도 잊힐 수가 없었다.

그런데 1550년부터는 유럽 경제에 영향을 미치는 물가상승 조짐이 보이면서 출판업계도 타격을 입기 시작한다. 위기가 조성되면서 16세기 후반 내내 그 여파가 미치는데, 이때부터 삽화본은 더 발전하지 않는다. 새로이 목판화를 제작하는 판화가들도 서둘러 마무리하기에 급급했고, 이들은 기존에 제작된 삽화본을 대충 베끼는 수준에만 머물렀다. 결과적으로 삽화가 들어간 책의 출간은 전보다 더 줄어들었고 16세기 말, 출판사들이 다시 그림책의 발간에 박차를 가했을 때는 이제 목판화가 아닌 동판화를 사용했다. 제작기법이 변화하면서 사람들의 의식도 달라졌고, 사람들은 이 새로운 기법에 매달린다.

동판화기법은 이미 오래전부터 알려진 기술이었다. 금속 위에 음각으로 새기는 이 판화기법은 15세기부터 세상에 알려졌으며, 인쇄술이 발명되던 그 시기에 동판화기법 또한 금은세공사들의 손에서 개발되었다. 명암의 표현이 더 수월하고, 매우 세밀한 윤곽선을 그릴 수 있는 동판화는 화가들이 늘 선호하는 방식이었다. 15세기 말부터 안드레아Andrea나 숀가우어 등 이탈리아나 독일의 유명 동판화가들은 완벽한 기술로 동판화를 제작해냈다.[31] 아울러 이 시기부터 사람들은 동판화기법을 책의 삽화에 접목하려는 시도를 한다. 하지만 이렇다 할 성공은 거두지 못했던 것이, 한 가지 기술적 제약 때문에 동판화를 이용한 그림책 제작이 어려워졌기 때문이다. 목판화를 이용할 때에는 활자 조판과 목판화를 함께 원판에 싣는 게 가능했고, 이에 따라 똑같은 방식으로 잉크를 묻힌 뒤 한 번에 그림과 텍스트 부분을 인쇄할 수 있었다. 그런데 동판화를 이용할 때에는 도판 부분과 텍스트 부분을 별도로 분리해 인쇄해야 했다. 따라서 조판의 배열 상태를 흐트러뜨리지 않고 제대로 인쇄해내기란 여간 까다로운 일이 아니었다.

그림이 내용 이해를 위해 상상력을 키워주는 보조 수단 정도로만 인식되었을 때는 다소 투박하더라도 좀더 생동감 있는 목판화가 동판화보다 선호되었다. 하지만 16세기 말에는 상황이 달라졌다. 16세기는 화가들의 시대였던 것이다. 그림에 대한 애착은 유럽 전역으로 퍼져나갔다. 베네치아나 안트베르펜 등지의 귀족들, 파리나 리옹의 돈 많은 부르주아들은 화가들을 시켜 자신의 초상화를 그리게 했고, 화가에게 교회 내부 장식만을 위한 그림이 아닌, 자신들의 집 벽에 걸어둘 그림을 주문했으며, 이에 따라 화가들의 수는 끊임없이 늘어갔다. 이와 동시에 유명 화가들이 판화가로 나서거나 동판화를 작업하는 일이 많아졌으며, 그동안 실로 '빈자의 그림'이었던 판화가 점차 인기를 누렸다. 이탈리아의 만테냐, 독일의 뒤러 등이 작업한 판화들은 지금도 유명한 작품으로 남아 있으며, 당시에도 이 작품들은 대번에 큰 성공을 거두었다. 대개 금은세공사 가운데서 동판화가들이 채용되던 프랑스에서는 프리마티스Primatice, 로소Rosso 등을 위시한 이탈리아 화가들이 퐁텐블로 성의 내부 장식을 하러 오기 전까지 각자 개별적으로 작업했다. 그러다 이때부터 퐁텐블로를 중심으로 동판화 유파가 형성되며 이탈리아에서 유입된 새로운 장식 스타일을 확산시킨다.

매우 정교한 선으로 그려진 동판화 옆에서 기존의 목판화는 상당히 투박하고 거칠어 보였다. 동판화 조각용 끌인 뷔렝이 이미 존재했지만, 이는 오브제나 기념물을 정확히 표현해주는 유일한 도구였으며, 정교하고 비슷하게 새겨서 초상화를 제작할 수 있는 것은 뷔렝 판화뿐이었다. 곧이어 기술적 난관이 있음에도, 사람들은 곧 동판화로 책의 삽화를 그려넣는 경우가 점점 더 많아졌다. 일단 기술서적이나 초상화가 많이 들어가는 책을 중심으로 일부 예외적인 경우에 한해서만 동판화 삽화를 넣던 것이 곧 모든 종류의 책으로 확대되었다.[32]

이 분야에 있어 추진력을 불어넣어준 곳은 바로 안트베르펜이었다. 화가들이 즐비했던 이곳에서, 대규모 판화상이었던 제롬 코크Jérôme Cock(혹은 히에로니무스 코크)는 작업실을 하나 운영하고 있었는데, 그곳으로 브뤼헬Bruegel 2세(1564~1638, 네덜란드 플랑드르의 풍속화가)가 종종 뷔렝 판화기법을 배우러 오곤 했다. 제롬 코크와 왕래가 잦았던 플랑탱은 그의 작업실에서 일하는 화가들하고도 교류가 많았는데, 동판에 음각으로 새긴 판화를 책의 삽화로 쓰기 시작한 것도 그가 처음이었나. 그는 피에르 반 데어 보르히트Pierre Van der Borcht, 후이스Huys, 비릭스Wiericx 형제 등 안트베르펜 학파 최고의 뷔렝 판화가들과 함께 삽화작업을 했던 인물이다. 1566년부터는 특히 42장의 판화가 실린 베잘과 발베르다의 『생생한 신체부위 화집』*Vivae imagines partium corporis*을 출간했으며, 이어 1571년에는 아리아스 몬타누스Arias Montanus의 『건강 보감』*Humanae Salutis monumenta*을, 그리고 1574년에는 반 데어 보르히트가 판화로 새긴 초상화 67점이 들어간 삼 뷔크Sam buque의 『고대 및 근대 철학자와 의사 도상집』*Icones reterum aliquot et novorum medicorum philosophorumque*을 펴냈다. 유럽 전역으로 퍼져나간 이 책들은 상당히 좋은 평가를 받았으며, 곧이어 거의 도처에서 플랑탱의 선례를 따라 했다. 가령 파리에서는 장 테베Jean Thevet가 1574년부터 『인물 초상화 모음집』*Pourtraicts des hommes illustres*을 펴냈는데, 여기에는 플랑드르에서 작업한 판화가 삽화로 들어갔다. 판화상과 플랑드르의 뷔렝 판화가들은 이렇듯 파리에서 그 영향을 미치게 되고, 프랑스 출판사들은 이제 자신들이 필요로 하는 그림을 판화로 작업해줄 판화가들을 현지에서 구하게 된다.[33]

16세기 말부터는 행상들이 판매하던 대중서적을 제외하고는 목판화를 삽화로 이용하는 일이 거의 사라졌다. 그리고 목판화는 비단 책의 삽화뿐만 아니라 모든 분야에서 자취를 감추게 된다. 동판화의 치세는 200년 이상 지속되는데, 단지 기법이 변화한 것으로 동판화의 치세가 시작된 것은 아니었다. 동판화기법이 성공을 거둔 것은 동판화가 그림이나 조형물, 장식 모티브 등을 세부적인 디테일까지 살리며 정교하게 복제해준다는 장점이 있기 때문이다. 그렇게 하면 언제든 누구에게라도 이를 보여줄 수 있다. 아울러 동판화는 특히 현실을 있는 그대로 복제해 영원한 추억으로 남길 수 있게 해준다는 장점이 있다. 1세기 이상 전부터 인쇄본이 등장하며 텍스트를 확산시켰다면, 이제는 판화가 그와 비슷한 역할을 하며 그림을 확산시킨다. 따라서 16세기 말과 17세기 초, 동판화의 이용이 확대되고 판화 무역이 발달하면서 그 시대 사람들의 지평선이 넓어진다. 테오도르 드 브리Thomas de Bry의 기념비적인 기행 컬렉션만 보더라도 이를 알 수 있다. 17세기 초, 그는 브라질이나 라플란드같이 멀리 떨어진 국가와 그곳 주민들을 처음으로 동판화 위에 표현한다. 또한 17세기 네덜란드 출판사들의 경우도 마찬가지다. 지도책이라는 특정한 분야에 집중된 것이기는 했지만, 그 중요도를 가늠하기 힘든 이 분야에서 네덜란드 출판사들은 엄청난 과업을 이루어냈다.

이에 따라 이제는 판화 모음집이라고 할 수 있는 '그림책'들을 수집하는 경우가 점점 더 많아진다. 돈 많은 중산층뿐만 아니라 거장들의 그림을 소유하기에는 한없이 가난한 일반 서민들까지도 집 안을 커다란 판화 그림으로 장식한다. 하지만 투박하게 새긴 목판화작품이 아니었다. 이들의 집 안을 장식한 것은 바로 동판에 새긴 판화작품이었다. 디테일을 충실히 살려 현실감을 더한 동판화작품이었던 것이다. 그 내용도 종교적인 주제에서 역사 속 장면이나 일상 속 다양한 순간들에 이르기까지 무척 다양했다.

승리를 거둔 전투나 왕의 대관식, 혹은 축제의 현장이나 발레 공연, 군주가 주관한 공연 등 상상력을 자극하는 중요 행사를 기념하기 위해 판화를 사용한 것은 아닐까? 사람들이 유명 인사나 높은 사람들의 모습을 알고 싶어했던 것은 아닐까? 문인들 혹은 돈 많은 상인들은 자신의 초상화를 친구들이나 주위 사람들에게 나눠주고 싶어하지 않았을까? 거리에서 보이는 일상적인 풍경을 추억으로 간직하고 싶지는 않았을까? 이제 그런 현장에 나가게 된 것은 화가가 아닌 판화가들이었다. 판화는 여러 장을 찍어낼 수 있기 때문이다. 어찌 보면 이들은 오늘날의 사진가와 비슷한 역할을 했다고도 볼 수 있다. 가령 프랑스의 판화가인 자크 칼로Jacques Callot(1592~1635) 역시 브레다와 라로셸 진지에 가서 그곳의 주요 상황들을 사람들에게 판화로 알렸고, 박람회장의 풍경을 판화로 담아내는가 하면 전쟁의 공포나 집시들의 떠도는 삶도 판화로 새겼다. 또한 그는 희곡 애호가들을 위해 이탈리아 희극에 등장하는 인물들의 초상을 판화로 작업하기도 했다. 또한 아브라함 보스Abraham Bosse 역시 파리 부르주아의 일상을 정교한 뷔렝으로 새겨놓았고, 17세기 후반 낭퇴유Nanteuil를 비롯한 판화가들은 제후와 부르주아들의 초상화 작업을 많이 했다. 한편 18세기가 되면 프랑스 판화가들은 당시 풍속에 비판적 시각을 보이며 후작이나 부르주아의 일상생활 속 장면들을 판화로 표현했고, 파리 거리의 풍경 또한 판화로 담아냈다.

이와 동시에 판화는 예술작품의 확산에도 중요한 역할을 담당한다. 17세기부터는 판화 덕분에 저마다 유럽 곳곳에 산재된 걸작들을 알게 된다. 각국의 수많은 판화가들이 회화작품이나 건축물, 혹은 이탈리아의 유적 등을 판화로 복제하기 시작한 것이다. 아울러 그 시대, 그 나라 최고의 화가들이 그린 작품의 복제를 전담하는 판화가들도 있었다. 가령 낭퇴유나 모랭Morin은 루이 13세의 궁정화가 필리프 드 샹파뉴Philippe de Champaigne가 그린 초상화들을 판화로 새기는 작업을 많이 진행한다. 그리고 어쩌면 필리프 드 샹파뉴가 그 시대에 그렇듯 유명세를 탈 수 있었던 것도 이 같은 판화작품 덕분일 가능성이 크다.[34] 판화를 이용해 자신의 그림을 확산시킴으로써 인기를 끌 수 있다는 이점을 알게 된 루벤스 역시 주위에 판화작업실을 두어 자신의 작품을 복제하도록 했다. 파리의 마리에트 등을 대표로, 대형 판화상들의 가게에서는 이제 이탈리아와 플랑드르, 프랑스, 독일 거장들의 작품을 모사한 판화 복제품이 즐비했다. 저마다 원본과 복제품을 살펴보고 마음껏 비교할 수 있게 된 것이다. 그리고 이제는 바로 이 판화가들이 장식 스타일을 대중에게 알리고 확산시키는 주체가 된다.

이에 따라 17세기부터는 판화가 수많은 분야에서 정보전달이라는 중요한 역할을 맡는다. 판화의 역할이 이와 같이 달라지면서 그동안 삽화본이 누려오던 일부 이점이 사라진다. 삽화가들에게 있어 책에 수록될 도판작업은 이제 회화 느낌의 작은 그림 몇 개를 그리는 일에 지나지 않았다. 그리고 특히 당시 경제상황 때문에 17세기 출판사들이 원가절감을 추구하고, 이에 따라 출판사들은 텍스트와 간격을 둔 도판 몇 개만으로 삽화 개수를 줄였으며, 속표지 그림 하나만을 수록하는 경우도 있었다. 한 페이지에 그림과 글을 함께 싣기 위해 두 번 인쇄하느라 안 그래도 번거로운 삽화작업에서 소요되는 비용을 줄이려는 것이다. 판화가들은 자신들의 작업 비용을 상당히 높게 불렀기 때문에 최고급 도서나 판매량이 확보된 책인 경우에만 적절한 양의 삽화가 게재되었다. 가령 샤플랭Jean Chapelain(1595~1674)의 『동정녀』*La Pucelle* 같은 경우, 당시 문학계에서 애타게 이 책의 출간을 기다리고 있었기 때문에 삽화가 적절히 삽입되어 간행되었다. 이런 경우라면 유명 화가들에게 그림을 그려달라고 부탁하는 것을 주저하지 않았고, 판화가들이 원본 그림의 사본제작을 담당했다. 루벤스, 비농, 푸생, 필리프 드 샹파뉴, 르 브룅 역시 책의 삽화작업에 참여한 바 있다. 상황이 이렇게 변하면서 그림과 글이 분리되는 속도가 점차 빨라졌고, 17세기에 책에 들어가는 그림이라고는 저자의 초상화밖에 남지 않았다. 그리고 고전주의 시대에는 삽화가라고 제대로 명함을 내밀 만한 사람이 별로 없게 되었다.

18세기에는 상황이 또 달라진다.[35] 경제상황이 좋아졌고, 출판사들은 다시 상품의 품질개선에 신경 쓰기 시작했으며, 책 페이지 중간에 들어가는 장식 컷도 다시 등장하고, 모든 독자가 삽화가 들어간 책에 열광한다. 하지만 15세기 이후 많은 부분이 달라졌고, 16세기에도 변화가 계속됨에 따라 삽화가 게재된 책을 찾는 독자층이 상당히 넓어졌다. 18세기에는 무엇보다도 돈 많은 상류층 집단과 은행가, 자본가들을 대상으로 그림책이 출간되었는데, 신흥 갑부가 된 이들이 자신들의 재력을 뽐내며 장서를 구비하고 싶어했기 때문이다. 다만 이들은 심각한 책을 싫어했으므로, 삽화를 넣어 고급스럽게 제본한 책들을 선호하는 애서가층을 이루었다. 국가의 지시로 세금을 걷는다는 명목으로 사람들에게서 세금을 거둬들이며 중간에 폭리를 취한 돈 많은 징세 청부인들이 삽화가 훌륭하게 들어간 라퐁텐 우화집을 출판하도록 한 것도 이 시기였다. 이 가운데 가장 유명한 작품은 라보르드의 따분한 『노래집』*Chansons*과 몽테스키외가 젊은 혈기로 쓴 실패작 『크니도스 신전』*Temple de Cnide*이었다. 이렇게 적어도 프랑스에서는 삽화가 들어간 책이 다시금 예술성이 높아진다. 부셰Boucher, 프라고나르Fragonard는 엘리트 학교 출신의 최고급 판화가들에게 그림을 맡겼다. 그런데 전체 출판시장의 막대한 규모를 감안하면, 삽화가 들어간 책이 차지하는 비중은 미미했으며, 상당히 제한된 독자층만이 그림책을 찾았다. 어쩌면 그 비율은 오늘날 책을 좋아하는 독자층과, 한정판으로 나온 고급 화보집 애호가들의 비율과 비슷하지 않을까 싶다. 따라서 이 시기에는 삽화가 들어간 책이 여기에서 다루는 주제와 별로 연관이 없어진다. 다만 판화가들은 과학기술 서적에서 내용 이해에 꼭 필요한 그림을 정성껏 작업하고는 했는데, 철학이 본격적으로 발전하던 시기에는 이러한 책들이 특히 중요했고, 또 그 발행 부수도 많았다. 뷔퐁의 저서들과 『백과전서』를 생각해보라. 만일 동판화 기술의 발달로 정확하고 상세한 그림을 본문의 내용에 곁들이는 것이 불가능했다면, 그와 같은 엄청난 시도는 아마 그 누구도 생각하지 못했을 것이다. 프랑스 항해가 라 페루즈La Pérouse와 영국의 탐험가 쿡Cook의 시대에 점점 더 많아진 기행문에도 항해 도중 간략하게 그린 스케치들을 충실히 따라 그린 판화가 실렸다.

5. 책, 옷을 입다: 책의 장정

과거의 장정방식, 즉 필사본과 19세기 이전의 인쇄본에서 초기 형태 그대로 유지되던 장정방식을 살펴보면 놀라운 사실을 알 수 있다. 가장 흔하게 돌아다니던 책의 제본 상태가 상당히 견고하며 오늘날의 제본 상태에 비해 그 품질이 놀라울 정도로 우수하다는 점이다. 구체적으로 한 가지 예를 들어보면, 오늘날의 국립도서관에 해당하는 왕립도서관에 소장된 책들이 17세기 당시에 보통 전체가 다 붉은 가죽으로 제본되고 금실로 엮인 뒤 왕실 문장이 찍힌 반면, 오늘날 국립도서관에 소장되는 책들은 책의 절반 정도만 헝겊으로 덮인 채 제본되는 경우가 대부분이다.

제본에 사용되는 재료의 품질도 뛰어났을 뿐 아니라 그 시절의 제본방식은 오늘날에도 제본사들의 감탄을 자아내는 경우가 많은데, 당시에 이토록 견고함에 신경을 썼던 것이 사실 우리로서는 그리 놀랍지가 않다. 그 시절에는 필사본과 그 뒤에 이어서 나왔던 인쇄본이 고가의 희귀한 상품이었기 때문에, 충분한 보호장치를 해야 했고, 값비싼 장식도 곁들이는 것이 마땅했다. 물론 인쇄술의 등장 이후, 책을 읽는 사람들이 점차 더 확대되었으나, 적어도 18세기까지는 책이라는 상품이 상대적으로 제한적이며 부유한 재산을 가진 엘리트 계층만의 전유물이었다. 수작업으로 일일이 형태를 잡아주며 종이가 만들어지고, 인쇄기도 수동식으로 한 페이지씩 찍어내던 그 시절, 종이는 여전히 귀중품에 해당했고 그 보존과 보관에도 신경 써야 했으며, 제본 방식에도 정성을 기울인다.

15세기에서 18세기까지는 어떤 식으로 제본이 이루어졌을까? 특히 일반적으로 이루어지던 제본 양상, 즉 상업적 제본이라고 규정할 수 있는 제본 방식은 어떤 양상으로 나타났을까? 사실 고급 제본은 소수 귀족과 애서가들에게 한정된 기술이었기 때문에 이 책의 논외에 있다. 15세기에서 18세기에 이르는 시기 동안, 책의 장정기법은 어떻게 달라졌으며, 인쇄기에서 찍어내는 책의 권수가 점점 더 많아진 뒤에는 어떻게 적절히 연속적으로 제본을 했을까? 인쇄본의 수량이 늘어난 것은 제본의 형태와 품질에 있어 어떤 영향을 미쳤을까? 이번 절에서 중점적으로 논의하고 싶은 부분이 바로 이러한 의문점들이다.

책의 장정방식과 관련해서도 인쇄술의 등장으로 크게 달라진 부분은 없다. 기존에 필사본을 제본하던 장인들이 그대로 인쇄본을 장정했고, 이들이 쓰던 방식도 필사본이나 인쇄본이나 다를 바가 없었다. 이들은 여전히 책의 등과 표지를 (딱딱하고 묵직한 나무판자로 만든 뒤) 벨벳이나 실크, 금사로 짠 천 같이 값비싼 천으로 쌌는데, 이렇게 고급 장정을 하는 경우는 보통 높은 사람들이 볼 고급 서적을 제본할 때였다. 그 외에는 고급 천 대신 보통 사산한 송아지가죽이나 양가죽 같은 가죽으로 옷을 입혔으며, 독일에서는 돼지가죽을 쓰기도 했다. 책의 표지에는 작은 제본용 인두를 이용해 무늬를 새겨 넣었다. 가는 끈으로 문양을 잡아준 뒤, 미리 불에 달군 제본용 인두로 그 위를 여러 차례 반복적으로 문지르면 가죽 위에 무늬가 찍히는데, 그 양상은 지역별로 달라진다. 장식의 테마와 모티브도 천차만별이다. 가령 백합무늬, 머리가 하나 혹은 둘 달린 독수리, 실제 동물이든 상상의 동물이든 각종 동물, 사자, 그리폰, 그레이하운드, 용 등 여러 가지 소재가 사용되며, 이는 종종 가문의 문장으로도 베끼는 경우가 있었다. 두루마리와 비문을 든 네 명의 복음전도자를 나타내는 상징물도 있었고, IHS(Iesus Hominum Salvator, '인류의 구세주 예수'라는 뜻—옮긴이) 같은 모노그램도 있었으며, 부활절의 어린양이나 성인의 형상, 예수의 고난과 관련한 도구들, 예수의 초상 같은 것도 있었다.[36]

15세기 전반의 필사본 장정방식은 이러했다. 아울러 1480년 무렵까지 초기 인쇄본의 제본 양상 또한 이와 같았다. 단단하고 꼼꼼하게 제본한 뒤, 철로 된 잠금쇠를 달아두며, 표지는 제본된 상태 자체를 보호할 수 있도록 장식 징을 박아둔다. 책들이 수평으로 정리되었으며, 독서대 위에 놓은 채로 책을 보관하는 경우도 있었기 때문이다. 책의 제본은 대개 수도원에서 이루어졌으며, 수도원 내에는 필경사들이 필사하던 작업실 부근에 제본소가 차려진 경우가 많았다. 수도원 바깥에 있는 사설 작업실도 있었는데, 이곳의 제본사들은 비종교적 내용의 필사본 작업을 하던 필경사들과 연계해 제본 작업을 진행했다. 특히 대학 부근에 상주하던 필경사들과 함께 일하는 경우가 많았다.

대략 1480년경부터는 인쇄술의 등장이 그 영향을 미치기 시작한다. 인쇄되는 책이 점점 더 많아지고, 책이 더 흔히 사용되면서 개별적으로 서재를 갖추는 사람들이 꾸준히 늘어난 것이다. 이제 책은 수도원에서만 거의 독점적으로 만들어내던 물건이 아니었다. 이에 따라 수도원 내부에 설치된 작업소의 비중은 줄어든 반면에 사설 작업소들이 늘어났으며, 특히 고정 수요가 확보된 대학가를 중심으로 사설 제본소가 많이 생겨났다. 제본소들은 주로 서적상 인근에 자리한 경우가 많았는데, 대개는 제본소 주인이 서적상 겸 인쇄업자였다. 가령 대형 출판업자인 코베르거는 연속 제본이 가능할 만큼 시설이 잘 구비된 제본소 여러 곳을 보유했다. 우리는 여기에 주목할 필요가 있는데, 책의 제본을 누가 했는지 확실히 알고 싶어하는 사람들로서는 상당히 중요한 문제였기 때문이다. 요즘과 달리 과거에는 책의 인쇄가 완성되는 즉시 출판업자가 정성껏 제본하는 경우가 흔하지 않았다. 그 시절에는 한 도시 내에서 똑같은 판본이 소량으로밖에 유통되지 않았고, 출판사들은 대개 유럽 전역을 대상으로 장사하는 경우가 많았으며, 따라서 다른 나라로 책을 수출하는 데 신경을 많이 써야 했다. 그런데 제본된 책은 무게도 무겁고 가격도 상당했기 때문에 결국 상품의 배송료가 높아질 수밖에 없었다. 그러다 보니 책은 낱권 상태로 운반되었으며, 제본이 되지 않은 채 상자에 담겨 도시에서 도시로 옮겨졌다. 이에 출판사들 역시 판매가 되는 정도에 따라 소량으로 책을 제본해서 팔았으며, 서적상의 내부 재고상황만 보더라도 이를 잘 알 수 있다. 이들은 가게 안이든 창고든 제본이 끝난 책은 극히 소량밖에 갖고 있지 않았으며, 나머지는 모두 제본이 되지 않은 낱권으로 보유했다. 또한 책을 구입하는 사람들 역시 낱권 상태의 책을 가져다가 자기 취향대로 제본하고 싶어했을 가능성도 있다. 이 같은 관행을 고려하지 않은 채 책 제본사를 연구하는 사학자들은 최근까지만 해도 책이 보통 인쇄된 곳에서 제본까지 이루어지는 경우가 많았다고 결론을 내는 경향이 많았다.

그런데 인쇄기에서 생산되는 책이 점점 많아지면서, 제본사들은 그동안 써온 방식을 바꿔야만 새로운 수요에 부응할 수 있었다. 작업 속도도 더 높여야 했고, 연속적으로 제본을 끝낼 수 있어야 했으며, 적절한 품질로, 그러나 비용은 더 낮추면서 제본작업을 수행해야 했다. 그래야만 경제적 여유가 부족한, 그러나 좀더 폭넓은 고객층을 모두 만족시킬 수 있었다. 인쇄술이 종이 판매량을 높이는 데 일조하면서 그와 동시에 파지破紙가 나오는 분량도 늘어났기 때문에, 과거 나무판자로 표지 제본을 하던 것이 이보다 가격도 저렴하고 무게도 가벼운 종이 판자로 대체되었다. 인쇄소에서 시범용으로 인쇄되고 버려진 종이라든가 퇴물이 된 옛날 책, 오래된 서신이나 기한이 지난 회사 장부, 예전 고문서 등 오래된 온갖 종이들을 서로 이어 붙여 제본용 표지로 재활용한 것이다. 따라서 이 시기에 제본된 표지를 분해해보면 종종 흥미롭고 놀라운 내용이 발견될 때가 많다.

이와 동시에 제본사들은 더 적은 비용과 시간을 들이면서 표지에 적절한 장식을 가미하고 싶어했다. 이들은 작은 제본용 인두를 이용하던 과거의 방식보다 커다란 전면삽화를 집어넣는 기법을 더 선호했다.[37] 예전에는 가는 줄과 작은 인두를 이용해 표지 전체의 표면을 장식해야 했는데, 이는 시간도 많이 걸리고 세심한 손길이 요구되는 작업이었다. 따라서 제본사들은 이 같은 방식을 버리고, 제본할 표지 전체를 덮을 수 있는 전면삽화를 이용해 한 번에 표지 제본을 처리함으로써 상당한 시간을 절약하면서도 효과는 더 뛰어난 제본 결과물을 얻어낼 수 있었다. 이제 제본되는 표지 위에는 실로 그림 속 한 장면 같은 것을 집어넣을 수 있게 되었다. 가령 프랑스에서는 구약성서나 신약성서에 나오는 장면을 그대로 담은 전면삽화를 이용해 제본용 표지로 썼으며, 선호도에 따라 기도서에 나오는 장면이나 성인들의 모습을 담기도 했다. 비종교서를 제본할 때도 마찬가지로 대개는 종교적 내용을 담은 주제가 전면삽화에 실려 표지로 이용되었다. 서적상들이 자신들의 상호 간판을 원판에 찍어 게재하는 경우도 있었으며, 순수하게 장식 목적으로 전면삽화를 쓰는 경우도 있었다.[38] 플랑드르 지역에서는 동물이나 작은 인물을 나타내는 경우도 가끔 있었는데, 그로부터 얼마 후에는 게르만어권 지역에서 르네상스의 영향을 받은 신화적 혹은 우의적 주제로 전면삽화를 만들어 썼다.

16세기 초부터는 새로운 변화가 나타난다. 인쇄본이 계속해서 물밀듯이 밀려오자 제본사들이 '룰렛'이라는 새로운 방식을 사용한 것이다. 안 그래도 제본사들은 좀더 빠른 방식을 고안해내어 일손을 줄이고자 했고, 제본 단가와 작업 시간을 줄이려고 고심하던 차였다. 이에 제본사들은 장식 모티브가 새겨 있는 작은 금속 롤러인 룰렛을 이용해 연속적으로 무늬가 찍히도록 한다. 이 방법을 쓰면 단시간 내에 연속적으로 장식 띠무늬를 넣을 수 있다. 간혹 이와 함께 전면삽화의 방식도 같이 활용되었는데, 표지의 중앙은 전면삽화로 이미지를 넣은 뒤, 그 그림의 주위에 룰렛을 이용해 테두리 장식을 집어넣는 것이다.

16세기 초, 상업적 제본은 이와 같은 양상이었다. 그런데 고급 제본 분야에서는 새로운 방식이 도입되기 시작한다. 군주나 제후들이 보는 책은 고급 천으로 장정하는 관행이 오래도록 지속되었는데, 이는 문양을 불에 달궈서 찍는 방식밖에는 알려지지 않았던 그 당시, 이러한 용도로 쓰이기에는 가죽의 가공 상태가 아직 미비했기 때문이다. 하지만 아랍권 국가로부터 이탈리아를 통해 유럽 전역으로 확산된 모로코가죽이 유럽에 들어오고 금박으로 문양을 찍어내는 도금기법이 알려지면서 상황은 달라졌다. 15세기 말부터 모로코가죽은 코르도바로에서 발레아레스 제도를 거쳐 이탈리아 나폴리로 수입되기 시작했다. 그리고 (오늘날의 요르단·이라크·시리아·레바논 등을 아우르는) 레반트 지역의 질 좋은 모로코가죽은 콘스탄티노플을 거쳐 베네치아에 도착한다. 이 시기부터 베네치아의 알도 가는 모로코가죽을 사용하는데, 반면 프랑스에서는 16세기 중엽 무렵이 되어야만 비로소 모로코가죽이 흔하게 쓰인다.[39] 이와 동시에 그동안 동양에서만 알려져 있던 도금기법이 이탈리아 특유의 스타일로 거듭난다. 나폴리에서는 1475년부터 금장 도금방식이 사용되었는데, 아라곤의 왕 페르디난도 같은 사람을 위한 표지 제본 장식으로, 얇은 금박이나 은박에 뜨거운 인두를 가져가 무늬를 얻어내는 방식이었다. 15세기 말부터는 베네치아에서도 이 같은 방식을 따라 한다. 이로부터 얼마 전, 알도는 그리스 관련 서적 전문 인쇄작업소를 차렸는데, 알도는 다른 그 어느 인쇄업자나 서적상보다도 앞장서서 도금 장정방식을 확산시키는 데 기여한다. 동양적 모티브를 불에 달궈 금박으로 찍어내는 방식이었다. 그리고 이 방식은 곧이어 이탈리아 북부까지 확산된다. 이탈리아 반도에 널리 퍼져 있던 프랑스인들은 이 호화로운 장식기법에 곧 빠르게 매료되기 시작한다. 프랑스의 왕들이나 밀라노 공국의 궁정 재무관 장 그롤리에 Jean Grolier(1479~1565)는 이탈리아의 작업소에서 이 같은 제본방식으로 제본을 하도록 시키고, 곧이어 이 새로운 기법을 프랑스에 도입한다. 16세기 후반에는 프랑스 장인들이 이탈리아 스승들을 뛰어넘어 훌륭한 걸작을 만들어낸다. 이에 따라 프랑스에서는 유향乳香나무에서 뽑아낸 담황색 수지로 매듭무늬나 꽃무늬를 집어넣은 다채로운 모자이크 장정방식, 르네상스 스타일의 기하학적 무늬로 장식해 좀더 단아한 미를 추구한 장정방식 등이 선보인다. 완벽한 기법으로 완성해낸, 그 무엇과도 비할 수 없는 훌륭한 장정방식이었으나 널리 확산되지는 못했는데, 이는 실로 왕이나 소수의 돈 많은 장서가들만을 위한 예술작업이었기 때문이다.

이와 동시에 조각 문양을 불에 달궈 찍어내는 형압기법을 일반 상업 제본방식에 적용한 '절충식' 고급 장정방식이 등장한다. 1520년부터는 전면삽화가 들어가는 표지 제본방식을 활용하는데, 가령 인쇄업자 조프루아 토리의 깨진 항아리 무늬가 전면삽화로 들어간 표지 제본방식이 이에 속한다. 또한 가는 실과 매듭 문양으로 장식된 전면삽화를 이용해 좀더 저렴한 비용으로 과거 룰렛과 인두를 쓰던 고급 장정방식을 따라 하기도 했는데, 간혹 표지 중앙에 서적상 로고나 특정 인물의 흉상을 원형 장식으로 집어넣는 경우도 있었다. 그리고 16세기 말까지는 특히 신앙서적에 대해 제본작업 시 형압 프레스기 아래로 타원형 모티브를 집어넣는 방식이 가끔 쓰였는데, 이 같은 제본방식은 비용도 많이 들고 상대적으로 제작 시간도 길게 소요되는 편이었다. 시간이 갈수록 사람들은 표지 장식을 하지 않은 채, 그냥 송아지가죽으로만 책을 단단히 제본하는 데 만족한다. 그리고 16세기 후반, 경제상황이 나빠지면서 비용 절감을 추구하던 당시 사람들은 저렴한 비용의 양피지 제본방식을 이용하기 시작한다. 한편 샤를 드 부르봉 추기경같이 신분이 높은 사람들의 경우, 표지는 금사로 테두리 정도만 간소하게 꾸민 모로코가죽 장정방식을 활용하는 데 그친다.[40]

17세기와 18세기 내내 흔히 쓰이던 장정방식은 송아지가죽을 이용한 제본이었으며, 표지에는 금사 테두리 장식 외에 다른 장식은 들어가지 않는다. 더욱 튼튼한 제본을 위해 모로코가죽이 흔히 사용되었으며, 수집가나 대귀족의 책인 경우, 보통 표지 중앙에 자신의 문장을 새기도록 했다. 그런데 장서가들은 제본용 인두와 17세기에 도입된 금박 장식을 활용해 표지를 꾸미는 제본방식을 고수했다. 18세기에 장서 문화가 발달하면서 프랑스에서는 고급 제본이 다시금 급부상한다. 가령 오를레앙공 필리프와 그 측근을 위해 제작된 모자이크 제본방식, 당시 유행하던 중국 미술에서 영감을 얻은 스타일로 다채롭게 장식된 제본방식, 표지를 넓은 띠 장식으로 둘러서 그 장식 문양이 레이스와 비슷하다고 이름 붙여진 레이스 제본방식 등이 고급 제본방식으로 쓰인다. 그리고 바로 이때, 유명한 제본 가문인 파들루, 모니에, 데롬 가가 고급 삽화집의 제본작품을 선보이며 사람들을 열광시킨다. 하지만 이러한 고급 제본은 제한적인 독자층만을 타깃으로 한 것이었다. 연속작업을 통해 대량으로 제본이 이루어지는 일반도서의 장정은 점점 더 정성이 줄어드는 양상이었다. 그리고 심지어 17세기 말부터는 대량으로 인쇄되는 신문이나 작은 책들에 대해 단순히 대리석 바탕 무늬가 들어간 종이로만 제본하는 경우도 생겨났다.

이처럼 15세기에서 18세기 사이에 가장 흔히 나타난 제본 양상을 비교해 보면, 서적상의 고객층이 상대적으로 제한적인 상태가 지속되는 한, 15세기에서 18세기까지 제본사들은 돈이 될 만한 상업적인 표지 제본 장식에 주력한다. 책의 생산량이 많아지고, 또 16세기에 출판업이 점차 발전함에 따라 책의 구매층이 좀더 확대되면서, 제본사들은 적정 수준으로 장식을 가미하며 좀더 신속히 책을 제본할 수 있는 기술을 연마한다. 하지만 이들은 곧 화려한 표지 장식이 들어가는 고가의 제본방식을 접어야만 했다. 그러다 16세기 중엽에는 고급 제본방식이 다시금 부흥하는데, 이어 18세기에 접어들면 흔히 보는 일반도서 역시 튼튼하게 제본된다. 이 책들은 장기간 보존이 가능하도록 단단히 제본하되 그 어떤 표지 장식도 가미되지 않았으며, 다만 서재의 선반에서 바깥으로 드러나는 책등 부분에만 약간의 장식이 더해질 뿐이었다(이 시기부터 사람들은 책을 눕히지 않고 세워서 보관했으며, 그렇게 옆으로 촘촘히 책을 진열함으로써 가급적 빈 공간이 생기지 않도록 했다). 책등의 장식에는 작은 제본용 인두를 이용해 모티브를 찍어냈고, 책 제목이 적히는 부분에는 가죽 조각을 대기도 했다. 그리고 19세기에는 증기 인쇄기가 등장하고 제지기가 발명됨에 따라, 좀더 저렴한 비용으로 더 많은 양의 책을 생산할 수 있었고, 이에 따라 인쇄 부수도 늘어났다. 그러면서 기존과 같은 방식으로 책을 제본하는 일이 드물어졌으며, 이제 사람들은 가제본 상태로 판매되는 책을 읽게 되었다. 인쇄본의 수가 늘어나고 책의 구독층이 점차 확대되면서, 통상적으로 이루어지는 제본방식은 점차 그 심미성을 잃어갔고 아울러 견고함도 더 떨어졌다.

책이라는 하나의 상품

애초부터 인쇄술 또한 다른 산업과 동일한 시장의 법칙을 따르는 산업이었고, 책도 사람들이 생계를 위해 만드는 하나의 상품에 해당했다. 물론 알도 가나 에스티엔 가문같이 인문주의 학자들이 인쇄산업에 뛰어드는 경우도 있었지만, 어쨌든 1차적인 목적은 책의 생산을 통한 생계유지였다. 따라서 이들로서는 고객의 수요를 충족시켜줄 수 있는 책을 만들고 인쇄하기 위한 자본을 마련하는 것이 급선무였고, 제작되는 책의 가격은 다른 판매자와의 경쟁에서 밀리지 않을 수 있는 수준이어야 했다. 도서시장 또한 다른 모든 시장과 똑같은 원리로 움직였기 때문이다. 그러므로 책을 만드는 사업자인 활판인쇄업자와 그렇게 만들어진 책을 판매하는 서적상과 출판사는 원가와 재정조달 문제를 해결해야 했다. 그리고 이번 장에서는 책의 생산이나 판매와 관련한 직업구조가 어떻게 짜이는지 알아보면서 이 두 문제, 즉 원가와 재정조달 문제를 살펴보고자 한다.

1. 원가의 문제

우선 책의 원가와 이를 이루는 세부항목에 대해 알아보자. 인쇄에 들어가는 비용 가운데, 특히 종이를 비롯한 원자재가 차지하는 부분과 인건비가 차지하는 부분은 어느 정도일까? 재료비와 인건비 등 원가를 이루는 요소들 사이의 관계는 시간이 지남에 따라 달라졌는가? 우리는 이 내역에 대해 알아볼 수 있을까?

이 같은 질문들에 답하기란 늘 쉬운 일이 아니다. 그 당시 인쇄상과 서적상의 장부나 일지가 지금까지 전해지는 경우가 별로 없는 데다, 특히 15세기와 16세기의 자료는 더더욱 구하기 힘들다. 설령 공증된 계약 건이 많다 하더라도, 우리에게 필요한 자료가 같은 장소에서 비슷한 시기별로 날짜가 찍혀서 묶여 있는 경우는 거의 없다.

그래도 상대적으로 상세하고 풍부한 자료가 남아 있는 파리의 경우에 대해 살펴보자. 이 자료는 프랑스 문헌학자이자 고문서학자인 에르네스트 코예크Ernest Coyecque(1864~1954)가 수행한 연구 덕분에 알려졌다.[1]

우선 인쇄 관련 자재 부분부터 알아보면, 영세 인쇄업자였던 자크 페르부Jacques Ferrebouc의 1513년 재고목록 기준으로 당시 보유 자재는 매우 빈약했다.[2] 그는 인쇄기를 한 대밖에 보유하고 있지 않았는데, 그 가치가 과거 프랑스의 옛 화폐 단위인 '파리 리브르'livre parisis화 기준으로 약 10리브르 정도였다. 여기에 조판용 틀 두 개를 더하면 13리브르 정도의 값어치가 된다. 그 외 8리브르가 채 되지 않는 다양한 인쇄 관련 장비가 있었고, 다소 사용한 흔적이 있는 활자 다섯 벌을 보유하고 있었는데, 활자의 가치는 약 40여 리브르 정도까지 올라간다. 그러므로 이를 모두 합쳐보면 도합 60여 리브르 정도의 자산을 보유한 셈이다.

이보다 규모가 컸던 디디에 마외Didier Maheu의 인쇄소에는 1520년 재고 기준,[3] 총 60파리 리브르 상당의 인쇄기 세 대가 있었고, 철제 조판용 틀과 압반, 볼트와 너트 등도 갖추고 있었다. 그 외에도 '미사경본체'라 불리는 텍스투라체에 장식이 가미된 자모와 두 개의 주형(24파리 리브르 상당), 속칭 '부르주아체'[4]라고 불리는 활자의 주형을 위한 자모(12리브르 상당), '대전문자체'라고 불리는 로툰다체 자모(8리브르)와 '천사' 문자체Somme angélique 자모(7리브르 8솔) 등을 보유하고 있었다. 다소 마모된 활자 여덟 벌은 모두 122파리 리브르 정도의 가치가 있었으며, 여기에 16리브르 상당의 구리 알파벳과 조판이 더해진다. 활자케이스와 그 외 기자재를 합하면 102리브르 정도가 되며, 꽤 설비가 잘 갖춰진 축에 속하는 이 인쇄소의 총 자산 합계는 351파리 리브르 정도다.

마지막으로 한 가지 예를 더 살펴보자. 위의 경우와 마찬가지로 꽤 설비가 잘 갖추어진 인쇄소가 하나 있었는데, 바로 유명 인쇄업자 볼프강 오필Wolfgang Hopyl의 인쇄소였다.[5] 그는 수많은 신학서와 교재를 인쇄했는데, 1523년 세상을 떠나기 전 그의 자산목록은 총 24파리 리브르 상당의 인쇄기 5대(조판용 틀 부분을 합하면 총 46리브르에 해당), 상태가 좋고 완성도가 뛰어난 활자 10여 벌(360리브르 상당), 200리브르 이상의 값어치로 추정되는 막대한 각인기와 자모들, 75리브르 이상으로 추정되는 장식문자, 테두리 장식, 목판화와 동판화 등으로 집계되었다. 그의 인쇄 기자재들을 모두 합하면 그 값어치는 700리브르 이상이다.

이러한 자료를 바탕으로 미루어봤을 때, 1520~1523년경 파리 시내에서 인쇄기 가격은 그 상태에 따라 9리브르에서 20리브르 정도로 달라짐을 알 수 있다. 상대적으로 적은 비중이다. 인쇄소가 좀더 자리잡기를 원하던 활판인쇄기술자들은 인쇄기를 대여함으로써 이 같은 비용 지출을 피했다. 1515년 기준 인쇄기 임대료는 연간 40투르 솔 정도였으며, 1540년과 1550년 사이에는 연간 6~8투르 리브르로 늘어났다. 같은 시기, 상태가 좋은 인쇄기의 경우에는 값이 23리브르에서 30리브르까지 올라갔다[6](1667년까지 프랑스에서는 리브르, 솔, 드니에 단위의 두 가지 화폐제도가 있었는데, 하나는 파리에서 주조된 화폐가 사용되는 시스템이었고, 다른 하나는 투르에서 주조된 화폐가 사용되는 시스템이었다. 각 지방의 명칭을 붙여 각각 파리 리브르-솔-드니에, 투르 리브르-솔-드니에로 불렸으며, 투르 화폐의 경우 루아르 남부를 중심으로, 그리고 파리 화폐의 경우 프랑스 북부를 중심으로 사용되었다. 더욱이 파리 화폐는 투르 화폐보다 4분의 1가량 가치가 높았는데, 20파리 솔에 해당하는 1파리 리브르는 25투르 솔에 해당했다—옮긴이).

인쇄기는 그래도 활자에 비하면 지출 비중이 상대적으로 낮은 항목이다. 계속해서 주기적으로 바꿔줘야 하는 활자는 기본적인 단가 자체도 높다. 앞서 언급한 재고목록 가운데서 활자 한 벌의 가격은 활자의 마모 상태나 특성, 비중에 따라 10리브르에서 70리브르까지로 다양하다. 트루아 지방의 서적상 니콜라 르 루즈Nicolas Le Rouge가 1515년 파리 인쇄업자 생포리앙 바르비에Symphorien Barbier와 체결한 계약에 따르면, 성무일과서聖務日課書를 만들기 위한 부르주아 글자체 활자 8만 자가 1,000자당 5솔이었으며, 이 같은 조건으로 계약이 성사되었다. 결과적으로는 이 작업에 소요된 활자의 금액은 총 20리브르였다.[7] 1520년 디디에 마외가 사용했던 부르주아 글자체의 대소형 활자 가격도 대략 그와 비슷했다. 1543년 자크 레뇨Jacques Regnault는 6만 자 수량의 중간 로마체(12포인트) 활자 한 벌을 피에르 그로모르Pierre Gromors에게 활자 1,000자당 6투르 솔에 납품했으며 여기에 자재 인도 비용으로 건당 2투르 솔이 추가되었으니, 전체 제작에 소요된 활자 비용은 약 18리브르 정도며, 자재 운반비는 12투르 솔이다. 그로부터 몇 달 후에는 활자가 인도된 동시에 자모도 함께 인도되었기 때문에 그로모르는 총 47투르 리브르를 지불했으며, 이에 따라 자모 비용으로 들어간 돈은 28리브르가 된다. 이는 마외와 오필의 재고목록과도 맞아떨어지는 수치다.[8]

이러한 정보로 미루어보면 인쇄업자가 작업장을 차리는 데 필요한 돈이 어느 정도였는지 가늠해볼 수 있다. 하지만 장비가 다 모였다 하더라도 이를 사용하는 게 문제였다. 인쇄업자가 자신이 인쇄한 책을 직접 출판하는 경우라면 막대한 자금을 출자해야 한다. 몇몇 계약 문건을 보면, 출판에 들어가는 재정 규모가 어느 정도인지 알아볼 수 있다. 1524년 프랑수아 레뇨 François Regnault는 툴Toul의 한 상인에게 이곳에서 쓰일 교본 600권을 대략 55투르 리브르의 금액에 인쇄해주기로 한다.[9] 같은 해, 디디에 마외는 350투르 리브르의 금액으로 상리스Senlis 주교에게 미사경본 400권을 인쇄해준다.[10] 1523년 8월에는 느베르Nevers에서 쓰일 성무일과서 600권이 300투르 리브르에 인쇄된다.[11] 1528년에 클로드 드 세이셀Claude de Seyssel의 투키디데스 번역본을 2절판으로 1,225권 인쇄하는 데 들어간 비용은 612투르 리브르였다.[12]

따라서 어느 정도 규모가 큰 인쇄작업을 할 수 있으려면 자금을 상당히 많이 확보해야 했다. 그리 견고하지 않은 재질로 만들어졌기에 활자 또한 자주 교체해주어야 한다는 점을 감안할 때, 인쇄기나 활자케이스, 활자 몇 벌을 구비해 인쇄소를 차리는 데는 그렇게 많은 돈이 들지 않지만, 인쇄기를 수시로 돌릴 수 있으려면 막대한 자본을 확보해야 했다. 앞서 열거한 수치들로 미루어볼 때, 책 한 권을 인쇄하는 데만 해도 장비가 잘 구비된 인쇄소 하나를 인수하는 것보다 많은 비용이 소요된다. 아울러 인쇄업자 본인이 책의 출판과 판매를 동시에 병행하는 경우라면, 작업장 하나를 꾸리는 데 들어간 비용보다 서적상 운영에 소요되는 자금이 훨씬 더 많을 것이다. 가령 디디에 마외나 페르부의 경우가 이에 해당한다. 사실 인쇄 기자재 가운데 비싼 것은 장식이 가미된 알파벳 머리글자와 판화 도판 정도다. 장식용 알파벳 머리글자는 처음에는 나무로 새기다가 이후에 동판으로 새겼으며, 판화 도판은 기도서 같은 특정 분야의 책만을 전담하는 일부 대형 인쇄소에서만 보유했다. 그러니 인쇄공이 대개 대형 출판-서적상 밑으로 들어가 직원으로 일했던 것도 자연스러운 일이다. 이들 출판-서적상들은 장식용 알파벳 문자나 판화 도판도 보유하고 있었고, 자신들이 주로 쓰는 활자들도 직접 갖고 있었기 때문에 활판인쇄공에게 이를 대여해주며 일을 맡긴 것이다.

게다가 인쇄 자체에 들어가는 비용이 출판에 소요되는 전체 비용에서 늘 큰 비중을 차지하는 것도 아니다. 가장 값이 많이 나가는 것은 바로 종이 부분이다.

우선 순수하게 인쇄 비용이라고 볼 수 있는 항목들에 관한 자료부터 몇 가지 살펴보자. 1518년에 인쇄업자인 장 비뇽Jean Vignon은 낭트에서 쓰일 성무일과서 한 권을 일당 20파리 솔을 받고 1,300부 인쇄해주기로 한다.[13] 1524년에 파리의 또 다른 인쇄업자인 장 케르브리앙Jean Kerbriant은 매일 세 가지 판형으로 낭트의 성무일과서 650부를 인쇄해주기로 하고 일당 60투르 솔을 받는다.[14] 같은 해, 니콜라 이그망Nicolas Higman은 상스 교구의 공의회 규약을 세 가지 판형으로 750부 인쇄해주기로 약속하고 매일 30투르 솔을 받았다.[15] 1526년에는 장 케르브리앙이 부르주Bourges에서 쓰일 성무일과서 1,200부의 인쇄작업을 해주기로 하고 하루 65투르 솔을 요구한다.[16] 업주 한 명당 두 명의 인쇄공과 두 명의 조판공에게 돈을 나누어주어야 한다는 점을 감안하면, 이 정도 수준의 비용은 상당히 적은 축에 속한다. 더욱이 1539년 리옹 기준으로 조판공 한 명의 하루 일당은 6솔 6드니에였다.[17] 이러한 상황을 감안해볼 때, 인쇄공이 가능한 한 생산성 높은 동료를 찾으려 노력한 이유를 알 수 있으며, 또한 이들이 돈을 주지 않아도 되는 견습생들을 많이 썼던 것도 이로써 설명된다.

그렇다면 그 당시 종이의 구매 비용과 비교해 인쇄 비용이 차지하는 상대적 비중은 어느 정도나 되었을까? 다음의 수치를 살펴보면 이에 대한 대략적인 짐작이 가능하다. 1539년에 인쇄업자 본느메르Bonnemère는 신학자 피에르 도레Pierre Doré의 저서 『지혜의 학교』*Collège de Sapience* 인쇄 비용으로 종이 1연(500매)당 14투르 솔을 요구한다.[18] 1543년에 그로모르는 자크 레뇨에게 『인물로 보는 성서 이야기』 인쇄 비용으로 종이 1연당 18투르 솔을 청구한다.[19] 그 당시 종이 1연당 가격은 그 품질에 따라 10~30솔 정도였다.

그러므로 인쇄용지의 대량구매는 전체 지출 비용 가운데서 상당한 비중을 차지했다. 그리고 이는 앞서 열거한 예에만 해당하는 상황은 아니었다. 다시 말해 16세기 초 파리 인쇄업계만의 예외적인 상황은 아니라는 뜻이다. 이미 1478년에 베네치아에서 작업소를 운영하던 레겐스부르크 출신 활판인쇄공 레오나르 빌트Léonard Wild는 자신이 930부를 인쇄한 성서의 5매 1묶음당 5두카토를 받아 모두 243두카토를 받았다.[20] 그런데 당시 베네치아에서 종이의 통상 단가는 1연당 2.50리라에서 4리라 정도였으니, 두카토로 보면 대략 200~300두카토 수준이다.[21]

이외에도 1483년 리폴리Ripoli의 인쇄소를 예로 들 수 있다. 리폴리는 마르실리오 피치노Marsile Ficin의 플라톤 전집 라틴어 번역본을 인쇄했는데, 책자 형태로 접힌 절지 하나당 3플로린을 받기로 해 절지 30개에 모두 90플로린을 받는 조건이었다. 이 책을 모두 1,025권 인쇄했고, 절지 하나당 전지 4장이 들어가 있었는데, 종이의 구매 비용은 대략 120 혹은 160플로린쯤이었다. 작업이 인쇄 비용 그 자체보다 더 비싼 셈이다.[22]

작업비가 서서히 낮아지는 추세이기는 했으나 그래도 18세기까지는 전체 출판 비용 가운데 종이의 비중이 상당히 큰 편이었다. 1571년에 아비뇽 시의 규약집 500권을 인쇄하게 된 인쇄공 피에르 루Pierre Roux는 종이 1연당 구매 비용으로 18솔을, 인쇄 비용으로는 37솔을 받았다.[23] 이외에도 출판에 소요되는 여러 가지 지출 항목의 비율을 알려주는 자료들은 많은데, 이번에는 16세기 말 자료를 살펴보도록 하자. 이 자료는 푸아티에에서 쓸 미사경본의 인쇄와 관련한 계약 문건으로, 미사경본 자체는 트리엔트 공의회에서 수정된 내용이 반영된 판본이었다. 이 작업을 위해 두 업체가 함께 손을 잡았는데, 그중 하나는 리옹의 인쇄업자에게 작업을 의뢰했고, 다른 하나는 푸아티에의 인쇄업자를 찾아갔다. 공동 비용으로 이들 두 인쇄작업의 재정을 대기 위해 하나로 합치기로 합의한 두 업체는 공증인 앞에서 각각의 지출 비용을 결산 보고한다.

권당 전지 72.5매로 이루어진 성무일과서 1,300권의 리옹 쪽 총 비용은 578에퀴 58솔 10드니에로, 그중 인쇄에 들어간 비용이 264에퀴, 작업비가 137에퀴 58솔, 리옹에서 푸아티에까지 운반비가 110에퀴였다. 푸아티에에서 인쇄된 1,250권의 총 비용은 592에퀴 11솔로, 작업에 필요한 활자를 구입하고 운반하는 데 100에퀴가 들었고, 인쇄에 204에퀴가 소요되었으며, 작업비로는 204에퀴가 나갔다. 작업비의 총액이 이례적으로 높은 이유는 당시 이 지역이 봉쇄되어 있었기 때문이다. 운반비의 경우, 리옹 쪽 가격보다 5분의 1가량 더 높다.[24]

17세기와 18세기의 원가를 살펴보더라도 비슷한 결론에 이른다. 파리 인쇄업자 미셸 브뤼네Michel Brunet가 1648년에 사망한 이후 그의 재고목록에 따르면, 그는 각각 90리브르와 60리브르 상당의 인쇄기 두 대를 보유하고 있었다. 그는 이 두 대의 인쇄기 외에도 활자 15벌, 테두리 장식 무늬, 동판에 새긴 문자, 그 외 다양한 집기 등 총 746리브르 10솔에 해당하는 기자재를 갖고 있었다. 비슷한 시기인 1637년경, 서적상 겸 인쇄업자인 카뮈자Camusat와 활자주조공 장 드 라 포르주Jean de la Forge 사이에 체결된 한 계약에 따르면, 매우 완벽한 상태로 주조된 작은 로마체 활자 한 벌(15만 자, 쐐기 2만 5,000개, 공목 5,000개, 로마자와 2포인트 문자 일부 등)의 가격이 30리브르가 좀 안 되는 수준이었다. 여기에 활자, 글자 사이의 여백, 공목, 로마자 등을 만드는 데 필요한 재료들도 더해진다. 끝으로 1644년에는 파리의 또 다른 인쇄업자 조제프 부이유로Joseph Bouillerot가 저자인 니콜라 레스칼로피에Nicolas Lescalopier의 자비로 성서의 경전인 『유디트』*Judith*라는 책을 8절 판형의 절지 50매로 1,000부 인쇄하면서 전지 한 장당 6리브르를 요구한다. 글자는 성 아우구스티누스 활자체를 썼다. 그런데 이 시기 질 좋은 종이가 1연당 63솔 정도의 가격이었으므로, 리브르로 환산하면 3리브르 6솔이 된다. 그러므로 이 8절 판형의 책 한 권을 출판함에 있어 종이 가격이 인쇄 비용에 거의 맞먹는 수준이었다고 볼 수 있다. 한편 이를 기준으로 계산해보면, 240페이지 분량의 8절 판형으로 질 좋은 종이에 총 1,000부를 출간하는 일반적인 책 한 권의 원가는 대략 190리브르 정도다(100리브르는 작업비이며, 90리브르가 순수한 인쇄 비용이다).

이번에는 고급 도서의 출판 비용을 집계해보자. 『세련된 기구』*Apparatus elegantiarum*라는 제목의 이 책은 기욤 베나르Guillaume Bénard와 장 쥘리앵Jean Jullien이 심혈을 기울여 4절 판형으로 만든 뒤 1,000부를 인쇄했는데, 이때 쓰인 '조제프'라는 종이는 가격이 1연(500매)당 50솔 정도였다. 인쇄 비용은 (상대적으로 까다롭고 정확도가 요구되는 인쇄였으므로) 전지 한 장당 10리브르였으며, 이에 종이의 원가는 인쇄 비용의 절반을 차지했다. 게다가 여기에서는 지금까지 등장하지 않은 인물 하나가 개입된다. 바로 '저자'가 등장한 것이다. 이때 이 책의 '저자'는 전지 한 장당 30솔을 받아갔다.[25]

18세기의 인쇄와 관련해서도 결론은 거의 비슷하다. 1771년의 한 견적서에 따르면, 행간을 띄우고 12포인트 활자로 작업해 1,000부를 인쇄한 책의 전지 한 장당 원가는 종이 2연(1,000매)에 16리브르, 교정 비용 포함 조판 비용 12리브르, 간행 비용 6리브르, 자재 감가상각비와 제반 비용은 인쇄 비용의 50퍼센트로 계산해 총 9리브르로 모두 43리브르였다.[26]

끝으로 이번에는 유명한 책인 『백과전서』의 출판 비용을 집계해보자.[27] 뤼노 드 부아제르맹Luneau de Boisgermain에 따르면, 모두 4,250부가 인쇄된 이 책을 제작하는 데 들어간 전지 한 장당 비용은 다음과 같다.

인쇄와 간행 비용	24리브르 15솔
인쇄업자 이익, 자재 감가상각비	12리브르 7솔 6드니에
작업	68리브르
합계	105리브르 2솔 6드니에

이 모든 수치를 통해 우리는 어떤 결론을 내릴 수 있을까? 우선 첫 번째로 내릴 수 있는 결론은 15세기에서 18세기 동안 우수한 품질의 종이 구입 비용이 순수한 인쇄 그 자체의 비용을 상회했다는 점이다. 따라서 종이가 부족한 때는 물론, 수급 상태가 꽤 안정적인 경우라도 질이 좋지 않은 종이를 사용하는 경우가 많았다는 점이 그리 놀라운 것은 아니다. 그렇게 하면 책의 원가를 상당 수준 낮출 수 있었기 때문이다.

두 번째 결론은 인쇄소를 여는 데 필요한 자본을 모으기란 그리 어려운 일이 아니었다는 점이다. 인쇄소 하나를 차리는 데 필요한 기본 자재들은 그렇게 값이 많이 나가는 편이 아니었으며, 인쇄업자들은 손쉽게 인쇄기와 활자케이스, 교정쇄, 활자 몇 벌을 구할 수가 있었다. 문제는 그다음 작업을 할 수 있느냐였다. 책을 한 권 출판하기 위해서는 상당한 자본이 들어가기 때문이다. 인쇄 기자재의 일부를 차지하는 활자는 자주 교체해주어야 하는 항목이었다. 그리고 그 시절에는 책을 사는 고객층이 아직 제한되어 있는 상황이었기 때문에, 책이 판매되는 속도 또한 상당히 디딘 편이었다. 그리고 판본 하나를 유통시키려면 유럽 내 주요 도시에 작은 꾸러미로 책을 몇 권씩 보내야만 했다. 그러므로 책을 만드는 데 들어간 자본을 단시간 내에 회수하기는 힘들었다. 그러다 경제위기라도 닥치는 날에는 어떻게 되었을까? '고급품'의 범주에 들어가 있던 책은 거의 완전히 판매가 중단되었고, 인쇄업자들은 대중의 불만을 표출하는 비방문 정도를 인쇄하는 일 외에는 달리 먹고살 길이 없었다. 게다가 그 당시 책의 출간은 요행을 바라는 일이었다. 독자들이 어떤 반응을 보일지 알 수가 없었기 때문이다. 상황이 이러하니 출판사들은 판매량이 확실한 책을 찾고 싶어했다. 가령 교회 관련 서적 같은 것을 만드는 것이다. 교회 관련서는 위기가 찾아올 때에도 판매량이 보장되는 유일한 도서였다. 그러므로 유일하게 기대를 걸었던 책이 잘 팔리지 않았을 경우 찾아오는 위기를 피하려면, 여러 종의 도서를 동시에 출간해야 했고 막대한 자본이 필요했다. 그리고 재정조달이라는 새로운 문제가 생겨난다.

2. 재정조달의 문제

인쇄기술을 가진 일개 장인에 불과했던 그 당시 인쇄업자는 이렇듯 여러 종의 도서 출간에 필요한 자본을 갖고 있지 못했다. 그 당시 활판인쇄공의 만성적 빈곤 상태를 보여주는 자료는 수도 없이 많다. 15세기 비이Billy 지역에서는 자신이 직접 출판하고 싶은 인쇄업자의 경우, 대개 인쇄 기자재를 담보로 대출 계약을 맺어야 했다. 그 가운데 대부분은 일이 잘 풀리지 않아서 결국 그 자신이 공들여 만들고 힘들게 모아온 각인기와 자모를 탕진해버리고 말았다. 운이 좋았던 사람만이 기자재 일부를 건지고 갚을 빚 없이 작업소를 정리해 국내의 다른 지역으로 가서 자리를 잡는 식이었다.[28] 16세기에는 수많은 인쇄업자들이 이 도시 저 도시를 전전하며 관청이나 법원, 교회에서 들어오는 그때그때의 주문을 받아 인쇄작업을 해야 했다. 이들 기관은 인쇄작업에 드는 비용을 직접 대주었기 때문에 인쇄업자들의 작업이 가능했다. 17세기에는 특히 지방 도시들의 경우 인쇄업자들이 극심한 가난에 시달리는 경우가 많았는데, 관청에서 들어오는 주문이나 민간인 개별 주문을 통해 근근이 먹고살 정도였다. 이들이 무능했던 것일까? 사실 근본적인 원인은 자본이 부족하다는 점이었는데, 그 시절에는 넉넉한 자금 출자자를 찾는 데 성공한 활판인쇄기술자만이 번듯한 작업소를 차리고 영업할 수 있었다.

이 부분에 대해서는 아그노Haguenau 지역의 인쇄 역사를 살펴보면 잘 알 수 있다.[29] 알자스 지방에 위치한 이 작은 소도시에는 대학도 없었고, 원칙적으로는 이렇다 할 비중 있는 인쇄업 중심지라고 보기에 무리가 있었다. 하지만 인쇄업자들이 넘쳐나는 스트라스부르와 바젤 부근에 위치해 있는 데다 뉘른베르크, 프랑크푸르트 등 주요 인쇄거점과도 멀지 않았기 때문에, 아그노는 지리적으로 '교역 도시'라는 위치를 차지하고 있었다. 끊임없이 도시와 도시 사이를 이동하는 과정에서 수많은 인쇄업자들과 서적상이 빈번하게 이 도시를 거쳐갔고, 이곳에서 인쇄되는 책들은 그리 높지 않은 운송비용으로 여러 대도시에 보내질 수 있었다. 운송비가 상당히 높았던 그 시절, 로렌 지방과 부르고뉴 북부 지역에서 제조된 종이 또한 이곳에서 손쉽게 발송될 수 있었다. 게다가 아그노에서는 값싼 노동력을 구하는 것도 그리 어려운 일이 아니었다. 그런데 1489년에 그랑Gran이라는 인물이 이 도시에 인쇄소를 차리는데, 1496년까지 그는 근근이 인쇄소를 운영해나간다. 그의 인쇄작업은 상당히 제한적이었다. 문법서와 설교집밖에 인쇄하지 않았다. 결과적으로 그가 연간 인쇄하는 책은 도서 2종에서 4종 사이였다. 이는 그가 사업적 위험을 떠안은 상태에서 인쇄작업을 진행했기 때문이며 충분한 자본을 확보하지 못한 상태에서 일을 벌였기 때문이다.

1497년부터는 상황이 달라진다. 1497~1498년부터는 이 지역에 활판인쇄기술자들이 꽤 많아져서 자기들 나름의 연합조직을 구성할 수 있을 정도가 된다. 도대체 무슨 일이 일어났던 것일까? 그랑은 그저 아우크스부르크의 한 상인 린만Rynman과 연이 닿았을 뿐이다. 린만은 도서와 '기타 등등'(아마도 인쇄 기자재와 활자 등)을 판매하는 상인이었다. 린만과 손을 잡은 뒤, 그랑의 인쇄소는 상당히 활발하게 돌아간다. 그랑은 린만과 함께 많은 작업을 진행했으며, 그와 더불어 종이, 활자, 판형 부문으로까지 사업을 확대하고, 이후에는 로흐너Lochner, 이스트Hyst, 특히 스트라스부르의 크노블로흐Knobloch 등 린만의 선례를 따른 그 외 대형 서적상들과 함께 일했다. 이제 그랑은 2절판 혹은 두꺼운 4절판으로 연간 12종에 가까운 책을 출간했으며, 모두 합치면 약 290권 정도가 되는데, 그중 240권은 린만과 함께, 20여 권은 크노블로흐와 함께 작업한 책이었다. 이제 도시 안에는 점점 더 많은 활판인쇄공이 모여든다. 1511년에서 1515년까지, 그리고 이어 1519년에는 앙스트Angst가 교정자로서 린만의 일을 도우러 오고, 바덴바덴의 바젤 대학 출신 토마스 안셀름Thomas Anshelm은 튀빙겐Tübingen에서의 인쇄사업이 지지부진하자 이곳을 떠나 아그노로 들어와 코베르거, 쾰른의 비르크스Birckx, 크노블로흐 등과 함께 일한다. 이후로도 이처럼 아그노로 유입된 인쇄업자는 상당히 많았으며, 멜란히톤Melanchton의 인쇄업자 세처Setzer도 그중 하나였다.

따라서 자본 출자자, 혹은 자본가가 인쇄업에 있어 중요한 역할을 하는 인물로 자리잡는다. 사업이 어려울 때 이를 받쳐주는 것도 이들의 몫이었으며, 생산된 책을 유통시키는 것도 이들의 역할이었다. 그리고 대개는 이 같은 자본 출자자가 출판할 책을 선정하는 일까지 맡았다. 때로는 이들이 규모가 큰 작업소를 차리고 단순한 가내수공업 형태가 아닌, 대형 산업의 방식으로 작업을 진행하는 경우도 있었다. 그리고 이 같은 자본가들의 사례가 대거 등장한다. 그 가운데 일부의 양상을 파헤쳐보는 것도 꽤 흥미로울 것이다.

이번에는 라인 강 유역에서 태동한 인쇄술이 유럽 전역으로 퍼져나가던 시기인 15세기 후반의 리옹으로 자리를 옮겨보자. 출판업자 뷔에Barthélemy Buyer(1433~1485년경)를 통해 인쇄술이 도입된 리옹은 그 당시 한창 번성하던 시기였다.[30] 리옹에서 열리는 박람회는 해외 각지 사람들이 다 모이던 '약속의 장소'였다. 밀라노, 피렌체, 베네치아, 루카(이탈리아 중부, 토스카나 주 서북부에 있는 상업 도시—옮긴이)는 물론 게르만어권 상인들은 1년에 네 번 리옹을 찾아 지갑을 열고 갔다. 독일 은행가들도 이곳에 상주기관을 세웠고, 이탈리아 역시 마찬가지였다. 리옹 상인들은 역으로 유럽의 모든 대도시에 거래처를 두고 직접 이 도시들을 찾아갔으며, 자발적인 해외출장도 빈번했다. 리옹의 상업은 경제 호황기의 이점을 톡톡히 누렸으며, 이에 따라 리옹에는 넉넉한 부가 보장된다. 더욱이 독일과 이탈리아 두 나라가 모두 가까운 곳에 위치해 있고, 일드프랑스 지역과 지중해 연안 국가로 이어지는 길목에 있는 리옹은 지리적으로도 상당히 유리한 입지를 차지한다. 인쇄술의 요람인 라인 강 주변과 바젤, 이탈리아 등지 출신의 활판인쇄술은 곧이어 리옹으로 몰려들고, 리옹박람회에서는 매우 이른 시기부터 도서판매가 이루어졌던 것으로 보인다.

그런데 리옹은 상업의 중심지인 동시에 지식의 중심지이기도 했다. 물론 자구적인 노력에도 불구하고 리옹에는 대학이 없었다. 하지만 인문주의는 대주교의 궁정으로까지 흘러들어간다. 열 살에 대주교로 임명된 조카 샤를

Charles II de Bourbon(1433~1488)의 주교 대리를 맡고 있던 장 드 부르봉Jean III de Bourbon(1413~1485)은 판난력이 뛰어나고 상당히 지적인 인물이었다. 아비뇽에서 자란 그는 정신적 사유와 관련한 부분에 관심을 기울였고, 클뤼니 수도원의 도서관이 초토화되자 부르고뉴 공작의 명령으로 이를 다시 구축하는 데 힘쓴다. 그리고 자신의 교구인 르 퓌Le Puy 내에 환상적인 교구 서점을 차린다. 리옹의 이 부르봉 주교 일가는 하나같이 문학적 소양이 뛰어난 지식인이었다. 인쇄소 개업을 장려한 사람도 많았고, 집안 내 다른 사람들과 마찬가지로 문학과 예술 모두 조예가 깊었던 젊은 주교 샤를 드 부르봉 또한 기욤 피셰Guillaume Fichet의 『수사학』*La Rhétorique* 한 부를 받아보게 되었는데, 추기경의 문장紋章으로 장식된 이 책은 파리의 초기 인쇄본 가운데 하나였다.

같은 시기, 리옹의 성 요한 수도회가 크게 두각을 나타내는데 이 수도회는 폭넓은 문화적 소양을 지닌 회원들의 귀족 성향으로 명성이 높았다. 물론 리옹에는 수도참사회원이 드물었다. 하지만 그 이유는 보통 이들이 리옹 이외의 프랑스 지역이나 해외 대학에서 학업을 지속하기 때문이었다. 이들은 대개 파리나 툴루즈, 오를레앙, 아비뇽 그리고 이탈리아 토리노, 피렌체, 피사, 볼로냐, 파비아, 페라라 등지의 명부에 이름이 올라 있었다. 몰락 귀족에게서 영주권을 이어받은 신흥 중산층 계급 역시 교육열은 뒤지지 않았다. 이들은 여러 대학으로 자식들을 유학 보내 공부를 시켰고, 특히 오를레앙 쪽으로 많이 보냈는데, 이곳에서는 주로 법학을 배워왔다. 그리고 이들 역시 열정적으로 독서에 매진했다. 그에 따라 1460년에는 도매상인으로 과거의 풍토에만 익숙해 있던 부모 세대 중 하나인 루이 가랭Louis Garin이 아들의 지나친 독서습관을 걱정하며 주의를 준다.

좋은 이야기들을 읽고 훌륭한 책들을 보는 것
이는 고상하게 시간을 보내는 방법일 터,
다만 과도하게 열중하지만 않는다면 좋겠구나.
지나친 탐독으로 네가 불행한 사람이 된다면,
너무나도 책을 사랑하는 것이 최선은 아닐 게다.
사업하는 사람이 고지식해지면 어떻게 되겠느냐?

그리고 앞서 언급한 리옹 최초의 출판업자 바르텔레미 뷔예 또한 바로 이러한 분위기 속에서 살아갔다. 그의 아버지 피에르는 흔히 아는 그런 단순한 상인이 아니었다. 이미 부유한 자산가 계급이었던 부친은 관청에서도 자문을 구하는 유명인이었고, 기존에 관직에도 있었던 인물이다. 그는 특히 법학 공부에 열중했던 것으로 보이는데, 1426년에 대학생이 되어 1437년 이전에 학위를 따고, 죽기 몇 달 전인 1458년에 박사학위를 받았다. 이에 따라 '피에르 선생'은 귀족들만 들을 수 있었던 호칭인 '피에르 나리'로 승격된다. 학업이 곧 명예를 얻을 수 있는 한 방법이었던 셈이다. 뷔예의 모친인 마리 뷔아티에Marie Buatier 쪽은 부유한 잡화상 집안이었다. 집안 식구들 가운데는 영사업무를 맡아보는 사람들도 많았다. 바르텔레미 뷔예의 이 같은 집안 내력을 살펴볼 필요가 있는 것이, 사실 그가 출판업에 뛰어든 것도 문학에 대한 열정 때문인 것으로 보인다. 이는 어쩌면 아버지 쪽으로부터 물려받은 유산일 수도 있고, 아니면 잡화상 집안 출신의 어머니로부터 재물에 대한 욕구를 물려받은 것일 수도 있다. 실제로 그는 리옹의 경제 호황기를 이용해 사업을 크게 확장했다. 그런데 1460년에 아버지가 돌아가시자 뷔예는 젊은 시절 자신이 예술 단과대학에서 공부했던 파리로 돌아간다. 아마도 이곳에서 그는 소르본 최초의 인쇄소와 연이 깊은 두 인물, 기욤 피셰Guillaume Fichet와 요하네스 하인린Johannes Heynlin을 만났을 것으로 생각된다. 이 시기는 쇠퍼가 파리에 머문 이후, 이곳에서도 인쇄술에 관심이 싹트던 때였다. 그 당시 뷔예는 베네치아에서 활동하던 프랑스 인쇄업자 니콜라 장송과 관계를 맺었을지도 모른다. 아울러 이후에도 그와, 그리고 1480년 리옹에 있었던 그 아들과 계속 관계를 유지했을 수 있다. 뷔예는 문화적 도구로서나 자신의 자산을 늘려줄 방편으로서나 이 새로운 기술에 어떤 이점이 있을지 간파하고 있었을 것이다. 이에 그는 스위스와 바젤을 거쳐 벨기에 리에주로부터 건너온 떠돌이 활판인쇄기술자 기욤 르 루아를 자기 집으로 불러들인 뒤, 그에게 인쇄소를 운영하도록 하고, 이후 인쇄술은 상당한 활기를 띠며 성업하기에 이른다. 1473년 9월 17일, 두 사람이 손을 잡은 뒤 첫 결과물이 탄생한다. 리옹 최초의 인쇄물로 알려진 로테르Lothaire 추기경의 『개론서』*Compendium breve*를 출판한 것이다.

두 사람의 공동작업에서 각자가 부담한 비중은 어느 정도나 되었을까? 뷔예는 단순히 자금 출자자 노릇만 했을까, 아니면 실질적으로 출판작업 자체를 주도적으로 이끌었을까? 이에 대한 논란은 분분한데, 굳이 이를 여기서 다 끄집어내어 이야기할 필요는 없을 것 같다. 다만 한 가지 꽤 확실한 점은 뷔예 본인이 인쇄할 글을 직접 선정했을 것이라는 사실이다. 그는 리옹의 초창기 인쇄업자들에게 방향을 제시하며, 이들이 중산층 계급과 상인들을 대상으로 한 통속어 텍스트를 발행하도록 이끌고 법률집 또한 인쇄하도록 유도했을 게 분명하다. 하지만 그 과정에서 뷔예는 특히 자금 출자자의 역할을 많이 했다. 그는 인쇄소에서 작업한 책들을 단순 유통시키는 데 만족하지 않았고, 리옹의 다른 인쇄업자들은 자신이 작업한 책을 일부 그에게 인도해야 했다. 프랑스나 해외의 다른 서적상들도 자신들이 만든 책을 일부 유통시키려면 일단 그에게 먼저 물어봐야 했다. 그러면서 리옹박람회에 서적상들이 쇄도하기 시작했고, 거래처들이 서로 연결되면서 뷔예는 수많은 판로를 보장받는다. 여기에 만족하지 않은 그는 파리, 툴루즈, 아비뇽 등 주요 대학들이 들어선 지역을 중심으로 책에 대한 수요가 가장 높아 보이는 국내 도시에 지점을 세우고자 노력한다.

일례로 바르텔레미 뷔예는 1481년에 아비뇽을 방문해 그 도시에서 제일 북적거리는 두 가게의 주인, 알랭Alain과 조아심 드 롬Joachim de Rome을 만나 자신이 가져온 책 78권의 판매를 부탁한다. 78권 중 일부는 자신의 인쇄소에서 직접 가져온 프랑스어 종교서였고, 나머지 일부는 리옹의 다른 인쇄소에서 가져온 것으로 아비뇽 내에서 특히 수요가 높을 법한 라틴어 법 관련 도서였다. 아비뇽 현지에서는 독일 서적상과 리옹 서적상 간의 경쟁이 치열했지만, 에스파냐로 가는 길목에 위치한 툴루즈의 상황은 그보다 나은 편이었다. 따라서 1482년에는 툴루즈로 자신의 비서이자 하인인 장 클라레Jean Claret를 보내어 사부아의 서적상이자 제본사인 조르주 드 보뉴Georges de Bogne와 접촉한다. 이후 바르텔레미의 형제인 자크 뷔예Jacques Buyer는 그에게로 책을 한 묶음 납품하고, 이렇게 16세기 초 뷔예 가문은 툴루즈에서 상당한 이익을 거둬들인다.

파리에서도 바르텔레미 뷔예는 상당한 재고를 보유했는데 그의 사망 후 니콜라 기유보Nicolas Guillebaud가 이를 인수한다. 그는 파리에서 상당한 재산을 모았는데, 리옹이 파리에서 자신의 권리 수호를 위해 필요한 자금을 그에게서 제공받을 수 있을 정도였다. 게다가 1481년에는 바르텔레미 뷔예가 리옹의 시민대표로 등재될 만큼 유명 인사가 되었다. 리옹 내의 유명인들로 구성되는 시민대표로 이름이 올라가면, 향후 2년간 시의회 업무를 맡아보게 된다. 1483년 그가 사망했을 때, 그는 참사회의 수도참사회원들에게 책 2,000권을 남길 만큼 부유했으며 후손들에게는 막대한 재산을 물려주었다.

이상은 초창기 인쇄업에 관심을 가지며 막대한 부를 축적한 자산가 중 한 사람의 모습이다. 이를 보면 인쇄술이 발명된 초창기에 상당한 자산가인 한 사람이 어떻게 도서판매업에 관심을 갖고 인쇄업의 부흥을 이끌었는지 알 수 있기에 더욱 흥미롭다. 안타깝게도 자료가 그리 많이 남아 있지는 않지만 그래도 이 자료들을 통해 보면 당시의 사업 규모가 어느 정도였는지 가늠할 수 있다. 뷔예가 벌였던 사업 규모는 비단 리옹에서 아비뇽, 툴루즈, 파리로만 확장된 것이 아니라 툴루즈를 통해 에스파냐까지 확대되었을 가능성이 높고, 독일까지 뻗어나갔을 확률도 없지 않으며, 심지어 이탈리아까지도 넘어갔을 수 있다. 바르텔레미가 베네치아의 서적상들과도 손잡았을 가능성도 꽤 높다.

앞서 살펴봤듯이, 맨 처음 바르텔레미 뷔예는 일단 인쇄업자 르 루아를 자기 집으로 들여야 했고, 그의 인쇄기와 노동기술을 자유자재로 활용할 수 있으려면 그를 부양해야 했을 것이다. 이는 그 당시의 관행이었다. 곧이어 인쇄술이 보급되자, 서적상과 출판사들은 이 같은 방식을 써야 할 필요성을 더는 느끼지 못했다. 이들은 이미 자리잡고 있는 인쇄업자들과 접촉해 이들에게 자금을 대주거나 아니면 자신이 그 능력을 인정한 인쇄공의 인쇄소 개업을 지원해주었다. 그리하여 이 인쇄업자에게 발주를 했고 대개는 굳이 독점계약을 요구할 필요도 없었다. 다만 눈여겨봐야 할 부분은 인쇄공에게 투자한 이들이 대부분 인쇄 기자재를 직접 보유하고 있었다는 점이다. 특히 폰트, 장식문자, 판화 도판 등을 갖고 있었는데 이 같은 기자재는 자금 투자자를 위한 인쇄작업에 대해서만 사용할 수 있었다.

인쇄술이 도입되던 시기에 파리의 유명한 서적상 앙투안 베라르Antoine Vérard(1485~1512)도 이와 같은 경우였다.[31] 파리에서 인쇄술이 발전하던 시기, 그는 왕이나 높은 귀족들을 위한 고급 필사본 장식을 전담하는 작업소를 운영했다. 곧이어 베라르는 인쇄술이라는 신기술의 이점을 깨달았고, 장 뒤 프레와 파스키에 보놈므Pasquier Bonhomme가 파리에서 처음으로 삽화가 들어간 책을 출판했을 때 베라르 자신도 인쇄업에 뛰어들기로 결심한다. 일단 1485년에 그는 뒤 프레에게 보카치오의 『데카메론』 작업을 맡긴다. 얼마 지나지 않아 그는 프랑스어 삽화본 전문 출판인으로 자리매김한다. 프랑스어로 쓰이고 그림이 들어간 책의 주된 독자층은 과거 그에게서 장식 필사본을 구입하던 고객층보다 더 넓었다. 하지만 기존 고객들을 위해 그는 독피지에다 고급 도서를 인쇄했고 여기에 삽입되는 목판화는 채색된 세밀화로 가득했다. 자신의 전문 분야였던 고급 인쇄본과 같은 품질을 보장하고자 목판화도 만들고 활자도 주문했다. 활자의 소유주는 그였지만 베라르 자신이 직접 인쇄를 하지는 않았다. 베라르는 파리 제일의 인쇄 장인 가운데 장 뒤 프레, 피에르 르 루즈Pierre Le Rouge, 피에르 르베Pierre Levet, 피에르 로랑Pierre Laurent, 장 모바넬Jean Maubanel, 질레 코스티오Gillet Coustiau, 피에르 르 카롱Pierre Le Caron, 장 메나르Jean Ménard, 트레프렐Trepperel 등 몇몇을 엄선해 작업을 의뢰했다.

뷔예와 마찬가지로 베라르 역시 자신이 출판한 책을 현지에서 유통시키는 데만 만족하지는 않았다. 물론 그는 파리에서 이미 가게 두 곳을 보유하고 있었다. 하나는 재판소 쪽에 있었고 다른 하나는 노트르담 다리 쪽에 있었다(1485~1489). 하지만 곧이어 그는 파리 시내에서도 프티퐁Petit-Pont 근처의 생자크 거리와 오텔디유Hôtel-Dieu 인근 뇌브노트르담Neuve-Notre-Dame 거리에도 가게를 냈다. 그뿐만 아니라 투르에도 지점을 두며 이 지역의 도서 판매업 주도권을 장악했다. 아울러 잉글랜드에도 지점을 내어 사업을 확장했다(베라르는 영어로도 책을 출판한다).

베라르처럼 파리의 대형 출판-서적상들은 각종 인쇄 비용을 부담하고 인쇄기술자들에게 기자재를 공급했으며, 경우에 따라서는 인쇄기도 대여해주고 자금 출자도 해주었다. 가령 기사소설을 주로 출간하던 미셸 르 누아르Michel Le Noir는 인쇄업자 피에르 르베Pierre Levet와 함께 일하고, 뒤랑 게를리에Durand Gerlier는 오필Hopyl, 르 지에Le Gier와 손을 잡았으며, 특히 기도서의 대가인 시몽 보스트르Simon Vostre는 피구셰Pigouchet의 인쇄기를 거의 독점적으로 이용했다. 하지만 출판-서적상 가운데 이러한 동업방식을 가장 광범위하게 활용한 사람은 바로 장 프티Jean Petit였다.[32] 진정한 자본주의자였던 장 프티는 15세기 말과 16세기 초, 그 누구도 반박할 수 없는 파리 도서시장 최고의 선두주자였다. 1493년에서 1530년 사이, 그는 1,000종 이상의 책을 출간했으며 그 가운데 대부분은 상당히 비중 있는 책이었고, 그의 출간 비중은 파리 전체 인쇄물의 10퍼센트를 차지했다. 뷔예 이상으로 그는 도서 분야에서의 막대한 자금 출자자였다. 다소 특이한 이력으로 보일 수도 있겠지만 그는 부유한 푸줏간 집안 출신이었다. 하지만 이 같은 집안 배경은 그가 교양을 쌓는 데 전혀 문제가 되지 않았고, 그는 당대의 유명 지식인들과 돈독한 관계를 유지했다. 그와 그의 뒤를 이어 일선에서 사업을 이끌어가던 그 아들이 보유한 재산은 어마어마했다. 둘은 파리 시내 수많은 건물의 소유주였으며 클라마르, 이시, 뫼동, 비에브르, 푸아시 등지에서도 땅을 소유했다.

푸줏간 주인의 아들이었던 장 프티는 파리의 대학이 공인한 네 군데 대형 서적상 가운데 하나가 되었으며 대학생들이 많이 찾는 주류 출판사로 성장했다. 파리에 인문주의를 전파한 핵심 주체 가운데 하나이기도 했다. 게다가 장 프티만큼 독창적인 출판물을 찍어낸 사람도 없을 것이다. 그는 다른 서적상들이나 인쇄업자들과 함께 출판 비용을 분담했는데, 그 당시 파리에서 당대 최고의 서적상과 실력 있는 인쇄기술자 모두를 포함한 집단에서 장 프티는 단연 으뜸의 지위에 서 있었다. 그는 케르베르, 마르네프Marnef, 베르톨드 랑볼트Berthold Rembolt, 보카르Bocard, 장 드 코블랑스Jean de Coblence와 손을 잡았으며 때로는 앙리 에스티엔과 결탁하기도 했다. 그는 수십 명 이상의 인쇄업자들과 함께 작업했으며, 기 마르샹Guy Marchant과도 어느 정도 손을 잡았고, 이어 가스파르 필리프Gaspard Philippe, 울리히 게링, 피에르 르 드뤼Pierre Le Dru, 펠릭스 발리고Félix Baligault, 니콜라 데 프레Nicolas des Préz 등과도 함께 일했다. 게다가 그는 조프루아 토리, 조스 바드에게 있어 최고의 후원자였다.

장 프티와 조스 바드의 관계는 한번 짚고 넘어가야 할 필요가 있는데, 이를 통해 도서 분야의 막대한 자산가가 일부 지식인 사회의 흐름을 어떻게 고양시킬 수 있었는지 알 수 있기 때문이다.

1499년 조스 바드는 트레셸과 함께 작업하던 리옹에서 파리로 상경해 파리 인문주의자들 사이에 이름이 꽤 알려진 젊은 활판인쇄공이었다. 그의 재능을 알아본 장 프티는 조스 바드와의 접촉을 시도하고, 그에게 특히 원문 교정작업을 의뢰한다. 한편 조스 바드는 여러 인쇄소를 옮겨다니며 길에서 시간을 낭비하는 게 불만이었던 터라, 이에 장 프티는 그에게 인쇄소를 하나 차려주고자 한다. 그렇게 하여 저 유명한 조스 바드의 인쇄소가 탄생한다.[33]

그 후로 장 프티는 종종 조스 바드를 찾아간다. 특히 교정작업에 각별히 신경을 써서 출판해야 할 경우에는 주로 그를 찾았던 것 같다. 하지만 두 사람의 동업관계가 독점적인 것은 아니었다. 조스 바드는 자기 일을 주로 했고, 특히 비용이 적게 드는 출판작업인 경우가 이에 해당했다. 그뿐만 아니라 때로는 동료들의 서적상을 위해 작업하기도 했다. 장 프티의 경우 계속해서 수많은 인쇄업자들과 함께 작업을 진행했으며 그가 동업한 업자들은 앞서 언급한 바와 같다. 그뿐만 아니라 바르비에, 본느메르, 그로모르, 비두, 구스티오 역시 그의 농업자 목록에 포함된다.

노르망디 쪽과도 지속적인 관계를 유지해온 장 프티는 루앙에서도 자기 이름으로 여러 권의 인쇄작업을 진행한다. 루앙 고등법원 판결을 보면, 그가 1,000여 곳의 서적상보다 더 많은 책을 인쇄했음을 확인할 수 있다. 그는 또한 클레르몽에도 가게를 내고 발을 뻗었으며, 리모주에서도 인쇄작업을 진행했는데 여기에도 지점을 내고 있었던 듯하다. 리옹에서도 마찬가지로 인쇄업을 운영하며 시내에 상점 하나를 보유하고 있었다. 각종 증서들을 보면 그는 트루아, 오를레앙, 블루아, 투르, 일 부샤르 등지에서도 채권을 회수하기 위해 위임장을 써주었던 것으로 나타난다.

그런데 장 프티만 유독 이렇듯 막강한 위력을 보여준 것은 아니었다. 유럽 어디서든 출판업은 자산가들의 수중에 있었다. 독일에서는 수많은 도시의 서적상들이 인쇄업자들에게 일을 시키곤 했다. 린만은 아그노의 그랑이 했던 작업에 돈을 대주었을 뿐만 아니라, 아우크스부르크의 장 오트마르Jean Otmar, 외글린Oeglin, 실반 오트마르Sylvan Otmar 등에게도 재정지원을 해주었고, 뉘른베르크의 게오르게스 스투흐Georges Stuchs, 제롬 휠처Jérôme Höltzer, 베네치아의 피에르 리히텐슈타인Pierre Liechtenstein, 바젤의 포르츠하임J. de Pforzheim과 아담 페트리Adam Petri, 스트라스부르의 크노블로흐 등에게도 투자했다.

때로는 규모가 큰 출판 가문에서 여러 다른 도시에 사업소를 차리는 경우도 있었는데, 그렇게 하면 책의 유통이 용이해진다는 장점이 있다. 이와 같이 국경을 초월해 대형 서적상들의 '국제 네트워크'가 형성된다.

이탈리아의 지운타Giunta 가문을 예로 들어보자.[34] 필리포 지운타는 피렌체에서 양모를 파는 부유한 상인의 아들로, 16세기 초 피렌체 최고의 인쇄업자이자 막강한 위력을 가진 서적상이었다. 실력 있는 학자들과 인문주의자들의 도움과 자문을 얻은 그는 자신의 인쇄기와 다른 인쇄업자들의 인쇄기를 동원해 수많은 책들을 인쇄한다. 그가 세상을 떠난 후, 아들인 베르나르가 사업을 이끌어갔는데 죽기 직전 그는 궁중 백작 작위까지 받는다. 그런데 필리포의 형제인 뤽 안토니오는 피렌체에서 일을 하다가 이어 베네치아에서 자리를 잡는다(1489). 베네치아의 유명 서적상들과 함께 손을 잡고 일하던 그는 여러 인쇄업자들과 접촉한다. 이어 그 자신이 인쇄소를 차린 뒤, 토레사니Torresani나 알도와 경쟁한다. 그의 아들인 토마는 부친이 작고한 후에도 계속 가업을 이어간다. 베네치아와 피렌체의 작업소는 서로 밀접한 관계를 유지한다. 지운타 가문이 페렌체공국 출신이었기 때문에 뤽 안토니오의 작업소는 베네치아에 있는 피렌체 망명자들의 근거지가 되었고 이에 코시모 메디치Cosimo de' Medici는 안톤 프란체스코 도니Anton Francesco Doni가 베네치아에 가장 큰 인쇄소를 차리도록 부추기며 필리포의 사업을 방해하려 들었다.

그런데 지운타 가문의 또 다른 일원 프랑수아의 아들 자크 지운타는 1486년 피렌체 태생으로 삼촌인 뤽 안토니오의 베네치아 작업소에서 인쇄 일을 배웠다. 이곳에서 그는 민간 자본을 융통해 출판사를 차린다. 아마 뤽 안토니오의 지원도 있었을 것이다. 1520년부터 갑작스레 세상을 떠난 1547년에 이르기까지 27년간, 그는 수많은 신학서와 법률집, 의학서를 출간한다. 그는 20여 명 이상의 인쇄업자와 함께 작업했는데, 리옹 서적상들의 대규모 연합단체 대표 자리도 맡은 바 있다. 간혹 뤽 안토니오 지운타와 연합해 출간작업을 할 때도 있었고, 이탈리아 루카의 서적상들과도 함께 일했다. 왕과 관련한 일로 투르농 추기경에게 5만 투르 리브르를 빌려줄 수 있을 정도로 돈이 많았으며, 그의 사업만으로도 유럽 전역을 누비고 다닐 정도였다. 그는 프랑크푸르트, 안트베르펜, 메디나 델 캄포, 살라망카, 사라고사, 파리 등지에 지점과 판매처를 두었다. 특히 파리에서는 그의 조카인 프랑수아 바르텔레미François Barthélemy가 업무를 봐주었다. 지운타 가문의 다른 일원들도 같은 방식으로 일을 했기 때문에 도처에서 지운타 이름을 단 서적상을 찾아볼 수 있었다. 지운타 일가의 친척들은 서로서로 손을 잡고 사업관계를 유지했고 피렌체, 베네치아, 리옹뿐만 아니라 제노바, 부르고스, 살라망카, 마드리드 등지에서도 함께 일했다.

지운타 가문의 일원 중 몇몇은 인쇄 장인들에게 작업을 의뢰하기도 했는데, 일부는 그런 방식도 쓰는 한편 개인적인 작업소를 차리기도 했다. 규모가 큰 서적상들은 분업이 가능하기 때문에 직공 개개인이 전담하는 업무가 있는 대규모 인쇄소를 차리고 싶어했다. 이들이 이 같은 분업구조의 대규모 인쇄소를 원하는 이유는 두 가지였다. 하나는 합리적인 작업구조를 통해 생산 수익성을 높이려던 것이었고, 다른 하나는 질 좋은 인쇄작업을 실현하는 것이었다. 16세기의 유명한 출판물들은 이 같은 방식을 쓰지 않고는 만들어질 수 없는 작품들이었다. 아솔라의 부유한 시민 안드레아 토레사노Andrea Torresano 역시 마찬가지였다. 베네치아에서 서적상을 차린 뒤 몇몇 인쇄업자를 고용해 사업을 시작한 그는 본격적인 작업장을 차리게 되었고 이를 발판으로 그 당시 무척 가난했던 학자 한 명에게 앞길을 터준다. 그가 바로 알도 마누치오 1세였다. 50세의 나이에 알도 마누치오는 당시 스무 살이었던 사장 딸과 결혼했고, 이후 막대한 자본을 제공받으며 막강한 후원자의 지원에 힘입어 도서 제작에 매진할 수 있었다. 그는 그리스 고전을 중심으로 수많은 옛 고전 문헌을 되살렸는데, 베네치아 토레사노의 집에서 연구하던 학자들도 이 작업에 동참했으며 토레사노는 이들에게 소정의 보수를 지급했다.

뉘른베르크에서 작업하던 당대 최고의 출판업자 안톤 코베르거 역시 같은 방식을 활용했다.[35] 1473년에서 1513년까지 그는 최소 236권의 책을 펴냈으며, 대부분 비중 있는 책이었고 인쇄기술도 흠잡을 데 없었다. 시장을 배출한 가문 출신의 그는 먼저 금은세공 일을 시작했던 것으로 보이며, 이어 1470년과 1472년 사이에 인쇄업자가 되었다. 1473년에 그가 맨 처음 출간한 책은 성 토마스 아퀴나스의 주해집이 달린 보에티우스의 책 『철학의 위안』*De consolatione philosophiae*이었다. 이 책을 고른 것만으로도 그의 성향이 잘 나타나는데, 애초부터 코베르거는 신학서나 스콜라 철학서의 출간에 전문화된 출판업자였다. 이후로도 그는 뱅상 드 보베Vincent de Beauvais, 기욤 뒤랑Guillaume Durand, 둔스 스코투스, 성 토마스Saint Thomas, 성 제롬Saint Jérôme, 성 암브로시우스Saint Ambrosius, 성 아우구스티누스Saint Augustinus 등의 작품들을 출판한다. 이에 더해 그는 최초의 독일어 성서를 포함한 수많은 성서, 교황 법령집, 수많은 교회법 요약 개론서, 신학이나 법령을 공부하는 대학생들에게 필요한 교재 등을 펴낸다.

일단 대학에 책을 공급하던 코베르거는 라틴 고전은 소수로만 출간한다. 하지만 그는 자신이 출판한 책들의 교정작업에 각별히 신경을 썼다. 코베르거는 독일의 인문주의자 콘라트 셀티스Conrad Celtes나 피르크하이머Pirckheimer 등 인문주의에 사로잡힌 사람들과 관계를 맺고 작업을 진행했으며, 그의 교정자 가운데는 아르너바흐Arnerbach, 프리스너Frissner, 피르크하이머, 폰 바일von Wyle, 빔펠링Wimpfeling, 베르켄하우트Berckenhaut 부슈Busch 같은 인물들도 포함되어 있었다. 성 도미니크회의 영향력 있는 신학자 위그 드 생셰르Hugues de Saint-Cher의 성서를 여덟 권으로 출간하는 작업을 시도했을 때, 부슈는 이탈리아에 머무는 동안 위그 드 생셰르 성서의 가장 좋은 필사본을 찾는 일을 맡는다. 하지만 코베르거는 일단 자산을 불리고자 노력하는 사업가이자 장사꾼이었다. 1509년 그의 인쇄소에는 최소 24대의 인쇄기가 있었고 식자공, 인쇄공, 교정사, 판화가, 제본사 등 100여 명이 함께 작업하는 규모였다. 연속적으로 튼튼하게 제본작업을 하려던 그의 제본소는 무척 규모가 컸으며 코베르거의 고향 친구인 뒤러는 그에게 몇몇 책의 소개와 삽화작업을 위한 조언을 제공했다.

그런 그에게 작업소 하나만으로는 부족했다. 안톤 코베르거와 그의 뒤를 이은 후계자들은 다른 인쇄업자들에게 작업의뢰를 하는 경우가 많았다. 가령 스트라스부르에서는 요하네스 그뤼닝거와 손을 잡고 아메르바흐와도 함께 일했는데, 바젤에 자리잡기 전 코베르거와 함께 일했던 아메르바흐는 이후로도 코베르거와 긴밀한 관계를 유지했다. 자신이 만들어낸 책들을 유통시키려면 그에게는 자연히 제대로 된 영업망이 필요했다. 코베르거는 프랑크푸르트, 라이프치히, 빈, 쾰른, 바젤, 스트라스부르 등 독일의 주요 대도시 모든 곳에 대리점을 두었을 뿐만 아니라, 파리는 물론 부다페스트, 바르샤바, 베네치아, 피렌체, 안트베르펜, 브뤼헤, 라이든 등 유럽의 모든 주요 도시에 영업소를 두었다. 이로써 그는 사업 규모가 그리 크지 않은 중소 서적상들 사이의 중개자 역할을 하게 되었다.

그런데 막대한 자본을 이용해 대규모 인쇄소를 차린 가장 유명한 예는 아마도 안트베르펜의 크리스토프 플랑탱이 아닐까 한다.[36]

플랑탱의 사례는 꽤 특이한데, 이는 유럽 대도시와 꾸준히 교류하던 안트베르펜 같은 상업 중심지에서 막대한 규모의 자본이 어떻게 인쇄산업의 발달을 꾀할 수 있었는지 보여준다.

1514년 프랑스 투렌Touraine 출생의 플랑탱은 개인적인 재산이 전혀 없었다. 그는 먼저 루앙과 파리의 여러 인쇄소를 전전하며 작업했고, 이어 1549년 안트베르펜에 자리잡은 플랑탱은 이후 교황 그레고리우스 13세에게 보낸 서신에서 자신이 굳이 그 도시를 택한 이유를 직접 제시해야 했다. “제 개인적인 영달만을 생각했다면 다른 나라 다른 도시에서 제가 누릴 수 있었을 이점들을 살펴봤을 것입니다. 하지만 저는 벨기에, 그것도 다른 어느 도시보다 특히 안트베르펜에 자리를 잡고 싶었습니다. 제가 그와 같은 선택을 하게 된 건 이 세상의 다른 그 어떤 도시에서도 제가 계획하고 있던 산업을 좀더 수월하게 할 수 없을 것이라 생각했기 때문입니다. 안트베르펜은 일단 접근성이 뛰어납니다. 이곳 시장에서는 다양한 나라의 사람들을 만날 수 있으며, 제 기술을 발휘함에 있어 반드시 필요한 원자재들도 모두 이곳에서 구할 수 있습니다. 여기에서는 그 어떤 직업이든 어렵지 않게 노동력을 구할 수 있는데, 사실 일손을 구하는 데는 보통 시간이 소요되기 마련입니다. 끝으로 이 나라에는 루방 대학이 꽃을 피우고 있습니다. 이곳 교수진의 학문적 깊이로 말미암아 모든 전공과목들이 이 대학의 발전 양상을 잘 보여주고 있으며, 제가 이곳의 지침과 평론, 연구작업 등을 활용할 수 있으리라 생각했습니다.”

플랑탱은 일단 먹고살기 위해 제본사로 일해야 했고 가죽을 이용한 작업을 진행했다. 이후 그는 인쇄공이 되었으나 그의 초창기는 상당히 초라했다. 1562년까지 그가 작업한 유일한 대규모 간행작업이라고는 샤를 5세의 장례를 치르기 위해 마련된 성대하고 화려한 장례 의식 관련 출판작업에 참여한 것뿐이었다. 그는 이 장례식에 필요한 전례서를 국비로 인쇄했다. 하지만 그해, 이단서를 인쇄했다는 혐의로 그는 몇 달간 안트베르펜을 떠나야 하는 신세가 되었다. 그가 이곳을 떠난 뒤 재산 몰수과정에서 밝혀진 그의 재산목록에 따르면 그는 아직 그리 많은 재산을 보유한 상태가 아니었다.

그런데 플랑탱이 소속되어 있던 이단 교파 중 하나인 ‘자비의 가족’Famille de la Charité이 그에게 관심을 갖기 시작한다. 1563년에 안트베르펜으로 돌아온 플랑탱은 코르네유Corneille와 샤를 반 봉베르게Charles Van Bomberghe, 은

행가인 야코포 스코티Jacopo Scotti, 의사인 고로피우스 부아노Goropius Buanno 등 이 노시의 돈 많은 여러 자산가들과 함께 출판사를 차릴 수 있었다. 이들과 손을 잡고 있던 5년 동안 플랑탱의 인쇄기에서는 고전 작가들의 출판물과 히브리어 성서, 전례서 등 260권의 책이 출간되었다. 이렇게 발돋움한 플랑탱은 그랑벨Granvelle 추기경, 펠리페Philippe 2세의 비서관인 가브리엘 드 카야Gabriel de Cayas 등 막강한 후원자를 얻는다. 이를 발판으로 플랑탱은 에스파냐 국왕의 재정적·법률적 지원을 받는데, 플랑탱을 유명하게 만들어준 다국어 성서의 출판을 그에게 맡긴 것도 에스파냐 국왕이었다. 아울러 펠리페 2세는 에스파냐와 그 식민지 지역에서 트리엔트 공의회가 개정한 전례서를 출간할 때, 거의 모든 출판작업을 그에게 전담시켰다. 1572년부터는 수만 권의 성무일과서, 미사경본, 시편집, 성무일과 기도서, 성가집 등이 안트베르펜에서 출판되어 펠리페 2세에게로 보내진다. 그렇게 에스파냐에 도착한 책들은 국왕의 명에 따라 에스코리알 수도승들의 책임하에 자국 내에서 배포·판매되었다. 이 시기 플랑탱은 24대의 인쇄기를 돌리던 상황이었고 플랑탱 고유의 각인기와 자모를 모아두고 있었으며, 그의 작업소에서 일하던 직원들은 100명이 넘었다. 그뿐만 아니라 플랑탱은 프랑크푸르트, 파리, 단치히, 베르겐, 리옹, 뉘른베르크, 베네치아, 마드리드, 루앙, 리스본, 런던 등 유럽의 모든 도시에 지점이나 현지업무처를 두고 있었다. 이처럼 안트베르펜 자산가들의 지원 그리고 이어 국가 차원에서의 지원을 받음으로써 플랑탱은 가장 막강한 위력의 '책 공장'을 만들어낼 수 있었고, 그 명성은 19세기까지 지속된다.

플랑탱의 경우는 극단적인 사례라고 볼 수 있다. 본격적인 산업적 생리에 따라 제대로 잘 갖추어진 작업소에 해당했기 때문이다. 실제로 코베르거나 이후 엘제비어, 네덜란드 블라외 가문과 그 외 국가의 지원을 받아 세워진 몇몇 인쇄소의 경우처럼 일부 규모가 큰 인쇄소를 제외한다면, 그 당시 인쇄 산업에서는 소규모 수공업 단위로 작업이 이루어졌다. 위의 인쇄소들은 파리 왕궁 인쇄소나 나폴리 왕궁 인쇄소, 바티칸 인쇄소의 경우처럼 대개 손해가 나더라도 공익 목적에서 필요하다고 판단되는 경우에는 인쇄작업을 진행시켰지만 그 외에는 상황이 달랐다. 17세기 파리에서는 인쇄기 네 대 이상, 직원 열 명 이상을 둔 인쇄소가 흔치 않았다. 출판작업의 재정을 대주는 대규모 서적상들은 자신들이 직접 인쇄작업을 하지 않아도 될뿐더러 좀더 유연한 환경의 이 같은 시스템을 선호했다. 자신들이 보유한 특정 수량의 인쇄기들을 굳이 주기적으로 제공해주지 않아도 되었기 때문이다. 다만 출판해야 할 작업이 막대한 자금을 요구하고 그에 따라 막강한 자금 투자자들의 개입이 필요한 경우라면, 단순히 이 같은 구조로 도식화시켜서 보는 것은 다소 무리가 있다. 앞서 언급한 인쇄업자들처럼 규모가 큰 출판-서적상들의 주위에는 그보다 규모는 작지만 도서판매업과 출판업으로 먹고살아가는 서적상들이 상당히 많이 포진해 있다. 이들은 대개 회사의 형태로 대형 서적상에 연합해 있으면서 이들의 유통망을 통해 자신들의 도서를 공급함으로써 이들과 의존관계에 있었다. 1625년에서 1660년까지 파리 지역 출간 도서 10분의 1을 찍어냈던 인쇄업자 세바스티앙 크라무아지Sébastien Cramoisy 또한 이 같은 경우로, 그 역시 단독으로 출판을 할 때도 있었고 회사 형태로 다른 출판사와 합작해 책을 낼 때도 있었다. 그는 규모가 큰 단체 두 곳을 운영했는데 서로 다른 규모의 파리 서적상들 대부분을 규합하는 단체였다. 한곳에서는 교부들의 저서 출간을 전문으로 다루고 있었고, 다른 한곳은 전례서 출판에 특화된 곳이었다. 그는 또한 수많은 지방과 해외 서적상들의 파리 내 위탁판매상이었으며, 또한 유럽 전체를 아우르는 유통망을 보유하고 있기

도 했다.[37]

대형 서점들은 대개 자산 규모가 더 작은 서적상들의 은행가 노릇을 해주었다. 도서 거래에 있어 일반적인 관행이었던 환어음은 어음의 발행인·수취인·수신인(지급인) 세 당사자가 개입하는 형태였는데, 이는 앞서 설명한 당시 출판계의 구조에 적합한 결제방식이었다. 또한 출판작업을 위해 당장 자금이 필요한 서적상인 경우, 더 돈이 많은 동료 서적상에게 이자를 지불하고 돈을 빌리는 형태로 종종 대출 계약을 맺기도 했다. 17세기 파리에서 드니 티에리Denis Thierry는 특히 이 같은 형태의 거래를 자주 행한 인물이다.

출판업과 관련한 재정문제를 연구함에 있어 잊지 말아야 할 부분은 자금 출자자로서 공공 권력이 맡았던 역할이 상당히 컸다는 점이다. 참사회와 주교들은 전례서의 출판에서 재정지원을 하는 경우가 많았고, 정부와 시도 기관들 역시 특정 도서의 출간에 있어 같은 역할을 맡았는데, 자신들이 필요로 하는 행정문서를 출판하는 경우라면 더더욱 정부나 관공서의 재정지원이 확실히 나타났다. 수많은 인쇄업자들, 특히 소도시의 인쇄업자들은 그 같은 작업을 바탕으로 생계를 꾸려나갔다. 마지막으로 정부가 특정 출판작업에 대해 여러 서적상에게 특혜나 독점권을 부여함으로써 이 분야의 산업 주체들을 고무시키는 결과를 가져왔고, 이는 국가적 차원이나 지역적 차원에서 이루어지는 인쇄작업에 좀더 활기를 불어넣어주었다. 이를 통해 국가는 출판 분야의 재정지원에 일조하며 대규모 업체들을 구조적으로 뒷받침해주었다. 이로써 정부는 인쇄업자들과 양립하려 노력했으며, 온순한 업자들로 하여금 불온서적의 출간을 즉시 신고할 수 있도록 장려하고자 했다. 그리고 이에 따라 도서시장에서 대규모 출판-서적상이 차지하는 비중은 더욱 강화되었다.[38]

5장

출판길드의 작은 세계

여러 가지 요소로 구축된 인쇄산업은 얼마 안 가 상대적으로 근대적인 양상을 띠게 된다. 프랑스의 중세·고대 사학자 앙리 오제Henri Hauser(1866~1946)의 설명에 따르면, 그 당시 인쇄작업장은 중세시대, 수도원 경내에서 수녀들이 뜨개질이나 바느질 같은 작업을 하던 소규모 작업실보다는 상대적으로 근대적 양상을 띤 형태를 보였다고 한다.[1] 1455년부터 푸스트와 쇠퍼는 마인츠에서 연속적으로 도서제작이 가능한 인쇄소를 운영했다. 그로부터 20년 후, 유럽 도처에서 대형 인쇄소가 가동되었으며 더욱 쉽고 빠른 인쇄작업이 이루어질 수 있도록 기술적 완성도를 추구하려는 노력이 이미 진행되었다. 식자공들도 이제 앉아서 하지 않고 서서 작업해 생산성을 높여갔다. 더 적은 비용으로 더욱 많은 책을 생산해야 한다는 필요성이 대두됨에 따라 인쇄업자들이 좀더 합리적인 생산방식을 추구했기 때문이다. 중세 길드에서 도제와 장인 중간에 위치한 직인compagnon들은 애초부터 무척 자유로운 입장이었으며, 보유하고 있던 기술적 지식 수준 또한 인정받고 있었다. 이에 따라 직인들은 곧 임금을 받고 정해진 시간 내에 특정 노무를 제공하는 일반 노동자로 거듭난다. 아울러 이때부터 인쇄업은 '활판인쇄공'이라는 새로운 직업 범주를 만들어낸다. 다른 노동자들과 마찬가지로 그 자신의 두 손으로 노무를 제공하는 활판인쇄공은 수공업자에 속했으되 '지식인'이었다. 글을 읽을 줄 아는 데다 대개는 라틴어도 약간 알고 있었기 때문이다. 책 속에 파묻혀 살아가며 책의 저자들과도 교류하던 이들은 무엇보다도 새로운 사상에 정통할 수 있었고, 논리를 중시하며 자신들의 근무환경에 반발하는 경우가 많았다. 16세기부터는 근대적 성격의 파업도 조직하고, 자신들의 요구사항을 관철시키기 위해 의견서를 작성하기도 했는데, 이는 그로부터 3세기 후 태동한 노조운동과 다를 바 없었다고 앙리 오제는 강조한다. 그리고 19세기 초창기 사회주의자들 가운데 상당수가 바로 이 활판인쇄기술자들이었다.

직인과 상인의 근무환경에 대해 알아보고, 수공업적 특성과 지식산업의 특성을 모두 갖고 있는 인쇄업을 행하는 것이, 이 분야의 종사자들에게 어떤 식으로 특유의 직업정신을 만들어냈는지 살펴보는 것, 그리고 직인과 장인 사이의 관계가 어떠했으며, 이런저런 업계 종사자들의 물질적·정신적 삶의 환경이 어땠는지 알아보는 것, 이와 같은 부분이 이번 장에서 우리가 다루게 될 주제다.

1. 직인

먼저 인쇄 직인職人, 혹은 인쇄 직공에 대해 알아보자. 장차 인쇄 장인이 될 사람들은 우선 수습과정부터 거쳐야 했다.[2] 간혹 열두 살밖에 되지 않은 수습생도 있었으며, 때로는 스무 살 이상인 수습생도 있었다. 도제수업에 입문하는 평균 나이는 보통 15세에서 20세 사이였다. 도제생들은 그 출신도 무척 다양했는데, 파리에서는 중산층 자산가나 약제사, 대법관 재판소 대소인代訴人, 파리 최고재판소 집달리, 와인 판매상, 열쇠업자, 구두수선공, 목재상, 직물상 등의 아들이 도제생으로 들어가는 경우가 간혹 있었고, 인쇄업자의 아들이 도제생으로 들어가는 경우도 많았다. 그리고 도제생들 가운데는 지방이나 시골 출신이 많았다. 원칙적으로 이들은 글을 읽고 쓸 줄 알아야 했으며, 규정상 라틴어도 권장사항이었다. 간혹 그리스어를 읽을 수 있어야 하는 경우도 있었다. 그런데 식자공에게 요구되는 이런 지식들은 인쇄기를 다루는 인쇄공에게는 필수사항이 아니었으며, 장인들은 문맹인 도제생도 어느 정도는 받아들였다. 문맹인 도제생의 경우, 한결 고분고분한 직인이 될 것이기 때문이었다.

수습조건은 보통 서면계약으로 규정되었으며 대개 장인과 부모가 보는 가운데 공증인 앞에서 도제계약이 체결되었고, 도제생 본인이 함께 서명하는 식이었다. 수습기간은 2년에서 5년 사이로 달라지며, 장인은 도제생에게 직업기술을 가르치고 재워주고 먹여주며 입혀주는 동시에 약간의 용돈도 지급해주어야 했다. 반면 그 대가로 도제생의 경우 장인에게 복종할 것을 약속하며, 자신의 거처를 떠나지 않기로 약속하고, 장인에게 충성을 다할 것을 맹세한다.

견습기간 동안 젊은 활판인쇄공의 생활은 매우 힘들고 고된 편이다. 인쇄소 근처의 협소한 골방에서 기거하며 직인들의 시중을 들어줘야 하는데 직인들은 대개 그리 호락호락한 성격이 아니었다. 도제생들은 직인들이 오기 전에 자리에서 일어나 작업준비를 해야 했고, 겨울에는 난로에 불도 피워야 했으며 식사 시중도 들었다. 가장 쉬운 잡일이 보통 이들 담당이었지만 가장 따분하고 싫증나는 일도 이들 몫이었다. 잉크를 준비하거나 인쇄 전 종이를 축축하게 만드는 일들도 이들 담당이었으며, 인쇄작업에서도 제일 단순하되 가장 고된 일을 주로 도제생들이 맡았다. 식자공을 목표로 하는 도제생의 경우, 수습기간 마지막에 가서야 직인 곁에서 조판 일을 배운다. 사실 도제생들에게 있어 가장 행복한 순간은 인쇄소 밖에 가서 장을 봐온다거나 교정쇄를 운반할 때였다. 밤이 되어 직인들이 일터를 떠나면 도제생들은 휴식을 취하기 전 모든 장비를 제자리에 정리해두어야 했다. 게다가 직인들에게 있어 도제생들은 눈엣가시 같은 존재였다. 거의 무상으로 노동력을 쓰고자 하던 장인들이 늘 도제생 수를 늘려 직인 수를 줄이려고 했기 때문이다.

수습기간이 다 끝나고 나면 도제생은 수료증을 받은 뒤 직인이 된다. 직인이 된 도제생은 여전히 나이가 어린 데다 자유로운 신분의 독신이었다(견습기간 중에는 결혼이 금지되어 있다). 따라서 이들은 몇 년간 이곳저곳을 돌아다닌다. 플랑드르와 독일 지역의 직인들이 국내뿐 아니라 파리를 포함한 해외로 뻗어나가는 데 반해, 프랑스의 직인들은 대개 프랑스 국내를 돌아다녔다. 오랜 기간 도시에서 도시로 옮겨다니며, 이들은 현지 인쇄업자들에게 노무를 제공했다. 때로는 한 달 때로는 1~2년씩 머물렀는데, 일감이 떨어지거나 혹은 일감이 많거나에 따라 이들의 체류기간이 달라졌고, 현지에서 맺는 돈독한 관계 정도에 따라서도 체류기간이 달라졌다. 이렇게 이곳저곳을 돌아다니는 동안 직인들은 자신의 기술을 완성시키며 여러 인쇄소의 관행을 습득했다. 아울러 여러 곳과 친분을 터놓아 훗날 자신이 장인이 되었을 때 이 관계를 활용하기도 했다. 가급적 장인의 딸과 결혼하려는 경향이 있었으며, 그렇게 각지를 돌아다니다가 인쇄소를 여는 데 필요한 조건이 모두 충족되었다고 생각하면 타지에서 자리를 잡기도 했다.[3]

하지만 직인들은 보통 타지에서의 수행기간이 끝나고 나면 고향으로 돌아와 장인들에게 품을 파는 경우가 대부분이었다. 그렇게 들어간 작업소에서 자기 위치에 맞는 서열을 차지하게 되는데, 능력이 출중한 경우라면 그 자질을 바탕으로 인쇄소 총감독의 직위에 오를 수도 있었다. 그리하여 다른 근로자들에 대해 오늘날의 십장什長 같은 역할을 담당한다. 식자공과 인쇄공의 작업을 지도하고 이들을 감독하며 1차 교정쇄를 교정하는 것도 모두 총감독의 일이었다. 따라서 인쇄소 총감독은 철자에 정통하고 라틴어도 알아야 했다. 아울러 근로자들에게 임금을 지불하거나 작업실 청소를 감독하는 일도 이들 몫이었다.

총감독을 보좌하는 '책임 직공'은 월 단위로 급료를 받으면서 자재를 정리하고 까다로운 작업을 도맡았으며, 성과급제로 근무하지는 않는다. 그다음 직위가 품팔이로 일하는 직인들인데 이들은 활자를 배열하고 정판작업을 책임지며 원판을 준비하는 식자공과, 순수한 의미의 인쇄작업을 도맡는 인쇄공으로 구분된다. 식자공의 경우 어느 정도 학식을 갖추고 있어야 하는 반면 인쇄공은 책임감과 미적 감각, 물리적 힘 정도만 있으면 되었다. 인쇄기 손잡이를 돌리는 일이 육체적으로 상당히 힘들기 때문이다. 근로자들은 보통 팀으로 나뉘어 작업에 들어갔으며, 각 팀당 인쇄기 하나를 작동시키는 구조였다. 16세기에서 18세기까지, 인쇄기 한 대당 4~5명의 노동자가 팀으로 구성되었고, 통상 식자공 한두 명, 인쇄공 두 명, 잔심부름을 하며 잡일을 거드는 도제생 하나가 한 팀이었다. 그리고 마지막으로 이 팀을 장식하는 것이 바로 교정사였는데 교정사는 보통 직인이 아니라 학생이나 학자 또는 소설가 등이었다. 베아투스 레나누스Beatus Rhenanus, 16세기의 멜란히톤, 트리셰 뒤 프레즌Trichet du Fresne 같은 사람들이 이에 해당했다. 하지만 규모가 큰 인쇄소가 아니라면 교정쇄의 교정작업은 장인이나 혹은 장인의 가족 중 일원이 맡았다. 알도 가, 조스 바드 가, 시몽 드 콜린 가, 로베르 에스티엔 가, 비트레 가의 식구들이 맡아보는 주된 업무가 이에 해당했다.

인쇄소 내에서 각자가 맡은 일에 대해 살펴보고 나면, 우리는 확실히 한 가지 궁금증을 제기해볼 수 있다. 분업이라는 작업방식이 그 당시 인쇄소 대부분에서 나타났던 것일까? 코베르거나 프로벤, 플랑탱, 블라외 등과 같이 규모가 큰 출판·인쇄 작업장이나 파리 왕궁 인쇄소처럼 50명 이상이 작업하는 10여 개 인쇄소라면 물론 각자에게 주어진 전담업무가 있었을 것이다. 인쇄기 네 대를 보유하고 있던 에스티엔 가나 혹은 비트레 가의 경우처럼 그보다 규모는 작더라도 적극적으로 세심한 작업을 진행하는 인쇄업자들의 작업장에서도 분업이 이루어졌을 가능성이 높다. 그런데 인쇄산업은 거의 항상 수공업 형태로 이루어졌음을 잊어서는 안 된다. 1570년 제네바의 스무개 인쇄소 중 인쇄기 네 대를 보유한 곳은 세 군데뿐이었다. 인쇄소 다섯 곳이 인쇄기 두 대를 보유하고 있었고, 나머지 열두 군데는 인쇄기가 한 대밖에 없었다. 프랑스에서도 17세기 당시 인쇄기를 한 대 혹은 두 대 정도 갖고 있는 인쇄소가 거의 대부분이었으며 런던에서도 상황은 마찬가지였다.[4] 이에 인쇄소 장인들은 대개 여러 명의 인력을 거느릴 여력이 없었고, 인쇄 주문이 딸리는 만큼 이를 유지할 방도가 없었다. 보통은 직인 한두 명이 장인과 함께 작업했고 시일이 급한 인쇄작업이 있을 때만 장인의 아내나 자식들이 장인의 일을 거드는 정도였다. 이러한 상황을 감안하면 대개의 경우 식자공들이 직접 인쇄기를 가동시켜야 했으리라는 점을 짐작할 수 있다.

규모가 큰 인쇄소의 직인들은 매우 고된 삶을 살아야 했다. 다른 여러 직업인들보다 근무시간이 더 길었기 때문이다. 16세기 말 기준으로 제네바에서는 인쇄 직인의 근무시간이 12시간으로 고정되어 있었다. 새벽 5시에서 저녁 7시까지 근무하되 점심시간은 두 시간이 채 안 되었다.[5] 안트베르펜의 플랑탱 모레투스 인쇄소에서는 새벽 5~6시경 직인들이 출근해 정오에서 1시 사이 집으로 가서 점심식사를 하고 온 뒤, 저녁 8시까지 작업하는 것이 보통이었다.[6] 16세기 리옹에서는 직인들이 새벽 5시부터 저녁 8시까지 일을 하며 점심시간은 한 시간 정도밖에 주어지지 않았다.[7] 1650년 파리의 경우 역시, 새벽 5시에 일을 시작해 저녁 8시에 일과가 끝났다.[8] 작업소가 보통 좁은 골목길의 건물 1층에 위치해 있었기 때문에 채광이 좋지 않아 대개 기나긴 근무시간 동안 희미한 촛불에 의지해 일을 해야 했으며 한낮에도 태양빛은 간신히 들어올 정도였다.

그럼에도 직인들에게는 상당한 생산성이 요구되었다. 식자공 같은 경우는 하루에 어느 정도 분량을 소화해야 한다는 정해진 기준이 없었다. 어려운 작업일 경우, 시간당 작업분량은 얼마든지 달라질 수 있기 때문이다(1563년 프랑크푸르트의 인쇄 장인들은 사용하는 활자나 일의 성격에 따라 매일 원판 하나에서 세 개 정도의 작업량을 식자공에게 제시했다). 그런데 순수하게 인쇄작업을 전담하는 인쇄소의 경우는 상황이 다르다. 16세기 말, 이들은 매일같이 리옹에서는 3,350매를, 파리에서는 2,650매를 뽑아내야 했다. 같은 시기 프랑크푸르트의 인쇄 장인들은 일의 성격에 따라 인쇄공에게 3,050매에서 3,375매가량을 뽑아내라고 요구했다. 17세기 초 네덜란드에서는 프랑스 경제학자 몽크레스티앙Montchrestien의 책을 하루 4,000매씩 인쇄해야 했고, 17세기 중엽 파리에서는 같은 저자의 책을 2,500매 인쇄해야 했다. 파리에서는 통상 2,500매 정도로 하루 작업량이 정해져 있었고, 이어 흑백 인쇄의 경우에는 2,700매 정도로 경미하게 늘어났다. 이것만 해도 이미 엄청난 수치다. 14시간이라는 1일 근무시간 동안 하루 2,500매를 작업해야 한다면 이는 시간당 178매를 인쇄해야 한다는 뜻이다. 아울러 매 20초마다 한 장씩 인쇄 매수를 뽑아낸다는 이야기가 된다.[9]

인쇄산업의 직인들은 이와 같이 막대한 분량의 작업을 소화해야 했다. 그렇다고 인쇄 직인이 다른 직종 직인들보다 월등하게 더 많은 돈을 받은 것 같지도 않았다. 물론 1572년 9월 10일 왕궁 소득신고 자료에 따르면 파리의 식자공들은 매월 18투르 리브르를 받았으며, 하루 일당으로 치면 12솔 정도인데, 1567년 당시 건설직 노동자들은 매월 10투르 리브르 정도를 받았으니 급료가 적은 편은 아니었다. 하지만 1539년 리옹의 장인들은 식자공들에게 일당으로 6솔 6드니에를 지급했다. 다른 직종 노동자들보다 약간 더 높은 정도였다. 그리고 프랑스 인쇄업자들은 대개 유럽에서 가장 높은 급여를 받는 축에 속했다. 안트베르펜의 플랑탱 인쇄소에서 작업하던 식자공들은 지붕을 수선하는 노동자의 급료보다 낮은 임금을 받았고, 제네바에서 활자를 주조하던 피에르 보종Pierre Bozon은 8~10솔 정도를 일당으로 받았는데, 1570년에는 단순한 벽돌공조차 6솔을 받았다.[10] 신기한 점은 식자공의 보수가 활자주조공보다 더 적은 경우가 간혹 있었다는 것이다. 1654년 파리에서는 식자공들에게 통상 월 24~27리브르가량을 지급했고, 인쇄공에게는 33리브르를 주었다. 그리스어 식자공에게도 마찬가지였다.[11] 물론 이 급여에 여러 가지 추가금이 더해진다. 직인들은 장인에게 특별수당을 요구할 구실이 많았고, 책의 저자가 수고비 명목으로 나눠주는 일종의 팁 같은 것도 함께 나눠 가졌으며, 장인들은 이들에게 종종 먹고 마실 거리 또한 제공해야 했다. 그렇다 하더라도 활판인쇄기술자들의 수입이 전문지식이나 학업 수준이 더 떨어지는 다른 직종의 노동자들에 비해 훨씬 더 많았던 것 같지는 않다.

그 시절의 다른 노동자와 마찬가지로 활판인쇄공 역시 다음 날에 대한 기약이 전혀 없는 상태였다. 물론 능력 있는 식자공은 대형 인쇄소에서 안정적인 일자리를 얻을 기회가 얼마든지 있었지만 경제가 어려워진다거나 단순히 일감이 부족해진 경우 인쇄 직종 직인들은 언제 다시 취직이 될 거라는 기약도 없이 해고될 수 있었다. 그럴 경우 인쇄 직인들은 실업자로 전락했으며 곧 걸인의 신세로 나앉았다. 소송 각서나 법률 증서를 인쇄하는 작업소에서는 법정의 개정기가 끝나면 실로 계절적 실업이 야기되었다. 그러므로 인쇄공들이 굉장히 가난한 게 보통이라는 사실도 그리 놀랍지는 않다. 이들은 대개 단칸방에서 가족들과 함께 기거했으며 전 재산이라고는 낡은 옷가지와 기본적인 살림살이 몇 개뿐이었다. 상황이 이러하니 이들이 실업을 당했을 때 생계를 유지하거나 혹은 임금을 올리기 위해 온갖 궁여지책을 다 쓰는 것도 무리는 아니다. 어떤 이들은 자신이 인쇄한 전지의 사본 몇 개를 몰래 빼돌린 뒤 이를 책으로 엮어 되팔았다. 그뿐만 아니라 자기 아내를 중간 상인으로 활용해 금서나 중고책 거래에 뛰어드는 경우도 있었다.

하지만 인쇄 직종의 직인들은 자신이 하는 일과 자신이 갖고 있는 지식에 자부심을 느꼈다. 인쇄 직인들은 실로 스스로를 특권 계급이라 여겼다. 단순히 기계적인 작업을 하는 직인들이 아니었기 때문이다. 그 표시로 이들은 검을 소지하고 있었다. 싸우기 좋아하고 목소리 큰 이들은 끊임없이 서로를 비난했으며 때로는 서로 싸움을 하기도 했다. 심지어 인쇄소 내부적으로 동료에게 모욕적 언사를 퍼붓는 경우 벌금형을 과하는 경우도 있었다. 플랑탱 모레투스의 작업장에서는 욕을 한 번 할 때마다 특정 금액의 벌금을 정해두는 인쇄소 내부규정도 있었다.[12] 파리에서는 작업장 내에서 모욕을 당한 경우, 모욕을 받은 사람이 공동 합의문에 따라 정해진 금액을 받고 항의를 취하한다는 내용으로 공증을 받은 계약 문건이 종종 발견된다.

자신들만의 직업적 자유를 누리는 인쇄 직인들은 그리 호락호락하지 않은 성품으로, 인쇄소의 내부규율을 고분고분히 받아들이지 못한다. 인쇄소에서의 작업이 팀 체제로 이루어지는 데다 한 사람이 빠지면 다른 사람의 일도 중단될 수 있기 때문에 내부의 규율은 더더욱 엄격했다. 인쇄 직인들은 작업소 밖에서 식사를 금한다던가 이들에게 주어진 시간에 반박한다던가 해서 인쇄소 내의 금지사항에 대해 끊임없이 불만을 내놓았다. 특히 술과 음식을 많이 섭취하는 직인들의 경우, 시종일관 도제생을 시켜 밖에서 먹을 것과 술을 구해오도록 했다. 이런 상황에서 규율이 지켜지기란 여간 어려운 일이 아니다. 특히 이들은 자신이 마음 내킬 때 일을 하고, 원할 때 쉴 권리를 요구했다. 명절 전날은 조금 더 빨리 일을 끝내고 싶어했고, 다음 날 돌아와서 일을 마무리하지도 않았다. 직인이 자리를 비워 장인이 그 이유를 물어보면 이들은 조소와 야유로써 응했다.

오랜 시간을 함께 작업장에서 보내고 팀을 꾸려 공동으로 작업하며 힘든 일도 함께 이겨내고 식사도 같이 하다 보니 직인들은 자연히 하나로 뭉치게 되었다. 따라서 인쇄 직인들은 도처에서 서로 동업자 조합을 조직했다. 플랑탱의 인쇄소같이 규모가 큰 곳에서는 작업장끼리의 연합조직까지 만들고, 특히 한 도시 내에서의 직인들 조합을 꾸린다. 대개는 사무국을 차려 재산을 공동으로 관리하며, 도제생과 새로 온 직인들에게 세금을 매기고, 동료를 모욕한다거나 작업이 제대로 처리되지 않은 경우에는 얼마 정도의 벌금을 매길지 그 요율도 정했다. 그렇게 모인 금액으로 미사를 올리기도 하고 다 같이 모여 연회 자리도 주최했다. 안 좋은 일을 당한 동료나 혹은 남편을 잃고 곤궁한 처지에 빠진 미망인에게 자금 후원을 해주기도 했다. 하지만 장인들은 이 같은 직인들의 연합을 고운 시선으로 보지 않았다. 이들이 함께 힘을 합쳐 처우개선을 요구한다거나 장차 파업을 준비할 수도 있었기 때문이다. 플랑탱 모레투스가 직인들의 작업장 내 조합구성을 허용하고 이들의 조합에 소정의 기부금을 출연하며 조합 조직의 대표를 직인 대표로서 인정하기는 했다. 그러나 장인들 대부분은 여러 작업장의 노동자들이 모여 만든 그 같은 조직을 끊임없이 반대하는 입장이었다. 아울러 이들의 조직을 힘으로써 무력화시키려 노력하기도 했다. 이에 수차례 조합구성을 금지하려 시도했으나 소용없는 일이었다. 직인들의 동업자 조직이 공식적으로는 해산되었다 하더라도 이들은 곧 비밀리에 조직을 재구성해 다시금 투쟁을 시작했기 때문이다.

1539년과 1542년 사이, 리옹과 파리의 인쇄 노동자들이 어떻게 거의 모든 인쇄기의 가동을 중단하며 들고일어났는지에 대해서는 사학자 앙리 오제의 연구를 통해 알 수 있다.[13] 물가가 오르자 실질 임금가치가 떨어져서 안 그래도 직인들의 불만이 높아지던 참에, 장인들은 책의 원가를 낮추고자 끊임없이 직인들의 생산성을 좀더 높이려 들었고 이들에게 지급하는 식비를 줄이려는 한편 도제생의 수는 더욱 늘려갔다. 이에 직인들은 파업을 단행한다. 리옹 시청과 파리 고등법원 그리고 곧이어 왕궁 당국이 개입해 사태를 진정시키지만 1571~1572년경 다시금 직인들이 봉기하자 장인들은 결국 이들에게 일정 부분 양보해야 하는 처지가 된다. 특히 그 후로 장인들은 두 명 이상의 도제생을 둘 수 없었다(1573년 4월 17일 기재된 1572년 9월 10일 왕궁 성명).

물론 리옹과 파리는 1,000여 명 이상의 노동자들이 함께 어울려 일하던 대규모 출판도시였기 때문에 인쇄 직인 조합원들의 운동은 상당히 규모가 큰 편이었다. 하지만 이는 그리 이례적인 경우가 아니었다. 16세기 후반, 물가가 오르고 경제위기가 닥치자 거의 유럽 도처에서 노사분규가 터져나왔기 때문이다. 가령 1569년에서 1572년 사이에는 플랑탱이 고용한 직인들은 세 차례 파업에 들어갔고,[14] 1597년에는 프랑크푸르트의 대규모 인쇄업자 요한 라우어Johann Lauer가 인쇄기술자들에게 우물에 가서 물을 길어오라고 한 것만으로도 인쇄기술자들이 파업을 결정한다. 그것은 자신들의 일이 아니라는 것이다. 일견 사소해 보이는 이 일은 마침내 소송으로까지 이어진다. 법원은 결국 양쪽의 주장을 각하하는데, 근로자들의 조업 중단으로 피해를 입었다며 라우어가 요구한 80굴덴의 위자료 청구도 기각하고 파업기간에 대해 급여를 요구한 노동자들의 요구도 들어주지 않은 것이다.[15] 그 당시 유럽 각국의 정부 대부분은 이 같은 종류의 노사분규에 개입해 중재 역할을 맡아야 했고, 사주와 노동자 사이를 규제해야 했다. 예를 들어 제네바에서는 대부분 프랑스의 위그노 망명자들로 이루어진 인쇄 장인들이 리옹에서의 출판업 쇠퇴로 말미암아 그 지역에서 급속히 발전하던 인쇄산업이 노사갈등 때문에 발목이 잡히는 일은 없기를 바랐다. 이에 따라 1560년에는 제네바 시의회의 결정으로 규제안이 마련되는데, 형평성에 입각한 규제안의 기본 정신이 그 당시 프랑스 왕궁에서 제정한 엄격한 규제안과는 대조를 이루었다. 그 내용에 따르면 제네바에서는 인쇄기 한 대당 한 명 이상의 도제생이 배치되는 것은 금지한다. 합당한 이유나 사전 예고 없이 장인과 직인이 서로 결별할 수 없으며, 작업이 제대로 진행되지 않거나 손해를 보는 경우 각각의 책임 소재를 명확히 하는 데 각별히 신경을 쓰도록 한다. 중용의 정신과 인본주의에 입각한 이 같은 내용에는 장인들의 권리를 유지시켜주면서도 도제생과 직인을 보호한다는 점이 명시되어 있다. 하지만 이 경우에도 역시 정부 권력이 갈등을 완전히 저지하지는 못한다. 프랑스에서와 마찬가지로 제네바에서도 활판인쇄기술자들은 일요일과 쉬는 명절날 이외에 휴무일을 갖고 싶어했다. 1561년에 결국 작업소마다 서로 다른 관행이 나타나 물의를 빚는데, 어떤 인쇄소에서는 매주 수요일마다 노동자들이 휴무일을 갖는 반면 다른 작업소의 노동자들은 그날도 계속 일을 했기 때문이다. 결국 2주에 한 번 수요일에 쉬는 중재안이 나왔고 이 같은 중재를 위해 회의를 진행하는 동안 일부 직인들이 사주에게 욕을 하는 경우도 있었다.[16] 프랑크푸르트에서는 1563년 4월 22일, 장인들이 청원서를 제출한다. 시의회가 작업장 규정을 제정해 식자공과 인쇄공의 1일 작업분량을 정해주고, 휴무일 목록을 제시해달라는 것이다. 가령 크리스마스 휴가와 새해 휴가, 사순절 마지막 화요일 휴가, 승천절 휴가를 포함해서 제네바에서처럼 2주마다 하루씩 휴무일을 제정해 휴무일 목록을 정해달라는 내용을 담은 청원서였다. 이 같은 청원서가 제출된 이후 1573년에는 처음으로 규제안이 도출되고 이후 여러 차례 내용 보완과 수정이 이루어졌다.

하지만 16세기에는 그 같은 움직임이 나타나지 않는다. 17세기에서 18세기에 이르는 시기 동안에는 비록 조합운동에 대한 규제도 이루어지고 장인들에 대한 국가의 공개적인 지지 움직임도 있었지만, 그럼에도 프랑스 직인들은 계속 자신들의 요구사항을 제시하며 서로 연대하고 승리를 위해 싸워간다. 게다가 이들이 제기하는 요구사항들도 대개는 거의 동일했다. 생활비가 높아질 때는 급여 인상을 요구했고 아울러 작업시간 단축과 목표 생산량 축소도 요구했다. 일감이 부족할 때가 많았던 17세기와 18세기까지도 이들은 외국인 기술자들이 자기 지역에 와서 일하는 것을 막고자 그들을 추방하려 노력했다. 해외를 떠돌던 외국인 기술자들이 좀더 저렴한 인건비에 노동력을 제공하는 일이 왕왕 있었기 때문이다. 파리의 인쇄공들은 1702년에 플랑드르 지역이나 독일 출신 인쇄기술자들이 3개월 이상 파리에 머물지 못하게 해달라고 요구했다. 3개월이면 도시 곳곳을 돌아보기에 충분한 시간이라고 판단한 것이다. 아울러 자신들의 작업 영역을 지키기 위해 직인들은 대규모 인쇄소에서 일부 장인들이 도제생 수를 늘리려던 관행을 타파하고자 노력했다. 직인들은 도제생들이 라틴어를 알아야 하며 최소한 그리스어 정도는 읽을 수 있어야 한다고 요구하고, 규정대로 이들의 수를 제한해야 한다고 주장한다.[17] 하지만 이러한 직인들의 요구에 맞서 싸우고 비용 절감을 실현하기 위해 파리 장인들은 기술이 부족한 아무 일꾼에게나 인쇄기를 돌리게 하는 경우가 많아진다. 따라서 이에 대한 직인들의 불만과 이의가 높아짐에도 불구하고, 새로운 노동자 계급인 '대체 인력'이 등장한다. 이들의 존재는 18세기의 행정 규칙에서도 공식적으로 그 직위가 인정되었다. 그런데 이 같은 노사 투쟁과정에서 직인들이 얻어낸 소정의 결실도 있다. 가령 18세기에는 한 달 전에 미리 사전통지를 하고 난 다음에야 노동자를 해고할 수 있었다. 인쇄업종에 종사하는 사람들의 근무환경이 그 당시 다른 직종의 근로자들보다 더 나은 편이기는 했으나, 20세기 이후의 사람들이 보기에는 여전히 고된 근무환경으로만 보인다. 콜베르가 프랑스 여러 도시에서 인쇄소 수를 제한하고 난 1666년 이후에는 상황이 더더욱 고달파졌다. 장인이 사망한 경우, 그 미망인과의 혼인을 감수하지 않는 이상 장인이 되기를 꿈꾸는 것이 실질적으로 불가능해졌기 때문이다.

2. 장인

직인에 이어 이번에는 장인Maître에 대해 다뤄볼 차례다. 그 당시 인쇄 장인은 인쇄업자인 동시에 서적상인 경우가 많았고, 그래서 앞으로 양측 모두의 활동과 삶에 대해 동시에 다뤄볼 생각이다. 그 당시 인쇄 장인들 가운데 대부분은 인쇄업과 서적판매업에 모두 종사하고 있었기 때문이다. 물론 서적상들, 특히 규모가 작은 서점의 주인들은 대개 책만 팔고 직접 책을 출판하는 경우가 드물었으며 인쇄소를 갖고 있지도 않았다. 하지만 인쇄업자들 대부분은 서적판매점을 갖고 있었고 자비로 혹은 다른 사람과의 동업으로 출간한 책의 발행에 도서판매 수익을 재투자했다. 조스 바드의 경우가 이에 해당한다. 자본이 많은 일부 대형 출판사들이 도서시장을 지배하기는 했으나, 크라무아지나 지운타 가문 같은 경우는 인쇄소를 보유하지 않은 반면, 앞서 살펴봤다시피 코베르거나 플랑탱은 개인 인쇄소를 갖고 있었다. 최소한 이들이 직접 출자한 책이라면 자체 작업장에서 인쇄가 이루어지기도 했다.

장인들의 직업세계에 대해 살펴보자. 우선 인쇄 장인이 작업장에서 하는 일을 알아보도록 한다.

인쇄 장인들 가운데서는 인쇄기를 한두 대 정도밖에 보유하지 않은 소규모 인쇄업자가 가장 흔했다. 15세기에서 18세기까지 유럽 전역에서는 이런 형태의 인쇄 장인들이 상당히 많았으며 이들은 주로 시에서 발주하는 일로 생계를 이어갔다. 통지서, 포스터, 각종 소책자, 알파벳 입문서, 혹은 인근 학교에서 사용하는 학급 교재의 인쇄작업을 맡아 진행했다. 때로는 서적상에서 간단한 도서 발주 의뢰가 들어오는 경우도 있었는데, 좀 덜 까다로운 고객층을 상대로 한 평이한 도서의 인쇄작업이 보통이었다.

이 같은 작업장을 운영하는 장인들은 16세기와 17세기에 직인 신분이었던 사람들이 대부분이다. 직인으로 지내다 성공해 장인으로 작업소를 차린 것이다. 이들은 대개 아들이나 아내 혹은 딸의 도움으로 인쇄소를 이끌어나갔으며, 급한 작업인 경우에는 잠시 그 지역에 머물던 직인들에게 일손을 빌렸다. 간혹 고정으로 일꾼을 두는 경우도 있었는데 대개는 가족들과 생활을 함께하며 믿음이 가는 사람이었다.

이렇게 소규모로 작업하던 인쇄 장인들 가운데 실력이 뛰어나고 활자를 충분히 보유한 경우 출판사 눈에 띄어 주기적으로 인쇄 주문을 받기도 했다. 그렇게 되면 이때부터는 더 많은 인력이 필요해진다. 앞서 살펴봤듯이 생산성을 최대로 뽑아내며 인쇄기 한 대를 돌리려면, 인쇄기 한 대당 다섯 명이 필요하다. 이에 따라 인쇄 장인은 이제 제법 규모가 큰 회사의 주인 같은 양상을 한다. 17세기 혹은 18세기에 출간된 책들 대부분은 이렇듯 인쇄기 두세 대를 갖추고 직인들과 도제생 열 명 정도가 상시적으로 작업을 하던 형대의 직업장에서 인쇄되었나.

이 같은 기업의 운영주는 인쇄작업의 본보기를 보여야 했고 인쇄 일에 대해서도 아는 바가 많아야 했다. 만일 인쇄 장인이 납품한 책을 출판상이 마음에 안 들어하면 인쇄 장인은 더는 주문을 받지 못하고 일감이 떨어질 위기에 처한다. 통상 전지 한 장당 값을 받는 인쇄 장인은 인부들에게 더 높은 생산성을 요구하며 인쇄원가를 낮추고자 했다. 따라서 장인 스스로가 모범이 되어야 했다. 이에 아침 일찍 일어나 때로는 직인들보다 먼저 인쇄소에 도착하기도 하고 직인들이 하는 일을 꼼꼼히 살피며 이들을 도와주었으며 어려운 작업은 직접 직인들을 지도했다. 특히 인쇄된 내용의 교정작업을 꼼꼼히 살폈는데, 보통은 자신이 직접 교정을 보고 일손이 더 필요하면 가족들의 도움을 받는 정도가 다였다. 따라서 인쇄 장인은 기술도 뛰어나야 하는 한편, 라틴어에도 정통해야 했다. 장인의 아들은 대부분 15세나 16세 정도까지 공부한 뒤, 아버지나 친구의 인쇄소에서 일하며 다양한 인쇄와 조판작업의 기초를 배웠다.

인쇄 장인의 삶은 무척이나 정신없이 바빴다. 인쇄기가 쉼 없이 돌아갈 수 있도록 끊임없이 일감을 찾아 돌아다니며 주기적으로 작업을 배분해주어야 했던 탓에 출자자와의 관계도 유지해야 했고, 직인들의 작업을 감독하는 한편 교정쇄의 까다롭고 힘든 교정작업도 진행해야 했다. 계속해서 인쇄작업이 진행될 수 있으려면 정해진 시간 내에 교정쇄가 나와야 했다. 따라서 인쇄 장인은 쉴 틈이 없었으며 대개 인쇄소 근처에 서점을 차려놓고 있었기에 더더욱 바빴다. 충분한 이득을 거두고 어느 정도 자산을 모은 인쇄 장인은 자신이 직접 출판사를 차렸으며, 출판 비용을 감당하기 위해 간혹 다른 서적상과 손을 잡기도 했다. 이렇게 동업에 참여한 서적상은 출판의 위험과 수익을 인쇄 장인과 공유하며 인쇄된 책의 일부를 유통시켰다. 이러한 구조를 바탕으로 인쇄 장인이 간혹 대형 출판업자가 되어 성공을 거두는 경우도 있었다.

서적상의 일도 인쇄 장인의 일 못지않게 복잡하다. 서적상들은 출판사 일까지 거의 대부분 겸하면서 책의 출간으로 자산을 늘려갔다. 출판할 텍스트를 선정하고 (새로운 책이 나왔을 경우) 작가들과의 관계를 유지하는 것뿐만 아니라 출간작업에 필요한 종이를 구하는 것도 인쇄업자가 아닌 이들의 일이었다. 능력 있는 활판인쇄기술자를 고르고 이들의 작업을 감독하는 것도 물론 서적상의 일이었다. 하지만 서적상들은 특히 인쇄된 출판물의 유통을 준비하고 가게 안에 손님들이 찾는 모든 책이 구비되어 있는지 관리해야 했다. 이를 위해 서적상은 멀리까지 관계를 유지하며 거래처 망을 가져야 했고 복잡한 회계에도 능통해야 했다. 아울러 제안이 들어오는 책의 성격을 정확히 알고 있어야 했으며 이 책이 고객들의 취향에 맞는 것인지도 파악해야 했다. 이 모든 일을 수월하게 처리하려면 서적상은 지치지 않고 꾸준히 여기저기 서신을 보낼 수밖에 없었고, 이에 거의 하루도 빠짐없이 수십 통의 편지를 썼다. 이 수많은 일들을 소화함에 있어 서적상 대부분은 아무리 규모가 큰 출판업자라 해도 사무보조원 한두 명의 도움을 받는 것이 전부였다. 그리고 이 사무보조원들의 일이라는 것도 배송될 책 꾸러미를 준비하거나 도착한 짐들의 내용을 확인하는 정도가 다였다. 당시로서는 사실 이 정도도 꽤 복잡한 축에 속하는 일이었는데, 책들이 보통 제본되지 않은 전지 상태 그대로 발송되었기 때문이다.

하지만 일부 미묘한 계약 건일 경우, 단순히 서신만으로는 거래처와의 계약이 성사되지 않았다. 따라서 이 경우 서적상들은 몸소 먼 길을 떠나야 했다. 규모가 큰 기업이라면 보통 동업자나 부모 혹은 둘 다 없을 경우 사무보조원에게 이 일을 맡겼다. 그 당시에는 기업들이 대개 가족기업 형태를 띠었기 때문에, 서적상 본인도 젊은 시절 그 자신이 출장을 떠나는 경우가 많았으며, 가업을 물려받은 뒤에는 자신의 후계자가 될 아들, 특히 장남이나 조카에게 자기 대신 해외박람회 출장 혹은 거래처 방문업무를 맡겼다. 이후 이 미래의 후계자는 끊임없이 유럽 곳곳을 돌아다닌다.

일례로 1670년 17세기 리옹의 대형 출판업자 로랑 아니송Laurent Anisson이 한 아들에게 보낸 편지를 살펴보자. 편지에서 그는 아들에게 자신이 알고 있는 이런저런 가르침을 전해주고 독일이나 플랑드르 지역으로 그 같은 출장을 떠났을 때 서적상으로서 어떤 일들을 해야 하는지 일깨워준다. 다음은 이 편지의 전문이다.[18]

1670년 11월 28일, 리옹에서

아들에게

만일 암스테르담에서 네가 쓴 편지를 받지 않았다면, 프랑크푸르트에서 이곳을 건너뛰고 곧바로 안트베르펜에 간 게 아닌가 하는 생각을 할 뻔했구나. 쾰른에서는 아무도 만나지 못한 채 지나왔다지만, 여기는 네가 다녀온 곳들 가운데 물물교환 같은 방식으로 도서거래가 가장 많이 이루어지는 곳이란다. 암스테르담에서 보낸 그 편지에서는 나에게 내용물을 알리지도 않은 채 2주 후에나 발송될 짐을 부쳤다며 상당히 경솔한 발언을 했더구나. 예의 그 암스테르담에서나 그 외 네가 들렀던 다른 지역에서나 바스베르크 같은 여러 서적상들과의 일도 마찬가지다. 안트베르펜에서 보낸 열일곱 번째 편지에서도,

차분하게 교회에서 쓴 게 아니라 술이라도 진탕 마시고 정신없는 상태에서 대충 휘갈겨 쓴 모양새였다. 다만 아들과의 계약 변경 건을 지키지 않았던 것에 대해 쾨니히 나리께 이의를 제기한 부분은 잘했다고 생각한다. 때로는 상대에게 제동을 걸어주며 이전 사안에 대해 말을 번복할 수 없게 해야 한다. 쉬농 나리께 소송을 거는 것이나 그분에게서 타협적으로 무언가를 얻어내려는 것 사이에는 굉장한 차이가 있단다.

뫼르시우스 나리와 관련해, 이분께서 코넬리우스 책이 떨어졌다고, 할 수 없이 이를 더 찾아보시게 했다고 썼더구나. 그래서 이분께 예의 그 코넬리우스 책에 대한 우선권을 부여해드려야지만 보나치나와 바꿀 수 있을 것 같다고 했는데, 나로선 이해할 수 없는 부분이다. 팔라비치니Palavicini의 4절 판형 『공의회 역사』*Historie concilii*는 내가 거래하는 유형의 책이 아니니 맡지 말거라. 오래전부터 우리는 플랑드르와 네덜란드의 가격이 우리에게 불리하다는 점에 신경을 써왔는데, 이 지역에서는 우리의 예전 가격 수준을 유지하고 있기 때문이다. 그러니 누군가 새로운 요율을 제시해주거나 앞으로 어떻게 될지 상황을 신중히 지켜보는 수밖에 없다. 코르넬리우스 하키우스Cornelius Hackius에게는 누가 그런 식으로 이의제기를 하라고 조언하드냐? 너는 현장에 있지도 않았다. 그 친구가 내게 보냈다고 한 소포 꾸러미를 누구에게 건네준 것인지 알아보고 그가 프랑스의 누구에게로 이걸 보냈는지 조회한 뒤 진위 여부를 확인해야 한다. 그 친구가 갖고 있던 꾸러미는 필시 22.10냥짜리 칼레피노Calepino 책 세 권과 50냥짜리 가센디Gassendi 책 한 권이 들어 있었을 것이다. 그리고 워낙 귀하다 보니 네가 괜찮은 책 몇 권과 맞바꾸어 이 책들 중 하나를 팔아치운 게 아니라면 지금은 값이 더 올랐겠지. 물론 그게 전략적으로 좋은 방법이 될 수도 있겠지만 상황에 맞게끔 처신할 줄 알아야 한단다. 내가 하키우스에게 보냈던 꾸러미 안에는 카스틸로Castillo 책이 한 권도 없었지.

파탱Mr. Patin의 경우는 그리 대수롭지 않은데, 스폴마누스Spolmannus 문제는 짚고 넘어가야겠구나. 파펜부르크Papenburg 씨에게 너는 네가 칼팽Calepin에게서 전해 들은 것을 말해줄 수도 있었을 게다. 품목이 훨씬 더 많이 추가되었다고, 이걸 옮겨 적어 나에게 보냈다고 말이다. 네가 보낸 편지의 처음과 중간 그리고 끝의 내용에 대해 내가 어떤 판단을 내려주길 바란 게냐?

네가 프랑크푸르트에서 보낸 물건들은 모두 잘 받았다. 꾸러미 하나만 빼고는 잘 챙겨 보냈더구나. 다만 이 부족한 꾸러미에는 우리가 통상 취급하던 책들이 많이 빠져 있었다. 우리의 거래방식에 더 적합한 책들이 없었어. 네가 여기에 12절 판형의 『우울증 해소법』*Antidotum melancoliae* 2권을 50부 넣었던데, 이건 12권 정도면 충분했을 것이고, 4절 판형짜리 『맹자 시편』*Menzius in psalmos*은 서너 권 정도면 되는데 12권이나 넣었더구나. 끝으로 한 가지 당부하건대, 지금 네가 다니고 있는 그 출장은 비용이 많이 들어가기 때문에 지금 너처럼 그렇게 발길만 재촉하면 안 된다. 네가 가는 곳에 분명 자리잡고 있을 직인들을 잘 살펴보아라. 네가 잘못한 부분들을 고치도록 노력해주기 바란다.

사랑하는 네 아버지 아니송으로부터

이 편지는 서적상이 이 같은 출장 중에 어떤 식으로 일처리를 해야 하는지 잘 보여주는 전형적인 서신이다. 또한 그 당시 서적상들이 이 같은 사업 문제들을 해결하기 위해 어떤 식으로 유럽 곳곳을 누비고 다녔는지도 알 수 있게 해준다. 사실 대형 출판사들 같은 경우는 이러한 출장이 흔한 일이었다. 앞의 편지에서 본 바와 같이 로랑 아니송의 아들은 바젤과 쾰른, 프랑크푸르트, 안트베르펜 등지를 돌아다녔으며 이후에는 에스파냐와 이탈리아까지도 다녀온다.[19]

한 도시의 서적상과 인쇄업자들이 서로 긴밀한 관계를 맺는 것은 당연한 일이다. 서로 한데 모여 자신들의 일 이야기를 하기도 하고 정보도 교환하며 상황이 안 좋아진 동료를 돕기 위한 조치 또한 마련한다. 특히 축일이나 명절, 기념일 등을 같이 보내며 축하인사도 나누었다. 인쇄술이 등장하기 전에도 서적상이나 판화가, 제본공이 함께 모여 동업자 조합을 결성할 이유는 얼마든지 있었다. 그리고 인쇄술이 발명된 이후에는 인쇄업자와 인쇄본 서적상이 자연스레 여기에 합세한다. 특히 파리에서는 1401년 결성된 '복음전도자 성 요한'Saint-Jean l'Evangéliste 조합이 18세기 말까지 활발히 활동했다. 1년에 두 차례, 성 요한 사도 라틴Saint Jean Porte-Latine 축일인 5월 6일과 복음전도자 성 요한 축일인 12월 27일, 이 조합에 속한 인쇄업자들과 서적상들은 엄숙한 분위기 속에서 미사를 드리고 의식을 거행하기 위해 한자리에 모인다. 그리고 대개 미사와 의식이 끝나면 연회자리가 이어지고, 매주 일요일마다 조합원들은 함께 모여 미사를 드린다. 금액이 꽤 큰 수준이었던 가입비와 의연금을 모아 경비를 마련하고 특히 구호기금으로 이를 활용했다.[20]

원칙적으로 이러한 동업자 조합은 해당 직업을 수행하는 모든 사람을 아우른다. 다시 말해 장인과 직인, 도제생이 모두 가입하는 것이다. 하지만 실질적으로는 장인 정도밖에 끌어들이지 못했고 직인들은 따로 자기들만의 조합을 결성하고 싶어했으며, 앞서 살펴본 바와 같이 이러한 직인 조합은 업주에 맞서는 저항조직으로 거듭났다. 16세기 후반부와 17세기에 거의 도처에서 서적상과 인쇄업자들의 연합조직이 생겨난 것도 대개는 업주에게 맞서 싸우기 위해서였다.

그때까지 도서 관련 직업은 상대적으로 자유로운 직종이었다. 서적상과 인쇄업자들은 오랜 기간 대학의 규제에만 따르면 되는 사람들이었다. 필사본 시대의 잔재였고, 이 또한 대학이 있는 도시에서만 존재하는 제약이었다. 16세기 중반까지 전체적으로 어느 정도 먹고살기 편한 시기가 유지되던 동안은 그 같은 자유체제가 계속 존속되었다. 하지만 경제위기가 인쇄기술자들 사이에서 대규모 파업과 사회운동을 불러오고 장인과 직인 간 소송이 잦아지면서, 정부가 개입하고 종종 복잡한 규제안이 생겨났다. 이에 따라 장인들은 서로 뭉쳐 자기들만의 집단을 형성하며 구성원 중 일부를 법정에 대표자로 세운다. 곧이어 일감이 부족해지자 장인들은 서로 힘을 합쳐 다른 사람들이 새로이 업계에 진입하는 것을 막는다. 이렇게 일감이 딸리자 모조품이 양산되고, 이에 따라 장인들은 주기적으로 힘을 모아 업계 관련 문제들을 함께 해결하고자 노력했다. 사회질서의 확립을 추구하던 정부에서는 불온서적이 점차 늘어가는 상황을 저지하려 했고, 이에 따라 정부는 장인들의 그 같은 움직임을 더욱 장려해 이는 결국 길드의 등장으로 이어진다. 길드가 조직되면 정부로서는 서적상과 인쇄업자의 업계 활동을 좀더 수월하게 통제할 수 있었기 때문이다.

베네치아에서는 1548년부터, 런던에서는 1557년에, 파리에서는 1570년경에, 곧이어 네덜란드를 포함한 유럽 내 모든 대도시에서 길드가 조직되어 규정 준수를 감시하는 역할을 맡았다. 선거로 뽑힌 관리인과 보좌관들은 규정을 더욱 복잡하게 만들며 조직을 이끌었다. 주기적으로 길드회의에 참석한 인쇄 장인과 자유상인, 그리고 제본공들은 공동으로 해결해야 한다고 판단한 문제점들을 이 자리에서 논의했다. 중세시대의 떠돌이 잡화상이 책을 팔려고 한다? 그러면 그 즉시 길드가 대응하고 나섰다. 정부도 곧바로 길드 관리인을 시켜 사태를 파악하고 진상을 규명하도록 했다. 만일 도내의 한 서적상이 자기 책의 일부가 위조되어 외부 서적상에서 팔리고 있다는 사실을 알게 된다면? 이때도 역시 길드가 개입한다. 특정 서적상에게 도를 넘어서는 특권이 주어진다면? 이때는 이의를 제기할 만한 입장에 처한 사람들이 길드총회에 참석해 자신들의 불만을 성토한다. 또한 같은 도시 안의 서적상이라도, 동일한 책을 동시에 두 군데 출판사에서 출시하지 않도록 서로 의견조정을 하는 곳도 바로 이 총회였다. 이들은 자기네들끼리 서로 의견을 조율해 자신들이 부당하다고 생각하는 다른 도시의 서적상들과 맞서 싸워나갔다.

이 작은 세계에서도 경쟁관계는 무수히 존재했다. 심지어 대도시에서는 길드 내에 파벌이 형성되는 경우도 많았다. 인쇄업자들이 서적상과 같은 길드에 속해 있는 경우, 간혹 인쇄업자들끼리 뭉쳐 서적상과 맞서 싸우기도 했고, 늘 길드를 장악하려고 애쓰던 대형 출판사에 대항해 소규모 서적상과 인쇄업자들이 연대할 때도 있었다. 때로는 서적상들끼리 서로 맞부딪히는 경우도 있었는데, 특히 막대한 특권이 부여되는 문제와 관련해서 갈등을 빚을 때가 많았다. 사무국 선출을 둘러싸고 종종 알력다툼이 생기기도 했으며, 정부가 개입해 부유한 서적상이나 대형 인쇄업자들의 선출을 조장하기도 했다. 적어도 프랑스의 경우만은 이 같은 상황에 해당했는데, 정부 입장에서는 그런 사람들이 뽑혀야 질서가 잡힌다고 생각한 것이다. 길드 관리자와 보좌관의 역할도 녹록지는 않았다. 길드 구성원들끼리의 갈등뿐만 아니라 정부 권력과 길드 구성원 사이의 관계도 중재해야 했는데, 길드 구성원들이 정부 대신들과 개인적인 관계를 맺고 있는 경우도 많았다. 특히 책의 내용을 검열하는 일과 관련해서도 길드의 역할이 컸다.

이렇듯 서적상과 인쇄업자들의 직업환경은 상황에 따라 무척 상이하게 나타난다. 물론 그 직업상 성격에 따라, 특히 16세기에는 남다른 인정을 받던 직업이었다. 서적상과 인쇄업자들은 '기계적인 기술을 쓰는 일들과 완전히 다른' 직업을 갖고 있다며 늘 으스대는 편이었다. 특히 대학이 있는 도시에서는 대학의 '일선에 선 조력자'라는 타이틀 때문에 단체 행렬이나 행사에서 이들 직업군이 교수와 학생에 뒤이어 좋은 자리를 차지했다. 하지만 이들이 이 같은 명예를 얻었다고 해서 부르주아 신분으로 격상된 것은 아니었다. 서적상과 인쇄업자의 아들딸은 재산 수준이 비슷하던 상인의 자식들과 결혼했고, 재산 규모가 좀더 큰 서적상의 가문이라도 대개는 금은세공사 가문과 백년가약을 맺었다. 잡화상, 양초 판매상, 와인 판매상 등과 혼인하는 경우도 잦았다. 파리에서는 대표적인 고전도서를 출판하는 왕궁 서적상이 자기 자식을 주위 잡화상이나 신규 소매상 등 상점 주인들의 자식과 혼인시키는 경우도 많았다. 지참금 규모와 혼수 규모가 대략 서로 균형이 맞아야 한다는 법칙은 어떤 경우에서든 절대적으로 통했다.

대형 서적상은 간혹 막대한 부를 모아 자산가 계급의 반열에 이르는 경우도 있었다. 파리와 리옹에서는 이들 가운데 여럿이 영사나 행정관 자리에 올랐으며, 프랑스에서는 어느 정도 재산을 축적한 서적상이라면 그 자신들의 사회 계급이 한 단계 더 높아질 수 있는 자리를 꿈꾸기도 했다. 그리하여 프랑스의 경우, 서적상의 자식들이 가업을 계속 이어가는 것은 상상하기 힘든 일이 되었는데, 프랑스 이외의 지역은 상황이 달랐다. 가령 모레투스 가문은 귀족 증서를 받고 난 이후에도 인쇄업을 지속했다. 끝으로 이탈리아와 네덜란드에서는 도서판매로 재산을 축적한 일부 서적상들이 은행가로 변신하는 경우도 나타났다. 리옹 출신이나 이후 네덜란드로 망명한 위게탕Huguetan 집안은 궁중 백작이 된 상태에서 은행가 일을 계속했다.[21] 하지만 이런 경우는 드물었다. 유럽 전역에서 대개는 서적상과 인쇄업자들이 서로 혼인관계를 맺으며 여러 세대 동안 가업을 이어갔다. 16세기에서 18세기에 이르는 시기 동안 드 투른 가문은 리옹과 제네바에서, 그리고 다시 리옹으로 돌아가 인쇄업을 계속했다.[22] 바르부Barbou 가문은 대를 이어 그 자식까지도 리옹에서 인쇄업을 행했으며,[23] 데보르드Desbordes 가문 또한 17세기에서 18세기에 이르는 시기 동안 소뮈르Saumur, 이어 네덜란드 등지에서 가업을 이어갔다.[24] 수세기 동안 지속된 이들 출판 왕가는 폐쇄된 세계에서 출판 일을 지속하며 남다른 의식을 가진 사람들을 만들어내는 데 기여했다.

3. 인문주의 성향의 인쇄업자와 철학적 소양의 서적상

책으로 먹고살고 책과 더불어 지내는 동안 문인과 학자들, 신학자들, 즉 학생에서 교양 있는 대중에 이르기까지 한마디로 글을 읽고 쓸 수 있는 모든 사람과 일상적으로 접촉하던 인쇄업자와 서적상들은 사업에 대해서만큼이나 학식에 있어서도 관심을 기울여야 했다. 그래야 자신들이 하는 일에도 유익했기 때문이다.

어느 시대건 글을 쓰는 작가들이 곧 인쇄업자나 서적상 일을 겸했던 것도 우연은 아니다. 자신이 쓴 책을 자기 손으로 자신의 인쇄기 위에서 직접 인쇄하고, 그 내용을 손수 교정하며 제본 상태를 꼼꼼히 살피고, 특히 유통라인을 관리하며 독자들에게 직접적으로 행동을 취하는 것, 이는 글을 쓰는 문인이나 학자들 모두의 꿈이었다. 특히 사상투쟁이 심하거나 신앙갈등이 야기되었을 때는 투쟁문학이 등장하기 쉽다. 그런데 문인이나 학자로서 인쇄업에 뛰어든 이런 사람들의 활동이 16세기 초만큼 두드러진 영향을 미친 때도 없다. 인쇄술의 주된 역할이 최대한 원본에 가깝게 고전 문헌을 복원해 알리는 데 있었던 그 시기에는 인문학 연구가 한창 활발하게 이루어졌다. 이에 따라 수많은 학자들과 문인들이 출판사의 교정작업에 참여했다. 이들 가운데 다수는 자연히 스스로 인쇄업이나 서적상으로 빠졌고, 인문주의자면서 활동가인 이들은 그 당시의 이례적인 경제적 번영기를 누리면서 출판업자나 자금 출자자의 지원을 받았다. 이들의 공로를 인정해준 자산가들이 기꺼이 자금을 출사해준 것이다. 그 덕에 이들은 인쇄기를 돌려 인문주의의 확산에 기여하며 눈부신 성공을 거두는 경우가 많았고, 그렇게 하여 자신들이 지지하는 사상을 널리 확산시켰다.

그러니 이들은 '인문주의 인쇄업자'였던 셈이다. 초창기 인쇄업자 중 하나인 요한 아메르바흐Johann Amerbach 역시 그중 한 명이다.[25] 구텐베르크가 스트라스부르에서 인쇄술 연구를 시작했던 시기인 1434년 로이틀링겐에서 태어난 그는 우선 파리에서 대학을 다니며 슈타인 출신의 또 다른 독일인 요하네스 하인린과 만난다. 아메르바흐의 스승이었던 요하네스 하인린은 곧이어 소르본 대학 내에 인쇄소를 차린다. 그의 밑에서 영국의 중세 스콜라 철학자 둔스 스코투스Duns Scotus의 철학을 배운 아메르바흐는 곧이어 문학사 학위를 취득한 뒤, 뉘른베르크의 대형 출판업자 코베르거의 준직원으로 일한다. 출판업계 사람들과의 이 첫 만남은 인쇄술이라는 새로운 기술이 텍스트의 확산에 어떤 가능성의 세계를 열어주는지 그에게 일깨워주었고, 곧이어 1475년경 아메르바흐는 바젤에 작은 작업소 하나를 차리는데, 코베르거의 지원이 있었을 가능성이 높다. 가게를 낸 아메르바흐의 목표는 분명했다. 교부들의 저서를 정확한 판본으로 출간해 대중에게 소개하는 것이다. 그리고 아메르바흐는 이 일에 평생을 바친다. 1492년에는 성 앙브루아즈의 책을, 1506년에는 성 아우구스티누스의 책을 펴냈으며, 이어 에라스무스와 함께 성 제롬의 저서 출간에도 힘을 쏟는다. 독일 최고의 학자들은 그를 위해 필사본 대조작업에 기꺼이 응했으며, 1510년 독일의 인문주의자 요하네스 로이힐린Johannes Reuchlin(1455~1522)은 그의 집에서 기거하며 그와 함께 공동작업을 진행한다. 아울러 인문주의자 베아투스 레나누스 역시 이탈리아행을 포기하고 아메르바흐가 의뢰한 교정작업을 맡아준다. 그 당시 인쇄업자와 인문주의자들의 세계에서 아메르바흐가 어떤 지위를 차지하고 있었는지 알아보려면 그가 유럽 전역에서 받은 편지를 살펴보면 된다. 아메르바흐는 쾰른, 파리, 디종, 스트라스부르, 돌, 뉘른베르크, 슈파이어, 런던, 프랑크푸르트, 프리부르, 베른, 셀레스타, 튀빙겐, 하이델베르크 등지에서 편지를 받았으며, 인쇄업자 동료들의 편지도 받았다. 스트라스부르의 안톤 코베르거, 아돌프 루슈Adolf Rusch, 1488~1492년 동안 브장송과 돌, 디종 등을 떠돌아다니던 인쇄업자 피에르 메링거Pierre Metlinger, 1475년에는 바르셀로나에, 1480년에는 사라고사에 정착했던 독일 콘스탄츠 출신 인쇄업자 파울 후루스Paul Hurus, 요하네스 하인린, 아담 페트리의 숙부 장 페트리Jean Petri, 스트라스부르 출신으로 멘텔린의 외손자인 요한 쇼트 등 상시적으로 혹은 때때로 인쇄작업을 하던 수많은 인쇄기술자들과도 서신 왕래가 있었다. 유명·무명의 인문주의자와 신학자로부터 온 편지도 있었고, 르페브르 데타플Lefèvre d'Étaples, 로이힐린, 알브레히트 뒤러 등의 삽화가나 빔펠링, 세바스티앙 같은 공증인, 법학자 울리히 자시우스, 생디에 지리학자 트리템 등에게서 받은 편지도 있었다.

그런데 굉장한 일벌레에 지칠 줄 모르고 인쇄기를 돌리던 요한 아메르바흐는 한 집안의 완벽한 가장이기도 했다. 두 아들인 브루노와 바질을 파리 리지외Lisieux 학교로 유학 보내 대학 졸업장을 따게 했던 그는 당시 두 아들에게 끊임없이 편지를 보냈으며, 이런저런 조언들도 아끼지 않았다. 이 편지의 내용을 보면, 그 당시 학파들 간의 분쟁을 엿볼 수 있고, 파리에서 살아가는 바젤 사람들 사이의 동향인 세계에서 어떤 일들이 있었는지도 알 수 있다. 그는 두 아들에게 성가신 일을 겪지 않도록 조심하라고 당부하고, 두 아이들에게 자신과 마찬가지로 오컴William of Ockham이 아닌 스코투스의 철학을 공부하라고 종용한다. 이전 스승들의 말씀을 충실히 따르던 그는 비교적 최근의 철학자들보다는 고대 철학자들을 더 존경했다. 한 회사의 대표로서 수많은 책들을 만들어내던 그는 좀더 물리적인 다른 문제들에도 신경을 썼다. 두 아들은 안 좋은 사람들과 어울리기를 꺼리고, 특히 매일 저녁 자신들의 지출내역을 기록했으며, 불필요한 지출을 삼가도록 노력했다. "살기 위해 먹고 마셔야지, 먹고 마시기 위해 살면 안 된다"Comedite et bibite ut vivatis, non vivite ut edetis et bibatis는 그가 두 아들에게 충고하는 내용의 핵심이었다. 하지만 그러는 와중에도 요한 아메르바흐는 인쇄업이라는 자신의 본분도, 성 제롬도 잊지 않았다. 바실과 브루노가 돌아왔을 때, 출판 일을 시키면서도 뉘른베르크의 유명한 성 도미니크회 수도사 장 쿤Jean Kuhn에게 부탁해 두 아들의 학업을 최종적으로 완성시켜주도록 했다. 막내아들인 보니파스는 아메르바흐의 자식들 가운데 가장 영특했는데, 그 역시 아버지의 일을 돕게 된다. 이후 그는 아메르바흐의 후계자인 프로벤에게 가서 교정사 일을 봐주었는데, 에라스무스의 책을 주로 출판하던 프로벤은 아메르바흐의 유언 집행인이었다.

독일의 출판업자 아메르바흐가 주력했던 일은 교부들의 저서가 올바르게 책으로 출판되는 것이었다. 이렇듯 그리스와 라틴 고전의 출판작업을 늘림으로써 교부들의 저서가 정확한 내용으로 복원되어 세상에 알려졌으며, 이는 다른 인문주의자들이 소임으로 여기던 과업이기도 했다. 이탈리아의 알도가 이에 해당했는데,[26] 아메르바흐처럼 알도 역시 학문적 소양이 깊은 사람으로 인쇄업에 뛰어들기 전에는 심지어 교수직도 맡았던 인물이다. 그가 인쇄업 쪽으로 진로를 잡게 된 이유도 상당히 뜻깊은 의미를 담고 있다.

알도는 1449년과 1454년 사이에 로마 현 벨레트리Velletri 인근 세르모네타Sermonetta에서 태어났다. 우선 그는 전통을 고수하는 교사들로부터 가르침을 받았고, 이들은 알도에게 알렉상드르 드 빌디유Alexandre de Villedieu의 수많은 운율 문법을 달달 외우도록 가르쳤다. 훗날 그가 체계적 문법서를 펴내게 된 것도 이러한 영향이었다. 이어 그는 로마에 가서 가스파르 드 베론Gaspard de Vérone과 도미치오 칼데리노Domizio Calderino라는 유명한 두 교수 밑에서 라틴어 공부를 끝마친다. 그 후에는 페라라에 가서 그리스어를 공부하는데, 최고의 그리스 학자 구아리니Guarini의 수업을 받은 것도 이곳에서였다. 그리고 이제는 알도 역시 학생들을 가르치기 시작하는 단계에 이른다. 그는 최고의 그리스·라틴 작가들이 쓴 글을 읽고 설명해주었다. 이 시기부터 알도는 아마 이들 작가의 훌륭한 인쇄 판본이 부재하는 현실을 안타깝게 여겼을 것이다. 피렌체의 헤르쿨레스 스트로치Hèrcules Strozzi 그리고 지오반니 피코 델라 미란돌라Giovanni Pico della Mirandola 등을 포함해 그의 해석을 듣는 이들이 볼 수 있는 제대로 된 고전 인쇄본의 필요성을 느꼈을 것이다. 하지만 베네치아와 에르콜레 데스테 페라라 공작 사이에 전쟁이 터지고, 알도는 자신의 제자인 지오반니 피코의 집으로 몸을 피한다. 그리고 이 시기 지오반니 피코 델라 미란돌라 역시 그의 유명한 연구에 착수한다. 미란돌라 덕분에 2년간 안전하게 몸을 피할 수 있었던 알도는 크레타 섬 출신의 엠마누엘 아드라미테노스Emmanuel Adramyttenos와 연이 닿고, 폴리치아노Poliziano와 연락을 주고받다가 레오나르도와 알베르토 피오의 가정교사가 된다. 그는 라틴어뿐만 아니라 그리스어에 대한 교육의 기초를 마련한다.

이 시기, 비잔틴이 멸망함에 따라 수많은 그리스 학자들이 이탈리아로 피신한다. 이에 따라 알도는 그리스 관련 저서의 인쇄에 특화된 활판인쇄술 작업소를 차려야겠다는 생각을 한다. 재정문제는 피코 델라 미란돌라가 함께 해결해줄 수 있을 터였다. 망명 온 그리스 학자들 대부분은 베네치아에 기거하고 있었는데, 베네치아는 인쇄업자들과 서적상이 많았던 지역인 데다 의사소통도 수월했다. 그리하여 알도 역시 여기에 인쇄소를 차리기로 결심한다. 교정사들뿐만 아니라 식자공들까지도 그는 과거 크레타 출신의 달필가들을 엄선했넌 것으로 보인다. 곧이어 그는 라틴어 번역본을 수록해 무사이오스Musaeus의 시집을 출판하고, 시편집을 냈으며, 그리스 희곡 『갈로미오마키아』*Gallomyomachia*를 출간했는데, 그 서문에서 그의 야심 찬 출간계획을 제시한다. 실제로 1494년부터 그는 라틴어 번역본과 함께 라스카리 그리스 문법서를 펴냈고, 1495~1496년에는 아리스토텔레스의 『오르가논』*Organon*, 그리스 문법학자들의 문법 개론을 덧붙여 테오도르 가자Théodore Gaza의 그리스어 문법서를 출간했으며, 테오크리토스의 작품들도 펴냈다. 알도 최초의 라틴어 출간서인 피에트로 벰보Pietro Bembo 주교의 책 『디 에트나』*De Aetna*도 이때 출간되었다. 이제 알도의 인쇄기에서는 저명한 라틴 작가들의 저서들이 책으로 찍혀 나오지 않는 해가 없었고, 특히 그리스어 서적은 더욱 많이 출간되었다. 무엇보다도 아리스토텔레스의 저서를 연속으로 출간한 기념비적 인쇄 프로젝트 또한 빼놓을 수 없는 걸작이다.

작업의 완성도를 기하기 위해 그리스어 활자까지도 아주 우아하고 고급스러운 형태로 주조한 알도 주위로 이탈리아에서, 나아가 유럽에서 이른바 '학자' 소리를 듣는 사람들은 죄다 모여들었고, 특히 그중에서도 그리스 학자들이 많이 찾아왔다. 이에 따라 베네치아에서는 알디네 아카데미가 구성된다. 카르피 제후들의 소규모 학회에서 발전된 이 학회는 정해진 날짜에 알도 자택에 모여 인쇄작업에 들어갈 텍스트를 선정하고 어떤 원고를 판본으로 할지 결정한다. 이 학회의 구성원 가운데는 베네치아 원로원 의원들도 있었고, 장차 고위 성직자가 될 사람들도 있었으며, 교수나 의사, 그리스 학자들도 끼어 있었다. 전부 다 나열하기에는 사람 수가 너무 많으니 일부만 무작위로 열거해보면, 시인인 벰보Bembo, 카르피 군주 알베르토 피오Alberto Pio, 우르벤 볼차니Urbain Bolzani, 삽화 교수 바티스타 에냐치오Battista

Egnazio, 사벨리코Sabellico, 그레고로풀로스Gregoropoulos, 훗날 추기경이 되는 제롬 알레앙드르Jérôme Aléandre, 장차 모넴바시아 대주교가 되는 크레타 섬 칸디아 출신 마르크 무수로스Marc Musuros, 에라스무스 등을 꼽을 수 있다. 곧이어 알도는 출판 범위를 확대한다. 1501년에 그는 볼로냐의 프란체스코 그리포Francesco Griffo에게 새로운 활자인 이탤릭체를 새기도록 하고, 그의 유명한 8절 판형 '포켓' 컬렉션을 출시한다. 라틴 고전 작품과 이탈리아 시인들의 작품을 대중화하는 것이 이 시리즈의 목적이었다. 이렇게 해서 그가 출간한 작품들 가운데는 베르길리우스와 호라티우스, 페트라르카, 단테, 오비디우스, 유베날리스, 페르시우스, 스타티우스, 벰보 등의 작품이 포함되어 있었으며, 에라스무스의 『격언집』과 보카치오의 『데카메론』도 빠지지 않았다. 1515년 알도가 사망하던 당시, 알도가 출간한 시리즈의 목록은 더욱 늘어난 상태였고, 그리스 쪽 고전 작가들만 하더라도 아리스토텔레스, 아리스토파네스, 투키디데스, 소포클레스, 헤로도토스, 크세노폰, 데모스테네스, 아이스키네스, 플라톤 등이 모두 망라되어 있을 정도였다.

끝으로 대표적 인문주의 인쇄업자 한 사람을 더 살펴보면, 조스 바드의 경우를 들 수 있다.[27] 플랑드르 지방 출신의 그는 겐트Gand에 있는 네덜란드 신앙쇄신운동 공동체 '형제회'Les Frères de la Vie commune 산하의 신학교에 다닌 뒤 루방에 가서 학업을 마친다. 최고의 환경에서 그리스어를 공부하고 싶은 욕심에 이탈리아에 이끌린 그는 페라라로 가서 바티스타 구아리니Battista Guarini로부터 그리스 문학을 배운다. 그 후에는 만토바, 페라라 등지로 자리를 옮겨 공부를 계속했고, 특히 고대 문자의 대가인 필리포 베로알도Filippo Beroaldo 1세에게서 가르침을 받았다. 유럽 전역에서 인쇄된 그의 저서는 당시 선풍적 인기를 끌었던 것으로 보인다. 그때부터 이미 조스 바드는 학자로서의 명성을 얻기 시작했는데, 이제 이탈리아에서의 생활은 할 수 없게 되었다. 프랑스의 발랑스 지방과, 이어 리옹 지방으로 가서 학생들을 가르치게 되었기 때문이다. 자신이 스승으로부터 받았던 가르침을 학생들과 공유하고, 이들에게 고대 작가들을 알게 해주고 싶었던 그는 1492년 리옹에서 베로알도의 저서 『웅변집』*Orationes* 재출간을 준비한다. 그보다 한 해 앞서 볼로냐에서 출간된 작품이었다. 이어 그는 『실바에 모랄레스』*Silvae morales*를 펴냈는데, 고대와 당대 최고의 작가들이 쓴 글들의 발췌본 모음집으로 상세한 주석을 곁들인 책이었다. 아울러 테렌티우스 책도 출간했는데 여기에도 역시 주석을 달아두었다. 조스 바드는 이미 인쇄술이라는 기술이 얼마나 굉장한 위력을 갖고 있는지 인식하고 있었다. 그가 출간한 모든 책은 리옹의 대형 출판업자인 트레셸이 간행했다. 서로 자주 연락을 하는 과정에서 두 사람은 서로를 높이 평가하고 존중하는 사이가 되었다. 그리하여 트레셸도 출판사 내에서 조스 바드에게 상당한 역할을 부여했고, 수기본의 상태를 검토하고 교정쇄를 수정하며, 책머리에 들어갈 서간체 헌정사를 작성하는 것도 조스 바드의 몫이었다. 학생들을 가르치느라 바쁜 와중에 이렇듯 상당한 분량의 업무가 더해진 탓에 그는 당분간 자신의 개인 연구는 지속할 수 없을 정도였다. 그럼에도 이 일은 조스 바드에게 있어 열정을 바칠 만한 중요한 일이었고 리옹 최고의 출판업자였던 트레셸은 조스 바드가 오래전부터 지지해온 인문주의에 부합하는 방향으로 진로를 잡는다. 조스 바드는 리옹 인문주의의 중심인물인 셈이었다. 그가 작성한 책머리의 서간체 헌정사는 문학적으로도 높은 평가를 받았다. 그 당시 아직 젊었던 요하네스 트리테미우스Johannes Trithemius 역시 그의 서간체 헌정사를 인용할 정도였는데, 요하네스 트리테미우스는 성직자 세계에서 꽤 유명한 작가 중 한 사람이었다. 이후 1497년에 이븐 시나Ibn Sina의 필사본을 베끼기 위해 파리를 돌아다니던 중, 조스 바드는 파리 학자들 집단과 가까워지고, 마르네프Marnef 가家처럼 새로운 문예사조에 대해 호의적인 인쇄업자들을 만난다. 그러던 중 트레셸이 세상을 떠나자 조스 바드는 그의 딸 가운데 하나와 혼인한다. 하지만 트레셸의 자식들과는 순조로운 관계를 유지하지 못했던 듯하다. 출판사 내에서 입지를 잃은 그는 리옹의 다른 인쇄업자들과 함께 작업하고 이어 파리로 떠나는데, 로베르 가갱Robert Gaguin으로부터 파리로 오라는 연락을 받았던 게 아닐까 싶다. 파리에 도착한 그는 막강한 권력의 출판업자 장 프티를 만나고, 그는 조스 바드에게 일을 맡기며 이와 동시에 조스 바드는 출판 관련 강의도 다시 맡는다.

보기 드문 신중한 투자자인 장 프티가 어떻게 조스 바드의 인쇄소 개업을 도왔는지에 대해서는 앞서 살펴본 바 있다.[28] 이후 인쇄업자가 된 조스 바드는 장 프티를 위해 수많은 책들을 인쇄하고, 그와 동시에 장 프티와 동업해 그 자신의 수익을 올리기 위해 여러 가지 책을 출간한다. 곧이어 그의 집은 파리 인문주의자들이 모이는 회합 장소가 되었으며, 그의 집에 모인 사람들은 파리를 거쳐 가던 해외 학자들과 만남의 자리를 가졌다. 그의 측근 중에서 그의 보좌 세력이라 불리던 사람들 가운데는 르페브르 데타플Lefèvre d'Étaples, 기욤 뷔데Guillaume Budé, 피에르 다네스Pierre Danès, 자크 투생Jacques Toussaint, 장 바타블Jean Vatable, 루이 드 베르캥Louis de Berquin 등이 있었으며, 니콜라 뒤 퓌Nicolas Du Puis의 경우는 일명 '보나스페스'Bonaspes라고 불리기도 했다. 그뿐만 아니라 베아투스 레나누스Beatus Rhenanus나 프랑수아 뒤 부아François Du Bois 같은 인물도 있었으며, 알도와 마찬가지로 그에게도 재정적으로 큰 도움을 주었던 에라스무스 역시 그의 측근이었다. 이 수많은 학자들 덕분에 조스 바드의 일은 한결 더 수월해졌다. 이들은 그에게 최고의 필사본이 어떤 것인지 일러주었고, 때로는 이곳저곳을 돌아다니며 그를 위해 직접 사본을 만들어주기도 했다. 그리고 이 학자들과 교유하는 가운데, 조스 바드 역시 본인의 개인적 연구를 지속했다. 고전 작가들의 작품을 주로 출판하고 알기 쉬운 학술서적의 출간을 늘리면서 출판사의 문학적 색깔을 확고히 한 그는 1535년 사망 당시 업계에서 가장 번창한 기업의 총수였고, 그의 회사는 사위인 로베르 에스티엔이 이어받는다.

대표적 인문주의 인쇄 명문은 이와 같이 구축되었다. 그 명가들은 베네치아의 알도, 파리의 모렐Morel과 바스코장Vascosan 등이며, 파리에서 에스티엔가, 시몽 드 콜린, 조스 바드를 아우르는 인쇄 가문 역시 빠지지 않는다. 이들은 모두 기욘 비아르의 배우자나 자식들로 엮인 인쇄 가문으로, 기욘 비아르는 다미앵 이그망Damien Higman, 이어 앙리 에스티엔Henri Estienne 1세, 마지막으로 시몽 드 콜린 등과 함께 모두 세 차례 결혼한 전력이 있다. 기욘 비아르가 다미앵 이그망과의 사이에서 낳은 딸들 가운데 하나는 유명한 출판업자인 레뇨 쇼디에르Régnauld Chaudière와 결혼했으며, 그 자식들 또한 17세기에 서적상으로 활약했다.

그런데 앙리 에스티엔과의 사이에서 기욘 비아르는 딸 하나와 아들 셋을 낳았는데, 아들 셋 모두 인쇄업자가 되었으며 그 가운데 하나가 유명한 인쇄업자 겸 의사인 샤를 에스티엔이다. 『프랑스 지리 안내서』*La guide des chemins de France*, 『농업과 시골 주택』*L'Agriculture et maisons rustiques* 등의 책을 쓴 그는 이외에도 유명한 해부학 개론서를 집필했다. 그리고 특히 로베르 에스티엔 1세를 눈여겨볼 필요가 있는데, 수많은 출판물과 성서 번역본을 출간한 장본인인 그는 의붓아버지인 시몽 드 콜린의 집에서 인쇄기술을 배운 뒤, 조스 바드의 딸 페레트 바드와 혼인한다. 페레트 바드 자체도 굉장한 라틴 학자였으므로 남편의 교정쇄 수정작업을 거들었다. 로베르 에스티엔의 집에는 수많은 외국 학자들이 와서 머물다 갔으며, 이 집에서는 아이들뿐만 아니라 시중드는 하인들까지도 저마다 라틴어를 할 줄 알았다. 로베르 에스티엔 1세와 페레트 바드 사이에서 태어난 아이들 가운데도 박식한 인쇄기술자들이 많다. 우수한 그리스 학자로 파리와 제네바에서 활동하던 앙리 2세와 로베르 2세도 유명한 인쇄업자였으며, 프랑수아 에스티엔 2세, 로베르 에스티엔 2세의 미망인은 장 바르베Jean Barbé의 딸로 그리스 학자 마메르 파티송Mamert Patisson과 재혼했는데, 마메르 파티송은 전남편의 작업소에서 교정사로 일하던 학자였다.[29]

인문주의 성향의 이 모든 출판업자가 정확한 판본의 양산에 고민이 많고, 개인적 출판작업에 관심이 많은 학자들인 것만은 아니었다. 이들은 무엇보다도 자신의 일에 능숙한 장인들이었으며 자신들이 손수 만드는 출판물의 물리적 품질에도 신경을 많이 썼다. 앞서 살펴본 바와 같이 알도는 그때까지 사용하던 글자체보다 더 읽기 쉽고 품위 있는 그리스 글자체를 만들도록 했으며, 그리하여 이탤릭체를 '출시'했다. 그 당시 인문주의 인쇄업자들은 좀 더 읽기 편한 형태로 인쇄본 상태를 혁신적으로 개선했으며, 에스티엔 가 역시 조화로운 단아함으로 꾸며진 속표지를 선보인다. 일부 인문주의 인쇄업자들은 내용보다 형태에 더 관심을 기울였는데, 자신들이 하는 일에 대한 이들의 애정을 느낄 수 있는 대목이다. 가령 조프루아 토리[30] 같은 인물을 예로 들 수 있다. 그는 플레시Plessis 신학교, 코크레Coqueret 신학교, 이어 부르고뉴Bourgogne 신학교에서 교사로 재직했으며, 이탈리아를 굉장히 찬양하는 인물로 수차례 이 나라를 방문한 바 있다. 질 드 구르몽Gilles de Gourmont과 앙리 에스티엔 1세 밑에서 일한 뒤, 이후 자신의 돈을 들여 작업소를 차린 그는 앙리 에스티엔의 미망인과 혼인을 하기도 했다. 그는 특히 문자의 중요성에 대해 다룬 책인 『샹플뢰리』*Champfleury*를 출간해 유명해졌으며, 이탈리아 르네상스의 영감을 받아 프랑스 책의 외형을 혁신적으로 바꾸기도 했다.

전직 교사 출신의 그가 인쇄본에 대해 보인 열정이 지대해, 우리는 그가 손수 판화까지 새기고 직접 책의 장정까지 도맡아 하지 않았을까 하는 짐작을 해볼 수 있다. 아울러 그는 활자를 새기고 주조하는 작업까지도 참여했을 것으로 추정된다.

인쇄소가 잘 돌아가는지 살피고, 인쇄기에서 끊임없이 나오는 교정쇄를 수정하며, 하나의 출판사를 운영하고 해외 서적상이나 수많은 문인들과 활발히 연락하며 관계를 유지하는 것, 그러면서도 동시에 학자로서 그 자신의 책을 쓰는 것, 그 당시 인문주의 출판업자로서 해야 할 일은 한두 가지가 아니었다. 그렇기에 알도나 조스 바드, 로베르 에스티엔 같은 사람들이 그 모든 일을 완수했다는 게 우리로서는 놀라울 수밖에 없다. 이는 르네상스 시대의 사람들같이 열정적이고 지칠 줄 모르는 일꾼들만이 제대로 해낼 수 있는 수준의 작업량이다. 하지만 그 같은 업무에 대한 대가는 무엇인가? 가령 앙리 에스티엔은 자신이 펴낸 투키디데스 책 서문에서 자신이 낮 시간을 쪼개 교정쇄 수정작업과 출판사 운영 관련 업무를 진행하는 한편, 한밤중에 일어나 휴식 차원에서 개인적 학술서 출간작업을 준비한다고 적고 있다. 사실 16세기의 수많은 인문주의 인쇄업자들은 시간적 여유도 별로 없었을 뿐더러 개인 저술작업을 따로 진행하고 싶은 생각조차 없었을 것이다. 하지만 문화적 소양이 남다르고 학술적 취미가 뛰어난 사람들은 깨어 있는 출판업자로서 순조로운 사업운영을 위해 문인과 학자들을 늘 곁에 두었다. 그리하여 이들의 연구를 독려하고 그 헌신적인 조력자가 되어주었으며, 때로는 작가와 돈독한 친분을 유지하는 친구가 되기도 했다.

리옹 서적상 가운데 제왕급 지위에 있었던 세바스티앙 그리프Sébastien Gryphe[31]의 경우가 이에 속한다. 세바스티앙 그리프는 알도의 출판물을 대중적으로 보급하고 에라스무스의 저서를 끊임없이 전파했으나, 무엇보다도 그는 일단 정통한 사업가였다. 1491년에 독일 남부 슈바벤 지역의 로이틀링겐에서 인쇄업자 아들로 태어난 그는 독일과 베네치아에서 인쇄 일을 배운 뒤, '베네치아 서적회'Compagnie des libraires vénitiens의 현지 파견원으로 리옹에 갔다가 인쇄업자로 이곳에 정착한 듯하다. 그는 우선 이 회사 소속으로 일하며 고딕체로 판례집을 인쇄하기 시작한다. 이어 이탤릭체와 로마체를 구입해 알도의 출판물을 흉내 낸 작은 판형의 라틴 고전 출판물을 전문적으로 출간한다. 그뿐만 아니라 그리스 작가들의 라틴어 번역본도 출간했으며 뷔데, 에라스무스, 폴리치아노 등 당대 최고의 인문주의 학자들이 펴낸 저서들을 재인쇄하는 작업도 겸했다. 카르팡트라Carpentras의 관대한 주교 사돌레Sadolet는 자신이 쓴 저서 대부분의 출간을 그에게 맡겼으며, 인문주의 학자 팔레아리오Paleario 또한 영혼의 불멸성에 관한 자신의 개론서를 굳이 그에게 출간해달라고 부탁했다. 라블레Rabelais의 학술서는 물론, 쥘 세자르 스칼리제Jules César Scaliger의 첫 번째 저서 『라틴어의 주어에 관하여』*De causis linguae latinae*, 상테스 파니누스Sanctes Pagninus의 『히브리어 유의어 사전』*Le Thesaurus hébraïcus*, 돌레Dolet의 『라틴어 해석』*Les Commentarii linguae latinae*도 그가 인쇄한 책이었다. 진지한 학술서 외에도 그리프는 브누아 쿠르Benoit Court의 『사랑의 명령』*Arresta amorum*같이 좀더 가벼운 내용의 책들도 작업했다. 유럽의 절반에 가까운 지역으로 고전서를 납품했던 그리프는 리옹 인문주의를 활성화시킨 인물이기도 하다. 최고의 작가들과 위대한 학자들이 저마다 책의 헌정사를 통해 그를 칭찬했으며, 수시로 그의 집에 드나들면서 간혹 교정사 일을 맡아주었다. 인쇄업자면서 그 스스로도 교양 수준이 상당히 높았던 그리프는 주위에 늘 훌륭한 학자와 문인들로 넘쳐났다. 라블레Rabelais를 비롯해 알치아Alciat, 사돌레토Sadoleto, 위베르 쉬사노Hubert

Sussaneau, 클로드 바뒤엘Claude Baduel, 프랑수아 오트망François Hotman, 프랑수아 보두앙François Baudoin, 앙투안 드 구베라Antoine de Gouvera, 클로드 기앙Claude Guilland, 에밀 페레Émile Ferret, 클레망 마로Clément Marot, 비자지에Visagier, 니콜라 부르봉Nicolas Bourbon, 모리스·기욤 세브Maurice et Guillaume Scève, 살몽 마크랭Salmon Macrin, 바르텔레미 아노Barthélemy Aneau 등 여러 학자와 문인들이 그의 곁을 떠나지 않았으며, 이외에도 수많은 이들이 언제나 자신들을 환하게 반겨주는 그의 집을 찾았다. 이처럼 그리프는 문인들과 두터운 친분관계를 맺고 있는 출판업자였으며, 그 자신이 직접 글을 쓰지 않는 경우라도 깨어 있는 지식인이라면 대개 그와 돈독한 관계를 유지했다.

문인들의 가까운 친구이자 이들이 속내를 털어놓을 수 있는 절친한 사이로서, 때로는 그 비호 세력이 되어주기도 했던 서적상과 인쇄업자들은 이윤을 추구하는 사업가임에도 간혹 과감한 내용의 서적을 출간하기도 했다(물론 크게 구설수에 오르는 만큼 판매량은 더욱 많아졌다). 그뿐만 아니라 이단 혐의를 받는 작가를 받아주거나 이들에게 도움을 제공하는 경우도 있었다. 그리프 역시 툴루즈 감옥에서 막 출소한 돌레를 자신의 집에 받아들였다. 새로운 원고를 가장 먼저 읽어보고, 새로운 사상 조류도 맨 처음 접하던 인쇄업자와 서적상들은 그 당시 이 같은 새로운 사상 조류로 제일 먼저 전향하고, 이를 위해 선도적 투쟁을 전개하는 사람들이기도 했다. 가령 튀빙겐Tübingen과 이어 아그노에서 인쇄업자로 활동한 인물이자 로이힐린의 친구이기도 했던 토마스 안셀름Thomas Anshelm[32]의 경우가 이에 속한다. 그의 후계자이자 이복형제로, 멜란히톤의 친구 세처는 자신의 주위로 루터 개혁파들의 작은 무리를 끌어모은다. 두 사람 모두 루터와 멜란히톤 그리고 이들의 친구들이 쓴 책만을 거의 독점적으로 인쇄했으며, 이들과 적대관계에 있는 세력에 대항하기 위해 젊은 에스파냐 의사 미셸 세르베투스Michel Servetus의 비방문을 비밀리에 인쇄하는 일도 서슴지 않았다. 그리고 파리와 이어 알랑송Alençon에서 활동하던 인쇄업자 시몽 뒤부아Simon Dubois 또한 그와 같은 목적에서 루터의 사상과 저서를 끊임없이 전파했다.

새로운 사상을 전파하기 위한 투쟁에서 제일선에 있던 인쇄업자들과 서적상들은 소송이 제기될 경우 가장 취약한 위치에 있었으며, 언제나 취조 대상이 되었고, 그에 따라 감옥에 가거나 화형을 당하는 일도 많았다. 16세기 당시의 취조관들은 사실 이들을 무척 가차 없이 대했는데, 이단을 종식시키려면 미심쩍은 '불온'서적들을 확산시킨 장본인부터 가혹하게 처벌하는 게 당연한 수순이 아니겠는가? 감시와 고소로 이어지는 엄격한 검열과 법원의 통제에서 벗어나기 위해, 파리와 리옹에서 새로운 사상을 접한 유명 인쇄업자들은 16세기 후반에 결국 프랑스를 떠나야 했다. 로베르 에스티엔과 드투른 모두 제네바에 있었다. 아마 다른 수많은 인쇄업자들도 그 뒤를 따랐을 것이다. 플랑탱 같은 인물도 안트베르펜에서 활동하는 데 있어 애로사항이 많았다. 이곳은 기욤 도랑주Guillaume d'Orange와 그에 뒤이어 알랑송 대공의 지배를 받았던 곳이다. 또한 에스파냐 사람들에 대한 저항운동이 일어나기도 했고 이단이 성행하기도 했다가 알바 대공의 군대가 재탈환한 지역이다. 그런 곳에서 인쇄 일을 계속하자면 진심이었든 아니든 여러 차례 전향을 결심할 필요가 있지 않았겠는가? 더욱이 플랑탱은 한동안 이곳을 떠나 있어야 하는 처지가 아니었던가? 그래도 이들은 운이 좋은 경우다. 이들보다 운이 더 나쁘고 수완이 좋지 못했던 데다 고지식했던 몇몇 인쇄업자와 서적상들은 당시로서는 과감하고 무모한 내용의 책을 출간하고 판매한 대가로 자신의 목숨을 내놓아야 했다. 뛰어난 활자주조공인 동시에 마르그리트 드 나바르Marguerite de navarre의 책을 출간하기도 했던 오주로 같은 인물도 결국 화형장에서 목숨을 잃었다.

자신이 작업한 책과 함께 화형에 처한 이 책의 '순교자들' 가운데, 다른 모든 이를 압도하는 성격을 가진 이는 바로 에티엔 돌레Étienne Dolet다. 16세기에 이와 같은 운명에 처한 사람들 중에서도 그는 특히 20세기의 우리로서는 이해하기 힘든 복잡한 심리를 가진 듯한 인물이다. 만일 돌레가 직접 글을 쓰는 작가면서 동시에 인쇄업과 도서판매업을 겸하지 않았더라면, 출판계에서의 행보 때문에 결국 화형장으로 끌려가는 신세가 되지 않았더라면, 다른 서적상들의 사례를 연구함에 있어 돌레와 같은 심리적 문제들이 제기되지 않았더라면, 굳이 이 책에서 돌레의 경우를 다루지는 않았을 것이다.[33]

문제의 이 '돌레'라는 인물은 과격하고 난폭한 성격에 정서적으로도 불안정한 사람이었다. 어떤 정황인지는 정확히 알 수 없지만, 어떤 날은 난투극을 벌이던 끝에 그 사람을 죽인 전례까지 있었다. 열정적인 키케로 숭배자에다 파도바 대학 졸업생인 그는 당파싸움이나 종교적 다툼에는 별로 끼어들려 하지 않았다. 그러나 이탈리아에서 돌아와 툴루즈에서 앞뒤가 꽉 막힌 사람들과 이야기를 나누며 폐쇄적인 조직 속에서 숨이 막혔던 돌레는 박해에 대한 증오심을 표출했고, 루터의 신봉자인 장 드 카튀르스Jean de Caturce가 1532년 산 채로 화형에 처했을 때는 자유에 대한 열망을 부르짖었다. 반항적 성향이 다분했던 그는 고등법원 위원들에게까지 욕설을 퍼붓는다. 감옥에 수감되었다가 친구들의 도움으로 석방된 돌레는 그의 친구들 중 하나였던 장 드 보이손느Jean de Boyssonne의 추천으로 세바스티앙 그리프를 만난다. 세바스티앙 그리프는 돌레가 리옹으로 오자 그를 친절히 맞아주었으며, 돌레는 생계를 위해 곧 그의 교정사로 일한다. 이곳에서도 돌레는 자신의 연구를 계속했고 책을 집필했으며, 자신이 아끼는 라틴 작가들의 글을 번역하고, 키케로 문체의 우수성을 증명할 원대한 작업을 위한 재료들을 수집했다. 그리고 자신이 아끼는 작가를 지키기 위해서라면 언제든 논쟁에 끼어들었는데, 에라스무스와의 언쟁이 특히 유명하다. 이와 동시에 그는 그리프 밑에서 50여 권의 다양한 출간작업을 지휘하며 인쇄업에 뛰어든다. 돌레가 인쇄 일을 잠시 그만둔 때는 왕령으로 곧 사면된 프레네 귀족 니콜라 콩팽Nicolas Compaing이 죽었을 때뿐이었다.

그러던 중 1538년 돌레도 혼인을 하여 곧 슬하에 아들 하나를 두게 된다. 돌레가 인쇄업자가 된 이유는 가장으로서 장차 가정의 안정을 추구하고 싶어서였을까? 어쨌든 그는 어느 출자자의 도움으로 인쇄소를 차린다. 그리고 여러 연구가 있었음에도 그의 출자자가 누구였는지는 아직 밝혀지지 않았다. 1538년 3월 6일, 돌레는 프랑수아 1세로부터 왕궁 인쇄소 운영 허가권을 부여받는다. 곧이어 그의 첫 번째 책이 탄생한다. 하지만 언어적 자질이 뛰어나고 키케로를 숭배하며 모든 파벌을 초월한 존재임을 과시하던 그가 대중 앞에 내세울 책으로 선택한 첫 번째 출간서는 라틴 고전도, 라틴 시집도, 철학서도 아닌 작은 미사경본 『현명한 그리스도』*Le Cato christianus*였다. 이 책으로 그는 리옹 신학교의 교장인 기욤 뒤랑의 찬사를 받았으나, 얼마 후 파리 고등법원의 발행금지 처분을 받는다. 돌레가 그 같은 선택을 한 것은 대중의 취향을 위해 자신의 뜻을 꺾은 것일까? 아니면 정통 교리를 존중한다는 자신의 의사를 보여주려던 것일까? 아니면 다른 사람들과 마찬가지로 자신도 종교적 주제를 얼마든지 다룰 수 있는 사람임을 입증하려던 것일까? 우리로서는 그 답을 단언할 수는 없다. 어쩌면 이 모든 이유가 동시에 다 복합적으로 적용된 것일 수도 있다. 1538년부터 1541년에 이르는 시기 동안 돌레는 사실 그 같은 종교서를 출간하지 않는다. 그보다는 코트로Cottereau나 클로드 퐁텐Claude Fontaine 같은 자기 친구들의 책을 인쇄하는 데 주력했고, 마로의 저서나 의학서를 펴냈으며, 그의 성향대로 테렌티우스, 베르길리우스, 수에토니우스 같은 라틴 작가들의 책을 인쇄했다. 물론 자신이 사랑해 마지않던 키케로의 책도 작업했다. 1541년에 그는 이미 라틴어 신약성서를 출판했고, 도미니크회 수도사 겸 종교개혁가 사보나롤라가 썼던 소논문도 작업했다. 이듬해인 1542년, 돌레로서는 운명의 시기가 찾아온다. 돌레는 사업을 확장해 대형 서적상들이 모인 메르시에르 거리에 작업소를 차리고 32종의 책을 펴낸다. 그 가운데 다섯 권만 고전이었고, 일곱 권은 의학서, 여섯 권은 문학서와 시집이었으며, 라블레와 마로를 포함해 엄선된 작가들의 책만 골라 프랑스어로 펴냈다. 문제는 나머지 열네 권의 기독교 서적이다. 그 가운데는 에라스무스의 『엔키리디온』*L'Enchiridion*과 르페브르, 사돌레, 베르캥 등의 저서, 다윗 시편 번역본, 마로 시편, 신약성서 등이 포함되어 있었고, 신약성서 역시 당연히 프랑스어로 번역된 것이었다. 이 책의 저자들 가운데는 당연하게도 기존의 종교적 권위를 파괴하려는 자가 아무도 없었다. 외려 모두 복음주의를 찬양하는 책들이었다. 그런데 돌레는 이와 함께 올리베탄Olivétan의 번역판을 따라 성서 번역을 준비한다. 정통 교리파의 관심을 한 몸에 사기에 충분한 일이었다. 곧이어 돌레의 집에 대한 가택 수사가 진행되고, 그 과정에서 칼뱅의 『기독교 강요』*L'Institution chrétienne*, 올리베탄의 프랑스어판 성서, 멜란히톤의 책자 등이 발견된다. 이로써 그의 수난기가 시작되었으며, 이어 1546년 8월 3일, 돌레는 모베르 광장 화형대 위에서 자신의 책과 함께 불태워지는 신세가 된다.

돌레와 관련한 사실관계는 여기까지다. 그런데 우리는 여기서 돌레의 심리에 관한 질문을 던져볼 수 있다. 돌레는 언어적으로 뛰어난 자질을 지닌 문인이었고 자유에 대한 열정을 불태우던 인물이었으며, 특정 교파를 위해 싸우는 이들에 대한 경멸감을 오래전부터 공공연히 표출해왔다. 그런 그가 도대체 무슨 생각으로 투전판에 뛰어든 것일까? 왜 저들의 싸움에 끼어들기로 결심한 것일까? 돈을 벌어보려는 야욕에서였을까? 대중이 좋아하는 책을 펴내고 개혁적 성향의 책을 출간한 이유가, 과연 돈이 되기 때문에 그랬던 것일까? 아니면 점차 나이가 들면서 돌레 그 자신도 아들이 태어난 뒤 종교문제에 관심을 기울였던 것일까? 물론 이는 지나치게 단순화한 가설이다. 우리는 여기서 돌레의 '사례'에 대해 명확한 답을 찾아낼 수 없다. 다만 돌레에 관해 언급한 것은 그 당시 돌레처럼 특정한 이유에서 기꺼이 위험을 감수한 서적상이나 인쇄업자들에게서 매번 제기되는 문제들 몇 가지가 돌레의 사례에서 나타났기 때문이다.

그런데 16세기 말부터는 인쇄업자와 서적상들의 생각이 달라지기 시작한다. 이와 동시에 저자와 편집자 사이의 관계도 그 성격이 달라진다. 16세기 말의 혼란기 속에서 인문주의 인쇄업자 세대는 사라지고, 인쇄술 태동기에 이례적인 번영을 누리던 인쇄술은 위기를 맞는다. 인쇄본이 탄생한 지 100년이 지난 후, 이제 책은 시장에서 넘쳐나는 상황이었으며, 그에 더해 경제위기가 닥치면서 출판사들이 출간 자금을 구하는 데 어려움을 겪었기 때문이다. 이에 따라 인쇄 노동자들 사이에서는 파업과 소요사태가 일어난다. 출판사들의 첫 번째 목표는 일단 살아남는 것이었다. 특히 프랑스에서 이는 절체절명의 과제였다. 경제위기에 따른 타격은 상대적으로 약했던 독일어권 지역의 경우, 30년 전쟁을 겪느라 온 나라가 황폐해졌다. 반면 그 외 유럽 지역은 17세기 초부터 조금씩 인쇄업이 되살아나기 시작한다. 그런데 출판·인쇄업계는 이미 상당히 위축되어 있었고 그간의 시련으로 시장이 많이 축소된 상태였다. 인쇄공과 서적상이 길드 조직원으로 들어가고, 지식인이 인쇄소를 차리는 것은 이제 비상식적인 일이 되었다는 사실이 이를 방증한다. 살아남는 것 자체가 너무도 힘들었던 탓에, 대개 극심한 빈곤에 허덕이며 살아온 수많은 인쇄 장인들은 이제 하층민으로 전락했다. 출판업자와 서적상들은 이제 사람들에게 사상을 전파하는 일에 대한 고민을 하지 않았다. 이들에게 중요한 것은 확실히 팔리는 책을 만드는 일이었다. 이들 가운데 특히 부유한 업자들은 일단 종교서적이나 교부들의 저서같이 판매량이 보장된 기존 도서의 재출간에 매달렸다. 그 당시 대형 서적상들은 주로 종교개혁에 반대하는 입장이었다. 이들은 대형 상인이자 예수파의 정책에 충실히 복종하는 사람들로 교황권 지상주의에 헌신적으로 충성했다.

독창성을 배제하고 권위에 복종하는 이 사람들은 대개 그 나라 언어로 쓰인 새로운 저작물에 대해서는 전혀 관심을 갖지 않았다. 특히 프랑스의 주요 고전을 출판하는 사람들은 하찮게 보였으며, 문인들도 이제는 이러한 상인들에게 잘 보이려 애쓰지 않았다. 더욱이 이 상인들은 교육을 제대로 받지 못한 경우가 대부분이었고, 사회적 신분도 문인들보다 낮았다. 자연히 문인이나 학자들은 이제 서적상이나 인쇄소에서 찾아보기 힘들었고, 이들은 주로 문학 살롱이나 사교계 인사의 자택, 유명인들의 서재 같은 곳에 모였으며, 권력자의 보호 속에서 해박한 지식을 갖춘 문헌 전문가 주위로 모여들었다. 학자들과 문인들이 많이 모이는 수도원 같은 곳도 주요 회동 장소였다. 물론 크라무아지나 레오나르 같은 대형 출판업자들은 주요 대신들과 지속적 관계를 유지했으며, 특히 도서 관련 업무를 담당하는 세기에Séguier 총리대신 같은 사람과도 관계를 맺고 있었다.[34] 그뿐만 아니라 아카데미 프랑세즈의 서적상인 카뮈자Camusat나 얀센파 전용 서적상인 데프레Desprez 같은 경우도 지속적으로 문인들에게 서비스를 제공했다. 하지만 이 경우에도 역시 이들 학자나 문인들에게 있어 서적상이나 인쇄업자들은 자신들보다 신분이 낮은 하인 계급에 속하는 사람들이었지, 더는 자신들과 동등하다거나 자신들을 보호해주는 세력이 아니었다. 마자랭의 사서였던 가브리엘 노데Gabriel Naudé는 새해를 맞이해 카뮈자에게 10피스톨(100리브르)을 선사했고,

구에즈 드 발자크Guez de Balzac도 서신을 통해 출판업자 로코예를 공개적으로 모욕했다. 천성적으로 호의적인 샤플랭 역시, 로코예나 레오나르 같은 대형 서적상들을 '그자'라든가 '용감한 녀석'과 같은 호칭으로 하대했다.[35]

그러니 알도나 에스티엔 같은 출판 명가가 활약하던 때와는 시대가 달라졌다. 서적상들은 이제 암울한 분위기 속에서 과거의 영광을 이야기하고는 했다. 문인이나 학자들 중에서는 남다른 학식을 갖춘 일부 사람들만이 인쇄업자나 서적상들과 개인적 친분관계를 유지했는데, 자신이 원하는 까다로운 책들에 대한 인쇄작업을 부탁해야 했기 때문이다. 뒤 캉주Du Cange, 마비용Mabillon 같은 이들은 리옹의 아니송 출판 가문과 지속적으로 연락했으며, 로랑 아니송의 두 아들은 필사본을 찾아 이탈리아로 떠나는 마비용의 길잡이 역할을 해주었다.[36] 그뿐만 아니라 라이든 대학의 교수들도 엘제비어 가문의 해박한 지식과 뛰어난 출판 능력에 경의를 표했는데, 학자이자 정부 관료인 하인지우스Heinsius 같은 경우는 엘제비어의 친구이자 비호 세력이 되어주었다. 이전 세대 인문주의 인쇄업자의 전통을 어느 정도는 계속 이어가던 엘제비어 가문은 끊임없이 타지로 이동하는 과정에서 샤플랭이나 페레스크Peiresc의 환대를 받았다.

이처럼 이 시기에는 인쇄업자나 서적상들도 대다수 상인들이나 장인들과 별다를 바 없이 살아갔다. 다만 이전 세대인 인문주의 인쇄업자들보다는 미약한 수준이지만, 몇몇 인쇄업자와 서적상들이 기존의 직업적인 전통을 계승하며 문학적·학술적 발전에 이바지한다. 파리에서는 앙투안 비트레Antoine Vitré를 예로 들 수 있는데, 라틴어조차 몰랐던 그는 플랑탱의 다국어 성서를 뛰어넘고자 총 7권으로 된 5개 국어 다국어 성서를 출간하기 위해 생의 일부를 바쳤다. 에드메 마르탱Edme Martin은 당대 학자들의 굉장한 신뢰를 받는 뛰어난 그리스 학자였는데, 그 당시 파리에서 그리스 서적을 정확히 인쇄할 수 있는 사람으로는 그가 유일했다. 디종의 파이요Palliot 역시 학문적 조예가 깊었던 인물로 개인적으로 책도 쓰는 저명한 족보학자였다.[37] 그리고 특히 암스테르담의 블라외Blaeu[38]는 티코 브라헤Tycho Brahe의 학생으로, 정밀기기를 만들다가 인쇄업자가 되어 커다란 작업소를 차리고 인쇄기 완성에 주력을 다했으며, 특히 지도책 분야에서 엄청난 작품을 만들었다. 하지만 네덜란드를 제외한다면 아마도 이는 매우 드문 경우에 해당할 것이다.

이와 동시에 책을 만드는 일은 까다로운 규제의 틀 속에 갇히게 된다. 인쇄업자와 서적상들은 구교와 신교 모두를 포함한 교회의 밀착감시를 받았으며 종교와 무관한 수많은 법원들로부터도 자유롭지 못했다. 더욱이 이들이 내리는 판결도 서로 모순되는 경우가 많았다. 게다가 정통 교리에 충실하고 권력에 절대복종하는 서적상이라 해도 엄격한 검열을 피하기는 어려웠다. 크라무아지 역시, 언젠가 로마에서 책 몇 권을 받은 것 때문에 법원의 처벌을 받아야 했다. 전제 군주에 반대하는 산타렐리Santarelli 신부의 유명한 논고 『전제 군주 반대론』*Tractatus contra tyrannos* 몇 권을 받았다는 이유로 사람들 앞에서 공개적으로 자기비판을 하는 처벌을 받은 것이다.[39] 그 당시 살면서 최소한 한 번쯤 그런 식으로 고소를 당해보지 않은 인쇄업자나 서적상은 거의 드물 정도였다. 하지만 보통 처벌은 관대하게 이루어진다. 직업 특성상, 당시 현실참여 운동을 했던 서적상들은 적지 않았다. 그러나 16세기에 활동하던 이전 세대 인쇄업자들과 달리 이들의 얼굴은 수면 위로 떠오르는 경우가 절대 없었다. 이는 정부에서도 느끼던 바였다. 서적상들에게 있어 정부 권력은 놀라울 정도로 관대한 모습이었던 반면, 저자에 대해서는 매우 엄중한 처벌을 가했다. 『외설 시집』*Parnasse satyrique*을 출간한 소마빌Sommaville, 에스톡Estoc, 로코예Rocollet는 아무런 기소도 받지 않은 반면, 저자인 테오필 드 비오Théophile de Viau는 궐석재판으로 화형에 처해진다. 테오필과 앙숙이었던 가라스Garasse 신부의 세력이 아닌가 싶을 정도로 출판업자들에게는 굉장한 관대함을 보여준 셈이다.[40] 하지만 정부로서도 자신들이 잡아야 할 대상이 출판업자가 아니라는 것쯤은 잘 알고 있었다. 사실 인쇄업자들과 서적상이 금서를 찍고 파는 것은 대부분 금전적 이익을 위해서지 개인적 신념이나 소신 때문이 아니었다. 이들은 그저 고객을 만족시키기 위해 하는 일일 뿐이었다. 하지만 간혹 이들을 지켜주는 무리나 작가들을 위해 헌신하는 경우도 있었다. 『프로뱅시알』*Provinciales*을 출간한 데프레, 르 프티 같은 포르 루아얄 서적상들이 이에 속했다. 이들은 위험이 클 것을 알면서도 기꺼이 이를 감수했으며, 총리대신을 포함해 비호 세력과의 친분을 고려하더라도 상당한 위험이 따르던 일을 달게 받아들였다.[41] 아울러 중간에서 소식통이 되어주는 감독관을 통해 총리대신과 다른 대신들의 반응을 접하면서, 정말로 심각한 조사가 이루어지기 전에 때맞춰 책의 출간을 중단하는 노력도 기울였다.

하지만 단독으로 작업을 하는 인쇄업자들이라면 위험에 노출되는 정도가 더 컸다. 이들은 인쇄기로 돌릴 작업 자체가 전혀 없는 가난한 사람들이었으며, 하릴없이 때때로 비방문이나 선전물 같은 소책자나 몇 개 작업하고 마는 수준이었다. 특히 콜베르가 재상이 된 이후 이 같은 업자들을 가차 없이 몰아낸다. 이 가운데 감옥에 갇힌 사람만도 여럿이다. 금서나 위조된 책을 만든 경우 역시 가차 없이 처벌되었다. 가령 리부 같은 업자도 왕에게 적대적인 내용의 풍자문을 인쇄한 혐의로 수차례 감옥신세를 졌으며, 그나마 허약한 신체조건 덕분에 갤리선 노예로 전락하는 신세를 면할 수 있었다.[42]

신교도의 종교적 자유를 인정한 낭트칙령이 폐지되고 루이 14세의 절대왕정에 대한 반대가 심해지던 17세기 말, 그리고 특히 철학자와 백과전서의 시대라고 볼 수 있는 18세기가 되면 상황은 또 달라진다. 종교적 광기가 다시금 불타오르기 시작하고, 신교도에 대한 박해로 수많은 인쇄업자와 서적상이 다른 나라로 몸을 피한다. 해외로 망명해 인쇄 일을 계속하던 이들은 절대왕정에 대한 신랄한 비판을 담은 소책자를 인쇄해 자신들을 내쫓은 왕을 비난했다. 투쟁문학이 점점 발달하고 신문이 곧 생활이 되었으며 이와 더불어 '신문 인쇄업자'라는 새로운 범주의 인쇄업자가 나타났다. 이러한 사회적·종교적 갈등 속에서 인쇄업자와 서적상들은 새로운 중요성을 띠게 된다. 검열과 끝없는 싸움을 벌이던 철학자들은 자기 책의 판매경로를 주의 깊게 살폈으며, 다시금 출판업자와 긴밀한 관계에 놓인다. 자연히 16세기와 마찬가지로 문인들이 직접 인쇄업이나 출판업을 겸하며 새로운 사상을 전파하는 일이 무척 많아졌다. 가령 검열을 피하기 위해 프랑스와 독일의 접경지대인 켈Kehl에 인쇄소를 열고 볼테르 전집을 출간한 보마르셰의 경우가 이에 속한다. 특히 그리 유명하지 않은 작가로 기자 일을 하며 살아가던 사람들도 마찬가지였다. 이들은 왕궁으로 들어가는 관문 근처에 인쇄소를 차리고 여기서 책과 신문을 배포하며 철학자들의 저서와 이들의 사상을 확산시키려 노력했다. 피에르 루소Pierre Rousseau도 그중 하나다.[43] 1716년 툴루즈에서 태어나 이곳에서 예수파 학생으로 자란 피에르 루소는 이어 몽펠리에의 의과대학에 등록한 뒤, 24세에 파리로 상경해 학업을 마친다. 문학에 대한 열정으로 불타던 그는 토론가 기질이 다분해 파리 튈르리 공원, 팔레루아얄, 이곳저곳의 카페 등 사람들이 모여 학문과 정치에 관한 토론을 나누던 모든 곳을 빈번히 돌아다니며 친구를 사귀었는데, 달랑베르d'Alembert도 그중 하나였다. 피에르 루소는 희곡을 집필한 뒤, 이어 1750년에 『레 자피슈』*Les Affiches*라는 신문을 창간한다. 때는 『백과전서』 1권이 나온 시기였는데, 루소는 백과전서라는 조류에 매료되어 백과전서파에 특화된 신문을 만들고 싶다는 꿈을 품고, 백과전서파의 저서를 전담해 출판하는 회사를 차리고 싶어한다.

그런데 『백과전서』 1, 2권의 판매가 중단되고, 달랑베르와 디드로는 수많은 난관에 부딪힌다. 이런 상황에서는 파리에서 아무리 백과전서 신문을 내게 해달라고 청탁을 넣어봤자 부질없는 짓이었다. 상황이 이렇게 돌아가자 루소는 프랑스 인근에 있으면서도 유럽 각지로 접근하기 쉬운 도시인 리에주를 떠올린다. 은행가 일을 하며 철학자들을 후원하는 파리 형제들 덕에, 루소는 리에주 주교 겸 대공의 대신들에게 추천될 수 있었다. 이에 그는 리에주에서 격주간지의 발행허가권을 따낸다. 4년쯤 지나자(1755~1759) 리에주 사제들의 반대가 심해졌고, 이에 그는 리에주를 빠져나와 브뤼셀에 자리잡은 뒤, 이어 부이용에 정착한다. 이때부터 그의 사업은 계속해서 번창을 거듭한다. 신문의 집필진 구성을 위해 그는 여러 문인들을 자기 주위로 끌어들였으며, 매형인 모리스 바이센브뤼흐Maurice Weissenbruch는 인쇄소를 운영하며 2주에 한 번씩 두꺼운 잡지를 출간했다. 실로 부피가 큰 잡지였다.

하지만 루소와 바이센브뤼흐는 여기서 그치지 않는다. 철학자들의 저서를 좀더 수월하게 배포하려는 목적에서 1769년에 이들은 한 대형 출판사의 설립을 후원한다. 아울러 인쇄기 여섯 대를 갖춘 대형 인쇄소 설립도 후원하는데, 상당히 적극적으로 활동하던 이 회사는 25년간 유럽 전역으로 수많은 책들을 유통시킨다. 그 가운데 특히 볼테르의 소설과 콩트(엽편소설), 라퐁텐 우화집, 『철학적 견해와 학설의 모든 역사』*L'Histoire générale des dogmes et opinions philosophiques*, 『클라우디우스와 네로의 통치에 관한 소고』*L'Essai sur les Règnes de Claude et de Néron*와 디드로 전집, 엘베시우스 전집, 미라보의 『마드리드 은행에 관한 회고록』*Les Mémoires sur la banque de Madrid* 등이 유명하며, 이외에도 볼테르, 장 자크 루소와 그 친구들의 여러 다른 저서를 펴냈다.

이 시기에는 자신이 직접 인쇄소를 차리는 기자나 작가들이 많았다. 그리고 이들이 펴낸 신문과 잡지, 책은 철학적 움직임을 확산시키는 데 이로운 작용을 한다. 일부 대형 출판업자들의 활동은 좀더 큰 영향력을 미치기도 했다. 말하자면 '책 파는' 철학자였던 셈이다. 라블레 시대의 세바스티앙 그리프처럼 신중한 업자이자 고상한 취향의 소유자로서, 18세기에 이들은 자신의 신념을 위해서나 영리를 위해서나 새로운 사상을 전파하기 위해 노력했다. 검열에 맞서 함께 싸우는 과정에서, 출판인쇄업자들은 디드로와 볼테르, 루소 같은 인물들의 친구이자 절친한 동지였다. 『백과전서』에 관한 생각을 맨 처음 해낸 르 브르통André Le Breton(1708~1779)도 그중 하나였다. 백과전서라는 걸작이 탄생하게 된 배경에는 그의 역할이 상당히 컸다. 특히 프랑스 당국의 영향력 밖에 있는 외국인들은 프랑스 왕궁의 치안조직에 대항하는 싸움을 안전한 상황 속에서 이어갈 수 있었다. 예를 들어 네덜란드의 대형 서적상이자 장 자크 루소의 친구인 마르크 미셸 레이Marc-Michel Rey는 그의 병적인 경계심을 진정시켜주었으며,[44] 그 딸의 후견인이 되어주겠다며 자청하고 나섰다. 또한 루소의 저서 대부분을 출간해준 것도 바로 그였다. 이외에도 철학적 소양이 뛰어난 대형 출판업자들 가운데 대표적인 경우가 제네바 크라메Cramer 가문의 가브리엘Gabriel과 필리베르Philibert 형제다.[45] 볼테르에게 매료된 이 형제는 상류층 엘리트 출신으로 간혹 외교관 역할도 했으며, 학술적·문화적 소양이 뛰어난 동시에 탁월한 사업가였다. 서적상 가문에서 태어난 이들은 중간에 어머니를 통해 드 투른 가문과도 사업관계를 맺었는데, 드 투른 가는 16세기 리옹에서 이름을 날리던 인문주의 서적상 드 투른의 후손들이었다. 스톡홀름에서 나폴리, 베네치아, 카디스, 린츠, 알리칸테, 리스본, 파리에 이르기까지 이들은 유럽의 거의 모든 지역에서 사업관계를 유지했다. 막대한 부를 거느리고 있던 크라메 형제는 시의 공공사업에도 적극 참여했다. 심지어 필리베르는 차츰 자신의 본업까지 버려가며 공직에 전념할 정도였고, 슈아쥘Choiseul 공작이나 자크 네케르 재상 같은 인물의 집에도 드나들었다. 필리베르는 라 로슈푸코의 저택에서도 환대를 받는 사교계 인물이었고, 볼테르의 설명에 따르면 그는 "지적이고 품위 있는" 신사였다. 출판업을 계속 이어가던 형 가브리엘은 동생보다 총명함이 떨어지는 편이었으나, 음악적 재능이 뛰어나고 여자들이 많이 따랐다. 한때 그는 제네바 시의 200인 의회 의원으로 있었는데, 후에 참관인이 된 뒤에는 이마저도 버리고 출판업에만 전념한다. 볼테르의 친구이자 훌륭한 배우였던 가브리엘과 그 아내는 페르네이와 델리스에서 하는 거의 모든 공연에 출연했다. 지적이면서 쾌활하고 활기찬 성격의 아내는 루소와도 꾸준한 연락을 주고받았다. 교양 있는 상류층 서적상으로서 거의 귀족에 준하는 신분이었던 크라메 가문은 볼테르의 마음을 사기 위해 노력하며 1756년에서 1775년 사이에 나온 볼테르의 저서 거의 전부를 출간해주었고, 심지어 『철학 사전』 *Dictionnaire philosophique*처럼 모험이 필요한 책들까지 내주었다. 그뿐만 아니라 이들은 볼테르를 통해 달랑베르나 모렐레 신부 같은 철학자의 책도 출간했으며, 출간 후 유럽 전역으로 이 책들을 유통시키는 한편, 프랑스로도 몰래 흘려 들여보냈다.

피에르 루소나 보마르셰 같은 인물이 18세기에 인쇄소를 차리고, 또 마르크 미셸 레이나 크라메 같은 대형 출판업자들이 그 같은 활동을 벌일 수 있었던 이유는 16세기와 마찬가지로 그 당시 상황이 출판업 발달에 유리했기 때문이다. 물질적으로도 풍족하고 지적인 관심과 열의도 높았던 이 시기에는 누구라도 학식을 쌓는 데 관심이 많았으며, 교양 있고 활동적인 서적상들은 규모가 큰 사업적 시도도 감행할 수 있었다. 쿠스틀리에Coustelier 같은 인물은 고대 프랑스 시인 컬렉션에 자신의 이름을 붙여놓았는데, 이는 지금도 유명한 컬렉션으로 남아 있다. 바르부Barbou는 고품격 출간 시리즈 가운데 라틴 고전을 포함시켜 내놓았고, 얼마 후에는 또 팡쿠크Panckouke 같은 사람이 총 166권이라는 어마어마한 규모의 체계적인 백과사전 시리즈를 펴냈다. 라이프치히의 체들러Zedler는 묵직한 두께로 된 책 64권으로 이루어진 일반 어휘집을 출간한다. 그러므로 그 당시 문인들의 세계에서 출판업자들은 상당히 중요한 역할을 맡고 있었다고 볼 수 있다.

그런데 도서 거래가 확대되며 외관이 훌륭한 책들을 선호하는 것이 사회 전반적 분위기로 자리잡는다. 신문을 포함한 각종 인쇄물이 증가함에 따라 인쇄업자들은 책의 외관을 더욱 좋게 만드는 데 신경 쓰고 작업능률과 생산성을 높여주는 기술적인 완성을 추구한다. 이에 따라 18세기 유럽 전역에서는 자연스레 새로운 서체들이 내거 등장한다. 알도와 토리 같은 출판업자들의 후예로 대개 활자 각인 경력을 갖추고 있던 당시 인쇄업자들은 새로운 서체 개발에 주력했고, 이와 동시에 인쇄와 제지 관련 기술을 연구함으로써 기술혁명의 길을 열어주었으며, 이는 19세기 초 인쇄업계를 완전히 뒤바꾸어 놓는 시발점이 된다.

예를 들어 영국의 바스커빌(1706~1775)은 명필가로서 묘비를 새기는 일을 하다가 1750년부터 인쇄업에 관심을 갖기 시작한다. 2년간 서체 디자인과 각인기를 만드는 데 전념하던 그는 이와 동시에 놋쇠줄 자국이 없는 매끈한 종이 제작방식을 개발해낸다. 과거에 사산한 송아지가죽으로 만들던 독피지를 모방해 벨렝지를 만들어낸 것이다. 1757년 그는 베르길리우스의 책을 자신의 첫 번째 책으로 펴내는데, 그 품질이 무엇과도 견줄 수 없을 만큼 훌륭했다. 파산한 상태에서 생을 마감한 바스커빌의 인쇄 장비는 보마르셰가 그 미망인으로부터 사들였으며, 켈에서 볼테르의 작품을 출간할 때 활용된다.[46] 이외에도 이탈리아의 보도니Bodoni 역시 예로 들 수 있는데, 일찍이 '로마 포교성 인쇄소'에서 식자공으로 일하던 보도니는 새로운 서체의 활자 각인을 시도한다. 1768년 파르마공 페르디난도 1세의 명에 따라 파르마의 공식 인쇄소를 설립하는 책임을 맡게 된 그는 자신이 직접 작업을 하거나 다른 사람에게 작업을 시키거나 하면서 끊임없이 활자를 새기는 일에 매진했다. 그리고 이 같은 기술을 바탕으로 놀라운 품질의 책을 출판해냈다.[47]

물론 바스커빌과 보도니만 있는 것은 아니다. 자신이 개발한 서체에 자기 이름을 붙여 오늘날까지 전수시키고 있는 인쇄업자들 가운데는 캐슬론 역시 빠질 수 없다. 그뿐만 아니라 디도 가문도 있다.[48] 아마도 디도 가는 자신의 일을 사랑하고 심미적 인쇄술에 열정을 보인 모든 인쇄기술자 중에서도 가장 눈에 띄는 상징적 존재일 것이다. 이 불굴의 인쇄 명가는 프레보Prévost 신부의 출판인으로서 『여행 일반사』*L'Histoire générale des voyages*를 출간한 프랑수아 디도François Dido로부터 시작된다. 프랑수아 디도 슬하의 자식들 열한 명 가운데 하나인 프랑수아 앙브루아즈 디도François-Ambroise Didot는 16세기 이후로 제자리 상태인 인쇄 장비를 개선하고, 특히 1회전 방식의 인쇄기를 개발하며, 벨렝지 제작방식을 프랑스로 들여온다. 그뿐만 아니라 활자의 크기와 명칭에 있어 혼동이 많았던 그 당시, 이 문제를 개선하고자 새로운 크기 척도인 '활자 포인트'를 만들어낸다. 화가 다비드 스타일로 삽화를 게재한 심미적 책들도 많이 펴냈다. 제정시대에 그의 아들 피에르와 피르맹은 아버지의 가업을 이어가는 반면, 디도 가문의 또 다른 인물인 피에르 프랑수아는 에손 지역의 제지소를 매입하고, 앞서 살펴본 바와 같이 그 후 7년이 지나 최초의 연속 제지기계를 만들어낸다.

4. 저자와 저작권

인쇄산업이 출현하면서 생긴 직업으로 이 분야와 관련한 마지막 직업, 현대적 의미로서의 저자에 대해 살펴보기로 하자.

자신이 쓴 책을 여러 권 팔아서 판매수익을 거둬들이는 것은 오늘날의 상황에서는 지극히 일반화된 관행이다. 하지만 사람들이 이 같은 시스템을 고안해내고 받아들이기까지는 상당한 시간이 소요되었다. 물론 필경사들이 베껴 쓴 필사본 또한 다량으로 생산되는 복제물에 해당할 수 있다. 하지만 중세시대에 어떻게 필사를 하는 대가로 저자에게 돈을 준다는 생각을 할 수 있었겠는가? 더욱이 그 당시에는 누구에게나 필사할 권리가 주어져 있었고, 필사본 작업에 대한 독점권이 자신에게만 주어지는 것도 아니었는데 말이다. 이런 상황에서 그 당시 저자들은 단지 명예를 위해서만 책을 쓰는 게 아니라면, 그리고 충분한 수입이 보장된 상황이 아니라면 앞서 살펴본 바와 같이 몇몇 힘 있는 자들의 보호를 요청하는 수밖에 없었다. 일종의 메세나 같은 후원을 받는 것이다. 그리고 자신이 정성껏 필사한 필사본을 내다 파는 것 외에는 별 도리가 없었다. 인쇄술이 등장한 뒤에도 상황은 크게 달라지지 않는다. 필경사들과 마찬가지로 인쇄업자들도 자신이 펴내는 출간물에 대한 독점권을 갖고 있지 않았다. 게다가 당시 인쇄기에서는 주로 고대의 책들이 찍혀 나왔고, 출판업자들에게 있어 학자들의 도움이 필요한 경우는 보통 출간할 책을 선정한다거나 인쇄된 책을 교정볼 때뿐이었다. 그러므로 문인이나 학자들이 인쇄소 문을 두드리는 경우는 대개 교정업무를 보러 들어갈 때 정도였고, 앞서 살펴본 바와 같이 그 당시에는 학문에 관심을 가진 수많은 인문주의자들이 그 같은 교정사 역할을 해주었다.[49]

그런데 곧 남아 있는 미간행 텍스트가 별로 없는 상황이 찾아왔다. 이에 따라 이미 출간된 책들의 모조품이 등장하고 그 수도 점점 더 많아졌다. 이에 출판사들은 각자 자기가 인쇄기로 찍어낸 책들에 대해 일정 기간 인쇄와 판매를 독점할 수 있는 '윤허권'을 부여해달라고 요청하기 시작했다. 거기에 더해 이들은 새로운 미간행 원고를 애타게 찾아 헤맸다. 업계에 미치는 자신들의 영향력을 알게 된 저자들은 서적상에게 자신의 원고를 볼모로 삼는 경우가 많아졌다. 이들 가운데 대부분은 이렇다 할 비호 세력도 없이 그저 학문이 좋아서 글을 쓰는 사람들이었으며, 그런 이들에게 생계문제는 심각한 상황이었다.

저자들이 다 풍족한 여유를 누리는 것도 아니었고 또 모두가 안정적으로 교정사 일을 구할 만큼 충분히 교육받은 것도 아니었다. 책의 저자로서 서적상에게 자신의 책을 일임하는 대신 이들에게 돈을 요구하는 것, 그리고 서적상은 저자의 지적 결과물인 이 책을 팔아 수익을 올리는 것, 우리에게는 일견 당연해 보이는 이 상황이 당시로서는 아직 보편화되기 전이었다. 16세기의 저자들은 물론 17세기의 일부 저자들까지도 그 같은 '천박한' 소행은 결코 용납하지 않았다. 상황이 이러하니 저자들 대부분은 전통적 후원방식을 활용했던 것으로 보인다. 인쇄기에서 책이 나오면 저자들은 으레 책을 몇 권 요청해 몇몇 부유한 귀족에게 신속히 이를 보내주었다. 학문에 대한 애정이 깊은 이 귀족들은 듣기 좋은 말로만 가득한 편지가 동봉된 이 책들을 받아보고, 이 선물이 마음에 들면 찬사와 함께 소정의 금액으로 보상해주었다. 16세기에는 이 모든 것이 합법적 관행이었던 데다 상당히 고상한 방식에 해당했다. 이와 더불어 책의 앞머리나 제일 끝에 후원자에게 보내는 서간체 헌정사나 짧은 헌정 문구를 집어넣는 관행도 빠르게 자리잡았다. 그러면 후원자들 역시 잊지 않고 저자에게 돈을 보내주었다. 간혹 금액이 충분치 않은 경우, 문제의 후원자가 보여준 인색함을 모두에게 알려 망신을 주기도 했다. 심지어 브뤼헤에서 말이 안 통하기로 유명한 페트루스 드 폰테Petrus de Ponte 같은 인문주의 학자는 자신의 후원 세력에 실망해 자신이 쓴 책 한 권을 학생들에게 헌정하고, 자신을 인색하게 대했던 이들을 공개적으로 비난했다.

우리로서는 이런 관행이 그저 놀라울 뿐이지만 그 당시에는 지극히 당연한 일이었다. 더욱이 출판사에 자신의 원고를 팔아 치우는 것보다 더 고상한 행위였나. 가령 서석상에게서 돈을 갈취했다고 비난하는 경쟁 세력에 대해 에라스무스는 자신이 책을 증정했던 친구들이 챙겨준 돈밖에 받은 게 없다고 격분해서 말했다. 다만 우리가 여기서 짚고 넘어가야 할 점은 에라스무스가 상당히 잘 팔리는 작가였다는 사실이다. 그는 헌정본을 상당히 많이 뿌렸고, 독보적인 명성 덕분에 출판사로부터 꽤 많은 분량의 책들을 저자 증정본으로 요구할 수 있었으며, 유럽 전역으로 그의 책을 배급해 수익을 거둬주는 인력망을 구축하고 있었다.[50]

하지만 16세기를 다 살펴보더라도 에라스무스처럼 꽤 많은 증정본을 수령하는 저자는 극히 드물었다. 플랑탱 모레투스 출판사의 고문서 기록을 봐도 이를 알 수 있다. 책 판매가 제약을 받는 경우, 플랑탱은 저자에게 책의 일부를 저자가 직접 사기로 한다는 약속을 요구할 정도였고, 이에 따라 1586년 니콜라우스 마메라누스Nicolaus Mammeranus 역시 자신의 책 『알렉산드로 파르네제 결혼 축시』*Epithalamia Alexandri Farnesii*를 400~500권가량 사겠다고 약속해야 했다. 또한 1572년 세리아누스Serianus도 자신의 책 『레위기 해석』*Commentarii in Levitici librum* 총 300권 가운데 186권을 200플로린 정도에 사들였다. 이런 일은 상당히 빈번했으며, 특히 작곡가들의 경우가 이에 해당했다. 물론 오늘날에도 한정된 부수로 책이 출간되는 경우 저자가 자신의 책을 직접 사는 관행은 지속되고 있지만, 그래도 그 당시 플랑탱에게서 책을 출간한 저자들 대부분이 그 어떤 명목으로도 원고료를 받지 못했다는 것은 놀라운 일이다. 플랑탱은 가끔씩만 저자에게 증정본으로 줄 뿐이었고, 조르주 뷔샤낭Georges Buchanam의 경우가 이에 해당했다. 상황이 이러하니 『히브리어 문법』*Grammatica hebraea*(1564) 100부를 저자 증정본으로 받은 장 이삭Jean Isaac이나 플랑탱이 『방언집』*Dialectica*을 무려 200부나 증정했던 오귀스탱 후나에우스Augustin Hunnaeus 같은 경우는 상당한 특권을 누린 작가들이라고 볼 수 있다. 하지만 간혹 플랑탱이 작가들에게 선물세트를 보내는 경우도 있었다. 1567년 아드리앵 푸니우스Adrien Funius 같은 작가는 『노멘클라토르』*Nomenclator*('용어집'이라는 의미—옮긴이)라는 책을 내고 고급 벨벳 천 일곱 자를 받았으며, 사흘간 투숙하는 접대를 받았다. 그리고 상대적으로 드문 경우이기는 하지만 일부 작가들에게는 저자 증정본을 일정 부수 주는 것에 더해 소정의 원고료까지 지급했다. 1567년 피에르 드 사본Pierre de Savone은 『도서 요약론』*Instruction et manière de tenir livres de compte*을 쓰고 저자 증정본 100권과 45플로린을 받았으며, 1581년 구이치아르디니Guichiardini는 자신의 책 『네덜란드 개요』*Descrittione di tutti i Paesi Bassi*에 대한 교정작업으로 증정본 50부와 81플로린을 받았다.[51]

사람들은 곧 현금을 받고 자신의 원고를 서적상에 파는 일을 일반적인 관행으로 인식했다. 물론 이 가운데 대부분을 차지하는 지체 높은 신분의 사람들은 여전히 돈 받기를 거부했다. 그러나 글을 쓰는 사람들 대부분이 그렇게 자존심이 센 것은 아니었다. 특히 희곡 작가들과 소설가들은 더욱 그랬다. 부알로Boileau와 라 브뤼예르La Bruyère 같은 사람은 자신의 원고를 돈 받고 팔지도 않았고, 이를 공공연히 이야기하며 학문적 명예를 위해 책을 쓴 반면, 방스라드Benserade, 로트루Rotrou, 코르네유, 라퐁텐, 몰리에르 같은 작가들은 자신들이 쓴 희곡과 비극을 서적상에 팔았다. 1614년 오노레 뒤르페

Honoré d'Urfé라는 귀족 같은 경우는 상당히 신분이 높았기 때문에 굳이 서적상에게 돈을 받기 위해 책을 쓸 만한 사람은 아니었다. 그런 그도 자신의 '하인'에게 자기가 쓴 소설 『아스트레』*L'Astrée*의 3부 원고를 주고, 이 '하인'이 서적상에게 원고를 넘긴 뒤 '팁'의 명목으로 서적상에게서 1,000리브르와 함께 저자 증정본 60부를 받아왔다. 1660년부터는 여러 가지 수치가 발견되는데, 일부는 그 금액이 어마어마하다. 스카롱Scarron은 『희극 소설』*Le Roman comique*을 쓰고 1,000리브르를 받았으며, 『가면을 쓴 베르길리우스』*Le Virgile travesti*로는 1만 리브르를 받았다. 바리아Varillas는 『이단』*Hérésie*이라는 시를 쓰고 바르뱅Barbin으로부터 3만 리브르를 받았으며, 드 사시de Saci의 자식들은 데프레로부터 그의 원고를 넘기는 조건으로 3만 3,000리브르를 손에 넣었다.[52] 이러한 상황을 알고 나면, 부알로가 쓴 유명한 시에 대해서도 쉽게 이해할 수 있을 것이다.

> 나는 물론, 고귀한 지성이 아무런 수치심도 죄의식도 없이,
> 그 자신의 영혼이 만들어낸 결과물로부터 합당한 조공을 받아낼 수 있으리라 생각한다.
> 하지만 돈과 명예에 굶주려 추악한 행태를 보이는 이 유명한 작가들이
> 그 자신의 고귀함을 서적상에게 저당 잡히는 꼴은 참고 봐주기가 힘들구나.
> 저들은 신성한 예술작업을, 돈에 미친 직업으로 만들었다.

그런데 이렇듯 서적상으로부터 막대한 금액을 뜯어낼 수 있었던 작가들은 그리 많지 않았다. 특히 세기말에 있었던 일부 극단적인 경우를 제외하면 작가들이 받는 원고료의 금액은 상당히 미미한 편이었다. 이들이 살아남기 위해서는 다른 생계수단이 필요했다. 책의 서문을 돈 받고 판 것이다. 코

르네유는 자신의 고전극 『시나』*Cinna*를 몽토롱Montauron이라는 자산가에게 바쳤고, 그는 코르네유에게 200에퀴를 건네주었다.[53] 비슷한 예는 얼마든지 많다. 귀족들은 문학이나 학문에 대한 애정보다는 특권의식을 누리려는 차원에서 작가들을 자기 집에 기거하게 해주었다. 루이 14세가 지급하는 연금을 타먹으려고 다들 얼마나 혈안이 되었던가! 사실 그 당시 문인들은 귀족이나 권력으로부터 완전히 독립하지 못한 상태였다. 적어도 프랑스에서는 그랬다.

상황이 이러했던 것은 아마도 그 시절에 아직 저작권이 보호되지 않았기 때문인 듯 보인다. 서적상들이 원고를 사들이면, 이후로 작가들은 책의 출간과 아무런 상관이 없는 존재가 되어버렸다. 더욱이 출판 소유권의 원칙이 존재하지 않았던 때라 모든 서적상에게 원고 출판의 권리가 있었고, 저자에게 물어보지도 않고 원고의 사본을 구해 책을 출판할 수 있었다. '리부'라는 서적상도 마찬가지 경우였다. 몰리에르의 희곡 『어리석은 멋쟁이 여인들』*Précieuses ridicules*에 대한 소식을 접한 리부는 몰리에르의 동의 없이 이 작품을 출간했고 심지어 몰리에르가 자신의 작품을 다시 책으로 펴내지 못하도록 법으로 금지하는 출판윤허권까지 얻어냈다. 물론 몰리에르의 경우, 그 같은 특권을 철회시키는 데 성공할 수 있었지만,[54] 다른 모든 작가가 그와 같이 운이 좋은 것도 아니었고 몰리에르만큼 총애를 받는 작가인 것도 아니었다. 작가들이 돈을 받는 방식에도 문제가 많았다. 작가에게 지급되는 원고료 금액은 액수가 일정하게 정해져 있었고, 자연히 책이 출간되기 전에 지급되었다. 하지만 책의 성공을 어떻게 가늠할 수 있겠는가? 책이 재인쇄에 들어가더라도 작가에게 돌아가는 돈은 한 푼도 없었다. 이런 상황이다 보니 작가들의 거만함을 운운하며 불만을 늘어놓는 서적상들도 종종 있었고, 또 이들이 작가의 일보다 자신들이 하는 일을 과대평가하는 경향도 자연스레 나타났다. 자신들이 갖고 있는 원고에 대해 엄청난 금액을 요구하기도 했다. 작가들의 입장에서는 좌절할 수밖에 없는 상황이다. 더욱이 18세기에는 독점적 출판 권한의 연장이라는 관행이 일반화되었고, 이에 따라 서적상은 한번 사들인 원고에 대해 거의 무한정 독점 출판권을 누렸다. 그렇게 해서 서적상들은 계속 막대한 돈을 벌어들인 반면 원고를 제공한 작가와 그 자식들은 빈곤한 생활을 이어갔다.

자신들이 챙겨야 할 이익을 지키고 자신들이 쓴 책의 배급상황을 감시하기 위해 수많은 작가들이 자비로 손수 인쇄를 하려는 시도가 16세기 말엽 거의 도처에서 나타났다. 생아망Saint-Amant과 시라노Cyrano[55]도 마찬가지였고, 프랑스와 영국, 독일의 다른 수많은 작가들도 이들과 같은 길을 걸었다. 하지만 이런 시도는 서적상이나 인쇄업자 입장에서는 안 좋게 보일 수밖에 없었다. 그리하여 이들은 작가들이 자비를 들여 출간한 책의 유통에 대해 온갖 수단으로 다 막아내려 애를 썼다. 여기에 길드까지 끼어들어 작가들이 그와 같은 방식을 쓰지 못하도록 막으려고 노력했다. 그리고 그러한 길드의 노력은 대부분 성공을 거두었다. 하지만 여론의 압박이 있었기 때문에 작가가 사업가로 변모해야 했던 이 같은 구조는 1772년에 이르러서야 프랑스에서 보편화되기 시작했고, 독일의 극작가 레싱Lessing 같은 작가들이 직접 자신의 책을 출간한 독일에서는 작가들의 연합 출판사가 등장했다. 그중 가장 유명한 것이 시인 클롭슈토크Klopstock가 조직한 '학자 공화국'Gelehrtenre publik이었다(1774).[56]

하지만 당시 사람들도 서서히 오늘날과 같은 해결책에 다다른다. 자신의 작품에 대한 저자의 '출판 소유권'을 인정해준 것이다. 이에 따라 저자는 저작권이 소멸되어 '퍼블릭 도메인'에 들어가기 전까지 일정 기간 자신의 작품에 대한 권리를 법적으로 인정받는다. 그리고 실질적으로 어떤 경우에라도 작가는 책의 판매에 따라 달성되는 수익 부분에 이런저런 형태로 관여할 권리를 보장받는다.

영국은 이 분야에 있어 선도적 역할을 해주었다. 16세기부터 영국의 서적상들은 원고를 양도해준 저자에게 저자의 허락 없이, 그리고 추가금을 지급하지 않은 채 책의 재인쇄 작업에 들어가지 않겠다는 약속을 해주는 경우가 간혹 있었다. 특히 1667년 4월 27일, 시인 밀턴Milton은 출판업자 새뮤얼 시몬스Samuel Simmons에게 5리브르를 받고 『실낙원』*Paradise lost* 원고를 팔았는데, 새뮤얼 시몬스는 초판 1,300부가 다 팔리면 밀턴에게 추가로 5리브르를 더 지급하겠다고 약속했으며, 2판과 3판의 발행 부수가 다 팔렸을 때도 각각 5리브르씩을 지급하기로 했다. 그리고 이어 1710년에 앤Anne 여왕이 새로운 법령을 공표하자 법적 차원의 문제가 해결된다. '저작권'Copyright 소유가 서적상이 아닌 저자에게로 간 것이다. 이제 간행물 등기에 정식으로 책을 등록하는 일도 저자의 몫이 되었고 작품에 대한 소유권도 저자의 권리로 인정되었다. 이와 동시에 저자는 14년간 인쇄와 판매에 대한 독점권을 지닌다. 1차 저작권 보유 기간인 14년 이후에도 저자가 살아 있는 경우라면 새로이 14년간 갱신도 가능하다. 이제 영국 작가들은 서적상으로부터 간혹 엄청난 금액을 받을 때도 있었다.[57]

영국 이외 유럽 지역에서는 시간이 좀더 지난 후에야 비로소 저작권이 제대로 인정받는다. 영국 이외의 나라에서는 여전히 서적상들이 작가에게서 일정 금액을 주고 원고를 사들이는 관행이 지속되었는데, 다만 18세기 무렵에는 원고료가 올라가는 양상이 나타난다. 독일 라이프치히 지역 서적상들은 18세기 후반 상당히 높은 금액을 저자에게 지불했다. 프랑스의 경우에는 1750년까지도 원고료가 전체적으로 낮은 수준이었다. 가령 서적상 프로Prault는 볼테르에게 1,000리브르를 수고 『방탕한 아들』*L'Enfant prodigue* 원고를 샀는데, 이조차도 크레비용Crébillon과 데투슈Destouches가 받았던 원고료보다 높은 금액이었다. 물론 둘 다 처녀 작가는 아니었다. 루소에 따르면, 콩디악Condillac은 서적상 뒤랑Durand에게 자신의 책 『인간 지식 기원론』*Essai sur l'origine des connaissances humaines*을 100에퀴에 파는 것도 쉽지 않았다고 한다. 루소의 경우 『불평등 기원론』*Discours sur l'inégalité*으로는 25루이를 받았고, 『달랑베르에게 보낸 편지』*Lettre à d'Alembert*로는 30루이, 『에밀』*Emile*로는 6,000리브르를 받았다. 뷔퐁Buffon은 『자연사』*Histoire naturelle*로 권당 1만 5,000리브르 이상을 받았다. 사실 이 책은 판화작업으로 상당한 비용이 들어갔다. 하지만 1770년부터는 특히 이름이 많이 알려지지 않은 작가라 할지라도 이보다 더 높은 금액을 원고료로 받을 수 있었다.[58]

서적상들이 점점 더 높은 값에 원고를 사들이는 것까지는 감수했으나 판매수익과 관련해서는 저자들을 배제시키는 것이 보통이었다. 물론 18세기 초부터는 토마 코르네유Thomas Corneille가 자신의 사전 판매수익에 관여했던 것으로 보인다. 그러나 이는 무척 이례적인 경우였다. 간혹 서적상이 책 제작이 들어간 비용을 모두 상쇄하고 나서 수익 일부를 저자에게 지급하기도 했는데, 이는 매우 한정적인 경우였다. 1742년에 루소는 『근대음악론』*Dissertation sur la musique moderne* 출간과 관련해 비슷한 종류의 계약을 체결했으나 실질적으로는 한 푼도 받지 못했다. 달랑베르 역시 1753년에 『문학, 역사, 철학 모음집』*Mélanges de littérature, d'histoire et de philosophie*으로 같은 계약을 체결한 바 있다. 하지만 디드로에 따르면 이 같은 방식은 "한쪽의 상당한 신뢰와, 다른 한쪽의 상당한 정직함"을 요구하는 것으로 대단히 이례적인 일이었다.

그런데 18세기 내내 작품에 대한 저작권 문제는 점점 더 많은 비난과 소송의 대상이 되었으며 저작권과 관련한 사람들의 생각이 점차 하나로 모아진다. 서적상의 자산 매각이 이루어질 때, 일부 작가들은 자신들이 완전히 배제된 채 자기 작품의 출판윤허권이 팔려가는 것을 보며 분개했다. 예를 들어 1736년에 한 서적상 그룹이 리부의 자산을 매입했는데, 여기에는 크레비용의 작품 다섯 편이 포함되어 있었다. 이에 크레비용은 자문회의에 이들을 고발했고, 결국 서적상들은 그에게 작품을 일부 수정해주는 조건으로 500프랑을 제시했다. 돈이 궁했던 크레비용은 이 거래를 승낙했다. 하지만 그로부터 15년 후인 1752년, 크레비용은 왕궁 인쇄소에서 그의 작품 전집을 인쇄해도 좋다는 윤허를 받는다. 그러자 이전에 크레비용의 원고를 돈 주고 산 서적상들이 이에 반발하고 나섰고, 이 같은 왕의 칙령은 1746년에 체결된 계약권이 만료되고 난 이후인 1755년에 가서야 비로소 효력을 발휘한다(보통의 경우라면 이 기한 또한 자연히 연장되었을 것이다).

이 사건이 어떤 영향을 미쳤는지에 대해서는 알 수 없다. 다만 서적상들은 곧 엄청난 참패를 겪는다. 1761년에 라퐁텐의 손녀들은 할아버지의 우화집에 대한 판권을 획득한다. 하지만 서적상들은 이 작품의 소유권이 전적으로 자신들에게 있다며 이에 반대하고 나선다. 1686년에는 라퐁텐의 서적상이었던 바르뱅Barbin이 그의 작품에 대한 권리와 판권을 취득했으며, 그때 취득한 판권이 연장되었다고 주장한 것이다. 그러자 1761년 12월 14일, 국정자문회의가 법령을 내놓았다. 출판감독관 말셰르브Malesherbes의 의견에 따라 서적상들의 반발을 기각한 것이다. 얼마 안 있어 저작권을 확인시켜주는 또 다른 판결이 나온다. 작가인 뤼노 드 부아제르맹Luneau de Boisgermain이 자신의 돈을 들여 자기 작품을 출간하고 이를 유통시키자 서적상들이 이 작가의 집에서 재산을 몰수한 것에 대해, 서적상들에게 그럴 권리가 없다는 판결이 나온 것이다.

이때부터 작가와 서적상 각각의 권리와 관련한 진정서가 꼬리에 꼬리를 물고 이어졌고, 서적상들이 디드로를 앞세워 자신들의 견해를 관철시키려 하자 출판 당국에서도 말셰르브와 이어 사르틴Sartines이 이 문제를 고민한다. 두 사람 모두 작가들에게 호의적인 입장이었다. 그러다가 결국 1777년 8월, 문제해결을 위한 다섯 개 명령이 내려지고, 이어 1778년 7월 30일 또 다른 명령으로 그 내용이 보완된다. 이제 작가들은 작품에 대한 무기한 판권을 갖게 되었으며, 서적상들은 최소 10년 기한으로 판권을 부여받았다. 판권 양도기간의 갱신은 4분의 1 미만에 해당하는 기간 내에서만 이루어진다. 작품에 대한 판권을 가진 모든 작가는 자신의 집에서 책을 만들어 팔 수 있는 권리를 갖게 되었으며, 이제 자신이 원하면 얼마든지 인쇄업자를 시켜 자기 돈으로 작품을 인쇄할 수 있었다. 또한 서적상을 시켜 이를 판매하게 만들 수도 있었다. 이 과정에서 이들이 체결하게 될 계약이나 협정도 판권 양도로 간주되지 않았다.

그러다 결국 16년 후, 프랑스 국민의회는 저작권 문제를 해결하는 법을 내놓음으로써 현재의 저작권법이 생기기 위한 초석을 다진다. 이에 따르면 저자는 자신의 작품을 판매하고 배포할 권리를 가지며, 그 소유권의 전체 혹은 일부를 양도할 권한도 갖는다. 아울러 저자의 소유권은 저자 사후 10년간 그 후손에게로 연장된다(원서에는 이 부분에 대한 부연설명으로 "오늘날은 이 기한이 50년으로 늘어났다"고 되어 있으나 2013년 7월 1일부터 70년으로 더 늘어났다—옮긴이). 18세기 말과 20세기 초가 되면 유럽 전역에서 서서히 저자의 권리가 천명된다. 이제 작가들은 자신의 이익을 수호할 방편이 생긴 것이다. 19세기에는 작가들 대부분이 정해진 부수 내에서만 자신의 작품을 인쇄하도록 출판사와 계약을 맺었으며, 이는 재인쇄에 들어갈 경우에 대한 자신들의 권리를 보호하기 위한 관행이었다. 물론 작가라는 일이 상당한 소득을 올려주지 못하는 것은 여전했다. 오노레 드 발자크Honoré de Balzac 같은 인물도 악착같이 작업에 매진했지만 빚에 쪼들려 가난하게 살았다. 하지만 적어도 작가들은 이제 책이 성공하는 만큼 수입을 거둬들일 수 있었다.[59]

작가라는 직업은 이렇게 조금씩 오늘날과 같은 형태로 완성되어갔다. 작가들은 자신이 작업한 결과물로부터 물질적 이득을 취할 권리를 받아들이게 되었고 그러한 자신들의 권리를 다른 사람들에게도 인정하게끔 만들었다. 자신이 쓴 작품의 진짜 주인이 된 것이다. 이와 동시에 작가들은 오랜 기간 매여 있던 후원자의 그늘에서 벗어났다. 정부에서 받던 보조금으로부터도 자유로워졌다. 그렇다고 모든 알력관계가 해소된 것은 아니었다. 책의 판매수익에 연연하게 된 작가들은 이제 판매 부수를 높이려는 생각에 혈안이 되었으며, 더 많은 독자의 흥미를 유발할 수 있는 책을 쓰려 고심했다. 이에 따라 작가들은 결국 질적인 생산보다는 양적인 생산에 더욱 관심을 기울이게 되었다.

6장

책의 지리적 분포도

1. 기술을 전파하는 사람들

마인츠 작업실에서 인쇄술을 발명한 구텐베르크와 푸스트, 쇠퍼 세 사람의 머릿속에서는 아마 한 가지 의문이 제기되었을 것이다. 과연 자신들이 이 새로운 기술을 독점할 수 있을까? 아니 어딘가에서 경쟁 인쇄소가 나타나지는 않을까? 쇠퍼의 경우, 인쇄기술과 관련한 기밀이 새어나가지 않도록 갖은 노력을 다 기울였다. 아울러 자신이 인쇄기술을 가르쳐준 직공들에게 다른 곳에 가서 직업상 기밀을 누설하지 않도록 당부를 하는 것도 그 당시의 통상적인 관행이었다. 하지만 몇 년 전부터 인쇄기법의 문제를 스스로 풀기 위해 연구에 매진한 사람들이 이미 너무 많았다. 게다가 인쇄술은 지식적 관점에서나 상업적 측면에서나 상당히 이점이 많았기 때문에, 인쇄술과 관련한 기밀이 유지되는 것은 실질적으로 불가능했다.

그러니 인쇄술을 발명한 이들 역시 10년 이상 이 기술을 독점하지 못한 것은 당연한 일이었다. 프랑스 국왕은 1458년 이후 마인츠로 특사를 보내 인쇄술이라는 새로운 방식에 대해 알아보게 하고,[1] 1459년에는 멘텔린이 스트라스부르에서 성서를 출간한다. 마인츠 내에서도 여러 인쇄작업소가 생겨났지만, 라인 강 유역의 도시들과 그에 뒤이어 이탈리아와 프랑스 포Pô 지역 도시들에서도 1475년 이전에 이미 수많은 인쇄기술자들이 대거 유입되었다. 파리와 리옹, 세비야 등 다른 도시의 상황도 물론 비슷했다.[2]

독일은 탄약과 대포의 제작에 있어서도 오랫동안 앞서 있었지만 인쇄기술 역시 오랜 기간 독일이 거의 독점하다시피 했다. 최초의 인쇄 장인들은 과거 구텐베르크나 쇠퍼의 작업소에서 일하던 직공들이거나 아니면 이 인쇄 직공들로부터 일을 배운 사람들이었다.

굉장한 도전과 모험정신을 가진 이 초기 인쇄기술자들이 유럽 전역으로 퍼져나간 이야기는 아무리 봐도 흥미롭다. 이들은 그 시대 수많은 직인들과 마찬가지로 자신이 원래 일하던 장인의 작업장을 떠나 인쇄 장비를 들고 유럽 방방곡곡을 돌아다니며 인쇄기술을 전파했다. 마치 유목민과 다를 바 없는 삶이었다. 주문이 들어온 도시에 가서 잠시 머무르기도 하고, 또 알고 있는 지식은 많지만 장비는 대개 초라하기 짝이 없던 이들에게 인쇄소 차리는 일을 도와줄 자금 출자자를 찾아 돌아다니기도 했다. 아니면 안정적인 인쇄 작업장을 차리는 데 필요한 조건들이 충족된 도시를 찾아다니는 경우도 있었다.[3] 이들은 이곳저곳으로 거침없이 진출했다.

그레나다가 아랍의 영향에서 벗어난 뒤 2년이 지난 1494년, 이곳에 간 뉘른베르크 의사 제롬 뮌처 역시 거기서 자리잡은 세 명의 독일인 인쇄기술자를 만나지 않았을까? 스트라스부르와 뇌르틀링겐 출신의 다른 두 인쇄기술자는 아프리카 기니 만에 있는 위험한 섬 상투메São-Tomé로까지 거침없이 나아갔다.

성직자 출신의 요한 노이마이스터Johann Neumeister도 그중 한 사람이다.[4]

구텐베르크와 함께 작업했을 가능성이 큰 노이마이스터는 1459~1460년경, 구텐베르크의 출자자가 되었을 것으로 추정된다. 몇 년 후, 노이마이스터 역시 라인 강 유역을 떠난다. 그리고 독일의 1세대 인쇄업자 대부분과 마찬가지로 노이마이스터도 이탈리아에 대한 매력을 느꼈다. 이탈리아는 문인들이 대우받고 인쇄기술자들이 성공을 꿈꿀 수 있는 나라였기 때문이다. 그리하여 1464년에 노이마이스터 역시 슈바인하임Sweynheim과 파나르츠Pannartz가 불러들여 수비아코, 로마 등으로 건너가 현지의 인쇄시장을 장악한 독일 인쇄기술자들과 합류하지 않았을까? 아니면 토르케마다 추기경의 호출로 울리히 한Ulrich Hahn과 함께 로마로 건너가지는 않았을까? 옴브리아의 소도시로 한 교구의 중심지이기도 했던 폴리뇨에 1470년경 자리를 잡았을 가능성도 없지 않다. 이곳에서 노이마이스터는 에밀리아노Emiliano와 마리에토Marietto 오르피니Orfini 형제와 에반젤리스타 안젤리니Evangelista Angelini 같은 투자자와 출자자를 구한다. 이들의 도움으로 그는 레오나르도 브루니Leonardo Bruni의 『고트족 대전사』*Historia belli adversus Gothos*, 이어 키케로의 『가족들에게 보내는 편지』*Epistolae ad familiares*를 출판하고 단테의 작품들도 처음으로 출간한다.

하지만 이 인쇄본의 수익성이 별로 좋지 않다고 판단한 출자자들이 투자를 꺼리게 된다. 게다가 도서시장도 아직 제대로 구축되기 전이었기 때문에, 이탈리아에 진출한 독일 인쇄업자들의 사업은 점점 어려워진다. 로마에서조차도 슈바인하임과 파나르츠는 도산 직전의 위기에 처해 있었고, 이들의 가게는 팔리지 않은 책들로 가득했다. 이들은 교황 식스토 4세에게 탄원서를 넣어야 할 지경이었다. 빚 때문에 얼마간 감옥에 가 있던 노이마이스터 역시 이탈리아를 떠나야 할 처지였다. 그가 모어놓았던 일꾼들은 뿔뿔이 흩어졌고, 몇몇은 페루자로 가서 부유한 세습 귀족 브라치오 바글리오네Bracio

Baglione가 새로 문을 연 작업장에서 일자리를 찾았다. 노이마이스터는 이들의 뒤를 따르지 않았다. 아마 그는 다시 마인츠로 돌아간 것으로 보인다. 그리고 이곳에서 1479년 토르케마다 추기경의 『명상록』을 인쇄했을 가능성이 높은데, 이 책은 이 지역에서 만들어진 여느 책과 다르게 동판화로 작업한 그림이 삽화로 실려 있다. 하지만 노이마이스터는 마인츠에서 그리 오래 있지 않았다. 아마 경쟁이 너무 치열했던 데다 자본도 부족했을 것이다. 그는 인쇄 직인들이 즐비한 바젤로 건너갔거나, 각지에서 모여든 독일 인쇄기술자들이 넘쳐나는 리옹으로 갔을 가능성이 높다. 이어 그는 리옹 상인들이 수도 없이 드나드는 툴루즈로 향하는데, 당시 이곳에서는 이미 책을 들고 온 상인들도 눈에 띄었다. 1480년에는 알비Albi로 가서 자리를 잡는데, 이곳은 중요한 주교구이기도 하면서 부유한 도시였다. 그에 따라 인쇄기술자들도 안정적으로 자리를 잡을 수 있는 희망의 도시였다. 노이마이스터를 이곳으로 끌어들인 사람은 이탈리아 출신 르리코Lerico 주교였을 가능성이 높다. 어쨌든 이곳에서 그는 교황 비오 2세(아에네아스 실비우스Aeneas Silvius)의 짧은 도덕경 한 편과 『연애 치유법』*De amoris remedio*, 『일곱 현자 이야기』*Historia septem sapientium*, 토르케마다의 『명상록』 개정판을 출간했으며, 『명상록』 삽화는 종전과 동일한 판화를 이용했다. 또한 리옹 참사회의 주문으로 두꺼운 로마 미사경본도 제작했다. 판매량이 보장된 미사경본은 워낙 잘 팔리는 책이었기 때문에 리옹의 인쇄업자 마티유 위츠Mathieu Husz가 곧 복제본을 만들어 팔기도 했다. 이어 노이마이스터는 알비를 떠나 리옹으로 향한다. 샤를 드 부르봉Charles de Bourbon의 기별을 받고 리옹으로 떠난 것이 아닐까 추측된다. 1485년에 그는 리옹에서 특별히 신경 써서 만든 미사경본을 인쇄한다. 여기에서 새로운 후견인인 안젤로 카토네Angelo Catone를 만나는데, 주교이면서 도피네 지방의 비엔 지역 백작이기도 했던 안젤로 카토네는 한 고위 성직자의 요청으로 『비망록』*Mémoires*을 쓰기도 했다. 카토네는 자신이 속한 교구의 성무일과를 직접 조정하고 수정했으며, 그 성무일과서의 인쇄작업을 노이마이스터에게 맡겼다(1489). 노이마이스터는 특히 1495년에 토피에Topié와 함께 위제스Uzès 미사경본을 출간한다. 하지만 이렇게 여러 곳을 떠돌아다니며 수많은 고생을 했는데도 과거 구텐베르크의 직인이었던 그가 돈을 많이 번 것은 아니었다. 1498년 '빈곤층'으로 분류되어 세금을 면제받은 그는 일개 직인이면서도 자신에게 출자해주었던 토피에의 집으로 들어가 지내다가 1507년 혹은 1508년경 쓸쓸히 죽어간 것으로 추정된다.

물론 노이마이스터 같은 인쇄기술자들이 모두 비슷한 말로를 겪은 것은 아니었다. 그 가운데 대부분은 노이마이스터보다 더 성공한 삶을 살았으며, 더 빨리 자리를 잡았다. 하지만 노이마이스터의 사례는 구텐베르크, 쇠퍼 등과 함께 그리고 이후에는 이들의 세자들과 같이 일하던 초기 인쇄기술자들이 유럽에서 어떻게 인쇄기술을 가르치고 보급시켰는지에 대해 잘 알려준다. 또한 여기저기 떠돌아다니는 게 왜 인쇄업자라는 직업의 특징적 면모 중 하나인지도 이를 통해 알 수 있다. 그 당시 인쇄기술자들은 오랜 기간 이곳저곳을 돌아다니며 자신이 정착할 만한 곳을 찾아야 하는 처지였고, 이 같은 상황은 16세기, 심지어 17세기까지도 지속되었다. 특히 프랑스 남서부 지역은 몇 달 혹은 몇 년씩 머물다 가는 떠돌이 인쇄기술자들로 넘쳐났다. 한 소도시에서 일거리를 찾고 이어 다른 곳으로 떠나는 식이었다. 이 지역에 한정된 사례일까? 하지만 그 당시 프랑스와 플랑드르 지역에서 제단 뒤의 장식 벽을 제작하던 사람들도 떠돌이 생활을 하기는 마찬가지였다. 17세기에도 수많은 직인들이 프랑스 곳곳을 돌아다니며 한 도시에서 머물다 거기에 정착하고, 동시에 결혼할 아내를 찾기도 했으며, 작업장을 차리는 데 필요한 자금을 구하기도 했다. 혹은 몇 년간 그렇게 떠돌다가 자신이 작업하기 좋겠

다고 판단되는 곳으로 다시 되돌아가 인쇄소를 차리거나 책방을 여는 경우도 있었다.[5]

2. 인쇄소의 입지 요인

마인츠와 라인 강 유역을 떠난 초기 인쇄기술자들과 이들을 뒤따라간 그 제자들, 경쟁업체들은 어떻게 이런저런 도시로 떠나 인쇄소를 차리게 된 것일까? 그리고 이들은 어떤 요인들에 이끌려 그곳까지 가게 된 것일까? 자본을 비롯해 가진 게 전무한 이들에게 책의 출간을 시도할 수 있는 비용을 대준 사람은 누구였을까? 한마디로 독일에서 발명된 인쇄술은 어떤 경로와 과정을 통해 300년 동안 서구 유럽 전역으로 서서히 확산되어간 것일까?

우선 인쇄술 발명 초기 독일의 인쇄기술자들을 다른 도시로 끌어들인 첫 번째 요인은 바로 '사람'이다. 어떤 도시에서 특정 도서나 문헌을 손에 넣고 이를 확산시키고자 했던 몇몇 사람 혹은 몇몇 집단들이 움직이며 독일 인쇄기술자들의 인구 이동을 유발했던 것이다.

우선 이들의 활동은 후원의 형식으로 이루어진다. 장 드 로앙Jean de Rohan도 그런 후원자 중 하나였다. 프랑스 브르타뉴 지방의 브레앙 루데악Bréhan-Loudéac 지역 귀족인 장 드 로앙은 로앙 가문의 한 분가에 속했을 뿐이기 때문에 로앙 가문의 명성만큼 그렇게 부유하고 힘있는 귀족은 아니었다. 하지만 그는 문인들과 친분이 두터웠고, 크고 아름다운 성의 소유자였다. 생테티엔 뒤 게 드 리즐Saint-Étienne du Gué de l'Isle 시로부터 몇 킬로미터 떨어진 곳에서도 보일 정도의 이 거대한 성은 15세기의 훌륭한 주거 건축물 중 하나다. 그리고 1484년에 장 드 로앙은 바로 이 성 가까이로 두 인쇄업자 장 크레Jean Crès와 로뱅 푸케Robin Fouquet를 불러들인다. 성 부근에 사리잡은 두 사람의 작업소에서는 9년 동안 최소 10종 이상의 책이 만들어졌으며, 그렇게 제작된 이 책들은 당대의 교양 있는 귀족이라면 누구라도 손에 넣고 싶어 할 정도로 지식의 보고였다. 이곳에서 출간된 대표 저서로는 『성모의 죽음』*Le Trépassement de Notre-Dame*, 『장 드 뭉 선생의 순례길을 통해 보는 망자들의 법칙』*Les Loys des Trépassés avec le Pèlerinage Maistre Jean de Mung en vision*, 『그리젤리디스의 인내심』*La Patience de Grisélidis*, 『귀족들의 성무일과서—445행시』*Le Bréviaire des Nobles, poème en 445 vers*, 『피에르 드 네송의 기도』*L'Oraison de Pierre de Nesson*, 『동정녀의 공상』*Le Songe de la Pucelle*, 『죄를 지은 여인의 영혼을 비추는 황금 거울』*Le Miroer d'or de l'âme pécheresse*, 『브르타뉴의 관습과 제노』*Les Coustumes et constitutions de Bretaigne* 등이 있으며, 『예수의 생애』*Vie de Jésus-Christ*라든가 『아리스토텔레스의 비밀 중의 비밀』*Secret des secrets d'Aristote* 같은 책들도 물론 빠지지 않았다.[6]

이런 사례는 드문 경우가 아니었다. 인쇄술이 가져다줄 이익이 상당했기 때문에 때로는 신분이 낮은 사람들까지도 자기 집으로 인쇄기술자를 불러들였다. 그러나 대개의 경우 인쇄술 발명 초기에 이 기술을 장려한 사람들은 성직자들이었다. 인쇄술이 태동할 무렵, 교회는 이 새로운 기술에 매우 호의적인 입장을 보인다. 그 당시 이 신기술이 담당하게 될 역할은 매우 분명해 보였는데, 15세기와 16세기 초, 전쟁이 일어나면서 전례서와 함께 교회의 재산이 소실되었기 때문이다. 예를 들어 1508년에는 프랑스가 프랑슈콩테 지방의 돌Dôle을 점령한 후 도시를 약탈하자, 이 지역의 수도참사회원들이 더는 메모해둘 책도 없고 아침기도에 필요한 것들도 없다며 성토하고 나섰다. 수도사들에게 있어 아침기도를 하지 않는 것은 생각하기 힘든 일이었다. 당연히 교회에서는 교회의 일과와 업무에 관련한 책이 상당히 많이 필요했고, 인쇄업자들은 이를 만들어내느라 쉴 틈도 없이 일했다. 브장송에서 있었던 미사경본과 관련한 이야기도 이를 잘 보여준다. 1484년 브장송 지방의 살랭Salins에서 인쇄된 미사경본은 이어 1497년 파리에서 니콜라 뒤 프레Nicolas Du Pré가 인쇄에 들어가고, 같은 해 리옹의 인쇄업자 마이예Maillet가 베네치아의 거짓 주소를 달아 위조본을 찍어낸다. 하나의 미사경본이 이와 같이 여러 차례 인쇄된 것만 보더라도 당시 이 같은 종류의 책을 다량으로 보유해야 할 필요성이 어느 정도였는지 짐작이 간다. 각지의 주교들은 자신들에게 필요한 책을 만들기 위해 인쇄업자들을 불러들였고, 노이마이스터의 사례도 이를 입증한다. 미사경본과 성무일과서를 인쇄할 목적으로 인쇄업자들에게 인쇄소 차릴 비용을 대주는 수도사들도 종종 있었다. 파리에서 제일가는 인쇄업자였던 장 뒤 프레를 샤르트르Chartres로 불러들여 수도사 경내에 작업소를 차려주고 교구에서 쓰일 성무일과서와 미사경본을 인쇄하게 만든 한 수도사의 경우도 이에 해당하는 사례였다(1482~1483).[7]

교회에서 쓸 책을 양산하는 것, 물론 이는 성직자들이 인쇄기술자들에게 가장 많이 요청한 작업이었다. 성직자들에게 있어 일차적으로 필요한 책이었기 때문이다. 하지만 성직자들이 인쇄기술자들에게 요구한 것은 비단 그와 같은 교회서적뿐만이 아니었다. 경전이나 신학 교리서를 많이 만들어내어 신학자들의 연구가 수월할 수 있도록 하며 고전 문헌이나 학생들이 볼 책을 다량으로 제작해 학생들의 지식 습득이 용이하도록 만드는 것, 그리고 특히 대중 신앙서를 양산해내는 것 또한 인쇄술의 역할로 여겨졌고, 실제로 인쇄술은 그와 같은 역할을 담당했다. 그러니 마인츠에서 맨 처음 인쇄된 책이 성서였다는 것도 어찌 보면 당연한 일이다. 또한 마인츠의 대주교 베르톨트 폰 헨네베르크Bertold von Henneberg가 인쇄술 발명 당시 이를 '신의 기술'로 받아들인 것이나, 독일 주교들이 대개 책을 인쇄하고 판매하는 사람들에게 관대함을 베풀었던 것도 그리 놀랍지는 않다. 그러므로 성직자들이 인쇄술에 열광한 것은 보편적인 현상이었으며, 『쾰호프 연대기』*Chronique de Koelhoff*를 펴낸 사람도 초기 인쇄기술자들의 작업을 보며 이렇게 적고 있다. "신에게로 조금 더 가까이 다가가고, 마음속 깊이 신앙심을 키워낼 수 있었던 것은 인쇄술이 우리에게 안겨준 수많은 책들을 읽은 덕분이 아닐까?" 한편 『시대별 연대기』의 한 판본에는 다음과 같은 내용이 실려 있다. "얼마 전 마인츠에서 발견된 인쇄술은 기술 중의 기술이자 학문 중의 학문이다. 인쇄술이 신속히 확산되면서 세계는 그때까지 지식과 지혜가 고이 묻혀 있던 엄청난 보고를 소유하게 되었다. 그전까지만 해도 일부 소수 학생들이 파리와 아테네, 그 외 대학이 있는 다른 대도시 도서관에서나 찾아볼 수 있었던 수많은 책들이 이제는 각지의 언어로 번역되어 세계 모든 나라로 확산된다."[8]

이렇듯 교회와 손을 잡고 작업하는 인쇄소의 경우, 대개 고전에 대한 관심이 지대한 성직자들이 해당 인쇄소의 설립과 후원에 관여한다. 1466년에 토르케마다 추기경이 울리히 한을 독일의 잉골슈타트Ingolstadt에서 이탈리아 로마로 불러들여 자신의 『명상록』을 인쇄하도록 한 것도 같은 맥락이었다. 1469년에는 카라파 추기경이 게오르게스 라우어Georges Lauer를 뷔르츠부르크Wurzbourg에서 로마로 불러들여 1470년에서 1484년까지 최소 33권의 출판작업을 맡겼는데, 그 가운데는 페트라르카의 『칸초니에레』*Canzoniere*도 포함되어 있었다. 이외에도 파리를 중심으로 한 도처에서 이와 유사한 사례를 찾아볼 수 있다. 인쇄기술자들을 내부로 받아들이는 수도원들도 많았고, 자신이 직접 인쇄기술자가 되는 성직자들도 있었다. 프랑스에서는 클뤼니 수도원에서 인쇄업자 벤슬러Wenssler를 받아들였으며,[9] 디종에서는 시토Cîteaux의 신부 장 드 시레이Jean de Cirey가 아우크스부르크 출신으로 돌에서 일하던 장 메트링거Jean Metlinger를 맞이한다(1490).[10] 독일에서는 로스톡Rostock의 공동체 '형제회'les Frères de la Vie Commune에서 인쇄소를 차리고, 여기에서 펴낸 초기 간행물 중 하나에서 인쇄술을 "모든 학문의 공통된 어머니"라고 표현하며, "교회의 조력자"라고 일컫는다. 또한 인쇄술에 대해 "말이 아닌 글로써 가르치는 신의 사제"라고 수식하기도 했다.[11]

1470년에는 스위스 북부 아르가우Aargau 주의 베로뮌스터Beromünster 정기 참사회에서 인쇄소가 등장했고, 1472년에는 아우크스부르크에 있는 성 울리히와 아프라 베네딕트 수도회에서, 1478년에는 밤베르크 수도원, 1475년에는 블라우보이렌Blaubeuren의 수도원에서, 1478년에는 슈센리트Schussenried의 프레몽트레 수도원에서 각각 인쇄소가 나타났다. 뉘른베르크에서 은거하던 아우구스티누스 수도사들도 1479년에 인쇄소를 들였으며, 같은 해 에르푸르트Erfurt의 성 베드로 베네딕트 수도원에서도 인쇄소가 등장했다.[12] 이탈리아에서도 같은 움직임이 나타났다. 논란이 많은 수비아코Subiaco 수도원의 사례는 거론하지 않더라도, 리폴리와 피렌체 등지의 성 야고보 수도원에서 20년 이상 인쇄소가 운영되며 마르실리오 피치노Marsile Ficin(1433~1499)의 작품을 중심으로 인쇄작업이 이루어졌다는 사실 정도는 떠올려볼 수 있다.[13]

이와 비슷한 예는 얼마든지 많다. 하지만 인쇄술 태동기의 교회는 필사본 시절과 같이 문헌과 도서를 보급하던 기존의 역할은 담당하지 못했다. 인쇄기술자를 교회로 끌어들이고 이들에게 인쇄소를 차리는 데 필요한 자금을 지원하며, 몇 번 발주하는 정도로 모든 게 끝나는 것은 아니기 때문이다. 게다가 수도원 경내에 인쇄기를 설치하고 수도사들에게 인쇄 일을 가르치는 것이 전부도 아니었다. 인쇄술은 실로 하나의 산업 분야를 이루기 때문이다. 모든 사업은 어느 정도 시간이 지난 후에는 새로운 작업장을 마련해야 한다. 그것도 꽤 탄탄한 기반과 건전한 재정을 바탕으로, 수익을 올리거나 아니면 적어도 들어간 경비 정도는 상쇄할 수 있을 정도의 실적을 올리는 신규 사업장을 마련해야 한다. 그러지 않으면 모든 사업이 다소 실패로 끝날 가능성이 높다. 그래서 귀족의 후원이나 성직자들의 지원으로 만들어진 인쇄소나 이들이 개업을 장려한 인쇄소들 중, 어느 정도 시간이 지난 후 살아남은 작업장은 적절한 영업환경이 갖춰진 상태에서 자리잡은 인쇄소들뿐이었다.

시장의 판로문제를 제기하기 전에, 활판인쇄기술자들은 가능하면 현지에서 안정적이고도 충분히 폭넓은 고객층을 찾을 수 있어야 했다. 대학이 소재한 대도시에 중점적으로 인쇄소가 늘어나며 호황을 누리는 이유도 여기에 있다. 이러한 점에서 인쇄술 발명 초기의 파리는 다른 어느 곳보다도 좋은 예가 될 수 있다. 게다가 파리의 사례를 살펴보면 소수의 성직자 집단이 무슨 생각에서 특정 도시로 인쇄업자들을 불러들인 것인지, 또 이들이 왜 그렇게 할 수 있었는지 알 수 있다. 또한 인쇄기술자들이 어떻게 그곳에서 성공적으로 정착할 수 있었으며, 호의적인 사업환경을 바탕으로 필요한 경우 사업방향의 전환을 감수하면서 이들이 어떻게 사업을 발전시킬 수 있었는지도 알 수 있다.[14]

영국의 프랑스 침략과 여러 차례에 걸쳐 일어난 전쟁으로 말미암아 물질적으로나 정신적으로나 황폐해진 상황에서, 15세기 전반 동안 제대로 된 교육은 이루어질 수 없었다. 그럼에도 파리는 마인츠에서 인쇄술이 등장한 시기, 다시금 도처에서 몰려든 신학자와 사제, 학생들로 넘쳐나는 주요 대학도시가 되었다. 수많은 학생들이 법대와 의대를 찾았으며, 특히 예술과 신학 분야로 학생들이 몰렸다. 전통적인 조직 구성에 따라 네 개의 서적상이 관리하는 24명의 상주 인쇄업자가 전공에 꼭 필요한 고전 문헌의 복사를 담당했다. 법대의 경우, 법령집과 그 해석을 담은 텍스트가 복사되었으며, 예술학부에서 주로 복사된 자료로는 아리스토텔레스의 저서와 성 토마스·오캄·스코투스·뷔리당의 해석본, 알렉상드르 드 빌디유Alexandre de Villedieu의 『교훈서』*Doctrinal*, 보에티우스의 『연산론』*Arithmétique*, 요안네스 데 사크로보스코Joannes de Sacrobosco와 피에르 다이Pierre d'Ailly의 『천구』*La Sphère*에 관한 개론 등이 있다. 인원수가 많은 신학부 학생들은 피에트로 롬바르도Pierre Lombard의 『명제집』*Sentences*과 성서 사본을 받아보았다.

대학을 드나들던 주교들은 학교에서 주로 쓰이던 교재를 산 이 서적상에게서 주교의 서가에서 핵심을 이루는 다른 책들도 함께 구입했다. 부유층 사람들은 성 아우구스티누스라든가 성 베르나르, 성 보나벤투라, 니콜라스 라이라, 뱅상 드 보베 등의 책을 갖고 있는 것만으로도 자부심을 느꼈으며, 특히 야코부스 데 보라지네의 강론집이나 뤼돌프 르 샤르트뢰Ludolphe le Chartreux가 쓴 『예수의 생애』*Vita Christi* 등은 개중에서도 더욱 인기가 높았다. 이외에도 다른 신앙서나 도덕경, 고해신부들이 일상적으로 보는 개론서 등도 대학가 서적상을 통해 판매되었으며, 좀더 흔히 이용되며 손이 많이 가는 이 책들은 자연히 교부들이나 신학자들의 묵직한 책들에 비해 가격이나 무게도 더 낮은 편이었다.

그런데 이탈리아 인문주의자들의 작품이 프랑스로 유입되기 시작한다. 14세기 말과 15세기 초 파리의 교수들 역시 13세기 사람들 못지않게 고대의 작품이나 라틴어의 매력에 대해 익히 알고 있었다. 이 같은 전통이 완전히 사라진 적은 한 번도 없었다. 15세기 후반, 이탈리아와의 관계는 상당히 활성화되었으며, 이탈리아를 자주 왕래하다 로마에서 생을 마감한 기욤 피셰

Guillaume Fichet 역시 그중 하나였다. 1470년경, 기욤 피셰는 스코투스와 성 토마스의 학설을 존중하는 동시에 고대의 문명과 라틴 고전에 대한 애정을 가르치는 집단의 중심 세력이었다. 당시 이 학문 집단 내에서는 고전 작가들의 정확한 원전을 소유해야 할 필요성이 제기되었다. 그런데 고정적으로 등장하는 작가들의 필사본은 상대적으로 많았던 반면, 키케로나 베르길리우스, 살루스티우스 등의 작품 사본은 구하기도 어려웠고 그 내용도 부정확한 경우가 많았다. 이에 따라 이 작품들을 좀더 정확한 내용으로 대량 복제해내야 할 필요성이 대두되었다. 만일 그 당시 인쇄술이라는 새로운 텍스트 복제 기술이 존재하지 않았다면, 그 정도 속도로 텍스트를 복제해내는 것은 불가능한 일이었다. 몇 년 전부터 이미 파리에서는 인쇄본이 등장해 사람들의 손을 탔고, 푸스트와 쇠퍼 역시 자신들이 제작한 인쇄본을 파리에서 일부 유통시켰다. 프랑스 내 교수들의 연합회인 '전全 프랑스 교수단' 내에 일찍이 독일계 교수로 이름을 올린 푸스트 역시 여러 차례 파리로 출장을 떠난 바 있다. 심지어 파리에는 헤르만 데 슈타트보엔Hermann de Statboen이 대표로 남아 있기도 했다. 독일 뉘른베르크 인근의 슈타인 출신으로 당시 소르본의 작은 수도원장이었던 또 다른 독일인 요하네스 하인린 같은 인물이 1470년에 고향에서 인쇄기술자들을 끌어들이려는 생각을 한 것도 무리는 아니다. 그는 자신이 이끌던 수도원 경내에까지 이들을 불러들였고 이로써 파리 최초의 활판인쇄소가 설립된다. 그곳에서 콘스탄츠 출신의 울리히 게링, (바젤 대학 문학사로, 학교에 다니는 동안 하인린을 만났을 것으로 추정되는) 콜마르 출신 미셸 프리부르거Michel Friburger 등이 인쇄작업을 진행했으며, 이들의 일을 도와준 일꾼은 하인린의 동향인 마르틴 크란츠Martin Krantz였다. 3년간 소르본 대학의 인쇄기에서 뽑아낸 책들로는 가스파리노 바르치차Gasparino Barzizza의 원고(그가 쓴 서신과 철자법 개론서 등)와 살루스티우스, 발레리우스 막시무스의 저서, 키케로의 『법률론』*De officiis*, 로렌초 발라의 『정밀한 어법』*Élégances* 등이 있으며, 특히 『수사학』*La Rhétorique*에서는 기욤 피셰가 하인린과 게링의 노고에 격려의 말을 전하고 능숙한 라틴어 실력을 압축적으로 보여주었다.

하지만 파리의 인문주의자 집단은 아직 그 수가 제한적이었고 문학 애호가들도 그리 많지 않았다. 자연히 시장은 금세 포화상태에 이르렀다. 출간할 고대 문헌을 입수하는 것도 만만치 않은 일이었고, 피셰가 이탈리아로 떠남에 따라 그가 주축이 되어 움직이던 소모임의 활동도 제한적일 수밖에 없었다. 이에 게링과 그의 직인들은 곧 사업방향을 수정하고 자신들을 파리로 불러들인 몇몇 문인들만이 아닌 대학 전체를 대상으로 사업을 진행한다. 아마 소르본에서의 작업으로 거둬들인 수익 덕분에 이들은 기존의 대학 구내 작업소를 버리고 인쇄 기자재를 새롭게 갖춘 뒤 전보다 더 큰 규모로 신규 작업소를 차릴 수 있었던 듯하다. 이후 이들은 독립 사업장을 마련하게 되었으며 인쇄작업도 꽤 활발히 진행된다. 그렇다고 해서 이들이 기존의 후원자들과 관계를 끊은 것도 아니었다. 하인린은 키케로의 『투스쿨룸 논쟁』*Tusculanes*과 플라톤의 『편지들』을 출판하는 데 이용했던 소르본 인쇄기로 내내 피에트로 롬바르도의 『명제집』 4권에 관한 스코투스의 해석을 찍어내지 않았던가? 그리고 앞서 살펴본 바와 같이 성 토마스의 학설을 가르쳤던 대학교수로서, 하인린은 스코투스와 성 토마스를 따르는 학자이자 문학을 사랑하는 사람들 중에서 함께 일할 동료를 모집했다.

그러므로 생자크 거리에 '솔레이 도르'Soleil d'Or(황금 태양)라는 작업장을 꾸린 게링과 프리부르거가 이따금씩 베르길리우스 같은 고전 작가들의 작품을 계속 출간하면서도 동시에 철학서나 신학서, 경전 등을 인쇄해 더욱 폭넓은 소비층을 대상으로 작업했던 것도 당연한 일이었다. 아울러 이 책들은 로마체뿐만 아니라 고딕체로도 인쇄되었다. 이에 따라 아리스토텔레스의 일부 저서나 니콜라스 라이라의 『설교집』*Postilles* 역시 두 가지 서체로 출간되었고, 이들이 기존에 소르본에서 작업했던 『명제집』 4권에 관한 스코투스의 『해석집』도 두 가지 서체로 재판再版했다. 하지만 이들은 특히 종교서적이나 도덕경, 고해신부들이 쓰는 교본처럼 좀더 쉽게 팔 수 있는 책들을 만들었고, 그중에서 기도 데 몬테 로센Guido de Monte Rochen의 『사제 교본』*Manipulus curatorum*이나 요하네스 니더Johannes Nider의 종교 관련 소논문, 우티노Utino의 『설교집』*Sermons*, 야코부스 데 보라지네의 『황금 전설』*Légende dorée* 등이 손꼽힌다.

이처럼 사업 수지를 맞추고 수익을 달성하기 위해 더 폭넓은 독자층을 대상으로 책을 만들어야 할 필요성이 대두되면서, 파리의 초기 인쇄업자들은 수요가 높은 책과 문헌들을 중점적으로 출간한다. 이는 하나의 산업 분야에서 나타날 수 있는 고전적인 발전 양상이다. 대형 출판사들 역시 학술서나 고전도서만을 출간하던 것에서 벗어나 좀더 값싸게 팔 수 있으면서도 자주 재인쇄에 들어갈 수 있는 소책자의 출간에 관심을 기울인다.

게링이 새로운 시리즈의 책들을 펴냈을 때는 대학가 주위에 자리잡은 인쇄업자가 게링 한 사람뿐만이 아니었다. 같은 생자크 거리에는 두 개의 인쇄소가 있었는데, 게링의 인쇄소 솔레이 도르보다 더 멀리 떨어진 곳에, 프로망탈 거리 건너편에 있던 이 새로운 인쇄소는 캉브레Cambrai 기숙학교와 거의 정면으로 마주보고 있었다. 독일 출신의 두 인쇄기술자는 여기에 작업실을 차리고 '슈발리에 오 시뉴'Chevalier au Cygne라는 간판을 내걸었다. 한 사람은 문학사인 피에르 세자르Pierre César고, 다른 하나는 그 출자자인 장 스톨Jean Stoll이다. 세자르는 1474년에 『목사보 입문서』부터 출간하기 시작한다. 인쇄소를 낸 사람이면 누구나 다 한 권씩 내는 책이었다. 이어 스톨과 함께 자모라 주교 로드리게Rodriguez의 작품 『인간 삶의 거울』*Speculum vitae humanae*을 펴내고, 법학자 베르나르 드 파르므Bernard de Parme의 『기나긴 원인』*Casus longi*을 출간했다(1475). 이외에도 두 사람이 펴낸 책으로는 아이네아스 실비우스Aeneas Sylvius의 개론서와 팔레르모인의 『클레멘테 조직』*Apparatus in Clementinas* 등이 있다. 게링과 마찬가지로 이들 역시 새로운 연구서를 출간하는 데 작업의 일부를 할애했다. 그뿐만 아니라 페로토Perotto의 『기초문법』*Rudimenta grammaticae*, 아이프Eyb의 『마르가리타 포에티카』*Margarita poetica*, 키케로나 살루스티우스, 테렌티우스, 세네카의 작품 등 기존에 이미 게링이 대학의 학생과 교수를 대상으로 내던 책들도 출판했다.

파리에 인쇄술이 등장하게 된 경위는 위와 같다. 이를 살펴보면 인쇄소들이 어떻게 자리를 잡을 수 있었는지, 또 대학을 자주 드나들던 성직자 고객층을 기반으로 어떻게 발전해나갈 수 있었는지에 대해 알 수 있다. 파리뿐 아니라 쾰른 같은 유럽 내 다른 도시들의 주요 대학들과 관련해서도 마찬가지 양상이 나타난다. 이후에도 16세기 말경 라이든 같은 도시의 상황을 보면, 상당한 규모로 발전하는 대학의 설립에 따라 대규모 인쇄 거리가 형성되는 것을 알 수 있다. 한때 플랑탱 역시 이곳에 자리를 잡았다. 그 사위인 라펠링기우스Raphelingius는 여기에 장기적으로 존속할 회사를 세우기도 했다. 대학교재 전문 서적상이었던 엘제비어 가도 그 굉장한 사업의 시초를 이곳에서 마련했으며 이후 당대 최고의 출판사 중 하나로 성장한다.[15] 그리고 그 옆에서 또 다른 서적상 장 메르Jean Maire가 자리를 잡는다. 저 유명한 『방법서설』*Discours de la méthode*을 출간한 출판사다. 프랑스 개신교도들이 세운 대학으로 17세기 초 꽤 많은 사람들이 드나들던 대학이 소재한 소뮈르에서의 상황도 마찬가지였다. 이곳에서는 데보르드 같은 인쇄업자들이 왕성한 활동을 보인다.[16]

하지만 서적상과 인쇄업자들을 끌어들인 요인은 비단 대학가의 고객층만이 아니었다. 대주교나 주교가 상주하는 도시같이 부유한 성직자 계층이 많다는 것 또한 종종 같은 효과를 나타냈다. 더욱이 몇몇 도시에는 규모가 큰 재판소가 있어서 법조계 인사들이 수시로 드나들었다. 사실 성직자 못지않게 법조계 사람들도 인쇄업무 수요가 높았고, 어쩌면 교회 사람들보다 더 서적상이나 인쇄업자의 도움을 필요로 할 수도 있었다. 그러므로 이들 역시 서적상으로서는 최고의 고객이었다. 법조인들은 종교서적뿐만 아니라 법률 관련 도서, 특히 종교와 무관한 책을 필요로 했다. 이에 따라 이들의 호기심을 충족시키고자 서적상과 인쇄업자들은 고등법원 근처에 자리를 잡았다. 파리 역시 마찬가지였다. 파리에서 서점과 인쇄소 대부분은 (오늘날 팡테옹이 자리한) 생주느비에브 언덕과 인근의 생자크 거리를 중심으로 한 대학가에 있었는데, 왕성한 활동을 벌이는 서적상들은 재판소 골목과 그 근처 거리에 무리를 이루며 자리를 잡았다. 15세기 베라르의 제1상점과 15세기 코로제Corrozet의 서점, 17세기 바르뱅과 티에리의 가게 등 고전작품을 출간하던 주요 출판사들이 위치한 곳도 바로 이 지역이었다. 일반 잡화상이나 새로운 물건들을 판매하던 보통 가게들의 진열대와 별반 다를 바 없던 선반 위에 직접 만든 책을 올려놓고 팔던 이 서적상들은 고등법원 소속 위원들이나 변호사, 검사, 무수한 소송인들뿐만 아니라 산책하듯 고등법원을 드나들던 고상한 고위층 사람들과 돈 많은 자산가들을 대상으로 책을 판매했다. 이들이 팔던 책은 비단 법조계 관련서만이 아니었다. 당대의 현안이었던 주제를 다룬 책이나 프랑스어로 된 문학서적 등도 같이 팔았다. 파리 이외의 지방도시나 해외도시에서도 상황은 비슷했다. 루앙이나 푸아티에 등에 소재한 법원에서도 얼마든지 책을 만들어 파는 서적상의 진열대를 볼 수 있었다. 이후 17세기 헤이그에서는 국회의사당 경내에 서적상들이 가게를 차리기도 했다.[17]

대학, 혹은 프랑스의 고등법원 같은 최고 법률기구가 소재해 있다는 점, 그리고 이와 더불어 확실한 고객층이 있다는 점은 15세기와 16세기, 인쇄업자와 서적상을 끌어들이는 요인이었다. 아울러 이 같은 유인환경이 조성된 곳에서 대개 규모가 큰 인쇄업 중심지가 생겨났다. 16세기 말, 이런 종류의 기관들이 소재한 거의 모든 유럽 도시들에서는 굉장히 많은 인쇄소와 서적상을 찾아볼 수 있었다.

물론 새로운 대학들이 속속 생겨나면서, 그리고 특히 앞서 살펴본 라이든과 소뮈르의 경우와 같이 신교 지역을 중심으로 신규 대학이 설립되면서 대학가 고객층을 노린 신규 사업장이 생겨났다. 하지만 유럽 모든 지역에서의 상황이 그와 같았던 것은 아니다. 돈이 궁했던 이 시기에는 고등법원 주위의 서적상들조차 생계를 이어가기 힘들었고, 거기에 업자들 간의 치열한 경쟁까지 더해졌다. 게다가 대학의 비중이 적어지고 하향세를 타면서 그 주위에 자리잡은 인쇄·출판 사업장들도 도산위기에 처했다. 이제 인쇄업자와 서적상들은 다른 곳에서 판로를 찾아야 했고, 이에 따라 규모가 더 작은 도시들로 떠나갔다. 안정적인 고객층을 확보하기 위해 고등법원 주위에 자리잡던 이들은 대법관 소재지 같은 부차적인 법률기관 주위에도 가게를 차렸다. 그 당시는 관청의 번거로운 서류 절차가 늘어나던 시기였기 때문에 업자들은 일단 공문서, 의견서, 소송 각서 등을 인쇄하며 생계를 이어갔다. 그뿐만 아니라 예수회 신학교나 오라토리오 수도회 등의 주위에도 가게가 생겼다. 당시 이들 신학교와 수도회는 대학의 역할을 이어받아 신학 연구에 매진하던 곳이었다. 특히 인쇄업자와 서적상들은 예수회 신학교 주위에 자리를 잡았는데, 예수회 신학교가 신규 인쇄작업소의 설립을 장려했기 때문이다. 예수회 신학교에서는 수업 교재와 학생들이 볼 개론서, 선교에 필요한 신앙서와 논쟁서 등의 인쇄작업을 의뢰했다. 그전까지는 어떤 인쇄기술자도 안정적으로 작업소를 이끌어갈 수 없었던 소도시 라 플레슈La Flèche 같은 곳에서도 1603년 예수회 신학교가 들어서면서 활판인쇄기술자 자크 르제Jacques Rezé를 불러들였다. 자크 르제는 신학교와 예수회를 위해 수많은 책들의 인쇄작업을 진행했으며, 예수회의 공인 인쇄업자로도 활동했다. 당시 이 예수회 신학교 주위에는 인쇄소 세 곳과 수많은 서점들이 자리잡고 있었다.[18]

그런데 인쇄소들이 그런 도시에서만 자리잡고 번성한 것은 아니었다. 오로지 성직자나 법조인들만 인쇄본을 사본 것은 아니었기 때문이다. 16세기에는 특히 상업도시에서 부유한 상인이나 돈 많은 자산가들, 나아가 수공업장인들 역시 장서를 갖추고 싶어했다. 특히 적극적인 사업가들은 수출업무에 기여할 신규 작업장을 차리는 데 앞장섰고, 상인이었던 바르텔레미 뷔예 역시 리옹 최초의 출판사를 실립했다.[19]

16세기, 라이프치히의 모피 제조업자와 모피 판매상은 도시 내 서적상들의 도서판매사업에 자금을 대주었고, 플랑탱도 안트베르펜에서 사업 초기 필요 자금을 쉽게 출자받을 수 있었다.[20] 유럽의 다른 도시들과 꾸준히 사업관계를 맺어가던 이 상업도시들에서는 채권 거래나 종이 교역, 도서 발송 등의 업무가 비교적 쉽게 이루어졌다.

해상 교역은 운송비가 저렴하기 때문에 출판업자들은 주로 항구 부근에 작업장을 마련했다. 가령 루앙 같은 도시는 플랑드르 지역이나 네덜란드, 에스파냐, 특히 영국 같은 나라에 해로 운송을 통해 책을 보낼 수 있었는데, 센강과도 이어지는 곳이라 파리로도 손쉽게 책을 발송할 수 있었다. 마찬가지로 세비야에 자리잡은 크롬베르거Cromberger 출판 가문 역시 제작된 책의 일부를 미 대륙으로 발송했으며, 18세기 네덜란드 서적상 레이니어 리어스Rainier Leers는 헤이그를 떠나 로테르담으로 옮겨 르 클레르Le Clerc와 벨Bayle

등의 저서를 좀더 손쉽게 프랑스나 영국, 독일 북부 등지로 유통시킬 수 있었다. 출판 대기업들의 본거지가 된 항구도시들의 예는 얼마든지 많으며, 15세기 뤼베크의 경우나 16세기 안트베르펜의 예, 17세기 암스테르담의 경우는 말할 것도 없다.

3. 출판사의 지리적 분포

이번에는 마인츠에서 태동한 인쇄술이 언제쯤 유럽 각지로 퍼져나간 것인지 그 시기를 규명해보자. 인쇄술은 어떻게 확산되어갔으며, 아울러 3세기 반이라는 시간 동안 인쇄술이 확산되는 과정에서 어느 곳이 주요 출판 중심지로 발돋움한 것인지 알아보고, 해당 지역에서는 무슨 일이 있었는지 살펴보기로 한다.

먼저 짚고 넘어갈 부분은 속도다. 온갖 기술 혁신에 익숙해진 우리로서는 인쇄술의 확산 속도가 더디게 느껴질 수 있다. 하지만 15세기 사람들이 풀어야 했던 수많은 난제들을 감안하면 이는 결코 느린 것이 아니다. 그 당시는 서로 의사소통이 이루어지는 속도도 더딘 상황이었고, 기술 발전도 초보단계였다. 게다가 1450~1460년 사이에는 마인츠의 몇몇 작업실에 모인 소수의 사람들만이, 당시로서는 무척 복잡하고 난해한 기술인 인쇄술의 비밀을 알고 있었다. 새로이 인쇄소를 열고자 하는 사람들이 부딪혔던 난관들은 또 어떠한가? 각인기 제조에 들어가는 철이나 자모를 만들 구리, 활자주조를 위한 납과 주석 합금 등 원자재를 모으는 일도 만만치 않았다. 그뿐만 아니라 그 당시에는 인쇄술과 관련된 기술자들도 드물었다. 각인기를 깎고 활자를 주조할 기술자는 어디서 구할 것이며, 식자공은 또 어디서 구할 것인가? 요컨대 온갖 요소들이 총집합한 하나의 새로운 산업이 조직되는 과정에서 수많은 난제들이 등장했으며, 연속적으로 복제된 책들을 유통시킬 판매망을 구축하는 것도 쉬운 일은 아니었다. 이 모든 난관을 감안하면 그 당시 인쇄술의 확산 속도는 엄청나게 빠른 것이었고 15세기 사람들은 신기술에 완전히 사로잡힌 상태였다.

지도를 참고하면서 몇몇 시기만 대략 살펴봐도 이를 잘 알 수 있다.[21] 1455~1460년 사이 마인츠에서는 잘 알려지지 않은 인쇄소 여러 곳이 운영되고 있었으며 푸스트와 쇠퍼의 인쇄소도 그중 하나였다. 인쇄업자들은 이미 판매망 구축에 대한 고민을 시작했으며 제작된 책을 유통시키기 위해 대학 소재 도시에 머무는 사람들과 접촉한다. 푸스트와 쇠퍼는 프랑크푸르트, 뤼베크, 앙제 등지에서 책을 팔았고, 얼마 후에는 파리에도 가게를 냈다.[22] 그리고 아비뇽 서점에서도 일찍이 인쇄본을 찾아볼 수 있었다.[23]

1460~1470년 시기에는 인쇄술이 차츰 확산되며 점차 책의 거래도 이루어지기 시작한다. 이 부분에서 가장 먼저 두각을 나타낸 나라는 독일이었다. 광물자원이 풍부한 독일에는 부유한 도시들이 많았고, 이곳에서는 이미 금속재질을 다루는 법이 익히 알려져 있었을 뿐 아니라 인쇄소 설립에 자금을 대줄 수 있는 부유한 상인들도 많았다. 1460년 이전부터 멘텔린은 스트라스부르에 인쇄소를 차리고 있었던 것으로 추정된다. 전직 삽화공이자 주교의 공증인으로 일한 전력이 있던 그가 스트라스부르에서 인쇄소를 차린 후, 곧이어 그의 경쟁자들이 생겨난다. 그중 헨리 에게슈타인Henri Eggestein은 종교재판관이자 주교의 국새상서였던 인물이며, 아돌프 루슈는 종잡을 수 없는 수수께끼 같은 인쇄업자였다. 그 외에도 이 지역에 인쇄소를 차린 다른 인쇄기술자들은 얼마든지 많다. 구텐베르크의 문하생이었을 것으로 추정되는 피스터Pfister는 비슷한 시기, 밤베르크에 인쇄소를 차린 뒤 삽

화가 들어간 책을 출간하기 시작한다. 얼마 후 1465년부터는 구텐베르크와 쇠퍼의 직인으로 지내던 이들이 도처에서 인쇄소를 연다. 마인츠 교구의 성직자인 울리히 첼 폰 하나우Ulrich Zell de Hanau는 쾰른에서 인쇄소를 차리고(1466), 베르톨트 루펠Berthold Ruppel은 바젤에서(1468), 하인리히 케퍼Heinrich Kefer와 요한 센센슈미트Johann Sensenschmidt는 뉘른베르크에서 인쇄소를 열었다(1470). 비슷한 시기에 안톤 코베르거 역시 뉘른베르크에서 인쇄업자와 출판업자로서의 삶을 시작한다. 1468년에 귄터 차이너Günther Zainer는 아우크스부르크에서 최초의 인쇄본을 펴내고, 1464년 혹은 1465년이 되면 콘라트 슈바인하임Conrad Sweynheim과 아르놀트 파나르츠Arnold Pannartz가 독일을 떠나 이탈리아로 향한다. 이탈리아에 도착한 두 사람은 수비아코(혹은 로마) 수도원에서 이 나라 최초의 인쇄본을 선보인다. 그런데 1469년에 마찬가지로 독일에서 건너온 요한 폰 슈파이어는 베네치아에서 키케로의 『가족들에게 보내는 편지』를 인쇄한다. 그리고 1470년에 앞서 그 생애에 대해 살펴본 노이마이스터는 폴리뇨에서 작업하기 시작한다.[24]

1470년에서 1480년에 이르는 시기 동안에는 상황이 좀더 빠르게 전개된다. 독일에서는 슈파이어(1471), 울름Ulm(1473), 북부의 뤼베크(1475), 브레슬라우Breslau(1475) 등의 도시에 인쇄업자들이 자리를 잡는다. 이탈리아의 경우, 대개 독일 출신의 수많은 인쇄업자들이 1470년과 1480년 사이 베네치아에서 작업에 들어간다. 1470년에는 트레비에 인쇄소들이 등장했으며, 1471년과 1472년에는 페라라, 밀라노, 볼로냐, 나폴리, 파비아, 사비글리아노, 트레비소, 피렌체, 예시, 파르마, 몬도비, 브레시아, 피비자노, 만토바 등에서도 인쇄소들이 나타난다. 이후에는 다른 여러 도시들에서도 인쇄소들이 눈에 띄었다. 프랑스의 경우, 울리히 게링과 그의 직인들이 소르본에

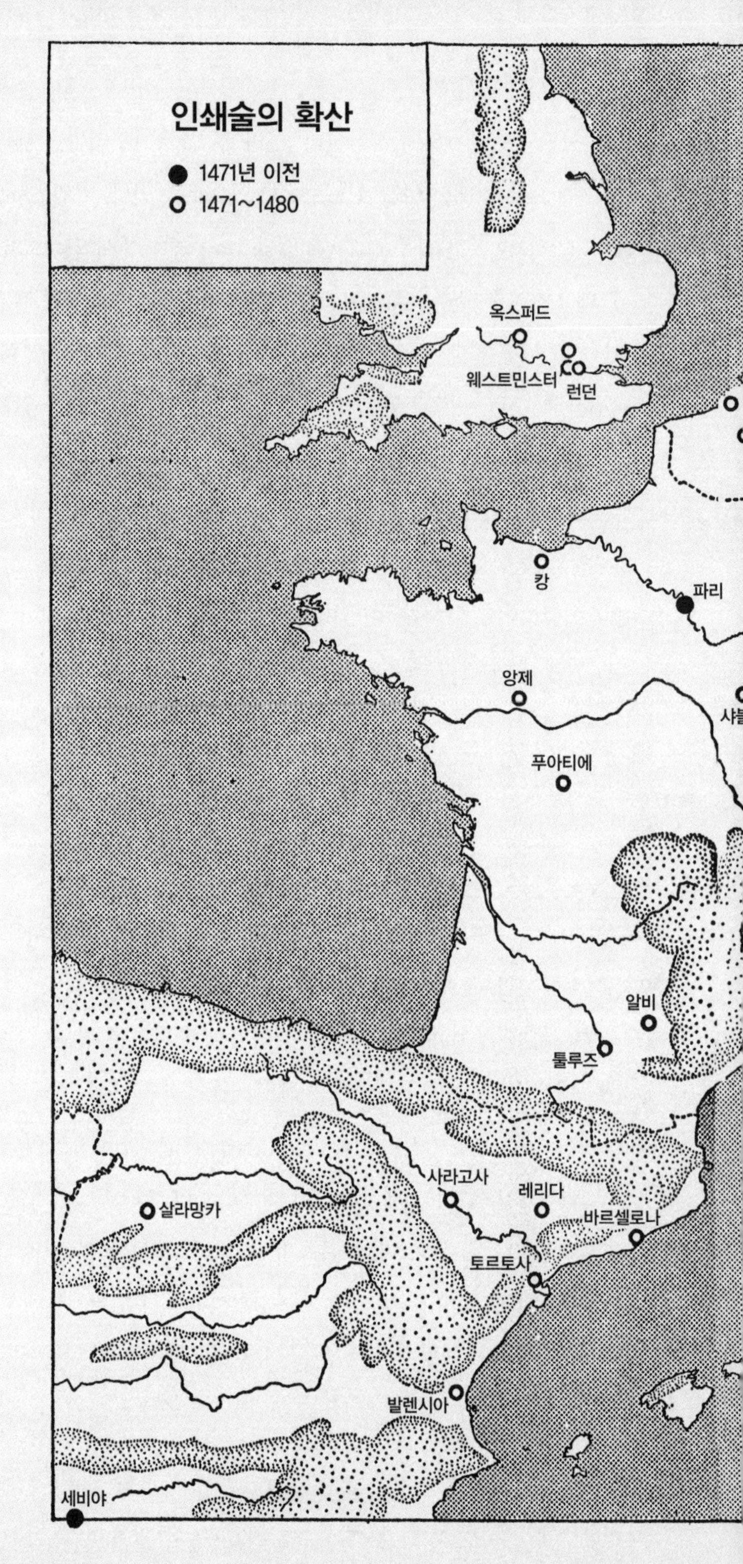
인쇄술의 확산
1471년 이전
1471~1480
옥스퍼드
웨스트민스터
런던
캉
파리
앙제
푸아티에
알비
툴루즈
사라고사
레리다
살라망카
바르셀로나
토르토사
발렌시아
세비야

뤼베크
마그데부르크
에르푸르트
브레슬라우
프라하
마인츠
슈파이어
뉘른베르크
아우크스부르크
울름
부다페스트
취리히
트레비소
밀라노
베네치아
토리노
파로바
만토바
페라라
볼로냐
피렌체
콜레디발델사
아스콜리 피체노
수비아코
나폴리
코센차
토레벨비치노
토스콜라노
산 토르소
트레비소
포자노
비첸차
베로나
베네치아
파로바
크레모나
만토바
페라라
레지오 에밀리아
볼로냐

고등연구원 지도연구과

자리잡고 1470년부터 인쇄소 운영에 들어갔으며, 파리 최초의 인쇄본이 이때 나타난다. 이어 1473년에는 기욤 르 루아가 리옹 바르텔레미 뷔예의 집에 와서 로테르 추기경의 『개론서』를 인쇄한다. 이후 독일 인쇄업자들이 자리잡은 파리와 리옹에서는 수많은 인쇄소들이 생겨나고, 1476년에는 앙제와 툴루즈에서, 1479년에는 푸아티에에서 인쇄소가 문을 연다. 폴란드에서도 이미 인쇄업자 하나가 1474년 크라코프에서 문을 연 반면, 네덜란드에서는 디르크 마르텐스Dirk Martens와 장 드 베스트팔리에Jean de Westphalie가 루방에서 인쇄작업을 시작했고, 1477년에는 게라르트 리우Gérard Leeu가 고다에서 인쇄소의 문을 여는데, 이곳에서 삽화본이 여러 권 제작되었다. 끝으로 1476년에는 독일에서 인쇄술을 배우고 브뤼헤에서 인쇄기를 돌려본 한 영국 상인 캑스턴Caxton이 영국으로 돌아가 웨스트민스터에 자리를 잡는다. 이 시기 동안 독일 인쇄업자들은 에스파냐의 몇몇 도시에서 인쇄소를 차린다.

1480년에는 서유럽 각지의 110여 곳 이상에서 인쇄소가 운영되었고, 그 가운데 50여 개가 이탈리아에, 30여 개가 독일에 포진해 있었다. 스위스에는 다섯 곳이, 프랑스와 네덜란드에는 각각 아홉 곳과 여덟 곳의 인쇄소가 있었으며, 벨기에는 다섯, 에스파냐는 여덟, 폴란드 하나, 영국 네 곳 등의 인쇄소가 운영되고 있었다. 특히 독일과 이탈리아에서는 이미 규모가 큰 회사들이 등장해 영업망이 잘 갖추어진 상태였다. 독일 인쇄기술자들이 유입되면서 독일뿐 아니라 이탈리아에서도 인쇄산업 중심지가 나타난다. 이탈리아의 대도시들 가운데 장비가 잘 갖추어진 인쇄소가 한 곳도 없는 도시는 하나도 없었다. 초창기 인쇄본 '인큐내뷸러' 가운데 1480년과 1482년 사이에 인쇄된 책들을 살펴보면 베네치아가 인쇄업자들의 메카였음을 알 수 있다. 지리적으로도 좋은 입지를 차지할 뿐 아니라 경제적으로도 풍족하고 지적인 활동도 왕성한 도시였기 때문이다. 1480년과 1482년 사이에 나온 출판물 가운데 부르거Burger가 파악해 확실히 규명해낸 출판물의 수만 156개이므로 없어지거나 규명되지 않은 경우에 대해서는 더 말할 나위도 없다.[25] 베네치아에서는 헤르보르Herbort, 장송Jenson, 만졸리Manzolies, 모페르Maufert, 장 드 콜로뉴Jean de Cologne, 블라비Blavis, 스코토Scoto, 토르티Torti, 지라르덴지스Girardengis, 라트돌트Ratdolt 등의 막강한 업체들을 찾아볼 수 있었다. 베네치아 다음가는 출판 중심지는 밀라노였다. 82개의 출판물이 쏟아져나온 이곳에서는 파헬Pachel, 차로티Zarotti, 발다페르Valdafer 등의 인쇄 가문이 라틴 고전 출판물을 펴냈다. 그다음으로 많은 출판물을 낸 도시는 아우크스부르크로 모두 67종을 찍어냈다. 카드와 목판화의 중심지이기도 한 아우크스부르크에서는 소르크Sorg, 쇤스페르거Schönsperger, 바엠러Baemler 등이 삽화가 들어간 출판물을 대거 만들어냈다. 다음으로는 53종의 출판물이 생산된 뉘른베르크다. 그 당시 가장 활발하고 조직적으로 운영되던 코베르거 인쇄소가 뉘른베르크에 있었다. 예술가와 문인들의 도시로 인쇄업자들 역시 현지 고객층의 입맛을 만족시키려 노력했던 도시 피렌체에서는 48종의 출판물을 만들어냈으며, 라인 강 유역 종교와 대학의 중심지 쾰른에서는 44종의 출판물이 만들어졌다. 쿠엔텔Quentell과 쾰호프Koelhoff가 활동했던 이 지역은 특히 종교서와 스콜라 학파의 저서가 많이 만들어졌다. 그다음이 파리(35종), 로마(34종), 스트라스부르(28종), 바젤(24종), 고다, 볼로냐, 트레비소, 리옹, 파도바, 델푸트, 루방(15~25종) 순이다.

이 시기부터는 인쇄술의 요람 마인츠의 비중이 다소 낮아진다. 독일 중부와 남부에서도 인쇄 중심지가 많이 생겨났지만 독일보다는 이탈리아에서 적극적으로 활동하는 사람들이 더 많았다. 당시 이탈리아에서는 양질의 종이 위에 라틴 고전과 이탈리아 유명 작가들의 초판본이 로마체로 인쇄되어 만들어졌고, 법률서적이나 종교서적이 고딕체 혹은 반고딕체로 출간되었다. 1480년 무렵 독일어권 국가와 이탈리아에서는 이미 수많은 활판인쇄 작업소가 생겨났지만 영국과 에스파냐, 프랑스에서는 아직 인쇄업자가 보기 드문 상황이었다. 파리의 경우 게링의 대규모 인쇄소 하나밖에 없었고 대학의 교수와 학생들은 독일에서 만들어진 출판물을 가져다 써야 했다. 그 몇 년 전 리옹에 도입된 출판산업이 파리에서는 아직 태동기에 불과했다.

이 같은 사실들로 미루어보면 그 후로 몇 년간 인쇄산업이 어떻게 발전했을지 그 양상을 미루어 짐작할 수 있다. 에스파냐와 영국은 몇몇 신규 인쇄소가 등장하기는 했지만 아직은 외국에서 들여온 서적에 의지하는 상황이었다. 반면 프랑스는 이 분야에서 그동안 뒤처진 것을 15세기의 마지막 20년 동안 만회한다. 이에 따라 1480년에는 인쇄업자들이 등장한 도시가 아홉 개에 불과했지만, 1500년에는 40여 개 도시에서 인쇄소가 운영되었다. 하지만 그중에서도 특히 인쇄업이 발전한 곳은 파리였다. 마르샹Marchant과 베라르Vérard 등이 활약한 덕분이었다. 얼마 후에는 독일의 트레셸이 왕성한 활동을 보여준 리옹에서도 비슷한 발전 양상이 나타난다. 이보다는 덜하지만 독일 북부에서도 상황은 비슷했고, 뤼베크가 출판 중심지로 발돋움하면서 스칸디나비아 국가로까지 인쇄술이 전파되었다. 반면 인쇄술이 먼저 발전했던 독일 중부와 남부 지역에서는 그 후로 그다지 비약적 발전을 보이지는 않는다. 단, 라이프치히만은 카켈로펜Kachelofen, 스퇴켈Stöckel, 로터Lotter, 란츠베르크Landsberg 등의 활약으로 굉장히 비중이 큰 인쇄 중심지로 성장한다. 끝으로 이탈리아에서는 좀더 작은 규모의 도시로까지 인쇄술이 전파되나 규모가 큰 인쇄산업은 베네치아로 집중되고 밀라노에서의 인쇄업은 하향세로 접어든다.

1495년에서 1497년 사이의 인쇄본을 검토해보더라도 이 같은 변화의 규모를 가늠할 수 있다. 이 시기에 출판된 것으로 집계된 출판물 총 1,821개

가운데 베네치아가 거의 4분의 1을 차지하기 때문이다. 대규모 사업장이 즐비했던 베네치아에서는 총 447개의 출판물을 만들어냈는데, 이 시기는 실로 베네치아 내 유명 인쇄업자들의 시대였다. 로카텔리Locatelli, 토르티Torti, 베빌라쿠아Bevilacqua, 타퀴노Tacuino, 토레사니Torresani, 알도, 핀치오Pincio, 드 그레고리De Gregori 등이 모두 이 시기에 활동한 인쇄업자들이었다. 베네치아가 물론 다른 유럽 도시들을 한참 따돌리고 독보적인 지위에 있었던 것은 사실이지만 프랑스의 두 도시도 그 뒤를 이어 인쇄업 중심지로 자리매김한다. 총 181종의 출판물을 만들어낸 파리에서는 대규모 출판사업자가 그리 많지 않았지만 인쇄업자와 서적상의 수만큼은 상당히 많았다. 그 뒤를 잇는 것이 95종의 출판물을 만들어낸 리옹인데, 이곳에서 가장 적극적으로 활동한 도시는 아마 트레셀이었을 것이다. 피렌체와 새로이 부상한 라이프치히 등이 그 뒤를 이었고, 자크 드 브레다Jacques de Bréda와 파프로에Paffroet가 활약한 데벤테르도 새로이 인쇄업 중심지로 떠올랐으며, 그다음에는 파헬과 신첸젤러Scinzenzeler의 밀라노와 그뤼닝거, 플라흐Flach의 스트라스부르, 쾰른, 아우크스부르크, 뉘른베르크, 바젤 등의 순이었다.

최초의 인쇄본이 등장한 후 50년이 지난 15세기 말에는 최소 3만 5,000여 종의 출판물이 나타났으며, 적게 잡아도 1,500만에서 2,000만 부의 출판물이 등장했을 것으로 추정된다.[26] 인쇄술은 이미 유럽 전역으로 확산된 상태였다. 게르만어권에 이어 이탈리아, 프랑스 등지에서도 규모가 큰 인쇄업 중심지가 형성되었으며, 전체적으로는 최소 총 236개 지역에서 인쇄기가 돌아간 것으로 집계된다.

16세기에도 이 같은 움직임은 계속되었으며 새로운 지역에서 끊임없이 인쇄기가 돌아갔다. 특히 16세기 초반에는 이 같은 현상이 더더욱 두드러졌

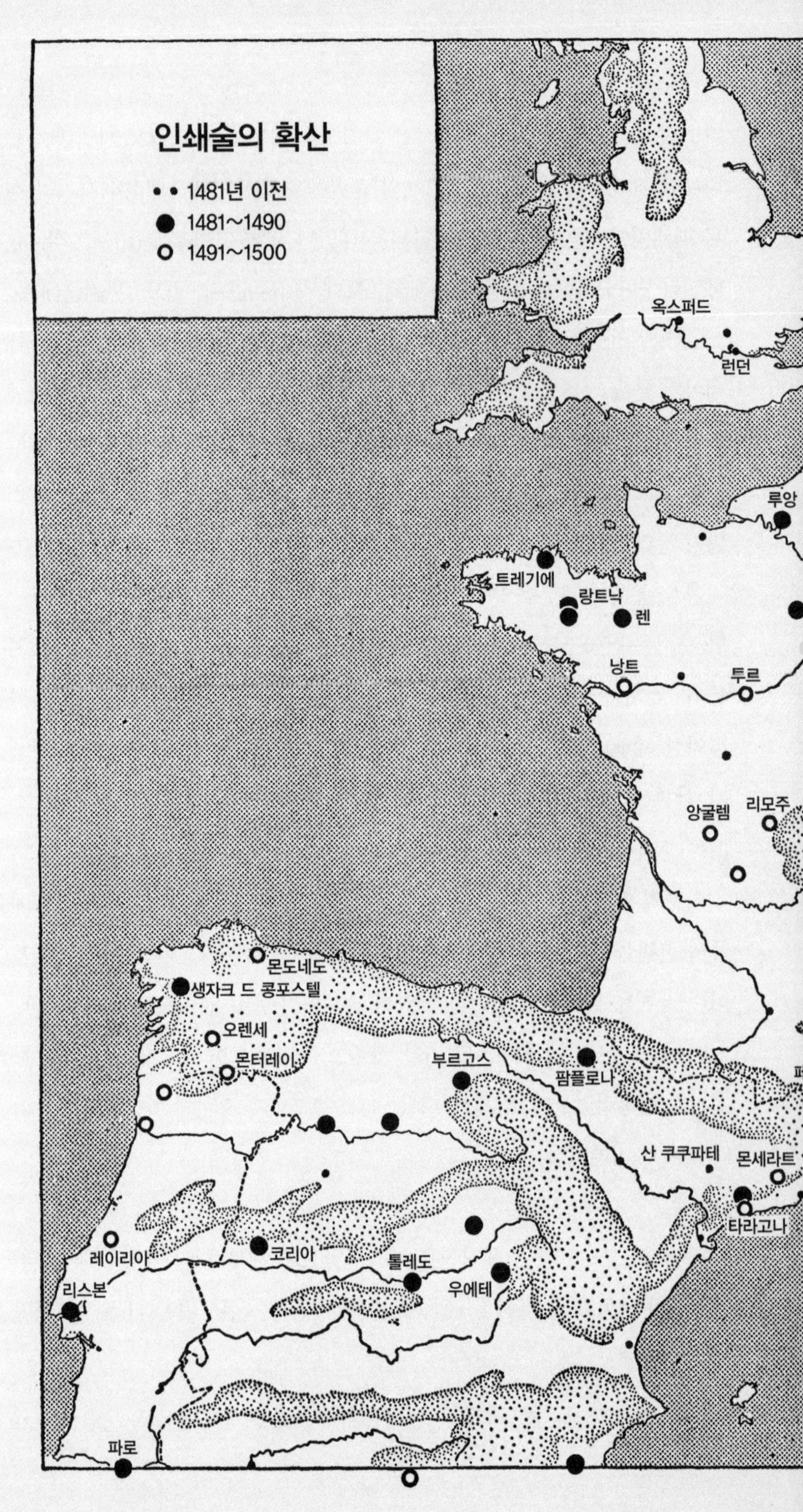
인쇄술의 확산
1481년 이전
1481~1490
1491~1500
옥스퍼드
런던
루앙
트레기에
랑트낙
렌
낭트
투르
앙굴렘
리모주
몬도네도
생자크 드 콩포스텔
오렌세
몬터레이
부르고스
팜플로나
산 쿠쿠파테
몬세라트
타라고나
레이리아
코리아
톨레도
우에테
리스본
파로

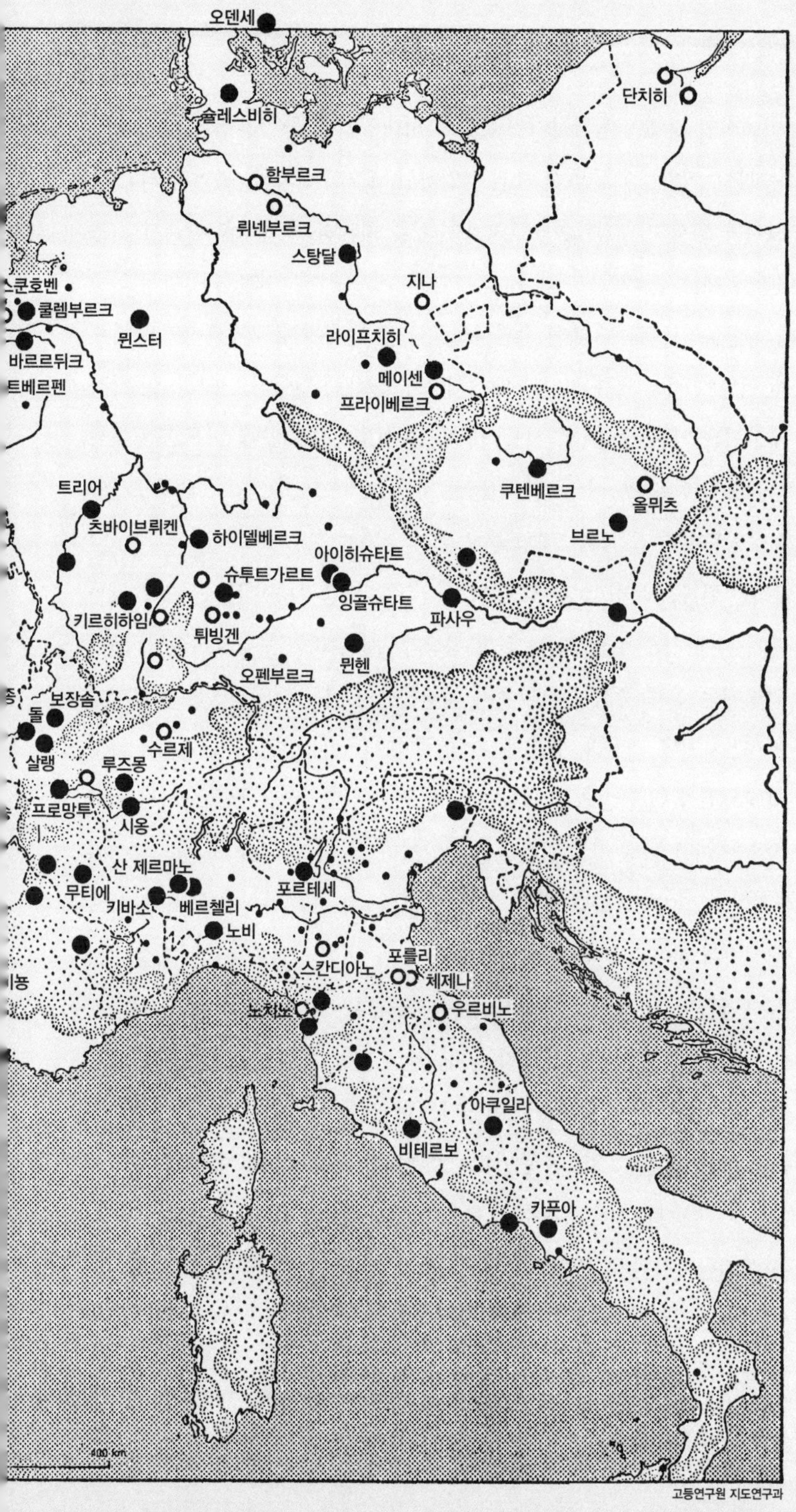
오덴세
슐레스비히
단치히
함부르크
뤼넨부르크
스탕달
지나
스쿤호벤
쿨렘부르크
뮌스터
라이프치히
바르르뒤크
메이센
트베르펜
프라이베르크
쿠텐베르크
트리어
올뮈츠
츠바이브뤼켄
하이델베르크
브르노
아이히슈타트
슈투트가르트
잉골슈타트
키르히하임
파사우
튀빙겐
뮌헨
오펜부르크
보장솜
돌
수르제
살랭
루즈몽
프로망투
시옹
산 제르마노
포르테세
무티에
키바소
베르첼리
노비
포를리
스칸디아노
체제나
노치노
우르비노
아쿠일라
비테르보
카푸아
400 km
고등연구원 지도연구과

다. 이례적인 경제 번영기이자 인문주의 시대였기 때문이다. 도서산업은 막강한 자본주의자들이 지배하는 실로 엄청난 규모의 한 산업 분야가 되었다. 이 시기는 도서 거래가 국제 교역의 중심을 차지하는 인쇄술 황금기로 프로벤과 코베르거, 비르크만Birckmann, 알도, 장 프티의 시대였다. 대개 인문주의 성향을 지녔던 이 대형 출판사들은 유럽 전역에서 교역관계를 유지했다. 문인들의 지적 교류를 위한 매개체 역할을 해준 것이다. 그리고 이 막강한 자본력을 가진 대형 출판사들이 시장을 선도하는 가운데 비록 도처에서 작은 규모의 인쇄소들이 생겨나기는 했지만 그래도 도서산업은 대학도시와 주요 무역도시에 집중되는 경향을 보인다.

이러한 현상은 특히 네덜란드에서 두드러졌다. 플랑탱이 본격적으로 활동을 하기 전에도, 안트베르펜은 한창 성장가도를 달리는 무역도시였고, 15세기 말경에는 인쇄 중심지 서열에서 데벤테르의 뒤를 이었던 안트베르펜이 금세 1위 자리를 꿰찬다. 안트베르펜의 출판사들은 일단 그 도시에서 다수를 차지하고 있던 상인과 부유한 자산가 중심의 고객층을 만족시키기 위해 노력했다. 이를 위해 이 출판사들은 신앙서나 기사문학, 특히 플랑드르어와 프랑스어로 쓰이고 삽화가 들어간 기사소설을 펴낸다. 하지만 곧 수출 쪽으로 매진하며 영어로 된 책들을 인쇄한다. 얼마 안 가 안트베르펜의 인쇄업자들은 네덜란드 전 지역의 인쇄산업을 장악한다. 1500년과 1540년 사이 네덜란드에는 총 133명의 인쇄업자가 자리잡고 있었는데, 그중 절반에 가까운 66명이 안트베르펜에 인쇄소를 차렸다. 네덜란드에서 출간된 도서 4,000권 가운데 절반 이상인 2,254권은 안트베르펜에서 만들어진 것이었다.[27]

한편 라인 강과 엘베 강 사이에 부유한 도시들이 넘쳐나던 게르만어권 지역은 어떠한가? 돈 많고 교양 있는 자산가 계급이 주를 이루던 이 도시들에서는 15세기 말과 16세기 초 도서산업이 끊임없이 성장한다. 특히 스트라스부르는 곧 엄청난 비중의 인쇄업 중심지로 발돋움한다. 일찍이 15세기에 이미 멘텔린의 사위인 아돌프 루슈(1466~1489)는 수많은 출판 기획에 자금을 대었으며 종이 거래에도 뛰어들어 사업을 발전시킨다. 그와 동서지간인 마르틴 쇼트Martin Schott(1481~1499) 역시 요하네스 프뤼스Johannes Prüss(1480~1510)나 헨리 크노블로흐처Henri Knoblochtzer(1476~1484) 같은 인물보다는 덜했지만 어쨌든 적극적인 모습을 보여주었다. 이때부터 알자스 내에서는 삽화기술이 발달하기 시작해서 요하네스 그뤼닝거Johannes Grüninger(1482~1531)의 등장으로 절정에 이른다. 스트라스부르에서 만들어진 책들은 인쇄 품질이 좋기로 유명했다. 이곳저곳에서 주문이 밀려들어왔으며, 그뤼닝거는 아우크스부르크의 유명한 출판업자인 쇤스페르거에게 1,000부 찍은 책 하나를 모두 다 팔았다. 요한 쇼트Jean Schott 역시 라이프치히와 빈, 밀라노 등지의 서적상들을 위한 인쇄작업을 수행했다.[28]

이번에는 그보다 더 비중 있는 곳인 바젤에 대해 알아보자. 앞으로 살펴보게 되겠지만, 인문주의 서적상인 아메르바흐는 이곳에서 굉장한 활동을 벌였다. 그의 곁에서 요하네스 페트리Johannes Petri는 묵직한 신학 개론서와 교회 법령집 등을 편찬했으며, 성 아우구스티누스의 책을 11권 분량으로 출간한다. 1511년과 1513년에 각각 페트리와 아메르바흐가 세상을 떠난 후, 사업의 바통을 이어받은 이는 요한 프로벤이었다. 에라스무스 책을 도맡아 출판하던 프로벤의 집에서 에라스무스는 며칠간 머무르려던 것을 3년까지 연장해 머물다 간 적도 있다(1514~1517). 그런 프로벤은 페트리와 아메르바흐 사후, 볼프강 라흐너Wolfgang Lachner와 손을 잡고 사업 규모를 확장한다. 또한 로마체 사용을 확대하고, 알도체에서 영향받은 이탤릭체를 만들어냈으며, 그리스 활자를 주조한다. 아울러 조스 바드에게는 그리스 활자 폰트를, 멜키오어 로터Melchior Lotter에게는 자모를 팔았으며, 1536년에는 쇠퍼의 주조소를 사들였다. 속표지의 테두리와 띠무늬, 이니셜 장식을 새기고 삽화용 판화를 제작하기 위해 그는 일단 판화가 우르스 그라프의 손을 빌린 뒤, 이어 한스 홀바인과 암브로시우스 홀바인에게 도움을 청한다. 그의 교정사로는 보니파스 아메르바흐, 베아투스 레나누스 등이 활동했다.

독일의 주요 도시에서도 인쇄업자들은 왕성한 활동을 벌였다. 마인츠에서는 쇠퍼의 인쇄소가 오랜 기간 영업을 지속했으며, 그 아들인 페터 쇠퍼Peter Schoeffer는 이곳에서 친구인 울리히 폰 후텐Ulrich von Hutten의 저서들을 인쇄했다. 쇠퍼 가문의 인쇄소는 어마어마한 장비를 갖추고 있었으며, 끊임없이 장비의 완성도를 높여가려 노력했고, 훗날 프로벤도 이곳의 장비를 사들인다. 아우크스부르크에서는 에르하르트 라트돌트Erhard Ratdolt가 1520년 무렵까지 수많은 전례서의 인쇄작업을 진행했으며, 일부는 『콘스탄츠 미사경본』*Missel de Constance*』(1516)처럼 화려하게 삽화로 장식되기도 했다. 요한 쇤스페르거Johann Schönsperger 1세는 막시밀리안 황제 밑에서 인쇄 일을 했으며, 특히 황제의 결혼을 우의적으로 묘사한 작품 『토이어당크』를 출간하면서 왕실 상서국 필사생의 필체를 모방한 활자체를 쓴다. 훗날 이 활자체는 프락투어(독일)체의 전신이 된다. 한스 오트마르Hans Otmar는 설교가 카이저스베르크Kaysersberg의 『가이버 설교 강론』*Sermons de Geiber*을 출간했으며, 이어 그 아들인 실반Silvan은 루터의 저서를 수차례 출간하는 한편, 요한 밀러는 콘라트 포이팅거Konrad Peutinger와 울리히 폰 후텐의 책들을 내놓는다. 코베르거 가문이 계속해서 수많은 책들을 내놓는 뉘른베르크에서는 히에로니무스 횔첼Hieronymus Höltzel이 1532년까지 왕성한 활동을 벌이고, 이외에도 규모가 큰 인쇄소들이 새로이 등장한다. 그중 대표적인 것이 프리드리히 페이푸스Friedrich Peypus(1510~1535), 욥스트 군트네슈트Jobst Guntknecht(1514~1540), 요한 페트레우스Johann Petreius(1519~1550) 등의 인쇄소였다. 이보다 규모가 더 작은 인쇄소였던 히에로니무스 안드레애Hieronymus Andreae의 인쇄소에서는 세련된 프락투어체를 활용해 『승리의 마차』*Triumphwagen*와 뒤러의 이론서를 출간한다.

루터의 종교개혁이 시작되었을 때 독일에는 비중이 큰 인쇄 중심지들이 많았으며 라이프치히도 그중 하나였다. 뒤에 가서 살펴보겠지만 루터의 종교개혁이 본격적으로 일어나던 시기, 특히 16세기 후반으로 가면 수많은 인쇄 중심지들이 발달하는데, 여기서는 가톨릭 도시인 쾰른에서 인쇄소의 비중이 컸다는 점 정도만 짚고 넘어가려 한다. 물론 16세기 초 인쇄소에서 만들어진 출판물들의 수는 감소 추세를 보였다. 하인리히 쿠엔텔Heinrich Quentell만이 수많은 이론서를 펴낼 뿐이었다. 하지만 곧 수천 명의 학생들이 모인 대학가 주위에서 인쇄소들이 영업을 재개하기 시작했으며, 출판업자 히토르프Hittorp는 그 혼자만도 여러 대의 인쇄기를 돌리며 작업했고 파리, 바젤, 튀빙겐 등지의 현지 사업장에서 인쇄작업을 진행하기 위한 주문을 체결한다. 그의 영업망은 유럽 전역으로 확대되었고 출자자인 호른켄Hornken과 함께 파리, 라이프치히, 비텐베르크 등지에 지점을 소유한다. 쾰른에서도 오이샤리우스 세르비코르누스Eucharius Cervicornus는 인문주의자 헤르만 폰 뎀 부슈Hermann von dem Busche와 무르멜리우스Murmellius 등이 작업한 라틴 저서를 많이 만들어낸다. 1526년에 인쇄소 하나를 합병하고 안트베르펜의 인쇄기술자들을 고용한 서적상 비르크만은 런던에도 지점을 낸다. 그 외에도 수많은 인쇄업자들의 활약으로 쾰른은 독일에서 가장 규모가 큰 출판 중심지 가운데 한 곳으로 거듭난다. 16세기 중 쾰른은 한때 최고의 지위를 누린 적도 있었으나 프랑크푸르트에서 박람회가 개최된 이후인 세기말이 되면 3위로 밀려나 프랑크푸르트와 라이프치히의 뒤를 잇는다.[29]

16세기 독일에서는 한때 140여 개 신규 지역에서 인쇄기가 돌아간 적도 있었다. 프랑스에서도 특히 16세기 초반에는 인쇄산업이 이례적으로 왕성한 활동을 보인다. 수많은 도시들에서 인쇄소가 새롭게 생겨났으며, 르프뢰Lereux의 집계에 따르면 1501년에서 1550년 사이 39곳의 인쇄소가 생겨났고 16세기 후반에는 40개가 새로이 문을 열었다.[30]

하지만 베네치아와 더불어 유럽에서 가장 왕성한 활동을 보인 인쇄업 중심지는 아마 파리와 리옹일 것이다. 전체적으로 인쇄업이 굉장히 융성한 시기였기 때문에 주요 인쇄업자와 출판업자 몇몇만을 열거하는 것은 별 의미가 없다. 1500년에서 1599년까지 파리에서는 총 2만 5,000권의 단행본이 인쇄되었고, 리옹에서는 1만 5,000권이 출간되었다. 루앙이나 툴루즈, 푸아티에, 트루아, 앙제, 그르노블, 보르도 등 다른 도시들은 이 두 도시에 한참 못 미쳤다. 가령 필리프 르누아르Philippe Renouard는 1530년에 파리에서 총 297권이 인쇄된 것으로 집계했고, 리옹에서는 110권이 인쇄된 것으로 집계된 반면, 캉에서는 다섯 권, 루앙에서도 다섯 권, 푸아티에 세 권, 보르도와 그르노블, 툴루즈 등에서 세 권이 나온 게 전부였다. 반면 스트라스부르의 인쇄기에서는 단행본 32권이 나왔으며, 아그노에서는 19권이 인쇄되었다.[31] 그러므로 그 당시 인쇄산업을 기준으로 봤을 때 프랑스는 북부와 남부 두 구역으로 나뉜다. 북부에서는 주로 파리에서 만들어진 출판물들을 판매했으며, 트루아와 특히 루앙 같은 경우 파리를 보완해주는 성격의 인쇄업 중심지로, 이곳 인쇄기술자들은 주로 파리 서적상들 밑에서 작업했다. 이들은 쾰른이나 바젤의 인쇄업자들과도 지속적인 관계를 맺었는데 때로 이 인쇄업자들이 파리에 와서 자리를 잡기도 했다. 게다가 파리와 노르망디 지역 사람들은 수차례 영국을 방문했으며 영국으로 보낼 책을 작업하는 경우도 많았다. 반면 프랑스 남부에서는 리옹의 영향력이 지대한 상황이었다. 리옹 서적상들 역시 바젤과 라인 강 주변 지역과 지속적인 관계를 유지한다. 리옹에서 박람회가 개최되었던 덕분에 리옹 인쇄산업은 수출산업으로 발돋움했으며 리옹 서적상들은 해외 업자들과 긴밀한 관계를 맺고 있었다. 특히 이탈리아 업자들과의 관계가 돈독했다. 이탈리아의 인쇄 가문 지운타 가가 베네치아와 피렌체, 리옹, 에스파냐 등지에 사업장을 갖고 있던 시기였다. 리옹 사람들은 이탈리아 출판사들을 따라 하려 노력하는 동시에 베네치아 업자들과 치열한 경쟁을 벌이기도 했다. 리옹 인쇄업자들은 대개 툴루즈에 지점을 두고 있었으며, 마드리드와 살라망카, 부르고스, 바르셀로나 등지에서도 이들의 중개 사무소가 여러 곳 발견된다.

16세기 초, 프랑스와 독일어권 지역에서는 인쇄업계가 눈부신 활약을 보인 것이 사실이다. 그러나 이탈리아에서도 상황이 완전히 똑같은 것은 아니었다. 전체적으로 봤을 때, 이탈리아에서의 상황은 프랑스나 독일에서보다 상대적으로 좋지 않은 편이었다. 물론 오랜 기간 베네치아는 도서시장에서 주도권을 유지했다. 17세기에도 여전히 이탈리아는 독일 시장에서 안트베르펜보다 더 두각을 나타냈다. 그러나 알도 가문에서 유명한 저작물을 출간해내고, 지운타 가문이나 니콜리니 다 사비오Nicolini da Sabio, 마르콜리니Marcolini, 파냐니니Pagnanini 등이 수준 높은 출판 활동을 벌였다 하더라도, 이탈리아 업자들은 점점 질보다 양을 중시하는 경향을 보였으며 인쇄물의 독창성도 점점 떨어지는 편이었다. 블라도 가문과 바티칸 인쇄소가 현상유지를 해주고 있는 로마에서는 교황청이 건재하며 반종교개혁 운동이 일어났기 때문에 책 거래가 적극적으로 이루어지고 인쇄산업 환경도 호의적이었다. 그러나 밀라노의 경우, 1500년 무렵부터 하향세의 조짐이 보였다. 파헬, 보나코르세Bonacorse, 레냐노Legnano, 르 시녜레LeSignere 등의 활약도 별 소용없었다. 볼로냐에서도 파엘리나 보나치 같은 인쇄 가문의 활동에도 하향세의 조짐이 느껴졌고 지운타 가문과 그 경쟁 세력인 도니Doni 가문이 활동하던 피렌체에서도 점차 현지 고객의 수요만을 충족시키는 분위기였다.

이 시기 에스파냐에서는 인쇄술이 전혀 발전하지 못한다. 에스파냐에서는 계속해서 묵직한 외관의 옛날 고딕체를 고수했으며, 16세기 중반까지도 외국의 영향을 받은 구식 목판화를 이용했다. 물론 1514년과 1517년 사이, 인문주의자 안토니오 데 네브리하Antonio de Nebrija의 도움으로 히메네스 추기경이 다국어 성서를 편찬하기는 했다. 브로카Brocas 출신의 아르나오 기용 드 브로카Arnao Guillon de Brocas가 알칼라Alcalá에서 작업한 것이었다. 하지만 크롬베르거 가에서 기사문학을 많이 펴냈던 세비야, 바르셀로나, 살라망카 세 곳만이 인쇄업과 관련한 실질적 활동을 보여준다. 마드리드에서는 16세기 후반에 가서야 비로소 인쇄소가 점차 늘어나기 시작하며 특히 17세기에는 도서산업이 더욱 발전하는 양상을 보인다. 그렇다고 에스파냐가 해외 서적상들에게 하나의 판매시장으로 여겨지지 않은 것은 아니었다. 인쇄산업이 뒤늦게나마 서서히 발전하기 시작했음에도 에스파냐에서는 여전히 리옹이나 안트베르펜 등 해외에서 만들어진 인쇄본이 자주 쓰였다.[32]

반면 영국에서는 인쇄업자와 서적상이 하나의 독립적인 인쇄산업을 구축하는 데 성공한다.[33] 국내에서 작업이 이루어지도록 장려하고 아울러 종교개혁 시기, 외부와의 모든 접촉을 피하고자 했던 튜더 왕조는 엄격한 보호주의 정책을 편다. 이 시기 영국의 인쇄산업이 겪은 역사는 매우 독특한데, 우선 15세기는 서적상과 활판인쇄기술자들을 영국으로 끌어들이려는 노력이 나타난다. 1484년에 영국에서 일하던 이 해외 기술자들은 그 당시 다른 해외 근로자에게 부과되던 제한 조치들을 영국 의회의 법령으로써 국적을 불문하고 모두 면제받는다. 15세기 말과 16세기에 이르면, 영국에서 가장 활발히 활동하던 인쇄업자들이 모두 대륙에서 건너온 사람들이었다. 캑스턴의 뒤를 이어 1535년까지 약 700권가량을 작업한 윈킨 드 워드Wynkyn de Worde는 알자스 지방 뵈르트 출신이었고, '포크스'Fawkes라는 영국식 이름을 만든 기욤 파크Guillaume Faques와 펭송Pynson 두 인쇄업자는 국왕 밑에서 일하며 1490년에서 1530년 사이 인쇄기로 약 400권을 뽑아냈는데, 둘 다 노르망디 지방 출신이었다. 이외에도 노타리와 같이 영국으로 건너간 프랑스 기술자들은 여럿 있었다. 1476년에서 1536년까지 영국에서 작업하던 인쇄업자, 서적상, 제본사 가운데 3분의 2 정도는 모두 해외 출신이었다. 인쇄와 출판에 필요한 기자재는 대부분 프랑스에서 들여왔고, 스코틀랜드에서도 상황은 마찬가지였다. 스코틀랜드 인쇄업자 앤드루 밀란Andrew Myllan은 마르네프 가에서 쓰던 것과 동일한 활자를 이용한다. 파리와 루앙, 곧이어 안트베르펜 같은 대륙 내 인쇄 중심지에서는 영국으로 보낼 목적으로 출판물을 만들어낸다. 베라르나 후에 레뇨Regnault같이 아예 런던에 지점을 낸 파리의 서적상들도 많았다.

영국 출신 인쇄업자들이 점점 많아지자 영국은 해외 기술자들의 이 같은 주도권에 대해 반발하고 나선다. 특히 1523년에 해외 기술자들은 영국 출신이 아닌 도제생들을 쓰지 못하게 되고, 직인들도 해외 인력은 두 명 이상 쓰지 못하도록 금지되었다. 그러다 결국 1534년 의회의 법령으로 1484년 법령까지 폐기되고, 1543년에는 이제 영국인들도 스스로 그 같은 인쇄작업을 할 수 있다고 판단한 국왕이 국내 인쇄업자인 리처드 그래프턴Richard Grafton과 에드워드 화이트처치Edward Whitechurch에게 종교서적 출판 독점권을 부여한다. 1557년에 매리 튜더Marie Tudor는 런던 서적출판업 조합Stationers' Company에 속한 인쇄업자와 서적상들에게 허가증을 발부한다.

이와 동시에 영국 내 인쇄기에서 생산되는 출판물도 증가한다. 1520년에서 1529년 사이에는 단행본 550권이 인쇄되었으며, 1530년에서 1539년 사이에는 739권, 1540년에서 1549년 사이에는 928권이 인쇄되어 나왔다. 수치만 봤을 때는 여전히 미미한 수준이다. 그 당시 파리에서는 단행본이 연간 300권 정도 인쇄되어 나왔기 때문이다. 하지만 이는 당시 영국 인쇄산업의 발전단계를 알 수 있는 지표가 된다. 16세기 후반에는 점점 더 많은 책들이 생산되고 인쇄소의 수도 더욱 많아진다. 인쇄업자들의 국내 활동을 감시하고 인쇄기의 과도한 증가로 비방글이나 풍자문이 범람하는 것을 막기 위해 영국 정부는 국내의 모든 인쇄산업을 런던으로 집중시키고(1586) 인쇄소 수를 제한한다. 1615년에 런던 내 인쇄업자의 수는 22명으로 고정된다. 런던 이외 지역에서는 옥스퍼드 대학과 케임브리지 대학 부근에 위치한 인쇄기만이 돌아갈 수 있었다. 1662년에는 요크 시도 인쇄기를 한 대 보유할 수 있도록 허가되었다. 그러다 1695년이 되어서야 비로소 이 가혹한 통제법령이 해제된다. 이때부터는 도처에서 인쇄소가 생겨난다. 1725년에는 맨체스터, 버밍엄, 리버풀, 브리스톨, 사이렌세스터, 엑세터, 우스터, 노리치, 캔터베리, 턴브리지 웰스, 요크, 뉴캐슬, 노팅엄 등지에서 인쇄소를 찾아볼 수 있었다.

그런데 영국의 왕들조차 대륙 내 국가들과의 도서 교역을 차단하고 나서게 할 만큼 엄청난 위력을 지닌 종교개혁은 독일 내 출판 중심지의 지리적 분포도를 모조리 뒤집어놓는다. 루터의 종교개혁은 1520년부터 이미 그 영향력이 실감된다.[34] 16세기 초, 마르틴 란츠베르크Martin Landsberg, 볼프강 스퇴켈Wolfgang Stöckel, 야콥 타너Jakob Thanner, 그리고 특히 멜키오어 로터Melchior Lotther 등의 활약으로 상당히 두각을 나타냈던 라이프치히는 가톨릭 성향이 강한 게오르게스 작센공(1471~1539)이 종교개혁서를 출간한 인쇄업자들에 대해 기소를 강행하자 인쇄산업이 하향세로 접어들었다. 엄격한 검열을 피하기 위해 스퇴켈 같은 인쇄업자는 아일렌부르크로 옮겨갔다. 반면 비텐베르크 같은 도시는 이 시기부터 루터의 활동에 따라 매우 활동적인 인쇄 중심지로 발전한다. 1502년 비텐베르크에 대학이 설립되자 1508년에는 인쇄기술자 요한 라우 그뤼넨베르크Johann Rhau-Grünenberg가 이곳으로 유입된다. 1516년 루터의 초기 저서를 출판한 것도 바로 그뤼넨베르크였고, 1517년 면죄부에 관한 루터의 유명한 논문을 인쇄한 것도 아마 그뤼넨베르크였을 것이다. 이 시기부터 비텐베르크의 인쇄산업은 비약적으로 발전한다. 1519년 라이프치히의 멜키오어 로터는 비텐베르크에 지점을 내고, 1520년에 그 아들이 이곳의 운영을 맡는다. 전적으로 루터의 저작물만을 인쇄하던 작업소로, 이곳에서는 루터가 제공하는 경전 번역본의 인쇄와 재인쇄가 끊임없이 이루어졌다. 크리스티앙 되링Christian Döring의 인쇄소를 포함해 종교개혁에 헌신하던 이 지역 인쇄소들은 루터의 독일어판 성경도 출간 작업에 들어간다. 곧이어 니켈 쉬르렌츠Nickel Schirlentz, 요제프 크루그Joseph Klug, 한스 바이스Hans Weiss, 한스 루프트Hans Lufft 등 여러 인쇄업자들의 인쇄기에서 루터의 책이 찍혀 나온다. 이 수많은 인쇄소들은 루터가 쓴 저서들을 수만 부씩 찍어 배포했고, 루터의 번역본과 설교집, 교화집, 논쟁서 등은 종교개혁에 동참한 도시들에서 인쇄되고 무단복제되었다. 이제 독일 지역의 인쇄기들은 특히 자국어로 쓰인 비방문과 선전물을 찍어내는 일에 대거 투입되었고 투쟁문학이 등장했으며 이 출판물들은 행상들의 봇짐에 실려 각지로 확산된다.

이 같은 활동이 미친 영향에 대해서는 뒤에 가서 면면히 살펴볼 예정이다.[35] 여기서는 독일에서 출간된 출판물이 미친 영향에 대해서만 짚고 넘어가겠다. 그때까지 독일 남부를 중심으로 수많은 인쇄소들이 생겨났으나 1520년까지만 해도 활동이 미미했던 북부 지역의 인쇄소들은 1520년과

1540년 사이 엄청난 출판물을 생산해낸다. 이후 1540년과 1575년 사이에는 성장세가 잠시 주춤했다가 이후 세기말이 되면 다시금 인쇄업이 되살아난다. 전체적으로 봤을 때 독일 북부 지역은 남부에 비해 인쇄업이 뒤처져 있었으나 루터의 종교개혁에 본격적으로 불이 붙은 동안에는 북부에 대한 남부의 절대적 우위가 다소 미약해진다.

하지만 독일에서만 종교분쟁이 불거진 것은 아니었다. 그리고 이와 동시에 16세기 후반에는 경제위기가 두드러지면서 출판업이 쇠퇴했고 일부 출판도시들은 파산 지경에 이르렀다. 이에 따라 출판 분야에서도 여러 가지 급격한 변화가 나타났다. 프랑스에서는 칼뱅주의가 확산되면서 남프랑스 지역 여러 도시에 인쇄소가 등장했고, 신교를 옹호하는 출간물 위주로 작업하던 이 인쇄소들은 대개 간헐적으로 나타났다. 그런데 1550년 무렵에는 리옹 출판계가 하향세에 접어들고, 이 같은 기세는 1630년까지 점점 더 심화된다. 리옹의 인쇄·출판업자들은 대개 새로운 사상에 호의적인 입장이었고, 칼뱅주의로 개종한 경우도 있었던 한편, 직인들의 요구로 작업이 순조롭지 못한 것에 불편함을 느끼던 상황이었다. 그래서 리옹의 인쇄·출판업자들은 신교에 대한 박해를 피하고 조용히 작업에 매진하기 위해 리옹을 떠나 다른 지역으로 근거지를 옮긴다. 그리고 리옹 근처, 높은 교육 수준의 노동력과 사람들의 요구도 덜 까다롭고 제지소가 많은 지역을 물색하던 칼뱅은 제네바에 인쇄 중심지를 만든다. 루터에게 있어 비텐베르크와 같았던 이곳은 주요 인쇄업자들의 피난처가 되었으며, 곧이어 리옹에서 일거리가 없어진 직인들도 제네바로 향한다.[36]

세 번째 도시는 이곳에서 개최되는 박람회 덕분에 리옹과 제네바에 대해 경쟁 우위를 차지하게 되는 프랑크푸르트다. 프랑크푸르트에서 인쇄업이 처음 등장한 것은 상대적으로 늦은 시기인 1511년의 일이었다. 하지만 장차 주요 출판업자로 성장할 에게놀프는 1530년 이곳에 자리를 잡았고, 앞으로 더 살펴보게 되겠지만 이곳에서 열리는 박람회 자리는 전 세계 인쇄기술자들에게 있어 약속의 장소였다. 업계 사람들은 너도나도 이곳으로 모여 자신들의 새로운 작품을 선보였다. 1625년까지 프랑크푸르트는 유럽 도서 교역의 중심지였다.[37]

그런데 1570년 무렵부터 가톨릭 르네상스가 그 영향력을 나타내기 시작한다. 이에 따라 출판 중심지의 지형에는 다시 한번 대대적인 지각변동이 일어난다.

전례서의 내용을 수정하고 하나로 통일해 로마에서의 용례에 통일시키기로 한 트리엔트 공의회의 결정은 가톨릭 출판업계의 부흥을 촉진한다. 교회와 최고위 성직자들을 등에 업은 대형 출판업자들은 구교 가톨릭과 관련한 책들의 출판에 대한 독점권을 획득하고, 이로써 이들의 사업은 크게 성장할 수 있었다. 그리고 앞서 살펴봤다시피 플랑탱 모레투스 가문이 대성할 수 있었던 것도 이 같은 당시 상황 덕분이었다. 종교 출판물의 성장을 부추긴 요인은 이뿐만이 아니었다. 예수회는 유럽 전역에 신학교를 늘려가며 신학교 주위에 인쇄소 설립을 장려했고, 구교 국가 전역에 수많은 수도원이 생기면서 원내 도서관을 구축하려는 노력이 이루어졌으며 민간신앙이 다시금 부흥기를 맞으면서 신앙문학이 등장했다.

따라서 유럽의 구교 국가들에서는 출판 중심지가 곧 종교 르네상스 중심지였다. 독일에서는 남부 지역과 쾰른에서 인쇄업이 다시 활기를 띠었고, 에스파냐의 통치하에 들어간 네덜란드에서는 에스파냐의 재점령 이후 반종교개혁의 보루가 된 안트베르펜에서 모레투스 가문이 오랜 기간 수많은 전례서를 찍어낸다. 트리엔트 공의회의 결정에 따라 수정된 내용의 전례서였다. 이어 이 진례시는 유럽 진역과 아메리카로 배포된다. 베르뒤센Verdussen을 비롯한 그 외 여러 인쇄업자들은 예수회가 집필한 수많은 교양서를 찍어낸다. 프랑스에서는 크라무아지와 그 부모, 출자자들이 이와 같이 교회와 예수회의 비호를 받으며 파리 지역 출판업을 장악한다. 예수회의 활동 덕분에 리옹 인쇄업도 특히 1620년을 기점으로 일정 정도 부흥기를 맞이한다. 베네치아도 마찬가지 경우였고, 파올로 마누치오가 교황청 인근에 자리잡고 있던 로마에서도 구교 가톨릭교회를 위해 인쇄기가 돌아간다.

가톨릭 진영에 대항해 신교도의 인쇄소 진영도 구축된다. 프랑스에서는 신교도의 중심지인 라로셸과, 특히 소뮈르의 활약이 두드러진다. 앞서 영국이나 네덜란드, 독일의 사례에서 살펴봤다시피 해당 지역에 대학이 있을 경우 인쇄소들이 모여늘기 쉬운데, 소뮈르에도 개신교 대학이 존재해 작은 소도시임에도 꽤 왕성한 인쇄업이 발전할 수 있었다. 부이용Bouillon 공국인 스당Sedan에서도 같은 이유로 인쇄소들이 생겨난다. 스위스에서는 바젤 인쇄업이 하향세로 접어든 반면, 제네바의 경우 인쇄기를 계속 돌리기 위해서는 사업장 주소를 허위로 기재해 가톨릭 국가들로 보낼 책을 찍어낼 수밖에 없었다. 한편 에스파냐의 통치에서 벗어난 네덜란드 북부는 인쇄소가 점점 늘어나면서 이로써 네덜란드가 신교 출판물의 중심지가 된다. 특히 엘제비어가가 자리잡고 있던 라이든에서는 1576년부터 기욤 도랑주Guillaume d'Orange가 대학 설립을 장려하면서 수많은 인쇄소들이 등장한다. 라이든 대학에서는 신학 못지않게 철학 연구도 활발하게 진행되었으며, 엘제비어 가는 곧 모든 유럽 문인들이 주로 찾는 고전 작가들의 출판물을 많이 찍어냈다. 이어 블라외가 지도와 초대형 아틀라스에 전문화된 작업소를 암스테르담에 차렸고,[38] 엘제비어에서도 라이든과 이웃한 도시인 암스테르담에 새로 작업소를 낸다. 엘제비어는 이곳 인쇄작업소에서 프랑스와 영국의 유명 작가들이 쓴 작품을 무단으로 복제한 뒤 인쇄소의 주소를 허위로 기재해 조직적인 영업망을 통해 유럽 전역으로 유통시키기 시작했다.

17세기 중반부터는 새로운 변화가 나타난다. 가톨릭 르네상스 부흥기가 끝나자 이들에게 의지해 종교서를 주로 내던 대형 출판업자들의 도서판매량은 이전보다 더욱 줄어들 수밖에 없었다. 교부들의 저서같이 규모가 큰 출판물도 판매량이 줄어들었고 새로 생기는 수도원의 수도 전처럼 많지 않았다. 수도원의 도서관 역시 새로 생기는 수도원의 서고든 종교전쟁 기간 동안 약탈당해 새 단장을 하게 된 수도원의 서고든 이미 모든 책이 완벽하게 구비된 상태였다. 반면 이와 동시에 비종교적 색채의 서민문학이 발달한다. 그 나라 언어로 쓰인 이 책들은 라틴어를 모르는 일반 대중들, 특히 여성 독자들을 대상으로 출간되며 프랑스와 에스파냐, 영국 그리고 곧이어 네덜란드 등지에서 새로운 인기를 끈다. 17세기 후반에는 화폐가 많이 부족해진 상황이었기 때문에 출판사업의 발달에 제약이 있었다. 이에 따라 출판업자들은 소규모 사업을 늘렸으며, 특히 세속 언어로 쓰여 쉽고 빨리 판매될 수 있는 문학작품들을 주로 출간하고 판매한다.

이러한 변화는 출판 지형도에서 새로운 변화를 야기한다. 1640년과 1660년 사이, 실로 무단복제 전쟁이 일어나며 수많은 출판사들이 도산위기에 빠진다. 안트베르펜에서는 유수의 종교서를 발간했던 출판사들 수입이 해마다 감소했고, 모레투스 가는 판매량이 고정적인 교회 관련 서적의 인쇄를 자제하기로 결정한다. 리옹에서는 한 기업이 업계를 통일해 아니송 가문만이 이 도시의 유일한 대형 출판사가 된다. 아니송은 파리 인쇄업자들에 대해 가차 없는 경쟁을 벌였다. 한편 쾰른과 베네치아에서는 인쇄업이 내리막길로 접어든다.

책들이 대부분 라틴어뿐만 아니라 사국어로도 인쇄되던 이 시기에는 도서 거래가 대개 자국 내에서 주로 이루어진다. 특히 섬나라 영국의 출판업자들은 대륙 쪽 업자들과의 교류 비중을 전과 같이 유지하지는 않았던 듯하다. 30년 전쟁으로 경제위기가 찾아온 독일에서는 대규모 도서시장으로서 프랑크푸르트의 입지가 흔들린다. 이젠 라이프치히가 박람회를 개최하며 프랑크푸르트의 역할을 이어받았는데, 과거 프랑크푸르트 도서전 같은 경우 전 세계 모든 국가에서 사람들이 몰려드는 초국적 도서시장이었던 반면 라이프치히에서는 오직 독일 사람들밖에 보이지 않았다. 프랑스 학자들마저 라인 강 너머에서 책을 들여오는 게 쉬운 일이 아니라며 고충을 토로했다. 학술활동의 중심지로 더더욱 부각되어가던 프랑스 파리의 경우, 여전히 매우 활동적인 도서·출판 중심지로 유일하게 규모가 큰 시장이었다. 부앙과 리옹, 트루아, 툴루즈 등지의 인쇄업자들은 새로운 원고가 없었던 나머지 무단복제로 먹고사는 것을 감수해야 했기 때문이다.

그런데 잠재적으로, 그리고 곧이어 대대적으로 위기가 찾아온 이 시기에 프랑스 출판계에서는 엄청난 악재가 중첩된다. 2세기 전부터 1655년 무렵에 이르기까지 인쇄작업소가 무한정 늘어났기 때문에 상황은 더더욱 심각했다. 아무리 작은 동네라 하더라도 인쇄소 하나 없는 곳이 없었고 인쇄 장인들은 행정 문서나 알파벳 교본, 기초 교재들을 인쇄하며 하루벌이로 먹고 살았다. 비방글이나 선전물을 인쇄해 생계유지를 해나가는 경우도 많았다. 이곳저곳 떠돌아다니던 직인들은 그렇게 돌아다니던 도중 저렴한 가격에 중고 기자재가 나오는 경우를 많이 보게 되었고, 따라서 이 직인들이 그렇듯 헐값에 매입한 장비를 이용해 자비로 작업소를 차려 자유로운 삶을 누리게 된 경우가 많아졌기 때문이다. 파리만 해도 1644년에 75군데 인쇄작업소가 있었는데, 그 가운데 16곳이 인쇄기가 한 대밖에 없는 소규모 작업장이었고, 34곳만이 인쇄기 두 대를 보유하고 있었다. 따라서 파리에서 돌아가는 인쇄기 181대 가운데 절반 정도는 고정적인 일이 없는 상태였다. 이러한 상황을 개선하고 무단으로 복제된 출판물을 제한하며, 특히 일이 없는 인쇄업자들이 비방글이나 선전물 혹은 사회적 물의를 일으키는 책들을 인쇄하는 것을 막고자 콜베르 재상은 엄정한 조치를 취하게 된다. 콜베르는 인쇄·출판 분야의 윤허권 제도를 좀더 분명하게 적용하고, 특히 1666년 허가된 인쇄소의 수를 고정해두며, 신규 인쇄 장인의 임명과 신규 인쇄소 설립을 금지하는 결정을 내린다. 이 같은 제한 조치는 1686년까지 엄격하게 유지된다.[39]

이후 대혁명이 일어날 때까지 인쇄작업장 수는 엄격하게 규제된다.[40] 앞서 1세기 전 영국에서 이루어졌던 규제정책에 버금가는 엄격한 조치였다. 출판업계의 발전에 해로운 영향을 미친 이 같은 정책은 결국 불온서적의 인쇄와 판매를 억제한다는 주된 목적을 달성하지는 못했다. 이때부터 프랑스 도서 중 상당수가 점차 해외에서 인쇄된다. 17세기 말, 프랑스 출판업계는 엄청난 위기 속에서 발버둥 치고 있던 반면, 이 시기부터 네덜란드 출판업계의 시장 지배가 시작되었기 때문이다.

네덜란드 출판업계의 역사를 살펴보면 굉장히 놀랍다.[41] 앞서 살펴본 바와 같이 네덜란드 출판업계의 성장은 이미 17세기 초부터 시작되었다. 에스파냐 치하에서 벗어난 네덜란드는 진작부터 식민지 정복에 뛰어들며 굉장한 번영을 누렸고, 17세기는 이 나라의 '황금기'였다. 자유를 사랑하며 예술과 지식을 존중하는 네덜란드 상인들에게 있어 책을 파는 것보다 더 좋은 일은 없었다. 베르메르Vermeer, 렘브란트Rembrandt, 프란스 할스Frans Hals 등과 같은 거장들이 네덜란드 미술학교에서 독보적으로 두각을 나타내고 있던 그 시기, 네덜란드에는 수많은 학자들로 넘쳐났고, 이들은 해외 문인들과 지속적인 교류관계를 유지했다. 콘스탄틴 호이겐스Constantin Huygens도 그 중 하나였다. 네덜란드 사람들은 영국과 독일, 프랑스 지식인들과 관계를 맺었으며, 이 세 국가의 학자들은 서로 잘 모르는 관계였기 때문에 네덜란드 학자들이 중간에서 다리 역할을 해주었다. 당시 네덜란드의 수많은 잡지들을 떠올려보라. 구에즈 드 발자크와 테오필 드 비오Théophile de Viau, 특히 데카르트를 비롯해 네덜란드를 찾는 프랑스의 문인과 학자들이 많았으며, 더욱이 나사우Nassau의 마우리츠 백작 집에 모인 사람들은 프랑스어를 사용했다. 헤이그의 서점에서도 프랑스어 책은 손쉽게 찾아볼 수 있었다. 신교도에 대한 박해가 있을 때마다 프랑스 신교도들은 칼뱅파가 대다수를 차지하는 네덜란드로 피신해왔다. 특히 용기병(말을 타고 이동하는 보병의 일종으로, '드래곤'이라고 하는 소총을 갖고 말을 탄 데서 용기병이라는 명칭이 유래했다—옮긴이)을 이용한 신교도 박해가 이루어지고 낭트칙령이 철회되었던 루이 14세의 치하에서는 데보르드 가문이나 위게탕 가문같이 프랑스 유수의 출판 가문이 네덜란드로 건너가 이곳에서 모르티에Mortier 가문처럼 벨기에 발로니아에서 온 망명자들을 만나기도 했다. 따라서 17세기 말부터는 암스테르담이 파리에 이어 제2의 프랑스 출판 중심지로 거듭난다. 로테르담의 레에스Leers가처럼 네덜란드의 대형 서적상들은 네덜란드 특유의 지리적 위치와 폭넓은 사업관계를 바탕으로 런던에서 베를린에 이르기까지 유럽 전역에 피에르 벨Pierre Bayle 같은 프랑스 학자들의 책을 퍼뜨렸다. 그뿐만 아니라 이들은 파리에서 출간된 프랑스 최고 작가들의 작품을 불법 복제해 유통시키기도 했다. 곧이어 이들은 프랑스의 서적상들과 치열한 경쟁을 벌인다. 금서나 무단복제물이 아닌 경우라면 네덜란드에서 만들어진 출판물이 별 어려움 없이 파리까지 흘러들어갔기 때문이다. 더욱이 합법적인 책이 아니라고 해도 보통 약간의 조심만 한다면 별 무리 없이 프랑스로 책을 팔 수 있었다. 프랑스어가 점차 국제적인 언어가 됨에 따라, 18세기에는 이 같은 불법 거래가 더욱 성행한다. 곧이어 네덜란드 서적상들은 벨기에와 스위스의 몇몇 출판업자들과 함께 철학자들의 강력한 후원 세력이 된다. 마크 미셸 레이Marc-Michel Rey 같은 인물만 보더라도 이를 잘 알 수 있다.[42] 1690년에서 1790년에 이르는 1세기 동안 프랑스에서 가장 유명한 작가들의 저서들은 프랑스 이외 지역에서 출판되어 유럽 전역에서 읽혔다.

4. 세상을 정복한 인쇄술

이렇듯 인쇄술은 금세 서유럽 전역으로 퍼져갔다. 15세기 이후부터는 독일과 이탈리아, 프랑스, 네덜란드의 주요 도시들 가운데 인쇄기가 돌아가지 않은 곳이 하나도 없었다. 15세기와 특히 16세기에는 에스파냐나 포르투갈, 폴란드 등지에서도 비슷한 상황이었는데, 단 영국만은 인위적인 규제가 지속되어 거의 모든 인쇄기들이 오로지 런던 한 도시에서만 돌아가게 되었다. 그렇다면 북유럽의 인구가 더 적은 지역이나 좀더 멀리 떨어진 지역에는 언제, 어떻게 인쇄술이 발전했을까? 라틴어권 지역과 다른 알파벳을 사용하는 슬라브어권 국가에는 어떻게 인쇄술이 자리잡았을까? 유럽인들이 신대륙 정복에 뛰어들었을 때, 사람이 별로 살지 않는 광활한 지역을 다스려야 할 필요성이 제기된 상황에서 인쇄술은 어떻게 새로운 환경에 적응하게 되었을까? 서양에서 개발된 텍스트 복제기술은 결국 어떻게 아시아의 문턱까지 넘게 된 것일까? 아시아의 고대 문명국가들에서는 종종 초보적인 단계지만 현지에서의 사용에 더 적합한 기술 형태가 나타났는데, 유럽의 기술은 어떻게 아시아에서 받아들여진 것일까? 인쇄본의 역할에 대해 면면히 살펴보고자 한다면 이 같은 질문들에 대해서도 살펴볼 필요가 있다.

1) 슬라브 지역*

보헤미아와 모라비아

구텐베르크가 발명한 인쇄술이 제일 먼저 유입된 슬라브 국가는 오늘날 체코슬로바키아가 위치한 보헤미아 지방이었다. 높은 문화적 수준을 보유한 이 지역에서 인쇄술이 발달하기에 유리한 상황을 갖추고 있었던 도시는 두 곳이었다. 하나는 1348년부터 대학이 설립된 수도 프라하이고, 다른 하나는 필젠이다. 서유럽의 다른 지역과 마찬가지로 이들 도시에서도 귀족들과 나란히 상인 계층이 발달했고, 경제력을 발판으로 한 이 상인들은 꽤 영향력을 행사하는 계층이 되었다. 1415년 르네상스의 문턱에서 체코의 종교개혁가 얀 후스Jan Hus(1372~1415)가 비극적인 최후를 맞이하자, 오랜 기간 이 지역에서는 종교적·정치적 불화가 이어졌다. 이곳에서의 인쇄술은 어쩌면 그 발전이 저해될지도 모르는 상황 속에서 도입된 것일 수 있다. 사실 슬라브 지역 국가들 가운데 더 많은 독자들에게 영향을 미치려는 생각이 구체화된 지역은 다름 아닌 보헤미아였다.

프라하에서는 유리 포디에브라트Jurii Podiebrad 왕의 관대한 시선 아래 후스 신도들의 논란이 반향을 일으키고 있던 반면, 필젠은 가톨릭 성향이 강하기로 유명한 도시였다. 주요 길목이 교차하고 여러 개 지류가 갈라지는

---

*이번 파트는 프랑스 국립도서관 사서 바사노프A. Basanoff가 쓴 것이다.

길목에 위치해 있던 부유한 상업도시 필젠에서는 1468년에 첫 인쇄기가 가동된다.

보헤미아 지방에 맨 처음 인쇄소를 설립한 이는 어느 이름 없는 인쇄업자였다. 이곳에서 만들어진 최초의 인쇄본은 1468년에 나온 것으로, 귀도 델레 콜로네Guido delle Colonne(13세기 이탈리아의 유명 작가—옮긴이)의 『트로이 연대기』*Kronika Trojanska*라고 알려져 있다. 이는 체코어로 된 최초의 인쇄본이기도 하다. 이 인쇄업자가 보헤미아에서 처음으로 시범 인쇄에 들어간 책이 전례서가 아닌 비종교서였다는 점은 의미가 깊다. 필사본 형태로 제작되던 시기에 이미 인기를 끌었던 세속문학은 서유럽인들 사이에서 점점 더 큰 인기를 얻어갔고, 인쇄본 형태로 제작된 이후에도 그 인기를 계속 이어갔다. 다른 슬라브 지역에서 나온 최초의 인쇄본들은 종교적 색채가 뚜렷하다. 필젠에서 제작된 이 첫 인쇄본은 한껏 기교가 들어간 '바타르' 고딕체로 조판되었다. 인쇄방식은 (결합 글자가 많이 들어가 있는 형태로) 쾰른의 울리히 첼이 쓰던 인쇄방식과 유사하다. 하지만 체코어 특유의 철자 부호가 새롭게 들어가 있는 것이 특색이다. 독일인으로 추정되는 이 익명의 인쇄업자는 현지 인력의 도움으로 책을 출간했을 것이며, 고대 체코 필사본의 영향을 많이 받은 것으로 보인다. 1476년에는 '텍스추라'체로 인쇄된 라틴어 인쇄본 『대주교법』*Statuta Arnesti*이 등장한다.

세기말이 되면 미쿨라스 바칼라르Mikulás Bakalár(1489~1513)가 필젠에 상설 인쇄소를 차린다. 이곳에서 그는 최소 22권의 인쇄작업을 진행했으며 모두 대량으로 배포되었다. 베른하르트 폰 브레덴바흐Bernhard von Breydenbach의 『성 순례기』*Les Saintes Pérégrinations*, 아메리고 베스푸치Amerigo Vespucci의 『신세계와 신규 발견 지역』*Le Mondo nuovo e paesi nuovamente retrovati*, 그리고 『바를람과 요사파트』*Barlaam et Josaphat*, 최초의 체코 『시편집』(1499) 등이 이곳에서 제작되었을 뿐 아니라 1511년에는 최초의 체코 사전도 출판되었다. 바칼라르가 제작한 여러 가지 출판물들에서는 공통점이 나타난다. 모두 슈바바흐 활자체로 조판되었으며, 한 페이지는 스무 행의 한 단으로 이루어져 있었고, 모든 출판물이 체코어로 인쇄되었다.

1498년에 최초의 풍자성 도서를 내놓은 것도 바칼라르였다. 14세기 후반 라틴어로 쓰인 작품 『마구간지기 소년과 학생』*Podkoni a žak*을 작업한 것이었다. 여러 언어에 통달한 바칼라르는 출판업자이자 서적상이었으며 아마 인쇄업도 겸했을 것이다.

프라하에는 각기 다른 세 인쇄기가 돌아가고 있었는데, 그 가운데 가장 오래된 것은 요나타 드 비코헤보 미토Jonata de Vykohevo Myto의 인쇄기였다(1487). 그는 『시편집』과 『트로이 역사』*Historia Trojanska*를 작업했는데, 프라하 최초의 두 인쇄본은 로툰다체와 바타르체를 섞어놓은 듯한 느낌의 전형적인 체코 서체로 인쇄되었다.

그다음은 두 출자자 이안 캄프Ian Kamp와 이안 세베린Ian Severyn의 인쇄기였다(1488~1520). 출판업자이자 사업장 소유주인 세베린은 작은 인쇄왕국을 건설한다. 1520년 이후에는 프라하 최대의 인쇄업자인 파벨 세베린Pavel Severyn이 그 통치권을 이어받는다. 1488년 일명 '프라하 성경'이라고도 일컫는 체코어 성경을 처음 출간해낸 것도 이안 캄프와 이안 세베린 두 사람의 공이었다. 이 성경은 보헤미아 인큐내불러 가운데서 최고로 손꼽히는 작품 중 하나다. 1499년 세베린과 캄프는 왕궁으로부터 최초의 출판허가증을 발부받는다. 둘은 목판화로 화려하게 장식한 도서 20권을 제작했으며, 이 판화작품들은 뉘른베르크의 목판화와 어느 정도 유사성을 보인다. 1488년에는 체코에서 가장 오래된 삽화본 중 하나인 이솝 우화집을 펴냈고, 1495년에는 『고난』*Passionale*, 1501년에는 페트라르카의 『행운과 불운에 대한 치유

책』*De remediis utriusque fortunae*을 체코어 번역본으로 펴냈다. 표제에 삽화가 들어간 것은 이 작품이 처음이었다. 두 사람의 사업장에서는 1513년까지 바타르체를 활자 서체로 사용했으나 그 시기 이후부터는 텍스추라체를 사용한다.

대중을 위한 출판물을 제작하던 베네다Beneda는 슈바바흐체를 이용한 책력의 제작으로 명성이 높았다. 그는 목판화를 달력 제작에 활용했고, 자료는 전全 프랑스 교수단의 회원들로부터 매년 제공받았다. 15세기 말 직전에는 15세기의 톨스토이주의자 첼시스키Chelcicky의 제자로서 체코의 종교개혁을 이끌었던 '보헤미아 형제단'의 영향으로 문화적·경제적 요소를 밑거름으로 보헤미아 지역 여러 도시에서 인쇄업이 발전했다. 1489년 쿠트노Kutno에서는 마르틴 데 치노바Martin de Tisnova가 뉘른베르크 스타일로 두 개의 성서를 제작했다. 빈터베르크Winterberg에서는 알라크라프Allakraw가 1484년부터 작업에 들어갔고, 브르노Brno에서는 1486년 콘라트 슈타헬Konrad Stahel이 모라비아 지역 최초의 인쇄기를 작동시킨다. 올로모츠Olomouc에서는 1499년에 이르러서야 처음으로 인쇄산업이 태동한다. 슬로바키아 지방의 브라티슬라바Bratislava에도 비슷한 시기에 인쇄술이 유입된다.

폴란드

보헤미아 지방에서는 부유한 시민들이 인쇄산업의 발달을 부추겼으나 폴란드는 사정이 좀 달랐다. 15세기 초 폴란드는 엄청난 경제적·정치적 부흥기를 맞이하기 직전의 상태였다. 단치히Dantzig를 정복한 폴란드는 이제 발트해 만으로의 접근이 용이해지고 연안 통제권도 갖는다. 1410년에는 튜턴 기사단에게 승리함으로써 정치·군사 대국으로서의 지위를 확립한다. 하지만 15세기에 활판인쇄술로 출판하는 작업소가 있던 도시로는 크라코프가 유일했다. 대학이 소재해 있던 도시 크라코프는 유명한 문화적 중심지였고, 크라코프 이외 지역에서는 현지 인쇄소가 없던 탓에 학자들이 외국 인쇄업자들에게 작업을 의뢰해야 하는 경우가 대부분이었다. 프랑스와 독일, 이탈리아 대학을 자주 드나들던 젊은 폴란드인들 덕에 인문주의는 꽤 이른 시기에 유입된 편이었다.

따라서 크라코프는 헝가리, 체코, 우크라이나, 바이에른, 슐레지엔, 알자스, 프랑켄 사람들이 빈번히 드나들던 교차로였다. 크라코프 최초의 인쇄업자들은 바로 이 수많은 국적의 사람들 사이에서 나오게 되었으며, 이들은 모두 외국인이었으나 크라코프의 자산가 계급을 이루고 있었다.

폴란드 최초의 인쇄본은 귄터 차이너 밑에 있던 한 직인의 작품으로, 후안 데 토르케마다가 쓴 『시편집 해석』*Explanatio in Psalterium*이었다(1474~1475년경). 이어 얼마 후에는 성 아우구스티누스의 『전집』*Omnes libri*이 출판된다. 1476~1477년에는 바이에른 주 하일스본Heilsbronn 출신의 가스파르트 호흐페더Gaspard Hochfeder와 이안 크리거Ian Krieger 혹은 크뤼거Krüger, 그리고 이안 파펠라프Ian Pepelaw 등의 인쇄소가 등장한다. 하지만 정교회의 전례典例를 따르는 슬라브 지역에서 인쇄산업을 주도한 인물은 프랑켄 출신의 슈비아토폴크 피올Swiatopolk Fiol이었다. 금 자수를 놓는 기술자로 크라코프 금은세공사협회에도 등록되어 있던 피올은 채석장의 건조를 위한 기계도 발명한 인물이었다. 그런 피올은 크라코프에서 왕성한 활동을 벌인다. 두 교회를 통일시키려던 슬라브 지역 베네딕트파 수도사들과 긴밀한 관계를 유지하고, 정교회 슬라브족들에게 자신의 책을 팔고자 했던 피올은 100퍼센트 전례서 제작작업에만 시간을 할애했으며, 키릴 자모의 인쇄에 구텐베르크 방식을 활용한 최초의 인쇄기술자였다. 그가 작업한 출판물은 수차례 법적인 허가를 받은 상태에서 유포되었으며, 레닌그라드와 모스크바에서도 그의 책을 찾아볼 수 있었다. 1483년 피올은 활판인쇄술에 필요한 기자재를 입수한다. 그로부터 8년 후인 1491년 피올의 인쇄소에서는 『8음』*Osmoglasnick*, 『시계자리』*Časoslovec*, 『전례용 시편집』*Psaltir*, 『사순절 전례서』*Triod postnaja*, 『성신강림축일 전례서』*Triod cvétnaja* 등 다섯 권의 책이 제작된다. 이 시기 이후로 피올의 인쇄소에서는 인쇄기가 돌아가지 않는다. 피올이 후스파 이단이라는 혐의를 받아 투옥되었기 때문이다. 훗날 감옥에서 풀려난 피올은 폴란드를 떠나 헝가리로 향한다.

크라코프에서 지속적으로 인쇄 일을 했던 인물은 프랑켄 출신의 얀 할러 Jan Haller였다. 포도주와 사냥감을 판매하던 상인인 그는 이름난 자산가였는데, 15세기 말부터 도서계에서는 그의 이름이 등장한다. 그의 출판사업은 1505년부터 비약적으로 발전한다. 당시 폴란드의 알렉산더 왕은 그에게 폴란드 전 지역에 대한 출판허가권을 내주었는데, 이로써 할러는 폴란드 인쇄산업의 기틀을 마련하고 라틴어와 폴란드어로 된 책들을 연속 출간한다. 할러가 인쇄·판매 독점권을 얻은 책은 그의 걸작인 『크라코프 미사경본』이었다. 할러는 자신의 돈을 들여 제지소와 제본소를 차렸다. 폴란드에서 그는 처음으로 인쇄업자와 서적상, 출판업자로서의 일을 한꺼번에 겸한 인물이었다. 서유럽 활판인쇄기술자들은 세 가지를 겸하는 경우가 보통이었지만 폴란드에서는 그가 최초였던 셈이다. 시장에는 그가 작업한 성무일과서, 미사경본, 성가집 등이 쏟아져나왔고 개론서도 대거 출간되었다. 1505년에 내려진 출판 독점권에 따라 할러의 도서 출간목록에 포함된 책이라면 해외의 그 어떤 책도 폴란드 영토 내로 유입될 수 없었다. 이 같은 조치 덕분에 얼마간은 국내에서 제작된 현지 출판 도서의 유통이 순조롭게 이루어졌다. 수입도서, 특히 이탈리아에서 들어온 출판물과의 치열한 경쟁을 면할 수 있었던 것이다. 할러는 폴란드 사람들의 문화생활을 신장시키는 데 상당한 기여를 했다. 시인과 소설가를 비호해준 그는 '학문적 삶의 가장 인문적인 후원인' fautor humanissimus vivorum doctorum으로 통했다.

반면 바이에른 출신의 플로어얀 웅글러Florjan Ungler는 인쇄업자로서의 일밖에는 하지 못했다. 오늘날까지 전해지는 폴란드 최초의 책 『영혼의 정원』*Hortulus animae*(1514년경)은 그의 인쇄소에서 작업한 것이었다. 폴란드 작가 비에르나트 드 루브리나Biernat de Lublina가 쓴 이 책은 니콜라 드 살리세 Nicolas de Salicet의 유명한 개론집 『영혼의 해독』*Antidotarius animae*을 각색한 것이었다. 『영혼의 정원』에는 실용적인 조언들이 더 많이 수록되어 있고, 일련의 목판화작품들도 대거 포함되었다. 루돌프 아그리콜라Rudolf Agricola, 파벨 드 크로츠나Pawel de Krozna 등 유명한 사람들과 왕래하던 웅글러는 학술 분야에 대한 조예가 깊었다. 그는 폴란드 사람들 대다수가 사용하던 언어를 인쇄업과 접목시킨 최초의 인물이었다. 이 같은 맥락에서 봤을 때 그 당시 자보로프스키Zaborovsky의 철자 개론서가 출간된 것은 당연한 수순이었다. 『영혼의 정원』과 그 아류작들은 책의 대중화를 향한 첫걸음이었다고 볼 수 있다.

1505년 할러의 독점에 따라 폴란드 내의 세 번째 인쇄소는 그 성장이 더뎠다. 바로 슐레지엔 지방 출신 비에토르Wietor의 작업소다. 할러의 출판 독점권이 만료된 1517년, 빈에 인쇄소를 차린 지 얼마 되지 않은 비에토르는 크라코프에 와서 작업소를 연다. 1518년과 1546년 사이, 비에토르는 이곳에서 라틴어와 마자르어, 폴란드어로 된 수많은 책들을 인쇄하고, 그가 작업한 책들은 할러의 인쇄본보다 우수하다는 점을 부인할 수 없었다.

16세기 전반에는 마크 샤르펜베르크Marc Scharfenberg가 등장한다. 저 유명한 할러의 아성을 무너뜨린 것으로 이름을 날린 인물이다. 17세기 초까지 샤르펜베르크 가문은 아버지에서 아들로 대를 물려 인쇄업을 이어갔다. 이스트반 바토리István Báthory(1576~1586)의 통치 시절, 마크 샤르펜베르크의 아들 니콜라 샤르펜베르크는 왕실 인쇄업자가 된다. 러시아-폴란드 전쟁 중에 그는 수많은 포고령과 회람장을 인쇄했으며, 폴란드에서 샤르펜베르크 가문이 차지하고 있던 지위는 독일의 코베르거 가문이나 네덜란드의 플랑탱 가문에 버금가는 수준이었다.

16세기 중반에는 폴란드에서도 종교개혁의 바람이 불고 대도시뿐만 아니라 외곽 도시에서도 사업장이 생겨난다. 지주의 토지소유지에 자리잡는 경우도 있었다.

체코슬로바키아에서 인쇄업이 황금기를 맞이한 것은 16세기의 일이었다.

크라코프에서 피올이 이루어낸 혁신적 과업의 뒤를 이은 것은 러시아 북서부 폴로츠크Polozk에서 이주해온 프란치스크 스코리나Fracisk Skorina였다. 크라코프 대학에서 철학을 공부한 뒤, 파도바 대학에서 의학을 전공한 스코리나는 베네치아에 들러 보치다르 부코비크Bozidar Vukovic를 만난다. 부코비크는 키릴 자모의 인쇄 기자재를 갖고 있던 출판·인쇄업자였다. 스코리나는 프라하를 근거지로 정하고 정교회의 전례서를 작업하는 데 집중한다. 키릴 자모로 인쇄된 슬라브어 최초의 성서(23권)는 그의 작품이었으며, 여기에는 목판화도 대거 삽입된다(프라하, 1517~1519).

학술적 지식으로나 자신의 출판물로나 혹은 자신의 번역물로나, 스코리나는 슬라브 지역의 정교회 의례문화에 있어 상당한 영향을 미친 인물이다. 정확한 이유는 알 수 없으나 1525년에 그는 장비를 챙겨 프라하를 떠나 리투아니아 빌나Vilna(현재의 빌니우스)에 정착한다. 이곳 대법관 야곱 바빅Jacob Babic의 집에서 기거하며 그는 1525년에 두 권의 책을 더 인쇄한다.

16세기 프라하에서 활동한 인쇄업자들 가운데 두각을 나타낸 인물은 멜란히톤의 제자 멜란트리히Melantrich와 그 후계자인 아담 벨레슬라비네Adam Veleslavine였다. 두 사람 모두 프라하 대학과 지속적인 관계를 유지했다. 멜란트리히는 슈바바흐 서체와 안티쿠아 서체를 썼다. 그는 네 개 언어로 출간되는 자신의 출판물에 각별히 신경을 썼으며, 식자공 11명이 일하던 그의 인쇄소에서는 주급이 18체코 그로스에서 라인 금화 한 냥 정도로 달라졌다.

대학교수였던 아담 벨레슬라비네는 체코의 책을 가장 완성도 높은 수준으로 끌어올렸다. 아메르바흐에 비교될 수 있을 만한 학자 겸 인쇄업자였던 그는 보헤미아 지방에 르네상스를 유입시킨 장본인이었다.

체코와 폴란드의 도서산업은 16세기에 황금기를 맞았지만 이어 17세기에는 하향세로 접어든다. 검열제도와 전쟁, 경제위기가 그 원인이었다. 이 지역에서의 새로운 도약은 18세기에나 이루어진다.

남슬라브

앞서 살펴봤듯이 서슬라브 지역에 인쇄술이 도입된 배경에는 독일이 있었다. 반면 오늘날 유고슬라비아가 위치한 남슬라브 지역에 인쇄술이 태동할 수 있었던 것은 베네치아 덕분이었다. 이 지역이 베네치아와 꾸준한 관계를 유지했기 때문이다. 베네치아 덕분에 남슬라브에서는 인쇄술을 현지에서 발전시킬 수 있었으며 일부는 실로 엄청난 작품을 만들어내기도 했다.

몬테네그로 최초의 인쇄기가 돌아간 곳은 아드리아 해에서 몇 킬로미터 떨어진 곳에 위치한 체티네Cetinje였다. 당시 이 지역은 두라트 츠르노예비치Durad Crnojevic의 치하에 있었는데, 그는 베네치아가 고향인 아내를 두고 있었다. 그런데 그 아버지인 이반 츠르노예비치Ivan Crnojevic는 1490년경에 이미 오보드Obod에 인쇄소 하나를 차렸으며, 이후 이 인쇄소는 체티네로 이전된다. 인쇄업자였던 수도승 마카리Makarii는 베네치아에서 인쇄 일을 배운 뒤 이곳을 운영했다. 인쇄소의 장비는 베네치아에서 사들인 기자재로 보완했다.

크라코프에서 작업했던 피올의 인쇄소에 이어 15세기에 두 번째로 키릴 자모를 사용한 인쇄소가 바로 마카리의 인쇄소였다. 몬테네그로 최초의 인쇄본인 『평성가집』이 1494년에 등장하고, 이어 1495년에는 체티네 시편집이 제작된다. 이탈리아 르네상스의 흔적이 그대로 묻어나는 수작으로 상당히 구하기 힘든 희귀본이다. 그로부터 몇 년 후인 1508년 마카리는 타르고비스테Targoviste로 가서 발라키아Valachia와 몰도바Moldova의 태수 곁에서 일하며 이곳에 인쇄술을 도입한다. 여기에서 그는 1508년과 1510년, 1512년 세 차례에 걸쳐 전례서를 출간했는데, 기존에 체티네에서 인쇄했던 것과는 약간 다른 활자체로 인쇄작업을 진행한다. 16세기 초 몬테네그로의 1세대 인쇄업자 중 하나인 보치다르 부코비치Bozidar Vukovic는 베네치아에까지 키릴 자모의 인쇄작업소를 차린다.

세르비아의 경우 오스만투르크 통치하에서 16세기에 인쇄술이 도입된다. 당시 인쇄소는 수도원 내부에 생기거나 군주들의 후원으로 차려지는 경우가 보통이었다. 두 경우 모두 인쇄업자는 대개 정교회 수도승이었다. 이들은 전적으로 전례서만을 작업했다. 1531년 고라즈데Gorazde에서 기도서가 인쇄되며, 1537년에는 루얀스크 수도원에서 수도승 테오도시우스Theodosius가 복음서를 인쇄하고, 활자케이스에서 부족한 부분은 나무에 새긴 문자로 보충했다. 1539년 그라차니차Gracanica에서는 평성가집이 출간된다. 1544년 (헤르체코비나의) 밀레세바Mileseva 수도원에서는 수도승 마르다리Mardarii와 페도르Fedor가 시편집을 펴낸다. 1552년 베오그라드에서는 군주인 라디사 디미트로비치Radisa Dimitrovič가 인쇄소를 차리고, 그의 사후에는 트로얀 군둘릭Trojan Gundulic이 이어서 이를 운영한다. 수도승 마르다리가 복음서를 인쇄한 곳도 여기였다. 끝으로 1562년 메르신Mersin 수도원과 1563년 스카다르Skadar에서는 수도승들이 인쇄소를 차린다.

세르비아의 이 모든 인쇄소들은 지속적으로 운영되지 못했다. 기껏해야 50년쯤 운영된 게 전부였다. 인쇄 기자재는 차츰 마모되어갔고 인쇄 일을 겸하는 수도승들은 점점 더 가난한 생활을 견뎌내야 했으며, 적절한 활자주조소가 없으니 손으로 직접 철이나 구리 문자를 만들어야 했다. 이들은 책을 몇 권 인쇄한 뒤에 곧이어 과거의 해묵은 방식인 필사본 시대로 돌아갔다.

중세 슬라브 지역의 인큐내뷸러에 들어간 삽화는 슬라브-비잔틴 지역의 필사본에서 주로 나타나던 라인을 그대로 본뜬 게 전부였다. 체티녜 미사경본 정도가 유일한 예외에 속한다. 대개 흑백의 바탕 위에 현란하게 꼬인 아라베스크 무늬였으나 도안이 복잡하다고 해서 판화가들의 일부 실수마저 가려지는 것은 아니었다.

15세기 크로아티아의 상황은 매우 복잡했다. 수도인 자그레브Zagreb를 비롯해 북부 지역은 보헤미아-헝가리 지역과 비슷한 측면이 많았으나 아드리아 연안 쪽은 베네치아의 영향이 지대했다. 크로아티아에 인쇄술이 자리잡은 것은 꽤 늦은 시기의 일이었다. 17세기가 되어서야 비로소 자그레브에서 지속적인 인쇄작업이 나타난다. 기존에도 1574년 네델리슈체Nedelišće와 1586년 바라진Varazdin이 인쇄작업을 시도한 일이 있었으나 별 중요성은 띠지 못했다. 15세기와 16세기 크로아티아 작가들의 라틴 작품은 주로 이탈리아에서 인쇄되었다.

1483년부터 베네치아에서는 글라골(가장 오래된 슬라브 문어文語—옮긴이) 활자로 된 크로아티아 책이 인쇄된다. 달마티아, 이스트라, 카르네로 섬 등지의 전례서로 쓰일 책들이었다. 그뿐만 아니라 센Senj(1491~1508), 리예카Rijeka(1530~1531) 등 크로아티아 현지에도 글라골 전문 인쇄소가 있었으나,

그 활동은 매우 제한적이었다.

프리모주 트루바르Primož Trubar(1508~1586)와 더불어 슬로베니아에도 종교개혁의 바람이 불었다. 류블랴나Ljubljana에서 참사회원이자 대학교수로 지내던 그는 뛰어난 설교가로도 명성을 날렸는데, 가톨릭교회의 압박으로 망명길에 올라 독일에서 은신처를 찾아야 했다. 1550년에서 1551년 사이 튀빙겐에서 그는 교리서와 알파벳 교본을 슬로베니아어로 출간했다. 프리모주 트루바르는 운그나드Ungnad 남작과 관계를 유지했는데, 종교개혁의 신봉자였던 남작은 도서 수출을 목적으로 우라흐Urach에 크로아티아어와 슬로베니아어 서적의 출판에 특화된 인쇄소를 차린 인물이다.

류블랴나에서는 1575~1578년경에야 인쇄소가 운영되고, 달마티아 지방에서는 1783년에야 비로소 두브로브니크에 인쇄소가 생긴다.

반면 15세기와 16세기 이 지역에서 벗어나 베네치아, 파도바 등 이탈리아 주요 도시에 자리잡은 수많은 슬라브인들은 이탈리아 도서시장의 발전에 크게 이바지한다. 그 가운데 몇 명만 예로 들면 크로아티아 코토르의 안드리야 팔타시치Andrija Paltašić, 현지에서 보니노 보니니Bonino Boninis로 불리던 도브루시코 도브리치Dobrusško Dobrič, 달마티아 지방 출신 그르구르 달마틴Grgur Dalmatin, 슬로베니아인 마테우스 체르도니스 드 윈디스Matheus Cerdonis de Windis 등이 있다. 하지만 이들 가운데 그 누구도 키릴 문자나 글라골 문자를 사용하지는 않았다.

러시아

러시아에는 어떤 경로로 인쇄술이 전파되었는지 알 길이 없다. 피올에서부터 체티네의 마카리 수도승, 여기에서 다시 보치다르 부코비치, 그리고 또다시 스코리나까지를 선으로 이어가다 보면 그 가운데서 러시아로 인쇄술이 흘러들어간 지점을 찾아볼 수 있지 않을까? 서슬라브, 특히 남슬라브에 인쇄본이 출현했다는 사실로 보면 분명 모스크바로까지 전해졌을 것이다.

출판일자가 표시된 모스크바 최초의 인쇄본은 1563~1564년에 출간된 『사도』*Apostol*였다. 모스크바 지역에 인쇄술이 태동한 시기는 대개 이 날짜로 본다. 하지만 날짜가 명시되지 않은 익명의 출판물들을 감안하면, 이 시기는 1553년으로 좀더 앞당겨야 한다. 인쇄술 도입 초기부터 이 지역의 인쇄술은 국가와 교회가 개입한 사업이었다. 16세기 중엽, 카잔을 정복한 폭군 이반 4세는 수공업 장인과 상인 계층의 성장에 대한 대책을 마련하고 전례서와 관련해 긴급히 정부 검열을 실시할 필요가 있었다. 따라서 러시아의 인쇄업은 이를 위해 이반 4세가 제정한 행정조치 중 하나로 중앙집권화와 강제권 행사를 위한 정책 도구였다.

모스크바 최초의 인쇄소에는 이름이 없었다. 익명의 작업소였던 이곳에서는 모두 여섯 권의 책이 인쇄되었는데, 1556~1557년, 1559년, 1565~1566년 복음서와 1557년(?), 1566~1567년 시편집, 1558~1559년의 사순절 『트리오디온』(동방정교회 전례서) 등이었다. 마로우사 네페디에프Marousa Nefediev, 바스주크 니키포로프Vassjuk Nikiforov 같은 인쇄업자가 일한 곳도 바로 이 작업소였다. 1566년 이후, 이곳의 키릴 활자는 완전히 사라졌는데 화재에 따른 소실로 추정된다.

러시아 인쇄본에 이름을 남긴 최초의 공무원은 이반 페도로프Ivan Fedorov로 알려져 있다. 그는 『사도』(1564)와 『성무일과서』Casovnik 두 권을 인쇄했는데, 전자의 경우 목판화가 상당히 많이 삽입되었다. 페도로프가 즉각적으로 손을 잡은 동업자는 페트르 므스티스라벡Petr Mstislavec이었다. 1566년경 인쇄 기자재 일부와 목판화 일체를 들고 두 사람 모두 모스크바를 떠난다. 이들은 리투아니아의 자블로우도프Zabloudov로 가서 크호드케비치Khodkevič 대공 곁에 인쇄소를 차린다. 이반 4세는 두 사람에게 리투아니아로의 이주 허가권을 내주었는데, 아마 이 지역에서 러시아의 영향력을 강화하려는 의도였을 것이다. 리투아니아가 폴란드로 병합된 뒤 페도로프는 다시 자리를 옮겨 리보프L'vov에 정착하고(1572), 이어 볼리니아Volhynia의 오스트로그Ostrog로 가서 1581년에 성서를 인쇄한다. 이때 페도로프가 인쇄작업에 사용한 활자는 기존에 사용하던 것과 다른 활자였다.

키릴 인쇄본의 역사에서 이반 페도로프가 담당한 역할은 매우 중요하다. 그가 작업한 책 『사도』는 거의 200년간 영향을 미쳤던 것으로 확인된다. 이 책에 수록된 일부 목판화는 1722년 리보프 지역의 인쇄본에서도 나타난다.

모스크바에서 안드로니크 네베야Andronik Neveja는 페도로프를 계승해 1589년에 시편집 두 권과 사순절 전례서를 인쇄하고, 1591년에는 성신강림 축일 전례서를 작업한 뒤, 1597년에는 『사도』를 제작한다. 이 책은 1,050부가 발간될 정도였다. 그의 활약은 17세기 초까지 이어지는데, 이때부터는 모스크바, 키예프, 리보프, 노브고로드, 체르니고프와 그 외 벨라루스의 주요 도시와 여러 수도원의 사업장에서 인쇄본이 만들어진다.

거의 100년간은 오로지 전례서의 인쇄만이 이루어졌으며 17세기 중반에 가서야 종교 이외 도서가 등장한다. 그중 제일 먼저 선보인 비종교서적이 알파벳 교본으로, 부르체프Bourcev(1634)가 조판과 인쇄작업을 맡은 책이었다. 곧이어 1639년에 개정판이 나오는데, 개정판의 경우 6,000부가 발간되었으며 처음으로 비종교적 내용의 판화로 장식된다. 두 번째 세속 도서는 군사 훈련서의 독일어 번역판이었다(1647). 이 책의 속표지는 그리고리 블라고우신Grigorij Blagousin의 그림을 판화로 새겨 장식된다.

전례서의 작업을 중심으로 한 인쇄기술자들의 활동에도 불구하고 필사본의 전통은 사라지지 않는다. 이 지역의 필사본은 16세기와 17세기, 심지어

18세기까지도 존속한다. 성인들의 생애나 기행문, 역사서, 학술서 등이 모두 계속해서 필사본으로 작업되었다.

여러 가지 다양한 측면들이 존재하기는 하나 이 시기 모든 책의 한 가지 공통점이 있었다. 바로 교회의 키릴 활자가 꾸준히 사용되었다는 점이다.

비록 러시아 지역에 인쇄술이 뒤늦게 도입되기는 했으나 이후 비약적으로 발전해 20세기에는 러시아 출판업계가 기록적인 수치에 도달한다.

2) 신대륙 지역[43]

15세기 후반에서 특히 16세기 후반에 이르는 시기에는 인쇄술이 등장한 것과 거의 동시에 새로운 지리적 발견이 이루어지면서 서양인들의 시야가 급격히 넓어진다. 서양 사람들 대다수는 여기에 뛰어들며 자기들 눈앞에 펼쳐진 이 새로운 공간을 다스리려 노력한다. 이들은 그전까지만 해도 거의 전설과 같은 수준으로 전해져온 이야기를 통해서만 엿보아온 이 미지의 세계와 접촉하려 애를 쓰고, 이로써 서구 문명이 주체가 되어 새로운 대륙을 변화시키는 역사가 시작된다. 그리고 이 과정에서 인쇄술도 그 나름의 역할을 담당한다.

서양인들은 우선 미 대륙부터 점령한다. 이 과정에서 인쇄술은 처음부터 핵심적인 영향을 미친다. 이 미지의 세계를 공략하는 길에 뛰어든 '콘키스타도레스'conquistadores(멕시코, 페루 지역을 점령한 에스파냐인들)의 머릿속에는 과연 무슨 생각들로 가득 차 있었을지 상상해보라. 탐험정신으로 무장한 채 황금을 찾고 싶었을까? 물론 그랬을 것이다. 하지만 그 당시 에스파냐에서는 기사문학을 다룬 인쇄본이 수없이 쏟아졌다. 게다가 이 책들에서는 놀라울 정도로 부유한 사람들이 살아가는 머나먼 풍요의 땅을 그려내고 있었다. 이런 책들의 영향을 받았던 당시 에스파냐 사람들이 과연 어떤 욕심을 키웠을까? 이들은 소설 속 영웅들의 모험담을 몸소 체험하고 싶었을 것이다. 그러니 에스파냐의 미 대륙 정복 시기와 세비야 인쇄업자 크롬베르거가 몽탈보Montalvo의 전작 『가울라의 아마디스』*Amadís de Gaula*에 이어 그의 두 번째 소설 『에스플란디안의 모험』*Sergas de Esplandian*을 출간한 시기가 일치한 것도 우연은 아니다. 이 작품에서는 캘리포니아 섬에서 살아가는 아마존 부족의 이야기를 다루고 있었다. 그뿐만 아니라 코르테스Cortez가 멕시코 아즈텍 왕국을 정복하는 동안, 그리고 피사로Pizarro와 이어 알마그로Almagro가 엘도라도를 찾아 아마존 유역에 뛰어든 시기 동안, 이 소설이 끊임없이 재판된 것도 마찬가지로 우연의 일치는 아니었다. 이 같은 사실로 미루어볼 때 인쇄술의 영향으로 대중화된 기사문학이 신대륙 탐사를 부추기는 분위기를 조성했다는 점을 알 수 있다. 더욱이 에스파냐 정복자들의 머릿속에는 늘 이 같은 소설의 내용이 들어 있었다. 크롬베르거가 인쇄한 책들은 대거 미 대륙으로 보내졌다. 수하물 칸에 이 같은 책이 포함되지 않은 선박이 한 대도 없을 때도 있었다.

따라서 에스파냐가 정복한 지역에는 금세 인쇄본이 유입되었다. 여러 지역으로 연결되는 길목에 위치한 몇몇 도시는 곧이어 왕국의 중심지인 멕시코시티와 리마의 수도가 되었는데, 이 같은 중심지에도 곧 인쇄소가 차려졌다. 하지만 이 같은 작업소에서는 기사소설을 인쇄하지 않았다. 아마도 강력한 권력의 교회 당국이 이를 반대했을 것이다. 허구적 소설을 신대륙으로 반입하는 것 또한 원칙적으로는 금지되어 있었으나, 그나마 눈감아주기 식으로 허용되었던 것은 이 정도가 아니었을까? 이와 더불어 미 대륙에서 필요한 교회 관련 서적은 오랜 기간 유럽에서 들여온다. 플랑탱 모레투스 가문의 입장에서는 호재였다. 따라서 오랫동안 신대륙 인쇄시장을 지배하고 있었던 것은 에스파냐와 안트베르펜의 인쇄소였으며, 전부 다 교회 당국이 설립한 신대륙 내 인쇄소들은 그 업무가 제한적이었다. 아메리카 원주민을 선교하는 데 필요한 책들을 찍어내고, 신생 식민지에 교훈서, 특히 필수적인 신앙서를 보급하는 게 주된 목표였기 때문이다. 멕시코시티에 안정적으로 설립된 초창기 인쇄소의 역사는 이런 면에서 특징적이다.

코르테스의 신대륙 탐사에서 그 시초가 된 토룸바Tolumba 전투가 있은 지 13년밖에 안 지났을 때, 멕시코시티의 주교 후안 데 수마라가Juan de Zumàrraga는 카를 5세에게 현지에 제지소 몇 곳과 인쇄소 한 곳을 차리고 싶다는 의사를 표명한다. 1539년 부왕인 멘도사Mendoza의 승인으로 그의 바람이 실현된다. 같은 해 크롬베르거는 멕시코시티로 인쇄기 한 대와 인쇄업자 후안 파블로Juan Pablo를 보낸다. 언젠가는 경쟁 업자가 나오리라는 사실은 그도 이미 알고 있었다. 파블로는 알파벳 교본서와 아메리카 원주민의 기독교 교화를 위한 책의 인쇄, 그리고 몇몇 기도서와 법령서부터 작업하기 시작하는데 아직 생산량은 미약한 상태였으나 이는 곧 새로운 인쇄업자가 현지에서 고객층이 될 만한 요소를 찾을 수 있다는 뜻이었다. 멕시코시티에서도 서서히 인쇄업이 발전하고, 1550년에는 세비야에서 온 활자주조공 안토니오 데 에스피노사Antonio de Espinosa가 멕시코시티로 건너와서 파블로가 작업에 쓸 로마체와 이탤릭체를 주조한다. 이로써 그때까지 파블로가 사용했던 고딕체가 교체된다. 이어 파블로는 두 번째 인쇄소를 차린다(1559). 곧이어 16세기 말엽, 그리고 특히 17세기에는 다른 인쇄기술자들도 멕시코시티에 자리를 잡고, 16세기 멕시코시티에서 작업이 이루어진 인쇄본은 모두 116권, 17세기에는 총 1,228권이었다. 규모가 큰 유럽 도시들보다도 더 많은 생산량이다. 인쇄에 필요한 종이를 유럽에서 들여와야 했던 만큼 이 같은 수치는 더욱 놀라운 기록이라고 볼 수 있다.

이렇듯 멕시코시티에서 인쇄술이 발전할 수 있었던 까닭은 이곳이 이미 규모가 큰 도시였기 때문이다. 17세기 초 이 지역에서는 2만 5,000명 이상이 살았고, 그 가운데 1만 2,000명이 백인이었다. 그리고 에스파냐 왕국의 또 다른 식민제국인 리마에서도 인쇄기가 돌아가기 시작한다. 한때 멕시코시티에서 작업했던 이탈리아 인쇄업자 안토니오 리카르도Antonio Ricardo 역시 1584년에는 리마로 자리를 옮긴다. 리카르도를 이 지역으로 끌어들인 것은 당시 이곳에서 규모가 큰 신학교를 보유하고 있던 예수회 사람들이었다. 1576년부터 이미 예수회는 아메리카 원주민들의 포교에 필요한 책들을 인쇄하려는 목적으로 현지 인쇄소 건립을 원하던 상황이었다. 그렇게 리마 인쇄소에서 리카르도가 제대로 작업한 첫 작품이 탄생한다. 세 개 언어로 된 교리문답서였다. 이후 리마에서도 인쇄업이 차츰 발전하기 시작하는데, 17세기 이 지역의 주민 수는 (혼혈 인구를 포함해) 1만 명 정도였으며, 정원의 일부를 토착민으로 뽑는 신학교는 모두 다섯 곳이었고, 80명의 교수가 재직하는 대학도 한 곳 있었다. 1637년경에는 동시에 인쇄소 세 곳이 운영되었다. 이로써 멕시코시티와 리마라는 두 인쇄업 중심지는 미 대륙 내 에스파냐 식민제국의 주요 도시 가운데 가장 큰 도시로 성장하기 시작했다. 하지만 두 도시 이외에 인쇄업과 관련해 두각을 나타내는 다른 도시는 전혀 없었다. 물론 티티카카 호수 부근의 훌리Juli라는 주소지가 찍힌 인쇄본 네 권이 나타나기는 했다. 예수회는 이 지역에서도 신학교를 하나 설립한 상태였다. 하지만 이 책들 역시 실제로는 리마에서 인쇄되었던 것으로 추정된다. 1626년과 1627년에는 에콰도르의 쿠엔카Cuenca에서 인쇄소가 운영을 개시하고, 1660년에는 산티아고 데 과테말라(오늘날의 안티구아)에서 또 다른 인쇄소가

문을 연다. 따라서 18세기 이전까지 멕시코시티와 리마 이외의 지역에서는 이렇다 할 진전이 없는 상태였다. 에스파냐가 드넓은 정복지 영토를 모두 다 총괄하며 관리하지는 못했다는 증거다. 하지만 영국이 점령한 미 대륙에서의 상황은 완전히 다르게 전개된다. 이곳에서는 개척자들이 신대륙을 정복한 뒤 인쇄소가 서서히 그리고 체계적으로 현지를 장악하기 시작한다.

오늘날의 미국 지역에 해당하는 뉴잉글랜드에서 최초의 활판인쇄기가 등장한 것은 1638년의 일이었다. 이곳은 그로부터 20여 년 전 메이플라워호를 타고 온 사람들이 매사추세츠 만 부근에 세운 식민지였다. 이 시기에 그리고 그 이후에 이 지역으로 이주해온 사람들 가운데는 교양 수준이 높은 법조인이나 성직자들이 많았다. 대개 케임브리지 대학에서 학위를 받은 사람들로, 종교적 이유에서 고국을 버리고 떠나온 것이었다. 식민지가 발전해가자 이들은 여기에 학교를 세워야 할 필요성을 느꼈다. 대개 존 하버드의 기부와 유증이었던 800리브르와 320권의 장서를 바탕으로, 1636년에 이들의 계획이 실현되고 뉴 타운에 학교가 세워진다. 이 도시는 1638년 '케임브리지'라는 이름으로 개명된다. 이 시기 동안, 영국 국교회 소속이 아닌 한 선구자가 얼마 전 이 지역으로 이주를 해왔다가 다시 영국으로 떠나는데, 영국으로 돌아가 인쇄소 설립에 필요한 기자재를 구해오기 위해서였다. 아울러 이곳을 운영해갈 활판인쇄공을 찾아오려는 목적도 있었다. 영국으로 간 그는 필요한 기자재를 구입하고, 철물공 스티븐 데이Stephen Day와 그의 두 아들과 계약을 체결한다. 스티븐 데이의 아들 중 하나였던 매튜 데이Mathew Day는 당시 나이 18세의 인쇄기술자였다. 세 사람은 글로버Glover를 따라 아메리카로 옮겨간다. 글로버는 돌아오던 도중 세상을 떠났고, 그 아내가 남편의 사업을 이어받아 관리한다. 이후 아내는 자연히 케임브리지에 인쇄소를 차렸으며,

인쇄소 위치는 얼마 전 세워진 학교 부근이었다. 여기에서 처음으로 인쇄된 출판물은 『자유인의 서약』*Freeman's Oath*, 즉 시민이 정부에 대해 하는 일종의 충성 서약서 같은 것이었다. 아울러 책력과 『시편집』 번역본도 인쇄되었으며, 『매사추세츠 만 자본법』*The Capital laws of Massachusett's Bay*은 1643년에 출간된다. 매튜 데이와 이어 새뮤얼 그린Samuel Green(1649~1692)이 이끌었던 케임브리지 인쇄소는 왕성한 활동을 보여주고, 특히 대학에서의 학업과 관련한 자료를 주로 펴냈으며, 교리서나 달력 같은 것도 제작한다. 1663년에는 아메리카 인디언 언어로 된 성서 번역본도 출간한다.

하지만 다른 인쇄소들이 등장하기까지는 상당한 시간이 소요되었다. 1674년 존 포스터John Foster는 보스턴에 인쇄소를 차리고, 1685년에는 윌리엄 브래드포드William Bradford가 필라델피아에 작업장을 연다. 1690년 그는 두 명의 출자자와 함께 미국 최초의 제지소를 차린 뒤, 이어 뉴욕으로 가서 자리를 잡는다(1693). 한편 남부에서는 윌리엄 너트헤드William Nuthead가 버지니아 주 제임스타운에 인쇄소를 차린다(1682). 주지사에게 추방된 그는 이어 메릴랜드, 세인트 매리 시티에 가서 자리를 잡는다(1685). 이와 같이 17세기에는 영국의 미 대륙 식민지에 활판인쇄 작업소가 그리 많지 않은 상황이었다.

게다가 이는 어찌 보면 당연한 일이었다. 18세기 초, 오늘날 미국에 해당하는 지역의 인구수는 고작 40만 명 정도밖에 되지 않았다. 그것도 드넓은 지역에 다들 흩어져 살았고, 영국에서 인쇄된 책이 이들에게까지 공수되는 상황이었다. 이런 상황에서 미 인쇄업자들은 행정 공문서의 인쇄나 현지 법령집, 달력, 알파벳 교본, 지도자들의 선서문, 기도서, 상인들의 매뉴얼 정도를 작업하며 먹고살았다. 공문서와 행정 문서의 인쇄는 이들에게 있어 오랜 기간 주된 수입원이었다. 따라서 여러 식민지 지역에서 공인 인쇄업자만이 살아남을 수 있었다. 게다가 공인 인쇄업자들의 생활도 녹록지는 않았다. 주지사들이 대개 인쇄업자들을 멸시하는 경우가 빈번했기 때문이나. 주지사들은 인쇄업자에게 영업 허가증을 내주기를 꺼렸고, 이들의 활동을 밀착 감시했으며, 이들에게 급여를 지급하는 지방법원 또한 업자들이 작업한 인쇄물에 대한 통제권을 요구했다.

그러므로 미국에서 인쇄업이 발전한 시기는 18세기, 인쇄업자들이 '신문'이라는 새로운 소득원을 찾았을 때였다. 고향으로부터 멀리 떨어진 지역에서, 아직 사람도 별로 살지 않는 곳에 터전을 잡은 미국인들은 다른 세계와 단절된 채, 고립되어 살아간다는 느낌을 받았다. 다른 지역보다 미국에서 더 빠르게 신문이 발전할 수 있었던 것도 아마 이 같은 이유 때문이라 생각된다. 특히 프랭클린 시대 이전에 초창기 미국 신문들은 유럽 신문들의 뉴스를 베껴오는 경우가 많았다. 하지만 그 안에서는 물론 지역 주민들의 생활과 관련 있는 귀중한 정보들도 찾아볼 수 있었다. 비록 발행 부수도 상당히 적고 대부분의 신문들이 단명하고 말았지만, 그래도 1691년에서 1820년까지 30여 개 주와 식민지에서 총 2,120개의 신문이 발행되었고, 그 가운데 461개는 10년 이상 간행이 지속되었다.

따라서 이제는 새로이 인쇄소를 차리는 사람이라면 누구나 빠짐없이 신문을 발간했고, 대개는 인쇄업자 본인이 주로 기사를 작성했으며, 간혹 1인 신문인 경우도 있었다. 인쇄업자로서 기자 일까지 겸했던 것이 주로 미국인 인쇄업자들의 특징이었다. 하지만 이 광활한 땅에서 가장 큰 문제는 바로 독자들을 찾고 이들에게 신문을 배달해주는 것이었다. 이는 우정국장이라는 새로운 인물의 도움이 있어야만 가능한 일이었다. 그러니 미국 인쇄업자들이 신문을 발행하기 위해서는 우정국장과 협력관계를 긴밀히 유지해야 했다. 그 당시 인쇄업자가 미국의 우편 체계를 만들어냈다는 사실도 그리 놀라울 것은 없다. 그 시절 인쇄업자의 작업소는 (간혹 책 이외의 전혀 다른 물건을 팔기도 하는) 서점은 물론, 우편 중계국의 기능까지 겸하는 경우가 많았다. 따라서 새로운 소식이 모여드는 중심지이자 공공 생활의 중심지이기도 했다.

각 지역별 수요에 맞게 조정된 이 시스템을 발판으로 18세기 미국에서는 인쇄소가 점점 더 늘어나고 대부분의 경우 새로운 인쇄소의 등장은 새로운 신문의 출현으로 이어졌다. 18세기 중에는 미국의 거의 모든 주와 식민지역에서 인쇄소가 나타났다. 매사추세츠, 버지니아, 메릴랜드, 펜실베이니아, 뉴욕 주 등은 이미 17세기부터 인쇄소가 있었고, 18세기에는 코네티컷(뉴 런던, 1709), 뉴저지(퍼스 앰보이, 1723), 로드 아일랜드(뉴포트, 1727), 사우스캐롤라이나(찰스턴, 1731), 노스캐롤라이나(뉴 베루, 1749), 뉴햄프셔(포츠머스, 1756), 델라웨어(윌밍턴, 1761), 조지아(사바나, 1762), 루이지애나(뉴올리언스, 1764), 버몬트(드레스덴, 지금의 하노버, 1778), 플로리다(세인트 오거스틴, 1783), 메인(팰머스, 지금의 포틀랜드, 1785), 켄터키(렉싱턴, 1787), 컬럼비아(조지타운, 1789), 웨스트버지니아(셰퍼즈타운, 1790), 테네시(호킨스 코트 하우스, 지금의 로저스빌, 1791), 오하이오(신시내티, 1793), 미시건(디트로이트, 1796) 등지에 인쇄소가 생겼다.

이 같은 분포도로 미루어볼 때, 영국인들은 자신들이 차지한 공간을 구조적으로 조직할 줄 알았던 듯하다. 아울러 이는 오랜 기간 동안 대개 실용적인 성격의 평범한 책들만 출간하는 데 그쳤던 영국인들이 결과적으로 보면 꽤 빠른 시간 내에 활발한 인쇄산업을 꾸리는 데 성공했음을 보여준다. 아울러 제지산업의 발달 또한 병행되면서 영국은 구대륙으로부터 독립할 수 있었다.

3) 극동아시아 지역*

에스파냐와 영국이 점령했던 미 대륙 지역에서 1500년 이후로 포르투갈이 다스린 영토를 돌아보면, 여러 가지를 시사하던 쿠르노Cournot의 지적처럼, "문자의 발명은 무척 중요한 단계인 경우가 많았다." 멕시코의 아즈텍제국도, 페루의 잉카제국도 글 쓰는 법을 몰랐다. 더욱이 미 대륙의 에스파냐 식민지 '누에바 에스파냐'Nueva España에서 살던 아메리카 원주민 부족도, 포르투갈이 점령한 브라질의 원주민 부족도 글을 쓸 줄 몰랐다. 미 대륙으로 건너간 유럽의 책들이 상대적으로 더딘 발전을 보이게 된 것도 이로써 설명된다.

그런데 포르투갈 사람들은 아프리카 지역과 특히 아시아 지역에서 이 새로운 선전방식이 꽤 쓸모 있게 사용될 거라는 점을 곧 깨달았다. 생각해보면 러시아에서 첫 인쇄본이 등장한 시기가 1563년이었고, 콘스탄티노플에서는 1727년, 그리스에서는 1821년에 각각 최초의 인쇄본이 탄생되었다. 그런데 에티오피아에서는 1515년부터 인쇄본이 수입되었고, 인도 고아Goa에서는 1557년에, 마카오와 나가사키에서는 각각 1588년과 1590년에 인쇄소가 운영된다. 서양에서 주조된 최초의 이국 활자는 1539~1540년 리스본에서 만들어진 것이었다. 연대기 작가 주앙 데 바루스Juan de Barros가 아이들을 위한 책 『에티오피아인과 페르시아인, 그리고 갠지스 강 이남과 이북의 인도인』*Éthiopiens, Persans, Indiens en deçà et au-delà du Gange*을 제작하는 데 쓰려던 활자였다. 문법서와 교리서에도 쓰였음은 물론이다. 일찍이 포르투갈 군주들은 초창기 탐험대들이 원정을 떠날 때에도 짐칸에 책을 실어 보냈다.

---

* 이번 파트는 존경하는 앙리 베르나르 메트르 목사님께서 쓰신 글임을 밝힌다.

1490년 콩고 원정을 떠날 때도 그랬고, 1494년에는 현지에 독일인 인쇄업자 두 명을 파견하기도 했다(현지에서 이들이 했던 일에 대해서는 잘 알려진 바가 없다). 성 프란치스코 하비에르가 리스본을 떠나던 1541년에 요한 3세는 그에게 100크루자도에 상당하는 엄선된 서고를 마련해주었다.

포르투갈 점령기의 인도에서는 17세기 초까지 힌두교 문인들과의 접촉이 거의 없었다는 사실을 짚고 넘어가야 한다. 따라서 1557년부터 고아(인쇄소 세 곳), 라콜Rachol(다섯 곳), 코친Cochin, 베이피코타Vaypicota, 푸니칼Punicale, 암바칼라트Ambacalate 등지의 인쇄소에서 제작된 소책자들은 교리서나 기도서가 전부였다. 그 가운데 지금까지 전해지는 것들로는 (말라얄람어 한 권, 에티오피아어 두 권, 리스본의 포르투갈-타밀어 한 권, 포르투갈의 인도어 네 권 혹은 여섯 권, 인도어의 포르투갈어 번역본 한 권 등) 포르투갈어로 쓰인 것이 16권, 두 개의 언어나 다양한 아시아 지역 언어로 쓰인 것이 24권 혹은 27권 정도다.

포르투갈 사람들이 중국(1513)이나 일본(1542년경)에 당도했을 때의 상황은 이와 완전히 달랐다. 목판인쇄술이라는 상당히 발전된 수준의 토착 인쇄기술이 존재했기 때문이다. 선교사들, 특히 예수회 선교사들은 고도로 발달된 문명의 이 극동아시아 지역 국가들에서 사용되던 방식에, 유럽에서 완성된 최신 인쇄기술을 접목시키려는 생각을 한다. 하지만 성 도미니크회 수도사들의 지도에 따라 마닐라 파리안 지구에서 16세기 말 목판화 형식으로 중국어 종교 책자가 인쇄되었다는 점은 참고할 만하다.

1549년부터 성 프란치스코 하비에르가, 그리고 (1584년경 중국에 간 루지에리Ruggieri 신부 등) 그의 뒤를 이은 서양인들은 현지 방식을 사용할 생각밖에 하지 못했다. 하지만 1584년 네 명의 조촐한 '사절'들과 일본을 떠난 알렉산드로 발리냐노Alexandre Valignano 신부는 유럽식으로 주조한 활자들을 이 지역에 공급하려는 생각에 착안한다. 1589년 마카오에서 교과서가 나오고,

1590년 사절단의 라틴어 여행기가 나오면서 이 계획은 차츰 실현되어갔다. 기독교가 전파된 1549~1644년 사이 일본에서는 꽤 다양한 활사로 된 책이 스무 권 이상 나왔으며, 그 가운데 특히 유럽어 사전 『사서』辭書, *Calepin*의 번안본이 눈에 띈다. 오늘날 이 책들은 구텐베르크의 초기 작업본이나 셰익스피어 초판본만큼 사람들이 눈독을 들이며 찾고 있는 상황이다. 일본의 이 초기 인쇄본 '인큐내뷸러'는 문학사적으로 봤을 때 최초의 불교서 필사본과 동일한 중요도를 지니고 있으며, 중국어로 쓰인 산스크리트 텍스트보다 비중이 크다. 학자들은 지극히 사소한 부분이라 할지라도 지루한 줄 모르고 분석에 열을 올리며 그 당시 지역 언어 특유의 뉘앙스를 찾아낸다거나 혹은 유럽적 사고방식의 영향하에서 일본어 문법이나 용어의 쓰임이 어떤 식으로 미세하게 달라졌는지 알아보기 위해 노력하고 있다.

보통 필사본으로 남아 있기는 하나 서양의 책들이 중국어나 베트남어, 한국어, 인도어 등으로 번안되어 나온 것을 보더라도 상황은 비슷하다. 하지만 초기의 이 번안본들 가운데서도 특히 중국의 사례는 비교할 수 없을 만큼 굉장한 가치를 지니고 있다. 약 10여 개의 유럽 언어로 쓰인 책들이 목판본으로 제작된 것을 살펴보면, 이는 실로 엄청난 목판본 서고에 해당한다. 베이징 사제단이 작업한 이 책들에 대해 논하자면 이야기가 꽤 길어지겠지만 그래도 간략하게나마 살펴볼 가치는 있을 듯하다.

중국에서 기독교 서적을 처음으로 번안해 내놓은 이탈리아 신부 루지에리는 곧 또 다른 이탈리아 신부 한 명을 끌어들인다(1583). 굉장한 능력의 소유자인 이 이탈리아 신부가 바로 마테오 리치Matteo Ricci였다. 중국의 문인들이 사용하는 말과 글을 수년간 공부한 뒤, 리치 신부는 몇몇 학술서(특히 수학과 천지학 도서)와 (에라스무스와 스토아주의자들의 격언집 등) 문학서를 이용해 번역작업을 시작했다. 1610년 5월 11일 리치 신부가 세상을 뜨고 난 후, 그의 뒤를 이어 중국으로 간 예수회 신부들은 프랑스 두에Douai 출신의 어린 니콜라 트리고Nicolas Trigault를 유럽으로 급파해 가능한 한 많은 인쇄본 도서를 가져오도록 시킨다. 1616년 로마에 도착한 트리고는 테렌티우스라고도 불리는 요하네스 슈렉Johannes Schreck을 직인으로 대동한다. 전직 의사였던 요하네스 슈렉은 갈릴레이와 함께 린체이 아카데미에 소속되었던 인물이다. 밀라노 암브로시아나Ambrosiana 도서관을 세운 프레데리코 보로메오Frederico Borromeo 추기경을 비롯해 화려한 인맥 덕분에 테렌티우스와 트리고는 불과 몇 달 만에 장서 일체를 끌어모은다. 프랑크푸르트 도서전 같은 곳을 비롯해 여기저기서 두 사람이 끌어모은 이 책들은 가히 유럽 최고의 서고라 칭할 만했다. 수많은 우여곡절 끝에 이 굉장한 장서들이 마침내 베이징에 도착한다. 의학 부문 하나만도 그 당시 책 200권이 넘게 포함되어 있을 정도였다. 이후 (1644년 명조 말기 화재나 1900년 의화단 운동 등) 수많은 역경에도 불구하고 원상태 그대로 보존되어 있던 이 장서들은 세월이 흐르면서 추가 기증본이 보태지며 규모가 더 방대해진다. 특히 1688년 루이 14세가 파견한 프랑스 선교단의 장서 증정본이 더해졌을 뿐 아니라, 18세기 말 선교단 거주지 잔류물도 포함되어 장서의 규모가 더 커졌다. 현재는 장서 규모가 4,000권 이상이며, 이 가운데는 베이징 베이탕北堂 도서관의 수많은 인큐내뷸러도 포함되어 있었다(장서의 목록은 록펠러의 자금 후원으로 성 나자로회 수도사 베르하에렌Verhaeren이 정성껏 작성했다).

중국에 조성된 이 서고의 특징은 그동안 모든 지식 분야에서 서양이 이룩한 결과물을 중국어로 옮겨놓는 데 이용되었다는 점이다. 이 방대한 작업에 처음으로 착수한 사람은 독일 쾰른 출신의 아담 샬Adam Schall이었다. 그는 학자 출신의 중국인 신부 바울 시우 쿠앙키Paul Siu Koang-ki의 도움으로 수학과 과학에 관련된 100권 규모의 백과전서를 펴내는 데 성공한다. 명나라가

망하고 만주족이 세운 청나라가 새로 건립되면서 이 작업이 한때 잠시 중단된다(1644). 하지만 순치제의 배려로 아담 샬은 중국 황실 천문대 흠천감 감정監正에 임명되어 백과전서를 다시 출간한다. 1661년 총애를 잃은 아담 샬의 뒤를 이어 플랑드르 출신 페르디난트 베르비스트Ferdinand Verbiest가 강희제(1661~1722)의 첫 외국인 교사가 된다.

1688년에는 프랑스의 드 퐁타네De Fontaney 신부가 이끌고 온 루이 14세의 수학자 다섯 명이 중국에 노착하는데, 주된 목적은 파리 학술원의 한 지사 같은 것을 만드는 일이었다. 이들의 행적 가운데 가장 인정해줄 수 있는 부분은 1706년부터 실시한 중국의 지도 측량작업이었다. 그 결과물은 모두 중국어로 인쇄되었으며, 유라시아 대륙에 심취해 있던 라이프니츠 같은 사람의 탄사를 자아낸다. 다만 강희제가 사망한 뒤, 이후 즉위한 건륭제(1735~1799)는 흠천감에 있던 서양 선교사들의 존재를 단순히 윤허해주는 수준에만 그친다. 조부인 강희제와 마찬가지로 건륭제 역시 호의적인 태도를 견지했던 것은 사실이다. 그의 명령에 따라 베이징에는 베르사유풍의 유럽식 건물들이 세워졌고 중국의 광활한 각 지역에 대한 측량 개정본도 출간되었다.

1762년 예수회가 폐지되는 등 여러 가지 이유로 이 같은 출판물이 점차 줄어들기 시작한다. 한때 수백 종에 이르던 출판물은 이제 프랑스 신부들을 중심으로 한 베이징 사제단의 저서로 간접적으로나마 대체된다. 뒤 알드Du Halde 신부가 1702년부터 써온 서한집이나 그의 『중국지』, 중국인에 관한 16권 분량의 회고록 등이 18세기 유럽에서 출간되며 '중국학' 연구의 기틀을 마련한다.

중국의 경우와 마찬가지로 18세기 인도에서도 제한적으로나마 (특히 아그라Agra 같은 곳에) 천문대가 설치되고, 힌두교 경전인 『베다』*Vedas*를 비롯한 여러 가지 주요 저서에 대한 번역작업이 이루어진다. 일부 서사시는 타밀어로도 조판되었다. 프랑스 혁명기와 나폴레옹 시대의 유럽 전쟁 기간 동안에는 동서양의 만남이 잠시 중단되었다. 격동의 시기가 지난 후, 특히 개신교 선교단의 활동을 매개로 서서히 교류가 재개되지만 분위기는 이전과 완전히 다른 양상을 띤다. 동양 문명이 일시적으로 쇠퇴하고 서양이 기술적으로 우위를 점하면서 상호 간의 교류에서 서로 대립하게 된 것이다. 특히 1840년 아편전쟁 이후 유럽은 거의 독점적인 우위를 점한다. 이 가운데 책도 그 나름대로 중요한 비중을 차지하게 되었다. 그러나 쌍방의 교류가 아닌 유럽에서 아시아로의 일방적인 통로만 활성화된다. 이후 1853년 일본이 메이지 유신을 단행하고, 이어 1919년 중국이 문학 르네상스를 겪으면서 16세기에 열렸던 교류의 통로에서 양측의 출판물이 다시 쌍방으로 오고 간다.

7장

책의 매매

15세기에서 18세기까지는 여기저기에서 인쇄소가 점차 늘어나는 추세였다. 이와 동시에 인쇄물의 생산도 계속해서 증가했으나 그렇다고 출판물의 생산량이 오늘날에 비교할 정도는 아니었다. 당시 사람들이 주로 봤던 책들은 달력과 책력, 알파벳 교본, 기도서, 신앙서 등이었고, 16세기 말부터는 고전적인 기사소설이 출판물의 주를 이루었다. 따라서 당시 행상들의 봇짐 안에도 이 같은 책들이 대부분이었다. 한편 16세기 말부터는 신학교의 설립이 늘어나면서 학교에서 쓰일 교재에 대한 수요도 점점 늘어났다. 학교 교재 외에는 크게 성공을 거둔 몇몇 작품들만이 폭넓은 대중의 사랑을 받았고, 그 밖에 다른 책들 대부분은 아직 소수의 독자들에게만 관심을 사던 상황이었다. 이에 당시 출판업자들에게는 오늘날의 출판사들보다 더 절실한 문제가 대두되었다. 동일 품목을 대량생산하려는 목표를 가진 기업주들 모두에게 제기되는 하나의 과제, 즉 판로를 찾는 것이었다. 일단 영업망을 구축하고 나면 생산해낸 책들을 신속히 유통시킬 수 있었다. 그러므로 출판업자들에게 늘 끊이지 않는 고민거리는 바로 이 영업망을 구축하는 것이었다.

1. 몇 가지 자료를 통해 보는 책의 발간과 발송

이 문제와 관련한 초창기 자료가 있는데, 우선 책의 발간과 관련한 몇몇 자료들을 살펴보도록 하자.

조판이 완성된 텍스트는 인쇄작업을 통해 무한정 원하는 부수만큼 재생산이 가능하다. 책의 '대량' 발간에 있어 기술적 어려움은 없었으며, 인쇄술 발명 초기라고 상황이 크게 다르지는 않았다. 그런데 조판을 하는 데 들어가는 비용이나, 하나의 출판작업을 맨 처음 착수하는 데 들어가는 필수적인 비용 등이 하나의 출판물을 만드는 데 소요되는 비용 중 적지 않은 비중을 차지한다. 따라서 인쇄업자들과 서적상은 상대적으로 높은 판매 부수로 책을 발간해야만 지출 비용을 분산시켜 원가절감을 실현할 수 있었다. 하지만 일정 부수 이상으로는 책을 많이 만들어봤자 이렇다 할 이점이 없었다. 해당 분기점 이상으로는 판매 부수를 늘림으로써 초기 지출 자금을 분산시켜 거둬들이는 이익이 상대적으로 줄어들었고, (이에 따라 판로를 개척해야 할 필요성이 제기되었으며) 특히 해당 시장에서 일정 기간 동안 흡수할 수 있는 부수 이상으로 책을 더 많이 만들어내는 것은 사업가로서 비상식적인 일이었다. 그럴 경우 팔리지 않은 책들만 창고에 쌓일 게 뻔했고 상당한 비중의 자본이 제자리에 묶인 채 회전이 무척 더디게 이루어질 것이었다.

이 문제와 관련한 몇 가지 통계 자료가 있는데, 먼저 인쇄술이 발명된 시점부터 1480~1490년대까지 발간된 책의 발행 부수부터 살펴보자. 도서시장이 완전히 구축되지 않은 상태였던 이 시기, 책의 발행 부수는 대개 상당히 낮은 편이었다.[1] 가령 1469년 독일의 인쇄업자 요한 폰 슈파이어는 베네치아에서 키케로의 책 『가족들에게 보내는 편지』를 작업할 때, 100부 정도밖에 인쇄하지 않았다. 1477년과 1480년 피렌체에서 성 안토니누스Antoninus

의 『고백록』Confessionale을 인쇄할 때에도, 리폴리 성 야고보 수도원의 인쇄물을 작업할 때에도 발행 부수는 동일했다. 같은 시기, 여러 자료를 종합해볼 때 대략 1477년 정도로 추정되는 그즈음 로마에서 작업하던 요하네스 필리푸스 드 리냐미네Johannes Philippus de Lignamine는 평균 150부 정도를 출간한다. 하지만 같은 곳에서 작업하던 경쟁 인쇄업자 슈바인하임과 파나르츠는 도나투스 문법서를 300부나 출간하고, 다른 책들도 보통 275부 정도로 뽑아냈다. 사실 당시로서는 발행 부수가 지나치게 많아 보이는 편이었다. 이에 슈바인하임과 파나르츠도 로마 시장이 흡수하지 못하는 고전작품 인쇄물의 판매 부진에 대해 불평을 늘어놨다. 그런데 폴리뇨Foligno의 요하네스 노이마이스터Johannes Neumeister는 키케로를 200부나 인쇄했으며(1465), 1471년에는 안드레아 벨포르티스Andrea Belfortis도 페라라에서 유스티니아누스의 책 『법학제요』를 같은 부수로 발행한다. 이 시기부터는 특히 베네치아를 중심으로 좀더 많은 부수의 도서 발행이 이루어진다. 지식의 중심지이자 상업의 중심지이기도 한 베네치아에서는 다른 모든 지역으로 책꾸러미를 발송하기가 꽤 수월했기 때문이다. 1471년 벤델린 폰 슈파이어는 베네치아에서 『교황령집』 1권과 2권에 대한 파노르미탱Panormitain의 해석본을 1,000부가량 인쇄한다. 그리고 레오나르 빌트Léonard Wild도 1478년에 이곳에서 니콜라 드 프랑크포르Nicolas de Francfort의 발주로 라틴어 성서 930부를 제작한다. 당시로서는 상당히 많은 발행 부수였는데, 이는 벤델린의 재정상태가 왜 갑자기 어려워졌는지 설명해주는 이유가 되기도 한다.

그런데 1480년경, 본격적으로 도서시장이 구축되기 시작한다. 이 시기는 최초로 국제적 활동을 벌인 출판 가문 코베르거가 매우 왕성한 활동을 보여준 때이기도 하다. 이 시기에 이르면, 책의 가격은 현저히 내려가는 반면에 평균 발행 부수는 급격히 늘어난다. 1480~1490년 기간부터는 평균 발행 부수가 400~500부 정도라는 게 해블러Haebler의 설명이고, 이는 점점 더 증가하는 추세를 보인다. 1490년에는 에스파냐 발렌시아 지방에서 한스 릭스Hans Rix가 『백기사 티란트』*Tirant lo Blancho*를 700부 이상 출간한다. 그로부터 몇 년 후, 피렌체의 알론조 디 알로파Alonzo di Alopa는 플라톤의 작품을 1,025부 제작하며, 1491년에는 베네치아의 마테오 카프카사Matteo Capcasa가 성무일과서를 1,500부 인쇄한다. 1489년부터 나폴리의 마티아스 모라부스Mathias Moravus가 로베르토 카라치올리Roberto Caraccioli의 『성인 추도 설교집』*Sermones de laudibus sanctorum*을 2,000부 찍는 수준에 도달하는 한편, 1490년 베네치아의 바티스타 토르티Battista Torti는 유스티니아누스의 『칙법휘찬』*Codex Constitutionum*을 1,300부 발행한다. 1491년과 1494년에는 그레고리우스 9세의 교황령집이 각각 2,300부씩 두 차례 출간된다.

이에 따라 15세기 말, 일부 대형 출판업자는 평균 1,500부 정도의 발행 부수에 도달한다. 그리고 이 정도 발행 수준이 되었을 때, 코베르거의 굵직굵직한 작품들도 출시된다.[2] 이때부터 발행 부수는 차츰 안정되기 시작하며, 이 같은 상태는 오랜 기간 지속된다. 물론 1526년 조스 바드는 신학자 르페브르 데타플의 저서에 반박하는 노엘 베다Noël Béda 주교의 『주해집』*Annotations*을 650부밖에 인쇄하지 않았다고 밝힌다(이 책의 검열을 마친 파리 고등법원의 조사결과에 부응하느라 출간한 것이었기 때문에 조스 바드는 대량으로 책을 출간해야 할 필요성을 별로 느끼지 못한 듯하다). 하지만 그로부터 2년 후, 조스 바드는 투키디데스의 작품을 1,225부 출간한 것으로 알려졌다.[3]

같은 해, 본느메르도 베셀의 발주에 따른 아우구스티누스의 시편 해석본은 650부밖에 인쇄하지 않았지만,[4] 1539년에는 르 브레Le Bret와 브루이Brouilly의 주문으로 신학자 피에르 도레Pierre Doré가 쓴 『지혜의 학교』*Collège de Sapience*를 1,500부 인쇄한다.[5] 비슷한 시기인 1497년 아비뇽에서는 매우 얇은 책자인 『루치아니 팔리누루스』Luciani Palinurus가 1,500부 인쇄되고, 1511년에는 라몬 륄Raymond Lulle의 『예술은 짧다』Ars brevis가 750부 인쇄된다.[6] 끝으로 아그노에서는 1515년에 인쇄업자 그랑Gran이 에스파냐 설교사 페트루스 데 포르타Petrus de Prota의 책 『축일』Sanctorale을 1,500부 출간한다.[7] 이 모든 수치로 미루어 짐작해볼 때, 16세기 초 평균 발행 부수는 1,000부에서 1,500부 사이 정도로 추정할 수 있으며, 간혹 이보다 적은 부수로 발행되는 책들도 있었음을 알 수 있다. 한편 굉장한 성공을 거둔 작품으로 알려진 책들은 이보다 훨씬 더 발행 부수가 많았다. 이 같은 사실은 에라스무스의 한 서신에서 확인되는데, 이 편지에서 에라스무스는 시몽 드 콜린이 자신의 작품 『대화집』 불법 복제본을 2만 4,000부 인쇄했다고 적고 있다(1527). 에라스무스가 주장하는 이 수치에 대해 유수의 서지학자들은 반발하고 있는 상황인데,[8] 어쨌든 에라스무스가 제시한 수치는 어느 정도 허세가 섞인 것이 아닐까 싶다.

사실 성공이 보장된 책이라고 해도 통상 다른 책보다 발행 부수가 훨씬 더 많은 것은 아니었다. 1515년 바젤에서 프로벤이 발간한 에라스무스의 『우신예찬』Encomium moriae 역시 1,800부 인쇄되었고,[9] 루터의 성경도 일단은 4,000부만 인쇄되었다.[10] 물론 이 작품들이 광범위하게 유포되었음을 부인할 수는 없다. 하지만 이는 대개 여러 출판사에서 여러 차례 재판 인쇄에 들어갔기 때문이지 처음부터 그만큼 많이 발행한 것은 아니었다.

이제 이 시기부터는 발행 부수 수치가 안정세에 접어든다. 16세기 후반, 자본력과 권력을 두루 갖춘 독보적인 인쇄업자 겸 출판업자 플랑탱은 괄목할 만한 영업망을 보유하고 있었는데, 그는 통상 1,250부에서 1,500부 정도를 출간했다. 도도엔스Dodoens의 『역사의 씨앗』Frumentorum historiae같이 고객층이 한정된 책에 대해서는 더 적은 부수(약 800부 정도)로 출간했고, 발행 부수가 많은 책은 매우 드물게만 출간했다. 교재나 전례서, 클레나르Clénard의 그리스어 문법서(1564), 『로마법대전』*Corpus juris civilis*(1566~1567) 등은 2,000부 정도, 바르바리아 지역 유대교 식민지에도 일부 유포할 히브리어 성서 일부는 2,600~3,000부 정도로 인쇄했다.[11] 그런데 같은 시기인 1587년, 영국에서의 평균 발행 부수는 1,250~1,500부 정도로 제한되었는데, 일부는 이례적으로 3,000부까지 발행될 수 있었다.[12]

17세기에도 상황은 비슷하다. 피에르 코르네유의 『니코메드』*Nicomède*, 『페르타리트』*Pertharite*, 『안드로메다』*Andromède* 등 세 작품은 1,200부에서 1,250부가량 출판되었으며,[13] 브왈로Boileau의 출판사는 『보면대』*Le Lutrin* 같은 시집을 1,200부나 출간한 것에 대해 굉장한 자부심을 느꼈다.[14] 유명 고전을 전문으로 출판하는 출판사 륀느Luynes는 프리미Primi의 『네덜란드 전쟁사』*L'Histoire de la Guerre de Hollande* 같은 작품을 프랑스판으로 1,000부, 이탈리아판으로 500부 출간했다.[15] 또한 라 브뤼에르La Bruyère의 『성격론』*Caractères*은 여덟 번째 판본까지 각각의 판본이 평균 2,000부 정도 출간된 것으로 보인다.[16] 네덜란드의 엘제비어 가는 영국으로 보낼 『기독교의 진실성에 관하여』*De Veritate religionis christianae*(그로티우스 저) 재판본을 2,000부 인쇄했고,[17] 1647년 라이든의 인쇄업자 장 메르는 데카르트의 『방법서설』 초판본을 3,000부 인쇄했다.[18] 상당히 두꺼운 책이나 삽화가 게재된 책의 경우, 일부가 1,000부 미만으로 출간되기도 했으나, 연구서와 주요 참고서적 대부분은 통상 1,000부에서 2,000부 사이로 인쇄되었다. 시장에 풀린 『아카데미 프랑세즈 사전』 초판본은 쿠아냐르Coignard가 1,500부 정도로 출간했으며,[19] 1687년 피투Pithou가 출간한 『교회법령집』*Corps de Droit canon*도 1,500부 출간되었다.[20] 이보다 더 평범해 보이는 출판물인 『실용 프랑스어』*Praticien français*조차 리옹의 앙투아네트 카르트롱Antoinette Carteron 인쇄기에서 1,500부가 발간되었다(1704).[21] 그런데 안트베르펜의 출판업자 베르뒤센은 아리아가Ariaga의 신학서 『신학 논집』*Disputationes theologicae*을 1,530부 출간한 데 반해, 리옹의 아니송은 같은 책을 2,200부 인쇄했다.[22] 1701년에 암스테르담의 프랑수아 알마François Halma는 피에터 마린Pieter Marin의 『신 네덜란드-프랑스어 사전』*Nouveau dictionnaire hollandais-français*을 1,500부 인쇄했다.[23] 이 시기 통상 2,000부를 넘어서 출간되는 책은 대개 종교서나 학교 교재였던 것 같다. 네덜란드에서는 일부 성서가 3,000부, 심지어 4,000부 이상 인쇄되는 경우도 있었다.[24] 그리고 17세기 말쯤이 되면 룩셈부르크와 리에주의 무단복제업자들이 드 사시의 프랑스어 성서를 2,500부 혹은 3,000부가량 찍어낸다.[25] 나르본Narbonne에서는 인쇄업자 베스Besse가 알파벳 교본을 3,000부 인쇄한 반면,[26] 리옹의 앙드레 몰랭André Molin은 라틴-프랑스어 사전 『궁중 소용어집』*Petit apparat royal*의 불법복제본을 6,500부나 인쇄했다.[27]

18세기에는 2,000부 미만으로 인쇄되는 책들이 대부분이었다. 다만 일부 경우, 확실한 성공이 보장되는 책들만 이보다 더 많은 부수로 출간되었다. 몽포콩Montfaucon의 『고대 해석본』*L'Antiquité expliquée* 2절 판형은 초판을 1,800부 찍었는데 두 달 만에 모두 판매되었다. 이에 2,000부를 추가로 재판했는데, 이번에는 판매가 그리 순조롭지 않았다.[28] 파리에서 쿠아냐르가 출간한 모레리Moreri 사전은 2,000부씩 여러 차례 인쇄되었다.[29] 벨Bayle의 사전도 (2,500부 이상) 대량 출간된 것으로 보이며,[30] 1770년 팡쿠크Panckouke는 그의 백과사전을 2,150부 출간할 계획을 세우고, 디드로의 『백과전서』는 초판본 인쇄가 최종적으로 4,250부 이루어진다.[31] 그런데 리에주 인쇄사Société typographique de Liège는 엘베시우스의 작품들을 동시에 세 가지 판본으로 펴내는데, 하나는 4절 판형으로 500부, 다른 두 개는 8절 판형으로 각각 2,000부와 1,000부를 인쇄한다. 이 회사는 세바스티앙 메르시에Sébastien

Mercier가 쓴 『파리의 정경』*Tableaux de Paris* 무단복제본을 1,500부 발간하는데, 이는 금세 리에주 전역으로 배포되었으며, 삽화가 들어간 『다프니스와 클로에』*Daphnis et Chloé* 판본 역시 같은 식으로 인쇄·배포된다. 이 회사는 1788년 루소의 작품 전집도 1,500부 출간한다.[32]

이 같은 수치들로 미루어봤을 때 17세기 출판업자들은 늘 많은 발행 부수로 출간하는 것을 꺼렸던 듯하다. 이러한 추세에서 예외가 되는 문학적 성격의 저서들은 오직 볼테르를 비롯한 일부 철학자들의 작품밖에는 없었던 것 같다. 크라메는 『관습에 관한 소고』*L'Essai sur les moeurs*를 7,000부 인쇄하고 인쇄작업이 끝나는 대로 『러시아제국사』*L'Histoire de l'Empire de Russie* 2,000부를 파리로 보내기로 약속한다. 그러자면 발행 부수가 상당한 수준이었어야 한다. 끝으로 『루이 14세의 시대』*Siècle de Louis XIV* 같은 경우 베를린에서 3,000부가 발간된다.[33] 그러므로 학교 교재나 대중서가 아니라면 18세기의 도서 발행 부수는 전체적으로 적은 수준이었다. 심지어 굉장한 성공이 보장된 작품이라 할지라도 출판사는 평소보다 훨씬 더 많은 양으로 발행하지 않는 분위기였다. 이제 그 이유에 대해 알아보자.

출판사들의 회계장부를 살펴보면 아마 놀라움을 금치 못할 것이다. 예나 지금이나 역시 공쿠르 상을 받은 경우처럼 일부 예외를 제한다면 아무리 도심 지역이라 할지라도 출간된 책 한 권의 판매 부수가 그리 많지 않을 것이기 때문이다. 인구가 중간 정도 되는 규모의 도시에 사는 사람들의 호기심을 채워주는 데는 소수의 책 몇 권만 있어도 충분하다. 상황이 이러한데 하물며 사는 사람도 더 적고 이에 따라 독서 인구도 더 적은 도시에서 출간한 책 하나를 특정 기간 동안 전부 다 판매하려면, 16세기와 17세기, 나아가 18세기의 출판업자 겸 서적상들이 얼마나 많은 어려움을 겪었을지 짐작이 가고도 남는다. 더욱이 그 당시에는 책을 유통시키기도 쉽지 않았고, 책이 무단복제될 위험도 상당히 컸다.

그 당시 출판물의 유통방식에 대해 알려주는 몇 가지 수치들이 있다. 이를 보면 당시 책들이 몇 권씩 통상 작은 묶음으로 유통되었음을 알 수 있으며, 간혹 한 권씩 발송 처리되는 경우도 있었다. 1526년 에라스무스와 르페브르 데타플에 반기를 들며 노엘 베다 주교가 쓴 『주해집』을 조스 바드가 유통시킨 방식을 예로 들어보자. 뉘른베르크의 멜키오어 코베르거에게는 32권을, 리옹의 현지 운송 책임자에게는 50권을 보내어 이탈리아로 유통시켰고, 또 다른 현지 운송 책임자에게 50권을, 바젤과 파리 서적상인 콘라트 레슈에게는 20권을, 영국으로는 62권, 루앙으로는 40권, 오를레앙으로는 6권을 각각 발송했다.[34] 17세기, 책을 담은 봇짐에는 여전히 책이 종류별로 몇 권씩만 포장되어 담겼다. 그 가운데서도 특히 1639년 2월 17일, 모레투스가 세바스티앙 크라무아지에게 주문을 넣은 도서목록 또한 많은 점을 시사한다. 그는 법학자 쇼팽Chopin의 책 3권, 피에르 뒤퓌Pierre Dupuy의 『프랑스 교회-자유의 증거』*Preuves des libertés de l'Église gallicane* 10권, 『민사 및 형사 실용 법률 요약집』*Institutes de practicque en matière civile et criminelle* 6권, 시모네 나이올리Simone Naioli의 『디에스 카니큘라레스』*Dies caniculares* 3권, 폴리베Polybe의 책 3권, 아리스토텔레스의 책 3권, 『영국 법제에 대한 해석본』*Commentarii in patrias Britonum leges* 6권, 뒤 페롱Du Perron의 책 3권 등을 주문했다.[35] 17세기 후반에도 도서 주문량은 비슷한 수준이었다. 가택수색을 받을 때, 파리의 서적상 기욤 드 륀느Guillaume de Luynes는 프리미Primi의 『네덜란드 전쟁사』를 리옹의 아니송과 포쉬엘에게 24부, 낭트의 위그빌Hugueville에게 5부, 랭스의 가르니에Garnier에게 8부, 보르도의 라 쿠르La Court에게 6부, 두에의 한 서적상에게 4부 송부했다고 밝혔다.[36] 물론 이는 그가 이 책들을 처음 팔기 시작했을 때의 상황이지만, 이를 포함해 앞의 모든 자료로 미루어 짐작하건대 서적상들이 한꺼번에 많은 양을 주문하지는 않았던 것으로 보인다.

더 수치를 나열할 필요는 없을 듯하다. 다만 마지막 예시로 크라메Cramer가 볼테르의 작품 전집을 출간한 해, 이를 어떻게 유통시켰는지에 대해서만 살펴보도록 하자.[37] 볼테르 전집의 사례는 특히 놀라운 부분이 많다. 책은 낱권으로도 혹은 묶음으로도 발송되었는데, 우선 파리의 두 서적상인 로뱅Robin과 랑베르Lambert에게는 각각 1,600부와 600부가 보내졌다. 아비뇽 서적상에게는 142부, 바젤의 서적상에는 80부가 송부되었으며, 디종의 판매처로는 36부, 암스테르담의 마르크 미셸 레이Marc-Michel Rey에게는 50부, 루앙의 피에르 마쉬엘Pierre Machuel에게는 75부, 바송피에르Bassompierre에도 25부, 님Nimes의 고드Gaude에게도 25부, 브장송 수도원의 참사회원 질베르Gillebert에게도 25부, 밀라노의 레이센데스Reycendes와 콜롱브Colomb에게도 25부가 보내졌다. 리옹의 서적상들 가운데, 장 드 라 빌Jean de la Ville에게는 20부, 잔느 마리 브뤼제Jeanne-Marie Bruyset에게는 18부, 드 라 로슈De La Roche에게는 12부, 캉프Camp에게는 15부씩 보내졌으며, 함부르크의 크레티앙 에롤드Chrétien Herold에게는 24부가, 마르세유의 부아예Boyer와 조제프 콜롱브Joseph Colomb에게는 각각 16부씩이, 코펜하겐의 클로드 필리베르Claude Philibert에게는 12부가, 리모주의 바르부Barbou에게도 12부가 발송되었고, 브뤼셀의 피에르 바스Pierre Vasse에게는 10부, 같은 지역의 피에르 슈오드Pierre Chouaud에게는 7부, 뉘른베르크의 요한 게오르그 로흐너Johann-Georg Lochner에게는 6부, 라이든의 엘리아스 루작Élias Luzac에게는 6부가 보내졌으며, 제노바, 카디스, 토리노, 밀라노, 파르마, 베른, 베네치아 등지로는 좀더 적은 부수가 발송되었다. 개인 독자들에게 개별적으로 판매된 부분은 말할 것도 없다.

2. 해결해야 할 문제들

우리는 제대로 조직된 영업망을 보유하는 것이 출판업자로서 얼마나 중요한 일인지에 대해 살펴보았다. 하지만 유럽 전역으로 그렇게 소량씩 책을 발송하려면 해결해야 할 난제들이 한두 가지가 아니었을 것이다.

우선 운송문제가 있다. 당시로서는 귀중품에 해당했던 책은 무게도 꽤 나가는 데다 부피가 커서 다루기가 쉽지 않았다. 운송비가 상당히 높았던 그 시절, 운송 요금은 재정적으로 부담이 될 때가 많았고, 책을 제본하지 않은 상태로 판매·발송했던 이유도 아마 책의 무게와 부피를 줄이기 위해서였을 것이다. 하지만 이 방법도 단점은 있었다. 발송을 준비하는 점원들이 번번이 상점에서 인쇄물을 선별해 묶어 보내야 했는데, 이 과정에서 책이 잘못 묶이는 경우가 많았기 때문이다. 그러므로 갓 도착한 책들에서 빠진 부분이 있을 경우, 그 부분의 인쇄물을 보내달라는 서적상들의 서신이 빗발쳤다.

그런데 책은 또 손상되기 쉬운 물건이기도 하다. 그 당시 책들은 배를 이용하거나 수레에 실어 운반하는 수밖에 없었는데, 배의 화물칸 안에서 종이가 젖을 위험도 있었고 악천후 때문에 종이가 훼손될 우려도 있었다. 가능한 한 책을 안전하게 운반하려면 커다란 나무 궤짝 안에 책 꾸러미를 집어넣어야 했다. 이 같은 주의를 기울이더라도 책은 종종 젖거나 훼손된 상태에서 목적지에 도착하는 경우가 많았다. 게다가 최종 목적지에 도달하기 전까지 책을 담은 나무 궤짝은 여러 차례 이 화물칸에서 저 화물칸으로 옮겨 다녀야 했다.

가령 안트베르펜의 서적상들이 어떻게 책을 운반했는지 살펴보자. 이들의 수송방식에 대해서는 익히 잘 알려져 있는데, 일단 안트베르펜에서 파리로 갈 책들은 대개 어느 정도 전문화된 운송업자들이 끄는 마차로 운반되는 경우가 많았고, 루앙으로 가는 배를 이용해 중간에 센 강의 수송선에 옮겨 운송하기도 했다. 리옹에서 발송되는 책들은 목적지까지 바로 운송되는 경우도 있었지만, 대개는 파리를 경유해 이곳에서 리옹 서적상들의 현지 운송 인력이 이를 받아 다시 해로나 육로를 통해 목적지로 보내는 경우가 많았다. 이때 해로나 육로의 이용 빈도는 절반 정도로 비슷했다. 안트베르펜의 플랑탱이 에스파냐로 보내던 책들은 일단 루앙이나 브르타뉴 지방 항구로 들어가는 배에 실은 뒤, 이어 에스파냐 항구로 다시 발송하는 방식을 취했다. 그리고 에스파냐 항구에 도착한 책들은 대개 미 대륙으로 운반되었다. 단치히, 베르겐Bergen, 영국 등으로 책을 보내던 모레투스 같은 출판업자는 배들이 끊임없이 출항하는 길목에서 배가 무사히 목적지에 도착했다는 소식을 초조하게 기다리곤 했다. 배가 풍랑을 만나지는 않았는지, 혹은 전시 중에는 장 바르Jean Bart 함대 같은 사나포선을 만나지는 않았는지 노심초사한 것이다. 전쟁이 일어나면 책 거래 역시 위험해지는 경우가 많았다. 가령 리슐리외 치하에서 프랑스가 에스파냐와 맞서고 있던 시절, 왕궁의 금지조치에 따라 프랑스와의 직접 교역은 불가능한 상황이었다. 따라서 교역을 유지하려면 그 당시 흔히 쓰던 술책을 활용해야만 했다. 중립기를 달고 도버Dover의 한 서적상에게 책을 보낸 뒤, 이 서적상이 다시 파리로 책을 보내는 식이었다. 전시가 아닐 때에도 위험 요소는 많았다. 이탈리아와 에스파냐로 자주 책을 실어 보내던 리옹 업자들의 고충을 생각해보라. 우선 육로를 통해 이탈리아로 책을 보낼 때는 수레에 책을 실어 험준한 알프스 산맥을 통과해야 하고, 에스파냐로 보낼 때 역시 루아르 강까지 육로로 수송한 뒤, 이어 강을 건너 낭트까지 가고, 거기에서부터는 대서양을 통해 에스파냐의 어느 항구에 도달한 뒤, 이어 다시 육로를 이용해 메디나 델 캄포Medina del Campo로 책이 보내지고, 여기에서 다시 책이 배포되는 식이었다.[38]

그러므로 책을 중간에 계속 옮겨 신기 위해서는 서적상이 현지에 수송 전담 파견 인력을 두고 있어야 했다. 책을 옮겨 신는 과정에서 착오가 생길 위험이 높았기 때문이다. 더욱이 이러한 화물수송을 담당하는 운송업자들은 글을 읽을 줄 모르는 경우가 허다했다. 목적지를 표기할 때에도 주소지를 글로 쓰기보다는 수하물에 모노그램 형태로 기호를 기입하는 경우가 많았는데, 이에 따라 종종 혼동이 야기되었다. 앞에서 살펴본 바와 같이 인쇄산업이 대개 항구나 주요 상업 중심지에서 발달한 이유도 이 모든 난점 때문이다. 항구나 상업 중심지에서는 운송과 관련한 커뮤니케이션이 좀더 수월하게 이루어질 수 있었기 때문이다.

이러한 복잡한 과정을 통해 책이 목적지까지 양호한 상태로 무사히 도착하더라도, 꾸러미 안에 든 책들의 대금을 결제해야 하는 문제가 아직 남아있었다. 서적상으로서는 운송 그 자체보다 더욱 풀기 힘든 난제였다. 그 당시 은행 체계가 아직은 이러한 수송방식에 적합하지 않았기 때문이다. 현금으로 값을 치를 수 없는 경우도 많았고, 더욱이 해외에 있는 서적상들은 물건을 인도받을 때마다 번번이 돈을 업체에 전달하기도 애매한 상황이었다. 이에 대금 결제가 골치 아픈 문제로 작용할 때도 많았다. 그러므로 단순히 물건 값을 올려 받는 것보다 중요한 것은 어떤 식으로 대금 지급을 하느냐는 방식의 문제였다.

17세기 말까지 통상적으로 사용되던 결제방식은 물물교환[39]이나 환어음을 통한 거래였으며, 보통 두 가지를 병행해 사용했다. 그 당시 일반적으로 이루어지던 관행에 대해 먼저 살펴보자. 물건을 받은 서적상은 우선 자신이 지불해야 할 총액을 자신의 장부에 적어둔다. 반대로 자신이 물건을 보낼 때에는 거래처에서 자신에게 지급해야 할 금액을 기록해둔다. 그러면 3자가 개입하는 전통적인 환어음 시스템에 따라 채무자가 미불금을 지급한다. 가령 파리의 크라무아지가 안트베르펜의 모레투스로부터 자신이 원래 받아야 할 책보다 더 많은 부수를 받은 경우, 자연히 크라무아지는 모레투스의 채무자가 된다. 하지만 크라무아지는 브뤼셀의 서적상 레오나르에게 책을 많이 보내둔 상태였고, 이에 따라 레오나르가 크라무아지에게 갚아야 할 총액은 모레투스에게로 전가된다. 안트베르펜과 브뤼셀은 한 국가 내에서 이웃한 두 도시였기 때문에, 브뤼셀의 레오나르와 안트베르펜의 모레투스 사이에 채무관계를 청산하는 일은 별 어려움 없이 이루어질 수 있었다. 이론적으로는 간단해 보이지만 실제로는 꽤 복잡한 방식이다. 환어음이 종종 이 사람에서 저 사람으로 넘어가기 때문이다. 또한 수많은 상인들이 대개 그러하듯 서적상 역시 환어음이라는 제도를 부당하게 이용하는 경우도 더러 있었던 듯하다. 그뿐만 아니라 이는 위험 소지가 전혀 없다고 볼 수 없는 결제방식이었다. 두 나라 사이에 교역이 중단되면 결제 통로가 없기 때문에 출판사들의 활동이 마비되고 나아가 이들 중 일부가 도산위기에 처하는 경우도 있었다. 한 업체가 도산하면 이후 다른 업체들의 줄도산으로 이어지기 십상이었다. 이에 따라 도산위기에 처한 서적상의 동료들은 그 자신의 사업적 이익을 위해서라도 위험에 빠진 동료를 구제해주려는 경우가 많았다. 이는 18세기까지 통상적으로 이루어지던 관행이다.

3. 영업방식과 무역박람회

초창기 인쇄업자들이 당면한 과제 중 하나는 확대된 영업망을 구축해 좀더 빠른 시일 내에 충분한 양의 책들을 유통시키는 일이었다.

이를 위해 우선적으로 취했던 방식은 파견 인력을 현장으로 보내어 활용하는 방안이었다. 인쇄술 발명 초기부터 일찍이 인쇄업자들은 믿을 만한 사람을 현지로 보내어 오늘날의 '시장조사' 비슷한 일을 시켰다. 현장에 파견된 이 대리 인력은 크고 작은 도시들을 돌아다니며 장차 그곳에 공급될 책의 구매 예상 고객층을 모두 파악했다. 대개 이들은 제공될 도서목록이 인쇄된 '광고지'를 가지고 돌아다녔다. 한 도시에 도착하면, 먼저 이 광고지를 벽에 붙이고 나눠주었으며, 광고지 하단에는 자신들이 묵고 있는 숙소의 주소와, 고객 응대가 가능한 기간 등을 기재해두었다. 언뜻 보기에는 상당히 원시적인 방법이라고 생각할 수도 있다. 하지만 맡은 바 임무를 성공적으로 수행하기 위해 이들은 자연히 지역 축제가 있을 때 위주로 마을을 방문했고, 이에 따라 좀더 폭넓은 대중을 만날 수 있었다. 이어 각지에서 상인들이 모여드는 박람회를 자주 찾게 된 것도 당연한 수순이었다. 수익을 올리는 것에 신이 난 이들은 언제라도 선뜻 도서나 책력을 조금이나마 구매할 태세가 되어 있었다. 특히 직접 움직이지 않던 동향인으로부터 주문을 받아 이를 전달해주기도 했고, 또한 돈이나 물건도 쉽게 전달해주는 중개 역할도 맡아주었다. 간혹 이들 가운데 일부는 조금씩 책을 떼어와 자기 집에서 판매를 하기도 했는데, 특히 어떤 도시에서 사업이 잘되는 것 같으면 종종 그 지역을 다시 찾아가곤 하다가 결국 거기에 붙박이로 자리를 잡았다. 이곳에서 이들은 사장의 돈으로 가게를 내기도 하고 자신의 돈을 들여 가게를 내기도 했다. 그렇게 수많은 도시에서 도서 소매점이 생겨났다. 대형 출판업자들이 공들여 책을 제작하면, 인쇄된 책을 일반 대중에게 판매하는 것이 이들의 일이었다.

이에 따라 유럽 전역에 걸쳐 매우 빠른 속도로 도서시장이 조직되었다. 이미 필사본 시절부터 책의 제작과 판매 중심지로 활약하던 파리는 1460~1470년대부터 쇠퍼와 그 직원들이 드나든다. 이 시기부터 쇠퍼는 현지의 대리 인력으로 헤르만 슈타트보엔Herman Statboen을 파리에 상주시키고, 1474년에 사망할 당시 헤르만이 보유하고 있던 쇠퍼 소유의 책들은 가치로 따져 총 2,425크라운 은화에 해당하는 양이었다. 한편 로마에서 활동하던 슈바인하임과 파나르츠는 로마에서 독일로 대리 인력을 파견했다. 이때부터 힘없는 인쇄업자 겸 서적상들은 자기가 만든 책의 판매를 대형 출판업자에게 맡기거나 이들과 함께 손을 잡고 책을 팔았다. 비중이 큰 책이라고는 단 한 권밖에 펴내지 않았던 아이닝겐Einingen의 요하네스 라이나르디 Johannes Rheinardi 역시 이 같은 방식을 이용한다. 이탈리아 서적상들과 맺어온 관계 덕분에 라이나르디는 책을 펴낸 그해, 로마와 페루자에서도 책을 판매할 수 있었다. 한편 책의 판매를 위해 함께 연합한 페루자 서적상 무리는 1471년과 1476년에 로마와 나폴리, 시에나, 피사, 볼로냐, 페라라, 파도바 등지에 점포를 두고 있었다. 1471년 제노바에 자리잡은 인쇄업자 안토니우스 마티애Antonius Mathiae와 람베르투스 드 델프트Lambertus de Delft는 롬바르디아 지역의 다른 도시들에서도 책을 판매했을 뿐 아니라 나폴리 왕국에서까지 책을 팔았다. 그리고 앞서 살펴봤다시피 리옹의 상인 바르텔레미 뷔에는 1485년 이전에 이미 뉘른베르크의 대형 출판업자 코베르거 못지않게 꽤 광범위한 사업망을 보유하고 있었다. 이때부터 베네치아에서 책의 거래는 상당히 조직적으로 나타났다. 니콜라 장송조차 죽기 몇 년 전부터는 인쇄 일을 그만두고 오로지 책의 판매에만 전념한 것으로 보인다. 이를 위해 그는 독일의 여러 서적상들과 손을 잡고 막강한 판매업체 '니콜라우스 장송 연맹'Nicolaus Jenson sociique을 결성한다. 이 조직은 로마와 페루자, 나폴리를 비롯한 이탈리아 주요 도시 여러 곳에 현지 파견 인력을 두고 있었다. 장송이 사망한 후, 조직의 회원들은 장 드 콜로뉴와 장 망탱의 회사와 향후 5년간 손을 잡기로 하고, 이렇게 세워진 새 회사는 강력한 영업 조직망을 갖게 된다. 이렇게 판로가 확대된 상황에서, 이 시기 동안 판매 부수가 끊임없이 증가한 것도, 그리고 이로 인한 여파로 책값이 계속 떨어진 것도 어찌 보면 당연한 일이었다.[40]

그러다 1490년경이 되면 유럽 전역에 도서판매망이 조직된다. 대형 출판업자로부터 책을 받아 판매하는 서적소매상이 곳곳에 자리잡고, 대형 출판업자들은 여러 도시에 현지 대행업자를 둔다. 이에 따라 책의 거래에서도 서열화가 나타난다. 주요 출판업자 가운데 하나를 예로 들면, 코베르거 같은 경우 파리, 리옹, 툴루즈 등 프랑스에서만 세 군데 영업점을 보유하고 있었는데, 그 위세가 막강해 1491년부터 툴루즈 인쇄업자 장 드 파리Jean de Paris는 그 자신의 직원 하나를 파견해 코베르거의 대행업자와 현지에서 공조하도록 했다. 그보다 앞선 1489년에는 그 자신도 발렌시아에서 인쇄업자 겸 서적상으로 일하던 한스 릭스가 베네치아 업체들의 책을 에스파냐 내 여러 지역에서 대신 판매해주기도 한다. 끝으로 이 시기 프랑스와 특히 독일에서는 서적행상이 등장하며 여러 소도시와 시골 지역에서 작은 책자와 책력들을 판매한다. 16세기까지 종교개혁 사상의 전파에 있어 핵심적인 역할을 맡았던 이들이 바로 이 행상들이었다.

무역박람회 자리에서 책을 팔던 관행은 진작부터 있어왔다. 파리 지역에서도 이미 오래전부터 박람회를 통해 도서판매가 이루어졌고, 영국의 스타워브리지Stourbridge 같은 대규모 박람회장에서도 상황은 마찬가지였다.[41] 박람회장을 찾는 상인들에게는 (일종의 사업 허가권인) 윤허권이 부여되어 상품의 수송이 수월했고, 회장 내에는 환전상도 있어 거래 역시 간편하게 이루어질 수 있었으며, 몰려드는 인파 덕분에 책도 쉽게 팔 수 있었다. 그러므로 대형 박람회장은 서적상과 인쇄업자들에게 있어 약속의 장소였다. 이외에도 서적상과 인쇄업자들이 대형 박람회장을 자주 찾도록 만드는 이유는 얼마든지 많았다. 주기적으로 박람회에 참석해 회계장부를 결산하고 채무를 정산할 수도 있었고, 박람회에 오는 활자주조공과 각인사들에게 필요한 인쇄 기자재를 구입할 수도 있었으며, 공통된 문제에 대해 함께 논의하기도 하고, 다음에 출간할 책에 대해 홍보를 할 수도 있었다. 다른 출판업자들이 혹 자신이 출간하려는 책의 인쇄작업에 들어가려고 계획을 세우고 있지는 않은지 확인할 수도 있었고, 다른 도시의 서적상들과 주기적인 교류 기반을 마련해둘 수도 있었다. 따라서 박람회라는 자리가 책의 거래에 있어 얼마나 중요한 역할을 했는지는 짐작이 가고도 남는다. 그 가운데서도 리옹이나 메디나 델 캄포, 프랑크푸르트, 라이프치히 박람회는 특히 비중이 컸다.

초창기 가장 규모가 큰 박람회는 리옹박람회였다.[42] 앞에서도 살펴봤지만, 일찍이 리옹은 비중 있는 인쇄 중심지로 자리잡았다. 하지만 리옹은 또 대규모 세계 박람회가 열리는 본거지였다. 100년 전쟁이 끝난 직후부터 주민들의 노력으로 결국 박람회가 성사되었고, 그 과정에서 왕이 내린 윤허권은 주민들의 노력에 더욱 탄력을 불어넣어주는 요소가 되었다. 이후 숱한 역사적 부침에도 리옹박람회는 루이 16세 통치 말기의 온갖 장애물을 다 극복해냈다. 그리고 이탈리아 전쟁이 일어나면서 이탈리아와 프랑스 사이의 교류가 더욱 왕성해지자 리옹박람회가 큰 비중을 차지한다. 리옹박람회는 대략 16세기 전반쯤 절정기를 맞이한다.

리옹박람회가 그 같은 성공을 거둔 이유는 일단 상업 요충지로서 리옹의 지리적 입지 덕분이다. 리옹에서 교차되는 두 강줄기인 손 강과 론 강 자체에서도 하천 운수업이 활발했고, 육로와 관련해서도 손 강과 론 강 유역은 남달리 비중이 컸다. 하나는 기요티에르 다리를 지나가며 도피네 지방과 알프스 언저리의 이탈리아로 통하고, 다른 하나는 로안느에서 루아르 강과 합류한다. 이에 따라 리옹은 가장 활발한 상업적 교차로였으며, 베네치아의 리포마노Lippomano가 쓰고 있는 바와 같이, "이탈리아와 프랑스의 접경에 근접하며 스위스를 통해 독일과도 왕래가 간편한 리옹은 가장 인구가 많고 부유한 세 국가의 집산지"다.

그리하여 유럽에서 거래되는 모든 상품은 리옹으로 모였으며, 특히 비단류와 향신료 거래가 주로 이곳에서 이루어졌다. 이탈리아와 포르투갈, 레반트 지역 등에서 들어온 쌀이나 아몬드, 조미료, 약초, 염료용 작물 등은 리옹을 통해 프랑스 전역으로 확산되었다.

이에 따라 리옹박람회는 무역 거래에 있어 독보적인 비중을 차지한다. 무역 거래를 장려하기 위해 프랑스의 중앙과 지방 정부에서는 이곳을 찾는 각국의 상인들에게 가장 광범위한 사업 윤허권을 부여해주었으며, 리옹에서는 직업적 기밀도 잘 지켜졌고, 상인들은 회계장부를 일일이 보여주지 않아도 되었다. 리옹에서는 고리대금업도 허용되었으며, 이곳을 찾는 외국인들은 프랑스 국내로 자유로이 출입할 수 있었다. 리옹을 드나드는 상인들은 보복조치도 면할 수 있었고, 사나포선私拿捕船으로부터도 자유로웠으며, 숙박세도 물지 않았다. 이들이 들여오는 상품들은 수많은 특권으로 보호되었으며 유통세도 면제되었다.

이에 1년에 두 번씩 2주 동안 수많은 상인들이 수레를 끌고 리옹으로 몰려들었다. 다만 상인들을 모두 수용할 수 있을 만한 광장이 없었기 때문에, 저마다 아쉬운 대로 길거리나 적당한 곳에 자리를 잡았고, 상인들은 현지 상점이나 즉흥적으로 마련한 숙소, 심지어 호텔 등지에서 물건을 쌓아놓고 장사를 했다. 거래는 주로 손 강 다리 위에서 이루어졌으며, 생니지에Saint-Nizier 인근의 작은 골목에서도 거래가 오고 갔다.

판매 기간이 끝나고 나면 이제 본격적으로 결제가 이루어질 순서였다. 체결된 거래는 통상 어음 교환으로 계산이 이루어졌고, 마지막에는 환어음 거래로 순수한 의미에서의 상업적 협상이 마무리된다. 돈을 지불해야 할 사람들이 환어음을 인수받는 작업이 2~3일간 이루어지는 것이다. 그다음에는 각 상단의 대표자가 모여 다른 장소에서 이루어질 환어음 지급 기한을 결정하고, 다음 박람회 때까지의 공식적인 이자율도 결정한다. 그러고 난 후 사흘이 지난 뒤에는 인수된 채권에 대해 현금으로든 혹은 원할 경우 어음 교환으로든 결제가 이루어진다. 이 모든 금융 거래로 말미암아 리옹으로 수많은 은행가들이 모여들었다는 점에 대해서는 굳이 말할 필요도 없다. 특히 이탈리아 은행가들을 중심으로 금융권 사람들이 모여들면서 리옹은 프랑스 최대의 금융 중심지가 되었다.

대개 메르시에르 거리에 자리잡은 리옹의 서적상과 인쇄업자들은 이 같은 거래의 중심에 있었다. 그 가운데 대부분은 외국인이었는데, 1500년 이전 시기, 이 지역에서 일하던 약 49명의 인쇄업자들 가운데 프랑스 업자들은 소수에 불과했다. 독일계 업자들이 20명 혹은 22명 정도였고, 이탈리아 업자들이 다섯 명, 벨기에 한 명, 에스파냐 한 명 등인 데 반해 프랑스 업자들이 스무 명 정도였다. 그 지리적 위치 때문에 리옹은 도서무역의 구심점 역할을 했다. 그 당시 큰 비중을 차지했던 이탈리아 인쇄물을 프랑스로 들여온 것도 리옹의 서적상들이었고 스위스나 독일 인쇄기에서 만들어진 출판물도 이들을 통해 프랑스로 확산되었다. 이들은 외국 출판물들을 따라 하거나 무단복제도 서슴지 않았다. 대개 프랑스 남부 툴루즈에 분점을 두고 있던 리옹의 서적상들은 에스파냐로 책을 수출하는 데 있어서도 중요한 역할을 했다. 그러므로 지운타, 가비아노, 포르토나리 등 이탈리아의 주요 서적상 가문이 왜 이 지역에 분점을 두려고 했는지 그 이유도 쉬이 짐작이 간다. 아울러 금세 그 규모가 커진 이 분점들이 곧 독립적인 기업으로 변모하며 기존

본사와의 밀접한 관계를 유지했던 이유도 쉽게 알 수 있다. 이에 따라 리옹박람회는 금세 대규모 도서박람회로 거듭났으며, 이곳에서는 이탈리아, 독일, 스위스 등지에서 만들어진 책을 프랑스, 에스파냐로 보내는 일뿐만 아니라 리옹 인쇄기에서 만들어진 주요 법률서적을 이탈리아, 독일, 에스파냐 등지로 보내는 상거래도 이루어졌다. 수많은 사람들이 오가던 리옹박람회에서 주로 판매된 책들은 책력, 예언서, 종종 그림이 들어간 소책자 형태의 대중서적 등이었다. 그리고 특히 『가르강튀아 연대기』가 큰 성공을 거두었는데, 라블레에 따르면 단 한 번의 박람회 자리에서만 이 책이 지난 10년간 팔린 성서보다 더 많은 부수가 판매되었다고 한다.[43]

16세기에는 다른 도서박람회도 점차 발전해갔고, 리옹박람회보다 규모가 더 커지는 경우도 있었는데, 프랑크푸르트박람회가 이에 해당했다.[44]

프랑크푸르트에서 그리 멀지 않은 곳에 있는 마인츠에서 인쇄술이 등장했을 때, 프랑크푸르트는 이미 진작부터 상당히 비중 있는 박람회 장소였다. 프랑크푸르트박람회는 다른 경쟁 박람회들을 제치고 단연 높은 인기를 끌며 라인 강 유역 상인들에게 있어 만남의 장이 된다. 15세기 말에서 특히 16세기에 이르기까지 그 당시 프랑크푸르트박람회가 맡았던 역할에 대해 강조하는 글들은 얼마든지 많다. 영국과 네덜란드의 나사 제조상이 서로 만나던 곳도 프랑크푸르트박람회였으며, 동양에서 들여온 향신료나 유럽 남부의 와인, 독일 지역 도시에서 제조된 상품들이 판매되는 곳도 프랑크푸르트박람회였다. 루벡과 빈, 베네치아, 리옹, 안트베르펜, 암스테르담뿐만 아니라 스트라스부르, 바젤, 울름, 뉘른베르크, 아우크스부르크 등지의 상인들도 모두 이곳 박람회장으로 모여들었다. 생선, 말, 홉hop 그리고 한스 지역 도시들에서 생산되는 금속 등의 거래 계약이 이곳에서 체결되었고, 보헤미아 지역의 유리 제품, 슈타이어마르크 지역의 강철·은·주석, 튀링겐 지역의 구리, 울름 지역의 아마, 알자스 지역의 와인, 스트라스부르 지역의 나사류, 모직물·금은세공품, 스위스 와인, 이탈리아 와인과 오일, 외제품 등의 거래도 이곳 박람회장에서 이루어졌다. 그러니 실로 국제박람회로서의 규모를 지녔던 셈이다. 심지어 인도 항로가 알려지기 이전이었음에도 코끼리가 눈에 뜨일 정도였다. 엄청난 돈과 물건이 오가던 이곳 프랑크푸르트로, 수많은 상인들과 수레가 무리지어 몰려들었으며 박람회 윤허권을 관리하는 황제의 근위병들이 그 곁을 호위했다.

프랑크푸르트에서 인쇄업이 발달한 것은 꽤 늦은 시기의 일이었다. 이곳에서의 인쇄업은 1530년에 에게놀프가 도시 내에 인쇄소를 차리면서 본격적인 발전이 이루어진다. 그런데 일찍이 프랑크푸르트박람회는 대형 서적상들의 현지 파견 인력을 끌어들이고 있었다. 이에 페터 쇠퍼도 프랑크푸르트를 방문했으며, 이어 1478년부터는 벤슬러와 아메르바흐도 눈에 띄었다. 이곳을 자주 찾았던 아메르바흐는 여기서 뉘른베르크와 이탈리아 출신 서적상들도 만난다. 1495년부터 코베르거는 책 꾸러미를 들고 자주 박람회장을 찾는다. 특히 1498년부터 1500년 사이에는 한 번도 박람회장을 찾지 않은 적이 없었다. 1506년에 한 여인숙 주인은 그에게 현지 서점을 하나 차려주었고, 이에 따라 그의 책은 뉘른베르크뿐만 아니라 프랑크푸르트에서도 찾아볼 수 있게 되었다. 특히 다른 박람회장에서 가져오는 책들도 이곳에 진열할 수 있었다. 코베르거는 프랑크푸르트를 기점으로 바젤 서적상들과 왕성한 거래를 지속했다.

이제 프랑크푸르트박람회를 찾는 서적상들은 해마다 더 늘어간다. 마르부르크, 라이프치히, 비텐베르크, 튀빙겐, 하이델베르크, 바젤 등지에서 온 서적상들뿐만 아니라 해외 서적상들의 모습도 눈에 띄었다. 1498년부터는 베네치아 서적상들이 다녀간 흔적도 있다. 파리의 자크 뒤 퓌는 1540년부터 주기적으로 이곳 박람회를 찾았으며, 곧이어 로베르 에스티엔도 같은 행보를 보인다. 1557년 마지막 박람회 자리에서는 리옹의 서적상 두 곳과 파리 서적상 네 곳, 제네바 서적상 두 곳, 안트베르펜 서적상 다섯 곳이 눈에 띄었으며, 이 밖에도 위트레흐트, 암스테르담, 루방 등의 서적상이 박람회장을 찾았다. 1569년에 이루어진 박람회 자리에는 총 87개 서적상이 참석했는데, 그 가운데 17군데가 프랑크푸르트 서적상, 세 곳이 베네치아 서적상, 네 곳이 리옹 서적상, 다섯 곳이 제네바 서적상이었다. 이 서적상들이 그 자리에 직접 오지 못한 동료 서적상의 업무까지 대신 전달해주었음은 물론이다.

프랑크푸르트에 도착한 서적상들은 '뷔허 가세'Büchergasse라고 불리던 책의 거리로 모여든다. 마인 강과 성 레온하르트 교회 사이에 위치한 이 거리에 자리잡은 서적상들은 프랑크푸르트에 머무는 기간 동안 쉴 틈이 거의 없었다. 가져온 물건들을 풀고 책을 펼쳐놓아야 했으며, 사무실에서 작성해준 목록을 보고 사야 할 품목을 선택하고, 개인이나 서적상에게 책을 판매하는 등 할 일이 많았기 때문이다. 출판업자들은 서로 간에 끊임없이 대화를 나누면서 새로운 소식도 주고받고, 현재 인쇄작업에 들어갔거나 앞으로 작업이 들어갈 책에 대해서도 알려준다. 또한 다음 박람회 자리를 위한 주문도 체결한다. 대개는 책의 거래 규모도 상당했는데, 가령 1534년 10월 10일자 편지에서 서적상 프로샤우어는 2절 판형과 8절 판형으로 출판한 『지구의 세 부분에 관한 개론』*Epitome trium terrae partium* 2,000권을 박람회 자리에 가져왔다고 밝힌 바 있다. 이어 그는 가져온 책의 절반을 해당 박람회에서 판매했고, 나머지는 다음 번 박람회에서 판매할 것이라고 덧붙였다.

머지않아 프랑크푸르트는 인쇄 기자재들이 판매되는 대형 시장으로 발돋움했다. 인쇄업자들은 바로 이곳 박람회 자리에서, 프랑크푸르트 현지의 기술공을 중심으로 한 독일의 활자주조공이나 각인사에게서 폰트와 자모를 구입한다. 목판화나 동판화를 새기던 판화가들 역시 하나둘 박람회를 찾았는데, 그러다 16세기 말이 되면 이곳 박람회는 출판과 관련한 분야에 관심 있는 사람이라면 누구나 찾아드는 만남의 장으로 거듭난다. 이에 앙리 에스티엔을 포함한 인쇄·출판업계의 모든 사람이 이곳 박람회장을 찾아 왕성한 활동을 보이며 북적거렸고, 그런 이들의 모습은 실로 하나의 장관을 이루며 당대 문인들의 신나는 화젯거리가 되었다. 서적상과 그 점원들은 서점 출입구나 창가에 자리잡고 앉아 새로 나온 책의 제목을 외치면서 지나가는 사람들의 발길을 붙잡았고, 행상들은 길거리를 돌아다니며 책력이나 그림, 또는 그 당시 주요 사건과 관련한 내용이 담긴 소책자 등을 판매했다. 행인들 가운데는 책의 판매를 감시하러 온 작가들이나 책의 출간을 희망하는 작가들, 번역이나 교정쇄 수정 등 일거리를 찾는 문인들도 포함되어 있었다. 그러니 프랑크푸르트를 두고 앙리 에스티엔이 "제2의 아테네"라고 칭한 것도 무리는 아니었다. 프랑크푸르트에서는 유수의 학자들이 서로 토론을 주고받고 라틴어로 갑론을박하며 사람들의 이목을 샀다. 그뿐만 아니라 배우들도 쉽게 만날 수 있었는데, 이들은 극단을 꾸리러 온 공연 기획자들을 만나 일자리를 구하기 위해 프랑크푸르트에 온 것이었다. 그리하여 프랑크푸르트에서는 셰익스피어도 구미가 당길 만큼 실로 엄청난 장관이 펼쳐졌다.

프랑크푸르트에서 처음 나타났던 특이사항 중 하나는 바로 박람회 카탈로그를 펴냈다는 점이다. 오늘날 새로운 책이 나오는 즉시 신간목록을 알려주는 수많은 일반 도서목록의 전신이 된 것이 바로 이 프랑크푸르트박람회 카탈로그였다.

북 카탈로그를 펴내던 관행은 꽤 오래전으로 거슬러 올라간다. 1470년, 그리고 아마도 그전에 이미 대형 출판업자들이 파견한 현지 인력들은 앞서 살펴본 바와 같이 도서목록을 작성해두는 습관이 있었고, 처음에는 이들이 납품할 책의 필사본 목록이 작성되었으나 이어 곧 인쇄본 목록이 작성된다. 판매량을 높이려는 생각에 진작부터 대량으로 카탈로그를 제작했던 듯한데, 엄밀한 의미에서는 광고지를 대량으로 만들어 배포한 것이라고 볼 수 있다. 서적상 알브레히트 드 메밍겐Albrecht de Memmingen 역시 '베네치아, 뉘른베르크, 런던에서 판매할 도서'Libri venales Venetiis, Nurembergae et Basileae라는 제목으로 약 200개의 도서 타이틀을 기재한 도서목록을 1,500부 인쇄했다.

16세기에는 제작한 책의 홍보를 해야 할 필요성에 따라 출판업자들은 자신이 작업한 책의 도서목록을 점점 더 많이 인쇄해 배포한다.

1541년에 알도 마누치오 2세도 베네치아에서 유사한 도서목록을 펴내며, 시몽 드 콜린 또한 1546년 이전에 이미 파리에서 도서목록을 펴낸 바 있다. 이어 취리히의 크리스토프 프로샤우어(1548), 리옹의 세바스티앙 그리프와 바젤의 요한 프로벤(1549), 로베르 에스티엔(1552, 1569) 등도 도서목록을 펴내고, 안트베르펜의 플랑탱 또한 1566년, 1567년, 1575년, 1587년에 도서목록을 내놓았다.

이렇게 만들어진 도서목록은 종종 프랑크푸르트박람회에서 배포되었고, 곧이어 박람회에서 선보일 도서들의 목록을 펴내야 할 필요성이 대두된다. 사실 독일과 해외 서적상들은 바로 이 프랑크푸르트박람회 자리에서 처음으로 신간을 출시하는 경우가 많았다. 그럼으로써 책이 더욱 폭넓게 유통되기를 바란 것이었다. 따라서 신간 전체를 홍보하기 위해서는 도서목록을 펴내는 게 필수적이었고, 아우크스부르크의 서적상 게오르게스 빌러Georges Willer 역시 1564년부터 각 박람회에서 판매되는 책들의 목록을 작성하기 시작한다. 1592년까지 그의 도서목록은 일 년에 두 번씩 발행되었다. 곧이어

요한 사우어Johann Saure, 파이어아벤트, 페터 슈미트Peter Schmidt 등 다른 서적상들도 그의 선례를 뒤따랐다. 1598년부터는 프랑크푸르트 시 의회가 직접 공식 카탈로그를 펴내기로 하고, 18세기까지 한 번도 중단되는 일 없이 계속해서 프랑크푸르트박람회의 공식 카탈로그가 발행되었다. 이는 17세기 독일에서 시도된 최초의 서지 연구에서 그 기반이 되기도 했다.

이 카탈로그들을 살펴보면 프랑크푸르트박람회에서 판매되던 책들을 정확히 알 수 있다. 1564년에서 1600년까지 이 카탈로그에는 2만 종 이상의 책이 포함되어 있었으며 1만 4,724종은 독일의 61개 도시에 세워진 117개 업체가 인쇄한 것이었고 6,112종은 해외 출간물이었으며 나머지 1,014종은 인쇄된 곳이 명시되어 있지 않았다. 17세기의 카탈로그에는 더 많은 책들이 포함되어 있었다. 17세기 전반기에는 독일에서 제작된 책이 8,304종이었고 해외 제작물이 1만 7,032종이었다. 후반기에는 독일에서 인쇄된 것과 해외에서 인쇄된 것이 각각 3만 8,662종과 4,962종이었다. 판매된 책들 가운데는 독일어 책이 많았으나 라틴어로 된 책 또한 계속해서 오랫동안 발간되었다. 1566~1570년에 해당하는 기간 동안 박람회에서 선보인 책 349종 가운데 독일어 책이 118종, 라틴어 책이 226종이었다. 1601~1605년 사이에는 전체 1,334종 가운데 813종이 라틴어 책, 422종이 독일어 책이었으며, 1631~1635년 기간에는 총 731종 가운데 라틴어 책이 436종, 독일어 책이 273종이었다. 1680~1690년 무렵에야 비로소 이 비율이 역전되고, 이때부터 프랑크푸르트에서는 라틴어 책보다 독일어 책이 더 많이 판매된다.[45]

따라서 16세기 후반과 17세기 전반 시기에 프랑크푸르트박람회는 독일어 인쇄본이 배포되는 중심지인 동시에 라틴어 책의 국제 거래가 이루어지는 시장이었다. 가령 플랑탱은 이곳에서 매우 중요한 거래들을 수행했고, 현지에 상점을 두었으며, 매 박람회 때마다 자신이 직접 프랑크푸르트를 찾거나 믿을 만한 사람을 자기 대신 파견했는데, 통상 이 역할을 맡았던 인물은 그 사위인 장 모레투스였다. 플랑탱은 필요한 인쇄 장비 역시 프랑크푸르트 박람회에서 구입할 때가 많았다. 17세기 초부터는 엘제비어 가에서도 프랑크푸르트박람회를 자주 드나든다. 파리의 서적상 중 최소한 서너 곳 정도가 매년 이곳을 찾았으며, 이외에도 영국인 서적상들이 프랑크푸르트박람회를 방문했는데, 내륙 국가에서 제작된 인쇄본을 이곳 박람회에서 입수한 뒤 이를 다시 본국에서 판매하려는 것이었다. 1617년에도 서적상 존 빌John Bill 같은 사람이 프랑크푸르트박람회의 카탈로그를 런던에서 재인쇄하는 경우가 종종 있었다.[46]

물론 프랑크푸르트박람회는 라틴어 책과 가톨릭 출판물의 국제적 거래가 중점적으로 이루어지는 곳이었다. 하지만 16세기부터는 신교 서적상들의 회동 장소이기도 했으며, 이에 따라 리옹, 스트라스부르, 제네바, 바젤 등의 신교도 서적상들은 비텐베르크, 라이프치히 등지에서 제작된 독일의 종교개혁서를 이곳 박람회장에서 입수한다. 제네바 서적상들도 종종 이곳 박람회를 찾았다. 이들은 논란이 분분한 신교 서적의 인쇄와 출간을 제 기간에 마무리할 수 있도록 최선을 다한 뒤, 이를 프랑크푸르트박람회장에서 사람들 앞에 선보였다. 이에 따라 그 당시 프랑크푸르트는 종교개혁서가 배포되는 중심지였다. 왕정 당국에서는 결국 이 같은 상황을 우려하게 되었고, 17세기 초 제국도서위원회impériale에서는 강하게 반발하고 나선다. 이제 프랑크푸르트에서는 신교도 서적상들에 대해 비호의적으로 맞이하며, 따라서 이들은 점차 이곳을 떠나 라이프치히박람회로 자리를 옮긴다. 라이프치히박람회장에서는 자신들이 원하는 책의 거래가 별 어려움 없이 이루어질 수 있었기 때문이다.

그런데 30년 전쟁이 일어나면서 독일에서의 인쇄물 제작이 잠시 동안 거의 완전히 중단되었고, 이에 따라 프랑크푸르트박람회도 심각한 타격을 받는다. 1610년에는 1,511종의 도서를, 이어 1613년에는 1,780종의 도서를 출간했던 독일 출판업자들이 1626년에는 1,005종의 도서밖에 출간하지 못했으며, 1635년에는 307종의 도서를 펴낸 것이 전부였다. 해외 서적상 대부분도 더는 독일에 들르지 않았으며, 1620~1625년 무렵부터는 이제 이곳에서 프랑스 서적상을 거의 만나볼 수 없었다. 물론 고비를 넘기고 난 후에는 프랑크푸르트박람회도 어느 정도 예전의 활기를 되찾았지만, 국제 출판시장으로서의 지위는 잃어버린 상태였다. 이어 독일 출판업자들에게 있어서도 프랑크푸르트박람회는 더는 만남의 장소가 아니었다. 이를 설명해주는 이유는 여러 가지인데, 그 가운데 가장 중요한 이유는 독일 출판계의 방향이 달라진 것이었다. 1630~1640년 정도까지 독일에서는 신교 서적보다 구교 신학서가 더 많이 출간되었다. 독일 남부의 인쇄소는 북부의 인쇄소보다 더 활발히 운영되었는데, 앞에서도 살펴봤듯이 1640년 이후에는 상황이 달라진다.

독일 북부 지역에서 인쇄업이 발전하고, 이와 동시에 구스타브 아돌프 Gustave Adolphe의 행적에 따라 신교 서적의 출간이 늘어나면서 자연히 라이프치히박람회가 발전한다.[47]

라이프치히박람회는 오래전부터 프랑크푸르트박람회의 경쟁 박람회였다. 라이프치히에서 인쇄술이 태동한 것이 1479년 이후였으니, 프랑크푸르트보다 조금 더 이른 시기에 인쇄업이 시작된 셈이다. 1476년부터 이미 페터 쇠퍼와 바젤의 인쇄업자들은 이곳에서 책을 판매하곤 했다. 이후 코베르거와 한스 린만, 그 외 아우크스부르크와 뉘른베르크 서적상들이 라이프치히박람회를 찾아 영업을 벌이고, 특히 16세기에는 이 지역에서 인쇄업이 남다른 성장 행보를 보인다. 물론 멜키오어 로터 같은 신교 성향의 대형 인쇄업자들은 이곳을 떠난 후였다. 게오르게스 작센공이 이들에 대한 박해를 시도했기 때문이다. 하지만 이후 신교 성향의 선제후選帝侯들(게르만 황제 선출권을 가진 왕족과 대주교들)이 철저한 관용책을 실시해 구교와 신교 서적상들이 모두 박람회장을 찾을 수 있도록 했다. 그리고 1697년에 선제후가 가톨릭으로 개종한 이후에도 이 같은 관용책은 신교도들을 대상으로 꾸준히 시행되고, 이때부터 라이프치히박람회는 그 비중을 점점 더 높여간다. 라이프치히박람회는 종교개혁과 북부 독일 지역 신교 서적의 증가를 발판으로 계속 성장가도를 달린다. 아울러 이 박람회 덕분에 북부 독일에서는 신교 서적이 더더욱 증가한다. 게다가 동유럽 지역에서 프러시아 국가가 발전한 것도 라이프치히박람회가 성장하게 된 밑거름이 되었다. 1600년에는 라이프치히박람회에서도 카탈로그가 등장하기 시작하고, 이 시기부터 라이프치히박람회는 거의 프랑크푸르트박람회에 버금가는 규모로 발전한다. 그리고 30년 전쟁 이후에는 독일의 주요 출판시장으로 성장하기에 이른다.

17세기 라이프치히박람회의 성장과 프랑크푸르트박람회의 쇠락은 도서시장의 발전에 있어 중요한 전기가 된다. 앞서 살펴본 바와 같이 프랑크푸르트는 유럽의 모든 대형 서적상이 모이는 만남의 장소였다. 반대로 라이프치히박람회는 우선 독일 서적상들을 끌어모으고, 이어 러시아 서적상들과 폴란드 서적상, 네덜란드 서적상들이 여기에 합류한다. 이에 따라 1630년에서 1640년경부터 라이프치히박람회의 성공을 기점으로 출판업계 시장이 차츰 분열되는 양상을 보이는데, 라틴어 서적의 출간은 점점 줄어들고 자국어로 된 출간물의 발행 비중은 점점 높아지는 동시에 유럽 도서시장이 점차 삼분오열되기 시작한 것이다.

4. 새로운 영업방식

그런데 출판과 도서판매 측면에서의 영업방식도 조금씩 달라져갔다. 일단 대금 결제방식과 관련해 변화가 나타났다. 앞에서도 이야기한 바와 같이 16세기에 책을 출간해서 팔던 서적상들이 도서 거래에서 가장 많이 사용하던 방식은 물물교환이었다. 자신이 제작한 책을 팔 때에도, 그리고 필요 도서 일체를 구입할 때에도 그 당시 서적상들은 물물교환으로 거래를 했다. 독일에서 이루어지는 도서 거래든 해외 여러 나라들 사이에서 이루어지는 도서 교역이든 으레 사용되던 이 같은 물물교환 방식에는 물론 상당한 이점이 있었다. 회계 결산이 무척 간편했기 때문이다. 하지만 여기에는 단점도 없지 않았다. 도서 거래가 왕성한 대형 출판업자의 경우, 거래처에 자신의 책을 보낸 대신, 이 거래처로부터 비록 자신이 팔기 어려운 책들이라도 기꺼이 받아들여야 했기 때문이다. 따라서 17세기 중에는 대형 출판업자들이 서서히 이 같은 방식을 폐기한다. 한동안은 대금 결제방식으로 보통 환어음을 사용하던 관행이 지속된 듯 보이나, 이어 18세기에 들어서면 은행 계좌 이체방식이 통상적으로 사용된다. 다만 독일에서는 오래도록 물물교환 시스템을 고집한다. 독일 서적상들과 거래하는 네덜란드 서적상들도 기꺼이 이 방식을 계속 고수해주어야 했다. 하지만 네덜란드 서적상들은 기껏 공들여 만든 책들을 독일의 인쇄물과 맞교환하고 싶지 않았다. 그 당시 독일에서 제작된 출판물은 질이 안 좋은 경우가 많았기 때문이다. 그러므로 책의 맞교환이 이루어지더라도 네덜란드 책 한 권에 독일 책 세 권, 혹은 네 권 정도로 교환해주어야 물물교환 방식을 합의해주는 정도였다. 새로운 사상을 담은 책들 위주로 출간하고, 인쇄물의 품질도 우수하기로 정평이 난 라이프치히 서적상들은 18세기 말이 되어서야 비로소 오랜 투쟁 끝에 물물교환 방식을 폐기하는

데 성공한다. 이 같은 방식 때문에 라이프치히 서적상들이 손해를 본 부분도 많았고, 특히 이는 전반적으로 출판 대기업의 성상을 서해하는 방식이있다.

인쇄되는 책들의 수는 해마다 증가했지만 신간과 관련한 정보를 알아내는 것은 나날이 더 어려워져갔다. 최근에 나온 간행물이 무엇인지 알고자 하는 서적상에게나 학자들을 비롯한 교양인 계층에게나 이는 점점 더 풀기 힘든 문제가 되었다.[48]

물론 프랑크푸르트박람회의 카탈로그가 현재 유통되고 있는 신간들의 정보를 알려주며 이러한 부분에 있어 오랜 기간 주된 역할을 해온 것은 사실이다. 하지만 프랑크푸르트박람회의 비중이 낮아지고, 도서시장이 단편적으로 분열되자 다른 수단이 필요했다.

이에 따라 17세기에는 대형 출판업자들이 더욱 빈번하게 자사의 북 카탈로그를 발행한다. 심지어 출간되는 책의 마지막 부분에 도서목록을 인쇄해서 끼워두는 경우도 많았다. 하지만 이렇게 개별적으로 작성하는 카탈로그만으로는 충분하지 않았다. 독일의 경우, 이러한 면에 있어서 매우 유용한 자료였던 라이프치히박람회 카탈로그가 있었다면, 일찍이 프랑스나 특히 영국에서도 마찬가지로 최근에 나온 책들을 명시해서 주기적으로 알려주는 간행물을 보유해야 할 필요성을 느꼈다. 서지학자인 야콥Jacob 신부는 1648년부터 해마다 파리 신간 도서목록 『파리 서지』*Bibliographia parisiana*와 프랑스 신간 도서목록 『갈리아 서지』*Bibliographia gallica*를 발행하는 작업을 시도한다. 여기에는 파리 지역과 프랑스 전역에서 간행되는 책들의 목록이 나와 있다. 오늘날 프랑스의 도서 간행 목록인 『프랑스 서지』*Bibliographie de la France*의 오랜 전신이 되는 이 신간 목록은 1654년까지 주기적으로 발행되다 이어 대체 도서목록이 바로 마련되지 않은 채 발간이 중단된다. 한편 영국에서는 국내 간행 도서목록을 펴내기 시작하는데, 1657년부터는 『잉글랜드 최다 판매 목록』*Catalogue of the most vendible books in England*이 발간되었고, 이는 이후 이 같은 종류의 다른 카탈로그의 발행으로 이어진다. 1668년에는 런던의 한 서적상 존 스탈리John Starley가 서지학자 로버트 클라벨Robert Clavel의 도움으로 연간 4회 발행되는 정기간행 '북 카탈로그'term catalogue, 『메르쿠리우스 리브라리우스』*Mercurius librarius*('책 소식'이라는 의미—옮긴이)를 펴냈고, 1709년까지 주기적으로 발행되던 이 카탈로그는 이후 발간이 중단되며 유사한 다른 북 카탈로그의 간행으로 이어진다. 로버트 클라벨은 『메르쿠리우스 리브라리우스』의 제작을 위해 모았던 자료를 활용해 네 개의 간행물을 순차적으로 펴내는데, 이는 1666년 이후 영국에서 간행된 책의 총 도서목록을 수정하고 재검토해 펴낸 것이었다.

이런 종류의 간행물들은 학자나 문인들보다는 주로 서적상들을 대상으로 한 것이었다. 관심이 갈 만한 책들의 간행 소식을 알고자 할 때, 학자나 문인들은 유럽 전역에 포진해 있는 지인이나 친구들이 제공해주는 정보에 의존할 수밖에 없었다. 이 같은 해외 연락망 가운데서 특히 이곳저곳의 소식에 정통하며 지식 수준이 뛰어났던 몇몇은 실로 정보통의 역할을 담당했다. 속칭 '문인 공화국의 검사장'으로 통하던 천문학자 페레스크Peiresc나 시인 샤플랭Chapelain 같은 인물이 이에 속했고, 뒤퓌Dupuy 형제도 그와 비슷한 경우였다.

그런데 17세기 후반으로 가면 이 정도 정보망으로는 어림도 없었다. 바로 이 시기부터 정기간행물이 발전하기 시작한 이유가 여기에 있다. 이때부터는 약간의 비평을 가미해 도서 정보를 수록하던 정보지가 등장한다.[49]

맨 처음 이에 대한 생각에 착안한 인물은 그 당시 프랑스의 재상이었던 콜베르였다. 국가의 경제활동을 관장하려 했던 것과 마찬가지로 콜베르는 나라 안의 지식활동 또한 다스리고 싶었다. 그런 콜베르는 샤플랭의 생각을 기반으로 고등법원의 박식한 판사 드니 드 살로Denis de Sallo를 시켜 월간지 발행업무를 맡긴다. 이 월간지의 주된 목적은 학술적 발견에 관한 정보를 제공하고, 최근 간행된 책에 관한 비평을 게재하는 것이었다. 특히 이 비평은 필요한 경우, 학자나 문인들의 여론에 '방향을 제시'하려는 목적을 갖고 있었다. 이것이 바로 1665년 1월 1일 창간된 『주르날 데 사방』*Journal des Savants*(학자들의 신문)의 시초였다. 드니 드 살로는 여러 사람의 도움을 받아 이 잡지 안에 수많은 정보를 규합할 수 있었지만, 지나치게 솔직한 비평 기사는 일부 독자들의 눈살을 찌푸리게 했고, 특히 책을 쓴 저자들의 심기를 건드린다. 곧이어 드니 드 살로는 갈루아 신부에게 자리를 내주었지만, 좀더 신중한 성향의 갈루아 신부는 리뷰한 책들의 비평 기사를 폐기하기로 결심한다. 『주르날 데 사방』 지는 얼마 안 가 굉장한 성공을 거두었다. 이탈리아와 독일에서는 번역본이 출간되었고, 라틴어판도 발행되었다. 1678년 갈루아 신부는 잡지의 판형을 줄임으로써, 해외나 지방 도시에 편지처럼 손쉽게 우편으로 보낼 수 있도록 했다.

영국에서는 1668년부터 런던 로열 소사이어티Royal Society of London가 『철학 회보』*Philosophical Transactions*를 발행하기 시작한다. 이 회보는 1675년부터 라이프치히에서 라틴어판으로도 발행된다. 반면 『주르날 데 사방』은 1680년 정도부터 다른 정기간행물의 도전을 받는다. 간행 목적은 달랐지만 『주르날 데 사방』에 대적했던 잡지들 가운데 『주르날 드 트레부』*Journal de Trévoux*를 예로 들 수 있는데, 예수회가 발간하던 이 잡지는 1712년과 1768년 사이에 동브Dombes 공국에서 발행되었다. 이외에도 특히 네덜란드 등지에서 수많은 신문과 잡지들이 생겨난다. 그 가운데 대표적인 것이 1684년 발행되기 시작한 벨Bayle의 『문인 공화국 신보』*Nouvelles de la République des lettres*

와, 1686년 르 클레르Le Clerc가 펴낸 『만물 역사 총서』*Bibliothèque universelle et historique*, 바나주Basnage의 『학자들의 저술사』*Histoire des ouvrages des savants* 등이었다. 『주르날 데 사방』이 어느 한쪽의 편들기를 꺼리던 반면에 벨, 르 클레르, 바나주 등은 무엇보다도 비평작업을 우선시했다. 네덜란드에서 창간된 이들 잡지는 영국의 사상가와 철학자의 사상에 대해 프랑스인들에게 제일 먼저 알려주는 매체였고, 특히 로크의 사상도 이를 통해 전파된다. 이제 막 태동한 도서 정보지는 이렇듯 사상의 발전에 있어 즉각적으로 심오한 영향을 미친다.

그런데 그 당시 인쇄본은 요즘보다 더 오랜 기간 동안 대중의 관심을 끌었다. 17세기에도 책은, 특히 학술서는 값진 물건이었고 소중히 간직해야 할 대상이었으며 간혹 이를 되파는 일도 있었다. 그리고 보통 긴 수명을 유지했다. 17세기에 활동한 라신이 그리스 비극을 접했던 것도 15세기에 출간된 알도 판을 통해서였다. 상황이 이러했으므로 중고책 거래시장은 점점 더 성장하며 중요한 역할을 담당한다.

중고책의 거래는 보통 대도시에서 흔히 눈에 띄는 고서·고본 장수들이나 좌판 서적상의 손에서 이루어졌다. 리옹에서는 손 강 다리 위가 그 근거지였고, 파리에서는 센 강가나 다리 위에서 쉽게 이들을 만날 수 있었다. 그런데 대형 전문 서적상이 중고책 거래 시장에 뛰어드는 경우도 많았다. 가령 16세기 말 파리의 다비드 두쇠르David Douceur 같은 인물은 종교전쟁 동안 수많은 도서관 약탈이 이루어지던 것을 틈타 막대한 서고를 구축하는 데 성공한다. 17세기의 토마 블레즈Thomas Blaise와, 이어 루이 빌랜Louis Billaine 등은 영국을 비롯한 해외에서 책 수천 권을 사들인 뒤, 이어 '밀리아리아'Milliaria라는 제목으로 북 카탈로그를 제작해 이 책들을 되팔았다.

그러므로 문인들의 세계에서 중고책 서적상은 지대한 역할을 담당했다. 전문 사서였던 노데Naudé는 센 강변의 고서·고본 서적상들을 찾아가 프롱드의 난 때 마자랭의 도서관에서 약탈당한 책들을 뒤졌고, 아카데미 프랑세즈의 서적상이었던 카뮈자Camusat는 아카데미 프랑세즈의 회원들이 필요로 하는 고서들을 해외에서 전문적으로 구입한 것으로 보인다. 이외에도 수많은 대형 서적상과 출판업자들이 이와 비슷한 밀거래에 뛰어들었다.

오늘날과 마찬가지로 중고책 전문 서적상은 작고한 지 얼마 안 되는 학자들이나 문인들의 서고를 통째로 사들여 중고책을 장만한다. 17세기 중 이 같은 형태의 거래가 점점 발전하자, 오늘날까지도 꽤 빈번히 사용되는 한 가지 거래방식이 등장한다. 바로 경매를 통한 책 매매가 이루어진 것이다. 이제 훌륭한 서고를 갖추고 있기로 유명한 인물이 세상을 떠나면, 그가 갖고 있던 책들의 목록을 카탈로그로 제작해 유포한 뒤, 경매로 이 책들을 처분하는 관행이 생겨난다. 희귀본을 찾아 헤매던 전문가들이나, 그 당시 이미 증가 일로에 있던 장서가들은 자신들이 그토록 갈구하던 책을 구해보려고 서적상을 찾아가 치열하게 경합을 벌이는 경우가 빈번했다. 이런 식으로 판매가 이루어진 최초의 사례로 알려진 것은 1599년 라이든에서 서적상 크리스토프 포레Christophe Poret가 마르닉스 드 생트알드공드Marnix de Sainte-Aldegonde의 서고를 처분할 때였다. 이후로 경매를 통한 도서 거래는 네덜란드에서 흔히 통용되는 도서 거래방식이 되었고, 여기에서 이를 주도적으로 이끈 것은 엘제비어 가였다. 엘제비어는 17세기 후반, 독일과 영국으로까지 이 같은 사업을 확대했으며, 18세기 초에는 프랑스에서도 경매를 통한 도서 거래를 주도한다.

끝으로 도서 거래의 마지막 양상에 대해 살펴보도록 하자. 바로 보통 행상, 또는 방문판매로 일컬어지는 도서 매매방식이다.

앞서 살펴본 것처럼 일찍이 대형 출판업자들은 현지 연락망이 없는 도시로 '파견 인력'을 보내는 관행이 있었다. 이들이 현지로 가서 주기적으로 모출판사의 책을 제안하는 것이다. 곧이어 대도시를 중심으로 대형 출판업자들의 현지 부속서점이 세워지고, 이에 따라 현지를 돌아다니며 책을 홍보하고 판매하던 사람들의 활동은 점차 감소했다. 그런데 소도시나 작은 시골 마을 등지에서는 그 어떤 서적상도 붙박이로 자리잡고 가게를 낼 수가 없는 상황이었고, 이에 15세기부터 떠돌이 행상들이 돌아다니며 책뿐만 아니라 종교화, 반짇고리 같은 수예 재료 등을 팔았다. 교육 수준이 그리 높지 않은 사람들을 대상으로 물건을 판매하던 이 행상들은 간단한 소책자나 책력, 예언서, 목자 달력, 알파벳 교본 등을 중심으로 책을 팔았다. 종교개혁 사상이 확산되기 시작하자 이 같은 행상들의 수도 점차 늘어났으며, 한곳에 고정으로 자리잡고 책을 팔던 서적상들보다 경찰의 감시에서 벗어나기가 한결 수월했던 이들은 새로운 사상을 가장 적극적으로 전파하던 주체로 자리잡는다. 특히 독일의 종교개혁 초기에 이들은 정말 중요한 역할을 맡았는데, 구교와 신교 관련 풍자문을 도처에 퍼뜨린 게 바로 이들 서적행상들이었기 때문이다. 이들이 퍼뜨린 책들 가운데는 특히 로마와 교황권에 대해 공격하며 주교의 특권과 권위를 무너뜨리려는 내용을 많이 담고 있었다. 1540~1550년대부터는 신교의 성지 제네바에서 인쇄된 글들을 프랑스로 들여와 퍼뜨린 게 바로 이 서적행상들이었다. 16세기에는 우선 독일을 시작으로 이어 프랑스, 나아가 전 유럽으로 확대되는 영업망이 구축되는데, 금지된 선전물이나 풍자·비방문을 중심으로 도서를 유포해 다소 불법적인 성향을 가진 영업망이었다.

이 모든 것으로 미루어볼 때, 이에 따른 영향이 어땠으리라는 점은 쉽게 짐작이 간다. 암암리에 유포된 이 책들은 금서인 만큼 찾는 사람이 더 많았고, 이에 따라 매우 비싼 값에 팔리는 경우가 빈번했다. 그러므로 이는 서적행상에게 매우 벌이가 좋은 일거리가 되었고, 실업자로 전락한 노동자와 장인들이 넘쳐나던 16세기 후반에는 프랑스 내에 서적행상들의 수가 짐짐 늘어났다. 이 서적행상과 불법 서적판매상 가운데는 아이와 여자도 대거 포함되어 있었으며, 일감이 떨어진 인쇄 직인들도 많았다. 특히 인쇄 직인들은 동종업계에 몸담았던 전력을 바탕으로 좀더 쉽게 책을 입수할 수 있었으며, 심지어 때로는 일부 풍자문을 자신이 직접 불법 인쇄하기도 했다.

곧이어 대도시에는 허가되지 않은 '무뢰배'들이 넘쳐났고, 이들은 경찰의 감시에도 풍자문과 비방문을 퍼뜨렸으며, 새로운 소식을 담은 소책자와 공문서를 유포했다. 이들이 배포하는 인쇄물의 수는 나날이 더 늘어갔다.

사태가 점차 안정적인 양상을 보이자, 이 같은 거래 형태를 중단시키기 위한 엄청난 노력이 이루어진다. 대도시에서는 길드가 나서서 서적상 이외의 사람들이 책을 판매하지 못하도록 금지한다. 특히 전통적으로 알파벳 교본이나 기도서, 책력 등을 판매해오던 잡화 보부상들에 대한 소송이 줄을 잇는다. 그리고 이와 동시에 파리를 중심으로 한 여러 도시에서는 특정 형태의 행상에 대해 법적으로 허용하며 공인해주려는 양상이 나타난다. 인쇄작업이나 조판 일을 못하게 된 전직 인쇄 직인들이 공식 서적행상으로 임명된 것이다. 이들은 정부의 명령으로 인쇄된 공문서를 이곳저곳 돌아다니며 목청껏 홍보해 판매하고, 경찰의 단순 허가로 인쇄된 몇 페이지짜리 작은 소책자를 합법적으로 판매한다. 하지만 이 같은 방식은 남용되는 경우가 많았다. 사실 정부의 허가를 받은 행상들은 봇짐 안에 판매가 허가된 물품 이외의 것들도 많이 담아가지고 다녔기 때문이다. 갈등이 격화되던 시기에는 이 '무뢰한'들이 점점 더 늘어났고, 유동인구가 많은 지역에서 이들은 서적상의 가게에서는 공개적으로 팔 수 없는 신보나 풍자문을 옷 속에 숨겨 판매하고 다녔다. 16세기에는 수많은 서적행상들이 이단서를 팔다가 현장에서 포착되어 화형장에 끌려갔다. 이외에도 17세기와 18세기의 프랑스에서는 왕실에 적대적인 비방문이나 풍자문을 팔았다는 이유로 감옥에 갇히는 경우가 많았다.

이상은 대도시 행상들의 상황이었고, 소도시나 작은 시골 마을에서는 이들의 장사를 저해하는 실질적인 규제가 전혀 없었다. 따라서 행상들은 계속 돌아다니며 장사할 수 있었다. 17세기, 특히 18세기에 수많은 목판화를 팔고 돌아다닌 것도 바로 이 행상들이었는데, 목판화의 내용은 주로 서민적인 그림을 그린 민화였으며, 사람들은 이를 대개 집 안의 벽에다 걸어두곤 했다. 이들은 또한 목자 달력이나 삽화가 들어간 성서, 책력, 기사소설 등도 퍼뜨렸는데, 『요정 멜뤼진』이나 『에이몽 네 형제』*Quatre fils Aymon* 같은 작품은 사람들이 밤을 새가며 읽을 만큼 인기가 높았으며, 이런 책만 전문으로 인쇄하는 업자가 수천 부씩 찍어낼 정도였다. 이 같은 지방 행상들은 오늘날 지역 언론의 전신이 된 풍자 신문을 퍼뜨린 장본인이었고, 에피날 판화 또한 이들이 퍼뜨렸다. 판화의 내용은 대개 황제를 칭송하거나 해당 지방의 의식이나 관례를 고수하는 모습 등이었다. 그뿐만 아니라 이들을 기반으로 유서 깊은 행상문학이 발전했는데, 16세기의 목판화를 따라 한 판화작품이 들어간 이 작품들은 300년 이상 지속되며 굉장한 성공을 거두었고, 계속해서 그 인기가 더 높아져만 갔다. 그때까지 구전으로만 전해져오던 이야기들이 인쇄본을 통해 하나의 문화 형태로 자리잡은 셈이었다.

5. 윤허권(인쇄·출판 독점 허가권)과 무단복제

이렇듯 도서 거래시장이 국제적 성격을 띠며 자유롭게 이루어진 것 같지만 그렇지 않았다. 도서시장에는 그 어떤 장벽도 존재하지 않았을 것이며 출판업자들이 적절한 법적 장치로 보호를 받고, 책 또한 자유롭게 유통되었다고 생각한다면 큰 오산이다. 이는 15세기에서 18세기까지 이루어진 도서 거래의 실질적인 양상에 대해 완전히 잘못된 생각을 갖고 있는 것이다. 그 당시에는 서적판매와 관련해 그 어떤 국제적 합의 기준도 마련되지 않았으며, 무단복제를 막기 위한 보호장치는 언제나 미흡했고, 법적 장치 또한 지역 차원에서만 이루어지거나 불완전한 경우가 많았다. 경찰은 옆에서 성가시게 굴기만 할 뿐 업계에서의 폐단이나 불평등을 막아내기에는 무능한 존재들이었으며, 검열은 셀 수 없을 정도로 많이 이루어졌고, 검열에 대한 견해가 서로 상반되는 경우도 있었다. 따라서 당시로서 이는 실질적인 장애가 되었으며, 출판업의 비약적인 발전과 사상의 전파를 저해했다. 이에 대해 다루자면 그 내용만 가지고도 아마 여러 권의 책이 나올 텐데 여기에서는 다만 그에 대한 언급 정도만 하고 넘어가기로 한다.

인쇄술 태동기에는 한 출판업자가 책 하나를 펴냈을 때, 여기에 관심을 가진 다른 서적상이 자기도 얼마든지 같은 내용의 책을 인쇄할 수 있었다. 일단 그 당시에는 이 같은 방식에서 별로 문제가 될 게 없었다. 특히 초창기에는 이미 많이 알려지고 필사본으로 확산된 고대 문헌을 중심으로 인쇄작업이 들어갔는데, 출간할 작품들 가운데서 선택의 폭도 상당히 넓었고, 그런 책들에 대한 수요도 충분히 높은 편이어서 하나의 동일한 텍스트에 대한 여러 가지 판본이 별 문제 없이 동시에 인쇄될 수 있었다. 게다가 출판업자들도 서로에게 피해를 입히거나 경쟁하는 데 별 관심이 없었으니 서로가 쉽게 경쟁을 피할 수 있었다.

하지만 본격적으로 도서시장이 구축되고 난 후에는 상황이 달라진다. 사람들이 가장 많이 찾던 책도 이미 대량으로 확산되기 시작했고, 동시대 작가들의 작품도 점점 더 많아졌다. 이제 출판업자들 사이의 경쟁은 좀더 치열해졌고 가격의 문제가 개입했으며 갓 나온 신간을 무단으로 재인쇄하려는 경향이 점점 더 늘어났다. 남이 만들어놓은 책을 불법 복제할 경우에는 지면 배치 비용이 전혀 들지 않았고, 특히 페이지 단위로 재인쇄에 들어가는 경우라면 더욱 그랬으며, 작가에게 원고료를 줄 필요도 없었다. 게다가 재인쇄본은 품질을 약간 더 떨어뜨리거나, 아니면 이윤을 줄임으로써 원본보다 더 저렴한 가격에 판매할 수 있었다. 그리하여 16세기 초에는 인문주의 인쇄업자들의 간행물이 무단복제되는 경우가 빈번했다. 파리에서는 여러 서적상과 인쇄업자들이 조스 바드의 인쇄물을 복제했으며, 심지어 인쇄업자 데 프레 같은 경우는 완벽한 복제를 위해 조스 바드의 상단 테두리 장식까지 똑같이 본떠 판화로 새겼다.[50] 게다가 리옹에서도 바젤과 베네치아 지역의 출판물을 서슴없이 복제했다. 따라서 이 시기에는 에라스무스나 라틴 문법학자 데포테르Despautère 같은 사람들의 저서가 저자의 동의도 없이 이곳저곳에서 재출간되어 돌아다니는 일이 많았다.

이는 가장 많은 정성과 노력을 기울이며 책을 만들던 출판업자들의 의지를 완전히 무너뜨리는 일이었다. 이들은 비싼 돈으로 기껏 공들여 만든 훌륭한 출판본이, 출간 즉시 복제되어 혹 안 팔리는 것은 아닌가 하고 늘 노심초사했다. 따라서 비중 있는 간행물을 만들어내는 출판업자들은 이러한 폐단을 막고자 정부에 윤허권을 요구하는 경우가 점점 더 많아진다. 자신의 출판사에서 출간하는 텍스트에 대해 일정 기간 동안 그 인쇄와 판매의 독점 허가권을 요청하고 나선 것이다. 이러한 방식을 제일 먼저 활용한 이들은 이탈리아 서적상들이었다. 특히 그 가운데서도 밀라노 서적상들이 대표적이었는데, 1481년 출판업자 안드레아 데 보시이스Andrea de Bosiis는 지오반니 시모네타Giovanni Simonetta의 『스포르치아데』*Sforziade*를 독점적으로 출간할 수 있는 윤허권을 부여받아 안토니오 차로티Antonio Zarotti에게 인쇄작업을 맡겼다. 그리고 1483년 밀라노 대공은 페트루스 유스티누스 데 토렌티노Petrus Justinus de Torentino에게 5년간 프란체스코 피렐포Francesco Filelfo의 『향연』*Convivium*을 독점적으로 인쇄할 수 있는 허가권을 부여한다. 곧이어 베네치아 원로원에서도 이 같은 허가권을 부여해주는 관행이 생기고, 16세기 초에는 프랑스에서도 국왕이나 고등법원, 대법관 재판소 등이 이런 식의 인쇄·출판 독점 허가권을 부여해주고, 독일에서도 마찬가지로 황제나 지방 정부가 허가권을 내어준다. 프랑스와 독일의 군주는 인쇄 독점 허가권을 부여하는 권리를 오로지 자기들만 누리려 했고, 이에 따라 그 같은 권리는 인쇄업자들의 활동을 감시하도록 해주는 무기로 탈바꿈한다. 심지어 프랑스 왕은 1563년에 칙령을 하나 발표하는데, 이에 따르면 왕실 상서국의 직인이 찍힌 왕실 윤허권을 얻어야만 책 한 권을 인쇄할 수 있었다. 이 같은 조치로써 왕실에서는 인쇄소에서 제작되는 책들을 모조리 감시할 수 있었고, 이제 프랑스에서 이 같은 인쇄허가권을 부여할 권한을 가진 사람은 오직 프랑스 국왕뿐이었다.[51] 독일 황제 역시 같은 정책을 시행하려고 했으나, 황제의 권위를 강요하는 데는 실패한다. 거듭되는 노력에도 불구하고 독일에서는 황제가 윤허하는 인쇄 독점 허가권 옆에 늘 지방 정부에서 부여하는 허가권이 존재했다.

허가권 제도는 여러 가지 문제점을 가져왔을 뿐 아니라 서로 상반되는 경우가 많은 방대한 법제 때문에 상황이 더욱 복잡해지기 일쑤였다. 가장 말이 많았던 문제들 가운데 몇몇은 허가권의 연장문제와 고서에 대한 출판 허가권 문제와 관련한 것이었다. 원칙적으로 인쇄·출판 독점 허가권은 고서에 대해서나 신규 출판물에 대해서나 모두 발급될 수 있었다. 따라서 영향력을 행사할 수 있었던 대형 출판업자들은 실로 독점권을 얻어내려 했고, 정부는 가장 유순한 출판업자들에게 호의를 베풀어주려 했다. 게다가 양질의 인쇄물을 제작할 수 있을 만큼 막강한 출판 조합을 구축하고자 했던 샤를 9세와 앙리 3세는 주요 교부들의 저서와 트리엔트 공의회가 개정한 전례서를 출판함에 있어, 가급적 신성동맹에 참가한 가톨릭 서적상 일군에게만 엄청난 출판 독점권을 부여한다. 프랑스 이외 지역에서는 파올로 마누치오가 교황으로부터, 그리고 플랑탱이 에스파냐 국왕으로부터 유사한 독점권을 부여받았다. 주요 출판업자들에게 부여된 이 엄청난 이권은 간혹 그 유지 기간이 30년까지 이어지는 경우도 있었던 반면, 좀더 근대적인 의식을 가진 출판업자들은 기존에 부여된 허가권의 기간이 만료되면 이를 다시 연장하는 정도에 그쳤다.

이러한 방식 때문에 손해를 본 수많은 출판업자와 서적상들은 어김없이 반발하고 나선다. 프랑스에서는 파리고등법원이 이들의 움직임을 지지하고 나섰는데, 이런 식의 독점권에 대해서는 언제나 적대적이었기 때문이다. 이렇듯 항의가 빗발치자, 왕실은 이제 고서에 대해서는 예외적으로만 윤허권을 부여한다. 하지만 신간에 대해서는 관대하게 윤허권을 연장해줌으로써 책을 출간한 출판업자의 권리를 더욱 보호해주려 했다.

이와 같이 만들어진 인쇄 허가권 제도는 어떤 서적상에게는 이롭게 작용했고 어떤 서적상에게는 불리하게 작용했다. 사실 프랑스에서 이 제도의 혜택을 본 것은 파리의 대형 출판업자들뿐이었다. 이들은 왕실과 좀더 가까운 거리를 유지하며 지냈고, 왕실의 말을 고분고분 들어주었을 뿐 아니라 지방 사업자보다 더 많이 이름이 알려진 업체들이었다. 17세기 후반부터는 작가들이 거의 파리에서밖에 작품을 출간하지 않는다. 따라서 지방 출판업자들은 곧 인쇄기에 작업할 텍스트가 부족해졌으며, 파리에서 어떤 작품 하나가 출간되어 크게 성공을 거두면, 지방 업체들은 그 작품의 출판 독점 허가권 기간이 만료되기만을 꾹 참고 기다렸다가 자기 차례가 되어서야 비로소 이 작품을 출판할 수 있었다. 그러므로 원 출판사의 허가권이 연장되는 때에는 다른 업체들에서 반발하지 않을 수 없었다. 이러한 상황에서 인쇄기가 계속 돌아가도록 하려면, 파리 지역의 한 업체에 허가권이 부여되었더라도 해당 작품을 무단으로 제작해야 했고, 경찰의 감시가 있더라도 아랑곳하지 않았다. 사실 경찰들 역시 이에 공범으로 참여하기도 했으며, 통상 경찰의 감시는 무용지물일 때가 대부분이었다.

허가권 제도의 주요 폐단이 아마 이뿐만은 아니었을 것이다. 나라별로, 때로는 제후별로 통치권 영역 안에서의 허가권이 제각각 발부되었고, 한 지역에서 허가권이 적용되더라도, 그게 다른 지역으로까지 확대 적용되는 것은 아니었다. 프랑스, 영국, 에스파냐는 비교적 통일된 국가라서 보통 출판물 전체를 다 포괄할 수 있었지만, 이탈리아와 독일의 군주나 제후들이 부여하는 허가권이나 신성로마황제가 부여하는 허가권은 출판업자들에게 확실한 권리를 보장해주지 못했고, 대개 껍데기뿐인 허가권인 경우가 많았다. 상황이 이러하니 해외 무대에서 도서 거래를 하는 대형 서적상들은 자신이 비싼 돈을 들여 세상에 내놓은 출판물이 언제 어디서 무단으로 복제될지 모른다는 끝없는 두려움에 사로잡혀 지냈다.

사실 통상적인 경우라면 서적상들은 서로 간에 이렇듯 싸움을 벌이는 데 별로 관심이 없었다. 대형 출판업자들이 저마다 해외의 동료 출판업자들과 사업 교류를 하던 시기, 한쪽에서 망하면 다른 쪽에서도 줄도산에 처할 위험이 있었기 때문에, 각각의 서적상마다 그리고 각 도시별로 고유의 '관행'이라는 게 있었고 상도에 따라 그리고 각자의 이익을 위해서라도 상대방의 작품을 무단복제하는 일은 스스로 자제하는 것이 일반적이었다. 설령 무단복제가 이루어지더라도, 두 당사자의 측근들이 서둘러 끼어들어 양측의 관계를 조율해 원만한 합의로 갈등을 잠재우려 노력했다. 그렇지 않으면 복제를 당한 피해자가 보복조치를 강행할 것이었고, 자기도 역시 무단복제업체가 쓴 방식을 그대로 따라 할 것이었기 때문이다. 무단복제 전쟁이 일어나면 이는 곧 가공할 만한 알력 싸움으로 변질되었고, 경쟁관계에 선 양측의 주위 업체들도 어느 한쪽의 편에 서야만 하는 입장이었다.

따라서 서적상들은 가급적 서로 간에 무단복제를 하는 일은 대개 피하려고 했지만, 출판업계가 위기에 처했을 때에도 그런 것은 아니었다. 16세기, 그리고 심지어 17세기 전반까지만 하더라도 무단복제는 그리 성행하지 않았다. 하지만 대략 1650년 무렵부터 상황이 달라진다. 1640년과 1660년 사이는 출판계의 역사, 좀더 구체적으로는 도서 거래의 역사에 있어서 하나의 분기점이 되었는데, 독일을 제외하면 박람회장의 비중이 점차 줄어들고, 각국의 대형 출판업자들도 더는 박람회를 찾지 않았다. 가톨릭 르네상스 시기에 그토록 많이 쏟아졌던 주요 종교 출판물도 예전에는 국제시장에서 대대적인 거래가 이루어졌지만 이제는 그 판매량도 상당히 감소한다. 라틴어 서적의 비율은 줄어드는 반면, 이제는 자국어로 쓰인 학술서의 인쇄작업이 이루어지기 시작했으며, 허구문학이나 대중적인 통속문학이 차츰 발전하고, 최초의 잡지들도 등장한다. 따라서 여러 가지 측면에서 기존 질서와의 단절이 이루어졌으며, 시기적으로는 돈이 많이 돌지 않던 때이기도 했다. 프랑스에도 출판계에 위기가 닥치는 한편, 도서시장은 점차 세분화되어 분열되는 양상을 보인다. 이 시기부터는 안트베르펜이나 리옹, 쾰른, 베네치아 등지의 서적상들이 『아리아가』*Ariaga*, 『에스코바』*Escobar*, 『성 제롬』*Saint Jérôme* 등 기존에 통상적으로 발간하던 기념비적인 종교서의 출간을 자제한다.[52]

안트베르펜 지역의 출판업이 나날이 쇠퇴해가던 상황에서 쾰른이나 루앙,

리옹 지역의 서적상들이 먹고살 수 있는 길은 오직 무단복제뿐이었다. 대략 1650년부터는 잔혹한 무역 전쟁이 터지면서 수십 년간 전시상황이 지속된다. 파리에서 어느 정도 성공을 거둔 책이 나오면 지방에서는 즉각 이 책의 무단복제에 들어갔으며, 업체들은 눈에 거슬리는 경쟁 업자가 망하게 하려고 애를 썼다. 리옹을 도망쳐 나와 파리에 자리를 잡은 베르티에Berthier가 이에 해당했다. 에스파냐와 적극적인 도서 교역을 벌이던 베르티에는 꼼짝없이 도산위기에 처하게 된 경우였다. 가장 표적이 되었던 서적상들은 쿠르베Courbé, 크라무아지, 데프레 등 파리에서 제일 규모가 큰 서적상들이었다.

물론 파리 서적상들은 서로들 자제하려는 분위기였다. 하지만 프랑스 출판업계가 이 같은 위기의 순간을 겪고 있을 때, 네덜란드 출판시장이 본격적으로 조직되며 성장해나간 것이 문제였다. 앞에서도 살펴봤듯이 16세기 말이 되면 파리 다음으로 암스테르담이 제일 큰 프랑스어권 출판 중심지로 발돋움한다. 프랑스 왕실의 통제 밖에 있던 네덜란드 인쇄업자들은 프랑스에서 인쇄된 책들을 마음 편히 복제할 수 있었고, 이렇게 복제된 책을 별로 어렵지 않게 파리로 들여보내곤 했다. 게다가 이들은 프랑스 내에서 출간이 금지된 책들까지도 자유로이 찍어낼 수 있었으며, 개인적인 위험 부담 없이 이 책들을 프랑스 내로 반입했다. 인쇄 허가권과 출판업계와 관련해 국제적인 규제가 부재했던 덕분에 누릴 수 있었던 이점이다.

6. 검열과 금서

출판 규제 때문일 수도 있고 아니면 이 같은 규제가 완전하지 못해서 그런 것일 수도 있겠지만, 어쨌든 이 때문에 15세기부터 18세기까지는 끊임없이 무단복제가 증가했다. 그리고 이에 따른 자연적인 결과로 다소 불법적인 도서 밀거래 시장도 성장한다. 새로운 사상의 전파를 통제함에 있어 경찰은 늘 역부족인 모습을 보여왔고 이에 따라 엄격한 검열이 추가되어 도서시장을 규제하고 나서면서, 이 또한 도서 밀거래 시장을 부추기는 요인이 된다.

이 분야에 있어 가톨릭교회는 진작부터 핵심적인 역할을 맡아왔다.[53] 인쇄술이 등장했을 때 수많은 고위 성직자들과 전도사들은 이 새로운 기술의 발명에 찬사를 보내며 인쇄소 건립을 부추겼다. 하지만 정통 교리를 지키는 교회 입장에서는 이단서적의 확산을 막아야 했다. 중세에도 이미 이단 혐의를 받는 글은 많았으며 이런 글을 읽고 복사하며 판매하는 행위는 금지되어 있었다. 곧이어 교회 당국은 이단사상의 전파를 위해 인쇄술이 활용되지는 않을까 우려했으며, 종교개혁이 시작되면서부터는 이러한 성향이 더욱 강해졌다. 이에 가톨릭교회는 인쇄술을 통한 불온서적의 양산을 막아야 한다고 판단한다. 바로 이 같은 맥락에서 1475년 교황은 쾰른 대학 측에 인쇄업자, 출판업자, 작가들에 대한 검열 권한을 부여한다. 심지어 유해물을 읽는 독자들까지도 검열의 대상이었다. 마인츠의 베르톨드 대주교는 인쇄술이라는 이 신기술에 대해 매우 호의적인 입장이었는데 1486년, 그는 교황 이노센티우스 8세의 칙서에 따라 신부 두 명과 신학자 둘을 시켜 책을 검토하도록 지시한다. 1496년에 파문을 각오한 그는 대주교의 승인 없이는 그 어떤 책도 출간될 수 없도록 금한다. 한편 1491년 이탈리아에서는 트레비소의 대주교이자 베네치아의 로마 교황 특사인 니콜로 프랑코Niccolo Franco가 한 가지 규정을 제정하는데, 이에 따르면 신앙적 요소와 관련한 책이나 교회의 권위를 다루는 모든 책은 반드시 대주교나 교구 수석 대리의 허가가 있어야만 인쇄 제작이 가능했다. 이와 동시에 안토니오 로젤리Antonio Roselli가 군주제에 관해 쓴 글이나 픽 드 라 미랑돌Pic de La Mirandole의 저서도 처벌을 받았다. 특히 미랑돌의 경우 그로부터 6년이 지난 후에야 간신히 이단 혐의에서 벗어난다.

16세기에는 교회가 개입해 검열을 하는 상황이 점점 더 늘어났다. 1501년부터 교황 알렉상드르 6세는 칙서 '내부 제 규정'Inter multiplices을 통해 독일 내에 사전 검열제도를 제정해서 교회의 허가 없이는 책이 인쇄되지 못하도록 했고, 선제후이기도 한 세 명의 대주교와 마그데부르크Magdebourg의 주교에게 이와 관련한 감시업무를 맡겼다. 1515년에도 교황 레온 10세는 라테란 공의회에서 교회 당국의 허락이 있어야만 책을 인쇄할 수 있도록 조치했다. 로마에서는 교황 대리나 교황청 사무관, 주교, 종교재판관 등이나 이들에게서 권한을 위임받은 조사관들이 검열작업을 수행했다.

이런 식의 검열 결정과 처벌 사안에 대해 굳이 일일이 열거할 필요도 없거니와 더욱이 이를 다 나열할 수도 없다. 16세기에는 이 같은 사례가 믿기 힘들 정도로 많아졌기 때문이다. 다만 여기에서는 그 당시 금서의 수가 급격히 늘어나서 주요 금서목록을 담은 수많은 색인들을 끊임없이 만들어내야 했었다는 점 정도만 짚고 넘어가기로 한다. 세속 재판권을 기반으로 하지 않는다면, 교회 당국은 이 같은 단속 측면에서 할 수 있는 게 아무것도 없었다. 게다가 세속 권력은 이 문제에 관심을 끊을 수가 없었는데, 세속 권력의 입장에서는 군주나 정부에 적대적인 책을 금지할 수 있는 권한이 특히 중요했기 때문이다.

가톨릭 진영의 최고 지위에 있던 신성로마황제는 이 문제에 대한 개입이 불가피하다고 판단했다. 16세기 초부터 일찍이 신성로마황제는 스트라스부르 출신의 자크 외슬러Jacques Oessler를 검열총감으로 임명해 신성로마제국 내에서 만들어지는 모든 인쇄물을 통제·관리하도록 한다. 곧이어 그는 황실 위원회 한 곳에서 검열문제를 다루고 불온서적에 대한 제소업무를 진행하도록 시킨다. 예수회가 중심이 되어 이끌었던 이 위원회는 16세기 말 프랑크푸르트박람회장에서 신교의 도서 거래가 이루어지지 못하게 막으려고 애를 썼다. 이러한 노력에도 검열문제에 관한 한 황제의 권력은 별로 크지 않았다. 독일의 제후들은 자신이 있는 영지 내에서의 도서 단속에 더 관심을 기울였고, 이들 가운데는 황실의 단속이나 가톨릭교회의 단속에 대해 적대적인 입장을 보이는 경우가 많았기 때문이다. 이를 단적으로 보여주는 예가 프랑크푸르트박람회와 라이프치히박람회의 엇갈린 운명이다. 황실의 단속이 심해지자 작센 지방에 위치한 라이프치히박람회가 프랑크푸르트박람회를 누르고 새롭게 부상하지 않았던가?

한편 프랑스에서는 이와 완전히 다른 상황이었다. 16세기 초 소르본 대학과 고등법원이 도서검열과 금서조치를 늘리고 관련 소송도 줄기차게 늘려가던 상황에서, 왕은 도서 단속문제에 점점 더 직접적으로 개입한다. 1563년 프랑스 국왕이 내린 결정에 따르면, 국왕의 윤허권을 부여받은 도서에 대해서만 인쇄작업이 허용되었다. 이에 따라 왕은 새로이 출간되는 모든 서적에 대한 통제가 가능했다. 인쇄허가권은 검열사의 소견서에 따라서만 발부되었는데, 소르본 출신 박사들이 이 검열사를 맡았다가 이어 17세기에는 비종교인들도 검열직을 맡는다. 유럽의 거의 모든 제후들이 적용한 이 제도에 따라 제후들은 이제 무역 독점권을 구실 삼아 인쇄물을 감시할 수 있게 되었다. 하지만 그 모든 노력이 무색하게도 '불온서적'은 여전히 돌아다녔다. 프랑스 인쇄업자들이 종교개혁 시기 내내 어떻게 계속해서 이단서를 제공할 수 있었는지, 그리고 왕궁으로 들어가는 관문에서 어떻게 이런 종류의 출판물에 전문화된 영업소가 제법 큰 규모로 운영될 수 있었는지에 대해서는 다음 장에서 알아보기로 한다. 17세기와 18세기에 금서는 계속 도처에서 돌아다녔고 비교적 손쉽게 구할 수 있었다. 소송이 걸릴 수 있는 책들이 너무나도 많았기 때문에 법을 잘 지키는 서적상이라도 언제 기소될지 모르는 상황이었다. 따라서 그 같은 사유로 기소를 당하더라도 이는 별로 불명예스러운 일이 아니었던 만큼 차라리 쉽게 체념해버리고 마는 업자들이 많았다. 프랑스에서는 콜베르 재상이 단속을 강화하고 인쇄업을 자기 마음대로 좌지우지하려고 했던 당시 상황이 꽤 심각했다. 처벌이 더욱 심해졌을 뿐 아니라 금서의 확산과 무단복제를 막기 위해 콜베르는 인쇄업자의 수마저도 제한하는 조치를 서슴없이 강행한다. 콜베르의 조치로 지방 출판업은 파산 지경에 이르렀다. 게다가 콜베르는 특히 네덜란드를 중심으로 자신의 단속망에서 멀리 떨어진 지역에서 인쇄된 해외 서적이 프랑스 내로 유입되는 것을 우려했다. 이들 책은 가톨릭 종교와 왕실에 대해 적대적인 시각을 보이는 경우가 많았기 때문이다. 이에 콜베르는 프랑스 내로 네덜란드 도서의 반입을 금지해야겠다는 데 생각이 미친다. 오직 이를 저지하고 나선 사람은 샤플랭밖에 없었다. 샤플랭은 이 수많은 책들 가운데 좋은 책도 포함되어 있다는 사실을 그에게 일깨워주고, 이 책들이 없다면 학자들은 연구를 할 수 없을 것이라며 콜베르를 제지했다.

경제적으로도 어려운 상황에 처해 있던 프랑스 출판업계는 점차 무력화되었고, 금서의 출판업자나 무단복제업자들은 이렇게 생긴 공백을 이용한다. 이들은 별로 어렵지 않게 프랑스 내로 책을 들여올 수 있었고, 심지어 위그노들이 수감되어 있는 감옥으로까지 이를 가져다줄 때도 있었다. 도처에서 이와 같은 불법 도서 유통망이 생겨났으며, 해외에서 들여오는 짐들을 감시하는 길드 위원이 여기에 동조하는 경우도 빈번했다. 이런 길드 위원에 대한 처벌도 굳이 누군가가 집요하게 이를 요구하지 않는 한 실질적으로 그다지 엄중한 처벌은 이루어지지 않았다. 책은 크기도 작고 숨기기도 쉬운 물건인데 어떻게 그 모든 밀반입을 막을 수 있겠는가? 그러므로 프랑스 왕실의 엄격한 검열이 지속되자 18세기 프랑스 국경 지역 근처에는 금서나 위조본을 제작하는 인쇄소들이 많이 들어섰다. 철학자들의 주요 저서들도 대개 여기에서 인쇄가 이루어졌다. 간혹 대법관의 마부가 그의 마차 안에 불온서적을 싣고 파리로 들여와서 대법관이 크게 놀라는 일까지 생길 정도였다. 이후 말셰르브를 중심으로 검열 당국은 규제를 좀더 완화하려는 노력을 벌인다. 암묵적으로 허용해주는 등의 관용정책을 편 것이다. 이는 곧 검열제도의 실패를 의미하며 당시 사람들에게 받아들여지지 못한 정책이었음을 입증한다.

8장

책, 변화의 원동력

이제 연구의 막바지에 다다랐으니 그동안 지나온 길을 돌아보고 종합적인 결산을 한번 내보도록 하자. 그리고 이로써 인쇄술이 15세기 말과 16세기 초 사람들에게 무엇을 가져다주었는지도 짚어보도록 한다. 아울러 인쇄술이 등장하고 난 다음에 생산된 인쇄물들을 살펴보면서 르네상스와 종교개혁 시기에 이루어진 여러 가지 혁명적 변화들에 있어 인쇄술이 어떤 역할을 담당했는지에 대해서도 알아보자.

1. 필사본에서 인쇄본으로의 이행

인쇄술이 발명되기 전에는 손으로 직접 책의 내용을 옮겨 적던 필경사들이 신규 수요량에 맞추어 생산량을 조절할 수 있었다. 15세기 전반기에는 도처에 필사본 작업실이 있었으며 기도서, 신앙서, 기초 교본 등 사람들이 많이 찾는 필사본을 중심으로 몇십 부, 나아가 몇백 부씩 필사작업이 이루어졌다. 따라서 구텐베르크 시대의 사람들은 인쇄술 발명 초기, 텍스트의 기계적 생산이 가능하다는 점에서만 이 신기술이 유용하고 편리하다고 생각했다. 특히 사람들이 많이 찾는 텍스트의 대량복제가 용이할 것이라고 판단했다.

하지만 곧이어 이 새로운 방식이 열어준 가능성의 세계가 드러났고 그 혁명적 영향 또한 세상에 알려졌다. 인쇄술의 발명에 따라 글을 접할 수 있는 사람들의 폭이 넓어지면서 텍스트의 침투력이 필사본과 비교할 수 없을 만큼 커졌기 때문이다. 몇 가지 수치만 보더라도 이 같은 변화의 규모를 파악할 수 있다. 1450년과 1500년 사이에 제작된 다양한 출판물 3만 개에서 3만 5,000개 정도가 오늘날까지 전해지고 있으며, 서로 다른 텍스트의 종류로는 1만 개에서 1만 5,000개 정도가 된다. 사라진 인쇄물까지 포함하면 아마 이 수치를 더 상회할 것이다. 평균 발행 부수를 500부 정도로 잡으면, 1500년 이전에 약 2,000만 부의 출판물이 제작된 셈이다.[1] 오늘날의 우리 눈으로 보기에도 놀라운 수준이다. 그 당시 유럽은 지금보다 인구수가 더 적었으므로 더더욱 놀라운 수치가 아닐 수 없다. 인쇄술이 전파된 지역에서 사는 사람이 1,000만 명 미만이었으며, 이들 가운데 글을 읽을 줄 아는 사람들은 소수에 불과했다.

그러므로 상대적으로 단기간에 급격한 변화가 이루어진 셈이다. 그에 따른 결과는 무엇이었을까? 인쇄본을 접하게 된 대중은 인쇄업자와 서적상에게 어떤 책을 요구했을까? 기존에 통상적으로 사용되던 중세 문헌들은 인쇄술 발명 이후 어느 정도로 더 폭넓게 전파될 수 있었을까? 중세시대의 유산 가운데 인쇄술은 무엇을 취하고 무엇을 버렸을까? 기존에 사용되던 연구 소재에서 탈피하게 만든 인쇄술은 새로운 문학의 부상을 부추기지 않았을까? 아니면 반대로 중세시대에 흔히 보던 텍스트들을, 적어도 인쇄술 발명 초기에는 쉽게 눈에 띄던 그 텍스트들을 대대적으로 찍어냄으로써, 미슐레의 말처럼 의외로 몇십 년 동안은 이 중세의 문헌들이 살아남도록 해주지 않았을까? 그럼 이제 이 같은 문제들에 대해 적절한 답을 찾아보도록 하자.

우선 한 가지 유념해야 할 사실은 애초부터 인쇄업자와 서적상들이 주로 영리 목적에서 인쇄와 출판작업을 진행했다는 점이다. 푸스트와 쇠퍼의 사례가 이를 잘 보여준다. 오늘날의 출판업자들과 마찬가지로 15세기 서적상들은 적절한 기간 내에 충분한 부수를 판매할 수 있다고 판단하는 경우에만 책의 인쇄작업에 돈을 대주었다. 따라서 과거에 임청난 성공을 거두었던 필사본 텍스트들이 인쇄술 등장 이후 더욱 폭넓게 확산된 것도 어찌 보면 당연한 일이었다. 그리고 인기가 없었던 필사본들은 자연히 기억 속으로 묻혀갔다. 이렇듯 인기 필사본을 수백 부, 수천 부씩 양산해냄으로써 인쇄술은 하나의 작품을 폭넓게 전파하는 동시에 선별하는 역할까지 맡아주었다. 이에 따라 우리는 15세기에 생산된 인쇄물의 성격이 어떠한지에 대해서도 잘 알 수 있게 되었다.

몇 가지 수치를 보면 전반적인 상황에 대해 알 수 있다. 보통 '인큐내뷸러'라고 칭하는 1500년대 이전 인쇄본 가운데서는 라틴어 서적이 막대한 비중을 차지한다. 전체의 77퍼센트가 모두 라틴어 서적이었고, 7퍼센트가 이탈리아어 서적, 5~6퍼센트가 독일어 서적, 4~5퍼센트가 프랑스어 서적이었으며, 플랑드르어 서적이 1퍼센트대 정도였다.

이 책들 가운데에서는 종교 관련 서적이 약 45퍼센트 정도로 확실히 우위를 차지한다. 이어 고전 문학, 중세 문학, 동시대 문학이 30퍼센트를 약간 상회하는 수준이었으며, 그다음이 10퍼센트를 조금 넘는 법률서적이었고, 학술적 성격의 책도 약 10퍼센트 정도였다.[2]

따라서 대다수 책들이 종교적 내용을 다루고 있었으며 성서와 관련한 출판물이 압도적으로 많았다. 독서하는 사람들 대부분이 성직자였던 그 당시, 서적상들이 보기에 이보다 더 돈이 되는 출판물이 어디 있었겠는가? 따라서 인쇄술을 이용해 최초로 만든 출판 역작 가운데 『42행 성서』와 『36행 성서』가 눈에 띄는 것도 우연은 아니었다. 15세기 동안 성서 관련 출판물은 셀 수 없이 많았는데, 하인Hain이 집계한 라틴어 성서만도 109권이었으며, 발라프리두스Walafridus, 스트라보Strabo, 라바누스 마우루스, 앨퀸Alcuin, 라온 안셀무스Anselme de Laon 등의 주석과 해설이 들어간 것과 들어가지 않은 것을 포함해 코핑거Copinger가 파악한 성서 관련 도서는 모두 124권이었다. 성직자들이 보거나 대학 연구용으로 쓰이던 이 라틴어본뿐만 아니라 성서 전문의 관례적인 번역본도 존재했다. 독일어 성서가 11권, 저지低地독일어(북부와 서북부에서 쓰는 독일어) 성서가 3권, 이탈리아어 성서가 4권, 프랑스어 성서가 한 권이었으며, 그 밖에 에스파냐어 성서, 플랑드르어 성서, 체코어 성서 등도 있었고, 요한계시록이나 시편, 욥기 등을 중심으로 부분적인 번역이 이루어진 것은 더 많이 찾아볼 수 있었다.[3]

성서와 병행해 사람들이 많이 찾던 책은 기도서와 전례서다. 의식을 거행할 때 그리고 성직자나 일반인들이 기도할 때 반드시 필요했던 이 책들은 사실 성서보다 훨씬 더 많이 출판되었다. 하지만 이를 제대로 집계하는 것 자체가 불가능한데, 전체 출판물 가운데서 소실된 비율이 제일 높기 때문이다. 어쨌든 그 당시 미사경본과 성무일과서의 수는 굉장히 많았다. 인쇄소가 세워지지 않은 도시에서 성직자들이 자신의 지역으로 인쇄기술자들을 불러들인 이유는 대개 이런 책을 인쇄하기 위해서였다. 성직자 이외에도 일반인들이나 대귀족, 자산가 등이 매일같이 기도문을 구하던 기도서의 경우는 그만큼 수요가 더 높았다고 볼 수 있다. 필사본 시절부터 수차례 복제되고 다양한 채색삽화가 들어가던 기도서는 15세기, 나아가 16세기까지도 인쇄작업의 대부분을 흡수한다. 이에 대해서는 차차 살펴보게 될 것이다.

중세 신학이나 철학 분야 주요 '고전'들의 인쇄 비중은 사실 이보다 훨씬 적은 편이었다. 이 책들이 일반 기도서나 전례서보다 훨씬 더 제한된 독자층을 겨냥하고 있기 때문이다. 하지만 대학교수나 학생들이 주축을 이루는 이 독자층의 비중은 상대적으로 높은 편에 속했다. 가령 파리만 해도 학생들이 수천 명이었고 쾰른 역시 마찬가지였다. 출판업자들은 학생들을 위해 교육과정 안에 포함된 책들을 출간해주었고, 학생들의 공부에 필수적인 연구서도 인쇄했다. 성서뿐만 아니라 성서 내용에 대한 해석을 위해 필요한 관련 저서들도 작업에 들어갔는데, 피에트로 롬바르도의 『명제집』이 대표적이고 주요 해석학자인 스코투스, 오컴, 뷔리당, 성 토마스 등의 글도 인쇄되었다. 이러한 출판업자들은 주요 대학가뿐만 아니라 바젤이나 베네치아, 뉘른베르크 등 주요 상업도시에 포진해 있는 특색을 보인다. 이제 막 인쇄가 끝난 묵직한 개론서들을 곧바로 유럽 전역에 발송할 수 있다는 이점이 있어 출판물의 유통이 용이하기 때문이다. 1500년 이전에 출판된 피에트로 롬바르도의 『명제집』 16개 판본 가운데 최소한 여덟 개가 바젤에서 출간되었으며, 특히 이 여덟 개 판본 중 일곱 개가 바젤 인쇄업자 케슬러Kessler의 인쇄소에서 만들어졌다. 당대 최고의 대학들이 모여 있던 파리에서는 단 한 개의 판본도 제작되지 않았다. 이와 마찬가지로 아리스토텔레스의 작품 역시, 베네치아와 아우크스부르크, 쾰른, 라이프치히 등지에서 출간되었다. 그런데 이 같은 유명 저서들은 제한적인 부수로만 출간되었을 뿐이고, 용어집이나 사전 같은 기능을 하던 중세 편집물이 더욱 큰 인기를 끌었다. 지오반니 발비Giovanni Balbi가 쓴 일종의 백과사전 『카톨리콘』*Catholicon*이나 지오반니 마르셰시니Giovanni Marchesini의 성서 해석본 『마모트렉투스』*Mammotractus*('교육자에게 인도받다'라는 의미—옮긴이) 피에르 코메스토르Pierre Comestor의 『성당교

구사』*Histoire écolâtre* 등이 이에 해당했다.

가벼운 신앙서적은 묵직한 신학 이론서보다 더 넓은 독자층을 보유하고 있었는데, 특히 그 가운데 비이성적인 신비주의 종교서가 전체 인쇄물에서 차지하는 비중만 해도 6분의 1 이상이었다. 『그리스도를 본받아』*L'Imitation de Jésus-Christ* 같은 책은 이때 처음 나온 뒤 성서와 더불어 지금까지 가장 많이 인쇄된 작품으로 손꼽히며 생명력을 이어갔고, 교부들의 저서 중에서도 교리 중심의 책보다는 신비주의 성격이 짙은 책들이 우선적으로 인쇄된다. 성 아우구스티누스의 『신국』*La Cité de Dieu*이나 그 당시 아우구스티누스의 작품이라 여겨지던 『명상록』*Méditations*, 『독백록』*Soliloques*, 『신과 함께하는 영혼의 대화』*Entretiens de l'âme avec Dieu*, 『제요』*Manuale* 등도 인쇄물로 많이 제작되었고, 성 베르나르의 저서 역시 감성적이거나 영적인 느낌이 강한 작품들 위주로 출판되었으며, 특히 수많은 외전들도 대거 출간되었다. 성 보나벤투라의 작품들에서도 특히 『그리스도의 생애에 대한 명상록』*Meditationes vitae Christi*이 우선적으로 출간되었으며, 전통적으로 '성 프란체스코회'에서 쓰인 것이라고 여겨지던 작품들이 많이 나왔다. 또한 교리 중심의 작품들보다 더 빈번하게 출간·재출간되었던 책은 게르송Gerson과 피에르 다이Pierre d'Ailly 등이 영적인 세계와 관련해 쓴 소논문들이었으며, 주로 이런 종류의 책들이 출간물의 다수를 차지한다. 그뿐만 아니라 성 프랑수아 다시즈Saint François d'Assise의 『피오레티』*Fioretti*, 카트린 드 시엔Catherine de Sienne의 『신성한 섭리의 책』*Libro della Divina Providenza*, 성 브리짓 드 쉬에드sainte Brigitte de Suède의 『계시록』*Révélations* 등도 많이 출간되었고, 앙리 드 에르프Henri de Herp의 『완덕完德의 거울』*Speculum Perfectiones*이나 헨리 수소Henri Suso의 『영원한 지혜의 시계』*L'Horologium aeternae Sapientiae* 등 여러 세대에 걸쳐 영향을 미치며 영적인 세계와 구도의 길에 관해 주로 책을 쓰던 게르만어권 저자들의 저서도 사람들이 많이 찾았다.

이러한 책들이 그와 같이 성공을 거둔 이유는 아마 이 책들이 대학 졸업자뿐만 아니라 단순한 일반 주교들, 나아가 독실한 일반 신자들까지도 그 대상 독자층으로 포섭하기 때문일 것이다. 더욱이 때로는 라틴어가 아닌 통속어로 쓰인 출판물도 등장했다. 그러는 한편 좀더 전문적으로 주교들을 겨냥한 수많은 책들도 매우 높은 비중으로 출간된다. 제목만 봐도 사제용 서적임을 알 수 있는 『불우한 사제의 편지』*Epistola de miseria curatorum*가 이에 해당했으며, 페디Peddie의 인용에 따르면 이 책은 25개 판본이 존재했다. 전자같이 노골적인 제목은 아니었으나 기도 데 몬테 로셴의 『사제 교본』도 100여 차례 인쇄된 것으로 알려졌다(페디의 집계로는 98개 판본이 존재했던 것으로 나타났다). 그뿐만 아니라 성직자들을 대상으로 한 실용적인 성격의 책들도 많이 만들어졌다. 이미 필사본으로 많이 돌아다니던 설교집이나 고해신부 안내서 등이 이에 해당했는데, 대표적인 작품으로는 통상 성 안토니누스가 쓴 것으로 알려진 『고백록』이 있다. 이 작품은 수백 차례 인쇄된 것으로 알려졌으며, 안드레아스 에스코바Andreas Escobar의 『모두스 콘피덴디』*Modus confidendi*('믿음의 방식'이라는 의미) 역시 비슷한 성공을 거두었고, 우화적 설교를 많이 보여주는 것으로 유명한 설교사 그리슈Gritsch의 『사순절』*Quadragesimale*(페디 집계 기준 31개 판본 존재), 그 외 독일의 성 도미니크회 작가인 요하네스 니더의 작품들도 유명했다.

이와 동시에 일반인들의 신앙심을 고양시키려는 목적의 문학서도 등장했다. 성모 숭배의식이 발달하던 이 시기, 예수의 어머니가 보여준 경이로운 생애와 덕목에 대해 찬양하는 수많은 책들이 계속해서 출간되었으며, 프란체스코 데 인술라Francesco de Insula의 『쿠오들리베타』*Quodlibeta*, 코르나차노Cornazzano가 쓴 『성모의 생애』*La Vita de Nostra Dama* 등이 대표적이다(페디의 연구에 따르면 15개 판본이 존재한 것으로 보인다). 그 밖에 성인들을 숭배하는 책들도 있었는데, 야코부스 데 보라지네가 쓴 『황금 전설』이 거둔 성공만 떠올려봐도 어느 정도인지 상황을 대충 짐작할 수 있을 것이다. 이 작품은 라틴어 판본이 88개, 프랑스어 판본이 18개, 영어 판본이 5개였으며, 독일어와 체코 판본이 각각 2개씩이었고, 플랑드르어로는 13개 판본, 이탈리아어로는 6개 판본이 존재했다. 이외에도 성인들의 생애를 다룬 수많은 작품들이 등장한다.[4]

종교적 내용이나 생활 도덕을 다룬 개론서도 많았는데, 대부분 목판술을 이용해 나오던 책들의 전통이 그대로 이어진 것이었다. 이 가운데는 삽화가 들어가는 책들도 많았으며, 『죽음의 기술』 같은 경우는 여러 가지 언어로 출간되었다. 루돌프 르 샤르트뢰Ludolphe le Chartreux의 『적그리스도가 걸어온 길』*Vitae Antichristi*, 『예수의 생애』, 교훈적 성격을 강화한 성서 이야기 등 비슷한 종류의 책들도 대거 출간되었다. 이 같은 사실로 미루어볼 때 인쇄술이 미친 첫 번째 영향 가운데 하나는 대중 신앙서적을 다량으로 공급하고 15세기 후반 사람들의 신앙심이 어느 정도 깊었는지 증명해주었다는 점이다.

라틴어뿐만 아니라 통속어로도 성서를 제작하며 좀더 폭넓은 대중이 직접 성서를 접할 수 있도록 만들고, 대학의 학생과 학자들에게 정통 스콜라 철학의 주요 개론서를 대거 공급하는 것, 그리고 성무일과서나 기도서 등 특히 전례의식의 거행이나 1일 기도시간에 필요한 실용서를 많이 제작하고, 대중 신앙서적이나 영혼에 대해 다루는 책을 많이 만들어내는 것, 아울러 이 모든 책을 좀더 폭넓은 대중이 쉽게 접할 수 있도록 만드는 것 등 인쇄술이 발명 초기에 주로 맡았던 과제는 여러 가지였다.

또한 인쇄술은 라틴어와 고대 작가들에 대해 좀더 정확한 지식을 제공하는 데도 기여했다. 인쇄술이 등장한 시기에는 이탈리아 인문주의의 가르침이 곧 유럽 전역으로 확산된다. 거의 도처에서 고대에 대한 관심과 라틴어에 대한 호기심이 늘어갔지만, 특히 이탈리아에서는 이미 오래전부터 그와 같은 분위기가 생겨났다. 고전 연구에 대한 관심의 끈을 놓지 않은 채, 기욤 피셰와 요하네스 하인린 같은 인물들은 파리에서 라틴어의 매력에 사로잡힌 사람들 무리를 움직인다. 앞에서도 살펴봤지만 이들은 고대 작가들의 제대로 된 텍스트를 입수해 이를 세상에 알리고픈 욕심에 주저 없이 인쇄소 설립에 앞장서며 이 같은 작품들의 인쇄작업을 진행한다.

15세기 말까지 이 분야에 있어 인쇄술의 주된 역할은 첫째, 인문주의자들이 새로이 찾아내거나 수정한 텍스트를 확산시키는 것, 둘째, 그 양을 늘림으로써 이 텍스트들을 알리고 중세 사람들이 고전 문학과 통상적으로 접할 수 있도록 만드는 것이다.

따라서 인쇄술의 등장으로 일단 문법 입문서가 어마어마한 숫자로 증가하는데, 특히 알렉상드르 드 빌디유Alexandre de Villedieu의 6각시 문법서 『교훈서』*Doctrinal*와 도나투스의 『8개 라틴어 문법』*De octo partibus linguae latinae*이 눈에 띈다. 오늘날까지 300개 이상의 판본이 존재하는 『교훈서』는 13세기의 문법학자 알렉상드르 드 빌디유가 집필한 작품으로, 중세 대학생들이 사용하는 책이었다. 라틴시 형의 중간운 시구에 따라 (중간 휴지와 각운에 맞춰 마지막 음절이) 쓰인 중세의 작품이기 때문에, 알렉상드르 드 빌디유의 후계자와 계승자들이 감히 수정하지 못하고 엄격히 원문을 준수했으며, 약간의 주석이나 설명을 덧붙이는 정도로만 내용 보완이 이루어졌다. 인문주의자들은 이를 비꼬는 경우도 많았으나, 조스 바드 같은 경우는 이를 증보판으로 출판하는 것이 꽤 유용하리라 판단하고, 에라스무스도 이를 '쓸 만한' 책으로 분류했다. 그리고 『교훈서』만큼이나 여러 차례 인쇄에 들어갔을 도나투스 문

¶ Genesis·

ende alle vogell des hemels ende alle dyer der erden mer adams en wart niet geuonden eyn hulpe eme ghelyck· darumb got de here sande einen slaep in adam· Ende do hy vntslapen was do nam hy ein van sinen ribben ende vervulde vleys voer se ende got de here de makede de ribbe de hy had ghenoemen van adam in ein wijff ende brachte se to adā· ende adam sprak.

dat is nv ein bey van mynen beynen eñ vleys van mynē vleysche dese wert genomet ei mānine want se is ghenomen van den manne vmb dese dinghe leth dye man vader ende moeder ende wert anhanghen sinen wiue· ende sullen twe sin in einen vleysche· sunder se waren bey de naket Adam ende sin huissfrouwe· ende se en schemeden sich niet

¶ Dat derde Capittell· wo de slanghe Euen bedroch ende Eua adam ende verdreeff se got vyt den paradyse ende vermaledyede dye erden der erder werck·

Vnde dye slange was lystyger aller leuendyger creaturen der erden de got de here hadde ghemaket de sprack toe den wiue· Warumme hefft uw got verbaeden dat ghy niet en eten van einen yghelyckē holte des paradyses? dat wijff antworde wy eten van der vrocht der holtere dye dar sin in dem paradyse. Sonder van der vrocht des holtes dat dat is in den myddell des paradyses hefft vns got gebaden dat wy dar van niet eten off rueren· vp dat wy niet en steruen Ende de slange spraeck to den wiue geiner wys en wert gy steruē des dodes want got dye weet an welken dage gy eten van eme· uwe ogen werden vpgedan ende gy werdet also de gade· wetende dat guede en de quade· darumb do dat wijff sach· dat holt dat et guet was to eten ende schoen den ogen ende genoechelyck aen to sien Sy nam van siner vrocht ende at ende gaff der eren manne· hy at ende worden erre beyder oghen vpghedaen

Ende do se sich bekanden dat se naket waren· do bonden se sich to samen dye louer der vygenbome ende makeden sich vmbhenge eñ bedeckeden sich ende do se hadden gehoert de stymme des heren gades gan in den paradise an der siden des paradyses tusschen suden ende westē na myddages siden Do verbarch sich Adam ende sin huissfrouwe in dat myddel des paradises van den anghesichte des heren gades· ende got dye here riep adam ende sprack to em· wo bystu hy sprack here ick hoerde din stymme in den paradyse· ende ick vruchtede my darumb dat ik naket was ende verhoedde my God de here sprack to em wye hefft dy gesacht dat du naket werest dan alleyne dattu hefffst ghegeten van den holte dat ick dy ghebodet niet to eten Ende Adam sprack dat wijff dattu my gegheuen hefffst toe einer ghesellinnen de gaff my van den holte eñ ick ath· De hē sprack toe den wiue· warumme heuestu dat ghedaen? Sy antworde de slanghe hefft my bedraghen· ende ick ath ende got de here sprack to der slāge Darumb dattu hefffst ghedan dese dinghe· du byst vermaledyet vnder allen leuendygē creaturē

그림 18 독일어 성서, 쾰른, 쿠엔델H. Quendell, 1478년경, 2절판, 아담과 이브.

법서는 인쇄작업을 통한 최초의 문법서로 추정된다. 성 제롬의 스승인 4세기 문법학자 도나투스가 쓴 이 고전적인 작품은 1366년까지도 학부의 교과과정으로 편입되어 있었으며 중세시대의 모든 대학생이 이 책으로 라틴어 문법의 기초를 익혔다.

이와 더불어 한 가지 덧붙이면, 그 당시 가장 큰 성공을 거둔 라틴 고전서는 확실히 중세시대에 가장 인기가 높아 세속 언어로 가장 많이 각색되고 번역된 작품들이었다는 점이다. 특히 그 가운데 대표적인 작가가 수많은 이솝 우화-카토 이야기를 만들어낸 이솝Ésope과 카토Cato다. 당시 학생들은 바로 이 두 사람의 작품 속에서 라틴 고전 읽기를 접했으며, 논리학 공부를 마치고 난 뒤 도덕학에 들어가기 전 단계에서 이 작품들을 읽었다. 1503년에도 여전히 카토의 작품을 아는 것은 중요한 교양 덕목이었다. 파리 대학 교구장은 최근 졸업한 학생들이 아리스토텔레스 때문에 카토의 작품을 등한시하는 것을 보며 분개하곤 했다. 그런데 에라스무스도 해석판을 낸 카토의 『이행시』*Distiques*에 대해 학생들이 몰랐던 이유는 인쇄본이 없기 때문이 아니었다. 1500년까지 라틴어 판본만 69개 이상이었고, 독일어와 라틴어 판본이 36개, 이탈리아어-라틴어 판본이 9개, 에스파냐어-라틴어 판본이 2개였고, 세속 언어로 된 판본까지 존재했음은 말할 것도 없다. 플랑드르어로 된 판본이 1개, 프랑스어로 된 판본이 9개, 독일어로 된 판본이 3개였기 때문이다. 이솝 우화의 경우 적지 않은 인기를 보였는데, 1500년 이전에 (대개 이탈리아에서 인쇄된) 라틴어 판본이 80개 이상이었고, 이탈리아어-라틴어 판본이 15개, 그리스어 판본이 1개, 그리스어-라틴어 판본이 1개, 독일어와 저지독일어 판본이 15개, 프랑스어 판본이 7개, 체코어 판본이 1개, 영어 판본이 3개, 플랑드르어 판본이 2개 등이었다. 플랑드르어 판본에는 대부분 삽화가 들어갔는데, 부유층 독자를 위한 판본이었을 것으로 보인다.

이렇듯 인쇄술이 등장했을 때, 가장 전통적인 고전들을 중심으로 라틴 문학 연구를 시작했으며 인쇄업자들이 우선적으로 양산해내기 시작한 것도 바로 이 텍스트들이었다. 이솝이나 카토가 쓴 글들뿐만 아니라 학교에서 흔히 교재로 쓰이던 라틴 고전 모음집 『8인 작가선』*Auctores octo* 같은 책도 많이 제작되었다. 이 라틴 고전 모음집은 필사본 시절에도 필경사 작업실에서 수백 부씩 제작되던 책이었으며, 카토의 이행시나 이솝우화 외에도 테오돌루스Theodolus, 파체투스Facetus, 플로레투스Floretus, 마티유 드 방돔Mathieu de Vendôme의 『토비아』*Tobias*, 알랭 드 릴Alain de Lille의 『잠언집』*Les Paraboles*, 운문시 개론서 『세상의 경멸에 관하여』*De contemptu mundi* 등이 수록되어 있었다. 그 당시에는 보에티우스가 쓴 『철학의 위안』도 엄청난 인기를 누렸는데, 1500년 이전에만 70개 이상의 재판본이 있을 정도였다. 15세기 말 이전의 학자들에게나 그 이후의 학자들에게나 보에티우스는 고대와 중세의 사상적 다리 역할을 해주는 존재로 인식되었기 때문이다.

그 당시 라틴어의 학습은 일단 초창기 교부들의 작품을 읽는 것으로 시작되었다. 성 제롬이나 락탄티우스, 그리고 특히 성 아우구스티누스 등의 글은 아마도 부분적으로는 이러한 이유 때문에 엄청난 인기를 누린 듯하다. 중세 고전을 읽으면서 라틴어를 파고들었던 중세시대에는 가장 많은 라틴 고전이 알려지고 복제되었으며, 그 각색과 번역작업도 이 시기에 제일 많이 이루어졌다. 1500년 이전에 가장 많이 인쇄되었던 라틴 작가로는 특히 베르길리우스를 들 수 있는데, 베르길리우스의 작품은 이탈리아를 중심으로 엄청난 인쇄작업이 이루어졌다. 문인들이나 학자들을 위해 인쇄되는 경우도 있었고 세속 언어로 번역된 작품이 인쇄에 들어가는 때도 있었다. 베르길리우스 못지않게 오비디우스 역시 필사본 시대에 이어 인쇄본 시대에도 중세의 대표적인 고전으로 자리매김했는데, 학술 연구용으로 출판되기도 하고, 운문으로 번역된 버전이 나오는가 하면 삽화를 넣은 각색본도 등장했다. 16세기, 심지어 17세기에도 오비디우스는 이처럼 수많은 판본으로 제작되었다.

이 두 시인 외에도 유베날리스(하인Hain이 집계한 그의 『풍자시집』 판본은 모두 61개), 페르시우스(33개 판본), 루키아노스Lucien(19개 판본), 플라우투스(13개 판본) 등을 들 수 있고, 중세에 특히 추앙받던 테렌티우스의 희곡은 12세기와 13세기 여러 차례 모사된 전력이 있다(67개 판본). 역사학자 가운데서는 살루스티우스(하인 기준 57호 제작), 티투스 리비우스, 베게티우스(하인 기준 99개 판본), 카이사르(북 카탈로그Gesamtkatalog 기준 16개 판본) 등이 유명하며, 티투스 리비우스 같은 경우 중세시대에 수차례 요약본과 각색본으로 등장한 바 있다(하인 집계 기준 23개 판본, 요약본 제외).

철학가들 중에서는 세네카가 언제나 독보적인 존재였다(하인 집계 기준 71개 판본). 그런데 인쇄본의 시대에는 새로운 사상가가 크게 부상한다. 바로 키케로의 작품이 엄청난 인기를 누린 것이다. 15세기에 가장 많이 인쇄된 고전은 키케로의 저서들로, 비단 그의 철학적 저서뿐만 아니라 웅변집, 서한문도 인쇄본으로 쏟아졌다. 1500년 이전에 316개 이상의 판본이 뿌려졌으며, 대부분은 이탈리아에서 출간되었으나 독일과 특히 프랑스에서도 키케로의 작품이 많이 출간되었다. 물론 출간물은 대개 키케로의 철학적 저서들로, 『의무론』*De officiis*, 『노년에 관하여』*De senectute*, 『우정에 관하여』*De amicitia* 등 그의 주요 작품들이 40여 개 판본으로 제작되었다. 이외에도 키케로의 다양한 웅변집이 38개였으며, 특히 『가족들에게 보내는 편지』로 대표되는 서한집은 84개나 되었다.

이렇듯 고전으로 역행하는 분위기는 이탈리아에서 특히 두드러진 양상을 보였는데, 라틴 문학의 정수로 돌아가야 할 필요성은 받아들이면서도 일각에서는 이 같은 추세에 우려를 나타내기도 했다. 인문주의는 이미 이탈리아의 학교에 고대 이교 문명을 도입시켰다. 하지만 베르길리우스의 6각시에 준하는 라틴 정형시를 쓴 기독교 작가들이 있지 않던가? 아울러 키케로 못지않게 유창한 기독교 웅변가도 얼마든지 찾아볼 수 있지 않은가? 피렌체의 도미니치Dominici, 알자스의 빔펠링Wimpfeling, 파리의 로베르 가갱Robert Gaguin 같은 이들의 생각이 미친 곳도 바로 이 지점이었다. 이 기독교 성향의 작가들은 결코 등한시할 수 없는 작가들이었는데, 중세 문법서 저자들이 이들의 작품에서 예시를 많이 끌어왔기 때문이다. 이에 따라 기독교 시인들을 다시금 되살리려는 노력이 이루어지며 수많은 기독교 시인들의 작품이 인쇄물로 생산되어 나왔다. 유벤쿠스Juvencus, 프루덴체Prudence, 세둘리우스Sedulius, 아라토르Arator 등이 등장하며 베르길리우스가 묻혔고, 피에르 드 블루아Pierre de Blois가 쓴 『기독교의 우정에 관하여』*De amicitia christiana*가 나와 키케로의 『우정에 관하여』와 어깨를 견주었다. 전체적으로는 실패한 시도였으나, 어쨌든 이들의 작품이 인쇄됨으로써 일부 작가들이 새로운 생명력을 얻은 것은 사실이었다. 이와 더불어 고대 문학을 존경하는 동시대 작가들이 훌륭한 라틴어로 쓰인 기독교 텍스트를 학생들에게 제공하려는 노력도 본격적으로 이루어졌다. 바티스타 만투아노Baptista Mantuano(1448~1516) 같은 경우, 『파르테니체』*Parthenice*와 『전원시집』*Bucoliques*을 중심으로 한 시집이 1488년과 1500년 사이에만 100회 이상 출간되었고, 시집의 성공은 16세기로까지 이어졌다. 한편 이탈리아 인문주의자들의 작품은 이탈리아 국경 밖에서 아직 폭넓은 독자층을 만나지 못했으며, 타키투스같이 이들이 발굴해낸 작가들의 작품은 아직 제한적인 독자들만 접하고 있을 뿐이었다. 나아가 15세기 말에서 16세기 초가 되어야만 비로소 문헌학자들이 수정한 판본이 많아지고 호메로스나 플라톤의 판본이 대거 등장하며, 인문주의자들이 제작한 대표적인 라틴 문학작품들이 큰 성공을 거두기 시작한다. 특히 안드렐리니Andrelini나 필리포 베로알도 1세, 피렐포, 가스파리노 바르치차Gasparino de Barzizza 등이 인기가 많았으며, 그중 『수사학』 같은 작품은 파리 최초의 인쇄물이기도 했다. 수많은 사상적 변화의 움직임은 16세기 초에 이르러서야 그 결실을 거둔다.

라틴어로 쓰인 작품에 비해 통속어로 된 텍스트가 전체 인쇄물에서 차지하는 비중은 소수에 불과했다. 15세기에 생산된 전체 인쇄물 가운데서 대략 22퍼센트 정도만을 차지할 뿐이었기 때문이다. 그나마도 대부분은 라틴어 번역물이었고 신앙서, 교훈서, 경전, 라틴 고전 등을 통속어로 옮겨놓은 것이었다. 중세의 문학작품 또한 애초에 라틴어로 쓰인 책을 통속어로 번역한 것에 불과했다. 따라서 인쇄술 발명 초기의 인쇄물 가운데 처음부터 바로 통속어로 쓰인 작품은 별로 없었다. 그럼에도 이 작품들 가운데 일부는 이탈리아를 중심으로 폭넓은 독자들과 만나기도 한다. 사람들은 단테의 작품을 읽고 또 읽었으며, 『신곡』 같은 경우는 15개 판본이 존재한 것으로 알려져 있다. 보카치오 역시 단테 못지않은 인기를 누렸으며, 『데카메론』은 번역본만 해도 여러 개였다(이탈리아어로 된 판본이 15개였고, 독일어 판본이 2개, 프랑스어 판본과 에스파냐어 판본이 각각 1개씩이었다). 레오나르도 브루니Leonardo Bruni의 작품들과 페트라르카의 『칸초니에레』 역시 수차례 번역·출판되었다.

한편 프랑스에서는 궁정문학 작품들과 부르고뉴 대공 주위의 소설가들이 쓴 작품들이 인쇄되어 나온다. 15세기에 나온 것만 8개 판본이 집계된 『장미 설화』는 16세기까지도 변함없는 인기를 누렸다. 마르탱 르 프랑Martin Le Franc의 『여성들의 투사』*Champion des dames*도 인쇄되어 나왔으며, 이외에도 궁정문학이라고 불릴 만한 작품은 많았다. 피에르 미쇼Pierre Michault의 『궁정 교훈서』*Doctrinal de la Court*, 통상 르네 대공의 것으로 여겨지는 『탐욕스러운 궁중 인사』*L'abuzé en cour*, 장 다라스Jean d'Arras의 『요정 멜뤼진』, 『벨리알 재판』*Le Procès de Bélial*, 크리스틴 드 피장Christine de Pisan과 알랭 샤르티에Alain Chartier의 작품들이 대표적이다. 세기말에는 메쉬노Meschinot가 쓴 『군주의 안경』*Lunettes des princes*, 피에르 그랭고르Pierre Gringore의 『고역의 성』*Chasteau de labour*, 비용의 『유언시집』, 장 미셸Jean Michel의 『고난의 신비』*Mystère de la Passion* 등이 크게 성공을 거두었다.*

이 작품들 가운데 일부는 한두 번밖에 인쇄되지 않았던 것으로 보인다. 『장미 설화』를 비롯해 사람들이 제일 많이 찾던 작품들은 『벨리알 재판』, 『탐욕스러운 궁중 인사』나 알랭 샤르티에, 그랭구아르, 메쉬노, 비용 등의 작품 정도였던 것 같다. 한편 이와는 다른 또 하나의 문학 장르가 식을 줄 모르는 인기를 보이며 오랜 기간 엄청난 성공을 거두는데, 바로 기사소설이 등장한 것이다. 특히 중세 영웅들의 전설이나 업적을 찬양하는 내용이 크게 인기를 끌었으며, 『샤를마뉴 대제의 정복기』*Conquête du Grand Charlemagne*라는 제목으로도 불리는 『피에라브라스』*Fierabras*도 프랑스어로 열세 번, 이탈리아어로 두 번 재인쇄에 들어갔다. 『고드프루아 드 부이용의 행위와 몸짓』*Les Faitz et gestes de Godefroy de Bouillon*은 프랑스어로 한 번, 영어로 한 번, 독일어로 한 번, 플랑드르어로 두 번 인쇄되었다. 메를랭Merlin, 피에르 드 프로방스Pierre de Provence, 로베르 르 디아블Robert le Diable, 란슬로Lancelot, 트리스탕Tristan 같은 작품도 인기를 누렸으며, 라틴어 텍스트의 번역본이든 각색본이든 상관없이 수많은 작품들이 사랑을 받았고, 트로이 이야기와 관련해 창작된 작품들도 셀 수 없이 많았다. 특히 『트로이 파멸의 역사』*L'Historia*

---

* 문학작품의 확산 부분에 대해서는 다음 권에서 좀더 폭넓게 다루기로 한다(발문 605쪽 참조).

Cõment Villon voit a ſon aduis la
belle heaulmiere ſoy cõplaignant.

Aduis meſt que ioy regretter
La belle qui fut heaulmiere
Soy ieune fille ſouhaicter
Et parler en ceſte maniere
Ha vielleſſe felonne et fiere
Pour quoy mas ſi toſt abatue
Qui me tient qui:que ne me fiere
Et que ace coup ie ne me tue

그림 19 비용, 『유언시집』, 파리, 르베P. Levet, 1489, 4절판.

destructionis Trojae 번역본이나 『역사의 바다』*La Mer des histoires* 같은 일부 작품들도 빼놓을 수 없다.

도덕적 소재나 교훈적 이야기를 담은 책들 역시 널리 사랑받던 작품들이었다. 궁정 소설가들이 지어낸 이야기인 『신백화집』新百話集, *Cent nouvelles nouvelles*같이 때로는 열정적인 어조로, 때로는 노골적인 어조로 담아내는 이야기들이 인기가 많았고, 16세기 고딕 소설의 원류인 대중물도 인기를 끌었다. 크게 유명하지 않아 묻혀버린 책들은 그 당시 서점에서는 많이 널려 있었지만, 오늘날의 도서관에서는 찾아보기 힘들다. 결혼의 즐거움과 비애에 관해 다양한 어조로 적고 있는 짤막한 글들이 이에 속하는데, 앙투안 드 라살Antoine de La Salle의 작품으로 알려진 『결혼의 열다섯 가지 즐거움』*Quinze joies de mariage*, 『기혼 여성 교훈서』*Doctrinal des filles mariées*, 『신혼부부 교훈서』*Doctrinal des nouveaux mariés* 등이 이에 속하며, 이 책들은 모두 제목으로 미루어 짐작하는 것보다 더 진지한 조언들이 가득하다. 도서관에 소장되었어야 할 책들로는 기욤 알렉시Guillaume Alexis의 작품으로 추정되는 『세계의 허상』*Les Faintises du Monde*, 『파틀랭』 같은 촌극집, 『죽음의 기술』, 『목자의 달력』, 책력 등이 있었으며, 모두 소수 희귀본들만 지금까지 전해지고 있다. 아울러 단면 인쇄를 한 연간일정표와 삽화가 들어간 대중 시집 등도 분명 15세기부터 독일을 중심으로 대량 인쇄가 이루어졌을 것이다.[5]

학술서 분야에서도 즉각적인 발전은 없었다.[6] 학술서라고 불리는 책들이 전체 인쇄물에서 차지하는 비중은 약 10분의 1 정도로, 이 분야에서만 3,000여 종이라는 적지 않은 분량의 책들이 만들어졌는데, 이번에는 이 책들에 대해 알아보기로 한다. 중세시대에 만물 백과사전의 역할을 하던 것은 주로 모음집이나 편집물같이 이것저것 엮어놓은 책들이었다. 인쇄술이 등장한 이후 거의 50년간 상상을 초월할 정도로 인기를 누렸던 책 『세상의 거울』*Speculum mundi*만 보더라도 이를 잘 알 수 있다. 총 4부로 이루어진 이 거대한 규모의 백과사전은 각 파트별로 의학, 역사, 자연, 윤리 등 주요 학술 분야를 하나씩 다루고 있다. 앞의 3부까지는 성 도미니크회 수도사 뱅상 드 보베Vincent de Beauvais가 작업한 것으로, 성왕聖王 루이(루이 9세)의 자녀들을 가르치는 가정교사였던 그는 2세기 전인 1264년에 세상을 떠났다. 자연과학 분야에서는 13세기에 자료를 모아 만든 편집물이 15세기까지도 계속 읽히고 또 읽혔는데, 피에트로 데 크레센지Pietro de Crescenzi가 작업한 『사물의 성질에 관하여』*De proprietatibus rerum*를 예로 들 수 있다. 이 책은 각국의 언어로 수차례 재인쇄되었다. 사실 이런 편집물 성격의 책들은 굳이 유명 저자의 책들을 찾아보지 않을 수 있게 해주었고, 그 같은 간편함 때문에 여러 사람들이 즐겨 찾는 책이 되었다. 당시 신학자들 또한 이러한 편리성을 이유로 원전보다는 사전이나 용어집, 약어집 등을 더 자주 찾아봤다. 지식 분야와 관련한 고대의 유명한 지성들 가운데 특히 아리스토텔레스나 유클리드, 플리니우스, 프톨레마이오스 등의 책이 많이 출간되었으며, 아랍권 지식인 가운데는 이븐 시나의 책이 많이 나왔다. 하지만 대다수 독자들이 찾던 것은 이런 묵직한 책들이 아니었다. 신학자들이 아리스토텔레스의 원전을 찾아보기보다 아리스토텔레스 선문집 같은 연구서를 더 애용한 반면, 일반인들은 의약 처방 모음집인 『세크레툼 세크레토룸』*Secretum Secretorum*(비밀 중의 비밀)을 즐겨 봤다. 때로는 아리스토텔레스가 쓴 것으로, 또 때로는 알베르투스 마그누스Albertus Magnus가 쓴 것으로 잘못 알려지기도 했던 이 책은 필사본 시대에도 이미 수차례 복제된 바 있으며, 인쇄본으로도 여러 번 출간되었다. 일반인들은 사실 순수하게 학문적으로 유용한 책들보다는 이런 식의 저서를 더 즐겨 봤다. 물론 당대 학자들이 쓴 책의 인쇄 비중도 높은 편이었는데, 학술서적 분야의 초기 인쇄본 가운데 동시대 학술서적이 차지하는 비중은 57퍼센트 이상이었다(255개 도서가 이탈리아어로 쓰인 것이었으며, 독일어 도서는 124개, 프랑스어 도서는 46개, 에스파냐어와 포르투갈어 도서는 44개, 네덜란드어 도서는 26개, 영어와 스코틀랜드어 도서는 21개로 집계된다). 하지만 그 시대에 쓰인 저서들은 어느 작품이 우수한지 선별하기가 어렵기 때문에, 학술적 의미가 그리 높지 않은 책들이 여전히 우위를 차지한다. 이에 따라 동시대 학자들이 쓴 저서는 인쇄되는 책의 수가 해마다 늘어났지만 이들 저서 가운데 대부분은 대개 학술적 관점에서 별로 의미가 없었다. 특히 생활 점성술에 관한 책이 주를 이루던 상황이 이에 해당한다. 그러므로 중세의 가장 흥미로운 지리학 텍스트인 마르코 폴로 여행기가 1500년 이전에 네 차례밖에 재인쇄되지 않았다는 사실도 그리 놀랄 일은 아니다. 그 당시 마르코폴로의 동방견문록은 리에주 출신 탐험가 장 드 망드빌이 쓴 거짓 견문기보다도 더 관심을 끌지 못했다. 우리가 보기에는 왜 그렇게 비판정신이 결여되었을까 싶지만, 모든 시대가 다 마찬가지 아닐까? 비슷한 상황은 수학 분야에서도 나타나는데, 수학책의 인쇄는 사실 매우 일찍부터 이루어졌다. 트레비소에서는 1478년부터 수학책을 인쇄했고, 베네치아에서는 1484년, 바르셀로나에서는 1482년에 수학책이 인쇄본으로 탄생한다. 그런데 15세기 후반에 나온 가장 독창적인 대수학·산술 개론서 『수의 과학 3부』*Triparty*(니콜라 쉬케Nicolas Chuquet 저)는 필사본 형태로만 제작되었다. 이뿐만이 아니다. 당대 최고의 학자였던 레기오몬타누스Regiomontanus(1436~1476)는 인쇄술을 이용할 줄 아는 유명한 수학자 겸 천문학자로, 그의 후견인이 인쇄에 필요한 장비와 인쇄기를 마련해주었으나 자신의 저서 중 일부밖에 인쇄하지 못했다. 그가 쓴 책의 대부분은 사후 출간되었으며 서양 최초로 평면과 구면 삼각법을 정리한 개론서인 『삼각법』*Trigonométrie* 역시 1533년에 가서야 비로소 인쇄본으로 탄생한다.

이렇듯 인쇄술은 이론적 학술 지식의 발달에 있어서는 이렇다 할 중요한 역할을 담당하지 못했다. 반면 기술적 문제에 대한 대중의 관심을 불러모으는 데는 기여한 바가 크다. 기술 관련서는 일찍부터 인쇄본으로 제작되었는데, 1485년에는 알베르티의 『건축론』*Traité d'Architecture*이 출간되었고, 1486년에는 피에트로 데 크레센지의 『농업론』*Traité d'Agriculture*이 나왔다. 1472년에는 발투리오 데 리미니Valturio de Rimini가 쓴 『기계론』*Traité des Machines*의 초판이 출간된 뒤, 1482년과 1483년 베로나에서 재출판되었으며, 1483년에는 볼로냐, 1493년에는 베네치아에서 재출판에 들어갔다. 이 같은 기술 관련서의 인기는 15세기 초, 인쇄술을 포함해 수많은 기술적 진보가 이루어지면서 예고된 변화가 어떤 분위기 속에서 행해지고 있는지를 잘 보여준다. 그 기술 가운데 가장 눈에 띄는 기술이 인쇄술이었음은 두말할 필요도 없다.[7]

인쇄술이 등장한 뒤 50여 년간 제작된 인쇄물의 주요 양상은 이와 같았다. 이러한 사실을 바탕으로 우리는 인쇄술이라는 새로운 텍스트 복제기법의 출현이 미친 영향에 대해 어떤 결론을 내릴 수 있을까?

일단 인쇄술의 출현으로 갑작스럽게 뒤바뀐 것은 아무것도 없었으며 일견 보기에는 당시의 문화도 거의 바뀌지 않은 듯했다. 아니 좀더 정확히 말하자면 당시의 주된 흐름이 바뀐 것은 전혀 없다고 봐도 무방했다. 그런데 중세시대가 남기고 간 뜻깊은 유산인 수많은 필사본을 전부 다 인쇄할 수도 없는 노릇이었고 모든 텍스트를 다 수백 부씩 양산해내는 것도 불가능했다. 따라서 선별작업이 이루어져야 했고, 이 일을 담당한 사람이 바로 서적상이었다. 그런데 이들은 이문을 남기고 책을 판매하는 데 일차적으로 관심을 두었고, 따라서 동시대 사람들에게서 가장 폭넓게 관심을 끌 수 있을 만한 책들을 우선적으로 찾아 헤맨다. 이런 의미에서 인쇄술의 등장은 대량화와 규격화, 획일화가 중심이 되는 문명의 등장으로 한발 다가가는 계기가 된다.

서적상들은 인쇄본을 제작할 원고를 선별하되 15세기 사람들의 입맛에 맞는 책으로 골라야 했다. 따라서 동시대 사람들이 구식으로 취급하는 책들은 영원히 사라진다. 뱅상 드 보베의 백과사전보다 앞서 만들어진 여러 백과사전들, 13세기 이전에 출간된 수많은 신학서들이 자취를 감추었고 문학서도 일부 사장되었다. 중세시대, 위대한 스승을 찾아 여러 학교를 돌아다니며 라틴 풍자시를 짓곤 하던 음유시인 골리아르Goliard들의 운문시도 대부분 폐기되고, 그중 일부만이 운 좋게 살아남아 책의 말미에 백지 채우기 용도로 사용되었다.

하지만 한편으로는 오랫동안 잊혔던 일부 저서들이 간혹 재조명되며 15세기에 새로이 사람들의 관심을 끌기도 했다.[8] 1세기 전부터 이탈리아 인문주의자들이 고대 필사본을 중심으로 열심히 찾아 헤매던 고대 텍스트들 역시 새로이 각광을 받으며 16세기까지 엄청난 인기를 누렸지만, 중세시대에 쓰인 텍스트라도 15세기에 다시금 새로운 이슈로 주목을 받거나 뒤늦게 그 효용적 가치가 되살아나 사랑을 받는 경우가 종종 있었다. 기독교 시인들이 지은 라틴시 또한 필요에 따라 재발굴되기도 했다(가령 필사본이 엄청나게 많았던 알랭 드 릴의 『안티 클라우디아누스』*Anti-Claudianus*나 피에르 드 리가Pierre de Riga의 『오로라』*Aurora* 등도 빠짐없이 인쇄본으로 재탄생했다). 하지만 특히 르페브르 데타플 같은 이가 재조명하려고 애썼던 것은 12세기와 13세기의 신비주의 신학서였다. 수없이 인쇄본으로 쏟아진 이 책들 가운데, 시간이 지나면서 점차 선별이 이루어졌다. 1510년 이후 더는 재인쇄에 들어가지 않은 책들이 부지기수였기 때문이다. 그런데 1450년에서 1500년 사이, 인쇄업 분야에서 자연스레 선별작업이 이루어지는 가운데 수많은 책들이 사라졌고 삽화본도 대거 종적을 감추었다. 이 책들은 16세기 어느 인문주의자의 눈에 띄어 운 좋게 발견이 되거나 아니면 17세기와 18세기의 어느 부지런하고 똑똑한 학자가 발굴해내지 않는 한 계속 그렇게 사장되어 있다가 19세기나 20세기에 이르러서야 비로소 현대 문헌학의 힘을 빌려 다시금 생명력을 얻는다. 가령 그렇게 묻혀 있던 저서들 가운데는 페트라르카가 알고 있던 『엘로이즈와 아벨라르의 편지』*Lettres d'Héloïse et d'Abélard*도 있었고, 이 서신집은 1616년이 되어서야 처음으로 인쇄에 들어간다. 요하네스 스코투스 에리우게나와 로저 베이컨Roger Bacon의 저서들, 루 드 페리에르Loup de Ferrière와 게르베르Gerbert의 서신들, 에크하르트 드 생갈Ekkehart de Saint-Gall의 비망록, 게르베 드 틸뷔리Gervais de Tilbury, 마티유 파리Mathieu Paris, 기욤 드 맘스뷔리Guillaume de Malmesbury 신부 등이 쓴 연대기와 역사서, 일드베르 드 라바르댕Hildebert de Lavardin의 작품, 『롤랑의 노래』 등도 같은 경우였다. 이는 15세기 사람들이 자신들의 관심사와 취향에 따라 작품을 선별한 결과였다.

하지만 이 같은 취향은 전체적으로 보면 인문주의라는 용어로 쉽게 포괄될 수 있을 만한 성질의 것이 못 된다. 그렇다면 이는 인쇄술이 인문주의 운동을 부추기지 않았다는 뜻인가? 물론 그건 아니다. 앞서 살펴봤듯이 고대의 고전들이 로마체를 사용해 보기 좋은 판형으로 제작된 경우는 무수히 많았으며, 특히 이탈리아 인쇄기에서 주로 이 책들이 제작되어 나왔다. 도서거래는 이미 꽤 조직적으로 이루어지는 상태였고 이런 책들은 진작부터 유럽 전역에 두루 알려져 있었다. 바야흐로 알도의 시대가 다가오기 시작했으며 프랑스에서도 알도의 경쟁자들이 생겨났다. 이와 동시에 인쇄술은 정확도를 추구하며 모든 인쇄업자와 독서가들이 기존의 관념에 대해 다시 한번 생각해보게 만든다. 좀더 정확한 인쇄를 추구하고 훌륭한 원고 상태로 텍스트를 출판하려고 하는 등, 이 모든 노력으로 문헌학 연구가 본격화하기 시작한다. 한편 중세 작가들이 자신의 작품에 자기 이름을 넣는 것에 대해 별로 개의치 않았던 반면, 인쇄업자들은 자신이 인쇄하는 작품의 진짜 저자를 찾아 헤맸고, 때로는 이를 날조해 만들어내기까지 했다. 15세기에도 인쇄되는 책들은 대부분 중세 서적의 외관을 했고 꾸며 지어낸 저자의 이름이 들어간 경우도 있었다. 하지만 이 같은 관행은 곧 사라진다. 이때와 다르게 요즘의 작가들은 이제 자신의 작품을 수백 수천 부씩 인쇄해 확산시킬 수 있으며 아울러 자신의 이름을 알리는 일도 수월해졌다. 이는 작가의 창작욕구를 높여주는 중요한 자극제 역할을 하며 이로써 예술가들도 자신의 작품에 서명을 남기고 작가들도 자신의 글에 서명을 남기는 새로운 시대가 온다. 그리고 서서히 작가라는 직업도 이전과 다른 양상을 띠게 된다. 아울러 좀더 폭넓은 대중을 대상으로 한 새로운 작품들이 대거 등장하면서 중세가 물려준 유산들은 서서히 그 비중을 잃어간다.

2. 책과 인문주의

1500~1510년 무렵, 싸움은 이미 인쇄술의 승리로 끝났다. 도서관에서는 필사본이 점점 인쇄본에 밀려 뒤로 물러났고, 1550년경에는 일부 고루한 학자들만이 필사본을 찾았다.

이러한 변화가 나타날 수 있었던 이유는 오직 인쇄기가 굉장히 왕성한 활동을 보여주었기 때문이다. 인쇄기에서 인쇄본이 생산되는 속도는 계속해서 더욱 빨라져만 갔다. 앞에서도 살펴봤지만, 1500년 이전에 제작되어 오늘날까지 전해지는 다양한 출판물의 수는 약 3만에서 3만 5,000종 정도고, 부수로 따지면 1,500만에서 2,000만 부가량이다. 그런데 16세기에는 더 많은 출판물이 생산된다. 이미 언급했던 수치 몇 가지만 다시 떠올려보더라도 이를 잘 알 수 있다. 16세기에 파리에서 출간된 출판물은 2만 5,000종 이상이었고, 리옹에서는 1만 3,000종가량이 나온 것으로 보인다. 독일에서는 4만 5,000종의 출판물이 쏟아졌으며, 베네치아에서는 1만 5,000종이, 네덜란드에서는 16세기 전반에만 4,200종 이상이 만들어졌다. 영국에서는 1640년까지 2만 6,000종의 출판물이 제작되었으며, 그중 1만 종가량이 16세기에 출간되었다.[9] 이로 미루어볼 때, 1500년에서 1600년 사이, 15만에서 20만 종가량의 출판물이 쏟아졌을 것으로 추정된다. 게다가 평균 발행 부수가 1,000부 정도였다고 가정하면, 16세기에는 1억 5,000만 부에서 2억 부가량이 만들어진 셈이니 이 시기 동안 얼마나 많은 책들이 제작되었는지 확실히 알 수 있다. 게다가 이 수치 또한 최소치일 뿐이다. 아마 실제로는 이보다 훨씬 더 많은 출판물이 제작되었을 것이다. 물론 당시의 생산량은 오늘날의 수준과 비교가 안 된다. 지금은 프랑스에서 납본되는 책만 해도 매년 1만 5,000종 이상이며, 평균 발행 부수는 보통 5,000부에서 1만 부 정도다. 여기에 브로슈어나 정기간행물까지 더하면 그 수는 더 많아지고, 발행 부수가 제일 많은 잡지는 50만 부 이상으로 발간된다(이 책이 출간된 1950년대 말의 상황이다—옮긴이). 그러나 16세기의 출판생산량도 이미 상당한 수준이었고, 따라서 이젠 글을 읽을 줄 아는 사람이라면 누구나 인쇄본을 찾아볼 수 있었다. 인쇄본은 세기 초, 고전 문헌의 확산과 이어 종교개혁 사상의 전파에 있어 중요한 역할을 담당한다. 아울러 각국 언어의 기틀을 확립하는 데 기여하고 자국 문학 발전에도 이바지한다.

우선 책을 읽는 독자층에 관한 몇 가지 사실을 짚어보도록 하자.[10] 일단 16세기에는 개인 장서를 구비하려는 사람들이 많아졌으며 이 같은 개인 서고의 규모도 계속 커져갔다. 장서를 보유한 사람이 사망한 후, 공증인이 집계한 전체 재산목록에 포함된 개인 서고목록을 살펴보면 그 당시 프랑스 독자들의 성향에 대한 귀중한 정보를 알 수 있으며, 특히 상류층의 독서 패턴을 엿볼 수 있다.

우선 장서를 보유한 사람들에 대해 알아보자. 15세기 말에서 16세기에 이르기까지 구축된 도서관 가운데 장서목록이 밝혀진 377개 도서관 중 105개는 성직자의 개인 서고였다(교회의 고위 관리나 주교, 대주교, 수도참사회원, 사제 등에게 속한 서고가 52개, 대학의 교수와 학생이 보유한 서고가 18개, 지방 주임 신부나 단순한 신부들이 가지고 있던 서고가 35개였다). 법조인들이 보유한 서고는 이보다 더 많다. 전체 126개 서고 가운데 고등법원 위원과 종심재판소 위원이 보유한 서고가 25개, 조세 관련 소송 재판소 사무관이나 그 대리인이 보유한 서고가 6개, 변호사 보유 서고가 45개, 검사 소유는 10개, 공증인 소유는 15개 등이었다. 예상하다시피 법조인들 소유의 서고 비중은 성직자 소유의 서고에 비해 끊임없이 증가했다.

연도	법조인	성직자
1480~1500	1	24
1501~1550	54	60
1551~1600	71	21

따라서 성직자 고객층의 상대적 비중은 계속 줄어드는 반면, 사회적 지위가 급부상하던 법조계 고객층은 지속적으로 늘어났다. 여러 정부기관과 종심재판소가 몰려 있던 파리에서는 법원서기 조합원의 수만 1만 명에 이를 정도였으므로 파리 지역 고객층의 비중은 특히 더 높았다. 1500년과 1560년 사

이에 집계된 186개 서고 가운데, 109개 서고는 법률학자와 궁정 사무관 소유였고, 단 29개만이 성직자 소유였다. 반면 무관 귀족들이나 투사, 전사 가문 사람들이 서고를 보유한 경우는 별로 없었으며 일반인이나 지방 사람들 역시 마찬가지였다(전체 377개 중 30여 개 수준이다). 그런데 자산가 계급에 속하는 사람들이나 상인들, 직공들은 책을 갖고 있는 경우가 많았고, 때로는 상당히 많은 수의 장서를 보유하고 있기도 했다. 잡화상, 나사 상인, 상아세공사, 피혁제조상, 식료품상, 양모직조공, 치즈상, 철물공, 제과기술인, 피혁상, 염색업자, 구두제조상, 운송인 등이 보유하고 있던 서고는 전체 377개 중 66개로 집계되었다. 물론 저마다 서고를 갖추고 있다고는 해도 그 규모는 제각각이었다. 4,000권의 장서를 갖춘 참사회원 기욤 도툉Guillaud d'Autun 같은 사람의 서고가 있는가 하면, 고작 몇 권의 책밖에 안 꽂혀 있는 작은 규모의 서재도 있었다. 하지만 이 같은 차이에도 불구하고 개인 서고에 소장된 장서의 수는 점점 더 늘어간다. 15세기 말 구축되기 시작한 제일 오랜 역사의 서고 같은 경우 장서의 수가 보통 15~20권 정도로 매우 약소했으며 그 가운데 필사본도 여러 권 끼어 있었다. 그런데 1529년 이후부터는 부유한 파리 상인들이 세상을 떠나면서 170권씩 남기고 죽는 경우도 있었고, 1525년경에는 법률학자나 궁정 사무관이 보유한 대규모 서고도 있었다. 1526년에 고등법원 수사본부장인 필리프 포Philippe Pot가 보유한 서고에는 총 309권의 장서가 소장되어 있었으며, 1529년 고등법원 판사인 프랑수아 드 메둘라François de Médulla는 장서 235권을 보유하고 있었다.

장서의 수는 계속해서 늘어난다. 1550년부터는 500권 이상의 장서를 갖춘 서고 규모가 대법관들 사이에서 흔한 일이 되었으며, 1550년 고등법원 수사본부장 보드리Baudry는 700권의 장서를 끌어모았다. 1554년 고등법원장 리제Lizet가 보유한 장서의 수는 513권이었다. 이 시기부터는 고등법원 소속 위원이나 대법관 재판소 판사, 변호사조차도 상당히 규모가 큰 서고를 갖추지 않은 사람이 없었고 약사나 이발사, 검사 등도 꽤 많은 장서를 지닌 개인 서고를 보유했다.

그런데 여기에서 유념해야 할 부분은 이 같은 서고를 보유한 사람들이 서적상 고객층의 일부일 뿐이라는 점이다. 물론 16세기에는 법률학자나 법조인들이 많았다. 하지만 책을 구입한 사람은 이런 법조계 인사들이나 돈 많은 자산가, 몇몇 상인들뿐만이 아니었다. 좀더 가격이 저렴한 출판물인 연간일정표나 책력, 신앙서, 기도서, 성인들의 전기, 소설 등이 폭넓은 대중 사이에 대거 보급된다. 1522년 자신의 가게에 신앙서와 대중서 5만 권을 갖고 있던 서적상 장 자노Jean Janot 역시 이 같은 대중을 타깃으로 책을 판매했다. 1528년 루아예Royer의 서점에서 팔던 기도서 10만 2,285권이나, 1545년 기욤 고다르Guillaume Godard가 팔던 기도서 27만 1,939권은 모두 같은 독자층을 상대로 했다.[11]

16세기 초의 몇십 년간 인쇄된 출판물들을 살펴보면 이전 시기에 비해 매우 극명한 변화가 나타남을 확인할 수 있다. 물론 종교 관련 도서의 비중은 여전히 우세하다. 심지어 15세기 때보다 더 많은 종교서적이 인쇄되었던 듯하다. 하지만 전체 도서 생산량의 증가분을 봤을 때, 이 가운데 종교서적이 차지하는 상대적 비중은 현저히 감소한다. 이와 동시에 그 당시 인쇄 붐이 일었던 고대 문헌의 끊임없는 증가세가 뚜렷이 나타난다. 스트라스부르 같은 경우, 15세기에 생산된 도서 가운데 종교적 성격의 도서가 차지하는 비중이 50퍼센트 이상이었고, 고대 작가들의 책이 차지하는 비중은 10퍼센트 미만이었으나, 1500년에서 1520년 사이를 살펴보면, 생산된 도서량의 33퍼센트가 그리스와 라틴 작가의 책이거나 인문주의자들의 저서였고, 종교 관련서는 27퍼센트에 불과했다.[12] 파리의 상황을 나타낸 다음 표로 살펴보면, 그 속도가 다소 뒤처지기는 하나 이곳에서도 역시 비슷한 양상의 변화가 나타났음을 알 수 있을 것이다.[13]

연도	전체 생산량	종교서	그리스·라틴 작가 및 인문주의 작품
1501	88	53	25
1515	198	105	57
1525	116	56	37
1528	269	93	134
1549	332	56	204

이 같은 조사결과로 미루어보면 거의 도처에서 비슷한 양상이 나타났으리라 짐작된다. 그 당시 인문주의 정신이 유럽 전역을 휩쓸고 있었음을 감안할 때 이는 지극히 당연한 일이라고 볼 수 있다.

이미 15세기에는 베네치아나 밀라노를 중심으로 이탈리아 인쇄소에서 고전 문헌이 출판되면서, 중세에 잊히지 않고 살아남은 고대 작가들이 인쇄작업 이후 더욱 잘 알려지기 시작했다. 아울러 인문주의자들의 연구로 다시 생명력을 얻은 작가들 역시 제한적인 독자층이나마 다시금 사람들에게 알려지며, 이 같은 움직임은 이후로도 계속 증폭된다. 15세기 말에서 16세기 초에는 알도가 그리스 라틴 학자들의 출판물을 보기 좋게 양산해내고 좀더 읽기 편한 작은 판형으로 책을 제작해 사람들이 더욱 쉽게 책을 찾아볼 수 있도록 노력했다. 곧이어 리옹과 바젤, 스트라스부르, 파리 등지에서는 알도의 출판 형태를 따라 하는 업체들이 도처에서 생겨난다. 인쇄업자들 간의 싸움에 대해서나, 결국 인문주의 인쇄업자들이 승리를 거두게 된 기나긴 이야기에 대해서는 앞서 이미 언급했으므로 여기에서는 더 짚고 넘어가지 않을 생각이다. 다만 그에 따른 몇 가지 결과에 대해서는 환기시킬 필요가 있을 듯하다. 1500년에서 1510년까지 이탈리아는 이 분야에서 현저히 앞서 있었다. 이탈리아 이외 지역에서는 일단 마티아스 쉬러Mathias Schürer와 요한 쇼트가 작업하던 스트라스부르와 조스 바드, 질 드 구르몽 등이 있던 파리를 중심으로 비슷한 양상이 나타났고, 거의 도처에서 소책자로 된 작은 시집이 등장했다. 이탈리아에서 이주해온 안드렐리니, 필리포 베로알도 2세, 망투안Mantouan 등의 유명 작가와 그 제자들이 쓴 라틴 문학의 표본이 작은 책자로 인쇄되어 나온 것이다. 로렌초 발라의 『정밀한 어법』 같은 경우는 굉장한 성공을 거두기도 했다. 특히 전통적인 라틴어 입문서는 조스 바드나 에라스무스 등의 노력으로 한결 '신선'해지고 새로운 개론서로 대체되기도 했다. 데포테르 문법서도 엄청난 성공을 거두고, 타르디프Tardif나 리나크르Linacre의 문법서, 울리히 폰 후텐의 『작시법』*Ars versificatoria*, 니콜로 페로토Niccolô Perotto의 『초급 라틴어』*Rudimenta*도 마찬가지로 인기를 끌었다. 곧이어 새로운 사전들이 등장하는데, 칼레피노Calepino의 사전이나 페로토의 『코르누코피아』*Cornucopia*(풍요의 뿔)가 이에 해당하며, 이후 로베르 에스티엔이 제작한 『라틴어 유의어사전』*Thesaurus latinus*은 스테디셀러로 인기를 끈다.

이와 동시에 고대 문헌을 찾는 독자층도 점점 더 넓어지고, 15세기에 이미 인기를 끌었던 책들의 독자층도 더욱 확대된다. 가령 테렌티우스의 인기도 전보다 더 높아지면서 기 주에노Guy Jouenneaux와 조스 바드가 작업해 1493년 트레셸 출판사에서 나온 판본 하나만 해도 1517년까지 약 25년간 서른한 차례나 재인쇄에 들어갔다. 15세기에 이미 161번이나 인쇄되었던 베르길리우스의 여러 작품들도 16세기에는 263번이나 더 인쇄되었다(수많은 번역본에 대해서는 말할 것도 없다). 핵심적인 라틴 작품들은 모두 서서히 도처에 확산되었고, 1500년 이전에는 드물게만 출간되었던 타키투스의 작품 역시 수십 차례 출간된다. 1525~1550년 동안에는 파리의 장서가들 대부분이 대규모 라틴 고전 컬렉션을 구비하고 있었으며, 애가哀歌 시인으로는 특히 카툴루스, 티불루스, 프로페르티우스 등을 편애했고, 풍자문학 쪽에서는 호라티우스나 특히 페르시우스 등이 인기가 많았다(1499년 조스 바드가 출간했던 판본은 1516년 이전까지 열다섯 차례나 재출간되었다). 역사가들 가운데서는 살루스트, 리비우스, 수에토니우스, 카이사르 그리고 특히 발레리우스 막시무스 등이 장서가들의 사랑을 받았다.

라틴 작가들에 이어 그리스 작가들도 인기가 많았는데 여기에서도 알도가 결정적인 추진제 역할을 한다. 그리스 문학과 관련해서는 인쇄업자들에게 한 가지 기술적인 문제가 제기되는데, 바로 그리스어 알파벳을 제작하는 일이었다. 그리스어 자모는 라틴어 자모보다 기호의 수가 더 많기 때문에 그리스어 알파벳의 제작은 실로 골치 아픈 문제였다. 글자에 강세부호와 숨표인 기식부호가 붙는 것을 감안하면 모두 한 블록으로 처리해 알파벳을 만들어야 그럭저럭 만족스러운 결과물을 얻을 수 있었다.

그리스어가 인쇄본에 들어가는 경우는 주로 인용구가 삽입될 때였으며, 특히 키케로의 작품을 인쇄할 때 이 같은 그리스어 인용구가 많이 들어갔다.[14] 처음에는 활판인쇄기술자들 대부분이 이 같은 인용문을 라틴어로 옮겨 적거나 그 자리를 공란으로 남겨두어 나중에 손으로 직접 그리스어를 써넣었다. 하지만 1465년부터는 일부 인쇄기술자들이 강세부호도 기식부호도 넣지 않고 원시적인 형태로 그리스어 활자를 몇 개 주조하는 시도를 보인다. 대개는 이렇게 주조한 그리스어 활자를, 그리스어 자모와 가장 비슷한 라틴어 자모에 결합해 하나의 완전한 알파벳을 얻었다(가령 α의 대문자로 라틴어의 A를 사용하거나, σ 또는 ς 대신 c를 사용하는 식이었다). 맨 처음 이렇게 그리스어 활자를 만들어 쓴 인쇄업자들은 아마 (1465년 10월 30일 락탄티우스 작품의 작업 시) 수비아코의 인쇄업자들, (1465년 키케로의 『의무론』 출판 시) 페터 쇠퍼 정도였을 것으로 추정된다. 이후 이탈리아의 수많은 인쇄업자들도 이 같은 선례를 따랐다. 한Hahn과 리냐미네Lignamine가 1470년 로마에서 작업한 인쇄본이나 1471년 벤델린 폰 슈파이어가 베네치아에서, 차로토Zarotto가 밀라노에서 작업한 인쇄본, 이어 1474년 페라라에서 작업된 인쇄본과 1476년 비첸차Vicenza에서 작업된 인쇄본 등을 찾아보면 책 속의 인용문에서 그리스어 활자가 등장한다. 1474년부터는 이탈리아에서 새로운 시도가 나타난다. 책을 완전히 그리스어로만 인쇄하거나 아니면 왼쪽 단에는 그리스어 원어를 인쇄하고 오른쪽 단에는 라틴어 번역본을 실어 인쇄하는 것이다. 1474년 무렵, 브레샤Brescia의 토마스 페란두스Thomas Ferrandus는 이와 같은 방식으로 『개구리와 쥐의 싸움』*Batrachomyomachia*을 펴내고, 1476년부터는 디오니시우스 팔라비시누스Dionysius Palavicinus, 보누스 아쿠르시우스Bonus Accursius, 이어 헨리 신첸젤러Henri Scinzenzeler 등이 밀라노에서 그리스어 인쇄본을 직접 인쇄하거나 혹은 다른 업자를 시켜 출간한다. 이 시기부터는 밀라노, 피렌체, 베네치아 등을 중심으로 이탈리아 거의 도처에서 그리스 고전이 원어로 출간된다. 세기말이 되면 이탈리아 이외 지역에서도 그리스어 인쇄본을 제작하고, 이탈리아 업자들의 예를 따라 독일과 프랑스의 활판인쇄공들도 일단은 그리스어 인용문의 인쇄를 위해 그리스어 몇 글자만 활자로 주조한다. 1486년부터는 바젤의 아메르바흐도 수많은 그리스어 인용문을 넣어 피렐포의 서신집을 출간하고, 데벤테르의 리샤르 파프뢰Richard Paffroet(1488)와 자크 드 브레다Jacques de Bréda(1496) 역시 그 뒤를 따랐다. 1492년에는 코베르거가 제작한 베르길리우스 작품의 한 판본에 대한 주석에서 그리스어 인용구가 등장한다. 리옹의 출판물에서는 (트레셸에서 나온 책들을 중심으로) 1492년부터, 그리고 파리의 출판물에서는 (게링과 랑볼트가 작업한 책들을 기점으로) 1494년부터 몇몇 그리스어 단어가 등장한다. 하지만 1510~1520년 무렵이 되어야만 이탈리아 이외 지역에서도 완전히 그리스어로 인쇄된 책이 출간된다. 파리에서는 1507년 질드 구르몽이 프랑스 인문주의자 티사르Tissard의 지도하에 그리스어 알파벳을 제작하고, 이때 강세부호와 기식부호는 별도로 만들어 조판작업 때 결합하는 식이었다. 이를 이용해 알도 판 테오크리토스를 재인쇄하고, 1512년에는 강세부호와 기식부호를 함께 넣어 완전한 그리스어 활자를 주조한다. 그런데 1511년에 비텐베르크의 요한 라우-그루넨베르크Johann Rhau-Grunenberg는 일부 그리스어를 사용해 『그리스어 문자 입문』*Εἰσαγωγή πρόςτῶν γραμμάτων ἑλλήνων*을 제작하고, 1513년에는 라틴어 번역본과 함께 『개구리와 쥐의 싸움』을 출간한다. 이때부터 그리스어 인쇄본의 제작이 탄력을 받는데, 초기 그리스어 제작본에서 원시적인 형태로 사용하던 그리스어 알파벳이 좀더 매끄러운 활자의 형태로 대체된 것이다. 히메네스 추기경이 『신약성서』와 『다국어 성서』(1514~1517) 제작을 위해 그리스어 활자를 새기도록 했고, 수많은 대형 출판업자들도 상당한 분량의 라틴 고전 출판물을 보유하기 시작하는 한편 그리스 텍스트의 출간을 시도한다. 이에 따라 대개 알도의 활자 형태를 따라 한 새로운 그리스어 활자 형태가 여기저기에서 나타난다. 뉘른베르크의 콘라트 셀티스Conrad Celtes, 스트라스부르의 마티아스 쉬러Mathias Schürer, 아우크스부르크의 요한 밀러Johann Miller, 라이프치히의 발렌틴 슈만Valentin Schumann, 쾰른의 세르비코르누스Cervicornus, 소터Soter, 김니히Gymnich, 포르츠하임Pforzheim, 튀빙겐, 아그노 등지에서 활동하던 토마스 안셀름Thomas Anshelm, 그리고 특히 바젤의 프로벤 등이 그리스어 활자를 사용했다. 프로벤은 독일과 프랑스에서, 특히 파리와 리옹 인쇄업자들에게 이 활자를 판매했다. 여기에서 한발 더 나아가 프랑수아 1세는 파리 내 그리스학 연구의 발전을 장려하려는 생각으로 '왕의 그리스어'Grecs du Roi라는 그리스어 활자체를 주조하도록 지시한다(1541~1550). 이 활자체는 크레타 출신 작가 안젤로 베르게치오Angelo Vergecio의 필체를 본뜬 것으로, 훗날 에스티엔과 더불어 파리의 수많은 인쇄업자들이 사용하는 활자체가 된다.

이상의 몇 가지 사실들을 살펴보면 헬라어 지식이 어떻게 확산되었는지 그리고 그리스 작가들의 글을 그리스어 원전으로 소유하려는 독자층이 어떻게 서서히 형성되었는지 알 수 있다. 베네치아의 알도 같은 경우, 일단 문법 개론서의 출간과 그리스어 학습을 수월하게 해주는 간단한 입문서의 출간에 관심을 가진 뒤 이어 본격적인 그리스어 작품의 출간에 힘쓴다. 파리의 질 드 구르몽과 스트라스부르의 마티아스 쉬러 역시 좀더 원시적인 인쇄 도구를 가지고 작업하며 알도와 비슷한 길을 간다. 이러한 체계적인 노력에 힘입어 그리스어에 대한 지식이 깊이를 더하고, 1525년경부터는 이탈리아 이외 지역에서 그리스어에 대한 연구가 본격적인 활기를 띤다. 옥스퍼드와 루방, 알칼라, 파리 그리고 독일 여러 도시에서는 정식으로 교육과정이 생겨났다. 파리에서는 조스 바드와 그에 뒤이어 시몽 드 콜린, 앙투안 오주로, 크레티앙 베셸, 에스티엔 등이 그리스물의 출판을 늘려갔다. 1530년 클레나르Clénard는 파리에서 불과 며칠 만에 『그리스어 교본』*Institutiones linguae graecae* 500부를 팔았다고 적고 있다. 이 말은 언뜻 보기에는 믿기 어려워 보일 수도 있다. 하지만 같은 해, 프랑스에서는 그리스 작가 40명의 작품이 인쇄에 들어갔으며, 그 가운데 32개 작품은 원어로 출간되었다. 라틴 고전 작품이 출간된 수가 33개임을 감안하면 적지 않은 수다. 1549년에도 파리에서는 그리스어로 33개 작품이 출간되었으며, 이에 반해 라틴어 작품은 번역본을 제외하고 40여 개 정도였다. 따라서 16세기 초, 인쇄술은 유럽 전역에서 좀더 폭넓은 대중이 고대의 라틴 고전 작품, 이어 그리스 고전 작품을 접할 수 있도록 해주었으며, 히브리어권 작품도 어느 정도는 맛볼 수 있게 해주었다.*

히브리어와 그리스어, 라틴어 3개 언어를 동시에 구사할 줄 아는 것은 그 당시 인문주의자들의 이상이었다. 그리고 실제로도 네브리하, 로이힐린, 기다세리우스, 뮌스터, 클레나르 등 수많은 인문주의자들이 이 같은 이상을 실현했다. 프랑스에서도 상황은 마찬가지였다. 발라블이 히브리어를 가르쳤던 3개 언어 왕립학교 콜레주 루아얄Collège royal 또한 이 같은 목표를 추구했기 때문이다. 1520~1530년에는 히브리어에 관한 지식이 상대적으로 더 널리 퍼져나갔다.[15]

그리스어를 배우기 위해 인문주의자들은 투르크제국의 침입을 피해 망명 온 비잔틴제국 출신 문인들을 찾아갔다. 이제 히브리어를 배우기 위해 이들은 유대인을 찾아간다. 유대교로 개종하려는 것이 아니냐는 일각의 의심스러운 눈초리와 로이힐린의 적대 세력처럼 유대 문화라면 질색을 하던 이들의 편견에도 불구하고 이들은 과감히 유대인을 찾아가서 히브리어를 배우고자 노력한다.

이런 상황이었기 때문에 일찍이 수많은 주해서, 신학서, 언어학서 등에서는 그리스어의 경우와 비슷하게 히브리어 활자로 된 단어나 문장을 찾아볼 수 있었다. 하지만 예상과는 달리 히브리어 인쇄물의 경우, 대부분 유대인을 위해, 유대인에 의해 제작되었다. 인문주의 인쇄업자들이 유대인 학교에 들

* 히브리서와 관련한 부분은 모셰 카탄이 제공해준 내용을 기준으로 집필했다.

어가는 경우도 많았지만, 플랑탱이 2,500~3,000부 정도로 제작한 히브리어 성서 같은 경우는 기독교 학자들을 위해서라기보다 유대계 독자층을 위해 만들어진 듯했다.

유대인들이라고 해서 인쇄술의 발명에 무관심하지 않았으며, 히브리어는 유대 문화의 근간을 이루고 있는 언어였다. 유대인이 읽고 쓰는 문자는 모두 히브리어로 되어 있었으며, 심지어 많이 배우지 못한 사람이나 여자들까지도 말할 때는 보통 자신이 살고 있는 지역의 방언을 썼지만 글을 읽고 쓸 때는 모두 히브리어를 사용했다. 유대교 의식을 철저하게 지키던 유대인들은 자녀 교육도 결코 등한시하지 않았으며 경전 공부를 하지 않은 채 하루 일과를 끝마치지 말라는 계율을 준수했다. 그렇기에 이들은 종교적 텍스트건 비종교적 텍스트건 이미 수많은 필사본을 보유하고 있었다. 따라서 학술 문헌이나 기도 의식, 종교 계율서 등을 저렴한 가격에 보급할 수 있도록 해주는 활판인쇄술은 저들로서도 반가운 소식이 아닐 수 없었다. 더군다나 인쇄술을 사용하면 필경사들이 손으로 써서 공급하던 책보다 더 오류가 적고 심혈을 기울인 책을 받아볼 수 있었다. 그리고 이제는 책에 관한 주석이나 해설 또한 편리하게 끼워넣을 수 있게 된 것이다.

최초의 히브리어 인쇄본이 탄생한 곳은 물질적으로 가장 앞서 있던 에스파냐와 이탈리아의 유대계 사회에서였다. 이 두 곳에서는 히브리어 인쇄산업의 발전이 거의 동시에 이루어졌다. 최근 몇십 년간 이루어진 연구에 따르면 사실 유대인 사회에서는 이탈리아가 인쇄술의 요람이 아니었다. 물론 연대가 밝혀진 최초의 히브리어 인쇄본은 살로몽 드 트루아Salomon de Troyes(혹은 라시Rachi)가 쓴 모세 5경 주석본Reggio Calabria(1475)으로, 이는 이탈리아에서 나온 것이었다. 하지만 만토바에서 코나Conat라는 자가 인쇄한 히브리서나 혹은 정확한 출처는 알려지지 않았지만 로마에서 제작된 것으로 여겨지는 히브리서 등 연대 미상의 다른 책들이 이보다 앞서 나왔을 것이라는 게 어느 정도 신빙성 있는 가설이다. 에스파냐에서 제작된 최초의 히브리어 인쇄본 또한 이와 거의 비슷한 시기에 출간되었다(앞의 솔로몬 주석본과 같은 것으로, 에스파냐 동부 테루엘 지방의 몬탈반에서 제작되었다).

1492년에 에스파냐에서 유대인이 추방되면서 히브리어 인쇄본의 역사는 그 1장을 갑작스럽게 마감한다. 포르투갈의 유대인들은 기독교인들보다 7년 앞선 1487년에 인쇄를 시작했으며, 한때 기독교에 인쇄 주도권을 넘겨주기도 한다. 그런데 1498년에는 포르투갈에서 추방되거나 아니면 강제로 개종해야 하는 신세가 된다. 이에 따라 히브리어 인쇄업은 이탈리아를 중심으로 발전할 수밖에 없었다. 히브리어 인쇄본을 제작하는 인쇄소가 이탈리아 여러 도시에 설립되었고, 가장 유명한 곳은 만토바 인근의 손치노Soncino에서 운영되었다. 그리고 저 유명한 유대계 인쇄 명가 손치노 가문이 탄생한 곳도 바로 여기였다.[16]

그런데 간혹 독일과 스위스, 포르투갈, 프랑스, 영국 등지에서도 주석본이나 신학서, 문법서 등 인문주의자들의 작품을 중심으로 히브리어 단어가 몇 개 발견되었다. 이와 관련한 최초의 사례는 1475년 에슬링Essling에서 인쇄된 페트루스 니그리Petrus Nigri의 『믿음 없는 유대인에 대한 반론』*Tractatus contra perfidos Judeos*이었다. 하지만 토마스 무르너Thomas Murner가 프랑크푸르트에서 완벽한 히브리어 전례서를 펴낸 것은 1512년의 일이었으며, 이어 1530년에 이르러서야 비로소 유대인 하임 슈바르츠Hayim Schwarz와 다비드 피스David fils가 모세 5경을 출간한다. 1533년에 하임 슈바르츠는 다른 출자자와도 손을 잡고 아우크스부르크에서 라시의 필수적인 주석본을 인쇄하고, 이어 이는 바이에른 지방의 이헨하우젠Ichenhausen, 프랑크푸르트 근처의 헤데른하임Heddernheim에서 다시 발견된다.[17]

유대인들이 1512년 프라하에 인쇄업 중심지를 형성하고, 이어 할리치Halicz 가문이 크라코프에 인쇄소를 설치한 폴란드에서도 유대계 인쇄 중심지가 탄생한다(1534). 1551년부터는 신자들을 위한 기도 전례서도 발간된다.[18]

프랑스 리옹에서는 1488년 무렵부터 베르나르 드 브라이덴바흐Bernard de Breydenbach의 『순례기』*Peregrinationes*가 출간되고, 이어 1526년에 상테스 파니누스Sanctes Pagninus의 『용어색인집』*Concordance*이 나온다. 파리에서 히브리어가 발견되는 최초의 인쇄본은 프랑수아 티사르가 쓴 문법서로, 질 드 구르몽이 출간한 것이었다(앞에서도 살펴봤지만, 질 드 구르몽은 파리에서 최초로 그리스어 활자를 만들어 쓴 인쇄업자였다). 1520년에 구르몽은 다비드 킴히David Kimhi의 한 소논문을 인쇄하고, 이어 성서의 일부도 히브리어로 인쇄한다. 파리의 구르몽과 베셸, 리옹의 세팔롱Céphalon과 그리프 등을 중심으로 히브리어 서적의 인쇄가 이루어졌고, 이어 로베르 에스티엔 1세도 오늘날 최고의 걸작으로 손꼽히는 히브리어 성서를 제작했다.[19]

프랑스에서와 마찬가지로 스위스나 네덜란드의 수많은 인문주의자들도 히브리어를 연구했다. 1516년부터는 바젤의 프로벤이 히브리어 시편집을 출간했고, 1526년부터는 취리히에서도 히브리어 활자가 사용되었다. 다만 취리히에서 완전히 히브리어로 작성된 인쇄본 『유대교 간략사』*Josippon*가 나온 것은 20년 후의 일이었다. 루방과 안트베르펜에서는 히브리어 단어가 몇 개 포함된 개론서가 나온 것을 제외하면 히브리어 인쇄본이 거의 출간되지 않았다. 그런데 안트베르펜의 기독교 인쇄업자 다니엘 봄베르크Daniel Bomberg는 1517년 베네치아에 인쇄소를 차리고 인쇄업을 시작했는데, 그가 단순한 취미와 관심에서 유대인 교정사들과 인쇄기술자들의 도움을 받아 히브리어 인쇄물의 작업에 뛰어들었다는 내용이 판권장에 기록되어 있다. 최초로 완전한 탈무드 인쇄본을 작업한 것도 바로 다니엘 봄베르크였다. 그는 본문의 오른

쪽과 왼쪽에 각각 라시의 해석과 일명 '토사포스'Tossafoth(첨언, 부가 등의 뜻—옮긴이) 무리라 불리는 그 제자들의 주석을 달아두었다. 봄베르그의 형식으로 완성된 탈무드는 오늘날까지도 그 형태가 유지된다(탈무드의 판형은 페이지 번호와 본문 배열구조까지도 봄베르크의 형식을 충실히 지키고 있다).[20] 1517년에서 1549년까지 봄베르크는 총 250종의 히브리어 인쇄본을 제작했으며, 그 가운데 이 탈무드는 기념비적인 작품으로 남아 있다. 봄베르크는 200명의 유대인 인쇄기술자를 고용했으며, 저 유명한 독일계 이탈리아 인쇄기술자 코르넬리우스 아델킨트Cornelius Adelkind가 이들을 이끌었다.

히브리어 출판물의 수는 15세기에는 200개, 16세기에는 4,000개가 나온 것으로 집계된다. 지금까지 전해져오는 것들 가운데 100종 이상이 이탈리아에서 인쇄되었으며, 그 외에는 단 한 권을 빼고는 모두 이베리아 반도에서 만들어졌다(3분의 2가량은 에스파냐에서, 나머지 3분의 1은 포르투갈에서 출간되었다).[21] 대개 히브리 고전 문헌이 주를 이루었고, 동시대 작품은 세 개를 넘지 않았다. 성서의 경우, 전체가 인쇄된 것은 네 번이고 부분적으로는 서른 번 인쇄되었다. 탈무드에서 일부만 따로 빼내어 편집 출간한 판본은 27개 정도로, 17세기가 되어야 비로소 완간본이 등장한다. 유대교 구전 율법서 『미슈나』*Mishna*도 두 개 판본이 발견되었다. 성서 주석본, 특히 모세 5경 주석본은 본문에 주석이 달린 형태를 제외하고도 15종이나 집계되었다. 주석본의 저자는 대개 에스파냐와 프랑스 출신이었으며, 앞에서도 몇 번 나왔지만 트루아 지방의 솔로몬(혹은 라시)의 주석본이 주를 이루었다. 히브리서 주석본에 있어 라시는 독보적인 위치를 차지하고 있었는데, 이탈리아에서만 다섯 차례 출판되었고 에스파냐와 포르투갈에서도 각각 세 번과 한 번씩 그의 책이 출간되었다. 유대교 율법서와 결의론서의 출판 비중 역시 높았다. 이 분야에서는 모두 27종의 도서가 집계되었으며, 그중 유대 법전 편집자 야곱 벤 아쉐르Jacob fils d'Aser가 쓴 『아르바 투림』*Arba'a tourim*(혹은 『4단서』*Quatre Rangées*)의 완간본 혹은 부분 출간본이 16개였고, 마이모니드Maïmonide의 『미쉬네 토라』*Mishneh Torah*(혹은 『제2의 법』) 판본이 다섯 개, 모세 벤 야곱Moïse de Coucy의 『간편 계율서』*Petit livre des préceptes* 판본이 두 개였다. 기도서도 14개가 집계되었는데, 여기에 의식에 관한 해석본 하나와, 전례서 내용과 함께 달력을 포함한 판본이 더해지고, 달력 하나만도 두 가지 버전이 존재했다. 따라서 신앙 관련 서적은 전체 히브리어 출판물 가운데 80퍼센트 이상을 차지한다. 그도 그럴 것이, 유대교에서는 종교적 의무를 완수함에 있어 탈무드 연구가 예배당에서의 의식보다 더 중요시되기 때문이다. 나머지는 문법서와 사전(6권), 시집과 철학서 등의 문학서(12권), 여행기, 역사서, 의학서(각 1권) 정도다. 16세기에는 네브리하가 알칼라에서 작업한 다국어 성경, 플랑탱이 안트베르펜에서 펴낸 성서, 로베르 에스티엔이 출간한 히브리어 성서 등과 같은 성서의 출판 이외에도 인문주의의 영향으로 히브리어 입문서와 문법서가 많이 출간된다. 1497년과 1529년 사이에는 모두 28개의 문법서가 출간되었으며, 그 가운데 로이힐린Reuchlin, 네브리하Nebrija, 카피통Capiton, 요한 에크Jean Eck, 클레나르Clénard, 상테스 파니누스Sanctes Pagninus, 엘리아 레비타Elia Levita, 세바스티안 뮌스터Sebastian Münster 등의 책이 유명하다. 이를 통해 그 당시 히브리어를 연구하는 일이 그리스어의 연구만큼이나 명예로운 일이었음을 알 수 있다.[22]

시간이 갈수록 이러한 책들은 좀더 폭넓은 독자층의 관심을 끌었으며, 비록 고대 언어에 대한 지식은 별로 없는 독자라도 인쇄술의 보급에 따라 언어 지식이 차츰 쌓여갔고, 인쇄산업의 발달로 대중은 독서에 대한 흥미까지 느끼게 되었다. 그런데 독서시장이 서서히 포화 상태에 이르자 인쇄업자들은 독자층을 더 넓히는 데 온 관심을 기울였다. 특히 이러한 변화는 번역물이 많아짐으로써 더욱 두드러지게 나타난다. 특히 1520년부터 출판업자들은 기존에 운영해오던 인쇄소의 용도를 번역작업실로 바꾸는 경우가 많아졌다. 대표적인 예가 리옹의 장 드 투른이었다.[23] 따라서 아직 성장 단계에 있던 각국의 언어는 수많은 번역자들의 작업을 바탕으로 고대 언어와 접촉하며 더욱 풍요로워지고 세련되게 발전한다.

이탈리아에서 태동한 이 같은 움직임은 프랑스에서 특히 극명하게 드러난다. 프랑스의 왕들은 번역사업을 더욱 장려하고, 자국어 사용을 확대하려 노력한다. 그럼으로써 통일정책을 꾀한 것이다. 1539년에 빌레-코트레Villers-Cotterêts 칙령이 내려지면서 모든 사법 공문서 작성 시 프랑스어의 사용이 의무화된다. 번역사를 지원·장려하는 것은 사실 나라에서 흔히 사용하는 정책이다. 프랑스의 경우 루이 12세와 이어 프랑수아 1세가 이 같은 번역 장려책을 쓴다. 루이 12세는 클로드 드 세이셀Claude de Seyssel에게 번역업무를 맡기고, 프랑수아 1세가 퐁텐블로 도서관에서 이를 발굴해 인쇄본으로 펴낸다. 하지만 번역작업이 더 확대된 것은 프랑수아 1세가 왕위에 올랐을 때다. 그리고 이때부터는 왕령에 따라 시행되는 번역작업이 늘어나고, 이렇게 만들어진 번역서는 굉장한 성공을 거두는 경우가 많았다. 가장 왕성하게 활동했던 번역가들 가운데는 상징적인 인물이 많은데, 기욤 드 세이셀Guillaume de Seyssel이나 그와 동시대에 살았던 믈랭 드 생줄레Mellin de Saint-Gelais 외에도 기욤 미셸 드 투르Guillaume Michel de Tours, 마로Marot, 아미요Amyot, 드 바이프de Baïf, 돌레Dolet 등을 예로 들 수 있다.

이에 따라 프랑스에서는 16세기 초부터 고대 작가들의 번역본이 점점 더 늘어났다. 하나의 통일국가로서 인구도 많고 부유한 프랑스였기에, 서적상들은 그 같은 번역본을 판매하기 위한 충분한 고객층을 확보할 수 있었다. 하지만 영국이나 에스파냐에서는 이 같은 움직임이 좀더 더디게 나타난다. 특히 프랑스보다 인구가 적은 영국 같은 경우, 서적상들은 16세기 후반쯤 가야 필요한 고객층을 찾게 된다. 1550년 이전에는 고전 작가들의 작품 43개 정도만 영어로 출간되었으나, 1550~1600년 사이에는 고전 작품 119편이 영어로 번역 출간된다.[24] 그 외 독일 같은 경우는 종교개혁 시기라 고전 작품을 번역하려는 움직임이 그리 두드러지지 않았고, 언어 불모지였던 네덜란드 역시 기사소설이나 신앙서같이 가장 대중적인 책들만 세속 언어로 인쇄하려는 움직임이 나타난다.

번역이 제일 많이 이루어진 고전 작가들은 일단 예전부터 그 인기가 사그라지지 않고 흥행성이 가장 확실한 작가들로, 베르길리우스 같은 경우가 대표적이다. 특히 베르길리우스의 번역본은 16세기 내내 수도 없이 쏟아졌고, 263회나 재출간이 이루어졌던 그의 다양한 작품들은 이탈리아에서만 72개(15세기에는 6개)의 번역 판본이 존재한다. 프랑스어 판본은 15세기에 1개, 16세기에 27개가 제작되었으며, 영어본은 11개(15세기 1개), 독어본은 (15세기 이후) 5개, 에스파냐어본은 (15세기 이후) 5개, 플랑드르어본은 (15세기 이후) 2개 등이다.[25] 오비디우스는 베르길리우스보다 한 수 위였다. 오비디우스의 작품은 번역이 꽤 자유롭게 이루어진 편이었고, 『변신』의 각색본은 그 수를 헤아릴 수 없을 정도다. 그 외에도 주요 고전 작가들의 작품 대부분이 번역본으로 출간되었으며, 역사 쪽에서는 특히 카이사르, 수에토니우스, 플라비우스 조제프, 타키투스, 발레리우스 막시무스, 플루타르코스, 에우세비우스, 폴리비오스, 헤로디아누스, 파울루스, 크세노폰, 투키디데스 등의 작품을 중심으로 번역이 이루어졌다.

이후로는 누구나 고대의 작품들을 읽을 수 있게 되었다. 인쇄술의 발전이 가져온 결과였다. 때로는 작품을 알리는 데 있어 번역본이 원본보다 더 큰 역할을 하기도 했다. 1578년까지만 해도 프랑스에서 플라톤의 작품은 모두 그리스어로만 출간되었고, 라틴어 번역본이 함께 나온 것도 그 이후의 일이었다. 프랑스에서 플라톤의 작품이 알려진 것은 부분적인 그리스어 편집본을 통해서라기보다, 16세기 초반 프랑스에서만 다섯 차례 증쇄에 들어간 마르실리오 피치노Marsilio Ficino의 라틴어 번역본과, 이어 그리프Gryphe, 드 투른de Tournes, 바스코장Vascosan 등이 출간한 일부 대화편의 프랑스어 번역본을 통해서였다.

이렇듯 고대 작품들의 번역본을 양산하는 데 힘썼던 인문주의자, 문헌학자, 작가, 인쇄업자들이 그대로 성서의 번역에 뛰어들었던 것도 지극히 당연한 귀결이다. 이 같은 움직임의 규모가 어느 정도였고 그 결과가 무엇이었는지는 뒤에 가서 자세히 살펴보기로 한다. 인문주의와 더불어 발전한 신 라틴 문학작품 가운데 가장 각광받던 텍스트들의 번역도 당연히 이루어졌다. 몇 가지만 예로 들면, 만투아노의 시집이나 토머스 모어Thomas More의 『유토피아』*Utopia*, 포조 브라치올리니Poggio Bracciolini의 『농담』*Facetiae*, 그리고 특히 파올로 에밀리Paolo Emili, 파올로 지오비오Paolo Jiovio, 구이치아르디니 같은 역사학자들의 작품 등이 있다.

라틴어를 현대어로 바꾸는 번역뿐만 아니라 현대어를 다른 현대어로 바꾸는 번역도 이루어졌다. 그 당시 이탈리아의 인문주의자와 시인들의 작품은 유럽 전역에서 엄청난 영향력을 미치고 있었는데, 오래전부터 이들은 자국어인 이탈리아어로 글을 써왔다. 국내에서 점차 자국어의 사용이 확대되는 가운데, 이탈리아와 에스파냐어로 쓰인 작품이 프랑스어나 영어, 독일어 번역본으로 제작되는 경우가 많아졌다. 페트라르카와 보카치오의 작품은 도처에서 번역이 이루어졌고, 이전 세기부터 꾸준히 사랑받아오던 세바스티안 브란트의 작품 『바보배』*Das Narrenschiff*도 마찬가지로 번역 출간되었다. 유럽 전역에서 번역이 이루어진 이탈리아와 에스파냐 작가들의 무수한 번역본에 대해 여기에서 일일이 목록을 열거할 수는 없다. 가장 유명하고 크게 인기를 끌었던 작가들 가운데 몇 명만 열거해보면, 산나차로, 벰보, 마키아벨리, 아리오스토Ariosto, 타소Tasso 정도의 이름을 들 수 있다. 마르실리오 피치노의 플라토닉 연애론에 영향을 받은 책들도 꽤 인기를 끌었는데, 카비체오가 쓴 『순례기』*Libro del Peregrino*, 레온 에브레오León Hebreo의 『연애』*Le Traité de l'Amour*, 그리고 특히 발다사레 카스틸리오네Baldassare Castiglione가 완벽한 궁중인의 이상형을 묘사한 『궁중 예법서』*Libro del Cortegiano* 등을 예로 들 수 있다.[26] 그리고 이에 뒤이어 『갈리아의 아마디스』가 등장하며 그 정점을 찍는다. 각국의 수많은 번역가들이 활약해준 덕분에, 자국어로 쓰인 문학이 급격히 발전하던 상황에서도 유럽 전체적으로는 비슷한 색깔의 문화가 유지된다. 간혹 원어로 쓰인 출판물보다 번역본의 수가 더 많을 때도 있었다. 에스파냐 문학을 중심으로 몇 가지만 예를 들어보면, 게바라Guevara가 쓴 『마르쿠스 아우렐리우스 비망록』*Libro aureo de Marco Aurelio*은 1529년 에스파냐어로 출간되어 1579년까지 모두 서른세 차례 인쇄된 책이다. 1530년 프랑스어로 번역되고 1532년 영어 번역본이 나온 뒤, 이 책은 프랑스어 번역본으로 스무 차례 이상 출간되고, 영어본으로는 다섯 차례 재출간되었다. 마찬가지로 1492년에 나온 디에고 데 산 페드로Diego de San Pedro의 『사랑의 감옥』*Carcel de amor* 역시, 에스파냐어 판본이 15개, 프랑스어와 에스파냐어를 함께 쓰거나 프랑스어로만 번역한 책이 12개 정도 되었고, 이탈리아어 번역본 10개와 영어본 1개가 제작되었다. 페르난도 데 로하스Fernando de Rojas가 쓴 유명 희곡 『셀레스티나』*Celestina*의 판본은 에스파냐어 60개, 프랑스어 12개, 이탈리아어 11개, 독일어 3개, 네덜란드어 3개, 라틴어 2개, 영어 2개, 카탈루냐어 1개 등이었다. 라틴어가 점점 퇴색되고 자국어로 쓰인 문학이 발전하면서 도서시장이 서서히 세부적으로 분화되는 양상을 보이는 것은 17세기가 되고 난 후의 일이다. 특히 정치적·종교적 목적의 검열제도가 발달하면서 도서시장이 점차 세분화하고, 유럽 각국의 문학 경계 사이에도 실로 벽이 생기게 되었다.

이렇듯 16세기부터는 그 시대에 쓰인 일부 책들이 굉장히 폭넓은 독자들을 만나게 된다. 이 책들 가운데 특히 우리가 상세히 짚고 넘어가야 할 책들이 몇 권 있는데, 바로 그 당시 상당한 영향력을 미치던 주요 인문주의자들의 저서다.

먼저 몇 가지 사실들을 짚어봄으로써 이들 책 가운데 일부가 어떤 식으로 전파되었는지 알아보자. 일단 제일 먼저 살펴봐야 할 인물은 당연히 에라스무스다.[27] 주지하다시피 에라스무스의 책들은 16세기 대다수 개인 서고에서 빠지지 않는 필독서 목록이었다. 1500년에서 1525년에 이르기까지 에라스무스의 『격언집』은 모두 72회 간행되었으며, 여러 가지 다양한 판형으로 재인쇄되고 재출간되었다. 1525년에서 1550년까지는 약 50회, 1550년에서 1560년까지는 약 40회 간행되었다. 『대화집』 같은 경우는 1518년에서 1526년까지 약 60여 회 인쇄된 것으로 알려져 있고, 1526년에서 1550년까지는 약 70회, 1550년에서 1600년까지는 약 1,600회 인쇄되었으며, 발췌본이나 번역본은 고려하지 않더라도 원서 자체의 인쇄 횟수만 이 정도 수준이다. 총 발행 부수로 계산해보면, 약 50여 년에 이르는 기간 동안 이 두 작품만 해도 수십 만 권이 인쇄된 셈이며, 에라스무스의 책들이 금서조치를 받기 전까지 이후로도 계속 책의 출간은 이어졌다.

또 다른 예로는 라블레를 들 수 있다. 에라스무스의 작품이 라틴어로 쓰여

유럽 전역으로 확산되었다면, 라블레는 프랑스어로 작품을 썼다.[28] 1533년에 라블레가 알코프리바스 나지에Alcofribas Nasier라는 필명으로 쓴 『팡타그뤼엘』*Pantagruel*은 (단 한 부만 전해지는) 초판본 외에도 한 해 동안 다섯 차례나 인쇄된 책이었다. 이외에도 더 있었을 것으로 추정되나, 오늘날은 소실된 상태다. 1533년에서 1543년까지 『팡타그뤼엘』 1권과 2권, 그리고 『팡타그뤼엘 점서占筮』*Prognostication*는 모두 27회 재인쇄에 들어갔다.

그런데 『팡타그뤼엘』이 나오고 12년 후에 라블레는 『팡타그뤼엘 제3서』를 출간한다. 하지만 이번에는 고딕체가 아닌 로마체를 사용했으며, 필명이 아닌 본명으로 책을 낸다. 인문주의 인쇄업자 베셸의 파리 작업소에서 만들어진 이 책은 기존 출간본보다 더 교양 있는 독자층을 대상으로 하고 있었으며, 1546년에서 1552년까지 약 7년에 이르는 시기 동안 최소 아홉 차례 재인쇄에 들어갔다. 1548년 나온 『팡타그뤼엘 제4서』는 출간 직후 5년간 최소 여덟 차례 재인쇄되었으며, 마지막으로 나온 『팡타그뤼엘 제5서』는 1562년에서 1565년까지 다섯 차례 인쇄되었다. 1553년에서 1599년 사이에 라블레의 작품들은 최소 27회 재인쇄되었으며, 이는 16세기부터 라블레의 여러 저서들이 수만 부 팔려나갔음을 입증한다. 소실본까지 감안하면 아마도 족히 10만 부 이상 되었을 것이다.

에라스무스와 라블레 이외에 기욤 뷔데 역시 두각을 나타냈는데, 그가 쓴 교양서 『화폐론』*De Asse*은 프랑스어 판본과 라틴어 판본이 20여 개에 달했다. 토머스 모어의 『유토피아』 또한 1516년 안트베르펜에서 처음 출간된 후 16세기에 열한 차례 재인쇄에 들어갔고, 이외에도 프랑스어 번역본이 2개, 독일어 번역본이 4개, 영어 번역본이 3개였고, 이탈리아 번역본의 개수도 비슷한 수준이었다. 에라스무스, 뷔데와 더불어 대표적인 인문주의자로 손꼽히는 비베스Vivès를 비롯해 이와 비슷한 예는 얼마든지 많은데, 이로 미루어 짐작할 수 있는 것은 이제 좀더 폭넓은 대중이 그 같은 저서를 읽고 여기에 관심을 가질 수 있게 되었다는 점이다. 인쇄술이 없었다면 이 같은 대중의 수요는 충족되지 못했을 것이다. 게다가 고대 문학이 재조명되면서 고대 문화와 연계된 유행이 업계를 휩쓸고, 이는 서적상들의 놀라운 성공으로 나타난다. 가령 문장을 삽입하는 유행도 그중 하나였다. 1531년 법률가인 알치아Alciat는 고대의 교훈적인 금언들을 편집한 작은 모음집을 펴내는데, 각 격언들마다 판화로 삽화를 집어넣었다. 이러한 판화의 인기에 힘입어 알치아의 『문장집』紋章集은 엄청난 성공을 거둔다. 1531년과 1550년 사이에 39회 재판된 것으로 집계되었으며, 1551년에서 1600년 사이에는 54회 재판되었다. 곧이어 장 상뷕Jean Sambuc, 클로드 파라댕Claude Paradin, 기욤 게루Guillaume Guérout 등도 모사본을 만들어내고, 17세기 중반까지 문장집의 인기는 점점 더 높아진다.[29]

그리스와 라틴 고전을 다시금 들춰보고, 그 해석본과 주해본으로부터 벗어나 원전을 살펴보는 것, 이 또한 인문주의자들의 주된 학술적 고민이었다. 이에 따라 15세기부터는 고대에 쓰인 고전의 대가들 작품을 끊임없이 재인쇄한다.[30] 1499년 베네치아에서는 알도 마누치오가 고대 천문학자들의 핵심 저서 모음집인 『고대 천문학』*Astronomici veteres*을 그리스어와 라틴어로 출간한다. 알도는 1495년과 1498년 사이에 이미 아리스토텔레스의 그리스어 저서 다섯 편을 2절 판형으로 제작해 출간한 바 있다. 『동물지』*De Historia animalium*는 세 권으로, 아리스토텔레스의 제자인 테오프라스트Théophraste가 쓴 『식물지』*Historia plantarum*는 네 권으로 펴냈으며 『문제들』*Problemata*과 『역학』*Mechanica*도 함께 출간했다. 1475년에는 프톨레마이오스의 『우주지』*Cosmographie*가 나왔으며, 지도는 들어가 있지 않았다. 이어 1478년 로마에서 펴낸 판본에서는 동판화에 새긴 지도를 삽입한다. 이어 차례로 비슷한 행보가 이어진다. 1533년에는 바젤의 인쇄업자 헤르바겐Herwagen이 유클리드의 『수학 원론』*Éléments* 초판을 펴내고, 이어 1544년에는 아르키메데스 저서의 초판본이 나온다. 1525년부터는 갈레노스Galenos의 저서도 다섯 개의 작은 2절 판형으로 알도에서 제작되어 나왔고, 1526년에는 그 전년도에 로마에서 갓 출간된 히포크라테스의 그리스어 원서가 알도에서 출간된다. 이보다 앞선 1473년, 1476년, 1491년에 이미 아랍 의학을 대표하는 이븐 시나의 저서가 출간되었고, 1469년 요한 폰 슈파이어가 펴낸 플리니우스의 작품은 이어 1470년, 1473년, 1476년, 1479년에도 출간되었으니, 앞선 책들보다 더 먼저 작업된 셈이었다. 이로써 당대의 사람들은 역학이나 우주학, 지리학, 물리학, 자연사, 의학 분야에서 고대인들이 갖고 있던 지식에 누구나 접근할 수 있었으며, 그것도 새로운 판형에 12세기나 13세기와는 다른 새로운 번역본으로 고대의 학술서를 접할 수 있었다. 고대의 지성들이 남긴 가르침에 대해 해석하고 설명을 달며, 그 내용도 보완할 수 있게 된 것이다. 고대의 학자들에 대한 존경심이 그리 깊지 않더라도, 어쨌든 이들의 작품에 다가갈 수 있는 가능성은 얼마든지 열린 셈이었다. 사실 인문주의자들은 대개 그리스나 라틴 원전으로 되돌아가는 것만으로도 모든 게 해결되리라고 생각했다. 프톨레마이오스나 테오프라스트, 아르키메데스의 저서만 봐도 충분히 모든 문제가 해결되리라고 본 것이다.[31] 그리고 대개 이들의 관심은 고대의 유수한 학자들이 남긴 업적의 가치에 있지 않았다. 그보다는 대가들의 저서가 지닌 문학적인 매력에 이끌렸던 듯하다. 이와 동시에 인문주의자들은 중세 작가들에 대한 무한한 경멸감을 드러냈고, 이들의 작품에 대해서는 침묵으로 일관하는 한편, 고전 작품들은 끊임없이 인용하며 그 박식함을 과시했다. 그럼에도 일부 인문주의 인쇄업자들은 이에 개의치 않고 중세의 학술서를 즉각적으로 복제했으며, 종종 그 출처를 거짓으로 꾸며 인쇄하는 경우도 많았다.

이렇듯 학술서의 출판 관행이 자리잡는 것과 병행해 고전서의 출판 관행이 자리잡았고, 이와 동시에 요약 개론서, 요리책, 점술서, 천체력 등 일반 대중을 상대로 통속어로 쓰인 각종 도서 장르도 등장한다. 심지어 이제는 한정된 독자층을 대상으로 하는 학술적 성격의 라틴 출판물 인쇄를 꺼리는 인쇄업자들도 가끔 생겨난다. 학술 분야 같은 경우, 다른 분야에서보다 더 오랫동안 필사본을 사용한 것 같다. 쓸 만한 학술 개론서는 여전히 필사본 상태로 남아 있는 경우가 간혹 있었고, 저자가 세상을 떠난 이후에야 비로소 출판이 이루어질 때도 있었다. 이탈리아 학자 조르지오 발라Giorgio Valla가 쓴 개론서 『따라야 할 것과 피해야 할 것』*De expetendis et fugiendis rebus* 또한 저자의 사후인 1501년에 가서야 출간되었으며, 1531년 80세 가까운 나이에 세상을 떠난 독일의 천문학자 요한 스퇴플러Johann Stoeffler는 수많은 천체력을 펴냈는데, 그가 쓴 『우주형상지』*Cosmographicae aliquot descriptiones* 같은 책은 1537년에 이르러서야 처음으로 마르부르크에서 출간되는 신세가 된다. 이외에도 유사한 예는 얼마든지 많다. 15세기에 이어 16세기에도 여전히 꾸준한 인기를 누린 도서 장르는 바로 실용 점성술 책이었는데, 이 때문에 파리의 법조계 인사나 자산가들은 천체관측의를 갖고 있는 경우가 많았다. 1524년 2월은 모든 행성이 물고기좌의 영향 아래로 들어가는 형국이었는데, 이는 끔찍한 재앙이 올 징조였다. 이에 따라 스퇴플러, 아고스티노 니포Agostino Nifo, 피에트로 마르티레Pietro Martire 등을 포함한 56명의 학자들이 작성한 논집이 발간된다. 어찌 보면 당시 상황으로서는 당연한 일인 것이, 그때의 지식 수준으로는 점성술이 전적으로 이성적인 영역에 속해 있었기 때문이다. 하지만 1543년에 코페르니쿠스는 수많은 망설임 끝에 자신의 연구 결과물을 출판하기로 결심한다. 뉘른베르크 장 페트리의 인쇄로 『천구의 회전에 관한 여섯 권의 책』*De revolutionibus orbium coelestium libri VI*을 펴낸 것이다. 대중은 이 엄청난 논문에 별 관심이 없었다. 그로부터 23년이 지난 1566년이 되어야만 이 책은 재인쇄에 들어간다.

자연사나 해부학 등 학술 분야에서는 서술과 묘사가 많다. 그리고 인쇄술은 여기에 지대한 공헌을 했는데, 특히 삽화라는 방식을 통해 이를 도와주었다.[32]

코페르니쿠스가 쓴 『천구의 회전에 관하여』가 출간되었던 1543년, 베살리우스는 바젤에서 오포리누스Oporinus의 인쇄로 『인체의 구조에 관한 일곱 권의 책』*De humani corporis fabrica libri septem*을 펴낸다. 이 책에서 주목할 부분은 삽화로 들어간 훌륭한 목판화 그림이다. 판화를 제작한 요한 스테펜Johan Stephen은 독일 칼카르 태생으로 이탈리아에서 주로 활동하던 화가로, 티치아노Tiziano의 제자였다. 이 책에 들어간 목판화 가운데 일부는 베살리우스가 1538년 요하네스 군테루스Johannes Gunterus의 『해부학 교육』*Institutiones anatomicae*을 펴내면서 이미 사용했던 것이었다. 『인체의 구조에 관하여』는 끊임없이 재판되고 복제되며 모사되었고, 삽화로 들어간 판화 덕분에 사람들은 인체의 해부학 구조에 대해 알 수 있었다. 비슷한 시기, 식물학자들은 고대인들의 저서에서 국내의 자생식물들을 규명해내는 작업에 지쳐갔다. 현지의 상황을 모르는 상태에서 고대인들이 글을 쓴 것이었기 때문이다. 이에 식물학자들은 직접 자신의 눈으로 관찰하는 쪽으로 연구방향을 수정하고, 동물학자들도 이들의 선례를 따른다. 이에 학자들은 엄청난 수고를 들여 연구작업을 수행했고, 1530년부터는 스트라스부르를 필두로 삽화가 들어간 식물학 서적이 등장하기 시작한다. 먼저 오토 브룬펠스Otto Brunfels의 놀라운 걸작 『실제 자연계에 살아 있는 식물의 도상』*Herbarum eicones ad naturae*

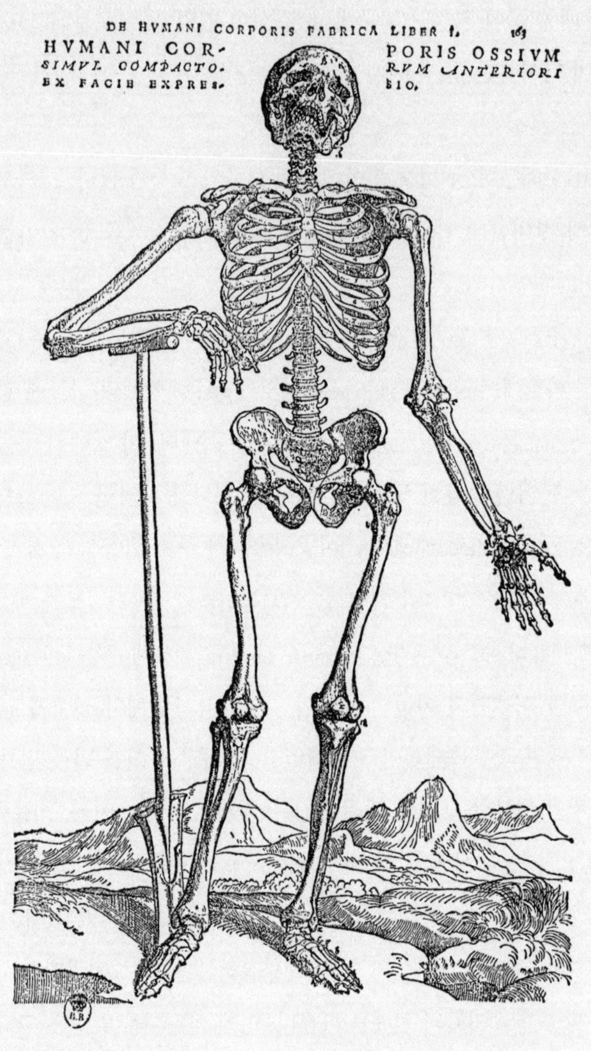

그림 20 베살리우스, 『인체의 구조에 관한 일곱 권의 책』, 오포리누스, 1543.

*imitationem effigiatae*이 스트라스부르에서 출간되고, 이어 바젤에서는 1542년 레온하르트 훅스Léonard Fuchs의 『식물사』*Historia stirpium*가 나온다. 1551년 취리히에서는 두꺼운 2절 판형으로 제작된 네 권의 책이 나오는데, 이 책에서 콘라트 게스너는 자신이 이런저런 책 속에서 언급된 내용을 찾아낸 모든 동물을 집계하고, 실제 동물과 가공의 동물을 나란히 배치한다. 곧이어 롱드레Rondelet의 어류 개론서가 등장했는데, 처음에는 으레 그렇듯이 라틴어로 먼저 출간이 되었다가(1551) 이어 프랑스어로 나온다(1558). 이 책에서도 판화로 작업된 훌륭한 삽화들이 게재된다. 이와 거의 비슷한 시기에 르망Le Mans의 피에르 블롱Pierre Belon 또한 어류와 조류에 관한 책을 펴내고, 광물에 대해 연구하던 '광산학의 아버지' 게오르기우스 아그리콜라Georgius Agricola는 1546년에 바젤에서 『광물기원론』*De ortu et causis subterraneorum*을 출간한 뒤, 이어 1555년에 역시 바젤에서 화려하게 삽화가 들어간 2절판으로 『데 레 메탈리카』*De re metallica*를 펴낸다. 이 모든 책에는 판화 그림이 삽입되어 내용의 이해에 필요한 부분을 쉽게 알 수 있었다. 따라서 당시 판화가들은 자연과학과 관련한 내용을 수천 장씩 목판화로 새겨야 했다. 그 가운데 3,000점 정도가 플랑탱 모레투스 박물관에 소장되어 있다. 목판화를 이용해 제작된 이 화려한 출판물들을 사보는 고객층은 대개 식견을 갖춘 애호가들이었으며, 간혹 학술적인 목적과 전혀 관련 없이 단순한 호기심으로 책을 사보는 경우도 있었다.

이렇듯 어떤 분야에서는 인쇄술이 학자들의 연구를 수월하게 만들어주기도 했다. 그런데 전체적으로 살펴보면, 인쇄술의 등장으로 새로운 지식이나 이론의 도입이 앞당겨진 것은 결코 아니라고 생각할 수도 있다. 외려 오래전부터 알려져온 일부 개념을 일반 대중에게 보급하고, 또 오랜 편견이나 매력적인 오류들을 더욱 고착화함으로써 기존의 관성적 사고와 새로운 사상을 서로 대비시킨 것 같기도 하다. 사람들은 내내 전통의 권위에 대해 쉽게 믿어버리는 경향이 있으며, 그 시대에 이루어진 새로운 발견이라도 별로 개의치 않을 때가 많다. 그러니 새로운 지리적 발견이나 신대륙 정복 앞에서 당시 사람들이 보여준 태도 역시 전혀 놀라울 게 없다. 당시 사람들은 자신들의 일상에 영향을 미친 이 새로운 사건들에 대해 어떤 경위로 이런 일이 생겨났고, 또 이것이 얼마나 중요한 일인지를 매우 천천히 깨달았다.[33]

포르투갈의 신대륙 탐사결과가 오랫동안 기밀에 부쳐져 있었다는 것은 익히 알려져 있는 사실이다. 신대륙 탐사를 추진한 소규모 그룹의 일원들 외에는 이에 대해 아는 사람이 아무도 없었다. 대중의 관심이 신대륙 원정대에게로 처음 쏠린 것은 아마도 크리스토퍼 콜럼버스(이탈리아명은 크리스토포로 콜롬보Cristoforo Colombo)가 첫 번째 항해에 대해 기록한 저 유명한 편지가 나왔을 때였던 것 같다. 이렇게 알려진 신대륙 원정 소식은 상당히 폭넓은 대중적 관심을 불러왔다. 1493년 콜럼버스의 이 편지가 바르셀로나와 로마, 바젤, 파리 등지에서 즉각 인쇄·배포되었고, 바젤에서는 1494년 재인쇄에 들어갔으며, 1497년에는 스트라스부르에서 독일어로 재차 인쇄되어 나왔기 때문이다. 하지만 이 부분과 관련해 본격적으로 비밀의 장막이 걷히기 시작한 것은 16세기 초반의 일이었다. 1504년에 베네치아에서는 피에트로 마르티레의 『리브레토』*Libretto*가 출간되는데, 이 책은 콜럼버스의 3차 원정까지를 다루고 있었다. 이어 1505년에서 1514년까지의 시기 동안 로마, 뉘른베르크, 쾰른 등지를 중심으로 일련의 작품들이 출간되는데, 동인도에서 포르투갈 사람들이 벌인 활약에 대해 최초로 다룬 책이었다. 특히 대개는 포르투갈 왕의 이름으로 교황에게 보내는 서신의 형태를 취했는데, 통상 라틴어로 출간되었으며 간혹 독일어로도 인쇄되어 나왔다. 이와 동시에 신대륙에 대해 다룬 또 다른 책자가 돌기 시작한다. 바로 아메리고 베스푸치가 로랑 드 메디치Laurent de Medici에게 쓴 편지 한 통을 기반으로 쓰인 『신대륙』*Mundus novus*이었다. 곧이어 다른 책들의 출간으로 이어진 이 책자는 엄청난 성공을 거두어 1504년부터 파리, 로마, 빈, 아우크스부르크 등지에서 여러 언어로 재출간된다. 1500년에서 1525년까지 프랑스에서는 모두 여섯 개의 프랑스어 판본과 한 개의 라틴어 판본으로 제작될 정도였다. 이어 1522년에서 1532년 사이에는 코르테스의 세 편지가 에스파냐와 이탈리아, 프랑스, 독일 등지에서 열네 차례 출간된다. 이와 동시에 신대륙 항해는 대중의 관심을 일깨우고, 정부에서는 신대륙과 관련한 연구를 장려하며 이를 후원해주었으며, 이에 따라 에스파냐와 포르투갈에서는 신대륙과 그 항해사에 관련한 책들이 본격적으로 등장한다. 에스파냐의 경우, 앞서 언급한 피에트로 마르티레가 1511년 『연대기』*Décades* 초판본을 펴내고, 이후로도 계속 재판된다. 1519년에는 마르틴 페르난데스 데 엔시소Martín Fernandez de Enciso의 『지리학대전』*Summa de geografia*이 출간되고, 이어 1526년부터는 페르난데스 데 오비에도 이 발데스Fernandez de Oviedo y Valdes가 인도제국의 지리와 역사에 관한 일련의 책들을 펴내기 시작한다. 신대륙 원정과 관련해 이렇게 많은 출판물이 쏟아졌다는 것은 곧 당시의 지리적 대발견과 에스파냐와 포르투갈의 정복기에 대해 모르는 사람이 없었다는 뜻이다. 하지만 1550년 무렵까지 이베리아 반도 이외 지역에서 여기에 관심을 둔 이들은 학자나 교양인 계층, 대규모 상인 등 상대적으로 제한적인 사람들뿐이었다는 점에 유념해야 한다. 그리고 특히 새로운 개념들은 기존의 개념과 완전히 달랐고, 따라서 꽤나 흥미로운 수많은 원고들이 이를 출판해줄 업자들을 찾지 못했다. 또한 프랑스에서는 1530년까지 망드빌의 날조된 여행기가 프랑스어로 세 차례나 더 출간되었다는 점이 흥미롭다. 반면

1500~1550년 시기 동안 출간된 피에트로 마르티레의 책이라고는 1533년에 나온 발췌본 『신 제도 발견 개략사』*Extrait des îles trouvées* 하나뿐이었다. 게다가 1539년에서 1559년까지 보에미우스의 지리학 책은 프랑스어로 일곱 차례나 재인쇄되었다. 이 책에서 아메리카는 아예 등장하지도 않는다. 그저 아프리카나 아시아와 관련한 몇 가지 새로운 사실 정도만이 언급되어 있을 뿐이었다.

그리고 1550년 이후가 되어서야 상황이 달라진다. 이제 유럽은 지리적 시야가 신대륙으로까지 확대되었다는 사실을 좀더 확실하게 인지한다. 코르테스의 서기관 프란시스코 로페스 데 고마라Francisco Lopez de Gomara는 『인도제국 개관사와 멕시코 정복기』*Historia de las Indias y conquista de Mexico*를 출간한 반면, 저 유명한 도미니크회 신부 라스 카사스Las Casas는 아메리카 원주민을 옹호하는 입장의 서신집을 발간한다. 포르투갈에서는 이 같은 움직임이 더 크게 나타나고, 역사와 지리 관련 시론들이 줄지어 등장했다. 1552년부터는 주앙 데 바루스가 『연대기』를 펴내고, 1551년에는 『포르투갈의 인도 발견과 정복의 역사』*Historia do descobrimento e conquista da India pelos Fortuguezes*도 출간되기 시작한다. 1557년에는 그 아들이 쓴 알부케르케Albuquerque의 『해설집』*Commentarios*도 나온다. 이 같은 흐름이 계속 이어지며 포르투갈 시인 카몽이스Camoens의 『루지아다스』*Luisiades*까지 출간되는데, 이 시집은 굉장한 인기를 누렸다. 따라서 신대륙 탐사, 특히 에스파냐와 포르투갈의 정복기를 다룬 수많은 책들이 출간되기 시작한 셈이다. 곧이어 선교사들이 자신들의 활동담을 상세히 기록해 고국으로 보내고, 1544년 바젤에서는 뮌스터의 세계 전도 『코스모그라피아』*Cosmographia universalis*가 출간되며 엄청난 성공을 거둔다(출간 이후 1세기 동안 6개 언어로 46차례 출판된다). 1550년 이전에만 프랑스어 지리서 83종이 출간되었으며, 1551년과 1560년 사이에는 48종,

1561~1570년 사이에는 70종, 1571~1580년에는 82종, 1581~1590년에는 82종, 1591~1600년에는 54종이 출간되었고, 이 시기의 출판량 감소는 전쟁으로 인한 것이었으리라 판단된다. 이후 1601년에서 1609년 사이에는 모두 112종의 지리서가 나온다. 다른 언어로 쓰인 책의 경우에도 상황은 비슷할 것이다. 피에트로 마르티레의 책은 굉장한 성공을 거두었고, 카스타네도Castanhedo의 연대기는 에스파냐어, 라틴어, 프랑스어로 번역되었다. 고마라와 알부케르케가 쓴 책도 인기가 많았고, 특히 사람들이 가장 많이 찾던 책들로는 예수회 신부 마페이Maffei가 쓴 『인도사 16권』*Historiarum indicarum libri XVI*(베네치아, 1588~1589), 콩고와 관련해 피가페타Pigafetta가 쓴 책들, 베르나르디노 데 에스칼란테Bernardino de Escalante와 곤살레스 데 멘도사Gonzales de Mendoza가 쓴 중국에 관한 책 등이었다. 그 가운데서도 특히 그레나다 출신의 한 아랍인의 작품 『아프리카 전도』*De totius Africae descriptione*가 눈에 띄는데, 이를 쓴 저자는 아프리카를 돌고 나서 기독교 항해사에게 붙잡힌 뒤, 교황 레오 10세에게로 보내진다. 그러고 난 후 교황의 지원으로 이 책을 집필했다.

신대륙에 관련한 출판물들이 봇물 터지듯 쏟아져나왔기 때문에, 이때부터는 이 같은 출판물로 이득을 보기가 점점 더 힘들어졌다. 하지만 신대륙에 대한 사람들의 관심이 계속 커지자 방대한 규모의 편집본까지 등장한다. 이런 식의 편집본이 거의 도처에서 출간되었는데, 그 가운데 가장 유명한 것은 이탈리아 라무지오Ramusio의 작품과, 영국의 할쿠그Halkug, 퍼처스Purchas 등이 쓴 책이었다. 곧이어 프랑크푸르트의 판화상 폰 드리 가문도 화려하게 정성껏 동판화 삽화를 넣어 방대한 규모의 크고 작은 여행기 모음집을 출간한다. 그 인쇄작업만 44년이 소요되었으며, 전집 가운데 몇 권이 종종 라틴어와 독일어로 재출간되었다. 하지만 이 고가의 출판물을 살 수 있을 만한 고객층이 충분히 확보되지 않은 탓에 프랑스어 번역본을 제작하려는 시도는 무산되고 만다.

이렇듯 1560년 이후가 되어서야 비로소 또 다른 세계의 존재를 받아들이고 여기에 관심을 갖는 사람들이 늘어난다. 그리고 16세기 말에야 이제 이러한 관심이 일반화된다. 이 같은 상황으로 미루어볼 때, 16세기의 대중은 세상에 대한 관점을 완전히 뒤집어놓는 새로운 자료를 받아들이고 '소화'함에 있어 꽤나 그 속도가 더딘 편이었다. 한편 1600년경 사람들의 세계관이 전반적으로 얼마나 달라졌는지 의문을 가져볼 수 있다. 이 문제에 관한 앳킨슨Atkinson의 연구 자료를 보면, 프랑스의 지리서 출간 부분에서 상당히 놀라운 사실들이 밝혀진다. 이와 관련해 흥미로운 사실은 16세기에도, 그리고 15세기에도 프랑스에서 가장 많이 읽힌 도서 가운데 마르코 폴로의 견문록이 포함되어 있지 않다는 점이다(프랑스어판으로는 16세기를 통틀어 1556년 파리에서 단 한 번 출간된 게 전부였다). 게다가 프랑스의 대표적 항해가인 자크 카르티에Jacques Cartier나 샹플랭Champlain의 책 또한 여기에 포함되어 있지 않았다. 16세기에 프랑스에서 가장 많이 출판된 책은 예수회 신부 프로에스Frões가 쓴 일본의 친서親書 편지(19판)를 포함해 빌라몽Villamont의 터키, 시리아, 이집트 여행기(13판) 등이었는데, 사실 지금의 우리가 보기에는 그다지 흥미로운 책들이 아니다. 루이 르 루아Louis Le Roy, 포스텔Postel, 블롱Belon, 테베Thevet 등의 책도 여기에 포함되어 있었는데, 이들은 물론 참신한 작가들이기는 했으나 지리학 측면에서 지식의 깊이가 부차적인 수준이었고, (르 루아 정도를 빼면) 비판정신이나 정보력 수준이 미흡한 작가들이었다. 앞서 언급한 보에미우스의 작품과 더불어 오르텔리우스Ortelius의 다양한 책들도 종종 재인쇄에 들어갔는데, 아마도 이는 작품에 수록된 훌륭한 판화 때문이 아닐까 한다. 특징적인 사실은 이 모든 책이 에스파냐 유명 작가들이 쓴 작품의 번역본보다 더 많이 팔렸다는 점이다. 로페스 고마라, 멘도사, 카스타네도 등 에스파냐 유명 작가들이 쓴 책은 각각 프랑스어로 띄엄띄엄

여섯 차례, 다섯 차례, 다섯 차례 재출간되었을 뿐이다. 이 같은 현상이 에스파냐의 식민정책에 대한 반감 때문이라고는 볼 수 없다. 에스파냐가 신대륙에서 보여준 잔인성에 반박해 라스 카사스 신부가 쓴 글 역시 프랑스어로는 세 차례밖에 재출간되지 않았기 때문이다.

이에 더해 프랑스 대중의 관심이 어떤 나라, 어떤 지역으로 향했는지 알아보는 것도 분석에 도움이 된다. 프랑스어로 쓰인 지리서 대다수는 오늘날의 중동 지역에 편중되어 있다. 그 당시 프랑스 사람들의 관심을 독차지한 투르크족 관련서는 미 대륙 관련서보다 두 배나 더 많았으며, 그다음으로 많았던 것이 서인도제도와 포르투갈의 정복사를 다룬 책이었다. 이어 중국, 타타르 지방 같은 아시아 지역에 관한 책도 그에 못지않게 많았고, 성지인 팔레스타인, 특히 예루살렘 여행기도 상당히 많이 출간되었다. 그에 뒤이어 네 번째로 오는 것이 바로 미 대륙에 관련된 저서였다. 아프리카와 북방 지역에 관련한 책들은 거의 호기심을 불러일으키지 못했던 듯하다. 따라서 16세기 프랑스인들은 독서 패턴만으로 미루어볼 때 먼 지역보다 가까운 곳에 더 큰 관심을 기울인 것으로 보이며, 그때까지 전혀 모르던 지역보다 이미 알고 있던 세계에 대한 관심이 더 컸던 것 같다. 프랑스 사람들의 시선은 서쪽보다 동쪽으로 더 향해 있었으며 르네상스 시기 동안 대중의 시야는 더 넓어졌지만, 이들이 바라보는 세계의 모습은 여전히 편중되고 왜곡되어 있었다.

사실 지리서나 자연과학서 그리고 심지어 (처방전 모음집이 아닌 학술 연구서적으로서의) 의학서 이상으로 16세기 교양인들이 관심을 많이 둔 것은 바로 법률 분야였다. 묵직한 법률 모음집은 매우 왕성하게 거래되는 품목이었고, 리옹과 베네치아에서 법률 분야를 전문으로 다루는 대형 서적상들이 주체가 되어 도서 거래를 이끌어갔다. 16세기에는 15세기보다 더 많은 법률서적의 출판이 이루어졌다. 그도 그럴 것이 이 시기에는 법조계 인사나 법률학자, 변호사 등이 서적상에게 있어 매우 비중이 큰 수요 고객층이었기 때문이다. 프랑스의 개인 서고 가운데 4분의 3 이상은 모두 법률서적들이 채우고 있었는데, 그 소유주를 보면 금은세공사나 제분업자, 약제사 등 딱히 법조계와 관련이 있다고 보기 힘든 사람들이 많았다. 법원이나 법률계 종사자들의 경우는 물론 보유 서고의 대부분이 법률서적이었다. 파리의 쿠시노Cousinot 변호사 같은 경우, 소장 도서 55권 가운데 42권이 법률서적이었고(1518), 이후 1531년 집계된 리제Lizet 고등법원장의 도서목록을 봐도 전체 513권 중 318권이 법률서적이었다. 그리고 이러한 사례가 예외적인 경우도 아니었다.

일반적으로 간행되던 법률서적 가운데, 그리고 서고에 가장 흔히 꽂혀 있던 법률서적 가운데 대표적인 것은 민법대전과 교회법대전이었다. 이 두 책의 판본은 헤아릴 수 없을 정도로 많았으나 오늘날은 많이 소실되었다. 이와 더불어 법률 요약집, 판례집, 법전, 신칙법新勅法뿐만 아니라 그라티아누스 교령집, 교황 그레고리우스 9세 교황령집 등을 부분 출간한 것도 많았다. 이 책들 외에도 참고본이나 편집본이 많았는데, 『다양한 법률 모음집』*Flores legum*, 『법률 교본』*Speculum juris*, 그리고 특히 『해석법 요약집』*Modus legendi abbreviaturas* 등이 대표적이다. 이러한 로마 법률과 교회법 개론서는 모든 법률 도서목록 가운데 기본이 되는 필수 도서에 해당했으며, 그 밖에도 관습법이나 그 시대의 법률과 관련한 책도 많이 만들어졌고, 특히 프랑스의 경우가 이에 해당했다. 이런 책들은 그 어떤 서고를 보더라도 거의 다 꽂혀 있었다. 그런데 프랑스의 경우 왕정 법제가 차츰 구축되던 상황이었음에도 왕령 모음집의 발간은 점점 더 많아졌다. 곧이어 전문 인쇄업자들이 왕의 지시로 궁에서 인쇄작업을 전담했고, 왕정 당국에서는 국민들에게 알려야 할 공문서 배포를 이들에게 맡겼다. 이어 고등법원과 하위법원에서도 왕궁의 선례를 따른다. 이에 따라 낱장으로 배포되는 유인물이 많아졌고, 이는 오늘날 관보나 행정 공문과 비슷한 역할을 담당했다.

그런데 법률서적보다 대중의 관심이 높았던 분야는 역사서였다. 역사서, 특히 통속어로 쓰인 역사물은 종종 엄청난 성공을 거두었다. 앞에서도 살펴봤듯이 고대 작가들 가운데 역사가들의 작품은 특히 더 많은 사랑을 받으며 수차례 번역작업이 이루어졌다. 그 당시 헤로도토스, 투키디데스, 타키투스, 수에토니우스, 발레리우스 막시무스 등의 작품은 여러 차례 출판이 이루어졌으며 장서가들의 필독서로 자리잡았다. 그뿐만 아니라 티투스 리비우스의 『연대기』, 카이사르의 『갈리아 전쟁기』*La Guerre des Gaules*, 플라비우스 조제프의 『유대 고대사』*Les Antiquités judaïques*, 에우세비우스의 『교회사』*Histoire ecclésiastique*, 그리고 플루타르코스의 『영웅전』*Les Vies* 등도 인기가 높았다. 이 작품들 대부분 번역이 이루어지는 경우가 많았으며, 간혹 삽화가 들어간 판본이 제작될 때도 있었다. 이와 동시에 자신이 직접 역사를 기술해보려는 시도를 한 인문주의자들도 있었다.[34] 티투스 리비우스처럼 고대 작가들을 모방해 역사서를 만들어보려던 이 인문주의자들 가운데 대다수는 라틴어로 글을 썼다. 여기에서도 첫발을 내디딘 나라는 이탈리아였다. 15세기부터 레오나르도 브루니Leonardo Bruni는 당대의 역사를 기록하려는 시도를 하고, 포조는 피렌체의 역사를 기술하며, 이어 벰보도 베네치아의 역사를 쓰고, 아이네아스 실비우스 피콜로미니Aeneas Sylvius Piccolomini 같은 경우는 자신의 논문 제목을 『경이로운 동시대 역사』*Historia rerum mirabilium sui temporis*라고 붙였다. 15세기 말 그리고 특히 16세기에는 유럽 전역에서 이탈리아의 선례를 따른다. 에스파냐에서는 이탈리아계 인문주의자 피에트로 마르티레가, 그리고 프랑스에서는 또 다른 이탈리아 출신 인문주의자 파올로 에밀리오Paolo Emilio가 동시대 역사를 기술했는데, 파올로 에밀리오 같은 경우는 샤를 8세의 권유로 연대기 작가가 되어 15세기 말부터 『프랑스 실록』*De rebus gestis Francorum*을 집필한다. 이어 프랑스의 로베르 가갱Robert Gaguin도 『프랑스 간략사』*Compendium historiae Francorum*를 저술했다. 이 시기부터는 도처에서 비슷한 종류의 역사서가 등장한다. 이 같은 움직임에 대해 이 책에서 상세히 다룰 수는 없지만, 이 같은 동시대 역사서 가운데 일부는 굉장한 성공을 거두었으며, 통속어로 번역 출간되는 경우가 많았다는 점만은 짚고 넘어가야 할 것 같다. 가령 가갱의 『프랑스 간략사』는 1494년에서 1586년까지 라틴어로 열아홉 차례 재인쇄되었으며, 프랑스어로는 1514년에서 1538년 사이에 일곱 번 인쇄되었다. 이후 1561년 출간된 프란체스코 구이치아르디니Francesco Guicciardini의 『이탈리아 역사』*Historia di Italia* 같은 경우, 이탈리아어로는 셀 수 없이 많이 재출판되었고, 프랑스어 번역본도 수차례 인쇄되었다. 그뿐만 아니라 영어, 에스파냐어, 플랑드르어 번역본도 여러 차례 제작되었다.

그 당시 역사에 관심 있던 대중은 비단 주교나 인문주의자, 학자들뿐만이 아니었다. 법조계 인사들이나 궁 안의 사람들, 문인들, 상인, 자산가, 심지어 단순한 장인들까지도 역사에 관심을 가졌다. 그리고 이들을 위해 고대 역사가들과 신 라틴 작가들의 작품이 번역 출간되어 나왔다. 그런데 역사서를 탐독하던 이 같은 독자들은 중세 양식의 연표, 그리고 회상록 작가들이나 연대기 작가들의 작품도 찾아 헤맨다. 어쩌면 그보다 더한 열정을 보였을지도 모르겠다. 뱅상 드 보베Vincent de Beauvais가 오래전에 쓴 『역사의 거울』*Miroir historial*, 로레빙크Rolevinck의 『시대별 연대기』 등은 수많은 독자층을 고정적으로 보유하고 있었다. 『역사의 바다』 같은 작품도 16세기 한 세기 동안 여러 차례 각색이 이루어지고 재인쇄에 들어갔다. 통상 『뉘른베르크 연대기』

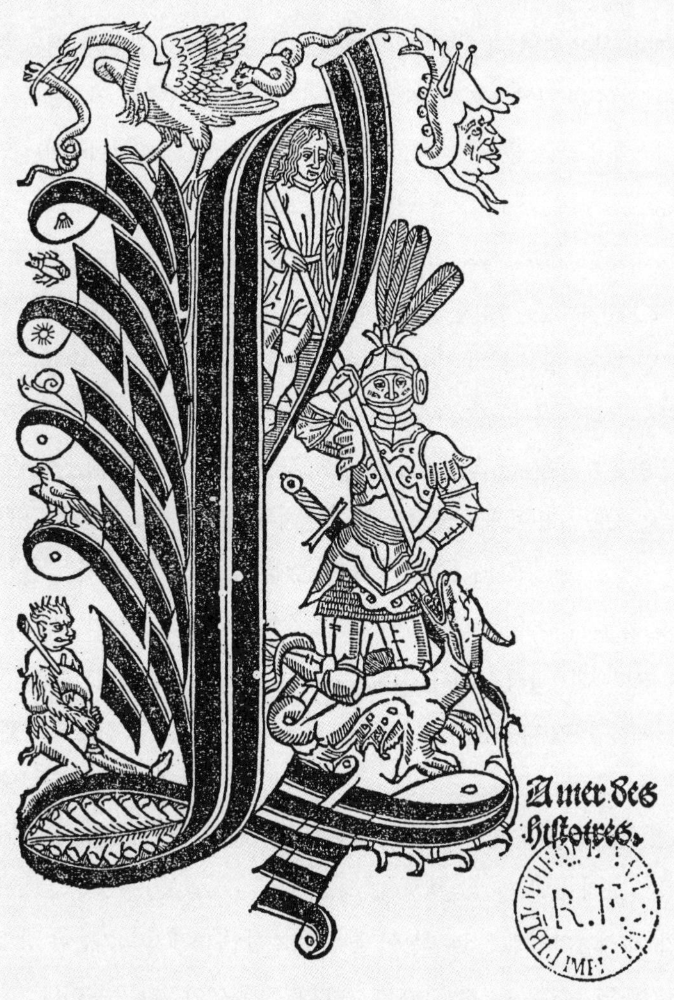

그림 21 『역사의 바다』, 리옹, 장 뒤 프레J. Du Pré, 1491, 속표지.

라고 불리는 하르트만 셰델의 『세계 연대기』 같은 경우는 엄청난 성공을 거두었으며, 비슷한 형태의 다른 작품들도 많았는데 간혹 인쇄를 한쪽에만 해 책장끼리 이어 붙인 뒤 두루마리 형태로 만드는 경우도 있었다. 이와 동시에 국내와 주변 지역의 역사, 연보, 연대기 등을 다룬 책이 큰 인기를 끌었는데, 에스파냐 같은 경우는 디에고 데 발레라Diego de Valera의 『에스파냐 연대기』*Cronica de Espana*, 루시오 마리네오 시쿨로Lucio Marineo Siculo의 『에스파냐 사기』*De rebus Hispaniae memoralibus*(총 6판 인쇄, 그중 1530~1539년 사이에 카스티야본 셋, 라틴어본 둘을 포함해 5판 인쇄) 등이 대표적이다. 프랑스에서는 중세의 역사와 연보를 다시 읽기 시작했으며, 특히 투르의 그레구아르Grégoire가 쓴 『프랑스 교회사』*L'Histoire de l'Église de France*, 니콜 질Nicole Gille의 『프랑스 연감 및 연대기』*Les Annales et Chroniques de France* 등은 수십 차례 재출간되었다. 지방 연감도 대거 제작되었는데, 그 가운데서도 장 부셰Jean Bouchet의 『아키텐 연감』*Les Annales d'Aquitaine*, 다르장트레d'Argentré의 『브르타뉴 연감』*Les Annales de Bretagne* 등은 17세기까지도 꾸준히 인기를 끌었으며, 1531년 출간된 코로제의 『파리 고대사』*Antiquitez de Paris* 같은 경우, 16세기 내내 계속 수정·재출간되었다. 하지만 이 가운데서도 특히 독보적인 인기를 누린 것은 『코민 비망록』*Mémoires de Comines*과, 이어 나온 『마르탱 뒤 벨레 비망록』*Mémoires de Martin Du Bellay*이었다. 곧이어 에티엔 파스키에Étienne Pasquier의 『프랑스 고대사 연구』*Les Recherches des antiquités de la France*가 출간되고, 얼마 안 가 이 작품의 수많은 재판본이 쏟아졌다. 한편 16세기 독자들은 장 르메르 드 벨주Jean Lemaire de Belges의 『갈리아 지방 이야기와 트로이의 기이한 역사』*Illustrations de la Gaule et singularitez de Troye* 또한 많이 찾는다. 장 몰리네Jean Molinet와 같은 집안 출신인 장 르메르 드 벨주의 이 작품은 골족과 게르만족의 기원이 모두 트로이에 있다고 주장한다. 이 책은 수차례 재인쇄에 들어갔으며, 그 삽화는 장식 융단의 도안으로도 사용되었다. 이를 보면 역사에 대한 관심, 특히 자국의 역사에 대한 관심이 점점 높아진 대중이 전체적으로 봤을 때는 전설과 실제 사실을 확실히 구분하지 못하거나 아니면 여기에 별 관심을 두지 않았음을 알 수 있다.

그런데 역사에 대한 관심이 커진 독자들은 실제 역사보다는 전설 속 역사에 더 빠져들었으며, 가령 트로이 전쟁 같은 이야기에 열광하고 가공의 역사 이야기에도 관심을 가진다.

일단 16세기에는 계속해서 소설작품의 출간이 줄을 잇고, 특히 지속적으로 유행이 퍼지던 기존의 기사소설 출판이 증가한다. 15세기에 이미 출간되었던 소설들도 꾸준히 재인쇄에 들어가는 한편, 출판업자들은 불특정 다수의 필사본을 대상으로 미간행본을 찾아낸 뒤, 이를 그 시대의 입맛에 맞게 바꾸어 출간했다. 그렇게 출간된 국내 서사시 가운데 대표적인 것이 『백조의 기사』*Chevalier au cygne*와 『위옹 드 보르도』*Huon de Bordeaux*였고, 고대의 기사소설 중에서는 『제라르 드 느베르』*Gérard de Nevers*와 『플로리몽』*Florimont* 등이 유명했다. 두트르퐁d'Outrepont이 집계한 바에 따르면, 산문화된 기사소설과 국내 서사시 중에서 16세기에 인쇄된 프랑스 서사시가 13편(15세기에는 두 편), 고대 기사소설이 8편(15세기에는 다섯 편) 정도였다. 이런 식으로 1550년 이전에 인쇄된 중세 소설 약 80편 가운데 가장 큰 성공을 거둔 작품은 『에이몽 네 형제』, 『피에라브라스』*Fierabras*, 『피에르 드 프로방스』*Pierre de Provence* 정도였다. 앞의 두 작품은 16세기에는 스물다섯 차례 재출간되고 1536년 이전에 열여덟 차례 재출간되었으며, 『피에르 드 프로방스』는 1536년 이전에 열아홉 차례 재인쇄에 들어갔다. 이에 따라 16세기 중반, 그리고 그 이후까지도 트로이 이야기를 둘러싼 중세의 전설이 좀더 폭넓게 인기를 끈

S'Ensuyt le liure des quatre filz Aymon duc de dordõne: cest assauoir Regnault/alard/guichard/ et richard Auec leur cousin maugis Contenant.xxviii.chapitres. Dont la table sensuit xxxii.

그림 22 『에이몽 네 형제』, 파리, 알랭 로리앙과 드니 자노Alain Lotrian & Denis Janot, 16세기 중엽.

다. 라울 르 페브르Raoul Le Fèvre는 트로이와 관련된 이야기를 모아 『트로이 이야기 모음집』*Recueil des histoires de Troyes*을 펴냈고, 『베르길리우스의 놀라운 사건』*Faits merveilleux de Virgile* 덕분에 베르길리우스는 계속해서 중세의 마법사 같은 모습으로 나타난다. 이외에도 전설로 내려오는 보두앙 드 플랑드르Baudoin de Flandre, 위옹 드 보르도Huon de Bordeaux, 오지에 르 다누아Ogier le Danois, 페르스포레스트Perceforest 같은 이야기와 『원탁의 기사』, 『아서왕』, 『호수의 란슬로』, 『메를랭』*Merlin*, 『페르스발 르 갈루아』*Perceval le Gallois*, 『트리스탄』*Tristan* 같은 기사소설이 계속해서 확산되었다.

하지만 이런 작품들만으로는 16세기 대중의 소설에 대한 갈증을 채워주기에 부족했다. 『장미 설화』가 16세기 초반 40여 년간 열네 차례나 재출간되었던 이유도 아마 여기에 있었을 것이다. 그리고 보카치오의 『피아메타』*Fiammetta*가 그렇게 큰 성공을 거둔 것 역시 부분적으로는 이로써 설명된다. 고대의 소설 또한 굉장히 큰 인기를 누리는 경우가 많았는데, 아풀레이우스Apuleius의 『황금 당나귀』*Asinus aureus*, 헬리오도루스Heliodorus의 『아이티오피카』*Aethiopica* 같은 작품도 끊임없이 번역되고 재인쇄되었다.

이와 함께 유럽 전역에서는 어느 정도 허구적 성격을 띤 매우 다양한 책들이 발달하며 유독 더 사랑을 받는다. 토머스 모어의 『유토피아』와 라블레 전집이 그렇게 인기를 끌었던 이유도 부분적으로는 여기에 있다. 하지만 16세기에 이런 장르의 저서가 가장 많이 출간되었던 나라는 말할 것도 없이 이탈리아와 에스파냐였다.

에스파냐에서 기사소설은 엄청난 인기를 누렸다. 16세기 초 에스파냐에서는 출처를 알 수 없는 기사소설 『갈리아의 아마디스』가 출간되어 당대 최고의 인기를 누렸는데, 이 책의 서로 다른 판본과 증보판을 헤아려보면 16세

Les grandes et
ineſtimables Cronicq̄s: du grant & enor-
me geant Gargantua: Contenant ſa genealogie/
La grādeur & force de ſon corps. Auſſi les merueil-
leux faictz darmes quil fiſt pour le Roy Artus/ cō-
me verrez cy apres. Jmprime nouuellemēt. 1532

그림 23 『가르강튀아 연대기』, 리옹, 바르나베 쇼사르 미망인Veuve Barnabé Chaussard, 1532, 4절판.

기에 출간된 에스파냐어 판본만 60개 이상이고, 이외에도 수많은 프랑스어 판본, 이탈리아어 판본, 영어 판본, 독일어 판본, 네덜란드어 판본이 존재했다. 워낙 인기를 끈 책이었기 때문에 『에스플란디안의 위업』*Les exploits d'Esplandian*, 『아마디스의 아들』*Le fils d'Amadis*, 『잉글랜드의 아마디스』*Amadis d'Angleterre*, 『올리바의 팔메린』*Palmerin d'Olive*, 『잉글랜드의 팔메린』*Palmerin d'Angleterre* 등 수많은 시리즈 연작을 쏟아내며 한 세기를 풍미한 작품이다.

그런데 『갈리아의 아마디스』가 인기를 끄는 동안, 한쪽에서는 매우 다양한 성격의 소설작품이 끊임없이 쏟아졌다. 에스파냐에서도 연애소설이 등장하는데, 앞서 성공 사례로 언급된 보카치오의 『피아메타』를 부분적으로 모방해 기사 디에고 데 산 페드로가 쓴 『사랑의 감옥』과 같은 작가의 『아르날테와 루센다의 사랑학 개론』*Tratado de amores de Arnalte y Lucenda*(1522~1527년 사이에 나온 에스파냐어 판본이 세 개, 1537년부터 출간된 프랑스어 판본이 17개, 영어 판본이 4개 정도로 존재한다), 후안 데 플로레스Juan de Flores의 『그리셀과 미라벨라 이야기』*L'Historia de Grisel y Mirabella*(에스파냐어 판본이 8개, 이탈리아어 판본이 9개, 프랑스어 판본이 19개), 그리고 작자 미상인 『사랑의 문제』*Questions d'amour*(판본은 총 15개 정도) 등이 대표적이다. 이 같은 움직임은 목인소설牧人小說과 연애소설의 유행으로 발전하며 몬테마요르Montemayor의 『라 디아나』*La Diana* 같은 작품이 등장하고, 17세기 프랑스에서도 오노레 뒤르페가 쓴 『아스트레』 등의 작품이 출간된다. 보카치오가 쓴 연애소설 『피아메타』의 아류작이 쏟아지는 한편, 프랑스에서 태동한 또 다른 형태의 기사소설, 즉 아서왕 시리즈와 샤를마뉴 시리즈를 중심으로 한 '궁정소설'이 이탈리아의 기사 서사시 탄생에 영향을 미치고, 모두가 비현실적인 소설을 애타게 찾던 그 시절, 이와 같이 탄생한 기사 서사시는 특유의 허구적 성격을 기반으로 엄청난 성공을 거둔다. 풀치Pulci의 『모르간테』*Morgante*와 보이아르도Boiardo가 쓴 『사랑에 빠진 오를란도』*Orlando innamorato*에 뒤이어 아리오스토의 『격분한 오를란도』*Orlando fusioso*도 굉장히 성공한 작품이었다. 『소년 장 드 생트레』*Petit Jean de Saintré*같이 부르고뉴 귀족들의 여가를 채워주기 위해 지어진 전통적인 기사소설과 허구적 이야기들은 서적행상의 봇짐 속에서 『목자의 달력』과 나란히 놓인다. 이는 어찌 보면 오늘날까지도 이어지는 지극히 당연한 수순일지도 모르겠는데, 애초에 특정 엘리트 계층을 대상으로 했던 걸작은 후대에 좀 더 폭넓은 독자들을 만나게 마련이다. 과거에 기사소설을 읽었던 사람들, 그리고 오늘날 영화를 보러 가고 신문의 연재만화를 보며 텔레비전을 보는 사람들은 이 같은 새로운 매개체를 통해 스탕달과 모파상, 위고 같은 고전 작가들을 만난다. 아니면 적어도 이들을 표방하는 작가들의 작품 정도는 접할 수 있게 된다.

3. 책과 종교개혁

책을 사보는 고객층이 늘어가고 고대의 작품들과 그 번역본이 양산되며 새로운 문학 장르가 구축되는 한편, 한쪽에서는 여전히 전통적인 종교서와 교훈서가 제작되었다. 16세기에도 여전히 『그리스도를 본받아』, 『황금 전설』 같은 책의 출간이 이어졌고, 성인들의 생애를 다룬 작품이나 교훈성이 강한 카토 이야기 등이 계속해서 성공을 거두었으며, 『구원의 거울』이나 적그리스도의 생애를 다룬 이야기들의 인기 역시 마찬가지로 여전했다. 헨리 수소, 게르손Gerson, 니더의 작품들도 꾸준한 인기를 보였고, 이전 세기에 그토록 인기가 높았던 감성적 신학 작품들도 여전히 독자들의 사랑을 받았다. 새로운 설교사의 글이 덧붙여진 설교집 또한 계속해서 사람들의 손을 떠나

Decembre

Decembre suis le faiz le pain
Du froment de mon loyal gain
Pour viure ce temps de laduent
A nouel et son ensuiuant
Auecque ma boulengerie
Je faiz de la patisserie
Pour fournir du plus necessaire
Le monde. mieulx ne pourroye faire.

Je suis decembre le courtoys
que sus tons dolz estre loue
quāt en mon temps le roy des roys
fut de la vierge enfante
Et deliure de son coste
Don le monde fut resiouy
Donneur ay tous autres passe
quant en mon temps ihesus nasquit.

그림 24 『목자의 달력』, 파리, 마르샹J. Marchant, 1499.

지 않았고, 성 아우구스티누스나 성 베르나르 등을 중심으로 한 교부들의 저서도 계속 읽혔다. 오컴, 피에르 드 라 팔뤼Pierre de la Palud, 기욤 뒤랑, 둔스 스코투스, 뷔리당 등과 같은 유명 스콜라 철학자들의 기념비적인 저서들도 지속적으로 출간되었고, 장 메르Jean Mair, 타르타레투스Tartaretus, 브리코Bricot 등 좀더 최근 작가들의 저서도 나왔다. 이들 저서는 1520년까지 파리에서 앞다투어 출간되었으며, 이와 동시에 에라스무스, 르페브르 등의 영향으로 새로운 종교문학이 형성되기 시작한다.

이렇듯 16세기 초에도 여전히 종교서의 출간이 이어졌으며, 어쩌면 15세기보다 더 많은 양이 인쇄되었는지도 모르겠다. 하지만 앞에서도 살펴봤듯이, 이 시기에는 인쇄물의 양이 계속해서 늘어가는 가운데 전체 출판물에서 종교서가 차지하는 비중은 더 줄어들었다.[35] 결국 종교서는 비종교서의 상황과는 달리 이전 세기보다 더 넓은 독자층을 확보하지는 못했다. 물론 르페브르의 저서와 그 번역본, 사도 바울의 서신집, 에라스무스의 저서 등은 여전히 찾는 사람이 많았다. 재판본의 수만 보더라도 이 같은 책들이 얼마나 폭넓게 배포되었는지 알 수 있다. 하지만 전체적으로 봤을 때 1520년 무렵까지 종교서의 독자층은 상대적으로 제한적이었으며, 종교계에 몸담은 문인들과 인문주의자들만이 종교서를 찾아봤다.

그런데 1517년 독일에서 종교문제가 갑자기 수면 위로 떠오르며 뜨겁게 달궈지자 상황이 곧 달라진다. 오늘날 언론 홍보전이라고 부르는 양상도 처음으로 등장했으며, 여론을 장악하고 이를 자극하려는 사람들에게 인쇄산업이 어떤 가능성을 부여해줄 수 있는지도 드러났다.

물론 종교개혁의 태동과 확산에 있어 책의 역할을 과장되게 해석하는 것은 경계해야 한다. 심지어 선전활동에 치중한 설교자의 역할도 지나칠 정도로 크게 바라봐서는 안 된다. 이 책에서는 종교개혁이 인쇄술 발명의 결과로 나타난 사건이라는 우스운 주장을 펴지 않을 생각이다. 아마 책 한 권만으로는 그 누구도 결코 설득할 수 없을 것이다. 하지만 책에 사람을 설득시키는 힘은 없더라도, 책이라는 것은 어쨌든 사람이 갖고 있는 신념을 눈에 보이는 실체로 보여주고, 특정 사상이 반영되어 있는 책을 소유함으로써 그 사람의 생각은 물리적으로 구체화된다. 책은 이미 확신을 갖고 있는 자들에게 논거를 제공해주는 도구로 활용되고, 이들이 스스로의 확신과 신념을 더욱 심화시키고 구체화할 수 있게 도와준다. 아울러 이들이 논쟁에서 승리하도록 도와주는 요소들도 제공한다. 그뿐만 아니라 책에는 망설이던 사람들까지도 함께 엮어 가담시켜주는 힘이 있다. 아마 이 모든 이유 때문에 16세기 신교의 발전에 있어 책이 그토록 중요한 역할을 담당한 것이 아닐까? 신교가 등장하기 이전에도 구교 사회에는 여러 이교들이 존재했다. 가톨릭교회는 이 같은 이단 종교의 존재를 인지하고 있었고, 이들과의 싸움에서 언제나 승리해온 입장이었다. 적어도 서방세계에서는 그랬다. 하지만 후스파 같은 당시의 일부 이단 세력이 인쇄술이라는 막강한 힘을 손에 넣을 수 있었다면 과연 무슨 일이 벌어졌을까? 우리는 이 문제에 대해 그동안 프랑스의 중세와 고대를 연구해온 사학자 앙리 오제와 더불어 고민을 나눠볼 수 있을 듯하다. 신교는 로마 가톨릭을 공격하는 입장이었고, 이에 뒤이어 자신들의 새로운 교리를 전파해야 했으며 신교의 바탕이 되는 경전의 내용을 자국어로 기술해 사람들 각자의 손에 쥐어주어야 한다는 당위적 과제를 안고 있었다. 그리고 이 과정에서 루터와 칼뱅은 인쇄기라는 새로운 기계를 자유자재로 활용한다. 오제가 강조하고 있는 것처럼, "신교 관련서의 속표지 삽화에서, 종교개혁 세력이 대중에게 구원의 명약을 나눠줄 수 있는 이 기계를, 귀한 와인을 뽑아내는 압착기에 비교한 것도 괜한 일은 아니었다."[36]

인쇄술이 종교개혁의 발전에서 이 같은 역할을 맡기 위한 환경은 이미 진작부터 조성되어 있었다. 목판인쇄공들이 활약하던 시기부터 종교화가 대량으로 유포되었고, 앞에서도 살펴봤듯이 간단한 종교서, 특히 기도서의 보급이 대거 이루어졌다. 그뿐만 아니라 성서도 널리 확산되었고, 특히 통속어로 쓰인 성서의 보급도 종종 이루어졌다. 루터의 종교개혁이 이루어지기 이전에 이미 고지高地독일어로 쓰인 성서의 판본만 열아홉 개였고, 르페브르 데타플의 번역본이 나오기 이전에 프랑스어로 번역된 구약성서는 (완간본이 아닌 부분 발췌본이기는 했어도) 24개의 판본이 존재했다. 한편에서는 인쇄술이 성서연구를 좀더 수월하게 해주며 이에 불길을 붙여주었다면, 다른 한편에서는 인쇄기가 좀더 폭넓은 대중을 상대로 한 벽보와 유인물을 양산했다. 그 당시 만들어졌던 선전홍보물은 사실 오늘날 신문과 잡지의 전신이다. 현재 이에 대한 연구는 쉽지 않은 상황인데, 이런 종류의 유인물이 제대로 보관되어 있는 경우도 별로 없고, 더군다나 그 중요성도 과소평가되었기 때문이다. 인쇄술을 이용해 제작된 벽보와 격문은 알다시피 인쇄된 책보다 그 역사가 더 길다. 이 같은 선전물은 대개 당시의 주요 이슈와 현안에 관한 내용을 담고 있는 경우가 많았다. 이와 동시에 15세기부터는 각종 홍보물이 늘어났는데, 이를 통해 혜성이 지나갔다는 소식을 알리거나 축일에 대해 기술하고, 어떤 군주가 한 도시에 엄숙하게 입성했다는 내용을 전하며, 전투에서의 상황을 보고했다. 이 같은 유인물 덕분에 프랑스 사람들은 이탈리아에서 거둔 왕의 업적에 대해 알게 되고 군대의 승리 소식을 접했으며, 독일에서는 황제가 선출되는 급박한 전개과정을 전해 들을 수 있었다. 그러니 종교개혁 시기에 발행된 수많은 '비방·풍자성 내용의 소책자'Flugschriften가 배포되기 위한 사전 준비는 이미 끝마쳐진 상태였다.[37]

일반인들이 종교개혁가의 활동에 대한 소식을 듣고, 이들이 지속시키는 종교적 논란에 대한 정보를 접하게 되었던 것도, 그리고 신교의 세력이 어느 정도로 확장되었으며 이들을 진압하기 위해 취해진 조치들은 무엇인지 알게 되었던 것도 대개는 이런 종류의 유인물을 통해서였다. 가령 오늘날의 포스터에 해당하는 벽보의 역할을 떠올려보면, 그 당시 인쇄술이 어떤 작용을 했는지 가늠할 수 있다. 사실 종교개혁과 관련해 큰 사건이 있을 때마다 그 발단이 되었던 것은 바로 벽보였다. 루터가 교회의 면죄부 판매에 반박하려 했을 때, 그는 한 번 들으면 그때뿐인 말로 하는 설교가 아니라 벽보로써 종교개혁 운동을 시작한다. 1517년 10월 31일, 루터는 비텐베르크의 아우구스티누스 성당 정문에다 면죄부 판매에 대한 반박문을 벽보로 붙이고, 반박문의 내용은 독일어로 간략하게 요약되어 벽보 형태로 인쇄된 뒤 독일 전역으로 배포되었고, 불과 2주 만에 그 내용이 도처에 알려졌다. 몇 년 후인 1521년에 루터가 보름스 의회의 청문회에 소환되어 황제군의 뒤를 따라 독일을 지날 때, 그의 책을 불태우라는 카를 5세의 칙령이 도시마다 벽보로 붙어 있는 것을 보고 루터는 마음이 동요된다. 하지만 한편으로는 일반인들이 금서나 불온서적의 존재를 알게 되는 것도 바로 그러한 벽보를 통해서였다. 그에 따라 이 사실을 안 군중은 서둘러 이를 입수하려 노력했다. 이렇게 발행금지 처분을 받으면 때로 벽보의 형태로 이에 대한 반격이 이루어졌다. 1524~1525년 프랑스 모Meaux에서는 실로 벽보 전쟁이 벌어진다. 브리소네Briçonnet 추기경을 루터파라고 비난하는 내용이 담긴 종이가 도심 벽에 나붙었고, 이에 브리소네는 1524년 성당의 벽과 도시로 들어오는 관문에 교황 클레멘스 7세가 선처를 베풀어주었다는 내용의 칙서를 붙였다. 그러자 이번에는 교황의 칙서를 떼어내고 그 자리에 교황을 적그리스도라며 비난하는 내용의 벽보를 바꿔 붙인다. 곧이어 1528년 1월 13일에는 클레멘스 7세의 칙서를 가장한 벽보가 성당 벽에 붙으며 교황에 대한 최고의 모욕이

가해진다. 이 거짓 칙서에 따르면 교황이 사람들에게 루터의 책을 읽고 또 읽도록 지시·허용했다는 것이다. 이곳에서의 작은 소동은 1534년의 저 유명한 '격문 사건'으로 이어지는데, 피에르 드 뱅글이 스위스 뇌샤텔에서 인쇄한 미사 반대 벽보가 나붙은 것이다. 심지어 왕의 침전 문 앞까지 벽보가 걸릴 정도였다. 이 같은 도발에 대해 어떤 탄압이 가해졌으며, 인쇄술과 관련해 프랑수아 1세가 어떤 결론을 내렸는지는 익히 알려져 있다(검열과 단속이 강화되고 인쇄업자와 출판업자들이 화형에 처해진 것이다).

이 모든 벽보는 그 당시 종교개혁 운동이 어떻게 전개되었는지 가늠하게 해주는 가시적 지표가 된다. 벽보는 벽에도 붙었고, 성당 입구와 집 대문에도 붙었으며, 교황을 모욕하거나 미사에 반대하는 내용인 경우에는 밤에 불법으로 비밀리에 붙여놓기도 했고, 이단을 막기 위한 조치를 알리기 위한 정식 공문으로 벽보가 붙기도 했다. 불온서적을 비난하는 공문도 있었고, 금서 조치를 해제하는 공문도 있었다. 이 같은 벽보를 읽으면서 대중은 상황이 어떻게 돌아가는 것인지 대충 짐작하며 관망했다. 하지만 뒤로는 막대한 양의 '불온'서적과 이단서가 유포되고 있었다. 그러면 이제 이 같은 책들이 어떻게 확산되었는지 알아보자.

루터는 면죄부에 대한 자신의 반박문을 사람들이 그토록 환영할 줄 몰랐다. 이런 글에 목말라하는 대중을 보면서 루터는 사람들이 저마다 쉬쉬하며 키워오던 그 욕구를 공개적으로 표출시켜줄 수 있는 단 하나의 신호탄, 단 한 명의 선구자를 독일 지역 모두가 기다려온 것이라고 생각했다. 그리고 이렇게 쏘아 올려진 신호탄을 전국으로 확산시켜주는 역할을 맡은 게 바로 인쇄술이었다. 학자들에게만 자신의 글이 읽히는 게 싫었던 울리히 폰 후텐은 자신의 대화집 『제1의 열기』*Febris prima*와 『제2의 열기』*Febris* *secunda*(1519~1520)를 독일어로 번역 출간하고,[38] 루터는 자신을 공격하는 신학자들에게는 라틴어로 응하면서도, 『독일의 기독교 귀족에게 고함』*An den christlichen Adel deutscher Nation*(1520)이라는 공개서한 같은 글은 독일어로 기술해 좀더 많은 사람들이 이를 읽을 수 있도록 했다. 그리고 설교집과 교화서, 논쟁집 또한 자국의 언어로 여러 편을 제작한다. 비텐베르크의 인쇄기에서는 가볍고 쉽게 들춰볼 수 있는 책들이 활판인쇄술을 이용한 깔끔한 판본으로 제작되어 나왔으며, 이 책들은 독일 전역에서 다시 인쇄되곤 했다. 이제 누구나 분명하게 읽어낼 수 있는 책 제목은 독일식의 테두리 장식으로 아름답게 꾸며져 책표지에 삽입되었고, 책이 만들어진 날짜와 출판업자의 주소는 표시되지 않았지만, '마르틴 루터'Martin Luther라는 중요한 이름만큼은 책머리에 꼭 들어갔다. 대개는 루터의 판화 초상화가 함께 실리는 경우가 많았기 때문에, 사람들은 이를 보고 그의 얼굴을 알아볼 수 있었다.[39]

이제 독일 전역에서 종교개혁의 불길이 타오른다. 기습적으로 뿌려지는 비방적 성격의 소책자들도 점차 많아졌는데, 1520~1530년 기간 동안 배포된 이 같은 소책자의 수는 약 630개 정도로 집계되었다. 게다가 인쇄술뿐만 아니라 삽화나 희화적 그림까지 모든 수단과 방법이 다 동원되었다. 교황과 사제를 조롱하기 위해 '얼간이 교황'이라는 의미로 교황을 당나귀에 빗대었고, 사제들은 게으르고 멍청한 사람을 가리키는 송아지에 비유되었다. 『미치광이 루터교도』*Von dem großen Lutherischen Narren*를 쓴 프란치스코회 수도사 무르너Murner는 그 이름이 거세하지 않은 수코양이를 연상시킨다는 이유로 고양이 두상을 한 사제로 표현되었다. 이와 동시에 독일어 인쇄본의 비중도 계속 증가했다. 마그데부르크, 로스토크, 함부르크, 비텐베르크, 쾰른 등지에서 저지독일어로 인쇄된 도서 종수는 1501~1510년 사이에 70권, 1511~1520년 사이에 98권 수준이었으나, 이어 1521년과 1530년 사이에는 284권으로 늘어났고, 그중 232권이 교회와 종교 관련 내용이었으며, 1531년과 1540년 사이에는 종교 관련서 180권을 포함해 총 244권이 출간되었다. 특히 이 책들 가운데 루터의 저서가 많았는데, 1518년에서 1535년 사이에 판매된 독일어책 가운데 3분의 1 이상은 루터의 저서였다.[40] 그 가운데 몇몇은 엄청난 성공을 거두었는데, 설교집 『면죄부와 신의 은총』*Eyn Sermon von dem Ablas und Gnade* 같은 경우 1518년과 1520년 사이에 스무 차례 이상 재인쇄에 들어갔고, 1519년에 발간된 또 다른 설교집 『예수의 성스러운 고난에 관하여』*Von der Betrachtung Heiligen Leidens Christi*는 알려진 판본만 20여 개 정도다. 1519년 5월 24일자로 쓰인 베아투스 레나누스의 편지에 따르면, 루터의 『신학서』*Théologie*와 『주기도문 해설』*Eyn kurtze form das Pater noster zu versteen unnd zu betten*은 책을 '사갔다'라는 표현보다 너나 할 것 없이 달려들어 '집어갔다'고 말하는 게 더 나을 정도였다고 한다. 루터의 유명한 공개서한 『독일의 기독교 귀족에게 고함』은 1520년 8월 18일에 발표되었으나, 그 달 25일부터 이미 재인쇄에 들어가야 했다. 불과 3주 만에 4,000부가 뿌려졌으며, 2년간 열세 차례 재출간되었다. 『기독교인의 자유에 관하여』*Von der Freiheit eines Christenmenschen*는 1526년 이전에 나온 것만 18개 판본이 집계되었다. 1522년 한 해 동안 나온 루터의 유명한 세 저서와 관련한 수치를 보더라도 사람들이 얼마나 루터의 책을 구하려고 혈안이 되어 있었는지 알 수 있다. 『죄를 사하는 법에 관하여』*Von Menschenlehre zu Meiden*는 12개 판본이 집계되었으며, 『결혼에 관한 서』*Ain Sermon von dem Ehelichen stand* 판본이 11개, 기도서 『침대에서 읽는 작은 책』*Betbüchlein* 판본이 25개였으며, 1545년까지 나온 것만 해도 이 정도였다.

이제 독일 지역 인쇄기는 대부분 종교개혁서 편찬에 투입된다. 그 시대의 여러 자산가들과 마찬가지로 인쇄업자들도 대개는 기존의 교회를 별로 좋아하지 않았다. 이들은 인문주의자나 교양인들과 지속적인 교류를 해오면서 새로운 사상을 쉽게 접할 수 있었고, 대개 가톨릭 책자의 발행은 꺼리는 반면, 후텐이나 루터, 멜란히톤의 저서를 내는 데는 온갖 정성을 다 기울였다. 이들이 어떤 신념을 갖고 그와 같이 행동한 것까지는 아니더라도 최소한 호기심에서 그와 같이 움직인 것은 사실이다. 이 시기 모든 것은 루터를 중심으로 돌아간다. 루터에 반대하는 이들이 아무리 루터를 공격해봤자 성공한 사람은 아무도 없었다. 무르너가 쓴 『미치광이 루터교도』의 반응도 별로 신통치 않았고, 에라스무스의 저서처럼 그때까지만 해도 다들 벌떼같이 달려들던 인기도서의 판매 역시 점차 줄어들었다. 반대로 루터 같은 경우는 인쇄업자들에게 있어 소위 '돈이 되는 작가'였다. 비텐베르크의 인쇄업자 멜키오어 로터와 한스 루프트는 이 도시에서 가장 돈 많고 추앙받는 인사였다. 한스 루프트는 시장의 자리까지 오른 인물이었다. 스트라스부르의 크노블로흐 같은 경우는 가톨릭 기관에도 어느 정도 너그러운 입장이었으나, 이제는 인쇄소를 아예 루터 선전물 전문 작업소로 탈바꿈시킨다. 괴체Goetze가 연구한 바에 따르면 독일 인쇄소 70여 곳 가운데 최소 45군데가 루터의 저서를 작업한 것으로 집계되었다.[41] 비텐베르크는 말할 것도 없이 모든 인쇄소가 루터의 저서를 뽑아냈고, 스트라스부르에서는 여덟 곳 가운데 여섯 개 인쇄소가 루터의 책을 인쇄했다. 아우크스부르크에서는 루터의 저서를 내는 곳이 아홉 개 인쇄소인 데 반해 가톨릭 관련 도서를 내는 곳은 세 군데뿐이었다. 세속 정부가 여전히 구교에 충실한 도시에서조차 몇 가지 주의사항만 지키면 별다른 제약 없이 통상적으로 종교개혁서가 출간될 수 있었다. 프랑스 아그노에서 작업하던 세처는 멜란히톤과 돈독한 관계를 유지하며 그의 저서를 출간하고, 루터의 저서나 부겐하겐Bugenhagen, 브렌츠Brenz, 요한 아그리콜라Johann Agricola, 우르바누스 레지우스Urbanus Rhegius 등의 소책자도 인쇄했다. 상서국에서는 1524년과 1526년 두 차례만 미온적이고 소극적으로 대처했을 뿐 별다른 조치를 가하지 않았고, 그는 라틴어로 책을 출간해 수출까지 하게 된다. 심지어 세처는 그 가운데 몇 권에 라틴어로 그럴 듯하게 서문까지 집어넣으며 로마 교회를 빗대어 '적그리스도의 유대교회당'을 규탄한다. 1531년 그가 재침례파(유아세례를 인정하지 않으며 자각적인 신앙고백을 중시하는 신교의 한 종파—옮긴이)의 비방문을 독일어로 출간했을 때야 비로소 가톨릭 당국은 그의 책을 압수하기로 결정한다. 하지만 세처는 1537년에 다시 미셸 세르베투스가 쓴 『삼위일체론의 오류』*De Trinitatis erroribus*를 보란 듯이 출간한다.[42]

물론 어디에서나 이렇게 관대한 것은 아니었다. 1527년 뉘른베르크의 한스 굴덴룬트Hans Guldenrund는 교황권에 반하는 저서를 출간한 혐의로 기소되고, 특히 작센 지방의 게오르게스 선제후는 자기 지역 안에서 순종하지 않는 인쇄업자는 용인하지 않았다. 그에 대한 결과는 앞서 살펴본 바와 같다. 여러 인쇄업자들이 라이프치히를 버리고 떠났는데, 이유는 간단했다. 가톨릭 관련서만 출간이 허용되는 이곳에서는 돈이 되지 않았기 때문이다. 야콥 타너Jacob Thanner가 끝까지 라이프치히에 남아 있다가 결국 빚 때문에 감옥 신세를 져야 했던 것도 아마 이 때문이었을 것이다. 반면 이보다 약빨랐던 볼프강 스퇴켈Wolfgang Stöckel은 선제후가 다스리는 지역을 벗어나서 인쇄소를 차리고, 그 덕에 스퇴켈은 루터의 저서를 인쇄하며 사업 기반을 다질 수 있었다. 서적행상들은 루터의 저서가 금지된 지역으로 이 책들을 유입시키는 일을 맡았고 시골 지역에도 루터의 종교개혁서를 유포했다. 그런데 종교개혁 세력이 장악한 지역에서 신교 당국은 보름스 의회에서의 결정을 그 나름대로 준수하게 만들었으며, 대개는 가톨릭 당국보다 더 여기에 공을 들였다. 처음에야 보름스 의회가 루터와 대척점에 서 있었지만, 의회에서 내려지는 결정들은 사실 명예훼손이나 중상모략이 우려되는 비방문의 출간만을 금지하고 있었기 때문이다. 따라서 신교 당국은 구교의 소책자를 인쇄하는 업자들을 단속한다. 아우크스부르크의 지그문트 그림Sigmund Grim은 1526년 요한 폰 에크Johann von Eck의 『미사 제의』*Missa est sacrificium*를 출간한 혐의로 체포되고, 스트라스부르에서 유일하게 구교 편을 고수하고 있던 그뤼닝거는 에크, 에라스무스, 무르너 등의 저서를 계속해서 꿋꿋이 인쇄하다 1522년에 결국 『미치광이 루터교도』를 전부 압수당한다. 독일 전역에서 구교에 대해 적대적인 저서들이 쏟아지는 가운데, 구교를 옹호하는 입장의 책들은 정말 드물게 출간되었다. 브레슬라우의 아담 디온Adam Dyon, 마그데부르크의 한스 나프스Hans Knapps, 마인츠의 요한 쇠퍼 등 일부 인쇄업자들은 1522년까지 구교와 신교 양측 모두의 책을 동시에 출간했다. 이어 1526~1528년경, 게오르게스 작센공을 중심으로 라이프치히에서 가톨릭의 반격이 시작되고, 스위스의 프리부르에서도 신교에 대한 탄압이 이루어진다. 특히 로마 가톨릭의 오랜 보루인 잉골슈타트에서는 아우크스부르크 출신 인쇄업자 알렉산더 폰 바이센호른Alexander von Weissenhorn이 에크, 코클라에우스Cochlaeus와 대학의 신학자들과 만나 이들의 저서를 출간해주었고, 무르너는 1526년 루체른에 자신이 직접 인쇄소를 차리고 자신의 저서를 출간한다. 이외에도 종교개혁과 무관하게 일을 하던 인쇄업자들은 통상 당대의 현안과 별 관련이 없는 학술서와 신학서 등을 인쇄하는 수준에 만족하며 살아갔다.

풍자문이나 비방문을 담은 소책자와 종교개혁서는 서적행상들의 활약에 따라 지방 소도시로까지 퍼져나갔다. 인쇄술이 농민 봉기에 있어 중요한 역할을 했다는 것은 의심의 여지가 없는 분명한 사실이다. 게다가 인쇄업자들 사이에서는 정치적·종교적 극단주의를 바탕으로 몇몇 과격한 투사들도 생겨난 듯하다. 가령 아우크스부르크에서 실반 오트마르Silvan Otmar의 교정사로 일하던 헤처Hetzer 같은 인물은 이 지역 침례교파의 수뇌부 가운데 한 사람이 되어 직접 비방문까지 몇 개 집필할 정도였다. 스트라스부르와 로텐부르크에서 인쇄업자로 일하던 콘라트 케르너Conrad Kerner는 로텐부르크에서 이런저런 분란을 일으키다가 소요 선동자로 찍혀 무거운 벌금형에 처한다. 뉘른베르크에서는 재침례교파에 속했던 한 유명 인쇄업자가 1527년 화형에 처해진다. 따라서 칼슈타트Carlstadt로 대표되는 급진 종교개혁파와 재침례교파 그리고 이어 농민들은 신념에 따라서, 혹은 이익을 따라 움직이는 인쇄업자들을 찾아다녀야 했다.

농민전쟁이 실패로 끝나면서 루터의 종교개혁도 결정적인 전환기를 맞이한다. 이제 소책자의 발행은 점차 줄어들었고, 루터 본인도 논란이 될 만한 책은 전보다 더 적게 출간했다. 하지만 루터가 번역작업을 계속 이어가던 성서만큼은 엄청난 성공을 누렸다. 비텐베르크에서 멜키오어 로터가 인쇄한 신약성서는 세 개의 인쇄기를 전력 가동해 1522년 9월에 초판이 나오는데, 상대적으로 높은 가격에도 몇 주 만에 초판이 다 소진되었다. 1522년과 1524년 사이의 2년간 비텐베르크에서는 열네 차례 신약성서의 재인쇄가 이루어지고 아우크스부르크, 바젤, 스트라스부르, 라이프치히 같은 다른 지역에서는 66회나 재인쇄에 들어갔다. 바젤의 아담 페트리 혼자서만 일곱 차례를 인쇄할 정도였다. 신교와 대척점에 서 있던 코클레우스는 "모든 사람이 이 번역본을 읽고, 그 내용을 달달 외울 정도다"라며 개탄한다. 1523년 처음 출간된 구약성서 번역도 비슷한 성공을 거둔다. 이제 누구나 손에 성서를 들고 다녔고, 종교문제가 대두되며 사람들의 열기가 더해져서 심지어 글을 읽을 줄 모르는 사람조차도 주위에 더 똑똑한 친구들에게 성서의 내용을 설명해달라고 부탁할 정도였다. 따라서 츠빙글리Zwingli가 확인한 바에 따르면,

농민전쟁 시기 농민들의 집은 저마다 신약성서와 구약성서의 낭독회가 열리는 학교로 둔갑했다고 한다.

이러한 분위기는 계속해서 지속된다. 멜란히톤과 그 친구들에게 자문을 구하며 한 걸음 한 걸음 앞으로 나아가던 루터는 구약성서를 한 권씩 차례로 출간하고, 그의 신약성서는 1519년에서 1535년 사이에 고지독일어 번역본이 87권, 저지독일어 번역본이 19권 출간되었다. 루터가 구약성서를 부분별로 나누어 작업한 번역본은 곧 재인쇄에 들어가고, 뉘른베르크의 프리드리히 페이푸스Friedrich Peypus, 취리히의 프로샤우어Froschauer, 보름스의 페터 쇠퍼 등 다른 업자들이 이를 무단으로 복제한다. 1522년에서 1546년까지의 시기를 통틀어보면, 전체 혹은 부분 번역본이 모두 430여 개에 달했고, 그 가운데 일부 판본은 이례적으로 높은 간행 부수를 기록했다. 예를 들어 한스 헤르고트Hans Hergot 같은 경우, 1526년에 저자명 표기 없이 신약성서 위조본을 펴냈는데, 이때 그는 주저 없이 3,000부나 인쇄한다. 전례 없이 높은 발행 부수였다. 그리고 이 같은 기세는 16세기 후반에도 거의 사그라지지 않는다. 1546년에서 1580년 사이, 한스 루프트가 구약성서를 서른일곱 차례나 재출간에 들어갔기 때문이다. 그러니 1534년과 1574년 사이, 한스 루프트 혼자서만 성서를 10만 부나 판매했다던 크렐리우스Crellius의 말도 과장된 것은 아니었다. 같은 시기 프랑크푸르트에서도 부분 번역본을 제외한 성서 완역판만 24개 본이 출간된다. 따라서 전체 판매량을 집계해보면, 16세기 초반 동안 100만 부가 팔렸을 것으로 추정되며, 16세기 후반에는 판매량이 더 높았을 것이다. 오늘날의 상황에서 봐도 이 정도면 그야말로 이례적인 성공에 해당한다. 성서 번역본은 루터의 저서 가운데 일부에 불과했고, 여기에 루터의 설교집이나 『독일의 기독교 귀족에게 고함』 같은 논란서, 교리문답서를 더해줘야 하는데, 좀더 간편하게 들고 다니며 쉽게 읽을 수 있는 교리문답서 같은 경우는 더더욱 인기가 높았다. 따라서 루터의 저서들과 함께, 모든 사람을 대상으로 하며 누구나 쉽게 접근할 수 있는 대중문학 장르가 처음으로 구축되었음을 알 수 있다.[43]

누구든 자국어로 성서를 이해할 수 있도록 할 것, 이는 루터가 인쇄 분야에 요구한 일 중 하나였다. 그리고 동시에 이는 프랑스 '성서학자'들이 추구하는 한 가지 목표이기도 했다. 개혁 성향의 브리소네 주교는 자신이 있던 도시 모Meaux로 르페브르 데타플을 불러들이고, 이에 데타플은 1521년부터 학업을 중단하고 모두가 읽을 수 있는 성서의 번역작업을 시도한다. 이에 1523년부터 시몽 드 콜린을 통해 신약성서의 복음서, 사도서한, 사도행전 등이 나왔으며, 1524년 무렵에는 시편이 나왔고, 끝으로 1525년에는 『1년 52주 예배를 위한 사도서한과 사도행전』*Épîtres et Évangiles pour les cinquante-deux semaines de l'an*이 출간되었다. 기독교의 가장 기초적이고 대중적인 진리를 주지시키기 위한 교화서였다. 이로써 8절 판형과 16절 판형이라는 좀더 작은 판형에 담긴 성서는 프랑스에서 만인의 손에 쥐어질 수 있게 되었으며, 시기적으로 보면 거의 독일만큼 이른 시기에 이루어진 성서의 보급화였다. 1524년 여름, 브리소네는 설교보다 더 친근한 분위기로 공개 강독회를 주최한다. 매일 아침 한 시간씩 연사가 사람들 앞에서 성서의 글귀를 해석하는 식이었다. 좀더 학식이 높은 사람을 위해 시편을 해석하기도 한다. 첫 시도가 성공적으로 이어지자 이 같은 대중 강독회가 점차 확산된다. 네 명의 '낭독 수도사'가 주요 도시를 돌아다니며 성경을 읽어주고, 주교는 소양이 뛰어난 신자들의 교육을 완성시키고자 프랑스어로 된 복음서를 직접 배포시키고 복음서로 성무일과를 보도록 조언한다. 주교의 교육방식에 고무된 수제자 중 하나는 자신이 직접 인쇄소를 차리기로 마음먹고 인쇄에 필요한 기자재를 마련한다.

브리소네 주교의 이 같은 활동이 가져온 결과는 익히 알려져 있다. 모와 그 주변 지역에서 직조공이나 방직공 등 미천한 신분에 속하던 사람들이 복음서를 터득하게 된 것이다. 그리고 이때 쓰인 방식은 무리를 이루어 함께 성서를 읽고 해석하며 찬송가를 부르는 것으로, 이는 훗날 위그노 종교개혁 세력에게로 이어진다. 그렇게 하면 글을 읽을 줄 모르는 사람까지도 좀더 쉽게 성서의 교리에 접근할 수 있었기 때문이다. 프랑스에서든 독일에서든 개혁 교회의 시작은 이러했다. 종교적 분위기가 고조되며 종교에 대한 열기가 점점 더 심해지고, 이에 따라 르페브르의 번역본은 놀라울 정도로 빠르게 확산된다. 곧이어 그의 번역본은 모와 파리에서뿐 아니라 리옹, 노르망디, 샹파뉴 지방으로까지 퍼져가고, 프로방스 지방과 도피네 알프스와 피에몬테 알프스의 발도파(피에르 발도Pierre Valdo가 창시한 성서 중심의 기독교 종파—옮긴이) 집에서까지 그의 번역본을 사용한 흔적이 발견된다. 이와 더불어 파리에서는 프랑스어로 된 기도집도 인쇄되기 시작한다.[44]

이와 동시에 프랑스로도 루터의 저서가 유입된다.[45] 그 당시 유럽에서는 이미 국제적으로 도서 거래가 이루어지고 있었기 때문에 루터의 저서가 어떻게 그토록 빨리 프랑스로 흘러들어갔는지는 쉽게 그 이유를 짐작할 수 있다. 파리와 리옹의 서적상들은 프랑크푸르트박람회 같은 곳에서 비텐베르크나 라이프치히 서적상들을 만났을 테고, 독일에서 그토록 시끌벅적했던 문제작 몇 권에 대해 이들이 아무런 이야기도 전하지 않았을 리 없다.

또한 일부 해외 서적상들은 아예 현지로 들여보내려는 목적에서 마련해둔 출판물을 의도적으로 프랑스에 유입시킨다. 특히 프로벤은 루터에게 보내는 1519년 2월 14일자 편지에서 그의 저서 몇 편을 인쇄해 프랑스로 600권을 발송하고, 이어 영국이나 에스파냐, 이탈리아, 브라반트 등지로도 책을 더 보냈다고 적고 있다. 심지어 파리 내에서도 루터의 책이 인쇄되는데, 콘라트 레슈는 바젤의 기자재를 사용해 바젤의 문장을 달고 종교 논쟁에 관한 논집을 파리에서 출간한다. 그 가운데는 루터가 자신을 파문한 교황의 칙서를 불태운 이유에 대해 제시한 저서도 있었다. 1520년부터는 파리의 학교에서도 루터의 저서를 읽었고, 그의 글에 관한 토론도 벌어졌다. 곧이어 이 책들은 리옹과 모 지역으로도 유입되는데, 신교 저서의 이 같은 유입에 대한 당국의 대응은 알려진 바대로다. 교황의 1520년 6월 15일자 칙서에 따라 1521년 4월 15일 대학에 대한 처벌이 내려진 것이다. 이에 따라 비방문과 노래가 퍼지면서 1차적으로 언론 공세가 시작되고, 7월에는 멜란히톤의 반격으로 『신학서에 대한 파리의 야만적인 법령에 반대하며』*Adversus furiosum Parisiensium theologastrorum decretum*가 파리에서 번역 출간된다. 하지만 1521년 3월 18일, 교황의 칙서에 순순히 따른다는 국왕의 교서가 나오면서, 고등법원은 이에 대해 인쇄업자와 서적상을 이해시켜야 했고 그 어떤 신간도 대학의 인쇄 허가를 받지 않고는 출간할 수 없게 되었다. 성서와 관련한 출간물이라면 특히 더 까다로웠다. 이어 6월 13일, 고등법원의 저 유명한 법령이 내려진다. 파리 신학대학의 신학자들이 검토하지 않은 성서 관련 저서는 인쇄도 판매도 금한다는 내용이었다. 이 법령은 1522년 3월 22일 갱신된다. 이론적으로 사전 허용제도가 수립된 것이었다. 파리 공의회에서는 이미 상스 지방 주교들이 반체제적 성격의 도서목록을 작성했다. 곧이어 브리소네와 그 측근들도 혐의자로 의심을 받고, 모 지역의 종교개혁 세력은 곧 해체된다. 르페브르도 잠시 스트라스부르에 가서 몸을 피한다. 1526년 왕의 지시로 블루아Blois에서 궐내 서점을 운영하게 된 르페브르는 프랑스에서는 자신의 번역본을 인쇄할 수가 없었다. 1528년에 프랑스어로 『신약성서』 번역본이, 1530년에는

『성서』 번역본이 나왔지만, 모두 안트베르펜에서 출간된 것이었고 그나마도 저자 이름 없이 인쇄되었다.

이렇게 해서 신교에 대한 탄압정책이 시작되고, 때로는 국왕의 의지와 무관하게 신교도 탄압이 이루어진다. 특히 노엘 베다 주교와 법관인 피에르 리제가 이끄는 가운데 신학대학과 고등법원이 탄압정책을 주도한다. 이제 파리의 인쇄업자와 서적상들은 금서목록에 오른 서적들에 대해 지나치게 공공연히 생산량을 늘릴 수는 없는 상황이었다. 물론 1534년에 격문 사건이 있기 전까지 정말로 심각하게 걱정을 하는 경우는 꽤 드물었다. 하지만 쉽사리 마음을 놓을 수 없을 때가 많았고, 당국으로부터 상당히 밀착 감시를 받는 처지였다. 적어도 파리에서는 그랬다. 나바르 왕비 마르그리트 드 나바르(혹은 여왕 마고) 밑에서 인쇄업자로 활동하며, 파리와 알랑송 등지에서 루터의 작은 선전 책자를 인쇄하던 일부 인쇄업자들도 있었으나, 전체적인 상황이 이러하여 프랑스에서는 이제 새로운 사상의 전파를 위해 필요한 투쟁서의 인쇄가 어려워졌다.[46]

따라서 외국에 있는 동료업자들이 이 같은 투쟁서의 공급책 역할을 맡는다. 이미 프랑스의 초기 종교개혁 세력은 자신들이 직접 운영하는 인쇄소의 설립을 고려한다. 1523년부터 아비뇽의 성 프란체스코 수도회 수도사 랑베르는 자신이 있던 수도원을 떠나 비텐베르크의 루터에게로 가서 합류한 뒤, 그가 쓴 저서의 번역본을 인쇄하기 위한 인쇄소를 차리기로 결심한다. 콕투스Coctus, 파렐 등도 비슷한 계획을 생각해냈는데, 특히 파렐은 1533년에 뇌샤텔에서, 1536년부터는 제네바에서 이 같은 계획을 실현한다. 한편 프랑스 망명자들은 게르만어권 지역의 인쇄업자들을 찾아간다. 곧이어 안트베르펜, 스트라스부르, 바젤 등 프랑스 국경 지역의 게르만어권 도시 인쇄소에서 선전 책자와 투쟁서가 쏟아져나왔고 이는 다시 프랑스로 확산된다. 스트라스부르는 이 세 개의 프랑스 신교 중심지 가운데 가장 대표적인 곳이었다. 종교개혁 세력이 완전히 장악한 이 지역에서 프랑스 망명자들은 환영받는 존재였다. 따라서 얼마 안 가 이들의 수가 상당히 늘어나는데, 그 가운데 대표적인 인물이 랑베르, 르페브르 등이었다. 비텐베르크에서 돌아온 랑베르는 1524년에서 1526년까지 이곳에서 머물고, 1525년 10월 모에서 도망쳐 나온 르페브르는 루셀Roussel과 같이 이곳에 도착해 스트라스부르 종교개혁가 중 하나인 카피통Capiton의 집에서 묵는다. 이들 곁에는 미셸 다랑드Michel d'Arande와 파렐이 있었다. 얼마 후에는 미셸 세르베투스와 칼뱅도 스트라스부르로 찾아온다. 칼뱅은 이곳에서 머물며 결혼까지 하게 되고, 1539년에는 여기에서 『기독교 강요』의 라틴어본 제2판을 출간한다. 이러한 대표적 망명자들에 뒤이어 새로운 신교도 박해가 벌어질 때마다 수많은 신교도들이 스트라스부르로 몰려들었고, 1538년부터는 칼뱅이 도시 안에 프랑스 본당을 세울 수 있을 정도로 꽤 많은 프랑스 신교도들이 이곳으로 모였다. 그리고 성 바르톨로메오 축일의 대학살 이후인 1575년에는 이들의 수가 1만 5,000명에 이른다.

상황이 이러했으니 스트라스부르가 프랑스로 새로운 사상을 전파하는 온상지로 자리잡은 게 그리 놀라운 일은 아니다. 물론 한동안은 감히 프랑스어로 책을 내려는 위험을 감수하는 인쇄업자가 드물었으며, 장 프뤼스Jean Prüss 정도만이 예외에 속했다. 섣불리 프랑스어로 책을 냈다가는 일만 복잡하게 꼬일 수 있었기 때문이다. 그러나 사실 이들이 맡은 역할은 다른 데 있었다. 1520년에서 1540년까지 프랑스 종교개혁 기간 동안 이 같은 인쇄업자들이 노고를 기울인 부분은 바로 루터의 라틴어 저서를 인쇄해 프랑스로 보내는 일이었다. 아울러 이들은 일군의 번역가 무리가 제작한 독일어본과 라틴어 출판물도 출간한다. 요한 쇼트, 헤르바겐Herwagen, 리첼Rizhel 등과 같은 대형 인쇄업자들이 이 같은 일에 뛰어들었던 것은 물론이고, 아그노에서 리첼과 함께 일하던 세처 역시 이에 동참했다. 그리고 프랑스로 흘러들어간 이 막대한 인쇄물은 프랑스 구교도의 심기를 거스르고, 이들은 그 어떤 격렬한 폭언으로 스트라스부르를 비난해야 할지 몰랐다. 같은 시기 안트베르펜에서는 투쟁적인 성격의 소책자 제작을 전문으로 작업하는 인쇄업자 무리가 형성되는데, 이번에는 프랑스어로 인쇄가 이루어진다. 이 분야에서 가장 왕성한 활동을 보였던 인물은 보르스터만Vorstermann과, 특히 (일명 마르탱 랑프뢰르Martin Lempereur라고도 불리던) 마르탱 드 케이즈렝Martin de Keyseren 등이었다. 케이즈렝은 특히 1528년과 1530년, 르페브르가 프랑스에서는 출간할 수 없었던 『성서』 번역본을 펴낸다. 베르켕이 번역한 것으로 추정되는 에라스무스의 『엔키리디온』 번역본을 출간한 것도 바로 케이즈렝이었다. 그는 시몽 뒤부아와 더불어 간단한 교화서의 전문 인쇄업자였다. 1530년 이전에 이 같은 소책자가 프랑스에 많이 돌아다니는데, 루터의 사상을 전파하는 수단으로는 아마도 이런 형태가 가장 적절했을 것이다. 해외로 망명한 프랑스 신교 세력의 이 같은 출판물은 상인들과 서적행상들을 통해 손쉽게 프랑스로 반입된다. 에스파냐 당국도 이렇게 수출 목적으로 제작된 출판물에 대해서는 애초부터 눈을 감아주었던 것으로 보인다. 게다가 르페브르의 성서 번역본은 루방 신학자들의 승인까지 받는다. 하지만 에스파냐 당국에서도 결국은 이 같은 사태를 우려해 1529년 11월 14일, 더는 도내에서 신약성서를 인쇄하지 못하도록 명령을 내린다. 그뿐만 아니라 복음서, 사도 서간, 예언서 등의 발간도 금지하며, 프랑스어나 저지독일어로 쓰인 다른 모든 책 역시 바람직하지 않은 교리나 오류를 조금이라도 내포하고 있거나 그런 분위기를 풍기는 서문, 발간사, 추천사, 주석 등이 들어가 있다면 출간할 수 없었다. 1531년에 갱신된 이 같은 금지조치에 따라 안트베르펜 인쇄업자들은 작업에 조금 더 신중을 기한다. 이 시기부터는 프랑스어 책을 인쇄할 때 위험도가 좀더 낮은 책을 찾으려는 경향이 나타난다.

그런데 바젤의 프로벤 같은 경우는 에라스무스의 부탁으로 이제 루터의 책을 인쇄하지 않기로 결심했으나, 동료 인쇄업자인 아담 페트리는 이에 개의치 않고 계속해서 루터의 책을 펴낸다. 게다가 이로부터 상당한 수익도 거둬들였다. 그가 작업한 책의 일부는 프랑스로 보내진다. 그런데 프랑스에서 망명 온 사람들이 도시 내에 늘어나며 스트라스부르에서보다 더 높은 영향력을 미치기 시작했다. 이들은 안트베르펜에서도 선전물의 출간을 장려하고 업자들이 이를 프랑스로 보낼 수 있도록 도와준다. 바젤의 한 인쇄업자 토마스 볼프Thomas Wolff는 이들과 좀더 전문적으로 관계를 맺었던 듯하다. 안트베르펜의 마르탱 랑프뢰르와 마찬가지로, 토마스 볼프 역시 프랑스어로 책을 출간한다. 1523년에는 『성서대전』*La Somme de l'Escriture sainte*을 펴내고, 이듬해에는 '뮈르모'Murmau라는 이름으로 파리 대학 당국의 결정에 반발하는 유명한 풍자문을 간행한다. 1525년 르페브르의 신약성서 판본 하나도 그의 손에서 출간되었다. 크라나흐가 루터의 번역서 초판본에서 썼던 판화를 따라 한 목판화로 본문이 장식된 판본이었다. 이와 동시에 그는 스트라스부르의 헤르바겐처럼, 그와 같은 목적에서 루터의 독일어 저서를 라틴어 번역본으로 양산해낸다.

프랑스 주변 지역에서 인쇄된 이 모든 출판물은 대개 프랑스인들을 대상으로 제작된 것이었으며, 쉽게 프랑스로 유입되었다. 그렇게 프랑스로 확산된 출판물의 양도 상당했는데, 이를 입증해주는 자료들은 얼마든지 많다. 특히 이단 재판에서 언급된 내용이나, 혐의 대상자의 집에서 압수된 책들이 대표적이다. 그런데 이 책들은 어떻게 그토록 쉽게 프랑스의 국경을 넘을 수 있었을까? 물론 앞에서도 누차 이야기했지만 이 책들이 프랑스로 들어오게 된 것은 대개 출장에서 돌아오는 상인들이나 서적행상들을 통해서였다. 그런데 특히 1540~1550년 시기부터는 제네바를 중심으로 불법 도서 유통망이 조직되며 이곳에서 인쇄된 책들을 확산시키는 데 일조한다. 물론 이때까지도 서적행상들은 매우 왕성한 활동을 보여주었다. 이들은 대도시에서 가져온 '불온서적'들을 소도시로 배포해주었고, 대개는 현지의 서적상을 통해 책을 팔았다. 그런데 이렇게 밀거래되는 '미심쩍은' 책들 가운데 상당 부분이 거의 정상적으로 판매가 이루어졌으며, 그것도 상당한 규모로 거래되었다는 사실을 한번 생각해볼 만하다. 여기에서는 프랑스 국내 서적상과 인쇄업자들의 활약이 컸다. 특히 리옹 서적상들을 중심으로 이들 가운데 대다수가 새로운 사상에 대해 호의적인 입장이었으며 대개는 종교개혁에 가담한다. 해외의 서적상이나 인쇄업자들과 꾸준한 사업관계를 유지하면서, 이들은 프랑스 내에서 금지된 책들을 국내로 들여올 수 있게 도와주고 간혹 수위가 높은 저서를 인쇄하는 데도 위험을 감수한다. 해외로 망명한 종교개혁 세력과 친분관계를 유지하는 경우도 많았고, 이들을 위해 기꺼이 여러 가지 일을 맡아주었다. 어떤 때는 은행가로서의 역할도 해주고 소식통이나 연락망 역할을 해줄 때도 많았다. 그럼에도 이 모든 활동을 벌임에 있어 그렇게 큰 위험은 따르지 않았는데, 이들이 그 나름대로 조심하며 신중하게 행동하기도 했거니와 이에 필요한 보호 방편도 미리 마련해둔 상태였기 때문이다. 게다가 경찰도 아직 없을 때였고 소송을 걸려고 해도 절차가 꽤 복잡했으며, 국왕 또한 이들에게 그리 가혹한 처벌을 내리려고는 하지 않았다. 이는 그 당시 서적상 집단의 활동을 살펴보면 잘 알 수 있다. 대개 서로 친인척 관계이거나 사업 파트너 관계였던 이 서적상 집단은 종교개혁 기간 동안 서로 긴밀히 합의하며 활동했고, 파리와 리옹 등에서 바젤이나 쾰른의 문장을 달고

가게를 운영한다. 이들은 바젤 서적상들에게 있어 프랑스 대리점의 역할을 해주었다.[47]

회사 설립자인 요한 샤블러Johann Schabler(프랑스어로는 카비예Cabiller)는 바텐슈니Wattenschnee라는 이름으로 더 널리 알려져 있는데, 슈바벤 출신의 그는 1483년 독일 인쇄업자 마티유 후츠와 함께 리옹에 도착한다. 그는 후츠의 자금 투자자였던 것으로 보인다. 1485년 요한 샤블러는 자신의 돈으로 회사를 차린다. 하지만 그는 한곳에 머무는 서적상이나 출판업자로서 일하기보다, 바르텔레미 뷔에처럼 도서 중개상 역할을 했으며 박람회를 자주 드나드는 서적상이었다. 곧이어 그의 회사는 리옹에서 바젤 서적상들을 대신해 업무를 봐주는 주요 업체로 발돋움한다. 1495년 샤블러는 바젤에서 시민 계급 증서를 받는다. 사업을 더욱 확대하고 싶었던 그는 1504년에 리옹 본사의 운영을 직원 중 한 사람인 피에르 파르망티에Pierre Parmentier에게 맡기고, 1521년에서 1524년 사이에는 먼 친척 사이인 장 보그리Jean Vaugris에게도 같이 회사의 운영권을 위임한다. 두 사람의 경영업무는 확연히 분리되어 있었다. 파르망티에는 남프랑스 지역의 도시들을 주로 돌아다녔고 이탈리아와 에스파냐까지도 그의 영역이었다. 보그리 같은 경우는 스트라스부르와 바젤, 제네바, 플랑드르 지역을 돌아다닌다. 1536년 무렵 파르망티에는 두 개의 지점을 더 설립하는데, 하나는 아비뇽에 다른 하나는 툴루즈에 세운다.

그런데 샤블러는 잠시 낭트에 회사를 차릴 생각을 하게 된다. 리옹이나 바젤 출판업자들이 에스파냐로 진출할 수 있도록 중간 다리 역할을 하려는 생각이었을 것이다. 하지만 1504년 그는 케르베르와 프티를 사업 파트너로 삼고 파리에서 출판업무를 본다. 이들은 방대한 규모의 교회법 시리즈를 출간했으며, 이미 이곳에 가게를 두고 있었던 것 같다. 1516년에는 조카인 콘라트 레슈가 생자크 거리에 영업소를 차리는데 이번에도 역시 바젤 문장을 내건다.

도처에 대리점과 영업소를 두며 샤블러가 구축한 영업망은 어떤 형태였을까? 그리고 자신의 인력망을 통해 샤블러는 친구들에게 어떤 서비스를 제공해줄 수 있었을까? 리옹박람회가 있을 때, 미셸 파르망티에Michel Parmentier의 집으로는 엄청난 분량의 서신과 소포가 몰려든다. 그가 맡은 역할은 이 우편물을 해당 주소지로 보내주는 일이었다. 알치아, 라블레, 장 뒤벨레, 그리고 아메르바흐 가문 등이 그의 영업소를 찾았으며, 이외에도 여러 사람이 샤블러의 영업소 문을 두드렸다. 그 가운데는 물론 종교개혁가들도 있었다. 최소 1516년쯤 바젤을 떠났을 샤블러는 파렐, 콕투스 등과 계속해서 관계를 유지했다. 하지만 프랑크푸르트와 스트라스부르 등지에서 현지업무를 대신 봐주던 보그리 같은 경우는 종교개혁 세력과 좀더 긴밀한 관계를 유지했다. 1520년 11월 22일, 그는 아메르바흐에게 이렇게 편지를 쓴다. "독일어로 된 루터의 책을 갖고 계시다면, 리옹으로 이를 제게 보내주십시오. 이 책을 읽고 싶어하는 훌륭한 직인들이 많습니다." 여러 차례의 출장과 다양한 인맥 덕분에 보그리는 대개 새로운 소식이 들어오면 제일 먼저 이를 전해 들을 수 있었다. 아비뇽에서 공부를 계속하던 보니파스 아메르바흐에게 돈을 전달해주어야 하는 일을 맡게 된 보그리는 편지를 통해 그에게 후텐의 죽음을 알리고, 에라스무스에 관한 새 소식을 전해준다. 1524년에 그는 파렐이 쓴 『주기도문에 관하여』*De oratione dominica*라는 논고를 한시바삐 바젤에서 출간하려 애를 쓰고, 같은 해 8월 20일에 보그리는 몽벨리아르에 있는 파렐에게 편지를 보내 자신이 하는 일에 대해 길게 설명한다. 그 가운데 몇 줄을 이곳에 옮겨볼까 하는데, 흥미로운 그의 철자법까지 그대로 전사한다(파렐Farel의 이름인 '기욤'Guillaume을 '길리옴'Guiliome이라 쓰는 등, 원문에서는 오늘날 프랑스어의 철자와 달리 이상하게 쓰인 부분도 많고, 프랑스어를 독일어식 발음에 따라 표기해둔 부분도 있으나, 번역본에서는 이를 생략하고 본문의 의미만 전달하도록 한다—옮긴이).

친애하는 내 형제이자 친구인 기욤 선생님, 신의 가호 속에서 평안이 깃들기를 바랍니다. 선생님께서 보내준 편지는 잘 받았습니다만, 기사님(아네몽 드 콕Anémond de Coct)께 돈을 부쳐주어야 한다는 언급을 하셨더군요. 그리하여 콘라트(콘라트 레슈Conrad Resch) 삼촌을 통해 기사님께 금화 열 냥을 보내드렸습니다. 그리고 선생님의 책을 제본하도록 시켰는데, 사람들이 선생님 책을 가져오는 즉시 곧 다른 책들은 모두 제쳐두고 선생님의 책부터 작업했습니다. 이 책을 선생님께도 보내드리고, 기사님께도 전해드렸습니다. 『주기도문』*Pater* 200권(주기도문을 친숙하게 설명한 글과 사도신경 관련 글)과 『서한집』*Epistolae* 50권(파렐의 저서 가운데 지금은 소실된 저서로 추정)도 함께 보내드렸지요. 하지만 어떤 식으로 책을 판매했으면 좋겠다고 생각하시는지 잘 모르겠습니다. 거래처 사람들에게 감사를 표했더니, 사람들이 책을 팔기 위해 더욱 열심히 노력해주는 것 같습니다. 그렇게 한 권 한 권씩 책도 팔리고, 이에 약간의 수익도 생기리라 생각합니다. 아울러 M. L(마르틴 루터Martin Luther)의 번역본이 상당히 괜찮던데, 이에 따라 신약성서를 번역하는 게 가능하다면, 프랑스와 부르고뉴, 사부아 지역에도 무척 유익할 것 같습니다. 필요하다면 리옹이나 파리에서 프랑스 신학자를 보내드릴 수 있으며, 바젤에 적절한 인물이 있다면 더 좋겠지요. 아울러 저는 오늘 바젤을 떠나 프랑크푸르트로 갑니다.

1524년 8월 19일, 바젤에서

이상에서 보는 바와 같이 보그리가 종교개혁서를 확산시키는 데 있어 중요한 역할을 했다는 사실에는 의심의 여지가 없다. 아울러 파리와 샬롱Châlons에 있던 그의 영업소에는 분명 이단 혐의서가 상당히 많았을 것이다. 책은 대개 그가 판매 대리를 하고 있는 바젤 출판업자들, 즉 샤블러, 프로벤, 크라탄더, 쿠리온 등의 인쇄소에서 제작되었으리라 짐작된다. 따라서 1527년 6월, 새로이 영업점이 설치될 파리에 갔다가 돌아오던 길에 그가 로렌 지방 네탕쿠르에서 돌연 사망했을 때, 생브누아 르 베투르네Saint-Benoit-le-Bétourné 수도회는 고등법원에 이 사실을 알리고, 보그리의 가게에 진열되어 있던 책들을 압수하려 한다. 케르베르가 사업장을 갖고 있던 유니콘 하우스의 별채에 얼마 전 영업점을 낸 곳이었다. 이어 샬롱의 주교도 비슷한 조치를 취한다. 따라서 바젤의 서적상들은 이 같은 상황에 우려를 표하고, 시의회에 이 사실을 알린다. 이에 격분한 시의회가 나서며 이 문제에 개입하고, 서적상 무리를 건드려봤자 좋을 게 없기에 보그리에 대한 기소도 곧 중단된 듯하다. 하지만 이 같은 상황에도, 교회는 계속해서 보그리의 가족을 괴롭힌다. 보그리 미망인의 친척 어른으로 서적상을 하던 바젤 출신 안드레아스 바인가트너Andreas Weingartner가 1529년 파리에서 교회 당국의 괴롭힘을 받았기 때문이다.

보그리와 마찬가지로 파리에서 바젤 문장을 내걸고 영업하던 콘라트 레슈도 종교개혁에 헌신했다. 앞에서도 잠깐 언급이 되었지만, 루터의 글을 맨 처음 프랑스어로 번역 출간한 것도 콘라트 레슈였다. 이후 레슈는 당시의 종교적인 논란을 매우 관심 있게 지켜보고, 특히 그는 여기에 흥미를 가진 두 인쇄업자, 피에르 비두와 시몽 뒤부아 등에게 일을 맡긴다. 1523년에도 그는 피에르 비두에게 사도서한에 관한 에라스무스의 의역본 인쇄를 맡겼는데, 이 책의 출간으로 대학의 반감을 사기도 했다.

샤블러와 보그리처럼 콘라트 레슈 역시 좀더 자유로운 활동을 벌이기 위해 1526년에 바젤을 떠난다. 친척인 이 두 사람과 마찬가지로, 콘라트 레슈 역시 계속해서 도서업에 종사하고 여러 박람회장을 돌아다녔으며 프랑스를 기반으로 사업을 지속했다. 그 당시 콘라트 레슈는 파렐, 칼뱅과 계속해서 관계를 유지했던 것으로 보이며, 1538년 파리의 루이 뒤 티예Louis du Tillet는 레슈를 통해 바젤의 칼뱅에게 자금을 보내주기도 했다. 그런데 파리에서 바젤 문장을 달고 영업하던 크레티앙 베셸은 과거 레슈의 현지 대행업자로 일하던 인물로, 그 역시 레슈처럼 신교 사상에 관심이 많았다. 브라반트 출신의 크레티앙 베셸은 게르만어권 지역과 밀접한 교류를 유지해오며 주로 뒤러의 이론서를 비롯한 독일어권 작가들의 책을 중심으로 출간한다. 베셸이 작업한 책들 가운데는 이단 혐의서가 많았지만, 그만큼 늘 각별한 주의를 기울이며 책을 출간했기 때문에 위험은 적은 편이었다. 이에 따라 그는 1528년과 1530년 사이, 인쇄허가권을 발부받아 『기도문』*Livre de parfaite oraison*을 출간하는데, 이 책은 일견 무해한 책 같았지만 실제로는 루터의 기도서 『베트뷔휼라인』 본문을 부분적으로 각색한 것이었다. 1530년에도 그는 오토 브룬펠스의 『성서 의무론』*Precationes biblicae* 번역본 『성서 기도문』*Prières et Oraisons de la Bible*을 펴낸다. 이 책은 성서의 내용을 알 수 있게 해주었는데, 그 당시 성서의 번역본은 공개적으로 출간할 수 없게 되어 있었다. 하지만 외형상 무해한 책 같은 느낌을 주었기 때문에, 1551년에 가서야 금서목록에 오르게 된다. 이 같은 방식으로 단속을 피하면서 베셸은 그 당시 '불온'서적을 출간하면서 심각하게 걱정했던 적은 한 번도 없었던 듯하다. 생애 마지막 순간에도 그는 파리에서 평온하게 죽음을 맞이한다. 다만 그 아들의 경우, 파리에 작센 지방 사절로 와서 그의 집에 기거하던 위베르 랑게Hubert Languet의 도움으로 간신히 성 바르톨로메오 축일의 대학살을 피한 뒤, 다음 해 프랑크푸르트에 가서 자리를 잡는다.

그런데 바젤 문장을 내걸고 영업하던 출판업자 곁에서 또 한 곳의 새로운 영업점이 등장한다. 이곳 역시 바젤 서적상과 종교개혁에 관계된 사업장이었는데, 바로 장 프렐롱과 프랑수아 프렐롱 형제가 운영하던 곳이었다. 두 사람은 파리 서적상의 아들로, 리옹에서 맨 처음 가게를 낸 뒤 쾰른의 문장을 달고 일을 했다. 첫째인 장 프렐롱은 과거 콘라트 레슈의 사업장에서 일을 하다가 바젤로 떠난다. 직업 기술을 더욱 연마하기 위해서였을 수도 있고, 아니면 그의 종교적인 이념 때문에 앞일을 알 수 없었던 파리에서 좀더 멀리 떨어지기 위해서였을 수도 있다. 다시 프랑스로 돌아온 그는 파리에 회사를 차리는 게 아니라 리옹에 회사를 차리고, 파리에는 책을 팔기 위한 상점 하나 정도만 내는 선에서 그친다. 리옹은 파리보다 관대한 도시였기 때문이다. 얼마 후 그는 동생인 프랑수아와 함께 회사를 운영하고, 1542년부터는 본격적인 출판업자가 되어 책을 출간한다. 신중을 기하기 위해 구교도를 표방하며 사업을 벌이던 그였으나, 사실 원래부터 갖고 있던 신교의 이념은 전혀 변함이 없었다. 게다가 파리에서 콘라트 레슈와 함께 그 책을 대신 팔아주던 바젤 서적상 동료들이 인쇄한 수많은 이단서를 파리로 들여오는 데도 분명 그의 역할이 컸을 것이다. 심지어 1538년 5월 3일, 바젤 시의회는 1527년 보그리가 사망했을 때와 비슷한 행보를 보여준다. 프랑수아 1세가 『루터의 식사』*Lutheranae farinae* 판매를 금지하는 칙령을 발표했을 때, 이 사실을 알게 된 바젤 시의회는 파리 재판관의 범죄 감독관에게 편지를 보내어 자국 출신의 두 서적상 레슈와 프렐롱을 추천하고, 이들에 대한 중상모략에 대해서는 고려하지 말아달라고 당부한다. 과연 중상모략이었을까? 확실히 여기에 미심쩍은 부분은 있었다. 장 프렐롱은 사실 콘라트 레슈와 마찬가지로 파렐이나 칼뱅과 관련이 있는 인물이었다. 세르베투스도 한동안 그의 출판사에서 교정사로 일했고, 세르베투스와 칼뱅 사이의 연락은 중간에 장 프렐롱을 통해 이루어졌으며, 세르베투스가 도피네 지방의 비엔에서 『기독교 복원』*Christianissimi restitutis*을 펴냈을 때 책의 보급을 수월하게 해준 것 역시 장 프렐롱이었다. 물론 그가 출간한 책들은 언뜻 봐서는 가톨릭 의식에 관한 책과 관련이 많아 보였다. 하지만 그의 책들은 종종 신교의 교리를 퍼뜨리는 역할을 했다. 1545년 그가 펴낸 『종합 시편집을 본뜬 기독교 기도』*Precationes christianae ad imitationem psalmorum compositae*와 『구약 및 신약 성서 기도문』*Precationes biblicae... veteris et novi Testamenti*도 이에 해당하는 책이었고, 1553년에 펴낸 신약성서에서 유혹의 악마는 악마의 발을 가진 수도사의 모습으로 표현된다. 리옹과 제네바에서 활동하던 출판업자 앙투안 뱅상Antoine Vincent과 함께 손을 잡은 것도 의심스러운 부분이다. 뒤에 가서도 살펴보게 되겠지만, 앙투안 뱅상은 신교를 지지하기 위해 상당히 열성적이었던 인물이다.

이렇듯 16세기 초반 프랑스에서는 바젤 시민권의 보호를 받으며 일군의 서적상 무리가 종교개혁가들의 친구임에도 꽤 자유롭게 활동할 수 있었다. 이들은 이단서로 가득한 상점을 운영하고, 리옹과 파리 등지에서 이 책들을 인쇄했으며, 바젤 서적상들에게 연락을 대신 전해주기도 하고 파렐과 칼뱅 등에게 자금을 전달해주는 은행가로서의 역할도 담당했다. 따라서 그 모든 단속 규정에도 불구하고, 프랑스에서는 신교의 서적이 점점 더 폭넓게 확산된다. 이런 식의 밀거래를 행하던 것은 비단 바젤 문장을 내건 서적상이나 쾰른 문장을 내건 사업장만이 아니었기 때문이다. 실제로는 이들 외에도 그 같은 밀거래를 행하는 자들이 훨씬 더 많았다.

불온서적을 판매하고, 대학 당국과 고등법원의 검열이나 때로는 왕령까지 무시하고 넘어가는 행태는 사실 프랑스 서적상들에게 있어 책을 팔기 위해 불가피한 관례였다. 1521년 루터의 저서를 판매하지 못하도록 한 금지령부터 이미 서적상들의 발목을 잡고 있었다. 사람들의 관심과 흥미를 일깨웠던 루터의 저서들은 판매가 확실한 보증수표와 다름이 없었기 때문이다. 게다가 울리히 폰 후텐의 간단한 책자들도 자유롭게 출간할 수 없었는데, 그의 저서들 역시 굉장히 인기가 많은 책들이었다. 인문주의가 아직 종교개혁에서 멀어지지 않았으며 인문주의자들의 저서가 상당한 독자층을 확보하고 있던 이 시기, 출판업자들은 사람들에게 가장 인기 많은 작가들이 쓴 책들이 연달아 금서로 지정되는 상황에 처한다. 1525년부터는 르페브르의 성서 번역본에 대한 국내 출간이 금지되고 곧이어 에라스무스의 저서들로도 영향이 미친다. 그 당시 서적상들은 모두 에라스무스의 책을 가게에 구비해놓은 상태였다. 그뿐만 아니라 인문주의 시인 마로Marot의 서적도 의심을 받는다. 르페브르의 성서 번역본이 안트베르펜과 바젤에서 출간되었을 때, 파리와 리옹의 서적상들은 원칙적으로는 구 버전의 성경만을 재인쇄해야 하는 상황이었다. 물론 그 당시에도 이 구 버전의 성서는 여전히 인기가 높았고, 끊임없이 재인쇄에 들어가는 책이었다. 경전을 탐독하려는 사람들의 열정도 굉장히 높았다. 그런데 이게 프랑스어로 옮겨진 르페브르의 번역본이었다면 그 결과가 과연 어땠겠는가? 그러던 중 1525년 5월과 6월, 신학대학 측에서는 『결혼 예찬론』*La Déclaration des louanges de mariage*, 『기도의 방식에 대한 짧은 훈계』*La Briève admonition de la manière de prier*, 『사도신경』*Le Symbole des Apôtres*, 『평화 비가悲歌』*La Complainte de la paix* 등 에라스무스의 번역본 네 권을 처단한다. 1526년 5월 15일에는 젊은이들이 특히 에라스무스의 『대화집』을 읽지 못하도록 금지시킨다. 그 당시 파리의 서적상들은 아마 이 책을 대량으로 상점 안에 들여놓은 상황이었을 것이다. 그러니 이 같은 금지조치에 대해 서적상들이 어떤 반응을 보였을지는 불 보듯 훤한 일이다. 게다가 교부들의 책 가운데 이미 가장 많이 팔린 논집을 출간하려 할 때조차도 서적상들은 당국의 허가를 신청해야 하는 입장이었다. 에라스무스는 대학의 의심을 많이 받는 작가였기 때문에, 성 제롬의 저서라도 에라스무스의 해석에 기반을 두고 있는 책이라면 대학 당국은 이를 곱지 않은 시선으로 보고 위협적인 경고를 보냈다. 슈발롱이 출간한 성 제롬의 책이 이에 해당했다. 이에 슈발롱은 향후 더욱 신중을 기하게 되었고, 1530년 2월 15일 성 아우구스티누스 책의 출간 준비를 하는 과정에서 대학 당국에 사전 검토를 맡겼다.[48]

이 시기 귀족 출신의 명망 있는 학자였던 베르캥마저 종교재판에 회부되어 처형되자, 이에 겁을 먹은 서적상들이 적지 않았다. 하지만 이들의 고민이 늘어간 것은 특히 1530년부터였다. 1530년 4월, 소르본 대학은 성서를 제대로 이해하기 위해서는 그리스어와 히브리어를 알아야 한다는 입장을 강요한다. 이어 1531년 3월 2일, 소르본에서는 『망명인 연합』*Unio dissidentium*, 『우리의 아버지 주 예수 그리스도의 기도』*L'Oraison de Jésus-Christ qui est le Pater noster*, 『프랑스어로 보는 십계와 사도신경』*Le Credo avec les dix commandements de la Loi, le tout en français* 등을 비롯한 일련의 책들에 대한 검열을 실시한다. 소르본의 권유로 고등법원 역시 1531년 7월 12일, 고등법원 소속 위원 두 명에게 비슷한 맥락에서의 업무를 맡긴다. 신학대학교의 신학자 두 명과 함께 그 당시 파리에서 판매되던 책들을 샅샅이 조사한 뒤, '불온한 교리'를 담고 있는 책들을 압수하라고 지시한 것이다. 1532년 5월 17일에 갱신된 이 법령은 신학자들에게 서적상에 대한 수색 권한을 부여한다. 학자들이 이 같은 특권을 남용하는 분위기가 보이자, 1533년 9월 15일, 고등법원은 고등법원 소속 위원이 없는 상태에서 신학자들이 임의로 상점을 뒤지거나 책에 대한 검열을 하지 못하도록 금지령을 내린다. 끝으로 1534년 초, (오늘날 콜레주 드 프랑스의 전신인) '왕립교수단' 사건이 터진다. 아가티우스

기다세리우스Agathius Guidacerius, 프랑수아 바타블François Vatable, 피에르 다네스Pierre Danès 등이 성서와 아리스토텔레스의 저서에 대한 해석을 제안했다는 내용을 소식지로 접하게 된 소르본과 고등법원이 발끈하고 나선 것이다. 이에 고등법원은 대학의 허가 없이 성서를 읽고 해석하는 것을 금지한다. 사건의 발단이 된 소식지에 이름이 언급된 베셀, 제롬 드 구르몽, 오주로 등 왕립교수단이 협조를 요청한 서적상들에 대해 가택조사가 벌어졌음은 물론이다. 특히 그 가운데 오주로가 한동안 투옥되어 있었다.[49]

구교 교리의 보루인 고등법원과 신학대학의 학자들과 대개 원만한 관계를 유지하며 전全 프랑스 교수단의 심복 노릇을 해온 파리의 서적상과 인쇄업자들 대부분은 다른 지역 업자들보다 비록 그 정도는 덜했어도 어쨌든 신교 사상에 대해 대체로 호의적인 입장이었다. 다만 주요 고객을 만족시켜주려다 보니, 결국은 사업의 앞길을 가로막는 장애물에 부딪힐 수밖에 없었다. 특히 1545년에 이를 가장 상징적으로 보여주는 약간의 문제가 발생한다. 신학대학에서 작성한 도서목록을 바탕으로 고등법원이 상당히 많은 책들을 금서로 지정하자, 전 프랑스 교수단 밑에서 일하던 24개 서적상이 이 같은 조치에 반발하며 자신들의 의사를 표명하기로 합의한다. 이들에 따르면 상점 안에 이미 구비되어 있던 책들을 고등법원의 조치로 고스란히 잃게 되고, 이 같은 조치가 시행되는 동안 인쇄 계약이 폐기되어 상점들이 결국 문을 닫게 될 우려가 있다는 것이다. 그러므로 이들은 그 책들의 판매를 허용하되, 다만 검열을 받은 경고 문구를 책 속에 삽입해 독자들에게 주의를 주게끔 해달라고 요청한다. 이들의 요청안은 당연히 기각되었다.[50]

당국이 이 같은 조치를 취하자 서적상들과 인쇄업자들은 위법 행위의 유혹을 뿌리칠 수 없었다. 게다가 아직 단속반이 제대로 꾸려지기 전이었고, 1534년까지는 법원 내에서 마르그리트와 기욤 뒤 벨레Guillaume Du Bellay를 중심으로 관용파가 우세하며 문제에 대한 높은 개입 의지를 보였다. 그뿐만 아니라 국왕 또한 신학자와 법관들의 지나친 열의를 어느 정도 완화시키려는 입장이었다. 더욱이 이단과 정통 교리 사이의 경계도 모호했다. 그 당시에는 국왕이었던 프랑수아 1세도 베르캥과 마로에 호의적인 입장이었고 소르본에 맞서 에라스무스 편을 들어주었으며, 르페브르 데타플도 국왕에게서 피신처를 찾을 정도였다. 신학대학교 측에서 '불온성' 출판물로 판결을 내린 책이라고 해도 국왕의 인쇄허가권이 발급되었고, 국왕의 누이인 나바르 왕비 마르그리트 드 나바르조차 혐의를 받고 있었으며, 마르그리트의 저서 중 한 권도 금서목록에 올라가 있었다. 얼마 후 격동의 시기였던 재임 말기 프랑수아 1세는 신학대학 측에 맞서 궁중 인쇄업자 로베르 에스티엔을 보호해준다. 1545년에는 저서인 『팡타그뤼엘』과 『가르강튀아 연대기』가 소르본과 고등법원의 금서목록에 포함되어 있던 라블레에게도 윤허권이 주어지고, 이에 따라 라블레는 베셸을 통해 『팡타그뤼엘 제3서』를 출간한다. 왕의 윤허권에도 불구하고 소르본은 곧 이 작품을 금서로 판결하고, 국왕의 비호에도 라블레는 신중하게 판단하며 메츠Metz로 도피한다. 1545년에 발급된 인쇄윤허권을 1550년 국왕이 10년 더 연장했는데도 소르본은 이에 아랑곳하지 않았다. 리제 고등법원장의 심복으로서 고등법원 전속 인쇄업자이기도 했던 서적상 장 앙드레Jean André의 인쇄기가, 한쪽에서는 마로의 저서가 포함된 금서목록을 찍어내면서도 다른 한쪽에서는 이단이자 왕의 시인이었던 마로를 추모하는 시집의 발간에 사용되던, 꽤나 재미있는 시기였다.

따라서 검열이 제 구실을 하지 못하는 한편 불온서적은 점점 빠른 속도로 늘어가고 이와 함께 자연히 신교의 사상도 점차 확산되어간다. 사실 프랑스 서적상들은 일부 주의사항만 지키며 몇 가지 간단한 '꼼수'를 쓰면, 대개 별 위험 없이 독자들의 왕성한 욕구를 채워주며 이단 성향의 책들을 인쇄하고 판매할 수 있었다. 물론 금서목록에 올라간 책을 대놓고 공개적으로 파는 것은 있을 수 없는 일이었다. 하지만 매번 금서조치가 내려질 때마다 라블레의 책을 출간한 업자들이 사용했던 교묘한 술책은 얼마든지 쓸 수 있었다. 책의 간기에서 자신들의 주소를 삭제하는 것이다. 국왕이 금지한 글만 아니라면, 출판업자들은 별 지장 없이 요한 폰 에크, 존 피셔, 베다 주교 등 구교의 대표적 인물들 이름을 써서 신교의 반론 글을 출간했다. 게다가 정통 교리서를 표방하면서 은근슬쩍 과감한 내용의 신교 사상을 집어넣어 책을 출간하는 것도 그리 위험한 일은 아니었다. 어쨌든 신학자들의 눈을 속이고 고등법원을 따돌릴 수 있는 길은 얼마든지 많았다.

이렇듯 당국의 금지조치에도 불구하고 수상한 출판물의 간행은 계속해서 늘어났다. 해외에서 인쇄된 출판물인 경우 좀더 공개적으로 책들이 쏟아져 나왔고, 국내 인쇄물은 은근히 대담하게 출간되었다. 그 당시 몇몇 저서들의 출간기만 보더라도 이를 알 수 있다.

가령 '메르 소트'Mère Sotte(바보 마리아)라는 이름으로 시인 그랭고르가 쓴 『성모의 시간』*Heures de Nostre Dame* 사례를 살펴보자. 1525년에 나온 이 책은 원본과 꽤 다른 형태로 프랑스어 판본이 출간되었다. 게다가 짓궂은 장난으로 저자는 예수의 용모로 자신을 표현했는데, 긴 외투를 입고 사각 모자를 쓴 모습의 모욕적인 형상으로 이를 나타냈다. 이 판화 그림은 조용히 넘어가는 듯했으나, 고등법원은 그 내용을 우려해 소르본에 자문을 구하는 게 좋겠다고 판단한다. 이에 1525년 8월 26일, 『성모의 시간』에 대해 소르본이 불온서적 판정을 내리고 고등법원은 이 책의 인쇄를 금지한다. 하지만 출판업자인 장 프티는 이에 굴하지 않는다. 그는 거금을 들여 제작한 이 책의 목판화를 다시 사용하기로 마음먹고, 피에르 그랭고르의 책에 대한 재인쇄 작업에 들어간다. 이어 3년을 기다렸다가 1528년, 이 일이 어느 정도 잊혔다고 판단한 그는 재판본으로 이 책을 출간한다. 다만 이번에는 신중을 기하는 차원에서 일부 괴기스러운 목판화 그림을 내용이 좀더 완화된 도판으로 교체해 발간한다. 1533년과 이어 1540년에도 책이 나오는데, 이번에는 다시 종전의 괴기스러운 판화 그림을 게재해 『성모의 시간』을 재출간한다. 물론 이 책 자체는 그렇게 우려할 만한 작품이 아니었다. 하지만 간혹 루터의 저서 역시 별다른 어려움 없이 프랑스에서 출간과 재출간을 반복하는 경우도 있었다. 예를 들어 『침대에서 읽는 작은 책』이 이에 해당한다. 1522년 처음 출간된 이 책은 1525년 스트라스부르의 헤르바겐이 라틴어판을 출간하고, 이어 1528년과 1530년에는 앞서 살펴봤듯이 베셸이 왕의 윤허권을 얻어 가벼운 교화서 『진실하고 완벽한 기도서』*Livre de vraie et parfaite oraison*를 펴내는데, 이 책은 그 목차만 봐도 그 이단성이 충분히 의심스러웠다. 실제로도 루터의 글을 부분적으로 번역해 게재한 책이기도 했다. 그런데 그 당시 소르본의 조사관들도 경계를 강화하기 시작한다. 이에 소르본 당국은 1531년에 이 책을 금서목록으로 규정한다. 하지만 업자들은 이에 전혀 개의치 않았다. 1534년에 마르탱 랑프뢰르Martin Lampereur는 안트베르펜에서 책의 인쇄를 진행했고, 이어 어느 정도 시간이 지나자 1540년에는 장 드 브리Jean de Brie의 미망인이, 그리고 1543년에는 자크 레뇨Jacques Regnault와 외스타슈 푸코Eustache Foucault가 파리에서 버젓이 책의 인쇄를 다시 하기 시작했다. 이어 1545년에는 안트베르펜의 기욤 비스마켄Guillaume Vissmaken이, 그리고 정확한 시기는 알 수 없지만 리옹의 올리비에 아르누에Olivier Arnoullet가 각각 재출판에 들어갔다. 이 같은 방식으로 여러 인쇄업자들과 서적상들이 별다른 처벌 없이 수천 부의 루터 번역본을 출간·배포했으며, 책의 번역은 베르캥이 함께 거들었을 것으로 짐작된다.[51]

따라서 수많은 종교개혁서들이 대규모로 확산될 수 있었으며, (종교개혁가 마르틴 부처Martin Bucer의 필명인) 헤르만 보디우스Hermann Bodius의 이름이 저자로 들어간 『망명인 연합』 역시 상황은 마찬가지였다. 이 책은 1527년 쾰른에서 라틴어본으로 인쇄된 뒤, 이어 1531년에는 안트베르펜과 리옹에서, 그리고 1532년과 1533년, 1534년에는 다시 리옹에서 인쇄가 이루어졌으며, 1528년과 1533년에는 마르탱 랑프뢰르를 통해 프랑스어본이 출간되고, 이어 1539년과 1551년에 다시금 제네바에서 재출간된다. 오토 브룬펠스의 『아동교육 및 훈육서』*De disciplina et institutione puerorum* 같은 경우는 1525년에 초판이 나온 뒤 1533년 소르본의 금서 판정을 받았는데, 판결이 이루어지기 전인 1527년 파리에서 로베르 에스티엔이 이미 재출간했으며, 1538년에는 리옹에서도 그리프를 통해, 그리고 파리에서도 출간이 이루어졌고, 1541년과 1542년에도 또 다른 책, 헤겐도르프Hegendorff의 『교육서』*Institutio* 출간에 이어 브룬펠스의 책 출간이 이어졌다. 1558년 리옹에서는 로베르 그랑종을 통해 번역본의 출간도 이루어졌다. 그런데 브룬펠스의 또 다른 책 『성서의 기도』*Precationes biblicae* 같은 경우는 이보다 더 큰 성공을 거두기도 했다. 망명한 프랑스 종교개혁가들은 신약성서의 프랑스어판이 없어서 곳곳에 성서 인용구를 넣은 작은 개론서만을 양산하고 있었는데, 그런 이들이 브룬펠스의 책에 매달려 번역작업에 뛰어든 것이다. 『성서 기도서』*Prières et oraisons de la Bible*라는 제목으로 프랑스어 판본이 나온 이 책은 상당한 성공을 거두었고, 검열 또한 루앙에서 1550년에, 파리에서 1551년에 이루어졌던 만큼 더 오랜 기간 인기를 누리게 되었다. 1529년에는 포르스터만Vorstermann이 안트베르펜에서 이 책을 인쇄했으며, 이어 1533년에는 마르탱 랑프뢰르가 인쇄에 들어갔다. 1530년에는 베셀 또한 파리에서 판본을 하나 출간하고, 1542년에는 돌레도 이를 인쇄했으며, 이어 1543년에는 장 드 투른도 이 책의 출간 대열에 동참한다.

1534년까지는 사실 이 같은 밀거래에 뛰어든 서적상과 인쇄업자들이 처벌받지 않으리라고 기대할 수 있었다. 실제로 이때까지만 해도 진지하게 걱정하는 사람은 드물었다. 그러나 격문 사건이 일어난 이후에는 양상이 좀 달라진다. 국왕이 과격하게 대응하고 나선 것이다.[52] 1534년 10월 22일과 23일, 그리고 25일 속죄 행렬이 진행되고 있을 때, 고등법원은 재판소 앞에서 다음과 같이 선언한다. "예의 벽보를 붙인 자, 혹은 그런 자들에 대해 알고 있는 사람이 있다면, 법원 측에 확실히 이를 고할 경우, 법원은 이자에게 100에퀴를 지급할 것이다. 만일 이들을 숨겨주는 자가 있다면 화형에 처하리라." 이때부터 파리에서는 밀고가 쇄도했다. 투르에서는 서적상과 인쇄업자들에 대한 가택수색이 벌어졌으며 용의자들 가운데 체포되는 경우도 많아졌다. 11월부터는 이목을 끄는 일련의 처형들이 처음으로 이어진다. 특히 10일에는 '루터의 위서僞書'를 인쇄하고 제본한 인쇄업자가 모베르 광장에서 화형에 처해졌고, 19일에는 그 서적상의 차례였다. 12월 24일에도 『죄를 지은 영혼의 거울』*Miroir de l'âme pécheresse*을 작업한 인쇄업자 중 하나인 앙투안 앙주로Antoine Angereau가 화형장에 올랐다. 왕립교수단 사건 때 한 번 투옥된 전력이 있는 인쇄업자였다. 끝으로 눈에 띄는 사건 하나는 1535년 1월 21일에 있었던 처형식으로, 그날은 파리 거리에서 왕이 참관하는 가운데 속죄 행렬이 이어지고 있던 날이었다. 이날 프랑수아 1세가 지나간 거리에서는 여섯 명의 이단자를 처형하는 화형대 위에서 저녁때까지도 불이 타오르고 있었고, 처형이 이루어지기 전에 이들의 사업장에서 발견된 책들이 담긴 커다란 꾸러미 세 개가 먼저 불구덩이에 던져졌다.

국왕은 최종적으로 발견된 격문의 수와 가택수사 중 압수된 이단 혐의서의 수에 경악했다. 왕은 이단의 전파에 있어 책이 담당한 역할이 얼마나 컸는지 새삼 깨닫는다. 책은 이단 혐의자의 유죄를 입증할 수 있는 유일한 물리적 증거였고 왕 자신의 실책을 구체화시켜 보여주는 것이기도 했다. 이에 이단을 뿌리째 뽑기로 결심한 프랑수아 1세는 1월 13일, 강도 높은 조치를 취하며 프랑스 내에서 그 어떤 책도 인쇄되지 못하도록 금하고, 이를 어길 경우 교수형에 처하기로 한다. 실로 놀라운 조치였으나 현실적으로 시행될 수 없는 조치였고 이 같은 방식으로는 그 무엇도 해결될 수 없어 보였다. 일단 이 모든 결정의 시초가 된 벽보 자체가 사실 프랑스 밖에서 인쇄된 것이 아니었던가? 앞에서도 나왔지만 이는 피에르 드 뱅글이 단속을 피해 스위스 뇌샤텔에서 작업한 것이었다. 따라서 뷔데와 장 뒤 벨레도 이 같은 조치에 대해 반발하고 나섰고, 결국 프랑수아 1세의 인쇄 금지령은 철회된다. 2월 23일, 국왕은 자신의 최종 결정을 유보한다. 한편 그동안 열두 명의 파리 인쇄업자가 '유일하게' 인쇄업자로 지정되어 '공익을 위해 필요하다고 인정되는 책'을 인쇄할 수 있는 권리를 부여받고, 이 같은 보호조치로 이들 인쇄업자는 새로운 책을 인쇄기로 찍어낼 수 있었다.

영국 군주제 때 취해진 왕령과도 비교해볼 수 있는 이 같은 결정이 실제로 집행되지는 않았다. 사실 프랑스 인쇄업자들은 여전히 계속해서 작업을 이어갔던 듯하며, 1535년 한 해에도 다른 해와 마찬가지 수준으로 출판물을 생산했다. 다만 이후로 단속이 더 심해지리라는 예상은 가능했다. 1535년 1월 25일, 도주 중인 이단 혐의자 명단에 출판업계 사람들 일곱 명의 이름이 포함되어 있었고, 이들에 대해 대대적으로 소환 명령이 떨어졌다. 이제 체포되어 끌려가는 인쇄업자와 서적상들을 보는 일도 흔해졌고 몇몇은 화형대 위에 서기도 했다. 이단을 확산시키는 금서의 양산을 막기 위해 점점 더 엄격하고 상세한 법규가 마련되었다. 1542년 칼뱅의 『기독교 강요』 일부를 압수하던 당시, 고등법원은 그 어떤 책이든 전 프랑스 교수단의 박사들 가운데서 선정된 검열관에게 보이지 않은 상태에서는 책을 팔 수 없도록 금지한다. 1545년에는 앞에서도 살펴봤다시피 최초의 프랑스 도서 금서목록이 등장한다. 그동안 여러 해에 걸쳐 파리 서적상의 상점을 수색한 뒤 작성된 목록이었다. 1547년 가을 퐁텐블로에서 내려진 칙령으로, 왕이 다시 한번 개입해 성서 관련 도서의 인쇄와 판매를 금지한다. 아울러 제네바나 독일에서 들여온 책이라도 신학대학이 검토하지 않은 상태에서는 책의 유통을 금한다. 1551년 샤토브리앙에서 내려진 칙령에서, 고등법원은 이전의 모든 조치를 비준하고 법전으로 편찬하며 그 내용을 보충해 완성하고, 특히 제네바와 이단 국가로부터 프랑스에 책을 들여오지 못하도록 금지한다.

전체적으로 규제망 자체는 상당히 구체적이고 엄격했지만 규제안의 준수 여부는 제대로 살피지 않는다. 사실 늘 좀더 구체적인 방향으로 흘러갔던 이 같은 규제는 이단의 발전과 금서의 증가를 인정하는 꼴밖에 되지 않았다. 1540년부터, 그리고 특히 1550년에는 프랑스의 서적상과 인쇄업자들이 점점 더 대담해진다. 도처에서 불법 인쇄소가 등장했으며 서적행상들이 빠른 속도로 증가했고 주소가 표기되지 않은 채 출간된 이단서적이 더욱 많아진 것이다. 이와 동시에 제목만 봐서는 대수롭지 않은 책처럼 보이나, 구교의 외양을 하고 실제로는 신교의 내용을 담고 있는 출판물이 점점 늘어간다. 책력이나 알파벳 교본 등 각종 형태의 외양으로 둔갑하고 신교의 책들이 출간되었다. 가령 대중서 부문에서 파리 최고의 출판업자 중 하나였던 드니 자노의 후계자 에티엔 그룰로Étienne Groulleau의 주소로 1552년에 간행된 『요한 계시록 개요』*Figures de l'Apocalypse*도 이단서였고, 『알파벳 교본 혹은 어린이를 위한 기독교 강요』*L'Alphabet ou Instruction chrétienne pour les petits enfants* 또한 이단서였다. 수십 번이나 검열을 당했음에도, 피에르 에스티아르Pierre

Estiard는 스트라스부르로 가기 전인 1558년 리옹에서 대놓고 이 책을 인쇄한다. 아울러 작은 크기의 신앙서였던 『속죄의 거울』*Miroir du pénitent* 또한 이단서이기는 마찬가지였다. 1559년 리옹의 장 드 투른은 앞의 책 못지않게 대놓고 이 책을 출간한다.[53]

법학자들이 기껏 마련해놓은 규정도 소용없었고, 상황이 이러하니 이따금씩 서적상이나 인쇄업자들이 체포되어 가는 것도 별로 영향을 미치지 못했으며, 심지어 이들이 화형을 당하더라도 당국의 규제가 제 힘을 발휘하지는 못했다. 당국의 억압조치가 좀더 엄격했더라면 효력이 있었을지 모르겠지만 이 또한 알 수 없는 일이다. 체포되어 잡혀가거나 화형장에 끌려가는 사람들은 대개 서적행상들이었으며, 거기에 소규모 서적상이 간간이 끼어 있었고, 인쇄업을 하는 소년들도 더러 있었다. 억압의 실질적인 피해자들 가운데 그 당시 업계를 주도했던 대형 인쇄·출판 가문의 이름은 찾아볼 수 없었다. 이를 확인시켜주듯 앵바르 드 라 투르Imbart de La Tour는 번듯하게 영업하는 인쇄업자들이나 대형 서적상들은 이단과 무관하며, 이단서는 대개 불법 인쇄소에서 인쇄된다고 주장한다. 파리의 경우 이게 어느 정도 사실이기는 했다. 그러나 대형 인쇄업자들은 워낙에 인맥이 탄탄하고, 보호도 잘 받고 있는 처지였다. 위험이 근접하면 친구들이 너도나도 이들을 구해주려 노력하고 미리 귀띔까지 해주었으며 단속의 속도를 늦춰준다. 더욱이 콘라트 바드나 로베르 에스티엔 같은 거물은 언제든 도주를 준비할 여유가 있었다.

특히 리옹에서는 거의 완전히 자유로운 상황이었다. 1542년부터는 이제 라틴어 원전에 기초해 산문체의 프랑스어로 풀어 쓴 성경의 인쇄가 이루어지지 않는다. 인쇄업자들이 작업에 들어간 것은 칼뱅의 사촌인 올리베탕Olivétan이 히브리어와 그리스어 원전을 바탕으로 번역한 최초의 프랑스어 신교 번역본이었다. 다만 외양은 구교의 성서 번역본 같은 느낌이었다.

아르누예Arnoullet, 프렐롱Frellon, 드 투른, 기욤 루이예Guillaume Rouillé, 파옌Payen, 피디에Pidier, 바케누아Bacquenois, 베링겐Beringen 등 리옹의 그 어떤 업자들도 이런 부분에 대해 진심으로 걱정하지는 않았다. 이후 1558년부터는 로베르 그랑종의 활약이 눈에 띈다. 장 드 투른의 사위인 베르나르 살로몽Bernard Salomon의 사위였던 로베르 그랑종은 고딕 초서체를 본뜬 교양체(1557년 로베르 그랑종이 리옹에서 최초로 각인기에 새긴 서체로, 그는 이 서체의 사용에 대해 국왕으로부터 윤허권을 발부받았다—옮긴이)를 사용해 완벽하게 신교의 내용이 담긴 일련의 감화서를 출판한다. 그러는 한편, 그랑종은 이에 뒤이어 태연하게 로마로 가서 교황이 쓸 각인기를 새겨준다. 그 당시 리옹의 유명 인쇄업자나 서적상들은 모두 신교를 장려하는 입장이었다. 이 가운데 대다수는 제네바의 파렐, 칼뱅 등과 관계를 맺고 있었다. 장 드 투른도 신교의 중심세력이었다. 그리프는 툴루즈 감옥에서 나온 돌레를 받아주었고, 소르본의 검열에 걸릴 만한 책들을 인쇄하는 데 주저하지 않았다. 막강한 위력의 센느통Senneton 가문은 신교에 푹 빠져들었고, 프렐롱 역시 마찬가지였다. 발타자르 아르누예Balthasar Arnoullet 같은 경우, 공식적으로는 구교를 믿는 척했지만 제네바의 기욤 게루Guillaume Guéroult와 손을 잡고 있었다. 그는 칼뱅과도 친밀한 관계를 맺고 있었으며, 세르베투스를 교정사로 두었다. 1553년에는 게루가 빈에서 『기독교 복원』을 인쇄할 수 있도록 은밀히 도움을 주기도 한다. 세르베투스에게 적대적이었던 칼뱅의 밀고가 있은 후에야 비로소 아르누예는 감옥에 갇히는 신세가 된다. 하지만 감옥에서 곧 풀려난 아르누예는 다시 인쇄업자로서 자신의 자리를 되찾고 칼뱅과의 관계도 회복한다. 상황이 이러하니 이단서가 빠른 속도로 증가한들 이상할 것이 없었다.

파리, 메츠, 리옹, 제네바 등 그때까지 유례없을 정도로 사업 규모를 확장하며 사업을 이끌고 신교 세력에게 재정을 대주던 앙투안 뱅상도 사업장 하나는 제네바에, 또 다른 사업장은 리옹에 각각 두 개의 사업장을 보유하고 있지 않았던가?

그런데 상당히 오래전부터 랑베르, 콕투스, 파렐 등은 프랑스 종교개혁의 구심점을 마련해야 한다는 계획을 키워나간다. 루터가 비텐베르크에서 만들었던 것과 비슷하게, 망명 중인 신교도들을 맞아들이고 신교를 전파할 수 있는 신교 세력의 중심지를 만드는 것이다. 1530년에 파렐은 결국 이 같은 계획을 실현한다. 도심의 자산가들 가운데 일부에게서 지원을 받아 뇌샤텔에 잠입해 11월 4일, 신부들을 몰아내고 구교를 무너뜨린 것이다.

이제 스위스 뇌샤텔은 망명한 프랑스 신교도의 피신처가 됨과 동시에 신교 교리 전파의 구심점이 된다. 현실적인 활동가인 파렐은 인쇄술의 위력을 알고 있었으며, 따라서 뇌샤텔로 인쇄업자 하나를 데려올 궁리를 한다.[54] 피카르디 출신 인쇄업자였던 장 드 뱅글의 아들 피에르 드 뱅글은 리옹의 대중서 전문 출판업자 클로드 누리Claude Nourry가 운영하는 인쇄소에서 1525년에서 1531년까지 식자실장으로 사업장 총괄 감독을 맡았던 인물로 그 딸과도 결혼을 했다. 종교개혁에 심취한 피에르 드 뱅글은 1525년 무렵부터는 파렐과 함께 일하기 시작했던 것으로 보이며, 누리의 인쇄기를 사용해 허위 주소를 기재한 뒤 종교개혁서를 인쇄했다. 1531년에는 자신의 이름으로 소책자 하나를 펴냈는데, 책 제목은 앞에서 이미 언급된 『망명인 연합』으로, 같은 해 3월 2일 소르본의 이단서 판결을 받은 책이었다. 그로부터 얼마 후 피에르 드 뱅글은 신약성서의 프랑스어 판본을 인쇄했다는 이유로 리옹에서 추방되었다고 한다. 이에 그는 베른 사람들의 추천장을 얻어 제네바에 가서 자리를 잡는다. 하지만 제네바에서의 상황이 너무도 어수선했다. 파렐의 조언에 따라 그는 프랑스 남부 마노스크Manosque로 가서 자리를 잡는다. 신교가 장악한 지역이었고, 인근의 갑Gap 출신인 파렐이 부모나 친척들에게 의지할 수 있는 곳이기도 했다. 이곳에서 피에르 드 뱅글은 신교를 전파하는 서적을 판매했고 목자 달력도 제작했다. 이어 1532년 10월, 엄격한 성서 중심의 기독교 교파인 발도파 신도들은 도피네와 피에몽 일대에서의 포교를 위해 부처Bucer의 라틴어 번역본을 솔니에Saulnier가 번역한 『성서』와 『성경의 대목』*Les Passages de l'Écriture sainte* 인쇄를 부탁한다. 이에 피에르 드 뱅글이 이 작업을 맡아서 진행해줄 인물로 지목되고, 1532년 12월부터는 음유시인이었던 마르탱 고냉Martin Gonin이 제네바에서 금화 500에퀴를 갖고 이를 기다렸다. 인쇄작업에 대한 비용조로 발도파 측에서 마련한 금액이었다. 베른 사람들의 추천으로 피에르 드 뱅글은 얼마 후 제네바에 도착해 부유한 상인 장 쇼탕Jean Chautemps이 살던 집 근처에 자리를 잡는다. 쇼탕은 자신의 돈을 들여 신교의 출판작업을 도와준 듯하고, 그의 자식들도 올리베탕을 가정교사로 두고 있었다. 쇼탕의 요청으로 제네바 법관들은 안트베르펜에서 출간된 르페브르의 번역본에 따라 성서를 인쇄하고 판매할 수 있도록 수락한다. 그러나 4월 13일, 이들은 『망명인 연합』의 발간은 금지한다. 하지만 이 책은 "펴낸 곳—안트베르펜, 펴낸이—피에르 뒤 퐁"이라는 허위 주소를 기재해 불법으로 출간되는 한편, 같은 달에는 신약성서 전문이 피에르 드 뱅글의 인쇄소에서 출간된다. 이어 그는 올리베탕의 저서 『어린이 강요』*Instruction des enfants*라는 새로운 책을 출간하고, 이어 8월에는 뇌샤텔에 가서 자리를 잡은 뒤 안정적으로 작업에 들어간다. 이곳에서 그는 사제인 마르쿠르Marcourt와 과거 성 도미니크회 수도사였던 토마 말랭그르Thomas Malingre의 도움으로 왕성한 활동을 벌이는데, 1533년부터 파렐의 전례서와 복음성가집을 펴냈으며, 다음 해에는 요약집과 이어 일련의 비방문들을 제작했다. 상업 관련서와 저 유명한 미사 관련 벽보를 만든 것도 바로 그였다. 1535년에는 올리베탕의 성서도 작업했으며, 이외에도 여러 책을 출간했는데 그 가운데 일부는 최근에야 원 출처가 밝혀지기도 했다. 이 모든 책은 일단 주소를 기재하지 않거나 허위 주소를 집어넣어 발행된 뒤 대개 프랑스로 보내졌다. 가령 '코린트에서 인쇄', '파리, 소르본 거리에서 피에르 드 비뇰Pierre de Vignolle이 펴냄' 등으로 펴낸 곳과 펴낸이를 적어두거나 아니면 간단히 '인쇄한 곳—파리' 정도로만 기재해두는 식이었다.

그런데 뇌샤텔의 파렐은 계속해서 제네바에 집중한다. 1535년 8월 10일, 200인 의회의 결정으로 제네바에서는 미사가 폐지되었으며, 그로부터 11개월 후 칼뱅이 제네바에 입성한다. 신교가 점령한 제네바는 이제 리옹으로 가는 자유로운 길목이 된다. 스트라스부르에서 제네바에 이르는 지역은 모두 신교로 가로막혀 프랑스는 독일의 구교 지역과 연결선이 끊긴 채 신교 지역으로 둘러싸이게 되었고, 이들 지역에서는 이단서가 양산되는 상황이었다. 이제 파렐의 밀사들은 프랑크푸르트와 스트라스부르에서 바젤과 제네바로, 그리고 제네바에서 다시 리옹과 파리를 오갈 수 있게 되었다. 제네바에서 만들어진 책들로 프랑스를 공략하기 위한 준비가 끝난 셈이었다.

파렐과 칼뱅이 제네바로 돌아왔을 때, 이곳에는 몇 개의 인쇄소밖에 없는 상황이었다. 보잘것없는 작업소 몇 군데에서 비에간트 쾰른Wiegand Koeln의 작업소처럼 대부분 고딕체를 이용해 일상적으로 사용하는 간단한 책자나 전단지, 책력 등을 인쇄하는 데 그쳤다. 파렐은 곧 이 같은 상황을 개선한다. 수사Susa 출신의 장 제라르Jean Gérard도 파렐의 부추김으로 1536년 제네바에 인쇄소를 차린다. 이때부터 그는 프랑스어로 된 신약성서를 펴냈으며 이어 다윗의 『시편』과 『어린이 강요』를 출간했다. 이외에도 복음을 전파하기 위한 수많은 소책자를 제작했다. 1540년 이후, 특히 1545년에는 제라르의 활동 규모가 한층 더 커지고, 그가 작업한 책들 가운데는 비레Viret의 수많은 저서나 칼뱅의 저서 등이 포함되어 있었다. 제라르는 칼뱅을 사로잡은 출판업자였다.

이와 동시에 제네바에는 다른 인쇄업자들도 등장한다. 1538년에서 1544년까지, 장 미셸Jean Michel이 뇌샤텔 인쇄소의 장비로 작업했으며, 1537년에서 1541년까지는 미셸 뒤 부아Michel Du Bois가 이곳에서 일했다. 1548년에는 아버지의 대를 이어 변호사로 일하던 장 크레스팽Jean Crespin이 이곳에 와서 인쇄 일을 했고, 이어 1549년과 1550년에는 파리의 유명한 인쇄업자 두 명, 콘라트 바드와 로베르 에스티엔이 제네바로 옮겨온다. 이제 제네바에는 상당히 규모가 큰 인쇄작업소들이 여러 곳 생겨났고, 망명자들이 쇄도하면서 이곳에는 서적상과 인쇄업자들이 점점 더 많아졌다. 1550년에서 1560년 사이, 제네바로 몰려든 업계 사람들은 130명 이상이었다. 1533년에서 1540년까지는 42종의 책만 출간된 데 반해, 1540년에서 1550년까지는 그 수가 193종으로 늘었고, 1550년에서 1564년까지는 527종의 도서가 제작되었다. 칼뱅의 도시 제네바에서는 40여 개 인쇄소가 운영되었고, 대개는 이들이 소수 대형 출판업자를 위해 일하는 식이었다. 대형 업체들은 이들이 작업한 책으로 대대적인 도서 밀거래를 주도했다. 장 크레스팽Jean Crespin, 로베르 에스티엔 등이 이에 해당하며, 특히 앙투안 뱅상과 로랑 드 노르망디Laurent de Normandie가 주도적으로 프랑스에 책들을 발송한 것으로 보인다.[55]

로베르 에스티엔을 제외하면 제네바 인쇄소들은 거의 획일적으로 종교서만을 작업했다. 제네바에서는 주로 성서와 신약성서가 간행되었으며, 1550년에서 1564년 사이 제네바에서 제작된 성서 가운데 라틴어판이나 그리스어판, 이탈리아어판, 에스파냐어판을 제하고도 프랑스어 판본만 59개였다. 뒤에 가서도 살펴보겠지만 시편도 굉장히 많았고, 교황을 예수와 대립하는 존재로 표현하며 공격하는 비방문도 쏟아졌으며, 『병들어 죽어가는 교황의 연극』*La Comédie du Pape malade et tirant à sa fin* 같은 경우가 대표적이다. 하지만 이외에도 모든 신도의 신학적 토론에 도움이 될 수 있도록, 그리고 다양한 계층에 새로운 사상을 유입시킬 수 있도록, 세속어로 쓰인 간단한 신학 개론서 또한 제작되었다. 그 가운데 비레의 『복음과 찬양론 개요』*L'Abrégé de la doctrine évangélique et papistique*나 불링거Bullinger의 『복음 전서 개요』*Brief sommaire de la doctrine évangélique*, 바르텔레미 코스Barthélemy Causse의 『대화를 통한 신앙 보호막』*Bouclier de la foi mis en dialogue* 등이 대표적이다. 하지만 이 책들보다 더 많이 만들어진 것은 단연 칼뱅의 저서다. 1550년에서 1564년에 이르는 시기 동안 칼뱅의 저서는 256개 판본이나 제작되었으며, 그 가운데 160개는 제네바에서 출판된 것이었다. 칼뱅의 『기독교 강요』 하나만도 25개의 재판본이 존재하고, 아홉 개는 라틴어로, 열여섯 개는 프랑스어로 쓰인 것이었다. 판본 대부분은 제네바의 인쇄소에서 작업되었다. 그뿐만 아니라 칼뱅이 1541년에 펴낸 『교리문답서』*Le Catéchisme par demandes et réponses*와 1551년에 쓴 성서본도 수많은 판본으로 제작되었다. 이로써 신교라는 새로운 교리가 확실히 곳곳으로 퍼져나가는 기반이 확립된다.

신교 서적의 대량생산을 위한 재정을 충당하고, 그렇게 만들어진 책을 유통시키는 일은 수많은 문제점을 야기했다. 물론 제네바 출판업자들은 만든 책의 일부를 프랑크푸르트박람회에 보내어 판매할 수 있었다. 박람회장에서는 신교 국가에서 온 서적상들이 상호 간에 자유롭게 도서를 구입할 수 있었고, 이곳에 온 프랑스 서적상들의 경우도 그들 나름의 수를 써서 프랑스 내로 금서를 반입했다. 하지만 1542년부터 제네바에서 제작된 책들에 대한 퇴출 명령이 떨어진다. 1548년에는 종류를 불문하고 제네바에서 인쇄된 책은 무엇이든 프랑스 내로 반입하지 못하도록 금지령이 내려진 것이다. 따라서 제네바에서 제작된 책들의 유통은 불법으로 서적행상들의 손을 통해 이루어졌다. 제네바 출판업자들은 서적행상 판매망을 보유하고 있었으며, 행상들은 해당 지역으로 가서 책의 유통을 책임졌다. 이 무모한 거래에서 판매자의 손실은 서적상이 함께 책임져주었고, 일단 책이 먼저 팔린 뒤에 최종 결제가 이루어졌다. 곧이어 제네바에서 프랑스로 파견한 설교자들의 합세로 이 같은 유통망은 두 배로 확대된다. 가령 콘라트 바드 같은 경우, 1562년에 사업장을 닫고 오를레앙 지역에서 복음을 전하는 데 매진하다가 이곳에서 페스트로 생을 마감한다. 독일에서 넘어오는 경우 콜롱주Collonges, 생장드 로슨Saint-Jean-de-Losne, 랑그르Langres, 생디지에Saint-Dizier 등을 통해 프랑스로 들어갔고, 제네바에서 넘어오는 경우 젝스Gex와 사부아 지방, 샤블레 지역이나 특히 리옹 지역을 통해 프랑스로 들어감으로써 수많은 신교 서적들이 프랑스로 대거 유입된다. 이 책들은 몇 권씩 따로따로 반입되는 게 아니라, 한 번에 수백 권씩 상인들의 짐짝이나 화물, 행상들의 수레에 실려 프랑스로 흘러들어갔다. 길에서 체포될 염려는 거의 없었는데, 길목을 지키고 있는 경찰도 거의 전무했기 때문이다. 이들은 대도시로 들어가는 관문쯤에나 있을 법한 정도였다. 하지만 단속을 한다 해도 책을 찾아내기란 쉬운 일이 아니었다. 멀쩡한 상품들을 실은 짐짝들 가운데서 책이 담긴 궤짝을 찾는 것도 일이었고, 더욱이 주의를 요하는 차원에서 다른 물건들 사이에 책을 몰래 숨겨놓은 경우라면 더더욱 금서의 발견이 어려웠다. 따라서 신교 서적들은 별다른 장애물 없이 순조롭게 목적지까지 당도할 수 있었고, 대개는 파리나 리옹으로 먼저 반입된 뒤 이어 다른 중소도시로 확산되었다. 대부분의 경우 책들은 서적상의 사업장으로까지 무사히 인도되었다. 자진해서 신교 서적 밀거래에 동참했던 서적상들은 투르와 푸아티에, 앙제, 페리괴, 보제 등지에 널려 있었다. 간혹 상황이 다소 순조롭게 흘러가거나 해당 지역에 단속이 완화된 분위기가 느껴지면, 이들은 구교 관련 도서 사이로 슬며시 신교 서적을 집어넣어 상점에서 판매하는 과감함까지 보였다. 책에는 허위로 주소가 기재되었고, 무심코 그냥 보면 평범한 기도서처럼 보였기에 사실 이 같은 행위의 위험은 그리 크지 않았다. 그러나 대개는 위험 요소가 있는 책들을 창고나 골방에 숨겨두었으며 사정을 잘 아는 사람들에게만 제한적으로 판매했다. 또한 이곳저곳을 돌아다니며 알파벳 교본이나 책력, 시편집을 판매하는 행상들 또한 신교 서적을 전파하는 운반책 역할을 맡았다. 이에 따라 도처에 신교의 서적이 유입되었으며 수도원과 신학교 내부에서도 이를 찾아볼 수 있었다. 보통 8절 판형이나 16절 판형으로 작게 제작되는 경우가 많았기 때문에 위험이 닥치더라도 상황을 모면하기는 수월했다.[56] 툴롱에서는 위협을 느낀 약제사가 자신의 장서를 정원에 묻었으며, 이 같은 신교의 복음서들이 몇몇 은닉처에 대량으로 숨겨져 있다가 수세기가 지난 후에 발견되는 경우도 있었다.

신교 서적의 이 같은 밀거래가 정확히 어느 정도 규모로 이루어졌는지 가늠하기는 상당히 힘들다. 이 책들 가운데 얼마나 많은 책들이 사라졌을까? 모르긴 몰라도 밀거래의 규모는 상당히 컸을 가능성이 높다. 가령 로랑 드 노르망디의 활동이 이를 입증한다.[57] 칼뱅의 친구로 그와 같이 누아용Noyon 출신이었던 그는 제네바에서 변호사 일을 했던 인물로, 특히 출판업과 서적판매업에 함께 종사하고 있었다. 그는 매우 규모가 큰 밀거래를 주도하던 인물이었는데, 1563년에는 인쇄업자 페렝Perrin의 인쇄소에서 인쇄기 네 대를 돌려 책을 만들어냈고, 다른 곳에서도 비슷한 규모로 신교 서적을 찍어냈을 게 분명하다. 1569년 그가 세상을 떠났을 때, 그의 가게에서는 3만 4,912권의 책이 발견되었기 때문이다. 책들을 유통시키기 위해 로랑 드 노르망디는 메츠의 뤽 조스Luc Josse와 클로드 보슈롱Claude Bocheron, 시스트롱Sisteron의 세바스티앙 마르탱Sébastien Martin, 랭스의 로이 드 위Loys de Hu 등 일부 서적상들과 식접 교류했다. 하지만 특히 프랑스 각지에서 온 망명자들 가운데 어느 정도 책 거래업무에 뛰어든 사람이 있다면 이들 가운데 서적행상을 채용해 일을 시키기도 했다. 가령 1563년 12월 6일, 자크 베르나르Jacques Bernard와 앙투안 발로Antoine Valleau에게는 궤짝 17개와 봇짐 4개에 해당하는 책들을 주면서 이를 프랑스에 가져가서 판매하도록 한다. 같은 달 15일에는 르아브르드그라스Le Havre-de-Grâce 토박이인 라보도Lavaudo에게 프랑스로 가서 판매할 책을 안겨준다. 이뿐만이 아니다. 1555년 제네바로 망명한 니콜라 발롱Nicolas Ballon은 프랑스로 가져가 행상으로 책을 팔기 위한 목적으로 로랑 드 노르망디에게서 종교서를 사들인다. 그는 1556년 푸아티에에서 체포되어 사형을 선고받았으나, 가까스로 도피한 뒤 다시 샬롱쉬르마른Châlons-sur-Marne에서 체포되었다가 1558년 파리에서 화형을 당한다. 이외에도 열거할 예들은 얼마든지 많다. 이단서의 확산을 막는 일에 있어 당국은 무능한 입장이었다. 1542년 『기독교 강요』 일부를 압수한 후 고등법원이 내린 일련의 강경책도 사실 별 소용이 없었다. 당시 법원은 검열을 재정비한다는 법령을 발표하고, 압수한 책들을 불태웠으며, 안트베르펜을 통해 제네바에서 건너온 서적행상 앙투안 르누아르에게 사람들 앞에서 공개적으로 자기비판을 하도록 하는 처벌을 내렸다. 일단 그는 대성당 정문에서, 그리고 이어 생캉탱Saint-Quentin에서 이 같은 벌을 받았으며, 이후 프랑스에서 추방되었다. 이외에도 1544년에 노르트담 앞 광장에서 『기독교 강요』가 상징적으로 불태워진 사건 역시 별 소용이 없었고, 규제망을 통해 도서 거래를 압박하는 것도 이렇다 할 효과는 보지 못했다. 1556년과 1560년 사이에는 행상들을 체포해 이들 중 여럿을 화형장으로 보냈지만 이 또한 별 소용이 없었다. 그 무엇도 프랑스로 쇄도하는 신교 서적의 물결을 막아낼 수 없었다.

내전이 일어나기 직전에 이루어진 시편집의 출간에 대해 살펴보면 그 당시 프랑스로 쇄도한 책들의 규모가 어느 정도였는지 가늠할 수 있다.[58]

신교에서 시편 성가가 차지하는 비중이 높다는 것은 주지의 사실이다. 그동안 프레오클레르Pré-aux-Clercs나 바시Wassy의 헛간에 모인 신교도들이 불렀던 것은 마로와 테오도르 드 베즈Théodore de Bèze가 번역한 시편집이었다. 화형대 위에 올라가는 신교도들도 시편을 노래했고, 종교전쟁 시 전장에 나가며 신교도 군대가 불렀던 노래도 시편이었다. 마로의 번역은 프랑스에서 여러 차례 금지되었는데, 프랑수아 1세는 이 시편을 즐겨 읽었다고 전해지며, 앙리 2세는 자신이 직접 이 시편을 부르거나 다른 사람들에게 부르도록 시켰다고 한다. 궁정에서 각 귀족들은 대개 국왕이 지정해준 자신의 시편을 채택했다. 따라서 푸아시 종교회의가 끝나고 카트린 드 메디치가 시편 번역을 막 끝낸 테오도르 드 베즈의 권유로 리옹 서적상 앙투안 뱅상에게 이 시편집의 프랑스어판 출판에 대한 윤허권을 부여해준 것도 별로 놀라운 일은 아니었다. 더욱이 같은 시기 관대한 성향의 마르그리트 드 파르므Marguerite de Parme 또한 크리스토프 플랑탱에게 출판윤허권을 부여했다.

따라서 앙투안 뱅상은 그때까지 출판 분야에서 이루어진 사업들 가운데 가장 엄청난 규모의 작업을 시도하고, 프랑스 신교도 한 사람 한 사람에게 자신의 시편집 한 권씩을 쥐어주려 노력한다. 그는 프렐롱Frellon 형제의 출자자로 리옹에서 활동하던 서적상이었으면서, 동시에 제네바에서도 네 대의 개인적인 인쇄기를 보유하며 다른 인쇄기술자를 고용하던 인쇄업자 겸 출판업자였다. 따라서 제네바의 모든 인쇄기는 그의 선동에 의해서든 아니면 스스로 나선 경우든 모두 다 일제히 시편집을 펴내는 작업에 돌입한다. 불과 몇 달 만에 2만 7,400권의 시편집이 제작될 정도였다. 리옹에서도 상황은 비슷했다. 그런데 앙투안 뱅상은 자신의 윤허권을 이용해 메츠, 푸아티에, 생로, 파리 등지의 다른 인쇄업자들과도 계약을 맺는다. 파리에서 그는 시편집을 펴낼 대형 출판업자와 인쇄업자 열아홉 명과 하나의 계약을 체결하는데, 이 계약에는 수익의 8퍼센트를 파리 신교 교회의 가난한 자들에게 배분한다는 내용이 명시되어 있었다. 이로써 수만 권의 시편집이 불과 몇 달 만에 출간되었으며, 내전이 있기 바로 직전의 상황에서 이와 같이 대량으로 신교 서적이 제작된 것이기에 이에 대한 격렬한 대응조치도 없지는 않았다. 기욤 르 누아르Guillaume Le Noir, 르 프뢰Le Preux, 우댕 프티Oudin Petit 등 앙투안 뱅상과 계약을 맺었던 파리의 대형 출판업자 여럿이 얼마 안 가 줄줄이 감옥에 갇히는 신세가 되었고, 이들은 이제 구교를 택하든 도주를 택하든 한 가지 선택을 해야 했다. 이에 올탱Haultin은 라 로셸로 옮겨가고, 앙드레 베셸André Wechel은 프랑크푸르트에 가서 자리를 잡았으며, 장 르 프뢰Jean Le Preux와 장 프티Jean Petit 3세는 로잔과 제네바로 향했다. 이와 동시에 책이라는 도구가 하나의 큰 계기가 된 내전이 일어나며 벽보와 비방문, 선전물 전쟁이 터졌는데, 이에 대해 말하자면 또 끝이 없다.

4. 인쇄술과 언어*

종교개혁의 발전에 유리하게 작용한 인쇄술은 각국의 언어가 형성되고 자리를 잡는 데 있어서도 중요한 역할을 한다. 16세기 초까지 서유럽 각국의 언어는 나라별로 시기는 좀 다르지만 문어로 쓰이기 시작하면서 공용어의

---

* 이 책에서는 문제점에 대해서만 언급하도록 하고, 다음 권에서 다시 이 문제에 대해 다루기로 한다(발문 605쪽 참조).

기능을 하고 있었고, 구어의 사용에 근접하며 차츰 독자적인 발전을 계속 이어가고 있었다. 12세기 무훈시에서 사용된 프랑스어와 15세기 프랑수아 비용이 사용한 프랑스어가 그토록 다른 이유도 여기에 있다.[59] 16세기부터는 본격적으로 자국어가 발달하기 시작하며, 17세기에 이르면 거의 도처에서 자국어가 확립된다. 이와 동시에 중세에 사용되던 문어는 이제 사용되지 않거나 점점 더 제한적으로 쓰인다. 가령 아일랜드어와 프로방스어가 이에 해당한다. 끝으로 라틴어의 사용도 점차 줄어들기 시작하면서 차츰 사어死語가 되는 경향이 나타난다.[60]

따라서 꽤 넓은 범위로 언어권의 통일이 나타나는데, 해당 지역 안에서는 제법 빠른 속도로 자국어가 확립되며, 이렇게 자리잡은 언어들이 오늘날 각국의 언어가 된다. 그뿐만 아니라 철자법도 곧 자리를 잡는데, 실제 발음대로 표기하는 경우가 점점 줄어들고 기존의 언어와 결합해 복합적인 형태로도 가끔 나타난다.

물론 인쇄술이 이 같은 변화를 야기한 유일한 요인은 아니었다. 오래전부터 상서국에서는 대개 문어로 자리잡은 자국어의 사용을 일반화하고자 노력했다. 중앙집권화된 군주제가 등장하고, 16세기에는 이 같은 정치 형태가 더욱 공고해짐에 따라 언어의 통일화가 장려되었으며, 특히 프랑스와 에스파냐 국왕은 이런 면에서 정책적 의지가 뚜렷했다. 하지만 아무리 그렇다 하더라도 이 분야에서 그보다 훨씬 더 지대한 영향을 미친 것은 바로 인쇄술이었으며, 메이에Meillet와 페르디낭 브뤼노Ferdinand Brunot 또한 이 점을 강조한다. 가능한 한 더 폭넓은 고객층을 확보하려던 출판업자들은 당연히 여러 분야에서 가급적 통속어를 사용할 수밖에 없었다. 게다가 인쇄술은 출판물에 고정성을 부여한다. 이제 인쇄라는 방식을 통해 제작되는 출판물은 "필경사들의 손을 완전히 벗어난다. 그때까지만 해도 사실 필경사들은 자신이 베껴 쓰는 텍스트에 대해 시간이 지날수록 어느 정도는 의도적으로, 그리고 어느 정도는 무의식적으로 현대화하는 경향이 있었다."(앙투안 메이예A. Meillet) 그리고 이제 그 뒤를 물려받은 인쇄업자들은 철자를 임의적으로 사용하는 일이나 방언으로 표현하는 일을 차츰 꺼리는 경향을 보인다. 철자가 확립되지 않거나 지역 방언을 사용할 경우 그만큼 더 고객층의 폭이 좁아지기 때문이다.

그러므로 고대 문화가 다시금 부흥기를 맞은 16세기에는 라틴어가 그 입지를 잃어가기 시작한다. 특히 1530년부터 이러한 움직임은 특히 더 두드러지게 나타난다. 이는 어찌 보면 당연한 일이다. 앞서 살펴봤다시피 서적상의 고객들은 이제 비종교인인 경우가 더 많아졌고, 대개 여성이나 부르주아 자산가들이 많았으며, 이 가운데 대다수는 라틴어에 전혀 친숙하지 않은 상태였다. 이에 종교개혁가들도 즉각 동시대 통속어를 쓴다. 인문주의자들 역시 좀더 폭넓은 사람들에게 다가갈 수 있도록 통속어의 사용에 주저하지 않는다. 더욱이 이탈리아에서는 수세기 전부터 이미 통속어 사용이 익숙했으며, 페트라르카만 봐도 이를 쉽게 알 수 있다. 프랑스 인문주의자 뷔데 또한 친구인 라스카리스Lascaris가 그리스어로 써서 보낸 편지를 국왕 앞에서 번역해 보일 수 있다는 사실에 그토록 자부심을 느꼈으나 생애 말엽에는 『군주 교육론』*L'Institution du prince*을 프랑스어로 저술했다. 게다가 고대 문학의 부흥은 라틴어를 사어로 만드는 데 일조한다. 페르디낭 브뤼노가 강조하는 바와 같이 고전 라틴어의 표본인 키케로의 문체를 따라 하고 아름다운 라틴어를 구사하려면 어법상 맞지 않는 표현, 특히 전통적으로 사용되어오던 부정확한 어법은 철저히 배격하고, 어떤 사상을 표현하거나 새로운 대상을 지칭할 때 불편한 우언법을 써야 하는 고충이 있었다. 이에 따라 작가들은 점차

라틴어에서 등을 돌리기 시작한다.[61]

그러므로 통속어로 쓰인 책의 출간 비중이 높아진 것은 이에 따른 당연한 결과였다. 이와 관련해 정확한 수치를 제시하기는 힘들지만 상징적인 경우만 하나 짚어본다면, 1500년에서 1504년 사이에 안트베르펜에서 출간된 도서 2,254종 가운데 787종이 플랑드르 언어로 쓰인 것이었고, 프랑스어 책이 148종, 영어 책이 88종, 그리고 이탈리아어로 쓰인 책이 10여 종이었으며, 덴마크어와 에스파냐어로 쓰인 책도 10여 종 정도였다.[62] 물론 상업도시인 안트베르펜의 인쇄업자들은 이미 대부분 신흥 자산가 계급으로 이루어진 고객층을 확보해둔 상태였고, 이들은 대개 아직 교양 수준이 그리 폭넓지 않은 상황이었다. 하지만 거의 곳곳에서 유사한 상황이 나타났으며 자국어의 발전은 전반적인 현상으로 대두된다. 1501년과 1510년 사이 에스파냐 북동부 아라곤Aragon 지역에서는 라틴어 책이 25종 제작된 데 반해, 에스파냐어 책 15종이 만들어졌으며, 이후 30여 년간 라틴어 책은 115종, 에스파냐어 책은 65종이 만들어졌다. 그리고 1541년에서 1550년 사이에는 라틴어 책이 고작 14종 출간된 것에 비해 에스파냐어로 된 책은 72종이나 제작되었다.[63] 여기에서도 너무 성급하게 결론을 도출하면 안 된다. 영국 책이 주로 영국에서만 출간된 것도 아니며, 그 당시 영국과 에스파냐의 인쇄 중심지는 사실 '부차적인' 곳에 해당했다. 이들 두 국가는 프랑스와 독일, 네덜란드 등지에서 제작된 라틴어 책을 수입하는 입장이었기 때문이다. 그러나 파리에서 생산된 책에 대해 살펴보더라도 근대 자국어의 발전은 의심의 여지가 없었다. 1501년 전체 출간도서 88종 가운데 프랑스어로 쓰인 책은 고작 8권밖에 없었으며, 1528년에는 라틴어 책이 269종, 프랑스어 책이 38종 정도였다. 그런데 이미 1530년에 알자스 지방을 포함해 오늘날의 프랑스 전체에 이르는 지역에서 제작된 출판물 456종 가운데 121종이 프랑스어로 쓰였고, 10종이 독일어로 쓰였다. 이어 파리의 경우에도 1549년 파리에서 제작된 전체 인쇄물 445종 가운데 대다수인 245종이 프랑스어로 쓰인 것이었다. 이 가운데는 사실 비방이나 풍자의 내용을 담은 소책자, 가벼운 전단지 등도 포함되어 있었다. 그러나 종교전쟁이 끝나고 난 뒤, 파리에서는 대부분 프랑스어로 쓰인 책이 계속해서 인쇄된다.[64]

끝으로 독일에서도 라틴어가 자국어에 밀려나는 현상이 나타난다. 루터의 종교개혁기보다 더 이른 시기에 나타난 현상이지만 그때만큼 결정적이지는 못했다. 완전하지 않은 것이나마 바일러Weiler의 서지 연구를 살펴보면, 1501년과 1525년 사이 다양한 독일 방언으로 인쇄된 책들이 4,000여 개가 집계된다. 특히 1520년부터는 루터의 공으로 통속어가 발전을 거듭한다. 1519년에는 독일어로 된 책이 40여 개에 불과했던 데 반해, 1521년에는 211개가 되었고, 1522년에는 347개, 1525년에는 498개로 늘어나며, 여기에는 루터의 다양한 저서 198개가 포함된다.[65] 종교개혁 기간 내내 독일어 책의 발간이 두드러졌으나, 이어 다시 라틴어 책이 우위를 점한다. 16세기 말 프랑크푸르트박람회에서는 특히 라틴어 책들이 눈에 띄었다. 물론 박람회 카탈로그에는 독일어로 된 책을 대거 게재할 수 없는 상황이었고, 이 책들은 대개 현지에서의 지엽적인 거래로 판매가 이루어졌다. 그럼에도 그 당시 가톨릭계 인쇄소의 활동이 다시 눈에 띄게 증가하면서 라틴어 출판물도 함께 늘어난다. 최종적으로는 독일어 책이 승리를 거두지만, 다른 언어권에서보다 더 늦은 시기인 17세기에 비로소 독일어 책이 자리를 잡는다. 라이프치히박람회가 프랑크푸르트박람회를 대체하고 난 후였다.

특히 독일에서는 인쇄술이 문어체의 통일에 기여한 바가 컸다.[66] 물론 독일에서 인쇄술이 등장하기 훨씬 전에 상서국에서는 공통적으로 사용되는 언어가 구축되기 시작했다. 정확하고 분명하게 내용을 기록하려는 실무자들의 노력에 따른 결과였다. 15세기 중후반, 인쇄술이 본격적으로 그 영향을 미치기 전이던 그때, 형태적인 체계가 자리잡히고 교양인 계층이 대표적인 문어로 인식하는 철자법이 나타난다. 오늘날 현대 독일어의 근간으로 볼 수 있는 철자법이었다.[67]

하지만 인쇄술의 도움으로 루터는 독일어 문어체의 기틀을 마련함에 있어 결정적인 역할을 한다. 그의 주장대로 "저지독일어와 고지독일어를 사용하는 주민들 모두가 동시에 이해할 수 있는" 책을 만들고자 했던 루터는 이 같은 계획을 실현시켜주는 언어 규칙들을 정성껏 마련해 이것이 독일어의 문법 규칙이 될 수 있도록 노력한다. 그리고 루터의 성경을 비롯한 그의 저서들이 확산되면서 루터는 독일어의 규칙 제정자로서 자리매김할 수 있었다.

그런데 루터가 이 같은 언어 개혁을 대번에 실현한 것은 아니었다. 처음에는 독일 여러 지역에서 나타나는 언어적 다양성이 어떤 문제를 가져오는지 사태파악조차 하지 못했다. 그는 꽤 대중없이 작업을 진행해나가기 시작한다. 그러다 1524년이 되어서야 어떤 방식으로 문제를 해결해야 할지 깨닫는다. 'nn, tt' 같은 식으로 중복된 자음을 제거해나가면서 철자를 간소화시키려 노력한 것이다.

모두가 쓸 수 있는 언어를 마련함에 있어 철자 체계의 확립보다 더 중요했던 점은 문법적 형태와 어휘를 통일시키는 것이었다. 니더작센 출신이었던 루터는 자신이 쓰던 지역 방언에서 벗어나기 위해 엄청난 노력을 기울인다. 특히 튀링겐과 작센 지방에서 살았던 경험이 있는 루터는 작센 상서국에서 쓰이던 언어에 기초해 독일어 표준을 만들고자 노력한다. 그에게는 이곳에서 쓰이는 언어가 제일 완벽해 보였기 때문이다. 그럼에도 그의 저서에서는 오랜 기간 지역 방언의 흔적이 나타나고, 특히 문법적 측면에서 방언의 개입이 심했는데 루터는 인고의 노력 끝에야 간신히 이를 극복할 수 있었다. 하지만 그가 특히 관심을 두었던 부분은 바로 어휘였다. 그는 정확한 단어를 쓰려고 노력하는 한편, 이와 동시에 동의어 가운데 사람들 사이에서 가장 널리 쓰이는 단어를 선택하는 데도 관심을 기울였다. 이를 위해 루터는 마인츠와 저지독일 지역의 일반 대중이 쓰는 말투에 착안한다. 그러나 루터의 어휘 체계에 있어 핵심을 이루는 것은 튀링겐과 작센 지방의 어휘였다.

이렇듯 루터는 하나의 표준 언어를 정립시키고자 공을 들였으며, 그가 정립한 이 언어는 모든 면에서 현대 독일어와 가까운 양상을 보인다. 루터의 저서가 워낙 폭넓게 확산되기도 했거니와 문체의 수준도 더할 나위 없이 뛰어났고, 그가 독일어로 작성한 성서와 신약성서의 내용은 신자들에게 거의 성스러운 대상으로 여겨졌다. 이 모든 것이 결합되면서 루터가 쓴 문어체는 곧 독일어의 표준이 된다. 고지독일어권 독자들은 모두 즉각적으로 소화할 수 있었던 이 루터의 독일어는 바이에른 지역이나 독일어권 스위스 지역에서 일단 그리 큰 마찰 없이 받아들여졌다. 그런데 동의어가 존재하는 거의 대부분의 경우에는 루터가 사용한 용어가 최종적으로 채택되었지만, 중부 독일어에서만 쓰이던 수많은 단어들은 여전히 도처에서 사용된다. 루터의 어휘 체계가 거의 절대적으로 사용되자 인쇄업자들 대부분은 감히 여기에 조금이라도 손을 댈 생각을 하지 않는다. 바젤과 스트라스부르, 아우크스부르크, 뉘른베르크 등지의 일부 활판인쇄기술자들은 철자를 수정하는 경우는 있었으나 어휘 자체를 바꾸는 일은 하지 않았다. 현지에서 사용되는 것과 지나치게 다른 부분에 대해서만 책에 별도로 용어집을 달아두는 정도였다.

이렇게 고지독일어의 전신이 마련되고 이와 동시에 인쇄술은 이 언어로 쓰인 책들을 양산해내며 여기에서 쓰인 독일어가 독일 전체의 표준 문어체로 나타난다. 하지만 루터의 경우만으로는 독일어의 표준어가 자리잡히는

데 충분하지 않았으므로 사람들은 체계적으로 언어를 배워야 할 필요성을 느끼고 문법학자들이 이 일에 뛰어들기 시작한다. 1525~1550년 시기부터는 독일어 문법학자들이 두각을 나타내는데, 그때까지만 해도 사람들은 아무도 독일어에 대해 연구할 생각을 하지 않던 시기였다. 이 문법학자들은 일단 라틴어로 문법서를 썼는데, 그중 가장 유명한 것이 『독일어 문법—루터의 성서 및 다른 저서를 중심으로』*La Grammatica Germanicae linguae... ex bibliis Lutheri Germanicis et aliis ejus libris collecta*로, 1578년 요한 클라유스Johann Clajus가 라이프치히에서 펴낸 문법책이었다. 그리고 이때부터 루터가 초석을 마련한 표준 독일어가 서서히 퍼지기 시작했으며, 우선은 신교도 사회를 중심으로 퍼져나갔고, 이어 온갖 저항을 물리치고 구교도 사회에서도 루터의 독일어가 자리를 잡아간다.

인쇄술이 퍼지면서 통속어로 쓰인 글들이 양산되고, 이에 따라 독일과 마찬가지로 도처에서 자국어로 된 문어체가 확립되고 발전한다.

독일처럼 영국에서도[68] 종교개혁에 따라 성서와 종교서의 번역 출간이 본격적으로 이루어지고 번역본에서 쓰인 언어가 상당한 영향력을 발휘한다.

틴데일Tyndale과 커버데일Coverdale이 각각 성서의 영역본을 출간하고 이때부터 유사 번역본이 계속 이어지다가 1611년에 마침내 영국의 기념비적인 산문체 성서, 『흠정역 성서』*Authorized Version*가 탄생한다. 하지만 이에 앞선 1549년에 영국인들에게 자국어에 대한 자부심을 심어주는 책이 하나 등장하는데, 바로 『공동기도문』*Booke of the common Prayer and Administracion of the Sacramentes*이 출간된 것이다. 1567년에는 여기에 시편집의 운문 번역본인 『시편집』*Whole Booke of Psalmes*이 추가되는데, 번역은 스턴홀드Sternhold와 홉킨스Hopkins가 함께 맡았다. 이 책들은 모두 누구나 알기 쉬운 어휘를 이용해 번역이 이루어졌다. 책에 들어간 어휘 수가 얼마 되지 않았던 만큼, 내용 이해는 수월한 편이었다(이들 성서 번역본에서 사용된 단어가 6,500개인 데 반해, 셰익스피어가 자신의 작품에서 사용한 단어 수는 2만 1,000개 정도였다). 아울러 독일의 루터와 마찬가지로 이 책에 쓰인 표현들이 머지않아 전반적으로 널리 확산된다. 따라서 이런 책들을 수만 권씩 양산해낸 인쇄술은 영어의 확립에 기여한다. 그런데 도서 거래가 매우 활발하게 이루어지던 이 시기에 영국은 에스파냐나 프랑스 등 대륙의 나라들로부터 수많은 책들을 제공받고 있었다. 이 책들은 대부분 번역이 이루어졌으며 곧이어 영국인들은 그리스와 라틴 고전들까지도 영어로 번역한다. 영어가 문어체의 입지를 공고히 함과 동시에 에스파냐어나 프랑스어, 라틴어 표현으로 어휘가 점차 풍부해진 것도 책의 힘이 컸다. 이렇듯 외국에서 차용한 표현들이 지나치게 많아지자 16세기 말경에는 격렬한 반발이 나타난다. 자국어의 성장에 있어 실로 위기가 되는 지표였기 때문이다. 그리고 영어 문법학자가 점점 늘어가는 한편, 활판인쇄기술자들의 활약으로 철자가 점차 표준화되는 양상을 보였다. 인쇄업자들은 간혹 작가들이 건네준 자필 원고에서 가장 거슬리는 독자적 표기법을 즉각 삭제한다. 이 같은 통일화의 노력은 지금까지 남아 있는 자필 원고와 인쇄본을 비교해보면 극명하게 드러난다. 해링턴Harington이 작업한 아리오스토 번역본에 나타난 다음의 비교 예시를 참고해보면 이를 잘 알 수 있을 것이다.[69]

인쇄술이 문어체로서 자국어의 발전에 유리하게 작용하고, 이와 동시에 여러 가지 측면에서 일정 정도 언어의 통일화를 가져오는 데 기여한 것은 사실이다. 하지만 활판인쇄기술자들은 일단 어느 정도 단계에 이르렀다고 생각되면, 일부 진보적 성향의 혁신 세력이 보여주는 체계적인 노력 앞에서 상당히 주저하는 모습을 보였다. 특히 이 같은 소극적인 태도는 철자법 측면에서 극명히 드러났다. 앞에서도 살펴봤듯이 현대 독일어의 기틀이 자리잡히

자필 원고	인쇄본
bee	be
on	one
greef	grief
thease	these
swoord	sword
noorse	nurse
skolding	scolding
servaunt	servant

는 과정에서 루터의 역할이 제일 미미했던 부분도 바로 철자였다. 물론 영국 인쇄업자들은 독자들이 보기에 지나칠 정도로 거슬리게 저자가 임의적으로 철자를 사용한 부분에 대해서는 인쇄업자가 개입해 정정하고 나섰지만, 그 외 어느 정도 웬만한 수준으로 사용한 불규칙 용례에 대해서는 그냥 넘어간 부분이 수두룩했다. 그런데 철자문제와 관련해 눈여겨볼 필요가 있는 것은 바로 프랑스 인쇄기술자들의 태도였다. 프랑스 인쇄기술자들은 이러한 측면에 있어 가장 소극적인 모습을 보여주었다. 프랑스에서도 다른 곳과 마찬가지로 16세기 들어 통속어가 국내에서 쓰이는 표준 문어체로 확고히 자리를 잡는다. 이와 동시에 프랑스어를 더욱 발전시키고 표준화하려는 노력도 점차 늘어났다.[70] 그런데 프랑스에서는 왕실 상서국과 법원의 법조계 사람들이 오랜 기간 프랑스어의 표준화 작업을 시도해왔고, 상대적으로 권력이 강했던 왕실에서도 이 분야와 관련해 끈기 있는 노력을 벌여왔다. 이에 힘입

어 문어체로서의 프랑스어는 어느 정도 통일화된 수준에 이른 상태였다. 따라서 프랑스에서는 일부 혁신 세력을 제외하고 인쇄업사 내부분이 좀더 보수적인 성향을 나타낸다. 철자법이나 언어 규범이 바뀔 경우 기존에 갖고 있던 인쇄 기자재가 쓸모없어질까도 걱정이었고 이에 따라 자신들의 일이 더 복잡해질까 두려워한 것이다. 프랑스 인쇄업자들은 가급적 변화가 생기지 않기를 바랐으며 기존의 용례를 더 장려하는 입장이었다. 그리고 특히 철자를 비롯해 지나치게 엄격한 언어 규칙을 적용하는 것에 대해서는 주저하는 모습을 보였다. 전체적으로 이들은 통상적 규범에 부합하는 언어의 표준화 작업이 천천히 이루어지기를 선호했다.

그런데 1530년대 무렵 프랑스 내에서 로마체와 이탤릭체의 사용이 보편화되던 그 시기, 특히 과감한 성향의 일부 인문주의 인쇄업자들이 앞장서서 언어 개혁을 위해 노력한다. 이 가운데 조프루아 토리가 대표적인데, 플레시 Plessis 신학교의 전직 교사였던 그는 이탈리아에서 오랜 기간 체류하고 이탈리아 모델에서 영감을 얻어 자신이 직접 판화도 새기던 인물이었다. 그는 자신의 모국어가 그리스어나 라틴어만큼 규범이 잡히고 매끄럽게 다듬어지기를 바랐다. 조프루아 토리는 자신의 유명한 저서 『샹 플뢰리』*Champ fleury*에서 다소 놀라운 이론을 제시하는데, 이에 따르면 인체의 비율에 따라 로마체 대문자의 이상적인 글자체 비율을 만들 수 있다는 것이었다. 그는 조아심 뒤 벨레Joachim Du Bellay보다 20년 앞서 프랑스어를 고양시키고, 특히 모든 관점에서 문자에 대한 연구를 펼쳤다. 그중에서도 그는 그리스어와 라틴어, 프랑스어의 발음에 대해 짚어보고 각 나라별, 지역별로 어떻게 이를 발음하는지 보여준다. 이와 동시에 토리는 철자기호(é, è, ê, ï 등에서 문자 위에 올라가 있는 철자기호—옮긴이)와 세디유(ç에서 보이듯이 c 아래에 표시하는 부호—옮긴이), 축약기호의 사용을 주장하며 철자법 개선을 위한 요소들을 제안한다.

이어 1533년에 자신이 직접 출간한 『청년 클레멘스』*L'Adolescence clémentine*와 『프랑스어의 특성에 따른 작법 개요』*Briesve doctrine pour deuement escripre selon la propriété du langaige françois*에서 이 같은 개선안을 실제로 적용하고, 이때부터 철자법 개혁문제가 제기된다. 한편 이에 앞선 1529년에 뒤부아는 『프랑스어 철자법에 관한 개요』*Très utile et compendieux traicté de l'art et science dorthographie Gallicane*를 통해 철자 표기를 어느 정도 단순화할 것을 제안했으며, 그 후 1540년에는 에티엔 돌레가 제목도 의미심장한 책 『한 언어를 다른 언어로 올바르게 번역하기 위한 방법과 프랑스어에서 철자기호 사용의 이점』*Manière de bien tracduire d'une langue en aultre. D'advantage De la punctuation de la langue françoise plus Des accents d'ycelle*을 펴낸다(사실 이는 『작법 개요』*Briesve doctrine*의 표절판이나 다름없었다). 따라서 프랑스어를 교양언어로 만들고자 고심했던 사람들은 철자문제에 대해 고민하기 시작한다. 성서의 번역자인 올리베탕 역시 1535년에 "이 문제와 관련해 몇 가지 지속적인 결정이 내려졌으면 좋겠다"라는 바람을 나타낸다.

그가 고대하던 이 결정을 내리고자 시도한 이는 루이 메그레Louis Meigret였다. 『문어체로서 프랑스어의 공용어 사용을 위한 개론서』*Traité touchant le commun usage de l'escriture Françoise*와 그에 뒤이어 낸 일련의 저서에서 그는 이 문제에 대해 총체적으로 문제제기를 하고 근본적인 개혁을 주장한다. 우선 첫 번째는 불필요한 글자를 빼는 일이었다. 가령 ung이라고 쓰던 것은 un이라고 쓰고, aultre라고 쓰던 것은 autre라고 쓰며, renards라고 쓰던 것은 renars라고 쓰는 식이었다. 이어 한 글자를 다른 글자로 바꾸는 안도 제안했다. umbre 대신 ombre라고 쓰며, meintenant 대신 maintenant이라고 쓰고, manjer 대신 manger라고 쓰는 것이다. 아울러 새롭게 문자를 구분하는 안도 나왔는데, 예를 들어 개음인 열린 'o'[ɔ]를 나타내는 o를 써서 표현하는 것이다. 가령 개음이 들어가는 mort[mɔːʀ] 같은 경우 mort로 표기하는 것이 이에 해당한다.

메그레의 이론과 관련해서 제기된 논란에 대해 다루는 것은 이 책의 범위를 넘어서는 일이다. 하지만 저명한 작가들의 지지가 있었는데도 언어 개혁을 위한 시도가 사실 이렇다 할 성과를 가져오지 못했다는 점만은 짚고 넘어가야 할 듯하다. 아마도 이 같은 실패의 제일 큰 원인은 기존 관행을 유지하려는 관성의 힘에 부딪혔기 때문이 아닐까 싶다. 그러나 좀더 구체적인 측면에서의 이유는 이 문제와 관련해 인쇄업자들이 제일 큰 주도권을 지니고 있었기 때문이다. 그리고 이들은 대개 별다른 급격한 변화 없이 조용히 평온하게 일하고 싶어했다. 물론 펠티에 뒤 망Peletier du Mans이나 오노라 랑보Honorat Rambaud 같은 문법학자들은 완전히 다른 알파벳의 사용을 실현하는 것이 좀더 편리한 길이라고 생각해 자신들에게 동조할 인쇄업자들을 찾아다녔다. 그러나 모든 인쇄업자가 그 길에 동참한 것은 아니었다. 파리의 주요 출판업자 중 하나인 아르누 랑줄리에Arnoul Langelier의 출판물에 대해 연구한 샤를 보리외Charles Beaulieux는 1549년과 1557년에 그가 작업한 『프랑스어의 보호와 예시』*La Deffence et illustration* 두 판본을 비교한 뒤, 똑같은 책 하나를 출간함에 있어서도 용례가 달라진다는 점을 보여준다. 가령 1557년 판본에서는 1549년 판본보다 대명사 y의 사용이 꺼려지고, 1549년 판본에서 간혹 등장하던 'é'는 1557년 판본에서는 종종 폐기되는 경우가 많았다. 반면 늦게 나온 1557년 판에서는 가끔 세디유 'ç'를 사용한 곳이 눈에 띄기 시작했으며, 이는 앞서 조프루아 토리나 앙투안 오주로의 책에서 쓰이던 기호였다.

오랜 기간 철자법은 식자실장이나 식자공에 따라 임의로 달라지는 경우가 많았다. 작가가 이에 반발하는 경우도 있었으나 이를 막을 수는 없었다.

그런데 서서히 어느 정도 고정된 형태가 자리잡는데, 이는 다소 혁신적인 이론가가 만들어낸 어떤 규칙에 따른 것이라기보다는 관행적인 용례에 따른 것이었다. 물론 16세기 프랑스어의 철자법 확립에 있어 지대한 역할을 한 사람은 한 인문주의 인쇄업자였다. 하지만 이 문제에 있어 특히 보수적으로 철자법을 지키고 이를 관철시킨 이는 바로 로베르 에스티엔이었다. 그는 주로 사전 편찬을 통해 이에 기여한다.

1503년 인쇄업자 앙리 에스티엔 1세의 아들로 태어난 로베르 에스티엔은 학문 부흥기를 십분 누릴 수 있었고, 친구인 기욤 뷔데 역시 종종 그의 동업자가 되어주었다. 로베르 에스티엔의 주요 관심사는 언제나 성서를 발간하고 이를 좀더 개선시키는 일이었다. 하지만 이 지칠 줄 모르는 일벌레 역시 사전학 측면에서 이루어져야 할 게 너무나도 많다는 사실을 깨달았다. 칼레피노의 유럽어 사전을 수정해 재출간해달라는 요청을 받은 그는 그보다 새로운 도서 제작작업에 더 마음이 끌려 1531~1532년에 『라틴어 유의어 사전』을 출간한다. 1536년에는 증보판을 출간하고, 이어 1538년에 학생용 사전 『라틴어-프랑스어 사전』을 출간해 지속적인 성공을 거둔다. 1539~1540년에는 『프랑스어-라틴어 사전』을 펴내는데, 내용을 절반 가까이 늘려 1549년에 증보판으로 발간한다. 한편 자신이 펴낸 사전에서 표제어를 뽑아 수업용으로 쓰일 두 개의 용어집을 만든다(1542, 1544).

이 같은 사전 제작을 하면서 로베르 에스티엔은 본의 아니게 프랑스 철자법 확립에 동참하게 되었다. 그는 메그레와 뒤부아에게 문법과 관련한 자문을 구했으나, 특히 왕실 상서국과 고등법원, 회계법원 등에서 사용하는 철자법에 맞추고자 노력했다. 게다가 프랑스어 단어와 그에 상응하는 라틴어 단어를 함께 병기하면서, 로베르 에스티엔은 확신이 안 서는 경우 라틴어의 철자 표기법을 채택했다. 전체적으로 보면 그리 혁신적인 부분이랄 것은 없었지만 찾아보기 편한 작업 도구를 마련해주어 법조계와 인쇄업계를 이어주는 역할을 했다. 이에 따라 그가 마련한 가이드라인이 곧 표준안이 되면서 권위를 얻는다.

그렇다고 해서 제각각인 철자법이 일순간에 사라진 것은 아니다. 이는 오랜 시간이 필요한 일이었고, 17세기까지는 그 같은 상황이 지속되었다. 이후 문법학자 보줄라Vaugelas와 메나주Ménage가 등장하고, 『아카데미 프랑세즈 사전』*Dictionnaire de l'Académie française*이 출간되고 난 후에야 비로소 철자법이 정리된다. 하지만 철자법은 서서히 표준화되는 양상을 띠는데, 이 같은 과정에서 플랑탱 가문과 엘제비어 가문 등 플랑드르와 네덜란드 지역의 인쇄업자들이 무시할 수 없을 만큼 중요한 역할을 했다. 앞에서도 살펴본 바와 같이 프랑스의 주요 출판업자들 같은 경우 난감한 문제에 부딪혀 있었다. 초보적인 수준으로만 프랑스어를 아는 직인들에게 식자 일을 맡겨야 했기 때문이다. 일단 급한 불부터 끄자는 생각으로 이들은 지나치게 거슬리는 오류들만 없애는 데 치중했고, 이에 일부를 단순화시켜 표현하도록 권한다. 언어문제에 관심이 많았던 플랑탱은 국제도시 안트베르펜에 살았던 만큼 고민할 거리가 많았다. 그는 단순화된 프랑스어 철자법을 채택하는 게 플랑드르 지역에 있어 얼마나 유용한 일일지 제일 먼저 깨달은 인물이었다. 맨 처음 인쇄작업을 할 때부터 그는 끝의 x 대신 j를 사용했으며, 불필요한 중간 철자들을 대거 삭제한 뒤, 이를 롱사르가 했던 것과 같이 철자기호로 대신한다. 『아마디스의 보물』*Trésor de Amadis*(1560) 서문에서 그는 일종의 선언문 같은 것을 싣고, 자신이 'est' 대신 'êt'를 사용하겠다고 알린다. 가령 'prest' 대신 'prêt'라고 쓰는 것이다. 아울러 oultre 대신 outre를 사용하기로 하고, mieulx 대신 mieux를 사용한다. 그리고 프랑스에서의 도서판매가 지장을 받지 않도록 하기 위해 자신의 혁신적인 시도 가운데 일부는 포기한다. 그럼에도 프랑스어-플랑드르어 사전에서는 여전히 그 당시로서는 매우 단순화된 철자법을 사용했으며, 그의 선례는 이후 네덜란드의 다른 인쇄업자들도 따라 한다. 사전 편찬에 전문화된 베스베르게Waesberghe가 대표적이었고, 엘제비어 측에서도 j와 v를 즉각적으로 사용함으로써 플랑탱의 철자법 용례를 대중화시키는 데 기여한다. 이에 따라 프랑스 이외의 인쇄업자들이 프랑스의 철자법 확립에 있어 중요한 역할을 한다. 이들이 제작한 수천 권의 책들이 프랑스 국내로 확산되었기 때문이다. 또한 철자법에 각별히 신경 쓴 덕분에 프랑스 식자층 역시 이 책들을 상당히 호의적으로 받아들였다.

철자법 문제를 대하는 인쇄기술자들의 태도가 어떠했든, 전반적으로 봤을 때 인쇄술은 자국어로 된 문학의 발전과 자국 문자의 발달에 기여하고, 이에 따라 16세기에는 결정적으로 자국어 문어체가 확립된다. 이와 동시에 문법을 구축하려는 노력이 거의 도처에서 나타난다. 에스파냐에서는 1493년에 안토니오 데 네브리하의 『카스틸랴어 문법』*Grammatica Castellana*이 출간된다. 16세기에 후안 발데스Juan Valdes의 비판이 제기된 책이지만, 에스파냐어의 구축에 있어 중요한 역할을 담당했다는 점은 부인하기 힘들다. 아울러 에스파냐 전역에서 카스틸랴어의 형태를 채택하도록 만드는 데 있어서도 이 책의 역할이 컸다. 그리고 상당 부분 이 문법서 덕분에 아라곤의 인쇄업자와 작가들은 출간되는 책에서 지역 방언의 특색을 제거할 수 있었다. 그때까지만 해도 지역 방언의 영향이 지대한 상황이었다.[71] 프랑스의 경우, 앞에서도 언급했지만 16세기 들어 문법학자들이 셀 수 없이 많아졌다. 더욱이 조아심 뒤 벨레가 활동하던 그 시기에는 문체와 언어 이론가들 역시 굉장히 많았다. 독일에서는 앞서 살펴봤듯이 루터의 언어가 문법학자들에게 기반을 마련해주고, 이들은 1575~1600년 동안 문어체로서 독일어의 표준을 마련하기 위해 노력한다. 영국의 경우, 토머스 스미스Thomas Smith(1560), 존 허트John Hart(1570), 윌리엄 불로커William Bullokar(1580) 같은 이론가들이 인쇄술의 작용으로 발음과 표기 사이의 격차가 점점 커지고 있음을 깨닫고 근본적인 개혁을 제안했으며, 문법서와 사전들이 등장하기 시작한다. 끝으로 이탈리아에서는 1304~1306년 시기부터 단테가 『속어론』*De volgari eloquentia*을 집필하고, 마키아벨리, 벰보, 트리시노Trissino 등이 자국어를 연구하며 이로부터 문법을 정리하려 노력한다. 인문주의자 스페로네 스페로니Sperone Speroni가 이탈리아어의 우수성을 주창하며 내세운 논거들은 이어 뒤 벨레가 자신의 책 『프랑스어의 보호와 예시』에서 다시 차용한다. 하지만 언어적 문제와 관련한 의견 충돌이 이론 발전의 장애물이 된다. 중앙 정권이 수립되지 않았던 이탈리아에서는 특정 관점을 정부 차원에서 강제하기가 힘들었고, 루터같이 권위 있는 인물도 없었다. 이에 이탈리아 사람들은 토스카어를 문어체로 완전히 못 박아버리는 게 과연 적절한 일일지 오랜 기간 논의를 거듭했고 문어체의 확립을 위해 지역 방언을 총체적으로 종합하는 일이 필요할지도 논란이 분분했다.

그리고 이제 라틴어는 사양세로 접어든다. 하지만 그럼에도 오랜 기간 라틴어가 살아남은 것은 사실이다.* 국적에 상관없이 보편적으로 이해될 수 있다는 강점을 지닌 라틴어는 특히 학술 분야에서 그 수명이 오래 지속되며, 간혹 다시금 라틴어가 크게 부상할 때도 있었다. 물론 16세기부터는 라틴어로 쓰인 학술서들이 번역되거나 각색되어 다시 출간되곤 했다. 프랑스의 경우, 뷔데의 『화폐론』이나 샤를 에스티엔의 『해부학』*L'Anatomie* 등이 대

* 앞으로 이어지는 여러 자료들은 앙드레 스테그만André Stegmann이 제공해준 것이며, 이에 그에게 감사를 표하고자 한다.

표적이다. 물론 이 시기부터 블롱Belon, 곧이어 파레Paré, 팔리시Palissy 등은 프랑스어로 글을 썼다. 하지만 이는 아직 예외적인 경우에 속했고, 파리 의대는 파레가 프랑스어로 글을 쓰는 것에 분개했다. 신교와는 다르게 구교의 경우, 통속어의 발전에 반대하며 계속해서 라틴어를 고집했다. 새로운 발견에 대해 쓴 개론서의 경우, 라틴어로 쓰였을 때만 이를 승인하는 때도 있었고, 학자들이 누구나 읽을 수 있는 언어로 자신의 사상을 대중적으로 표현하기 시작하자 교회는 이들을 책망하고 나선다. 학자들도 오랜 기간 라틴어를 더 선호했는데 자신과 동급의 사람들이 이해하는 언어라는 이점과 단속으로부터 자유로운 언어라는 강점이 있기 때문이었다.

반종교개혁 운동이 유럽 전역을 휩쓸었을 때, 신학교 네트워크를 바탕으로 예수회는 가장 활동적인 사회 계층에 라틴어 지식을 보급한다. 아울러 신 라틴 문학의 발전도 장려했는데, 희곡 같은 장르를 통해 다시금 라틴 문학을 부흥시키려 노력했다. 이에 따라 라틴 희곡이 굉장한 인기를 끈다. 유럽 전역에서 사람들이 그로티우스나 베르눌츠의 라틴 비극을 접하며 그에 관한 이야기를 나누었다(베르눌츠는 루방 대학에서 쥐스트 리프스Juste Lipse의 뒤를 이은 인물이다). 서사시 같은 고급 장르에서도 귀족 언어인 라틴어를 꾸준히 사용했으며, 17세기에 발표된 라틴 서사시도 빼놓을 수 없다. 결혼식이나 생일, 승전식 같은 그때그때의 행사에서도 웅장하게 나팔만 불어대면 라틴시 15행이 쏟아져나왔다. 루이 13세가 신교도에 맞서 라 로셸을 점령했을 때, 이탈리아인들과 플랑드르인들, 독일인들 그리고 심지어 프랑스인들까지도 라틴어로 시를 지어 루이 13세의 업적을 치하했다. 이때 프랑스어로 서정 단시 '오드'ode를 지은 말레르브Malherbe 정도만 예외였다. 말레르브의 전례를 따라 이후로도 오드는 프랑스어로 지어지는 경우가 점점 더 많아졌다. 따라서 라틴어의 쇠퇴는 상당히 더디게 이루어졌다고 볼 수 있다. 물론 이를 야기한 결정타는 1630년 프랑크푸르트박람회의 몰락으로 도서시장이 지역과 언어권 위주로 점차 세분화된 것이었다. 하지만 여러 분야에서 라틴어는 17세기 말, 심지어 18세기 초가 되어야만 비로소 종말을 고하고 자국어에 그 자리를 내어준다. 사실 라틴어가 이토록 오래 살아남게 된 이유로는 여러 가지가 있다. 일단 라틴어는 더없이 훌륭한 국가 간의 공용어였다는 점이다. 자국어가 외국에 잘 알려지지 않은 나라에서는 라틴어로 글을 쓰는 경우가 더 많았다. 특히 플랑드르 지역이 이에 해당했고, 독일에서도 마찬가지로 1640년에서 1660년까지 코우리누스Courinus를 중심으로 모여든 일군의 법학자들이 라틴어로 저작물을 펴냈다. 영국에서도 상황은 마찬가지였다. 셰익스피어의 작품과 튜더 왕조를 다룬 희곡은 영어로 쓰이면서 대륙 쪽에는 잘 알려지지 않았던 반면, 캠던Camden, 홉스, 바클레이Barclay의 작품이나 존 오웬John Owen의 『경구시집』*Les Épigrammes* 등은 라틴어로 쓰인 덕분에 다른 모든 유럽 작가들과 동등한 인기를 누렸다. 에스파냐와 이탈리아, 프랑스에서는 라틴어를 쓰는 경향이 조금 덜했으나, 그럼에도 라틴어는 계속해서 존속한다. 유럽 대중을 대상으로 글을 쓴다거나 논쟁에 뛰어든 경우, 특히 정치·종교·문학·법률 등 사안 불문하고 한 지역의 범위를 벗어나는 문제에 관해 논쟁이 벌어진 경우라면 어김없이 라틴어가 사용되었다. 따라서 일단은 누구를 대상으로 하느냐에 따라 쓰는 언어가 결정되었다. 예수회의 일원으로 로마에서 영국인 신학교 학장을 지낸 피처베르트Fitzherbert는 영국 국교 신도들을 설득할 목적으로 신학 개론서를 쓸 때는 영어로 글을 썼다. 하지만 마키아벨리를 노리고 유럽인을 대상으로 글을 썼을 경우에는 라틴어로 썼다. 파리 대학 구장으로, 프랑스와 관련한 교회 판례문제를 해결하던 필삭Filesac 같은 경우는 통상 프랑스어로 글을 썼다(1606). 하지만 그로부터 10년 후, 왕권의 경계에 관한 격렬한 토론에 대해 두 편의 짧은 소논문을 쓸 때 그는 자신의 책이 프랑스 이외 지역의 독자들에게도 쉽게 읽힐 수 있도록 라틴어로 기술했다. 리슐리외 추기경의 '하수인'이었던 시르몽Sirmond 신부 같은 경우도 이탈리아 전쟁, 그리고 왕과 신교 세력의 유착관계 등에 관한 엔데몬 요아네스Endemon Joannes 신부의 공격에 대해 라틴어로 반박한다. 수많은 비방문과 풍자문이 등장했던 플랑드르 전쟁에서도 역시 이 전쟁에 관한 수많은 저서들이 자국어로 작성된 뒤 라틴어로 번역되었다. 번역이 이루어진 곳은 주로 독일의 박람회 도시였는데, 이곳 도시들을 필두로 글을 폭넓게 확산시키기 위함이었다. 희곡과 서사시 등 수많은 문학 저서들도 마찬가지로 일단 먼저 라틴어로 번역이 이루어졌다.

라틴어가 이렇게 오랫동안 존속해올 수 있었던 이유는 라틴어 특유의 정확성과 명료함 때문이다. 한창 형성기에 있던 근대 자국 언어에 비해 라틴어는 어휘 체계가 확립되어 있었고, 뜻을 확실하게 알려주는 예문이 있었기에 그 의미 또한 파악하기가 수월했다. 부분적으로는 이런 이유 때문에 17세기에도 여전히 라틴어가 외교 언어이자 학술 언어, 철학 언어로 사용된다. 물론 의학 분야에서 라틴어의 사용은 점차 드물어지는 추세였다. 반면 수학이나 천문학 분야에서는 계속해서 라틴어가 쓰였다. 데카르트가 『방법서설』을 프랑스어로 쓰기는 했지만, 그의 서신은 파스칼의 서신과 마찬가지로 라틴어로 작성되었다. 데카르트가 신의 존재를 증명하는 『형이상학적 성찰』*Méditations métaphysiques* 본문도 라틴어로 쓰였으며, 난해한 부분을 해명할 때에도 흔히 라틴어를 사용했다. 프랑스어로 서사시 『동정녀』*La Pucelle*를 지은 샤플랭 역시 1665년에 학술서는 라틴어로 출간되어야 더 많은 사람들이 볼 수 있다고 생각한다. 계몽주의자 퐁트넬Fontenelle이 등장하고 난 후에야 『과학 아카데미 회고록』*Mémoires de l'Académie des sciences* 같은 책이 프랑스어로 쓰였으며, 라이프니츠도 보통 라틴어로 글을 썼고, 그 시대에 살았던 독일 사람들도 대부분 라틴어를 사용했다. 그러다 17세기 말엽에야 비로소 라틴어의 패배가 확실해지면서 프랑스어 또는 자국어가 외교 언어와 학술·철학 언어로서 라틴어를 대신한다. 유럽의 모든 교양 계층이 프랑스어를 알게 된 것도, 이어 프랑스나 발론 출신의 서적상들을 통해 도처에서 프랑스어 책이 출간되고 확산된 것도, 그리고 벨, 바나주, 르 클레르와 그 비슷한 무리들이 프랑스어로 쓰인 학술정보지를 만들어낸 것도 모두 17세기 말 이후의 일이었다.

경제적인 이유에 따라 자국어로 쓰인 출판물의 발달을 꾀했던 인쇄술은 이로써 결국 자국어의 발달까지 꾀하며 라틴어를 사장시킨다. 운명적 변화였다. 물론 이것이 곧 대중문화의 시작이기는 했으나 그에 따른 결과는 엄청났다. 문화권이 세분되었기 때문이다. 16세기에는 라틴어가 어느 정도 쇠퇴하기는 했어도 학술적인 부분과 문자의 쓰임이 국제적으로 어느 정도 통일되어 있었다. 앞서 살펴본 바와 같이 자국어로 쓰인 저서라도 관심의 대상이 된다면 여러 가지 번역본이 등장했다. 하지만 문화적 분열 양상은 서서히 그 영향이 나타나기 시작한다. 17세기의 프랑스인들은 셰익스피어의 작품을 읽을 수가 없었고, 18세기의 프랑스인들 또한 독일어권 작가들의 작품에 공감할 수 없었다. 1630년부터 이미 샤플랭은 프랑크푸르트박람회가 하향세로 접어든 이후, 독일에서 인쇄되는 작품들에 대해 프랑스에서는 알 수가 없다며 불평했다. 17세기 말과 18세기 초에는 네덜란드 신문을 통해 영국 문화가 프랑스로 유입된다. 그리고 18세기에 프랑스어가 국제어로 사용되기는 했으나 라틴어가 사라지고 난 빈자리를 완전히 채울 수는 없었다.

『책의 탄생』은 어떻게 탄생했는가

우연에 의한 것이었든 의도에 따른 것이었든,

이보다 더 많은 사람에게 다루어진 주제가 없는데,

그럼에도 이렇게 잘 알려지지 않은 주제도 없다.

—프로스페 마르상Prosper Marchand,

『인쇄술의 역사』*Histoire de l'imprimerie*(1740) 서문 중에서

『책의 탄생』 이전의 책—도서 역사 발전의 세 가지 요소

학자들의 연구사

뤼시앵 페브르와 앙리 장 마르탱이 조명한 문헌사학이 물론 이 책이 출간된 1958년부터 시작된 것은 아니었다. 활자를 이용한 인쇄기술은 인큐내뷸러 시기부터 '신의 기술'이라며 환영을 받았다. 바젤의 초창기 인쇄기술자들은 이 '인공 필기법'ars scribendi artificialiter이 도시를 발전시키고 부강하게 만드는 특별한 요인이라고 생각했다. 하지만 1517년부터 인쇄본 확산에 주력한 사람들은 바로 루터의 종교개혁파였다. 인쇄본이 종교개혁의 성공을 담보해주는 도구였기 때문이다. 인문주의자들에 있어서도 인쇄술은 진보의 한 요인이었으며, 『팡타그뤼엘』 8장에서 라블레가 쓴 다음 단락의 내용 또한 익히 알려져 있다.

> 이제 모든 학문이 복원되었고, 언어의 기틀도 마련됐다. 히브리어, (바빌로니아 지방의) 칼데아어 학자임을 내세우는 사람에게 있어 그리스어가 빠진다는 건 하나의 수치였다. 형태도 세련되고 쓰임새도 적절한 인쇄물은, 마치 악마의 유혹에 따른 공격에 대한 반격처럼, 신의 계시로써 이 시대에 발명되었다. 이제 어느 곳이든 박식한 사람들로 넘쳐나고, 현학적인 지도자도 많아졌으며, 책으로 가득한 서점도 늘어났다.

1540년부터 이미 비텐베르크 같은 곳을 중심으로 인쇄본 50주년을 기념했으며, 100년마다 한 번씩 기념행사가 반복되면서 인쇄술 태동기에 관한 연구 자료와 간행물이 점점 늘어났다.[1] 그 뒤 2세기가 지난 1740년, 서적상 프로스페 마르샹은 헤이그에서 『인쇄술의 기원과 초기 발전의 역사』[2]를 펴낸다. 이 책에서는 지극히 명확하고 상세한 방식으로 인쇄술 초기에 대해 연구한다.

환상적인 권두 삽화[3]에서는 "미네르바와 헤르메스를 통해 하늘에서 인쇄술이 독일로 전해지는 모습을 나타낸다. 이어 독일은 네덜란드, 영국, 이탈리아, 프랑스 등지로 이 훌륭한 기술을 전달하고, 네 나라는 이 훌륭한 기술을 받아들인다." 이 그림에서 각각의 나라는 왕관과 왕홀(국왕의 지휘봉) 등 권력의 상징을 지니고 있는 여성상으로 표현되는데, 나라별로 가장 유명한 인쇄 장인의 초상을 들고 있다. 독일의 경우, 구텐베르크와 푸스트, 쇠퍼 등 세 인물의 초상이 등장하고, 영국은 캑스턴, 이탈리아는 알도 마누치오, 프랑스는 로베르 에스티엔, 그리고 네덜란드는 라우렌트 코스터 등으로 각각 대표되었다. 계몽주의 사상에서도 책은 상당히 관심 있는 주제였다. 진보적인 기술과 지식의 보급이 아직은 국적 불문하고 문인들만의 소관이었던 상황에서, 인쇄본과 인쇄술은 지식 전파를 담당하는 주요 매체로 인식되었으며, 당대의 발전 양상을 퍼뜨리는 수단으로 여겨졌다.

프로스페 마르샹 이후 인쇄술과 초기 인쇄본의 역사는 17세기 말 이후 피에르 벨Pierre Bayle과 네덜란드 학자들이 했던 것처럼 이제 철저히 연구하고 관리해야 하는 대상이 되었다. 마르샹은 우선 이 주제에 대한 '개론'을 선보인다. 이 개론 자체에서도 본문은 로마 숫자를 활용하여 내용이 구분되었으며, 여기에 "31개의 각주가 하단에 들어가며 본문의 내용을 보완"한다. 또한 "해당 사실을 가장 적절히 뒷받침해줄 수 있을 만한 증거 자료도 포함"하고 있었다.[4] 이어 본문과 주석에는 "난외 여백을 활용한 인용구"가 곁들여진다. 인용구가 삽입되는 과정에서 사용된 참조 기호는 두 가지였는데, 본문에 대해서는 문자를, 주석에 대해서는 숫자를 참조 기호로 사용했다. 인쇄 페이지의 정형적인 배열, 다양한 인쇄 폰트의 규격화된 사용, 자료 참고 부분의 엄격한 구획 구분 등 여러 가지 요소들이 매 페이지마다 책의 역사에 관한 역사적 담론과 학술적 근거에 대해 순차적으로 내용 이해를 도와준다. 이어 저자는 다음과 같이 결론짓는다.

> 책의 배열과 관련한 이 세부적 요소들에 대해 독자들 대부분은 별로 관심이 없을지도 모른다. 하지만 이는 독서의 편의를 높이기 위해 매우 유용한 부분이며, 대중이 손쉽고 편하게 독서를 할 수 있도록 도와주며 대중에게 언제나 유용하게 쓰일 것이다. 사려 깊고 진지한 사람이라면 이를 긍정적으로 판단하리라 자부한다. 이는 필자가 기존에 다른 책을 작업하면서 활용했던 방식으로서…….

따라서 책의 역사는 일단 학자들과 '박식한 서적상들'의 소관이었으며, 그 가운데 프로스페 마르샹은 이상적 모델을 보여준 셈이었다. 19세기 프랑스에서는 알도 마누치오[5]나 에스티엔,[6] 그리고 목판화의 역사[7] 등에 대해 앙투안오귀스탱 르누아르Antoine-Augustin Renouard나 앙브루아즈 피르맹디도Ambroise Firmin-Didot가 개별적 전문 연구를 진행함으로써 마르샹의 뒤를 이어 책의 연구를 완수한다.

정치적 측면에서의 양상

그런데 18세기부터는 책의 역사에 있어 그 지위와 의미가 차츰 달라진다. 일단 계몽주의의 영향이 컸고, 이어 책의 독자층 확대나 새로운 정치사안의 대두 역시 변화를 부추겼다. '진보'라는 개념에 기반을 둔 계몽주의에서는 지식과 학문의 전파가 진보의 주된 요인이라고 생각한다. 책을 읽고 퍼뜨리며, 그 내용에 대해 토론하고 해석을 다는 것, 아울러 도서관을 구축해 학자와 관심 있는 시민들이 이를 이용할 수 있도록 하는 것, 이는 그 당시 형성되던 수많은 계몽사회 및 고위 정치권 인사들의 주된 고민이었다. 책과 관련한 문화가 어느 정도 활기를 띠느냐는 해당 문명의 발전 수준을 가늠하는 척도가 되었다. 이에 '오스만 문제'가 불거지고 동지중해의 패권 장악이 열강들 간의 쟁점으로 자리잡은 그 당시, 프랑스는 콘스탄티노플에서의 개혁을 장려하며 슈아죌(1752~1817, 루이 15세의 총리대신으로 18세기 프랑스와 유럽의 정치외교 무대에서 크게 활약한 인물—옮긴이) 공작을 콘스탄티노플 주재 대사로 파견한다. 얼마 전 그리스 여행에서 돌아와 아카데미 프랑세즈Académie française(프랑스에서 가장 권위 있는 학술기관으로, 종신회원 40명으로 구성되며 1635년 설립된 기관—옮긴이) 회원으로 선출된 슈아죌 공작에게, 그를 아카데미 프랑세즈에 받아들여준 콩도르세Nicolas de Condorcet(1743~1794, 대혁명 시대의 수학자 겸 정치가)는 공작이 오스만 정부에 가서 해야 할 발언의 기본 방향을 일러준다.

> 공작님께 필요한 것은 계몽주의 사상입니다. 이에 우리는 공작님께 『백과전서』와 함께 이를 설명해줄 철학자들을 함께 보냅니다. 변함없이 뜨거운 우정으로부터 공작님이 기대하셨을 도움의 손길이 될 것이라 확신합니다. (……) 우리가 설득시켜야 할 필요가 있는 세력의 마음을 사기에 가장 적절한 모양새를 갖추는 게 좋을 듯합니다.[8]

스미르나Smyrne(오늘날의 이즈미르)의 그리스 학자 아다만토스 코라이Adamantos Coraÿ가 대혁명 발발 직전 프랑스에 와서 놀라움과 감탄을 금치 못했다는 사실도 익히 알려져 있다. 이곳에서 그는 학자들이 수많은 전집과 장서를 이용할 수 있음을 깨닫는다. 파리를 유럽의 '새로운 아테네'로 만든 것은 실로 학자들과 책의 공이 컸다.

하지만 학자들만이 대중의 전부인 것도 아니었고, 책을 읽는 일반 독자층이 확대됨에 따라 저자와 독자, 서적상 및 도서 유통업자 등 출판계 주요 주체들의 지위와 역할에 있어 점차 대대적인 변화가 일어난다. 책이 진보의 주된 요인이 되면서 서적상은 진보를 가져오는 1차적인 주체였다. 이와 관련해 베를린의 프리드리히 니콜라이Friedrich Nicolai[9]와 프랑크푸르트의 플라이셔Wilhelm Fleischer,[10] 함부르크의 프리드리히 페르트Friedrich Perthes[11] 등을 필두로 일부 독일 서적상들은 특히 지대한 역할을 담당했다. 머지않아 정치적 측면에서도 인쇄본의 중요성이 대두되었으나 대개는 사회 변혁적인 측면에서 고려되었으며, 혁명기 동안 아다만토스 코라이가 보여준 활동과 분석에서도 이를 알 수 있다. 인쇄본의 전파에 따라 프랑스인들이 자유에 대한 열망을 품게 된 것이라면 그리스인들도 쉽게 이 인쇄본을 접할 수 있도록 해야 하고, 아울러 고대 그리스 고전의 출간에도 힘써 가급적 많은 대중이 이를 볼 수 있도록 해야 한다는 것이다.[12]

그러므로 (인쇄술을 인류의 진보 요인으로서 인식하는) 만국공통주의적인 논리는 결국 정치적인 활동으로 이어지는데, 이 같은 논리가 가장 큰 성공을 거둔 것은 역설적이게도 대혁명기하에서였다. 1792년 9월 9일, 오스트리아-프로이센 연합군대가 프랑스 국경에 주둔하고 파리 입법의회가 수명을 다하자, '인류의 연사'[13]를 자처하던 프로이센 남작 아나카르시스 클루츠Anacharsis Cloots는 인쇄업자들을 대표해 의회 연단에 나선다.

박애주의를 확립하고 보편적 기본법을 제정하신 여러분께, 신이 내린 인간 구텐베르크에 대한 팡테옹(만신전)의 영예를 부탁드립니다. 그는 신을 대신해 "빛이 생기리라"라고 말했고, 이에 빛이 생겼습니다.

최초의 혁명적 인간, 인류 최대의 은인을 기리는 일은 원로원의 소관에 있습니다. 우리는 구텐베르크의 손에서 세상을 쇄신하는 끈을 찾아냈습니다. 인류 모두를 하나의 형제애로 이어준 한 사람의 유해를 엄숙히 이전하는 것에 대한 결정을 내려주심으로써, 입법자인 여러분은 인류의 행복을 더욱 가속화시키는 주체가 되실 것입니다. (……) 한 위대한 발명가의 유덕을 기립시다. 그가 없었다면 우리는 벙어리가 된 채 지상에서 고립되어 살아갔을 것이며, 그가 없었다면 우리에겐 볼테르도, 루소도 없었을 것이요, 팡테옹도 없었을 것입니다.

의회는 연사의 말을 따라 "위인의 유골을 경건하게 찾아내어" 이를 팡테옹에 이장하기로 결정한다. 하지만 1793년 마인츠를 점령하던 당시, 이 도시에 폭격이 가해지면서 구텐베르크의 묘지도 파괴되었기 때문에, 이 같은 바람은 더더욱 실현되지 못했다. 1870년 스트라스부르를 공격하던 당시, 독일 군대가 도서관을 파괴하고 시의 고문서 자료들을 소멸시킨 것은 주지의 사실이며, 특히 이 과정에서 구텐베르크의 소송 문건도 소실되었다.

19세기에 들어서면 앞서 계몽주의가 기반을 마련하고 대혁명이 수명을 연장시킨 인쇄술 발명이라는 화두가 정치적으로 해석된다. 이제 구텐베르크를 추모한다는 것은 곧 1815년에 세워진 정부의 정치적 선택과는 다른 정치 노선을 따른다는 의미였다. 1840년 스트라스부르에서 개최된 '구텐베르크 축제' 행사는 야당 성향의 대표적 정기간행물인 『르나시오날』*Le National*의 후원을 받았고, 1848년 2월 혁명의 상징적 인물인 라마르틴Alphonse de Lamartine(1790~1869, 프랑스 문인 겸 정치가)의 지지를 받았다. 18세기 말의 유력지 중 하나인 『쿠리에 뒤 바랭』*Courrier du Bas-Rhin*의 인쇄업자이자 출판업자인 실베르만Silbermann을 앞세운 알자스 강경파는 이 행사에 기어이 반정부적 의미를 부여한다.[14] 이와 동시에 인쇄술과 인쇄본은 점차 국내로 전향한다. '문인 집단'은 기본적으로 국제적 성격을 띠었으나, 18세기 말과 19세기의 유럽은 민족성이 크게 대두되며 나라별로 경쟁이 심해진다. 유럽 각국의 민족성은 특히 자국의 공통된 언어와 문학을 기반으로 삼았다. 1840년 행사 이후 각국과 도시 간의 경쟁이 점차 부각된다. 스트라스부르, 마인츠, 하를럼 등은 앞 다투어 기념물을 건립하고 행사를 개최했으며, 저마다 인쇄술이 발명된 도시임을 자처하고 나선다. 대개는 민족주의에서 고지를 선점하려는 계산이었다.

책의 역사는 사실 중립적이고 투명한 역사와는 거리가 멀다. 책의 역사에서 정치적 선택과 정체성의 규정은 오늘날까지도 적지 않은 비중을 차지한다. 그리고 서적상 아나톨 클로댕Anatole Claudin이 1900년 만국박람회에 출간할 계획으로 프랑스 인쇄술의 역사를 준비한 것도 부분적으로는 그 당시 독일이 추진하던 관련 기획들에 대응하기 위한 목적이었다.[15]

서적상, 검열과 관리

그러므로 역사적 연구의 관점은 한편으로는 정치적 해석으로 이어진다. 하지만 이와 동시에 생산량이 점점 더 빠르게 증가하면서 새로운 작업 도구의 필요성이 대두되었고, 학자들뿐만 아니라 서적상들 또한 그 필요성을 느끼면서 이러한 도구의 개발이 이뤄진다. 물론 필사본 시대에 서적상들의 주된 활동은 대개 필사본을 제작하는 일이었다(이에 서적상은 필경사 작업실 하나씩을 운영했다). 캉브레 시립도서관의 필사본 620호에서도 다양한 도서 제작 단계를 보여주는 훌륭한 삽화가 게재되어 있다. 이를 보면 필경사의 작업실에서 학자의 연구실로 책이 전달되기까지의 모든 과정을 다 알 수 있다.

그런데 활판인쇄술의 등장과 더불어 상황은 급변한다. 출판사들은 이제 출간목록을 작성해 이를 홍보해야만 유통망이 확보될 수 있었고, 이에 따라 도서목록에 대한 인쇄도 시작된다. 이러한 도서목록 자료는 곧이어 그 규모가 커지면서 순수한 의미에서의 북 카탈로그 형식을 갖춘다. 북 카탈로그들의 보존 상태가 별로 좋은 편은 아니지만, 맨 처음 작성된 북 카탈로그는 페터 쇠퍼의 도서목록으로 추정된다. 1471년 이전에 마인츠에서 인쇄된 이 카탈로그는 오늘날 뮌헨 바이에른 주립도서관에 소장되어 있다.[16] 도서의 유통은 일단 서적 중개인Buchführerknecht이나 행상 판매업자venditores의 손에서 이뤄졌으며, 박람회장이나 시장에서도 책이 유통되었다. 이후 15세기 말과 16세기 초가 되면 순수한 의미에서의 서적상들이 본격적으로 서유럽의 여러 주요 도시에서 눈에 띄기 시작한다. 규모가 더 작은 지역에서는 도서 외에도 다른 여러 잡화를 판매하는 소매상들을 중심으로 도서 유통이 이뤄졌다. 독일어권 지역에서 '크래머'Krämer라고도 불리던 이 영세 상인들은 알다시피 루터의 종교개혁을 성공으로 이끄는 데 있어 결정적인 역할을 담당했다.

끝으로 이보다 상위 단계에서 이뤄진 대량의 도서 유통망 조직은 16세기 전반쯤 자리잡기 시작한 도서 전문 박람회를 기반으로 하는 경우가 점점 더 많아졌다. 프랑크푸르트 박람회의 경우, 1460~1470년 무렵부터 이미 여러 서적상들을 맞이했으며, 1540년대에는 독일 최초의 출판 전문 박람회로 거듭났다. 출판 분야에 종사하는 모든 사람이 1년에 두 번씩은 박람회장을 찾았으며, 박람회 개최 시기가 되면 서적상들은 신간목록을 담은 북 카탈로그를 출간했다. 1564년부터는 신성로마제국 황제 직속의 자유시 당국이 관할하는 가운데, 북 카탈로그의 편집본이 등장한다(여기에는 검열의 목적도 있었다). 이로써 전체 도서목록이 수록된 연간 도서목록집이 만들어졌고, 이 시리즈는 독일 최초 '소급 서지'Messkatalog의 기원이 되었다. 기본적으로 소급 서지는 독일에서 만들어진 인쇄물을 19세기 중반부터 거꾸로 되짚어가며 집계해놓은 것이었다.[17] 그리고 대개는 초창기 국내 도서의 역사, 즉 '독일 출판산업의 역사'[18]를 기반으로 하고 있었다.

도서 보급망이 발달하고 이 안에서 처리되는 작업들이 점점 복잡해짐에 따라, 좀더 다듬어진 형태의 전문 서지가 나오고, 통상 시리즈로 발매되는 서지 형태도 나타난다. 오늘날 이는 책에 대해 연구하는 사학자들에게 있어 무척 소중한 자료가 되고 있다. 최근 출간된 도서의 목록을 담은 박람회 북 카탈로그의 신간 서지에 기 출간된 도서목록이 담긴 소급 서지가 추가되고, 이어 프랑스와 독일 양국에서는 분야별로 특화된 서지와 업체 편람도 등장한다.[19] 서지가 통상 시리즈로 발행됨에 따라 특정 분야에서 연구를 지속할 수 있는 가능성이 열린다. 그뿐만 아니라 점차 늘어가는 인쇄물에 대해서도 포괄적으로 파악할 수 있었다. 취리히의 의사 콘라트 게스너Conrad Gessner(1516~1605)가 대표적인 사례인데, 그는 전 세계의 모든 도서 간행 목록을 작성하려 했던 인물이다.[20] 콘라트의 『국제 서지』*Bibliotheca unwersalis*가 만들어진 이후, 인쇄물의 대규모 서지목록이 연달아 제작되었다. 이 같은 현상은 영국의 문헌학자이자 서지학자인 메타이어Michel Mettayer(1668~1747)와 파브리시우스Johann Albert Fabricius(1668~1736)의 연구를 중심으로 유럽 북부에서 먼저 나타났다.[21]

이 단계에 이르면 출판 분야의 관리와 단속도 이뤄진다. 말하자면 각종 단속에 이용되는 인쇄본 또는 필사본 자료가 양산된 것이다. 이와 관련해서는 '금서목록'index librorum prohibitorum이라는 기념비적인 도서목록이 차지하는 비중이 크다. 트리엔트 공의회(1545~1563)에서 금서목록을 제정하고, 아울러 교황 바오로 4세(1559)가 금서목록을 발표한 이후, 서구 사회에서 금서목록의 발간은 끊임없이 이어졌다.[22] 1571년 교황 피우스 5세는 금서목록 제정위원회까지 설치한다.

이제 마지막으로 분류의 문제가 등장한다. 이를 해결하면 늘어난 인쇄본 생산량을 관리할 수 있고, 이에 따라 사람들이 통상적으로 찾는 책도 쉽게 제공할 수 있으며, 도서의 분류 기준도 마련할 수 있다. 맨 처음 인쇄술이 등장한 것은 15세기의 일이었으나, 이후 두 세대가 지나고 난 후에야 비로소 충분한 도서량이 축적된다. 아울러 장르의 구분이나 독서방식, 특히 학술 연구방식이 점차 자리잡기까지도 비슷한 시간이 소요된다. 한 권의 책을 집중적으로 탐독하던 독서 습관에서 여러 권의 책을 읽는 독서습관으로 이행하는 것에 대해서도 말들이 많았다.[23] 이에 대해 잠시 짚고 넘어가면 좋을 듯한데, 자신의 책 『독서론』*Librairie*에서 미셸 드 몽테뉴Michel de Montaigne도 새로운 시대의 이상적 독자에 대해 기술하며, 다가오는 새 시대에는 불특정 다수의 책을 맛보는 형태로 독서가 이뤄져야 한다고 이야기한다.

> 만일 어떤 책 한 권이 마음에 안 들 경우, 나는 다른 책을 집어든다. (……) 이런 종류의 연구에 있어 (……) 온갖 저자의 책들을 구분 없이 훑어봐야 한다. 나는 서점을 자주 바꾸는 편이다. (……) 서점에 가면 이 책도 들춰봤다가 또 금세 저 책도 들춰보며, 순서 없이 무작정 이 책 저 책 살펴보는 편이고, 파본 상태의 책들도 들춰본다.[24]

그런데 몽테뉴도 자신의 장서를 체계적으로 정리해두고 있었다. 또한 인쇄물의 생산량이 늘어나면서 이와 함께 분류법도 개정되고, 새로 늘어난 장서들에 적합한 분류 기준도 정립된다. 이에 따라 문헌사학에서 마지막으로 개입되는 요소는 자연히 분류법의 발달과 연관된다. 아울러 도서 분류법과 지식 분야의 일반적인 분류법 사이의 관계도 발달하고, (물리적 도구를 포함해) 분류법과 관련된 도구의 발전도 이뤄진다. 북 카탈로그가 많아지고 정기간행 북 카탈로그의 규모가 커질 수 있으려면, 우선 사전 정의된 몇 가지 특정 범주에 따라 도서 제목이 분류되어 있어야 한다. 도서 분류 범주의 폭은 기술되는 내용이나 목록 작성방식 등이 다른 지식 분야와도 중첩된다. 표제 분류의 문제는 비단 추상적인 측면에만 국한되지 않고 물리적 공간의 문제와도 연관된다. 실제 건물이나 서재의 제약적 틀 안에서 도서가 정리·배치될 수 있어야 하기 때문이다. 그리고 공간의 제약은 다시 도록의 형태적 측면과 내용적 구조에 있어 일부 양상을 규정한다.

앙리 베르와 뤼시앵 페브르 그리고 문헌사학

책이 탄생하기 이전의 역사를 다룰 때는 주로 두 가지 영역을 중심으로 고찰이 이뤄진다. 하나는 엄밀한 의미에서의 책 그 자체를 살펴보는 것이다. 여기에서는 (특히 이 책에서 다뤄지는 인쇄술 탄생 시기를 기점으로) 책의 제작기술과 인쇄소의 역사, 또는 인쇄본 생산의 역사를 살펴본다. 반면 프랑스 학계에서는 유명한 저서와 그 저자를 중심으로 출판 도서의 역사에 대해 고찰한다. 이러한 접근법은 사회학적인 측면에서 텍스트를 해석하는 방식과도 무관하고, 인쇄가 이뤄질 대상물에 대한 연구를 통해 문제에 접근하는 방식과도 거리가 멀다. 따라서 20세기 초 이후의 연구에서는 광의적 의미에서의 역사라는 영역에서 더욱 포괄적인 관점으로 새로운 연구방향이 자리잡기 시작하며, 학문 간의 비교작업이 두드러지는 양상으로 나아간다. 전반적으로 봤을 때, 사회학과 각축을 벌이는 역사학이 중심을 이루는 인문과학의 전체적인 테두리 속에서 통합적으로 연구가 이뤄진다.

그 중심에 서 있는 인물이 바로 로랭 앙리 베르Lorrain Henri Berr(1863~1954)였다. 오랜 기간 학계에서 활동해왔음에도 상대적으로 잘 알려지지 않았던 앙리 베르는 어찌 보면 다소 특이하게 여겨질 수도 있다. 1881년 파리 고등사범학교에 들어간 그는 1898년, 『철학의 미래: 역사를 기반으로 한 지식에 관한 종합적 고찰』*Avenir de la philosophie: esquisse d'une synthèse des connaissances fondées sur l'histoire*(1898)[25]이라는 논문을 작성하고, 1900년에는 『역사학 종합평론지』*Revue de Synthèse historique*를 창간한다. 이 잡지의 출간으로 앙리 베르는 일단 후성설(생물이 발생할 때 단순한 상태에서 복잡한 상태로 발전해 구조가 새롭게 생겨난다는 학설—옮긴이)의 관점에서 역사학의 영역을 넓히려는 의지를 보이며, 심지어 이를 철학의 기반으로 삼고자 했다. 이어 그는 체계적으로 다영역성을 정립하고자 한다.

> 역사학의 모든 분야에 대해 그동안 이루어진 연구 현황과 앞으로 이뤄져야 할 연구 단계를 파악함으로써, 『역사학 종합 평론지』는 그간 필요에 의해 이뤄지긴 했으되 부정적 영향을 미친 분석과 전문화의 맹점들을 상쇄시켜줄 것이다. 아울러 모호하고 임의적인 부분은 모두 배제하되 인류학, 민족학, 사회학 분야의 연구에서 학술적으로 유용한 측면은 모두 취할 예정이다. 또한 역사의 개념을 확대하는 동시에 이를 심화시키려 노력하며, 여러 다양한 역사학자 그룹이 함께 손을 잡을 수 있도록 유도한다. 그뿐만 아니라 사학자, 철학자와 함께 연계해 말 그대로 종합적인 연구·분석이 이뤄질 수 있도록 힘쓸 것이다.

따라서 일단은 이론적 측면에서의 연구, "특히 다양한 역사학 분야의 연구 방법에 관한 일련의 논문들"에 근거한다. 방법론의 모델은 뒤르켐 사회학의 방법론(사회학을 개별 학문으로 보는 게 아니라 종합적인 시각에서 고찰하며 비교·분석하는 방법론—옮긴이)을 따랐다. 반복적으로 나타나는 부분에 대해, 즉 '사회적' 측면에 대해 천천히 체계적으로 연구하되, 다만 그 대상을 역사적 무대로 바꾸었을 뿐이다. 그럼에도 문제는 분명히 제기된다. 사회학에서의 방법론을 단순히 역사 분야로 옮겨놓는다는 일차원적 관점을 탈피해야 하기 때문이다. 그러므로 사회학에서의 연구방법을 활용하되, 심리학의 영역과 사상사思想史에 관한 부분은 따로 고려해야 한다.[26] 여기에서 앙리 베르는 자신이 보기에 핵심적이라고 생각되는 난점을 지적한다. 사상의 역사에서 나타나는 개별적 성격에 관한 것이 첫 번째고, 그의 표현에 따르자면 사상의 역사를 '철학적 사회학'으로 변모시킬 수 없다는 것이 두 번째다. 이에 따라 관점의 변화가 나타나고, 다수의 사회적 현실을 활용하게 되며, 연구의 학술적 성격을 보장해주는 도구로서 비교 연구라는 방식을 쓴다.

> 사회 간의 비교 연구를 수행하면, 사회의 심리구조를 알 수 있고, 또한 제도로 나타나는 해당 사회의 내재적 욕구도 파악할 수 있다. 아울러 각양각색의 표현 양상도 알게 된다. (……) 지적인 부분이 역사 속에서 담당하는 역할에 관한 문제는 규명하기 어려우면서도 중요한 심리문제에 해당한다. (……) 이 역사심리학을 어떻게 정립하느냐에 따라 과거에 대한 이해도, 장차 나아가야 할 방향도 모두 달라진다. (……) 이상적인 정치가는 곧 완벽한 역사가다.[27]

『역사학 종합 평론지』 창간 기획 이후 실시된 두 번째 기획 '역사학 종합 총서'Bibliothèque de synthèse historique에 대해 여기서 상세히 짚고 넘어가기는 힘들다. '역사학 종합 총서'는 일단 역사학 전체를 아우르는 종합 전집으로, 맨 처음 기획이 이뤄진 것은 1912년의 일이었고, 당시 기획한 출판 권수는 모두 100권이었다. 이는 곧 '인류의 진화' 시리즈로 발전된다.[28] 여기에서 중요한 사실은 이 전집의 구상안이 매우 체계적이었으며 지나칠 정도로 상세했다는 점이다. 이는 단순히 연구 내용을 줄지어 늘어놓은 시리즈가 아니었다. 전체 시리즈는 크게 네 가지 연대로 구분되고, 해당 파트에서는 일련의 책들이 연속적으로 이어지며 각 시기의 중요한 변천사를 다룬다. 따라서 이를 보면 심오한 구조적 측면을 파악할 수 있다. 우선 제일 첫 번째 책은 프랑스의 동물학자 겸 생물학자였던 에드몽 페리에Edmond Perrier(1844~1921)가 쓴 『역사시대 이전의 지구』*Terre avant l'histoire*였다. 표제들의 길고 긴 행렬 가운데에는 책에 관한 『책』*Livre*도 한 권 포함되어 있는데, 이 작업은 일단 르네상스와 인문주의 전문 사학자 오귀스탱 르노데Augustin Renaudet(1880~1958)에게 맡겨졌다. 반면 사학자 조르주 베일Georges Weill(1865~1944)은 '잡지'에 관한 책을 작업한다. 이 두 가지 주제가 나란히 이어졌다는 것은 이 총서의 기획에서 채택된 방식 또한 '인류의 진화'와 같다는 뜻이었다. 다시 말해 각 시기에 대해 가장 관련성이 높다고 판단되는 요소들을 중시한 것이다. 애초에 '역사학 종합 총서'에서 51권으로 배정된 『책』은 고대와 중세 이야기로 내용을 마무리하고 이어 근대로 들어간다. 94권에 해당하는 『잡지』*Journal*는 당대의 주요 미디어 매체로 소개된다.[29] 시대의 구분과 내용의 안배 자체부터 의미 있는 작업이었으나, 사전에 작업을 의뢰받은 몇몇 저자들이 이 같은 구조를 완전히 편하게 생각한 것은 아니었다. 지나치게 일방적인 틀 속에서 자신의 담론을 늘어놓고 싶지는 않았기 때문이다.

역사심리학에서 의식의 역사로 이행[30]

곧이어 뤼시앵 페브르가 무대에 등장한다. 그는 1905년부터 『역사학 종합 평론지』 창간 기획에 매우 적극적이고 주기적으로 참여했으며, 『아날』

Annales 지誌(경제사회사 연보)를 창간하고 난 후 2년 뒤인 1931년에는 『역사학 종합 평론지』의 공동 편집장 중 한 사람이 된다. 앙리 베르와 무척 가까운 사이였던 페브르는 앙리 베르가 진행하던 '역사학 종합 총서'의 작업에도 직접적으로 참여한다. 저자 선정에도 개입했고, 표제 가운데 일부는 자신이 직접 작성할 생각까지 한다. 그런데 베르트랑 뮐러Bertrand Müller는 1930년대에 두 사람의 관계가 어떻게 점점 소원해졌는지 설명해준다. 당시 페브르는 『프랑스 백과사전』*Encyclopédie française*이라는 새로운 작업에 착수했고, 『역사학 종합 평론지』와 그 발행인의 초기 문제의식과는 점차 거리가 멀어지는 역사 연구방식을 정립한다.

이 책에서는 물론 순수한 의미에서의 역사 연구 분야에서 페브르가 어떤 관점과 문제의식을 수립했는지 알아보는 데 주안점을 둔다. 『아날』 지의 창간은 먼저 나온 『역사학 종합 평론지』에 대항하는 경쟁지의 성격을 가질 수밖에 없었다. 두 잡지의 성향 차이는 페브르가 과학적 연구라는 개념을 명확히 밝히기 위해 사용한 어휘나 논거에서도 드러난다. '종합적 분석'에서 '문제 중심의 역사'로 약간 방향을 튼 것에서부터 이 같은 거리가 느껴지며, 여기에서는 새로운 개념적 모태의 구상도 드러난다. 종합주의든 사회학이든 총괄적인 중심 개념 속에 역사를 종속시키기보다 인간의 경험을 주제화할 수 있는 가능성을 확대하려는 것이었다.[31]

분석 경로를 확대한다는 것은 몇 가지 핵심 축만을 위주로 분석하지는 않겠다는 뜻이다. 기본 골격이 되는 사건이 있다 하더라도, 이는 다시 세부적으로 서로 끊임없는 상관관계를 가진다. 뤼시앵 페브르가 구상하고 『아날』 지가 뒷받침한 연구 계획 전체를 이 자리에서 소개할 생각은 없다. 다만 그가 어떤 생각에서 '역사심리학'을 손질해 '의식의 역사', 나아가 '책의 역사'를 구상하게 된 것인지에 대해서는 생각해볼 필요가 있을 듯하다.

역사학의 학술적 지위를 확립시켜주는 두 가지 패러다임은 언제나, 그리고 필연적으로 경제와 사회다. 다수라는 개념과 양적인 개념을 끌어들이는 경제와 사회 패러다임은 개별적 인간으로 대표되는 불확실한 요소에서 벗어나게 해준다. 그런데 인식론적 차원에서 봤을 때 중요한 관건이 되는 부분 중 하나는 이렇듯 불확실한 요소를 확대해서 바라보는 것이다. 그리고 특히 이는 심리학적 방법으로 역사적 사건과 인물을 분석하는 역사 심리학적 측면에서 작업이 이뤄진다. 앙리 베르의 구상에서 역사심리학이 맡는 역할이 무엇인지는 앞서 살펴본 바와 같다.

전통적으로 지식의 역사는 곧 '사상의 역사'였다. 오로지 피상적이고 형식적인 차원에서만 다른 범주의 학문을 참고했으며, 심지어 1920년 '인류의 진화' 시리즈에 대한 기획의도를 밝힌 취지서에서도 여전히 "종교와 철학, 과학, 문학, 예술 분야에서의 사상 연구"만을 참고한다. 하지만 여기에서도 연구를 적절히 풀어갈 만한 방법은 있었다. 점점 더 분명하고 명료한 방향으로 나아가는 이 연구방법은 하나의 사상에 대한 연구에서 전체의 사고방식에 대한 연구로 이행한다(『봉건 사회』*Société féodale* 1장을 참고하면 이를 잘 알 수 있다). 사람들의 사고방식은 일단 이들을 둘러싸고 있는 사회경제적 차원의 요인들로 결정된다. 그리고 인간의 모든 역사는 필연적으로 사회 속에서 인간이 살아온 역사에 해당한다. 그렇다면 이와 같이 구축된 사회에서는 오직 문화적 측면만이 의미를 가진다. 문화가 사회화 과정 그 자체의 기반이 되기 때문이다. 심리학 분야와 다른 인문과학 분야에서 진행된 연구를 밀착 탐구하면서, 페브르는 역사심리학과 의식의 역사에 관한 구상안을 발전시킨다. 전자의 경우, 전통적인 민족심리학에서 탈피하며, 후자는 문어적 역사, 그리고 별로 학술적이지 못한 사상의 역사가 지닌 문제점을 새롭게 조명한다. '인류의 진화' 기획은 원칙적으로 이 새로운 문제의식들을 포괄하되, 다만 역사적 관점에서 구체화되고 연구가 이뤄질 것이었다.

역설적이긴 하지만 근·현대 시기를 다룬 책들의 출간이 늦어진 점이 결과적으로는 이롭게 작용한다. 최종적으로 뤼시앵 페브르가 맡게 된 것은 일곱 권 정도였는데, 대부분 근대 초기를 다룬 주제들이었다. 시리즈 가운데 그가 맡은 네 번째 책까지는 2차 세계대전 발발 직전에 '출간 예정'으로 소개된다. 이후로 『책의 탄생』은 49권으로 시리즈에 들어가게 되었으며, 그 뒤로 이어지는 것이 51권인 『르네상스 시기의 주요 사상 조류』*Les grands courants intellectuels au temps de la Renaissance*와 52권인 『16세기의 종교와 신앙생활』*Religions et vie religieuse au XVIe siècle*이었다. 그다음에는 『16세기의 군주제와 제국』*Monarchies et empire au XVIe siècle*(53권), 『돈과 부르주아 계급』*Argent et bourgeoisie*(54권), 『근대와 교회』*Les Églises et le monde moderne*(59권), 『사회적 변천과 경제생활』*La vie économique et les transformations sociales*(63권) 등으로 이어진다. 이 타이틀 가운데 대부분은 출간되지 못했거나 출간이 되더라도 상당히 늦게 발간된다. 그리고 전체적으로 주제와 문제의식 측면에 있어 상당한 방향 조정이 이뤄졌다. 최종적으로 출간이 이루어진 세 권의 경우, 의식의 역사가 주된 관점을 이룬다.

사회 전체의 의식에 대한 역사는 어떻게 연구가 이뤄질까? 상황을 극도로 단순화시켜보면 주로 세 개의 방법론적인 축이 중심이 된다. 여기에서 어기지 말아야 할 기본 원칙은 '역사학 종합 총서'를 기획하는 과정에서 근간이 된 기본 원칙과 동일하다. 다시 말해 문제의식에 따라 연구 대상을 정의함으로써 실제와 동떨어진 초월성을 탈피하는 것이다. 아울러 역사 연구의 대상이 되는 특정 문제가 불거지게 된 배경과, 이 같은 문제들이 생김으로써 달라진 특징적인 측면에 대해서도 역사의 전체 맥락 속에서 함께 고찰한다. 이러한 연구과정에서 첫 번째 축이 되는 것은 사상 혹은 개념의 역사다. 고전적인 이 첫 번째 축은 독일의 '개념사'Begriffsgeschichte 모델을 따르되, 여기에서 감성적인 측면과 그에 따른 영향을 더욱 부각시킨다. 각각의 타이틀에 있어 기본이 되는 원칙은 역사적으로 문제가 되는 특정 시기에 등장한 하나의 개념과 그 발전 양상을 살펴본다는 것이었다. 뤼시앵 페브르는 『16세기의 무신앙 문제: 라블레의 종교를 중심으로』에서 그 모델을 제시한다.[32] '인류의 진화' 시리즈에서 이 책은 최종적으로 53번에 할당된다.[33] 이 같은 연구방식은 프랑스의 사료 편찬 분야로도 이어지는데, 그 가운데 대표적인 연구 저서로는 『18세기의 자연 관념』*L'idée de nature au XVIIIe siècle*(1963),[34] 『계몽시대 인류학과 역사학』*Anthropologie et histoire au siècle des Lumières*(1971)[35] 등이 있으며, 이외에도 죽음에 관한 연구나 죽음의 느낌에 관한 연구, 종교사와 관련한 몇몇 저서 등도 참고할 만하다.[36]

샤를 블롱델Charles Blondel,[37] 앙리 발롱Henri Wallon, 장 피아제Jean Piaget 같은 심리학자들의 연구가 미치는 영향 아래서, 개념과 감성의 역사에 대한 연구는 자연히 더욱 심오한 정신구조에 관한 연구로 이어진다. 이미 '인류의 진화'에서도 『중세의 교양과 대중의 의식』*Instruction au Moyen Âge et la mentalité populaire*(25권)에 관한 책을 한 권 미리 배정해두었으나, 1925년에 이미 소르본 대학의 사학부 교수 조르주 위망Georges Huisman은 프로젝트 불참을 선언한다.

종합적이고 총체적인 연구 자체의 원칙은 뤼시앵 페브르 본인이 다시 채택한다. 그는 『16세기 개관』*Introduction au XVIe siècle*에서 자료의 집대성을 시도한다. 알다시피 그의 죽음으로 프로젝트는 중단되었지만, 로베르 망드루Robert Mandrou가 계속해서 작업을 이어갔다. 『근대 프랑스 개관』*Introduction à la France moderne*[38]에서 로베르 망드루는 전체적인 그림을 그리는데, 여기에서 핵심은 '역사 심리학 논고'Essai de psychologie historique라는 부제와 다차원적 분석에서 이뤄지는 논리 전개방식에 있다.

우선 첫 번째로 중점을 두는 부분은 사상과 감성의 역사다. 이어 이에 관련된 도구와 방식, 즉 다양한 의미 사이의 관계[39]나 주술, 교육 등의 요소도 강조하고, 마지막으로는 사회문화적 계급차를 중시한다. 사상과 감정이 곧 사회문화적 계급차의 산물이긴 하나 이는 또한 이 같은 계급차를 구축하는 요소이기도 하고, 아울러 이 격차를 눈에 띄게 부각시키기도 한다. 문제는 근대의 사상구조를 특징화하는 것이다. 근대의 사상은 중세의 사상을 파괴하면서도 이를 연장하고 있으므로 중세와 근대의 구분이 불가능하지는 않다.[40] 1961년에 『근대 프랑스 개관』은 '인류의 진화' 시리즈에서 52권으로 배정된다. 이 책은 겉으로 보나 내적으로 보나 대중문화라는 개념을 중심으로 연구 이론의 포문을 열어준다. 책에서는 주술과 환상에 관한 연구,[41] 이어 축제와 그 방식에 관한 연구,[42] 그리고 '대중서'와 그 독서에 관한 연구[43]가 차례로 다뤄졌다.

51권 책의 '탄생'

앞서 살펴봤듯이 애초에 '인류의 진화' 기획안에서는 전체 시리즈 중 '책의 역사'를 51권 자리에 배정했다(이후 최종 출간본에서는 49권으로 들어가며, 49-1권도 추가될 예정이었다). 이 책에서 추구하는 목표는 근대 사회를 발판으로 한 주요 기능적 변천사와 기술적인 혁신이다. 책의 역사와 관련한 프로젝트에서 앙리 베르는 일단 오귀스탱 르노데를 떠올린다. 1897년 루이르그랑 고등학교에서 페브르의 친구였던 그는 이후 디종 문과대학 교수가 된다.[44] 르노데는 1914년 이미 앙리 베르의 제안을 수락한 바 있다. 1925년 4월 17일자 편지에서 앙리 베르는 그에게 프로젝트의 전체 취지를 상기시킨다. 책에 대한 현학적인 역사를 파고드는 게 아니라 책이 미치는 '심리적인 영향'이라는 관점에서 책에 대해 조망하는 역사서임을 주지시킨 것이다. 전자의 경우라면 전공 논문과 같은 형태로 좀더 간략한 서술이 이뤄지고, 특히 기술적인 측면과 출판물 자체에만 초점을 맞출 것이었기 때문이다.

> 작업하실 책에 대해 인쇄술 초기의 기술적인 측면과 지식 전달에 초점을 두는 역사서를 구상하지는 않으리라 믿습니다. 그보다는 인쇄술의 발명이라는 이 획기적인 사건이 정신적인 측면에서 미친 영향력이나 지적 혹은 윤리적 차원에서의 영향을 중심으로 연구를 진행해주셨으면 합니다. 그러자면 이전 시대와 이후 시대에 대한 비교가 필요합니다. 그리고 이러한 면에 있어서는 선생님이 적임자라 생각합니다.[45]

하지만 이 계획이 실행에 옮겨진 것 같지는 않다. 전집을 출간하려는 맨 처음 기획안 자체도 늦어진 데다가 작업의 진행 또한 중간중간 장애물이 생겼기 때문이다. 일단 제일 크게 영향을 미쳤던 것이 1차 세계대전의 발발이었다. 이후 집필진 가운데 일부가 실종되는 일도 있었고, 필자 몇몇이 억류된 경우도 있었다. 그러다 1929년 말, 오귀스탱 르노데가 다시 말을 바꾸자, 뤼시앵 페브르는 이 책의 작업을 자신에게 넘겨달라고 부탁한다. "늘 내가 관심을 갖던 훌륭한 주제였소. 그에게 이 책을 나한테 넘겨달라고 부탁했소."[46] 책의 역사라는 주제에 별반 관심이 없었던 르노데는 페브르의 이 같은 제안이 더더욱 반가웠다. 그는 주제의 선정에 대한 불만이 있었고, 자신이 끼워 맞추어야 하는 전체적인 기획안의 틀 자체에도 거북함을 느꼈다. 페브르의 편지를 받은 그는 안도의 심경을 내비친다.

> 스트라스부르에서 자네가 보낸 편지에 나는 더없이 기뻤다네. '책의 탄생'에

> 대한 책을 쓴다는 생각은 이 프로젝트에 대해 감을 좀 잡고 난 이후부터 줄곧 내겐 골치 아픈 문제였어(좀더 자세한 논리적 이유가 제시된 페브르의 두 번째 서신에 대한 답장임을 참고—인용자). 어쨌건 자네 말이 옳다고 생각하네. '책'이라는 건 '책'에 있어 상당히 고귀한 주제일세. 하지만 앙리 베르의 역사 인식에 대해 마지막으로 짚고 넘어가자면, '책의 탄생'이라는 타이틀이 전집의 표지들 가운데서 크게 눈에 들어오지 않는다는 점을 자네도 부인하지 않을 걸세. 게다가 예의 이 책은 중세 시리즈의 끄트머리에 무슨 불꽃놀이 같은 것으로 대미를 장식하는 느낌처럼 들어가 있네. 이후 어떻게 달라질지는 모르겠지만, 예전이나 지금이나 내 눈에는 이게 다소 유치해 보이네.[47]

1931년 10월 13일자로 앙리 베르에게 보낸 서신에서 페브르는 낙관적인 전망으로 다음과 같이 이야기한다.

> '책'이라는 주제가 마음에 드네. 전부터 생각하고 있던 주제였어. 내 연구작업 가운데 제일 우선시되는 주제였지.[48]

작업의 재개

자클린 플뤼에-데스파탱Jacqueline Pluet-Despatins이 강조하는 바와 같이, 시리즈 내에서 근대와 16세기를 다룬 책들 가운데 최종적으로 제일 핵심적인 작품을 쓴 사람은 바로 뤼시앵 페브르였다. 그런데 집필이 늦어지고, '인류의 진화' 시리즈의 발간 일정이 뒤처지면서 전체 기획의도가 일부 어긋났고, 페브르 또한 이를 깨달았다. 한 세대가 넘는 기간 동안 역사 인식이 발전하지 않았을 리 만무하고, 아울러 1차 세계대전 이전에 잡아놓은 기존의 틀이 부분적으로 시대와 맞지 않는다는 점도 부인할 수 없는 사실이었다.

상황이 이러한데도 과연 앙리 베르가 말하는 종합 분석의 원칙을 유지해야 하는 것일까? 아니면 아날학파라는 새로운 방향의 관점에서 문제에 접근해야 하는 것일까? 전집 기획안에서 드러난 미비점을 보충하고, 특히 사전 조율이 된 저자들의 실종으로 생긴 집필진의 공백을 메우는 등 풀어야 할 난제들이 한두 가지가 아니었다.[49] 그 당시 뤼시앵 페브르의 심경이 다소 미온적인 상태였다는 점을 알려주는 자료는 많다. 아울러 페브르 그 자신도 훗날 1995년 발행된 『아날』 지에 게재한 앙리 베르 관련 추모글에서 이러한 느낌을 밝힌다.[50]

페브르가 맡은 『책의 탄생』 또한 작업이 진전되지 않았고, 페브르는 수많은 의무 조건과 이행 사항들 앞에서 물러서야 했다. 그리고 르노데가 손을 뗀 뒤 25년이 지난 1953년에 책의 집필작업이 다시 재개된다. 국립도서관에서 일하던 젊은 사서 앙리 장 마르탱과 뤼시앵 페브르의 만남이 이뤄진 시기였다. 그 당시 페브르의 집필계획은 이미 잘 알려져 있다. 로베르 망드루와 주고받은 서신에 잘 드러나 있기 때문이다. 『16세기 개관』, 『16세기의 종교』라는 두 편의 저서를 집필하고, 페르낭 브로델과 함께 『금융업자들』*Les manieurs d'argent*이라는 작업을 준비하며, 이외에도 루시앵 페브르가 젊은 필진 하나와 함께 공동 작업하는 형태로 두세 권 정도를 집필하는 것이다. 그리고 이 두세 권 가운데 『책의 탄생』이 포함되어 있었다.

> 『16세기 개관』[51]이 지식적인 차원에서의 문제들과 종교적·윤리적 문제들을 하나로 통합, 혹은 '정리'해줄 수 있기를 기대한다. 이어 책에 관한 집필작업(49권)을 진행할 수 있으리라 생각된다. 이는 사실 꽤 유쾌한 작업은 아니다. 책의 흥망성쇠에 관한 역사를 모두 다뤄야 하기 때문이다. 나는 이 작업을 혼자서는 진행하지 않을 생각이고, 젊은 공저자 하나와 함께 작업할 것이다. 그

상대가 비리아스 신부는 아니다. 2년 전부터 그의 소식을 듣지 못했기 때문이다. 이 작업을 함께할 사람은 국립도서관의 젊은 사서로, 그는 이미 『아날』 지에 매우 훌륭한 논문을 한 편 보내온 바 있다.[52]

페브르와 젊은 학자 앙리 장 마르탱

1924년 파리에서 태어난 앙리 장 마르탱은 1943년에 국립 고문서 학교에 입학한다. 그리고 (그의 표현에 따르면) "17세기의 문외한 자유기고가"[53] 외스타슈 르 노블Eustache Le Noble에 관한 논문으로 고문서 학사학위를 받았다. 1947년 논문 심사위원 중 한 사람이었던 쥘리앵 캥Julien Cain은 그를 곧 국립도서관 인쇄본 보존서적과의 사서로 들인다. 그 당시 국립도서관은 쥘리앵 캥이 관장으로 있었으며, 자신의 역할이 단순히 도서관 관리로만 그치지 않는다는 사실은 쥘리앵 캥 본인도 잘 알고 있었다. 물론 도서관 업무 자체로도 시간적인 여유가 없을 수 있고, 적어도 행정적인 업무처리만큼은 상당한 시간이 소요될 수 있었다. 하지만 관점을 달리해야 했고, 사람들의 자질을 활용할 줄 알았던 그는 학술 연구를 수행할 수 있을 만한 사서와 학예관들에게 어느 정도 자유를 주었다.[54] 그는 앙리 장 마르탱의 능력을 알아보았고, 도서관의 기획 전시 여러 개를 준비하도록 하는 한편, 17세기 파리의 출판계에 관한 연구도 시작하도록 한다. 리슐리외 거리의 서점 진열대 위에서, 이 신임 사서는 수많은 인쇄물과 자료들이 잠들어 있는 것을 발견한다. 그는 지금껏 학자들이나 대학교수들이 주로 찾던 책들만이 해당 시대에 인쇄된 인쇄물의 전체가 아니었음을 깨닫고, 이어 그 시대의 인쇄 지도에서 상당 부분이 누락되어 있음을 알게 된다. 그동안 사람들이 어쩌면 잘못된 인쇄 지도를 바라보고 있었을지도 모른다는 생각을 한 것이다. 따라서 흐름대로 자료를 파악하며 포괄적인 관점에서, 통계 자료를 토대로 책과 출판의 역사를 다

시 한번 제대로 살펴볼 필요가 있었다.[55]

앙리 장 마르탱은 뛰어난 학술적 깊이의 출판 명가 르누아르Renouard[56] 가로부터 수많은 자료를 제공받았으며, 다소 지나치다 싶을 수도 있는 대규모 기획에도 착수했다. 16세기 파리 서적상 및 인쇄업자의 인쇄 출간물 도록과 인명사전을 만드는 것이었다.[57] 끝으로 그는 1950년부터 서적상 기욤 데프레와 얀센파 운동과의 관계에 관한 연구를 발표하기 시작한다.[58] 이어 1952년에는 『아날』 지에 논문 한 편을 게재한다. 「17세기 파리 출판업: 경제적 양상을 중심으로」L'Édition parisienne au XVIIe siècle: quelques aspects économiques[59]라는 제목의 종합적이고 체계적인 논문이었다.

이 논문은 뤼시앵 페브르가 검토했으며[60] 페브르는 원고를 손봐야 할 부분에 대해 간단한 메모를 작성해 마르탱에게 전달한다. 논문에 대해 페브르가 우려하는 바는 명확히 나타났다. 이제 갓 시작된 새로운 연구 분야인 만큼, 개요를 탄탄하게 잡아 내용이 분명하게 표현될 수 있도록 하고, 글쓰기의 수준을 높이는 것이었다. 가장 주안점을 두었던 부분은 경제 분야와 관련한 내용이었으며, 도서 거래의 역사나 개인 서고, 네덜란드의 경쟁문제 등 다른 측면에 대한 부분은 다른 연구에서 본격적으로 다뤄진다.

> 원고, 흥미롭게 잘 읽었네. 내 생각에 고쳤으면 좋겠다고 생각하는 방식을 상세히 적어둔 별도의 메모를 함께 보내네. 내용에서 불필요한 살을 떼고, 상술이나 부연설명 부분을 제거해 내용의 정확도를 더 높이는 쪽으로 집중하는 편이 좋겠네. 상술 내용은 그 자체로서는 흥미롭지만, 다른 수많은 준거들로 뒷받침되어야 하고, 자료 발췌도 이뤄져야 하기 때문이지.[61]

사실 「17세기 파리 출판업」 논문의 발표로 책의 '새로운 역사'가 시작된다. 서적상과 도서수집가, 석학들에 대해 전통적인 관점에서 본 역사도 다루면서, 좀더 폭넓고 통합적인 관점으로 바라보며 인쇄본의 '사회사'를 함께 다루는 것이다. 논문 도입부에 실린 총평에서 페브르도 이 점을 강조한다. 그는 자신이 끊임없이 구상해왔던 이 마지막 연구의 장이 열려야 할 때가 왔다고 생각한 것일까?

> 문헌사학은 아직 미지의 영역이다. 제대로 된 깊이 있는 연구가 부족해서가 아니다. (……) 그보다는 전체 역사 속에서 인쇄 역사를 살펴본 경우가 극히 드물기 때문이다. 오늘날에도 '문학'사가들은 자신들이 연구하는 작가들에 대해 하루 종일 얼마든지 글을 쓸 수 있다. 하지만 인쇄나 출간, 급여, 발간 부수, 불법 복제 등과 관련한 수많은 문제들에 대해서는 문제제기를 하지 않고, 이에 대해 연구하면 고상한 연구를 하다가 저급한 연구를 하는 것인 줄로 생각한다. 경제사를 연구하는 학자들도 하나의 산업에서 자본주의적 성격이 특징적으로 나타나는 부분들에만 건성으로 관심을 기울일 수 있다. 종교나 윤리, 정치를 연구하는 역사가들도 상황은 마찬가지다. 이들은 모두 변명의 여지가 없다. (……) 나는 이 문제에 대해 지난 수년간 관심을 기울여왔다. (스트라스부르를 중심으로 한) 입문 수업에서, 그리고 (파리, 콜레주 드 프랑스 등에서의) 연구 수업에서 나는 지극히 중요한 이 모든 문제를 학생들에게 가르쳤다. 사실 크게 성공을 거두지 못했다는 점은 자인해야 할 듯하다. 깊이 있는 학술 연구는 지속적으로 이뤄져야 한다. 그런데 그동안의 역사 연구는 역사 그 자체에 대해, 그리고 역사 그 자체로부터 연구가 확장되어갔다. 하지만 그래서는 안 된다. 이는 상당히 개탄스러운 상황이다. 본지에 게재되는 것과 같은 이 논문에서 우리가 배울 점은 많다. 물론 이 논문이 모든 것을 다 말해주지는 않는다. 다만 사람들이 잠에서 깨어나길 바란다면, 이들의 의식을 깨워줄 만큼은

충분한 이야기를 전하고 있다. 그리고 바로 이러한 점이 바로 『아날』 지가 추구하는 목표이기도 하다.

이듬해 5월, 앞서 살펴본 바와 같이 페브르는 '인류의 진화' 시리즈 중 근대의 인쇄본과 글쓰기 역사에 관한 49권 집필계획으로 돌아간다. 앙리 베르와 출판사는 하루 빨리 이 작업이 마무리되기를 고대한다. 그러나 페브르는 자기 혼자 이 작업을 완성시킬 수 없을 것이라 생각한다. 이 대목에서 그는 공저자에 대한 구상을 하게 되고, 공저자는 두 명 정도로 예상된다.

그저께 국립도서관에서 『책의 탄생』 작업을 보조해줄 사서 한 명을 만났습니다. 그리고 작업에 좀더 속도를 붙이려면 추가적으로 한 명의 협력자를 더 섭외해야 할 것 같네요. 사람을 찾게 되는 대로 곧 연락드리지요.[62]

페브르가 만난 이 두 번째 협력자가 바로 폴앙리 미셸Paul-Henri Michel이다. 알베르티 전문가이자 프랑스에서 보관 중인 과거 이탈리아 출판물 목록을 작성한 인물이었다.[63] 공동작업에 있어 기본 원칙은 페브르가 작업을 지도하되, 페브르는 책의 개요만 적극적으로 짜는 것으로 하고, 직접 집필하는 분량을 늘리기보다는 두 명의 다른 공저자가 쓴 글을 다시 읽고 정리하는 일을 맡는 것이었다. 하지만 폴앙리 미셸이 작업을 거부한 후, 마르탱 혼자만 작업에 참여한다. 페브르는 책의 역사에 관한 한, 놓칠 게 하나도 없음을 깨달았다.

공동작업의 시작

조심스레 꾸준히 주고받던 서신의 내용을 미루어보면, 페브르가 젊은 연구자인 마르탱에 대해 얼마나 높이 평가하고 있었는지, 그리고 그의 작업에 대해 얼마나 감탄하고 있었는지가 더욱더 극명하게 나타난다. 페브르가 앙리 장 마르탱에게 그의 계획을 소개하는 편지의 내용을 보면, 연구의 전체적인 개요와 문제의식에 대해 잘 알 수 있다. 오래전부터 구상해온 하나의 프로젝트를 성공시키기 위해 전력을 다하던 한 사람의 모습에서는 심지어 감동까지 느껴진다.

> 내 오랜 친구인 앙리 베르가 펴낸 '인류의 진화' 시리즈에서 책의 표제들을 살펴보면, '책'에 관한 책도 포함되어 있다는 걸 알 수 있을 걸세. 그리고 이 책에는 내 이름이 들어가 있네.
>
> 앙리 베르는 이 책이 가급적 빨리 나오길 바라고 있지. (……) 이 책은 단순한 책의 역사를 다룬 도서여서는 안 돼. 같은 주제를 다룬 좋은 책들은 얼마든지 많다네. 똑같은 걸 또다시 만들어낼 필요는 없겠지. 하지만 나는 사상을 보조하는 역할로서 책에 대해 탐구하고 싶다네. 사상의 도구로서 책보다 더 좋은 것이 어디 있겠나? 책이 존재하지 않았을 때, 책이 존재하기 이전에는 어떻게 서유럽에서 사상이 전파될 수 있었겠나? 당시에는 어떤 어려움이 있었으며, 어떤 제약이 있었을까? 오래전부터 구상되어오던 이 신기술이 특정 시기에 호의적인 발명 여건을 만나게 된 이유는 무엇이며, 필사본에 비해 인쇄술은 어떤 기술적인 진보를 가져온 것일까?
>
> 내가 제기하고 싶은 핵심적인 문제는 바로 이런 부분이네. 16세기와 17세기에 있었던 사실들을 가져와서 이 같은 문제를 풀어가는 것이지. 18세기와 19세기까지 건드리진 않을 걸세. 이 시대에 대해서는 또 다른 문제를 다뤄야 하기 때문이네. 물론 내가 이 같은 문제들에만 국한하진 않을 걸세. 책을 상품으로서도 살펴봐야 할 것이고, '위대한 작품'으로서의 책도 다뤄봐야 할 것이

며, 책이 변화의 기폭제로서 작용한 부분에 대해서도 알아봐야겠지. 책을 다루는 사람이나 관련 직업에 대한 부분도 배제해선 안 될 걸세. 책의 지형이나 책과 관련한 통계에 대해서도 알아봐야 하네. 무척이나 흥미로운 이 모든 것이 더없이 솔깃한 책 한 권의 내용을 이루게 될 것이며, 여기에는 새로운 이야기들이 가득하게 될 걸세.[64]

따라서 페브르의 계획은 책에 있어 결정적인 역사적 전환기가 되는 15세기와 16세기 중 인쇄본과 관련한 '총체적 역사'를 다루는 것이었다. 책은 책 그 자체만으로 연구되는 게 아니라 서구 사회 속에서 책이 맡았던 기능을 고려하며 연구가 이뤄진다. 책이 "사상을 보조하던 역할"로서 자리매김한 의식의 역사를 중심으로 한 접근법이 바로 여기에서 비롯된다. 책이 맡았던 작용에 대해 '원동력'(혹은 효모)라는 비유를 썼는데, 이는 한 사회 내에서 책이라는 매체가 작용하는 복합적인 기능을 지칭할 수 있다. 책은 곧 작품의 구상을 가능하게 하고, 그 틀을 마련해줄 뿐만 아니라 작품의 확산과 그 영향에 대해서도 규정짓는 요인이라는 뜻이었다. 하지만 페브르의 연구는 그 밖의 또 다른 중요한 문제 또한 다루는데, 예상했듯이 주로 경제에 관한 문제였다("상품으로서" 책을 살펴본다는 부분이나 "책을 다루는 사람이나 관련 직업"에 대해 다루겠다는 내용, 책의 지형과 통계에 대한 언급 등이 이에 해당한다). 하지만 이와 더불어 페브르는 '걸작'으로서의 책을 연구하려는 생각도 있었다. 그는 '인쇄본'이라는 연구 대상 그 자체를 고민의 중심에 두고 있다는 점을 은연중에 나타낸다. '위대한 작품'이라는 표현은 사실 (독보적인 것만을 우선시하기에) 한편으로는 지나치게 구체적이고, (다수의 출판물이 그늘에 묻히기에) 다른 한편으로는 지나치게 모호하다. 이와 함께 연구의 기본 방향은 알게 모르게 글의 구성에 관한 시대적인 관심사로 이어진다.

책의 계통학

연구의 기본 계획

1953년 5월에서 6월 사이, 네덜란드 암스테르담 주재 프랑스 문화원에서의 체류를 기점으로, 앙리 장 마르탱은 신속히 작업을 준비하기 시작한다. 같은 해 가을에는 뤼시앵 페브르도 작업 계획안을 마무리하고, 그해 12월 마르탱에게 최종안을 건네준다.[65]

책의 작업에 대해 제대로 이해하려면 일단 뤼시앵 페브르가 개요를 짠 방식에 대해 짚어볼 필요가 있다. 그는 해결해야 할 문제들의 목록을 만들고, 체계적인 관점에서 개요를 작성한다. 이런 부분들은 작업이 진행됨에 따라 수정되고 적절히 조정되지만, 페브르의 사망같이 작업 도중에 생긴 일들 때문에 불가피하게 수정된 부분도 있었다. 목차를 크게 두 부분으로 나누면서, 페브르는 연대 중심으로 살펴볼 때와 계통 중심으로 살펴볼 때의 이점을 고루 취하고자 한다. '책이라는 것'으로 분류한 첫 번째 부분에서는 주로 기술의 역사와 경제사회사에 관한 내용을 다루며, 같은 맥락에서 10개의 장이 연속된다.

- 인쇄술 발명의 전제조건(페브르는 이 부제로 오로지 '종이'라는 가장 근원적인 문제만을 다루고자 한다).
- 인쇄술은 어떻게 발명되었나?[66]: 인쇄술의 발명 과정 그 자체에 대해 다루는 장으로, 기술의 역사라는 관점에서 내용을 풀어간다.
- 인쇄술을 어떻게 소개할 것인가?: 여기에서 페브르는 분석적인 차원에서의 논의를 폐기하고 표제, 문두 대문자와 채색 문자, 삽화, 지도, 제본 등에 대해 순차적으로 살펴보기로 한다. 이 장에서 활자의 문제와 단락 구

성의 문제는 제기하지 않는다.

- 책이라는 상품: 이 장의 제목은 굉장히 포괄적이지만, 막상 여기에서는 가격과 발행 부수에 대한 연구만을 다룬다.
- 재정문제: 여기에서는 자본주의 성향의 인물이 소개된다. 뤼시앵 페브르는 리옹의 사례를 근거로 제시하며 바르텔레미 뷔에, 그와 비슷한 사람들의 경우를 개략적으로 묘사한다.[67]
- 그다음 '어디에서 책을 만드는가?'라는 부제의 장은 책의 지형도를 다룰 뿐만 아니라 인쇄소가 들어설 수 있는 환경에 대해서도 기술한다. 인쇄소가 들어서기 위한 입지 요건은 대개 독서 수요층과 시장의 존재다. 이와 관련해 페브르는 시장의 유형과 해당 시장의 도서 활용법에 대해 함께 제시한다.

고위 성직자: 주교(성무일과서, 미사경본 등), 신부(규정집, 인쇄 및 출판 윤허권), 고등법원(관습법, 명령), 대학(교재, 신간), 기타 특별 독자층: 대귀족(브르타뉴 로앙Rohan 가), 일반 사제 등. 추상적인 내용 전무全無. 각 카테고리의 인물들 가운데 하나를 선정해 대략적으로 살펴보도록 함. 끝으로 지도 두 개로 마무리: 지도 a) 1500년경 인큐내뷸러를 중심으로 한 인쇄술의 확산. 지도 b) 1560년 무렵, 전 세계로의 확산 현황. 두 지도에 대한 해석과 비교 분석.

30년 이상이 걸린 작업에서, 페브르는 시장의 유형에 대해 강조하면서도 책의 제작과 배포에 관한 문제의식을 훌륭히 조합해놓았다. 도시에 대한 참고 자료나 최대 수치 관련 자료 등 기존에 페브르가 작성해놓은 목록 가운데 세부적인 내용이 간혹 깜빡하고 누락되었을 수도 있다. 아울러 지극히 프랑스적인 성향으로 저자는 자신의 암묵적인 의지에 따라 인문주의자들의 세계에 관한 언급은 일절 하지 않았다. 출판의 유형 분석은 상대적으로 미비한데, 16세기 관련 자료가 부족해 1470년을 중심으로 한 인쇄술 발명 초기 단계의 두 지도에 그칠 수밖에 없었다.

- '누가 책을 만드는가?': '책을 둘러싼 직업세계'라는 유명한 부제로 인쇄 분야의 인력에 대해 연구한다.
- 이어 책의 유통에 관한 문제로 넘어간다. '책은 어떻게 판매되는가?'라는 제목으로 책의 원가와 판매가, 운송방식과 속도 및 비용, 도서박람회, 도서무역, 유통망의 유형, 대금 결제방식 등에 관한 일련의 핵심적인 문제들이 다뤄진다.
- 그다음 장에서는 '누가 책을 판매하는가?'라는 문제를 다루며 도서산업의 주체인 서적상에 대한 연구가 이어진다.
- 끝으로 마지막 10장에서는 1부의 내용을 마무리하는 방식과 2부로 넘어가는 방식에 대해 제안해놓고 있다. 책이라는 새로운 매체의 도입에 따라 생겨난 변화 양상과, 책이 어떤 방식으로 매체로서의 역할을 하는지 다루며, '인쇄본과 필사본'에 대한 비교가 이뤄진다. 필사본에 대해 인쇄본이 가진 장단점도 여기에서 다뤄진다.

『책의 탄생』은 크게 1부와 2부로 나뉠 예정이었으며, 2부에서는 '책의 문화적 작용'에 대해 다루게 될 것이었다. 이 같은 주제는 이후 '책, 변화의 원동력'Livre, ce ferment이라는 멋진 표현으로 대체된다. 이 부분의 연구에 있어 뤼시앵 페브르는 애로사항이 많았다. 그때까지 실질적인 탐구가 이뤄지지 않던 미개척 영역을 다루는 것이었기 때문에, 이를 위한 개념 도구도 아직 정립되지 않은 상태였다. 이에 따라 간략한 '도입글'의 필요성이 제기되었으며, 여기에서는 체계적인 결론 자료들을 제시하기보다 연구와 고민의 방향을 열어주는 쪽으로 나아간다. 두 가지 주된 양상을 순차적으로 다루는데, 그중 첫 번째가 '심리학과 생리학'이라는 타이틀을 달게 된다.

책은 '읽기', 즉 눈으로 보는 글의 영역을 발전시킨다. 연대기 작가 주앵빌Joinville의 표현처럼 "책을 귀로 듣는 자"는 곧 무슨 말인지 이해하기가 힘들어진다. 그런데 중요한 것은 '눈으로 보는 글의 영역이 발전'했다는 부분이다. 그 심리적인 여파도 무시 못 할 요소다. 다만 그 영향에 따른 변화는 서서히 이뤄졌는데, 가령 고딕체에 익숙해진 사람들 앞에 로마체와 이탤릭체를 내밀었을 때, 이들이 여기에 곧바로 적응하기란 쉽지 않다. 숫자나 지도와 관련한 부분들도 새롭게 발전한다(예컨대 MMCCCLXXXVIII라는 복잡한 로마식 숫자 표기에서 2388이라는 속칭 '아라비아 숫자'로 이행하게 된 계기도 인쇄술의 발명 덕분이었다). '읽기'라는 행위는 이전보다 흔해지고 한결 수월해졌으며, 이에 따라 신속성과 명료함, 분명함 등의 새로운 가치들이 필요해졌다. 이제 한눈에 훨씬 더 많은 내용이 들어오게 되었으며, 이 모든 게 하나의 새로운 의식을 만들어낸다.

두 번째는 '사상에 대해 책이 맡은 역할'을 다루는 것이다. 하지만 뤼시앵 페브르는 두 가지 논리를 서로 대비시키는 수준에서 그친다. 우선 책은 기존의 사상을 고착화시키고 새로운 사상의 흐름을 꾀하는 주체이면서, 다른 한편으로는 그 자체로 역사를 가진 하나의 대상으로, 매우 구속적인 외부의 제약에 굴복할 수밖에 없는 입장이다. 과거의 모든 사상이 그대로 온전히 보전된 것은 아니며, 외부 상황에 따라 금세 잊히는 경우도 많다. 정치적인 역학관계나 출판·유통의 기술적·경제적 환경, 수용 부류 등의 수많은 요소들은 "지나치게 무모하거나 독창적인 사상, 순응적인 측면이 별로 없는 사상" 등이 쉽사리 사장되는 이유를 설명해준다. 수기 악보에서 인쇄 악보로 넘어가면서 기존의 관행이 사라진 것 또한 비슷한 현상으로 볼 수 있다. 그리고 2차적으로는 이 분야 전체에서 산업화가 이뤄지며 유사한 양상이 나타난다.

이어 페브르의 개요에서는 세 개의 고전적인 연대 구분이 이뤄진다. 1560~1570년 지점과 1660~1670년 지점을 주축으로, 약 1세기 간격의 세 가지 시대 구분을 한 것이다. 뤼시앵 페브르는 이후 시기에 비해 15세기와 16세기를 더욱 상세히 다루었다. 여섯 개의 챕터에서 이 시기에 대한 내용이 상술되는데, 그 가운데 먼저 (책과 중세의 사상, 책과 인문주의, 책과 종교사상, 책과 동시대 활동 등[68]) 사상의 역사에 관한 주제들이 다뤄진다. 그리고 해외 유통과 교류, 책의 단속에 대한 내용이 이어진다. 반면 17세기와 18세기에 대한 메모는 훨씬 더 간소하다. 그리고 사상과 역사의 고전적인 범주에서 크게 벗어나지 않는다. 종이에는 굵직굵직한 줄기만이 그려져 있었으며, 사상과 매체(혹은 내용과 매개체) 사이의 뚜렷한 구분은 이뤄지지 않았고, 책의 '사회사'라는 관점에서는 훨씬 더 멀어진 듯하다. 책은 1770년의 상황에 대해 개괄적으로 그리면서 마무리되는데, 뤼시앵 페브르가 연구 개요를 짜던 당시의 지식 수준으로는 아직 종합적인 분석을 구상하기에 무리였을 것이다.

전체 개요의 주된 틀과 함께, 페브르는 자신이 준비한 체계적인 서문 내용도 마르탱에게 보내준다. 페브르의 서문은 그대로 실렸으며, 자필 원고에 비해 몇 가지 부분적인 수정만이 이뤄졌다. 지금까지도 보존 중인 자필 원고의 서문 내용은 최종 인쇄본의 책머리에 실려 있다.

페브르의 원고 검토

원고의 집필은 뤼시앵 페브르의 개입 없이도 이뤄질 수 있었다.[69] 그러나 이제 막 사회에 첫발을 내디딘 젊은 사서로서, 앙리 장 마르탱은 사적인 영역과 직업적·연구적인 측면을 명확히 구분하지 못했다. 개인적 차원에서 생긴 일들이 업무 영역의 일과 혼재된 것이다. 1954년에는 일단 부친이 세상을 떠난다. 이에 뤼시앵 페브르는 굉장히 훌륭한 문구로 조문사를 보낸다.[70] 그리고 시기적으로 이와 거의 비슷한 때에 약혼식을 올렸다. 물론 이 개인적인 일들 때문에 원고의 집필 속도가 늦어진 것은 아니었다. 심지어 그해 말에는 페브르에게 초고 상태의 글을 보낼 정도였다. 페브르는 프랑슈콩테 지방의 수제Souget에 있는 사저에서 이 글을 살펴본다. 수제는 그가 휴가를 보내던 곳이었다. 페브르는 무척 기분 좋게 놀랐으며, 이 점에 대해 편지에서 여러 차례 강조한다.

> 요즘 내 주된 일과는 '책'에 대한 이 원고를 읽어보는 것이었네. 이 책과 함께 내 휴가 기간 전부를 다 보냈다 해도 과언이 아니라네. 그러니 자네와 함께 휴가를 보낸 셈이지.
>
> 원고에 대해 말하자면, 일단 자네가 나한테 보내준 원고의 첫 줄부터 마지막 줄까지, 마치 내용 수정이 필요 없는 최종본인 것처럼 원고를 읽고 또 읽었다네. 이런 경우, 그게 경제적인 방법임을 잊지 말게. 자네도 보면 알겠지만, 원고는 무척 꼼꼼히 읽었다네. 원고에서 어느 곳 하나 내 펜대에서 벗어난 부분이 없었고, 한 줄 한 줄, 한 장 한 장 안 본 곳이 거의 없었어. 자네가 쓴 글은 훌륭했네. 다만 불필요하게 중복된 부분[71]과 빠진 부분이 조금 있었고, 취약한 곳도 몇 군데 있었지.[72] 하지만 그런 부분은 매우 드물었고, 이 점에 있어서는 자네를 무척 높이 사고 있네. 내가 최대한 바로잡을 수 있는 부분은 다 수정을 했고, 특히 좀더 명료하면서도 '가볍게' 만들고자 노력했네. 원고를 살펴보면 내가 어떻게 이 같은 방침을 적용해놓았는지 알게 될 걸세. 우리가 만일 이 묵직한 원고를 이 상태 그대로 인쇄했더라도, 아마 인쇄업자에게 원고

를 보내기만 했어도 됐을 게야. 원고가 비교적 완벽했기 때문이지. 이는 내가 자네에게 해줄 수 있는 굉장한 칭찬이네.

이어 페브르는 마르탱이 보내준 원고의 순서에 따라, 원고에 대한 일반적인 언급으로 넘어간다. 그는 특히 활판인쇄술의 출현과 관련한 기술적 문제에 대해 다루었던 전반부의 내용을 특히 높이 샀다. 그리고 부분적인 문체 개선에 대해서만 권고사항을 제시한다.[73] 재정문제에 관한 장에서는 저작권 관련 자료로 내용을 보충하도록 했으며, 짚어줄 필요가 있는 부분에 대해서만 대략적으로 설명하고, 인쇄업자의 예산안에 직접적으로 들어가지 않는 경우에는 물론 간접적으로만 언급하도록 했다. 그리고 서신에서 각주를 달아놓은 페브르는 저자 증정본의 경우, 에라스무스의 사례를 참조하도록 했고, '1955년의 예산 수준'과 비교하라고 권고한다.

1555년 당시 회계장부에서의 다양한 항목들이 차지하는 상대적 비중이 1955년과 같지 않으리란 건 당연한 사실이네. 하물며 1455년의 상황은 어떠했겠는가. 이럴 때 현재의 상황과 비교해보면 더욱 명확한 이해가 가능하네. 비교를 통해 과거의 현실을 파악하는 것일세.[74]

과거와 현재를 대비시켜 결론을 이끌어내는 방법은 독자들이 역사적 담론을 더욱 생생하게 접할 수 있을 뿐 아니라, 역사가로서도 과거의 경험적 사실을 계속해서 현재에 대비시키며 유기적으로 연결할 수 있다.[75] 게다가 사회경제적인 측면에서의 접근은 여전히 페브르에게 가장 친숙한 분야였다. 페브르는 저자와 그 지위의 변화에 관한 문제가 얼마나 중요한지 알고 있었다. 저자의 지위는 곧 작품의 지위를 알려주는 요인이자 대중성을 가늠하는 척도가 아니겠는가? 하지만 페브르는 저작권과 이 같은 권리가 나타내는 부분을 통해서만 이 문제의 언급을 제안한다. 게다가 몇 줄 아래로 내려가서는 책과 관련한 직업의 복합적인 유형에 주목한다. 페브르는 장인으로서의 인쇄공과 상인으로서의 서적상을 서로 대비시키는 데 주안점을 둔다. "인쇄기가 한 대 밖에 없는" (……) 소규모 인쇄업자는 (……) 16세기 당시 사람들이 멸시하던 '수공업자'로 다뤄진다. 서적상의 상점이라는 물리적인 공간 또한 특정 업무를 수행하는 장소의 기능을 하며, 사회적인 지위를 나타내주는 의미 있는 요소로 작용한다.[76]

> 서점은 훌륭한 지성들이 모이는 만남의 장소였네. 이는 오늘날까지도 이어지는 전통이지. 소설가 아나톨 프랑스Anatole France의 서적상 파이요Paillot가 대표적이고, 어릴 적 낭시에서도 아버지는 6시경 지도Sidot 서점에서 그곳에 있던 장서가, 인문주의자, 그 지역 독서 친구들과 함께 이야기를 나누셨네. 파리에서는 말라케Malaquais의 오노레 샹피옹Honoré Champion이 대표적이지.[77] 오데옹 거리의 아드리엔 모니에Adrienne Monnier도 빼놓을 수 없네. 리옹에서는 1530~1540년대에 이미 그리프의 서점이 그 같은 역할을 했어. 에라스무스 파가 모이던 장소였지.[78]

그다음에는 '책의 지형'으로 내용이 이어진다. 인쇄술의 지리적 확산에 대해 알아보는 것이다. 뤼시앵 페브르가 이와 같은 지적을 할 수 있었던 것은 그의 방대한 독서량 덕분이기도 했지만, 그 밖에도 그는 부르고뉴와 프랑슈콩테 두 지역의 고문서 자료와 실제 현실에 대해서도 매우 직접적으로 상세히 알고 있었다. 수천 가지의 세세한 지식들을 바탕으로 여러 범주에서 다양한 구조로 서사의 뼈대가 마련되었고, 이로부터 역사에 관한 집필이 이뤄졌으며, 여기에서 책이 탄생했다. 페브르에게서 배워야 할 점은 개인적인 편지에서까지 뛰어난 문체를 구사한다는 데 있나. 그는 또한 출처를 밝히고 인물과 그 성격을 부각시키는 데도 주안점을 두었다. 한마디로 그는 역사를 소재로 자유롭게 이야기를 만들었다. 과거의 일에 대해 가장 명확하고 알기 쉽게 읽을거리를 던져준 것이다. 인쇄업이 자리잡으려면 먼저 안정적인 시장이 필요하고, 때로는 규모가 큰 작업장을 포함해 인쇄술 발명 초창기의 여러 인쇄소가 단명했으며, 혹자는 작업장의 소재지를 바꾸는가 하면 또 다른 혹자는 떠돌아다니며 일거리를 찾았다.[79] 여기에서 페브르는 부르고뉴 클뤼니 등의 사례를 들며 대주교의 역할에 대해 일깨워준다. 이어 그는 15세기 말에 일어났던 여러 차례의 전쟁이 미친 영향에 대해서도 재조명한다.

한 가지 고려해야 할 점이 있네. 15세기에 있었던 여러 전쟁들로 말미암아 교회의 수가 줄고, 교회에 구비되었던 전례서의 규모도 줄어들었지. 1505년에는 (프랑슈콩테 지방) 돌Dôle 수도참사회원들의 원성이 높아졌네.[80] 프랑스인들이 도시를 점령한 이후, (1479년의 약탈과 방화 등) 이들의 행동이 나치에 버금가자,[81] 참사회원들은 한탄하며 불만을 토로했어. 참고할 책도, 새벽기도에 필요한 책도 없다는 거야. 수도사가 아침 기도에서 읊을 책이 없으면 어떻게 되겠나? (……) 따라서 전쟁이 끝난 15세기 말, 다시 평화가 찾아오고 폐허가 복구되면서 전례서에 대한 수요가 높아진 거라네.

돌의 미사경본이 살랭Salins, 파리, 리옹 등에서 순차적으로 출판된 것에 대한 언급도 있었다. 하지만 페브르는 간략하게 마무리 짓는다.

지금은 세부적인 내용들을 보고 있네. 자네에게 '지적질'을 하는 듯한 인상을 줄지도 모르는데, 단언컨대 그건 결코 아니라네. 다시 한번 말하지만, 나는 자네가 해온 작업에 정말 감탄해 마지않았네. 작업은 더없이 훌륭했지. 하지만 '잘함'이라는 성적표를 받고 난 다음에는 '매우 잘함'이라는 수준에 도달해야 하는 법이야. 나아가 '완벽함'이라는 정상에도 이르러야 하고. (……) 지금 상태 그대로라도 작업은 무척 성공적이라네.[82] 다만 우리에게 완벽함에 대한 흥미가 없었다면, 이쯤에서 머물렀겠지. 앞으로 더 추가될 내용이 있다고 해도, 자네의 작업에 대한 내 판단이 달라지지는 않을 걸세. 나는 자네의 작업에 대해 무척 만족하고 있고, 자네를 매우 높이 사고 있네. 다만 이제는 자네가[83] 조금 더 앞으로 나아가야 할 것일세. (……) 그리고 다시 한번 고맙다는 인사를 전하네. 일이 무척 잘되고 있어. 책은 잘 만들어져서 나올 거야. 더없이 훌륭한 책으로 만들어질 걸세.

그리고 이렇듯 책의 성공에 대해 점치면서, 페브르는 앞으로 '인류의 진화' 시리즈에서 나타날 문제점을 언급한다. 이제 페브르는 시리즈 전체를 앙리 장 마르탱에게 맡기고자 한다. 공동 연구자이자 친구가 된 그에게, 후속 작업의 진행을 위임하려는 것이다. 다른 것은 몰라도 최소한 그에게 다른 작업에 참여할 것을 권유하려 한다.

끝으로 한 가지 더 덧붙이자면, 실은 내가 '인류의 진화' 시리즈에 대해 출간 의향이 있는지 알아보기 위해 알뱅 미셸 출판사 측에 편지를 써두었네. 알뱅 미셸이라면, 이 작업을 더욱 추진력 있게 끌고 가는 기회를 놓치지 않을 것이라 확신하네. 답이 오는 대로 자네에게 알려주도록 하지. 나는 '인류의 진화' 작업을 다시 도맡아 진행할 의사가 조금도 없다네. 다시 한번 고맙다는 인사와 함께 잘 지내라는 안부를 전하네. 곧 또 보세.[84]

책의 출간과 반응

앙리 베르가 사망하고 얼마 후,[85] 1954~1955 학기가 시작되자, 뤼시앵 페브르의 지지로 앙리 장 마르탱은 프랑스 고등연구원에서 6학기 강의를 맡는다. 페브르는 그에게 2월 초부터 4월 말까지 열 차례 정도의 수업을 제안하고, 강의 주제는 '문헌사학 연구[86]—기술의 역사와 경제사회사를 중심으로'[87]라고 잡는다. 바렌Varennes 가街에 자리잡은 강의동에서 수업이 이뤄지고, 『책의 탄생』 최종 원고의 집필이 활발히 진행된다. 그리고 1955년 여름, 뤼시앵 페브르는 매우 다정하게 쓴 카드를 통해, 얼마 전 디종에서 있었던 그의 결혼식에 초대되지 못한 것에 대한 유감을 표한다. 당시 페브르는 생아무르에 있었고, 마르탱은 지나치게 수줍은 성격 탓에 감히 자신의 결혼식을 그에게 알릴 생각은 하지 못했다.

출간에 즈음하여

1956년 연말행사가 끝나고 난 후 원고를 받아든 페브르는 다시금 마르탱에 대한 호의와 칭찬의 뜻을 내비친다. 그리고 출판사 원고료를 앞당겨 받는 것이 어떻겠느냐는 제안도 해보지만, 고료라는 게 통상 출판사가 알아서 지급하는 것이므로 출판사는 최종 원고가 인도되고 난 후에야 비로소 마르탱에게 원고료를 지급한다. 이제 막 신접살림을 차린 앙리 장 마르탱에게 페브르의 아내 수잔 페브르는 원만한 부부생활을 위한 세심한 충고도 아끼지 않는다.

> 필요하면 언제든 망설이지 말고 우리를 찾아와서 어려운 점을 얘기해도 좋아요. 우리 부부는 당신 생각을 많이 했답니다. (……) 알다시피 내가 그렇게 함

부로 나서는 사람은 아닌데, 우리가 좋아하는 누군가가 인간으로서의 기본적 인 고민에서 벗어날 수 있도록 돕는 게 그리 경솔한 일은 아니겠지요.[88]

1956년 9월 27일, 뜻하지 않게 페브르가 세상을 떠났을 때, 1권의 최종 원고에 대해 이뤄진 (극히 제한적인) 수정작업은 거의 마무리된 상태였다. 하지만 페브르는 『책의 탄생』 도입부에 실릴 짤막한 서문을 퇴고할 여유는 있었다. 책의 타이틀은 여전히 앙리 베르가 근 50년 전에 선정한 것이었지만, '역사의 주체이자 요인으로서의 책'Le livre, agent et facteur de l'histoire이라는 식으로 무언가 좀더 명확하게 바뀔 수도 있었다. 그러나 페브르는 곧 이를 버리고, 알려진 대로 '역사에 이로움이 된 책'Le livre au service de l'histoire이라는 표현을 살리기로 한다.[89] 한편 시리즈의 내용과 관련해, 더욱 실질적인 문제가 남아 있었다. 가장 풀기 어려운 이 난제는 바로 페브르의 생전에 마무리된 이 원고가 이미 알려진 전체 책의 분량에서 1부에만 해당한다는 점이었다. 뤼시앵 페브르는 집필작업을 이끌어갈 전체적인 줄기만을 그려놓은 상태였고, 페브르 그 자신도 이 같은 개요가 제대로 다 짜이지 않은 불완전한 상태라고 밝힌 바 있다. 아직은 손이 더 가야 하는 상태였던 것이다. 그런데 이런 상황에서, 어떻게 1부에 이어 2부의 집필작업을 이어갈 수 있을 것인가? 그리고 특히 어떤 형태로 2부의 틀을 잡아줄 것인가?

1권의 작업은 상당히 진척되어 있었고, 인쇄를 위한 실질적인 준비는 끝난 상태였다. 약간의 수정과 보완작업만 남아 있었다. 그리고 미망인인 수잔 페브르는 고인을 추모하는 의미로 살아생전 남편이 진행한 작업 가운데 출간이 이뤄질 수 있는 것은 다 책으로 펴내길 원했다. 따라서 앙리 장 마르탱은 가급적 이 원고를 마무리해줄 만한 위치에 있는 사람들을 중심으로 일단 몇몇 전문가들을 물색한다. 우선 필사본실에서 함께 일하는 마르셀 토마와 마리로베르트 기냐르에게 일단 필사본에 관한 도입글을 부탁하고, 다음으로는 극동아시아 지역의 인쇄본 태동기에 관한 글을 요청한다. 이울러 국립도서관의 또 다른 동료 안느 바사노프Anne Bassanoff는 슬라브 지역에 대한 부분을 맡아준 반면, 앙리베르나르 메트르Henri-Bernard Maître 목사는 중국에서의 도서 보급에 관한 내용을 간략히 소개하고, 모세 카탄은 유대교 사회에서 인쇄본과 필사본이 맡았던 역할에 대해 다룬다. 이에 곧 비교 연구의 장이 펼쳐졌는데, 일각에서는 20세기 말 책과 관련한 소수의 사학자들만이 점유하던 '작은 세계'에 하나의 새로운 관점으로서 이 같은 비교 연구에 대한 기대가 차 있던 상황이었다. 이로써 결과물은 더욱 묵직해졌다. 마지막 8장으로 이어질 부분의 내용을 전체 책 속에 포함시키려던 생각은 결과적으로는 매우 적절했던 발상으로 드러났다. 이 마지막 장인 '책, 변화의 원동력'은 앙리 장 마르탱 혼자 책임지고 집필을 진행했다.

전체 원고 560페이지 중 109페이지를 차지할 정도이니 한 장章의 분량으로서는 꽤 긴 편이었다. 애초에 '책과 인문주의'라는 제목으로 2부를 쓸 계획이었기 때문이다. 따라서 오늘날 독자들이 보고 있는 책의 7장까지가 1부에 해당하며, 나머지 8장이 당초 기획에서 '지식의 역사'에 대한 측면을 좀 더 구체적으로 다룰 예정이었던 2부의 내용이다. 이 부분을 나머지 다른 내용들과 어떻게 유기적으로 연결할 것인지에 대해서는 페브르 그 자신도 명확하게 생각이 정립되지 않았다. 최종적으로는 앙리 장 마르탱이 이 부분을 담당하며 마지막 장으로 정리했는데, 지식적 측면에서 인쇄본 등장 이후 나타난 주된 변화를 소개하는 내용으로 가닥을 잡았다.

이어 세 개 분야가 순차적으로 다뤄지며, 책이 인문주의와 종교개혁, 그리고 세속어, 즉 세속문학의 부상에 대해 어떤 관계를 맺고 있는지 살펴본다. 이어 네 번째 단원으로 모든 내용을 아우르는데, 여기에서 저자는 페브르의 문제제기를 다시 차용하며 필사본에서 인쇄본으로 넘어감에 따라 문화의 질서와 문화적 관행에 있어 어떤 변화가 나타났는지 살펴본다. 전체적으로 16세기를 주로 다루는 이 8장은 책의 말미에 수록되었으나, 그렇다고 이 장으로써 대단원의 마무리가 지어지지는 않는다. '4. 인쇄술과 언어'라는 소제목에 달아둔 각주에서 장차 2권으로 그 내용이 이어질 것을 예고하고 있기 때문이다.[90] 이 주석은 폴 샬뤼스의 '책머리에'에도 나온다.

끝으로 최종 원고가 마무리되어 출판사에 인도될 수 있게 된 이후, 앙리 장 마르탱은 『아날』 지에 꾸준히 글을 기고하며 15~16세기 알자스 인쇄업과 16세기 프랑스의 도서관 실태에 관한 서평을 소개한다.[91] 『책의 탄생』은 1957년에서 1958년으로 넘어가던 시기에 비로소 출간된다.[92]

책에 대한 반응

『책의 탄생』이 너무 이른 시기에 쓰인 것일까? 아니면 언론 홍보가 너무 부족했던 것일까? 지적 수준에 있어 뤼시앵 페브르의 뒤를 잇는 것 자체가 불가능하다고 생각했던 것일까? 출간 이후 주요 역사 잡지에서 이 책의 서평이 게재된 경우가 소수에 불과했다는 점으로 미루어볼 때, 충분히 그렇게 생각할 수 있다. 다만 세 가지 예외인 경우가 있었다. 1958년 4월 6월호에서 『주르날 데 사방』은 샤를 사마랑Charles Samaran이 쓴 매우 중요한 글 하나를 소개한다. '문헌사학의 몇 가지 문제점에 관하여'라는 주제의 논문집에 수록된 글이었다.[93] 당시 프랑스 고등연구원에서 4학기 강의를 맡고 있던 샤를 사마랑은 이 글에서 『책의 탄생』이 기여한 혁신적 공헌에 대해 강조하며 즉각적으로 찬사를 보낸다. 그 당시 서지학 분야에서의 연구는 이미 꽤 진전된 상태였다.

사실 이 책은 책의 사회사를 다루고 있다. 단순한 기술적 차원을 뛰어넘어, 책의 저자들은 인쇄본이 어떤 면에 있어서 하나의 혁명이었는지 알려주고, 15세기부터 오늘날에 이르기까지 근대 문명에서 책이 담당한 핵심적 역할은 무엇이었는지 보여준다.

샤를 사마랑은 인쇄술의 발명 그 자체와 초창기 기술 확산 부분에 대한 내용을 관심 있게 봤지만, 그는 소위 '책의 경제사회사'라는 쪽으로 새로운 연구방향이 잡힌 것에 대해서도 높이 평가했다. 출판물의 비용과 재정문제, 출판작업 및 배포의 구조적 문제, 작가와 출판사 간의 관계 등에 대해 다룬 것이 이에 해당했다. 마지막 8장은 전체 500페이지 미만의 이 책에서 100여 페이지나 차지하고 있었으며(이 책의 원서 2판은 미주와 부록을 제외한 본문 8장까지가 455쪽에 해당하며, 8장은 106페이지에 달한다—옮긴이). 책의 역사를 문명사 속에 포함시킴으로써 그 관점의 폭을 무한히 더욱 확대했다. 끝으로 샤를 사마랑은 오늘날 역사학자들의 연구 표본으로서 『책의 탄생』이 가진 한 매력에 주목한다. 앙리 베르와 뤼시앵 페브르가 연구 분야에 대한 정확한 지식과 깊이 있는 연구를 바탕으로 광범위하게 제기했던 문제의식과 관점의 조합을 높이 산 것이다. 그는 "간간이 조금 신경 쓰일 정도의 감탄을 자아내는" 기분으로 페브르의 작품을 읽는다. 사마랑은 프로젝트의 성공이 전적으로 앙리 장 마르탱에게 달렸다고 결론짓는다. 사실상 이는 이제 앙리 장 마르탱의 프로젝트였기 때문이다.

하지만 한 가지 강조해야 할 부분은 앙리 베르도 뤼시앵 페브르도 이 책에 포함시킬 수가 없다는 점이다. 이 책은 책의 역사와 관련해 앙리 장 마르탱이 갖고 있던 깊이 있는 지식을 보여준다. 특히 책의 역사 가운데 심리적 측면과 상업적 양상, 기술적 부분들을 중심으로 다루고 있다.

이보다 좀더 인지도가 높은 두 개의 서평도 있었다. 우선 첫 번째는 로베르 브룅Robert Brun이 쓴 것으로, 1958년 역사 연구지 『국립 고문서 학교 학회보』*Bibliothèque de l'Ecole des chartes*에 게재된 글이었다. 여기에서는 앙리 장 마르탱이 열어준 새로운 관점에 대해, 책의 전통적인 역사가로서 갖는 시선을 보여준다.[94] 로베르 브룅은 이 책을 크게 세 부분으로 구분하고, 인쇄술 발명에 관한 기술적 역사를 1부로 나누었고, 이보다 더 '훨씬 더 독창적인' 내용을 담은 2부는 '책의 역사에서 나타난 경제적 문제'를 다른 부분으로 정의했다. 그리고 끝으로 그는 세 번째 부분의 내용에 대해 주목한다.

끝으로 마지막 3부에 해당하는 내용에서는 전적으로 새로운 관점이 다뤄지는데, 저자는 특히 이 같은 관점에서의 내용 기술을 선호한 것으로 보인다. 여기에서 책은 그 내용 자체로서 다루어졌으며, 책이 담고 있는 사상으로서, 그리고 변화의 동인이 되는 '원동력'(효모)으로서 다뤄졌다.

몇 가지 독창적인 지적이 강조되었는데, 특히 인쇄술이라는 신기술이 새로운 사상의 전파와 즉각적으로 상관관계를 갖는 것은 아니며 외려 그 반대라는 사실, 그리고 초기 인쇄업자들이 이제는 그 시대에 인기를 끌 수 있는 작품이나 가장 폭넓게 판매되는 주제에 눈을 돌리지 않아 보였다는 점 등에 주목한다. 『르뷔 드 파리』*Revue de Paris*에 실린 서평에서 피에르 오디아Pierre Audiat도 같은 부분에 관심을 기울였다.[95]

'책, 변화의 원동력'이라는 부제의 마지막 100여 페이지는 인쇄술이 사상의 전파에 있어 실제로 어떤 역할을 맡았는지를 개괄적으로 보여준다. 이는 주관적인 가설이나 견해에서 나온 관점이 아니라, 작가가 수집하고 분류한 실제 사실과 수치 자료에 직접적으로 근거한 결과였다. 사상의 전파에 있어 책이 맡은 비중은 적절히 한정되었다.

전체적으로 강조된 부분은 활판인쇄술의 발명에 대해 결정적 요소로 보는 전통적 논리로 돌아가되, 더욱 폭넓고 복합적인 발전과정의 한 요소로 보고 있다는 점이다. 덧붙여 대개 늘 그러하듯 『책의 탄생』에 대해 프랑스 사료 편찬의 고전으로 인정해준 것은 외국에서 먼저였다. 한때 러시아어 번역본에 대한 기획이 이뤄졌으나 실제로 번역은 진행되지 않은 반면, 멕시코 출판사에서 작업을 진행한 에스파냐어 번역본[96]을 필두로 영어 번역본[97]과 이탈리아어 번역본[98], 일본어 번역본[99] 등 차례로 번역본의 출간이 이어졌다. 다만 오늘날까지 독일어 번역본이 부재하다는 상황은 생각해볼 필요가 있다. 한편 프랑스에서는 폴 샤뤼스가 1955년 『스멘 드 생테즈』*Semaine de synthèse*(주간 분석) 22호에서 앙리 장 마르탱을 주제로, '집필' 부분에 대한 내용을 다룬다.[100]

책의 포괄적인 역사

곧이어 앙리 장 마르탱 본인도 파리를 떠나 프랑스 제2의 도서관인 리옹 도서관으로 가서 운영직을 맡는다. 이와 동시에 그는 프랑스 고등연구원에서 겸임 연구주임으로 뽑히며, 4학기 과정에서 '책의 역사와 문명' 강좌를 새로이 맡는다. 리옹에서는 대규모 지역 도서관 계획이 추진되는데, 이것이 오늘날의 파르디유Part-Dieu 도서관이다. 이와 더불어 인쇄박물관도 생겨난다. 파리에서는 페브르 스타일의 학술 연구방향이 진행되면서 문헌사학을 '하나의 완전한 역사학'으로 만든다. 역사 및 문헌학부의 다른 동료들과도 교류가 이어지는데, 대개 글과 관련해 고대학, 언어학, 동양학을 연구하는 동료들이었다. 1969년에는 국가 학위 논문이 심사를 받고, 곧이어 대학 총서 중 한 권으로 발간된다.[101] '인류의 진화' 49-2권이 실질적으로 구체화된 첫 사례였다. 이후 이와 관련해 『프랑스 출판의 역사』*L'Histoire de l'édition française*[102]가 나오기도 했지만, 이보다는 1988년에 출간된 『글의 역사와 권력』*L'Histoire et pouvoirs de l'écrit*이 '인류의 진화' 49-2권과 더 관련이 깊었다. 이 책은 이후 1996년에 '인류의 진화 도서관'Bibliothèque de l'Évolution de l'humanité 시리즈 제2판에서 다시 차용된다.

얼마 후인 1970년에 앙리 장 마르탱은 피에르 마로Pierre Marot의 뒤를 이어 국립 고문서 학교 서지학과 도서사학 강단에 선다.[103] 소르본 교정을 사이에 두고 서로 이웃한 두 교육기관, 국립 고문서 학교와 파리 고등연구원은 '프랑스식' 도서 역사 연구의 산실이었고, 한 세대를 풍미한 연구원, 학예사, 교원 등이 이곳에서 교육을 받는다. 맨 처음 15세기와 16세기, 17세기에 대해 싹텄던 관심은 이후 과학혁명 시대인 18세기로 확대되었고, 차츰 19세기와 20세기로까지 넘어간다. 하지만 늘 두 가지 고민이 존재했다.

우선 첫 번째는 전반적으로 책에 대해 복합적인 역사 문제로 인식하는 것이었다. 기술적 측면뿐만 아니라 경제·금융·사회·지식·문화 차원에서의 역사 문제로, 혹은 상징적이거나 필요한 경우 예술적인 부분에서의 역사 문제로서 책에 대해 살펴봐야 했다. 그러자면 일단 책의 기원이 되는 구조와 조직 전체의 결과물로서 책을 인식해야 하고, 아울러 다소 복잡한 수많은 행동 방식의 매개체로서 책을 바라봐야 한다. 그 가운데 독서는 (어떤 형태의 독서인지 규정할 수는 없지만) 다른 여러 가지 가능성 중 하나에 불과할 뿐이다. 두 번째 고민은 역설적이게도 책을 직접 다루지 않는 대학교수들이나, 일단 학자가 아닌 도서관 사서들이 책의 역사 연구를 진행함으로써 문헌사학이 갖게 된 모호한 지위 때문에 외려 수월해지게 되었다. 이는 글의 물리적 구조와 특성, 한 페이지의 구성을 어떻게 할 것인지와 다소 복잡한 '파라텍스트' paratext(텍스트 외적인 구성요소)를 어떻게 배치할 것인지에 대한 고민이었다. '파라텍스트'라는 용어는 문학사가들이 고전적으로 사용하는 의미에서라기보다 텍스트에서 내용 그 자체가 아닌 모든 요소를 지칭한다. 통상적인 소제목이나 (쪽 번호 매기기, 장 수 매기기, 목차, 색인 등) 참조방식, 단락의 논리, 대문자의 표기방식, 여백 등의 요소가 이에 해당한다. 책을 알고, 보는 눈을 기르는 것은 책장 위에서만 가능한 일이며, 앙리 장 마르탱의 수업과 강연회에서는 추천도서가 끊임없이 소개되었다. 여기에서도 뤼시앵 페브르가 초석을 깔아둔 문제의식이 잠재적으로 드러난다. 페브르는 특정 시대에 대해 그 시대의 지배적인 사상구조와 책 사이의 관계에 대해 제대로 밝히고자 했다.

책의 역사

『책의 탄생』이 등장한 이후의 사반세기 동안에는 문헌사학에 대해 그 자체를 하나의 학문으로 연구하려는 움직임이 본격적으로 발전한다. 일단 연구 전체의 기반이 되는 뼈대부터 살펴보자. 기존의 연구에서는 책의 역사에 있어 고전적으로 '화려한' 시기였던 15세기와 16세기를 중시했으나, 17세기에 대한 앙리 장 마르탱의 연구가 나오면서 학자들의 관심은 이제 서서히 이후의 시기로 확대된다. 이어 과학혁명 시대에 관한 연구 이론이 풍부하게 쏟아지고, 비교적 최근의 시기인 19세기와 20세기에 대해서도 관심이 늘어난다.

1960~1970년대 사학자들에게 있어 논의의 중심은 사회조직과 계급구

조, 서열화 과정 등이었다. 현대 문명에 대한 '포괄적 역사 연구'의 관점에서 출발한 문헌사학은 이러한 전체적인 문제의식을 통해서만 연구가 이뤄질 수 있었다. 인식론적인 연구의 진행은 크게 두 가지 측면에서 이뤄진다. 먼저 첫 번째는 지배구조의 측면이다. 고대 이집트의 필경사들과 〈시민 케인〉(1941년 오선 웰스 감독이 언론 재벌 윌리엄 랜돌프 허스트를 모델로 만든 영화로, 언론계의 총수가 된 주인공 찰스 포스터 케인의 권력에 대한 야망을 그린 작품이다—옮긴이), 피에르 부르디외 등을 통해 우리는 글을 다스리고 커뮤니케이션 체계를 주관하는 것이 우위관계와 차별의 확인[104]에 있어 결정적인 역할을 한다는 점을 알게 되었다. 이와 마찬가지로, 오늘날 '대중문학'의 개념을 둘러싸고 이어지는 기나긴 논쟁은 계층의 문제와 독서방식의 유형에 관한 문제를 제기한다. 암묵적으로는 문화의 계층에 대해, 그리고 다른 계급과의 유기적 연결성 등에 대해 문제의식을 갖는 것이다. 인식론적 연구가 이뤄지는 두 번째 측면은 페브르의 관심을 끌었으나 그가 책의 측면에서, 그리고 텍스트의 구성 측면에서 진지하게 분석을 진행할 시간적 여유가 없었던 부분이다. 『필사본의 페이지와 단락 구성』*Mise en page et mise en texte du livre manuscrit*[105]에서, 앙리 장 마르탱은 텍스트의 구성과 그 시대의 추론방식 사이에 존재하는 관계에 대해 더욱 심화된 연구 영역을 개척한다.[106] 텍스트가 물리적으로 어떻게 구성되어 있는지 알아보며 그 유형에 대해 연구하면, 해당 책의 독서가 이뤄지는 방식에 대해 알 수 있으며, 텍스트가 읽히는 방식은 다시 텍스트의 확산에 적절한 기법으로써 결정된다. 책과 종교개혁,[107] 그리고 좀더 최근에는 저작물과 프랑스 혁명[108]을 대상으로, 책-독서-의식이라는 3박자에 기반을 둔 혁신적인 연구들이 이뤄졌다.

필연적으로 단순화될 수밖에 없는 임의적 성격의 유형학 연구를 진행하려 할 때, 책에 대한 이 새로운 방식의 역사 연구는 통계학을 기본 토대로 한다. 도서 종수와 인쇄물 생산량에 대한 통계,[109] 생산구조(인쇄소)와 유통망(서점, 서적행상 등)에 대한 통계[110] 등을 바탕으로 연구가 진행되며, 다니엘 모르네 Daniel Mornet의 모델처럼 도서관과 관련한 통계 자료로 연구가 이뤄지기도 한다. 이렇게 하면 독서의 방식이나 내용에 대해 연구가 가능하다.[111] 이외에도 내용에 대한 분석 등 좀더 복잡한 연구방식들이 채택된다. 본문에서 특정 단어가 얼마나 많이 등장하는지 파악함으로써 책의 내용적 측면을 비롯해 이 단어들이 가리키는 개념의 변화에 대해 고찰하는 것이다.[112] 최근에는 굉장히 중요한 서지 정보들이 학자들에게 제공되고, 소급 서지학이 발전하며,[113] 일부 연구팀의 현장 연구가 체계적으로 진행됨에 따라 이 같은 연구방식이 새로운 탄력을 받는다.[114]

두 번째 연구 축에서는 더욱 확대된 관점으로 도서산업의 경제사를 연구한다. 『책의 탄생』에서 '책이라는 하나의 상품'이라고 쓴 표현 속에 담긴 논리와 같은 맥락에서 연구하는 방식이다. 하지만 여기에서는 통계 자료의 부족이 문제가 된다.[115] 생산량 곡선은 도서 종수를 기준으로 작성되며, 발간 부수는 포함되지 않는다(부분적으로 이는 정확한 수치 집계가 이뤄질 수 없었기 때문이기도 하다). 더욱이 '2차 도서혁명'(18세기 말에서 19세기 말까지의 시기로 책의 출판·제작·유통 과정에 있어 일련의 상당한 기술적 진보가 나타난 시기—옮긴이)이 일어났다는 논리는 입증하는 것이 쉽지 않다. 이 같은 문제를 해결하기 위한 연구의 주된 방향은 네 가지로 요약된다.

첫째, 경제 분야를 중심으로 새로운 보관 기록 자료들을 활용하는 것이다. 가령 오늘날까지 보존되고 있는 민간 고문서 자료 등이 이에 속한다. 이러한 미시경제적 접근법[116]은 매우 값진 것으로 나타났다. 산업화와 대중서적으로의 이행과정에 대한 가설을 새롭게 세워볼 수 있기 때문이다.[117]

둘째, 이러한 관점에서 특히 도서 발행 비용 절감 부분이 관심을 끌었다. 발간 부수가 늘어나고 책의 평균 가격이 내려가며, 이에 따라 기존과 다른 출판 예산 균형이 이뤄짐으로써 도서 발행 비용 절감이 실현된 것이다. 이와 더불어 유통망의 구조도 (저렴한 인쇄본이라는) 새로운 생산품에 맞게 달라져야 했다. 그래야 적절한 환경에서 책의 유통이 이뤄질 수 있었기 때문이다.[118] 산업화 과정에서 이 같은 '생산 혁신'은 매우 중요하다. 나아가 이는 1차적으로 글쓰기 방식이나 저자의 작업, 출판사와 저자의 관계 등과 같은 측면에서 변화를 가져오고, 2차적으로는 독자와 이들의 독서방식에서 변화의 흐름이 이어진다. 1차적인 변화가 나타난 이유는 대중과 저자 사이에서 서서히 새로운 관계가 자리잡고, 저자들이 더욱 폭넓은 대중의 입맛에 맞는 글쓰기 방식과 형태를 추구해야 했기 때문이다. 아울러 텍스트의 선정이나 원고 의뢰 등 책의 출간 기획과정이 이제 전문가의 손에서 이뤄진 것도 이 같은 변화를 가져온 요인이 되었다.[119] 이어 2차적인 변화가 나타난 이유는 이제 저렴한 상품이 된 책이라는 생산품이 시장의 요구에 부응해야 했기 때문이다. 이제 새로운 소비경제가 자리잡았으며, 기존과는 다른 독서 형태가 발전한다. 정기간행물의 위상이나 역할이 어떻게 달라졌는지, 또 가격은 어떻게 낮아졌는지를 살펴보면 이 같은 변화 양상에 대해 가늠할 수 있다. 이로써 로베르 에스카르피Robert Escarpit가 포문을 연 문학사회학의 관점이 더욱 발전한다.[120]

셋째, 서로 같은 지점을 지향하는 이 모든 연구는 변화의 과정이 나타난 연대 순서에 대해서도 다시 고찰한다. 산업화의 논리는 산업화 이전에 이미 흔들리기 시작하고, 이러한 상황이 비단 2차 도서혁명만의 특징은 아니었다. 르노데가 그토록 비판했던 책의 '탄생'이라는 단어는 암묵적으로 이 같은 시대적 단절을 가리키는 것이었으며, 계속해서 역사적 연속성을 구축하려는 역사적 시각에서와 다르게, 기존의 연속성과 근본적으로 거리를 두려고 하는 격차를 나타내는 것이었다.[121] 그러면서도 이 책에 수록된 내용들은 1차 도서혁명과 2차 도서혁명을 서로 중첩시켜놓는다. 말하자면 산업혁명 시기를 책이 탄생한 인쇄술 발명 시기에 포개어놓는 것이다.

넷째, 변화의 과정에서 정치나 사상과 관련된 요인이 차지하는 비중과, 그리고 그렇게 이뤄진 변화는 결국 어떤 중요도를 갖는지에 대한 재평가가 이뤄진다.[122] 이는 지역 연구 차원에서 진행된 일부 프로젝트를 통해 심화·보충되었으며, 특히 18세기 프랑스 서부[123]나 아비뇽[124]에 관한 연구가 주축이 되었다. 그리고 최근에는 루앙에 관한 연구와 17세기 루앙의 도서산업에 대한 연구도 이에 기여한다.[125] 이 모든 연구작업에 있어 근본적으로 중요한 역할을 했던 것은 앙리 장 마르탱이 시작한 연구 행보와 『책의 탄생』이 보여준 선도적 사례였다.

프랑스에서 책의 연구는 사회사의 개념[126]과 경제적 측면의 문제의식, 다양한 고문서 자료의 활용, 특히 국립 고문서 자료의 참고를 바탕으로 이뤄진다. 반대로 책의 '수용'과 '독서'에 관한 연구는 잠시 뒤처져 있었다. 영미권과 독일, 이탈리아 쪽에서 이뤄진 연구는 이런 면에 있어 프랑스에 비해 상대적으로 앞서 있다.[127] 하지만 『책의 탄생』과 같은 연장선상에서, 그리고 영미권 형태서지학의 영향 아래서, 오늘날 즉각적으로 탐구되는 '단락 구성'의 문제가 의식의 범주, 독서의 관행, 문화적 적응방식 등에 대한 새로운 논의로 이어진다는 점은 앞서 살펴본 바와 같다.

비교 연구

끝으로 문헌사학에 관한 프랑스의 연구 현황에 대한 보고를 살펴보지 않을 수 없다. 프랑스에서의 연구는 여러 가지 면에 있어 해외의 수많은 역사학파에 모델로 작용하고 있다. 오늘날 가장 각광받는 연구방법 중 하나는 공개적으로 혹은 암묵적으로 비교 연구를 발전시키는 것이다.[128]

비교 연구를 진행하면 대체적으로 국내의 다양한 특성들을 더욱 잘 파악할 수 있다. 이로써 국내 위주의 해석이라는 함정을 피할 수 있으며, 책과 관련한 전통과 자국의 정체성 논리 사이가 직접적으로 연관되면서 일단 증명 위주로만 책의 역사를 다루는 것을 지양할 수 있다.

아울러 비교 연구를 진행할 경우, 지역에 따라 '도서문명'이 얼마나 다양하게 조직·발전했는지 그 모델들을 살펴볼 수 있다. 가령 '구체제하에서의 도서산업'에서 '2차 도서혁명'으로 이행하는 과정은 프랑스와 독일에서 현저히 다른 논리에 따라 이뤄졌는데, 이 같은 차이점을 인지하고 나면 각국의 개별 항로에 대해 좀더 정확한 문제의식을 가질 수 있다.[129] 이와 유사한 관점에서 다른 모델들도 연구가 되었는데, 최소한 부분적인 연구는 진행된 바 있다.[130] 여기에서는 다만 '그리스 도서산업'의 사례만 살펴보기로 한다. 이곳에서의 사례는 특히 시사하는 바가 많기 때문이다. 비잔틴제국이 멸망한 후, 그리스어로 된 책은 전적으로 서구 유럽에서만 생산되었으며, 베네치아와 이탈리아를 중심으로 책의 출간이 이루어졌다. 반면 그리스의 모델은 교황권이라는 매우 비중 있는 정치적 측면을 지니고 있었고, 르네상스 시기의 다른 이탈리아 국가와 프랑스 왕국, 서로마제국 등 서구 사회를 이끌어가던 주류 국가들은 그리스의 사상과 연구로부터 물려받은 유산을 저마다 독차지하려고 들었다. 이상화된 고대 문학 중 가장 높은 완성도를 보여주는 것으로 비쳤기 때문이다. 18세기 중엽부터는 상황이 서서히 달라진다. 그리스에서 과학혁명 사상의 전파 문제가 제기되고, 이는 독립적인 그리스 국가의 수립에 관한 정치적 문제로 이어진다. 이 모든 과정에서 책과 인쇄물은 핵심적인 자리를 차지한다. 그리스 최초의 인쇄기는 1825년이 되어서야 비로소 아테네에서 돌아가기 시작했으며,[131] 따라서 비교 연구를 할 경우, 상황에 대한 제대로 된 분석이 가능하고, 아울러 글과 책의 위상을 대비시키며, 나아가 나라별로 문헌사학이 갖는 위상을 대비시킴으로써 한층 수준 높은 이해를 도모할 수 있다. 그 내면에서는 공동체적 정체성 확립이라는 지극히 심오한 역사적 과정이 일어난다.

오늘날의 사료 편찬 분야에서 문헌사학은 그리 강한 인상을 주지 못하는 것이 사실이다. 외려 문헌사학의 연구가 너무 많이 이루어질 경우, 연구 자체가 산만해지거나 단편화할 위험도 있다. 다양한 주제를 아우르며 최근 출간된 『책과 역사가』*Livre et l'historien*[132]는 『책의 탄생』이 우리에게 보내는 주된 메시지를 반영하듯 책의 역사라는 연구 대상이 얼마나 풍부한 소재를 담고 있는지 보여준다. 그리고 책의 실질적인 저자이자 하나의 연구 분야를 만들어낸 한 인물이 걸어온 연구 행보 또한 그 명맥을 이어간다. 매체 그 자체에 대한 연구에 집중하되 학파나 시기, 방법론에만 한정적으로 치우치는 방식은 지양하는 이 연구방식에서는 요컨대 책이라는 것을 본래적 의미 그대로 되살리며 역사 연구의 대상으로 만든다.

프레데릭 바르비에Frédéric Barbier,

파리 고등연구원(철학·사학 연구 담당)

책을 통해 바라본 사회경제사

번역가도 출판계에 종사하는 1인이라면 '책'이라는 주제만큼 흥미로운 것도 없다. 하지만 책을 만드는 사람이라면 누구나 무한한 관심과 애정을 가질 책에 대해 다룬 책은 한두 권이 아니다. 그런데 왜 또 '책'에 관한 '책'일까?

먼저 책의 제목부터 살펴봐야 한다. 『책의 탄생』이라고 번역된 이 책의 원제는 'L'Apparition du livre'다. 직역하면 '책의 출현', 혹은 '책의 등장'이다. 내용으로 보면 '책의 역사'Histoire du livre라고 해도 되었을 텐데 저자는 굳이 왜 책의 '출현'이라는 제목을 붙였을까? 이 책의 주인공은 '책' 그 자체가 아니기 때문이다. 이 책에서 조명하고자 했던 부분은 바로 책의 '출현'이 가져온 시대상의 변화, 인쇄술이라는 엄청난 기술이 유발한 사회경제적 변화다. 이를 설명하기 위해서 인쇄술의 발명과정에 대해 각종 사료를 발판으로 '유추'해보고 그 당시 책의 제작과정과 출판인들의 작업 풍경에 대해 '상상'해보지만, 결과적으로 이 책에서 말하고자 했던 부분은 '그래서 어떻게 되었느냐'다. 책이 탄생한 이후 당시 사회는 어떻게 달라졌으며, 서구 유럽이 중세에서 근대로 넘어가는 과정에서 책은 어떻게 이에 기여했는가? 이에 책의 전반부에서는 책이라는 물건이 출현하기까지의 이야기가 다뤄지고,

후반부에서는 책의 출현 이후 새로이 등장한 '출판업계'에서의 작업 양상과 그에 따른 사회경제적 변화를 살펴본다. 특히 종교개혁이 일어났던 그 당시 책이 어떤 식으로 변화의 원동력으로 작용했으며, 국가별로 모국어가 자리 잡지 못했던 15~16세기 서구 유럽에서 모국어의 기틀이 잡히기까지 책이 어떤 영향을 미쳤는지 짚어본다.

이 책은 1958년에 초판본이 출간되었다. 중간에 세계대전이라는 장애물이 있기는 했지만, 수십 년간의 기획과정을 거치고 5년간의 공동 집필과정을 통해 힘겹게 세상에 태어난 이 책은 당시로서는 매우 획기적인 역사적 관점에서 쓰인 책이었다. 특히 정치사를 배제하고 사회경제사에 집중하며 사람들의 생활상을 그려놓고 있는데, 이는 『책의 탄생』이 아날학파의 창시자 뤼시앵 페브르의 손을 거쳐 탄생했기 때문이다. 책의 집필을 책임진 사람은 앙리 장 마르탱이었다고 해도, 뤼시앵 페브르가 없었다면 이 책은 탄생할 수 없었다. 따라서 책의 구성과 전체적인 방향에서 뤼시앵 페브르의 영향이 고스란히 느껴진다. 전체로서의 역사, 종합적 시각에서 바라본 역사의 구조적 측면에 관심을 가지며 새로운 '문제의식'에서 출발하는 아날학파의 관점에 따라, 독자들은 15~16세기의 사회구조에 대해 알게 되고, 아울러 그 당시 사회구조와 오늘날의 사회에서 드러나는 구조적 양상도 비교하게 된다.

그리고 이 구조는 사실 그 당시나 지금이나 별반 다르지 않았다. 소위 '팔리는 책'을 판매하려 애쓰는 것은 16세기나 지금이나 출판계에서 똑같이 나타나는 현상이고, 다만 달라진 게 있다면 어떤 책이 '팔리는 책'이었는지뿐이다. 또한 과거에는 종교적 이유에서 검열이 이뤄졌다면, 오늘날에는 정치적 이유에서, 혹은 음란물 등급 선정을 위해 검열이 이뤄진다. 인쇄술 발명 직후에는 책이 '고급품'이었기 때문에 책의 독자가 한정적이어서 "책의 출간이 요행을 바라는 일"이었다면, 오늘날에는 책이 영상매체에 밀려 '사양품'이 되었기 때문에 "책의 출간이 요행을 바라는 일"이 되었다. 이렇듯 뤼시앵 페브르가 유도하는 대로 사료를 바탕으로 한 종합적인 분석을 따라가다 보면 당시 사회를 관통하던 구조를 파악하며 이를 오늘날의 구조와 비교해볼 수 있을 것이다.

그러나 책의 역사를 다룬 책들 가운데 '으뜸 고전'이라 할 만한 이 책을 번역하면서 느낀 개인적인 고충은 다른 데에 있었다. 바로 고유명사 부분이다. 수많은 고문서 자료를 바탕으로 워낙 방대한 사료들을 제시하고 있다 보니 그 어디에서도 독음 용례를 찾을 수 없었던 생소한 인명과 지명들이 수도 없이 등장했기 때문이다. 역자의 언어적 지식으로 소화할 수 없는 외국어 인명 표기는 국립국어원의 외래어 표기법을 참조하거나 전문가에게 자문을 구했고, 특히 여느 외국어와 달리 따로 정리된 표기법도, 그 발음과 의미를 아는 사람도 드문 라틴어의 경우는 라틴어 권위자가 확인을 해주어 책의 완성도를 좀더 높일 수 있었다. 아울러 중간중간 등장하는 중세 프랑스어 역시 번역자를 힘들게 했는데, 인쇄술이 발명되던 당시에는 프랑스어 역시 아직 기틀이 잡히기 전이어서 표기법이 통일되지 않은 상태였기 때문이다. 'suis'라는 형태로 인칭 변화를 하는 être 동사(영어의 be 동사)가 'suys'로 표기되는 것은 거의 애교 수준이었고, 의미를 유추하기 힘든 단어들도 많았다. 이런 부분은 최대한 관련 자료와 영어 번역본의 내용을 참고해 문제를 해결했는데, 두 공저자가 모두 세상을 떠난 고인이 된 상황이어서 저자 본인들에게 직접 물어볼 수도 없어 아쉬움이 남는다.

그럼에도 번역을 하면서 즐거웠던 부분은 15~16세기의 상황이 상당히 자세하게 머릿속에 그려진다는 점이었다. 오늘날 별로 그 소중함을 느끼지 못한 채 들춰보던 그 '흔한' 책이라는 물건이 맨 처음 세상에 탄생하던 순간, 그 당시 인쇄기술자들을 골치 아프게 했던 문제들은 무엇이었으며, 15~16세기 유럽 사람들의 손에 들려 있던 책은 어떤 모양에 어떤 내용을 담고 있었는지가 상세히 머릿속에 그려지면서 흔치 않은 지적 즐거움을 맛보았다. 당국의 검열을 피해 몰래 금서를 제작한 뒤 외관을 속여 서점 매대에 올려놓았던 한 서적상의 모습이 머릿속에 그려질 때면 저절로 웃음이 나왔다. 그리고 한국어로 옮기는 과정에서 그 뉘앙스가 제대로 전달되었는지는 모르겠지만, 으레 궁금하게 여길 만한 문제들을 던져놓고 하나하나 친절하게 설명해나가던 저자의 화법이나, 오늘날의 우리가 미처 생각하지 못했던 그 당시의 문제점을 지적하며 15세기 사람들의 시각에서 문제를 풀어나가던 논지 전개방식도 무척 흥미로웠다. 이는 특히 1장과 2장에서 잘 나타나는데, 누군가가 재미있게 옛날이야기를 들려주듯 '썰'을 풀어가던 원서의 느낌이 독자들에게도 전달될 수 있기를 바란다. 독자에 따라서는 다소 지루하게 느껴질 수도 있는 4장은 내용 자체의 재미보다는 그 당시 사회에 대한 정보전달의 목적이 더 크므로 가볍게 읽고 넘기길 바라고, 5장의 경우는 그 당시 이 분야 직업인들의 근무환경을 오늘날의 상황과 비교해보면 조금 더 재미있을 것이다. 그리고 8장 2절의 경우는 사상의 전파에 관심 있는 독자들이, 3절은 종교개혁에 관심 있는 독자들이, 4절은 16세기 유럽 언어의 형성과정에 관심 있는 독자들이 보면 특히 더 흥미로울 수 있다. 각 절에서 다루고 있는 내용은 조금씩 다르지만, 결국은 모두 '책'의 출현에 따른 결과이므로 '책'이라는 물건이 어떤 식으로 유럽 사회를 변화시킬 수 있었는지 포괄적으로 이해할 수 있을 것이다.

한마디로 이 책을 요약해보자면 '책을 통해 바라본 15~16세기의 사회경제사'라고 할 수 있다. 이 책과 함께 독자들은 변화의 원동력이 된 책과 함께 인류가 어떻게 진화해왔는지 알아보는 재미를 듬뿍 느낄 수 있을 것이다. 예나 지금이나 책이라는 물건이 가지고 있는 엄청난 잠재력을 다시금 곱씹으면서.

강주헌·배영란

| 미주 |

책머리에

1 '인류의 진화' 총서를 기획하고 진행한 통합연구소Centre international de synthèse에서는 53권인 페브르의 책을 정확한 제목으로 칭하는 경우가 거의 없었다. 친근감의 표시로 줄여서 불렀다.

2 L. Febvre, 6쪽. 앙리 베르가 VIII쪽에서 인용.

3 서론에서 다룬 '페시아'라는 정교한 시스템을 참조할 것.

4 1장 전체와 2장 앞부분을 참조할 것. 기냐르 부인이 작성한 단락(125~134쪽)과 앙리 베르나르 메트르의 글(364~369쪽)에서 비슷한 내용을 확인할 수 있다.

5 총서 48호로 르네 슈나이더Rene Schneider와 귀스타브 코엔의 『근대 서양 기술 공학의 형성』*La formation du genie moderne dans l'art de l'Occident*, Paris, Albin Michel, 93~94쪽.

6 하지만 인쇄는 어떤 의미에서 "대중 문명과 표준화 문명의 출현을 향한 단계로 여겨질 수 있다."

7 예컨대 프랑크푸르트박람회에 대한 설명을 읽어보라. 390~397쪽.

8 L. Febvre, 『16세기의 무신앙 문제』, 420쪽(인쇄술과 그 영향을 다룬 단락의 끝부분).

9 통합연구소 17주차 강연, 『인류의 발명』*L'invention humaine*, Paris, Albin Michel, 1954. 베르트랑 질의 발표는 73~92쪽에 실려 있다.

10 통합연구소 10주차 강연, L. Febvre, 『인간과 자연에서의 감수성 문제』*La Sensibilité dans l'homme et dans la nature*. 페브르는 "심리분석이 역사학자의 연구에서 타당한 근거라고 생각한다면 정신 나간 사람의 꿈에 불과한 것일까?"라고 반문하며 강연을 끝냈다.

1 W. Wattenbach, 『중세 글쓰기의 본질』*Das Schriftwesen im Mittelalter*, 3e ed., Leipzig, 1896; J. W. Thompson, 『중세의 도서관』*The Medieval library*, Chicago, 1939(Bibliography); Mgr Lesne, 『성직자 재산의 역사』*L'Histoire de la propriété ecclésiastique* 4권 중 『책: 8세기 초에서 11세기 초까지 문헌과 서고를 중심으로』*Les Livres: scriptoria et bibliothèques du début du VIIIe à la fin du XIe siècle*, Lille, 1938.

2 Douet D'arcq, 『14세기와 15세기 프랑스 국왕 관저 재산 통계』*Comptes de l'hôtel des rois de France aux XIVe et XVe siècles*, Paris, 1865(프랑스 역사학회Société de l'histoire de France), 64, 67, 97, 99, 101부터, 151, 160, 162, 183, 224, 231, 233, 332, 334쪽.

3 J. W. Thompson, 앞의 책.

4 Douet D'arcq, 앞의 책.

5 J. de La Lande, 『양피지 제작기술』*L'art de faire le parchemin*, Paris, 1761.

6 A. Ruppel, 『구텐베르크의 작품과 생애』*Johannes Gutenberg, sein Leben und sein Werk*, Berlin, 1947, 141쪽.

7 이와 관련해서는 Mgr Lesne, 앞의 책. et J. W. Thompson, 앞의 책을 참고.

8 R. R. Root, 『인쇄술 발명 이전의 출판』*Publication before printing*, in P.M.L.A., XXVIII, 1913, 417쪽.

9 P. Delalain, 『13~15세기 파리 서적상에 관한 연구』*Étude sur le libraire parisien du XIIIe au XVe siècle*, Paris, 1891.

10 위의 책; 『파리 대학 기록집』*Chartularium universitatis parisiensis*, éd., H. Denifle & E. Chatelain, t. I(1889), t. II(1891).

11 J. Destrez, 『13세기와 14세기 대학 필사본의 '페시아' 제도』*La 'Pecia' dans les manuscrits universitaires du XIIIe et du XIVe siècle*, Paris, 1935.

12 D. A. Callus, 『옥스퍼드 아리스토텔레스 학습 입문』*Introduction of aristotelian learning to Oxford*, 『영국 학사원 회보』*Proceedings of the British Academy*, t. XXIX, 1943에서 발췌. 일찍이 성 베르나르는 아벨라르의 사상이 전파되는 상황에 대해 개탄했다. 지나치게 빠르다고 생각했기 때문이다. 그리고 아벨라르가 대학에서 추방되었을 때, 그에게 돈을 지불하고 개별적으로 계속 가르침을 받으려는 학생들도 있었다. 라틴교부총서 CLXXXII 참고.

13 L. Delisle, 「샤를 5세의 도서산업에 관한 연구」Recherches sur la Librairie de Charles V,

Paris, 1907, 1·2권 도판.

14 E. Faral, 『중세 프랑스의 음유시인』*Les Jongleurs en France au Moyen Age*, Paris, 1910(고등연구원 도서관, 『역사학과 철학』*Sciences historiques et philologiques*, fasc. 187호).

15 R. R. Root, 위의 책.

16 L. Delaissé, 「에노 연대기와 장 보클랭의 몽스 작업장」*Les Chroniques de Hainaut et l'atelier de Jean Wauquelin à Mons*, 『벨기에 왕립미술관보』*Bulletin des Musées royaux des Beaux-Arts* 에서 발췌, Bruxelles, 1955.

17 L. Delisle, 『필사본 연구실』*Le Cabinet des Manuscrits*, Paris, 1868~1881, 3 vol. I, 102쪽.

18 15세기 군주들의 후원제도에 관해서는 특히 Doutrepont, 『부르고뉴 대공 궁전에서의 프랑스 문학』*La Littérature française à la cour des ducs de Bourgogne*, Paris, 1909와 A. Coville, 『1380~1435 시기 앙주-프로방스 영지에서의 지식생활사』*La Vie intellectuelle dans le domaine d'Anjou-Provence de 1380 à 1435*, Paris, 1941를 참고.

19 Nicole Oresme, A. D. Menut의 「벨기에 왕립도서관 ms. 2902 텍스트로부터 발간한 아리스토텔레스 윤리론 인쇄본」Le Livre des Éthiques d'Aristote, published from the text of the ms. 2902, *Bibl. royale de Belgique*, by A. D. Menut, New York, 1940.

20 H. Loomis, 「아우친렉 필사본과 1330~1340 런던에 존재했을 서점」The Auchinleck manuscript and a possible London bookshop of 1330-1340, in P.L.M.A., LVIII, 1942, 595~627쪽.

21 J. J. Guiffrey, 「1401~1416 베리 공작 재산목록」Inventaires de Jean, duc de Berry, 1401-1416, Paris, 1894~1896.—M. Thomas, 「16세기 초 삽화 필사본에 관한 연구」Recherches sur un groupe de manuscrits à peinture du début du XVIe siècle, in *Bul. bibl. de la Société intern. arthurienne*, 4, 1952, 81~89쪽.

22 H. Martin, 『프랑스의 세밀화가』*Les Miniaturistes français*, Paris, 1906.

23 L. Delisle, 『필사본 연구실』*Le Cabinet des Manuscrits, passim*.

24 15세기 초 채식가彩飾家 작업실에 관해서는 1955년 파리 국립도서관 '13~16세기 삽화 필사본 전展' 전시 도록을 참고. 주석은 장 포르셰Jean Porcher가 작성했으며, 상당히 풍부한 서지 자료를 포함하고 있다.

25 1955년 9월 4~11일 로마 개최 10차 국제학회, *Atti*, Florence, 1957, 152쪽부터; 필사본과 관련해서는 뒤의 101쪽 참고.

26 H. S. Bennett, 『14세기 및 15세기의 작가와 대중』*The Author and his public in the XIVth and*

XVth century, 『영문학회 회원 논문 및 연구집』*Essays and studies by members of the English Assoc.*, XXIII, 1938, 7쪽부터.

1장 1차적 논제: 유럽 내 종이의 등장

1 이번 장에서 아시아와 지중해 유역을 통해 종이가 전파된 경로에 대해서는 다루지 않을 생각이다. 유럽에서 제일 처음 가동된 것으로 보이는 에스파냐의 제지소와 관련한 부분 또한 논외로 둔다. 물론 에스파냐에서 제작된 종이가 그 외 지역에서도 간혹 사용되었으나, 유럽의 제지산업은 이탈리아를 중심으로 태동했으며, 주로 이탈리아를 필두로 유럽 다른 지역으로 전파되었기 때문이다. 이 부분과 관련해서는 루서 캐링톤 구드리치L. Carrington Goodrich가 개정판을 낸 T. F. Carter, 『중국 인쇄술의 발명과 서부로의 전파』*The Invention of printing in China, and its spread westward*를 참고(New York, 1955).

2 A. Blum, 『종이와 인쇄술, 판화의 기원』*Les origines du papier, de l'imprimerie et de la gravure*, Paris, 1935, 22쪽.

3 제지방아와 중세시대의 기술적 문제와 관련해서는 다음을 참고. M. Bloch, 「제지방아의 개발과 확산」Avènement et conquêtes du moulin à eau, 『경제사회사 연감』*Annales d'histoire économique et sociale*, 7권, 1935, 538~563쪽, B. Gilles, 「서서히 이루어지는 기술 발전」Lents progrès de la technique, 『르뷔 드 생테즈』*Revue de Synthèse*, 32호, 1953, 69~88쪽. 특히 제지방아와 관련해서는 C. M. Briquet, 『브리케의 소논문』*Briquet's opuscula*, Hilversum, 1955, 39, 173쪽 참고.

4 A. Zonghi, 『종기의 투명 로고』*Zonghi's watermarks*, Hilversum, 1953, C. M. Briquet, 앞의 책.

5 C. M. Briquet, 『종이 제조상의 투명 로고』*Les Filigranes, dictionnaire historique des marques de papier*, Paris, 1907, 4 vol., 1927년에 재인쇄, 65~71쪽.

6 A. Zonghi, 앞의 책, 27쪽; A. Blanchet, 『종이와 그 제조의 역사에 관한 소고』*Essai sur l'histoire du papier et de sa fabrication*, Ire part., Paris, 1900, 61쪽부터 참고.

7 국립 고문서 자료 보관소Archives nationales, JJ., 76(1340~1348).

8 샹파뉴 지방의 제지 중심지와 관련해서는 『종이—14세기 이후 트루아 지방과 그 인근 지역을 중심으로 한 종이의 역사 연구 자료』*Le Papier. Recherches et notes pour servir à l'histoire*

du papier, principalement à Troyes et aux environs, depuis le XIVe siècle, Paris, 1926, 2권 참고.

9 Gerson, 『필경사 예찬론』*De Luude scriptorum*.

10 이와 관련해 좀더 자세한 내용을 알고 싶으면 디드로Diderot와 달랑베르d'Alembert의 『백과전서』*L'Encyclopédie* '종이편'을 참고.

11 C. M. Briquet, 『브리케의 소논문』, 20쪽; J. M. Janot, 『보주 지역의 제지소』*Les Moulins à papier de la région vosgienne*, Paris, 1952, 2 vol., I, 60쪽.

12 오늘날 종이에 풀을 먹이는 작업은 수조에서 이루어진다. 이 과정에서 사용되는 수지 기반의 풀은 염기성 석회질 기반의 수조 속에서 종이의 섬유질에 잘 달라붙지 못한다. 과거 야외에서 이 작업이 이루어지던 시기에는 이 같은 단점을 우려하지 않아도 되었다. 어쨌든 수조 속에서 석회수를 사용할 경우, 종이 반죽 준비작업을 더 어렵게 만든다는 폐단이 있다.

13 R. Blanchard, 「프랑스 남동부 지역의 제지산업」L'industrie du papier dans la France du Sud-Est, 『도피네 학회 회보』*Bulletin de la Société scientifique du Dauphiné*, XLVI, 1925, 279~460쪽.

14 R. Corraze, 「툴루즈 제지산업」L'industrie du papier à Toulouse, 『프랑스 제지 역사 관련 논고』*Contribution à l'histoire de la papeterie en France*, II, 1934, 95쪽부터.

15 Cf. L. Le Clert, 앞의 책, A. Nicolaï, 『프랑스 남서부 제지소의 역사』*Histoire des moulins à papier du Sud-Ouest de la France (1300-1800)*, Bordeaux, 1935, 2 vol.

16 A. Blanchet, 앞의 책, 60, 101~102쪽, 108쪽; C. M. Briquet, 앞의 책, 70쪽부터, 182쪽부터.

17 L. Le Clert, 앞의 책, t. I.

18 E. Crevaux, 「18세기 제지산업의 발달」*L'évolution de l'industrie papetière au XVIIIe siècle*, *Le Papier*, 1938년 3월호, 193~197쪽, 1938년 4월호, 289~298쪽.

19 H. Chobaut, 「르 콩타 브내생 지역에서의 제지산업 태동기」Les débuts de l'industrie du papier dans le Comtat Venaissin, *Le Bibliographe moderne*, XXIV, 1928/29, 157~215쪽.

20 A. Blanchet, 앞의 책, 72~76쪽.

21 L. Le Clert, 앞의 책; H. Stein, 「에손 지역의 제지산업」La Papeterie d'Essonnes, 『가티네 역사 및 고고학회 연보』*Annales de la Société historique et archéologique du Gâtinais*, XII, 1894, 334~364쪽; 「생클루드의 제지산업」La Papeterie de Saint-Cloud, *Bibliographe moderne*, 8호 별쇄본, 1904.

22 C. M. Briquet, 『종이 제조상의 투명 로고』, 345쪽부터.

23 H. J. Martin, 「17세기 파리 출판업계의 몇 가지 양상」Quelques aspects de l'édition parisienne au XVIIe siècle, 7년차 『연감』*Annales*, 1953, 314쪽부터 참고.

24 Antoine Vitré, 「파리에서 운영 중인 인쇄소가 소비하는 종이에 관하여」Ce que les presses qui travaillent à présent dans Paris consomment de papier, 논문, BN, ras. fr. 16746, fts. 402쪽부터.

25 57쪽, 주석 71 참고.

26 L. Le Clert, 앞의 책, t. II, 351쪽부터, E. HOWE, 「르 베 가문」The Le Bé Family, *Signature*, 1938.

27 F. Ritter, 『15세기와 16세기 스트라스부르 인쇄산업의 역사』*Histoire de l'imprimerie à Strasbourg aux XVe et XVIe siècle*, Paris, 1955, 8절판, 467쪽.

28 C. M. Briquet, 앞의 책, 873~881쪽.

29 R. Gandilhon, 『남프랑스 지역의 인쇄업자와 제지업자』*Imprimeurs et papetiers du Midi de la France*, 2권, 1934, 91쪽부터.

30 Cf. P. Baud, 『프랑스의 화학산업—역사와 지리적 연구』*L'industrie chimique en France, étude historique et géographique*, Paris, 1932, 195쪽부터.

31 C. M. Briquet, 『브리케의 소논문』, 269쪽부터.

32 C. M. Briquet, 『종이 제조상의 투명 로고』, A. Schute, 「라인 강 유역의 제지방앗간」Die ältesten Papiermühlen der Rheinlande, *Gutenberg-Jahrbuck*, 1932, 4~52쪽. 「제지소와 종이의 투명 로고」Papiermühlen und Wasserzeichenforschung, *Gutenberg-Jahrbuck*, 1934, 9~27쪽.

33 R. Rooses, 『크리스토프 플랑탱』*Christophe Plantin*, 2판, Anvers, 1892, 116, 123쪽. 플랑탱의 경우, 헌정본에 쓰일 책의 종이는 리옹과 이탈리아에서 따로 구입했으며, 다른 책에 쓰일 종이보다 더 질이 좋은 것으로 선택했다.

34 R. Lebègue, 『구 네덜란드에서 페레스크의 서신집』*Les Correspondants de Peiresc dans les anciens Pays-Bas*, Bruxelles, 1943, 61쪽.

2장 기술적 어려움과 문제의 해결

1 C. Mortet, 『최근 연구에 따른 인쇄술의 기원과 태동기』*Les origines et les debuts de l'imprimerie d'apres les recherches les plus recentes*, Paris, 1922, 8쪽부터; A. Blunf, 『프랑

스 판화의 기원』*Les origines de la gravure en France*, Paris, 1927, 12쪽부터; H. Bouchot, 『판화국의 초기 목판인쇄본 200권에 관하여』*Les Deux cents incunables xylographiques du Departement des Estampes*, Paris, 1903, 40~49쪽.

2 C. Mortet, 앞의 책, 18쪽부터.

3 69쪽부터 참고.

4 C. Mortet, 앞의 책, 18, 20쪽부터; H. Bouchot, 앞의 책, 55쪽.

5 C. Mortet, 앞의 책, 11쪽; A. Blum, 앞의 책, 35쪽부터, 52쪽부터.

6 C. Mortet, 앞의 책, 22쪽부터.

7 같은 책, 28쪽부터.

8 같은 책, 31쪽.

9 M. Audin, 「금속판 인쇄술과 책의 문제」La métallographie et le problème du livre, *Gutenberg-Jahrbuck*, 1930, 11~52쪽; 「활판인쇄술과 입체화법」Typographie et stéréographie, *Gutenberg-Jahrbuck*, 1931, 28~37쪽; 같은 저자, 『활판인쇄술 전서』*La Somme typographique* 1권, Paris, 1948.

10 De Laborde, 『스트라스부르 인쇄술 태동기』*Débuts de l'imprimerie à Strasbourg*, Paris, 1840; C. Mortet, 앞의 책, 35~37쪽; A. Ruppel, 『구텐베르크의 생애와 작품』*Johannes Gutenberg, sein Leben und sein Werk*, Berlin, 1941. 최근 연구 보고를 알아보려면 H. Lufing, 「도서산업의 역사에 관한 새로운 자료」Neue Literatur zur Geschichte des Buchwesens, 『문화사 고문서 기록보관소』*Archiv für Kulturgeschichte*, XXXVII, fasc. 2, 1955, 244~263쪽 참고.

11 안드레아스 하일만André Heilmann이 스트라스부르 인근 제지소의 소유주였다는 대목을 참고. F. Ritter, 앞의 책, 67, 487쪽 참고.

12 H. Requin, 「활판인쇄술의 기원에 관한 새로운 자료」Documents inédits sur les origines de la typographie, 『역사 및 학술연구학회의 역사와 철학 학회지』*Bulletin historique et philologique du Comité des travaux historiques et scientifiques*, 1890, 288쪽부터, 328~350쪽; 『1444년 아비뇽에서의 인쇄술』*L'imprimerie à Avignon en 1444*, Paris, 1890.

13 M. Audin, 『활판인쇄술 전서』, 1권.

14 C. Mortet, 앞의 책, 37.

15 이 논란과 관련해 V. Scholderer가 주된 연구에 대해 보고하고 있으며, 「인쇄술의 발명」The Invention of printing, *The Library*, XXI, 1940년 6월, 1~25쪽 참고.

16 C. Mortet, 앞의 책, 39쪽과 V. Scholderer, 앞의 책, 2쪽.

17 주석 75 참고.

18 C. Mortet, 앞의 책, 51쪽부터; R. Blum, 『푸스트-구텐베르크 소송』*Der Prozess Fust gegen Gutenberg*, Wiesbaden, 1954.

19 구텐베르크에 관해서는 주로 A. Ruppel, 『구텐베르크』*Gutenberg*를 참고. 구텐베르크가 밤베르크에 체류했을 가능성에 관해서는 A. Dresler, 「구텐베르크, 밤베르크에서 인쇄하다?」Hat Gutenberg in Bamberg gedruckt?, *Das Antiquaria*, 1955, 197~200쪽, 229쪽부터 참고. 이에 대한 논란은 H. Lufing, 『도서산업의 역사에 관한 새로운 자료』*Neue Literatur zur Geschichte des Buchwesens*, 위의 책 참고.

20 Seymour De Ricci, 『마인츠 초기 인쇄본 전체 도서목록집』*Catalogue raisonné des premières impressions de Mayence*, *Mainz*, 1911.

21 Cf. A. Gieeseke, 「구텐베르크 금속 서체」Das Schriftmetall Gutenbergs, *Gutenberg-Jahrbuck*, 1944~1949, 63쪽부터; V. Scholderer, 「초기 활자체 연구」The Shape of early types, *Gutenberg-Jahrbuck*, 1927, 24쪽부터.

22 A. Firmin-Didot, 『알도 마누치오와 베네치아 헬레니즘』*Alde Manuce et l'hellénisme à Venise*, Paris, 1875, 99쪽부터.

23 손 지방의 특색에 관해서는 모리스 오댕Maurice Audin, 「초기 인쇄기법에 관하여」À propos des premières techniques typographiques, *Bibliothèque d'Humanisme et Renaissance* 18호, 1956, 161~170쪽과 『국립도서관 인쇄본 분야에 소장된 리옹 초기 인쇄본의 형태』*Les types lyonnais primitifs conservés au Département des Imprimés*. *Bibliothèque Nationale*, Paris, 1955 참고.

24 P. S. Fournier, 『인쇄 매뉴얼』*Manuel typographique*, Paris, 1764~1766, 2 vol., t. I, 109쪽부터.

25 이 문제와 관련해서는 다음을 참고. 해블러K. Haebler 「인쇄술 발명 초기의 주형과 판매상」Schriftguss und Schrifthandel in der Frühdruckzeit, *Zentralblatt für Bibliothekswesen*, 1924, 81~104쪽; 아리스H. Harisse, 『바젤의 초기 인쇄본과 그 파생본: 툴루즈, 리옹, 도피네의 비엔, 슈파이어, 엘트빌레 등을 중심으로』*Les premiers incunables bâlois et leurs dérivés: Toulouse*, *Lyon*, *Vienne en Dauphiné*, *Spire*, *Eltville*, *etc.*, *1471-1484*, Paris, 1902(2판).

26 『인쇄 매뉴얼』*Manuel typographique*을 통해 푸르니에P. S. Fournier는 1766년 유럽에서 운영되던 활자주조소의 지형에 관한 매우 흥미로운 그림을 제시한다. 먼저 궁정 인쇄소의 경우, 보유하고 있는 전체 각인기의 종류가 오늘날 전 세계에서 가장 많은 수준이며, 가라

몽Garamond이 새긴 '국왕 그리스어' 활자체의 각인기도 눈에 띈다. 저자의 형인 푸르니에가 르 베Le Bé의 뒤를 이어 운영하던 주조소에서는 16세기에 가장 유명한 활자 각인사였던 기욤 르 베 1세의 각인기와 자모를 비롯해 가라몽, 시몽 드 콜린 등의 활자를 보유하고 있었다. 1596년 기욤 르 베의 수제자 자크 드 상레크가 세운 뒤, 이후 상레크 가문에서 계속 운영하던 상레크 주조소와 그 외 다섯 개 정도의 주조소가 더 집계되었다. 저자인 동생 푸르니에는 이어 리옹에도 두 개의 주조소가 있다고 언급하고, 독일에는 23개의 주조소가 있었다고 기술한다(가장 유명한 곳은 프랑크푸르트의 로터 주조소, 라이프치히의 브라이트코프 주조소였다). 네덜란드의 경우, 암스테르담에 세 곳, 하를럼에 한 곳이 있었으며, 네덜란드에서는 반 다이크Van Dijck의 후손 장 뷔스의 주조소가 유명했고, 하를럼에서는 베트슈타인Wettstein의 주조소가 유명했는데, 후자의 경우 엔셰데Enschedé에게 넘어갔으며, 이는 오늘날까지도 운영되고 있다. 여기에서는 16세기 초의 납 자모를 볼 수 있다. 그 외에도 네 개의 주조소가 더 있었다. 안트베르펜의 경우, 물론 플랑탱 모레투스의 주조소가 눈에 띄고, 이곳의 활자는 오늘날 플랑탱 박물관에서 볼 수 있다. 영국에는 주조소가 네 군데밖에 되지 않았으나, 설비는 상당히 잘 갖추고 있는 편이었다(옥스퍼드의 코트렐Cottrell, 에딘버러의 자크 왓슨Jacques Watson, 그리고 특히 런던의 캐슬런Caslon 등이 있었으며, 버밍엄의 배스커빌Baskerville 같은 경우, 보마르셰Beaumarchais가 그의 폰트를 사들여 켈Kehl에 볼테르 작품의 모든 출판을 맡겼다고 한다). 이탈리아에도 주조소는 몇 군데 안 되었지만, 그중 가장 유명한 곳은 1578년부터 로베르 그랑종Robert Granjon이 운영을 시작한 교황청 산하의 주조소였다. 교황 그레고리우스 13세가 불러들여 로마로 간 그랑종의 주조소에서는 특히 선전물 제작 인쇄소에서 포교 관련 서적물의 인쇄에 쓴 동양 글자가 발견된다. 끝으로 푸르니에는 에스파냐의 주조소 두 곳, 스웨덴의 주조소 한 곳, 코펜하겐과 리스본, 바르샤바 각각의 주조소 한 곳, 그리고 러시아의 주조소 두세 곳에 대해 언급한다. 따서 유럽 전역에 활자를 제공하는 주조소는 기껏해야 60여 개 정도가 전부였다.

27 같은 책, t. I, 125쪽.

28 피에르 디도Pierre Didot는 자신의 책 『새로운 신화에 관한 에세이』*Essai de fables nouvelles*(Paris, 1786)에서 처음으로 이 같은 활자 체계에 대해 설명한다. 푸르니에가 제안한 시스템에 관해서는 그의 책 『인쇄 매뉴얼』, 1권, 129쪽 참고.

29 활자케이스와 그 문제점에 관해서는 푸르니에, 앞의 책, II권, 119~142쪽 참고. 아울러 페르텔D. Fertel, 『인쇄술의 실용학』*La science pratique de l'imprimerie*, Amiens, 1723도 참고.

30 D. Fertel, 앞의 책, 11쪽부터.

31 이와 관련해서는 모몰A.-F. Momolle, 『인쇄술 기초 개론』*Traité élémentaire de l'imprimerie*, Paris, 1793과 『백과전서』의 '인쇄술' 항목 참고.

32 M. Audin, 『활판인쇄술 전서』, 2권, 124쪽부터 참고.

33 회전식 인쇄기에 관해서는 다음을 참고. 디트리히P. Dietrich, 「프리드리히 국왕 시기 구텐베르크의 인쇄기」Die Buchdrucke presse von Johannes Gutenberg bis Friedrich König, *Jahresbericht der Gutenberg Geselischaft*, Mainz, 1930, J. W. Enschedé, 「16세기 목판화 개요」Houten hand presen in de zestiende eeuw, *Tijdschrift voor boek en bibliotheekswesen*, 1906, 195~208쪽, 262~277쪽.

34 적어도 프랑스에서는 그랬던 것 같다. D. Fertel, 앞의 책, 231쪽 참고. 일부 대규모 인쇄 중심지에서는 아마도 상황이 이와 같지 않았던 것으로 보이며, 영국에서는 목수들이 인쇄기 제작에 전문화되어 있었다.

35 이와 관련해서는 모리스 오댕의 연구를 참고. 사실 모리스 오댕은 이 같은 구멍이 '직업적 기술'에 해당하는 것으로 보았다. 가령 이를 이용해 두 가지 색상으로 인쇄를 하고, 폰트 전체가 아닌 일부 글자에만 해당 색의 잉크를 묻히는 것이다. M. Audin, 『국립도서관 인쇄본 분야에 소장된 리옹 초기 인쇄본의 형태』*Les types lyonnais primitifs: Bibliothèque nationale*. Dépt. des imprimés, 21쪽 참고.

36 M. Audin, 「초기 인쇄기법에 관하여」À propos des premières techniques typographiques, 위의 책, 165~170쪽.

37 K. Haebler, 『인큐내뷸러 연구』*The Study of incunabula*, New York, 1933, 79~82쪽.

38 J. W. Enschedé, 위의 책.

39 5장 235쪽 참고.

40 M. Audin, 『활판인쇄술 전서』, 2권, 94쪽부터.

41 이와 관련해서는 특히 다음을 참고. C. Mortet, 『책의 판형—역사적 연구에 따른 실용 개념』*Le format des livres. Notions pratiques suivies de recherches historiques*, Paris, 1925; K. Haebler, 앞의 책.

42 C. Samaran, 「중세 필사본 역사에 관한 논고—공정 필사본과 '잘리지 않은' 필사본을 중심으로」Contribution à l'histoire du livre manuscrit du Moyen Age. Manuscrits imposés et manuscrits non 'coupés', *Comitato internazionale di scienze storice. V° Congresso Internazionale*, Firenze, 1957, 88쪽부터.

43 중국에서 유럽으로 종이가 전파된 경로에 대해서는 다음을 참고. T. F. Carter, 『중국 인쇄술의 발명 및 서부로의 전파』*The Invention of printing in China and its spread westward*, rev. by L. Carrington Goodrich, 2판, NewYork, The Ronald Press Company, 1955, XXIV-293쪽.

44 Edouard Chavannes, 『동투르키스탄 모레 속에서 아우렐 스타인이 발견한 중국 고문서』*Les documents chinois découverts par Aurel Stein dans les sables du Turkestan Oriental*, 옥스퍼드 대학출판부, 1913, XXIII-232쪽. XXXVII fac-sim.

45 Ed. Chavannes, 「종이 발명 이전의 중국 도서」Les livres chinois avant l'invention du papier, *Journal Asiatique*, V, 1905, 5~75쪽.

46 Aurel Stein, 『중앙아시아 및 중국 서부 지역 탐사에 관한 상세 보고서』*Serifidia, detailed report of explorations in Central Asia and westernmost China*, Oxford, Clarendon Press, vol. II, 1921, 669~677쪽.

47 J. von Wiesner, 『과거의 넝마 종이에 관하여』*Über die ältesten bis jetzt aufgefundenen Hadernpapiere*, Sitzungsberichte der K. Akad. des Wiss., Phil. Hist. Klasse, Wien, CLXVIII, Abh. 5, 1911.

48 Paul Pelliot, 『중국 인쇄술 태동기』*Les débuts de l'imprimerie en Chine*, Paris, Maisonneuve, 1953, VIII~140쪽(펠리오 유고집 4권OEuvres posthumes de P. Pelliot, IV); K. T. Wu, 『중국 인쇄기술의 발전』*The Development of printing in China*. T'ien Hsia, III, 1936년 9월, 137~160쪽.

49 김원룡, 『한국 고활자 개요』*Early movable type in Korea*, 서울, 을유문화사, 1954, 36쪽(국립중앙도서관 소장).

3장 책의 외형

1 이와 관련해서는 다음을 참고. C. Beaulieux, 「15세기와 16세기 프랑스의 필사본과 인쇄본」Manuscrits et imprimés en France, XVe-XVIe siècle, 『에밀 샤틀랭 관련 논문집』*Mélanges offerts à Émile Chatelain*, Paris, 1910; C. Mortet, 「15세기 인쇄업자들이 사용한 활자를 다양화시킨 요인 분석」Observations sur les influences qui ont diversifié les caractères employés par les imprimeurs du XVe siècle, *Gutenberg-Festschrift*, 1926: 210~213쪽.

2 L. S. Olschki, 『필사본을 따라 한 삽화 게재 인큐내뷸러—인쇄본에 나타난 필사본의 흔적』*Incunables illustrés imitant les manuscrits. Le passage du manuscrit au livre imprimé*, Firenze, 1914.

3 Jacques Guignard, 「필사본에서 인쇄본에 이르기까지」Du manuscrit au livre, *La France graphique*, 9년차 제호, 1955년 2월, 8~16쪽과 주석 110, 111에 인용된 도서 참고. 필사본 서체 분류와 인문주의 필체의 기원에 관한 문제에 대해서는 다음을 참고. B. Bischoff, G. I. Lieftinck와 G. Battelli, 『9세기에서 16세기 사이의 도서 서체 분류』*Nomenclature des écritures livresques du IXe au XVIe siècle*, Paris, 1954. 그 밖에 S. Morrison, 「초창기 인문주의 원고 및 최초의 로마체」Early humanistic script and the first roman type, *The Library*, XXVI, 1943, 1~30쪽 참고.

4 G. Lepreux, 『프랑스 지역의 인쇄술—노르망디 지역』*Gallia typographica. Province de Normandie*, I, 276쪽.

5 H. Harisse, 『바젤의 초기 인쇄본과 그 파생본—툴루즈, 리옹, 도피네의 비엔, 슈파이어, 엘트빌레 등을 중심으로』*Les premiers incunables bâlois et leurs dérivés: Toulouse, Lyon, Vienne en Dauphiné, Spire, Eltville, etc.*, Paris, 1902, 2판.

6 C. Perrat, 「바르텔레미 뷔예와 리옹의 인쇄산업 태동기」Barthélemy Buyer et les débuts de l'imprimerie à Lyon, 『인문주의와 르네상스』*Humanisme et Renaissance*, II, 1935, 103~121쪽, 349~387쪽.

7 T. B. Reed, 『영국 폰트 주조의 역사』*A History of the old English foundries*, ed., A. F. Johnson, London, 1937.

8 E. P. Goldschmidt, 『르네상스 시기의 인쇄본』*The printed books of the Renaissance*, Cambridge, 1950, 3쪽.

9 같은 책, 5쪽부터.

10 활자의 역사와 관련해서는 특히 다음을 참고. A. F. Johnson, 『활자체의 역사와 발전』*Type designs, their history and development*, London, 1934, 8절판; D. B. Updike, 『인쇄체—그 형태와 용도의 변천사』*Printing types, their history forms and use*, 2판, Cambridge, 1952, 2권.

11 이탤릭체의 역사와 그 태동기에 관해서는 다음을 참고. S. Morrison, 「이상적인 서체를 위한 노력」Towards an ideal type, *The Fleuron*, II, 1924, 57~76쪽; 「서체 연구」On script types, *The Fleuron*, IV, 1925, 1~42쪽; 『이탈리아와 프랑스의 상서국 유형』*The Chancery types of Italy and France*, III, 1925, 53~60쪽. 인용문에 대해 이탤릭체를 사용하는 관행은

1510~1520년 사이 바젤의 프로벤 가를 통해 시작된 듯하다.

12 P. Goldschmidt, 앞의 책.

13 D. B. Updike, 앞의 책, I, 139쪽부터.

14 342쪽부터 참고.

15 K. Haebler, 『인큐내뷸러 연구』*The study of incunabula*, New York, 1953.

16 A. F. Johnson, 『독일의 표제 장식 부흥기』*German Renaissance title borders*, Oxford, 1929; J. von Pflug-Hartung, 『16세기 독일의 표제 장식』*Rahmen deutscher Buchtitel im 16. Jahrhundert*, Stuttgart, 1909; A. F. Johnson, 「한스 홀바인의 표제 장식」The Title borders of Hans Holbein, *Gutenberg-Jahrbuch*, 1937, 115~120쪽.

17 앞의 주석과 다음을 참고. A. F. Johnson, 『영어 표제지의 판화 및 에칭 카탈로그』*A Catalogue of engraved and etched English title pages*, Oxford, 1934; 「16세기 이탈리아 표제지 판화 모음집」A Catalogue of italian engraved title-pages in the XVIth century, *Supplement of bibliographical Society*, 1936, I~XI쪽, 1~27쪽; R. Brun, 『프랑스의 책』*Le Livre français*, Paris, 1948, 44쪽부터.

18 국립도서관 L. Voet 「플랑탱과 루벤스의 도시 안트베르펜」Anvers, ville de Plantin et de Rubens, 『박람회 카탈로그』, Paris, 1951, 56쪽부터 참고.

19 P. Hofer, 『바로크 북 일러스트』*Baroque book illustration...*, Cambridge, 1951, in-4°; 국립도서관 『국내 인쇄 분야에서 나타난 책의 예술』*L'Art du livre à l'Imprimerie nationale*, Paris, 1951, 56쪽부터.

20 G. Duplessis, 『홀바인이 작업한 '구약성서의 성상'의 다양한 판본에 관한 소고』*Essai sur les différentes éditions des 'Icones Veteris Testamenti' de Holbein*, Paris, 1884; 『15세기와 16세기에 출간된 오비디우스의 여러 가지 판화 삽입본에 관한 서지학적 소고』*Essai bibliographique sur les différentes éditions des oeuvres d'Ovide, ornées de planches, publiées au XVe et au XVIe siècle*, Paris, 1889.

21 위의 자료와 G. Duplessis, 『알치아의 문장』*Les emblèmes d'Alciat*, Paris, 1884 참고.

22 A. W. Pollard, 『양서』*Fine books*, London, 1912, 96쪽. 15세기부터는 대개 목판화를 사용하기보다 (납이나 구리 등의) 금속판에 판화를 새겼다. 기도서의 수많은 삽화들도 이와 같이 제작되었으며, 이 문제에 관해서는 연구가 크게 진척된 부분이 없으므로 이 책에서는 이 정도 수준으로만 살펴보고 넘어가기로 한다.

23 M. Sander, 『1467년 이후 1530년까지의 이탈리아 삽화본』*Le Livre à figures italien depuis*

1467 jusqu'à 1530, Milano, 1942, 6권. 역사로 길이 보전될 만큼 훌륭한 4권 서문 참고.

24 J. Macfarlane, 『파리의 서적상, 앙투안 베라르』*Antoine Vérard, libraire parisien*, London, 1899.

25 M. Sander, 앞의 책, t. IV.

26 리옹에서도 책에 흔히 삽화를 집어넣었는데, 트레셀은 테렌티우스의 라틴어본과 프랑스어 번역본에 페레알Perréal이 작업한 동일한 목판화 삽화를 집어넣었다. A. Martin, 『15세기 프랑스 삽화본』*Le Livre illustré en France au XVe siècle*, Paris, 1931, 167쪽 참고.

27 A. Martin, 앞의 책, 141쪽.

28 A. F. Johnson, 「파리 인쇄본에 나타난 바젤 장식」Basle ornaments on Paris books, *1519-1536*, *The Library*, 1927~1928, 355~360쪽.

29 『빈자의 성서』와 『인간 구원의 거울』에 관해서는 E. Mâle, 『중세 말기의 종교 예술』*L'Art religieux de la fin du Moyen Âge*, Paris, 1922, 232쪽부터 참고. 특히 J. Lutz & P. Perdrizet, 『인간 구원의 거울—도상학적 기원과 영향』*Speculum humanae salvationis. Les sources et l'influence inocographiques*, Mulhouse, 1909, 2권. 참고.

도서와 벽화 사이의 관계에 대해서는 다음을 참고. M. Hébert, 「중세 말기 판화 삽화와 벽화」Gravures d'illustration et peintures murales à la fin du Moyen Âge, *Association des bibliothécaires français. Bulletin d'information*, n° 20, 1956년 6월, 69쪽부터. 특히 책의 삽화와 관련해 해당 정보를 제공해준 것에 대해 에베르Hébert에게 감사를 표한다.

에나멜화에 대해서는 다음을 참고. 「보스트르Vostre의 『기도서』*Grandes heures*에 나타난 판화—리무쟁 에나멜공 두 명의 복제 사례」, *Bibliographe moderne*, 16권(1912~1913), 「『아이네이스』*L'Enéide*에 수록된 리무쟁 에나멜화들」une suite d'émaux limousins à sujets tirés de *l'Enéide*, *Bulletin de la Société de l'Histoire de l'art français*, 2권, 별책, 1912.

베르나르 살로몽Bernard Salomon의 판화가들이 미친 영향에 대해서는 다음을 참고. E. A. Standen, 「이야기별 판화 그림」A Picture for every story, *The Metropolitan Museum of Art Bulletin*, 1957년 4월호, 165~175쪽; C. Damiron, 『리옹의 도기』*La Faïence de Lyon*, Lyon, 1926.

태피스트리에 관해서는 다음을 참고. R. A. Weigert, 『프랑스의 태피스트리』*La Tapisserie française*, Paris, 1957, Marguerite Sartor, 『랭스의 태피스트리—그림을 그리거나 수를 놓은 장식 융단』*Les Tapisseries, toiles peintes et broderies de Reims*, Reims, 1912.

레이스 장식과 일부 책의 띠 장식 사이의 관계에 대해서는 S. Morrison & F. Meynell,

「인쇄업자의 꽃무늬와 아라베스크 무늬에 관하여」Printers' Flowers and Arabesques, *The Fleuron*, no 1, 1923, 1~43쪽 참고.

30 16세기 프랑스의 삽화본에 대해서는 R. Brun, 『16세기 프랑스의 삽화본』*Le livre illustré en France au XVI*e *siècle*과 동일 저자의 『프랑스의 책』*Le livre français*, 39~63쪽 참고. 특히 독일과 관련해서는 R. Muther, 『고딕 시대와 초기 르네상스 시대의 독일 인쇄본 삽화』*Die deutsche Bücherillustration der Gotik und Frührenaissance (1460-1530)*, Münich, 1884를 참고.

31 이 주제와 관련해서는 다음을 참고. A. M. Hind & S. Colvin, 『영국 박물관 인쇄 및 그림 분과에 보존 중인 초기 이탈리아 판화 모음집』*Catalogue of early italian engravings preserved in the Department of Print and Drawings in the British Museum*, London, 1909~1910, 2권; M. Pittaluga, 『16세기 이탈리아의 판화』*L'incisione italiana nel Cinquecento*, Milano. s. d., in-folio; L. Rosenthal, 『판화』*La gravure*, 2판, Paris, 1939.

32 R. Brun, 『16세기 프랑스의 삽화본』*Le livre illustré...*, 126쪽부터.

33 국립도서관 「플랑탱과 루벤스의 도시 안트베르펜」Anvers, ville de Plantin et de Rubens, 『박람회 카탈로그』, 106쪽부터, 201쪽부터, 257쪽부터.

34 E. Bouvy, 『17세기 프랑스의 판화—초상화와 우의화』*La gravure en France au XVII*e *siècle: la gravure de portrait et d'allégorie*, Paris, 1927

35 F. Courboin, 『18세기의 판화가와 판화 상인』*Graveurs et marchands d'estampes au XVIII*e *siècle*, Paris, 1914; H. Cohen, 『18세기 판화본 애호가 입문』*Guide de l'amateur de livres à gravures du XVIII*e *siècle*, Paris, 1912.

36 이와 관련해서는 다음을 참고. R. Brun, 「과거 제본방식 아마추어 매뉴얼」*Manuel de l'amateur de reliure ancienne*, *Bulletin du Bibliophile*, 1935~1937; E. Ph. Gold schmidt, 『고딕 및 르네상스 시기의 제본방식』*Gothic and Renaissance bookbinding*, London, Boston, New York, 1928, 2권.

37 E. Ph. Goldschmidt, 앞의 책, I, 54쪽부터.

38 L. M. Michon, 『프랑스 제본방식』*La Reliure française...*, Paris, 1951, 53쪽부터.

39 같은 책, 39쪽.

40 같은 책, 86쪽.

4장 책이라는 하나의 상품

1 E. Coyecque, 『프랑수아 1세 치하(1521~1529)에서의 다섯 군데 파리 서적상』*Cinq libraires parisiens sous François I(1521-1529)*과 『1520년 디디에 마외 서점』*La Librairie de Didier Maheu en 1520*, 『파리와 일드프랑스 지역의 역사에 관한 사회 연구 보고』*Mémoires de la Société de l'histoire de Paris et de 1'Ile-de-France*, t. XXI, 1894, 53~136쪽, 197~205쪽; 같은 저자의 『16세기 파리 역사에 관한 공증 서류집』*Recueil d'actes notariés relatifs à l'histoire de Paris au XVIe siècle*, Paris, 1905~1929, vol. 2.

2 E. Coyecque, 『프랑수아 1세 치하(1521~1529)에서의 다섯 군데 파리 서적상』.

3 E. Coyecque, 『1520년 디디에 마외 서점』.

4 바타르 고딕체를 일컬어 '부르주아체'라고 했는데, 주로 부르주아 계층을 대상으로 출간된 책(기사소설, 기도서 등)에 사용된 서체였기 때문이다.

5 H. Stein, 『15세기 파리의 인쇄·서적상 볼프강 오필의 인쇄소에 관하여』*Wolfgang Hopyl, imprimeur-libraire parisien du XVe siècle. Note sur son atelier typographique*, Fontainebleau, 1891; 「파리 인쇄업자 볼프강 오필에 관한 새로운 자료」Nouveaux documents sur Wolfgang Hopyl, imprimeur à Paris, *Le Bibliographe moderne*, t. IX, 1905, 178~193쪽.

6 E. Coyecque, 『16세기 파리 역사에 관한 공증 서류집』*Recueil d'actes notariés relatifs à l'histoire de Paris*, nos 2029, 2854, 2875, 3312, 3390, 4132, 4227, 4610.

7 같은 책, no 15.

8 같은 책, nos 2975와 2997.

9 같은 책, no 544.

10 같은 책, no 533.

11 같은 책, no 435.

12 P. Renouard, 『조스 바드 아센시우스의 인쇄물과 출간서 서지 연구』, Paris, 1909, vol. 3, t. I, 58쪽부터.

13 E. Coyecque, 『16세기 파리 역사에 관한 공증 서류집』, no 37.

14 같은 책, no 465.

15 같은 책, no 500.

16 같은 책, no 645.

17 H. Hauser, 『옛 시대의 노동자들』*Ouvriers du temps passé*, Paris, 1917, 185쪽.

18 E. Coyecque, 앞의 책, n° 1261.

19 같은 책, n° 2975.

20 R. Fulin, 『베네치아 활판인쇄술에 관한 자료—베네치아 고문서 자료 발췌』*Documenti per servire alla storia della tipografia veneziana*, *extrait d'Archivio Veneto*, t. XXIII, 1부, 2쪽. 5매씩 엮은 낱권 하나를 '쿠인테르노니온'quinternion이라고 불렀다.

21 H. F. Brown, 『베네치아의 인쇄기』*The Venetian printing press*, London, 1891, 17쪽부터 참고.

22 V. Fineschi, 『리폴리 인쇄 역사에 관한 자료』*Notizie storiche sopra la stamperia di Ripoli*, Firenze, 1781.

23 P. Pansier, 『14세기에서 16세기까지 아비뇽의 인쇄업과 책의 역사』*Histoire du livre et de l'imprimerie à Avignon du XIVe au XVIe siècle*, Avignon, 1922, 142쪽부터.

24 A. De La Bouralière, 『17세기 푸아티에의 인쇄산업과 도서산업』*L'imprimerie et la librairie à Poitiers pendant le XVIIe siècle*, Paris, 1900, 367쪽부터.

25 국립 고문서 보관소, 파리 공증인 증서 보관소Minutier central des notaires parisiens.

26 P. Mellotée, 『인쇄 경제사』*Histoire économique de l'Imprimerie*, t. I, Paris, 1905, 4절판, 448쪽부터.

27 같은 책, 449~452쪽. 이에 더해 다음의 책 세 권에 대한 원가 계산 자료를 추가로 게재한다.

1° 17세기 초 연간 7만 2,000부씩 인쇄된 콜롬바Colombat의 『책력』*L'Almanach*.

	(en £)
종이비	2,000
인쇄비	540
조판, 교정 등	2,500
합계	5,040

『파리 서적상과 인쇄업자들의 행태에 관한 연구 보고』*Mémoire sur les vexations qu'exercent les libraires et imprimeurs de Paris*, Lucien Faucou, Paris, 1879, 31쪽 참고.

2° 『모레리 사전』*Le Dictionnaire de MORERI*, 총 6권, 2절판, 18세기 초 2,000부 발간.

	(en £)
종이비	5만 4,000

조판비 · 1만 2,000

발행비 · 1만 2,750

활자소모비, 잉크비, 양초비, 교정비 등 기타 비용 · · · · 1만 5,000

합계 · 9만 3,750

『파리 서적상과 인쇄업자들의 행태에 관한 연구 보고』, 35쪽 참고.

3° 에드워드 기번의 『로마제국 쇠망사』*Roman Empire*, 3판(1775), 1,000부 발간.

(en £)

종이비 · 171

인쇄비 · 117

교정비 · 5.5 s.

기타 비용 · 16.15 s.

합계 · 310

F. A. Mumby, 『도서의 출판과 판매』*Publishing and bookselling*, London & New York, 1949, 197쪽 참고.

28 H. Harisse, 『바젤의 초기 인쇄본과 그 파생본—툴루즈, 리옹, 도피네의 비엔, 슈파이어, 엘트빌레 등을 중심으로』*Les premiers incunables bâlois et leurs dérivés: Toulouse, Lyon, Vienne en Dauphiné, Spire, Eltville, etc.*, 1471~1484, Paris, 1902, 2판.

29 A. Hanauer, 『아그노의 인쇄업자들』*Les Imprimeurs de Haguenau*, Strasbourg, 1904; F. Ritter, 『15세기와 16세기 알자스 인쇄업의 역사』*Histoire de l'imprimerie alsacienne aux XVe et XVIe siècles*, Paris-Strasbourg, 1955, 369~410쪽.

30 C. Perrat, 「바르텔레미 뷔예와 리옹 인쇄술 태동기」Barthélemy Buyer et les débuts de l'imprimerie à Lyon, 『인문주의와 르네상스』*Humanisme et Renaissance*, t. II, 1935, 103~121쪽, 349~387쪽.

31 J. Macfarlane, 『파리의 서적상 앙투안 베라르』*Antoine Vérard, libraire parisien*, London, 1899, 4절판; A. Claudin, 『프랑스 인쇄사』*Histoire de l'imprimerie en France*, Paris, 1900~1905, 4권, in-fol., t. II, 385~506쪽; J. Guignard, 「투르 지역 책의 역사 이해를 위한 연구」Recherches pour servir à l'histoire du livre à Tours..., 『국립 문헌학교 논문 총람』*École des Chartes. Positions des thèses*, 1938, 36~44쪽.

32 P. Renouard, 「15~16세기 파리 지역 소규모 서적상과 그 가족에 관한 몇몇 자료들」 *Quelques documents sur les Petit, libraires parisiens, et leur famille (XVe et XVIe siècles)*, 『파리와 일드프랑스 지역의 역사에 관한 사회 보고』*Bulletin de la Société de l'histoire de Paris et de l'Ile-de-France*, t. XXIII, 1896, 133~153쪽.

33 P. Renouard, 『조스 바드 아센시우스의 인쇄물과 출간서 서지 연구』*Bibliographie des impressions et des oeuvres de Josse Bade Ascensius*, t. I, 19쪽부터.

34 A. A. Renouard, 『알도 인쇄 연감』*Annales de l'imprimerie des Alde...*, 3판, Paris, 1834, 3권, 8절판: 3권 권말 부록으로 지운타 가에 관한 자료 수록.

35 O. von Hase, 『코베르거』*Die Koberger*, Leipzig, 1885.

36 M. Rooses, 『크리스토프 플랑탱』*Christophe Plantin*, 2판, Antwerpen, 1896~1897.

37 H.-J. Martin, 「세바스티앙 크라무아지와 17세기의 대규모 도서 거래」*Sébastien Cramoisy et le grand commerce du livre au XVIIe siècle*, *Gutenberg-Jahrhbuch*, 1957, 179~188쪽.

38 G. Lepreux, 『프랑스 지역의 인쇄술—파리 지역』*Gallia typographica. Série parisienne*, t. I: 『궁정 인쇄업자 명부』*Livre d'or des imprimeurs du Roi*, 34쪽.

5장 출판길드의 작은 세계

1 H. Hauser, 『옛 시대의 노동자들』*Ouvriers du temps passé*, Paris, 1917, 231쪽.

2 L. Morin, 『과거의 인쇄 도제생들』*Les Apprentis imprimeurs du temps passé*, Lyon, 1898. 도제생과 직인들의 생활상에 관한 상세한 설명을 보려면 레스티프 드 라 브르톤 『미스터 니콜라』*Monsieur Nicolas*를 참고. 폴 쇼베Paul Chauvet는 구 체제하의 프랑스 인쇄 노동자들에 관한 비중 있는 연구를 준비하고 있다.

3 298쪽부터 참고.

4 331쪽부터 참고.

5 P. Chaix, 『1550~1564 제네바 인쇄업에 관한 연구』*Recherches sur l'imprimerie à Genève de 1550 à 1564, Genève*, 1954, 3쪽부터.

6 M. Sabbe, 『크리스토프 플랑탱과 그 계승자들의 업적』*L'oeuvre de Christophe Plantin et de ses successeurs*, Bruxelles, 1937, 188쪽부터.

7 H. Hausser, 앞의 책.

8 국립도서관Bibliothèque nationale, ms. fr. 22064, pièce n° 19.

9 H. Hauser, 앞의 책, 218쪽부터. L. M. Michon, 「16세기 파리와 리옹 인쇄업자들의 파업에 관하여」À propos des grèves d'imprimeurs à Paris et à Lyon au XVIe siècle, 『파리 및 일드프랑스 역사학 및 고고학회 논문집』*Fédération des sociétés historiques et archéologiques de Paris et de l'Ile de-France. Mémoires*, 1953, 103~115쪽; K. Palmann, 「프랑크푸르트 도서 주문 자료」Frankfurts Buchdruckerordnungen, *Archiv für Geschichte des deutschen Buchhandels*, 1881, 261~273쪽; 국립도서관, ms. fr. 22064, pièces nos 45~47.

10 H. Hauser, 앞의 책, 34, 99, 104쪽; M. Rooses, 앞의 책, 240쪽, n° 1; P. Chaix, 앞의 책, 39쪽부터.

11 국립도서관, ms. fr. 22064, pièces n° 45~47.

12 M. Sabbe, 앞의 책, 159쪽부터.

13 H. Hauser, 앞의 책, 177쪽부터. 이외에도 다음 자료를 참고. M. Audin, 「16세기 리옹 인쇄산업에서의 파업」Les grèves dans l'imprimerie à Lyon au XVIe siècle, *Gutenberg Jahrbuch*, 1935, 172~189쪽, L. M. Michon, 「16세기 파리와 리옹 인쇄업자들의 파업에 관하여」À propos des grèves d'imprimeurs à Paris et à Lyon au XVIe siècle(위의 책). 오제가 연구 내용을 보강한 독보적인 자료.

14 M. Rooses, 앞의 책, 241쪽.

15 K. Pallmann, 「1597년 프랑크푸르트 인쇄업자들의 파업」Ein Buchdruckerstreik zu Frankfurt a. M. im Jahre 1597, *Archiv für Geschichte des deutschen Buchhandels*, 1883, 11~21쪽.

16 P. Chaix, 앞의 책, 25쪽부터.

17 국립도서관, ms. fr. 22064, pièces n° 52, 56, 60, 1702년 6월 19일 자문회의 법령.

18 『플랑탱 모레투스 고문서 자료』*Archives Plantin-Moretus*, n° 526, 아니송 문건, 1671, 11월 28일.

19 E. de Broglie, 『마비용과 18세기 생제르맹데프레의 회사』*Mabillon et la société de Saint-Germain-des-Prés au XVIIIe siècle*, Paris, 1888, 2권, t. I, 374, 422쪽; t. II, 363쪽; 이외에도 J. B. Vanel, 『생제르맹데프레의 베네딕트회와 리옹의 학자들』*Les Bénédictins de Saint-Germain-des-Prés et les savants lyonnais, Paris-Lyon*, 1894 참고.

20 P. Mellotée, 『인쇄 경제사』, 142쪽부터.

21 E. Von Biena, 『메르퀴르와 브레이후벤의 위게탕 가』*Les Huguétan de Mercur et de Vrijhoeven*, Hague, 1918.

22 A. Cartier, M. Audin & E. Vial, 『드 투른 출판가의 서지 연구』*Bibliographie des éditions des de Tournes*, Paris, 1937

23 P. Ducourtieux, 『리옹, 리모주, 파리의 바르부아 인쇄 가문』*Les Barboit, imprimeurs, Lyon, Limoges*, Paris(1524~1820), Limoges, 1895~1898.

24 E. Pasquier, Dauphin, 『앙주 지역의 인쇄업자와 서적상』*Imprimeurs et libraires de l'Anjou*, M. M. Kleerkooper, W. P. van Stockum, 『암스테르담의 서점』*De boekhandel te Amsterdam*.

25 『아메르바흐 서신집』*Amerbachkorrespondenz*(Edit. Alfred Hartmann), Basel, 1942~1947, 3권, 8절판; L. Febvre, 『16세기—종교개혁의 시대』*Au coeur du XVIe siecle religieux*, Paris, 1957 참고.

26 A. A. Renouard, 『알도 인쇄 연감』*Annales de l'imprimerie des Alde*, 3판, Paris, 1834, 3권, A. Firmin-Didot, 『알도 마누치오와 베네치아의 헬레니즘』*Alde Manuce et l'hellénisme à Venise*, Paris, 1875.

27 P. Renouard, 『조스 바드 아센시우스의 인쇄물과 출간서 서지 연구』.

28 219쪽 참고.

29 E. Armstrong, 『궁중 인쇄업자 로베르 에스티엔』*Robert Estienne, royal printer*, Cambridge, 1954.

30 A.J. Bernard, 『조프루아 토리』*Geoffroy Tory*, 2판, Paris, 1865.

31 J. Baudrier, 『리옹 서지』*Bibliographie lyonnaise*, t. VIII.

32 F. Ritter, 『알자스 인쇄업의 역사』*Histoire de l'imprimerie alsacienne*, 377~387쪽.

33 L. Febvre, 「복음 전도사 돌레」Dolet, propagateur de l'Évangile, *Bibliothèque d'Humanisme et Renaissance*, t. VII, 1945, 98~170쪽.

34 H.J. Martin, 「세바스티앙 크라무아지와 17세기의 대규모 도서 거래」Sébastien Cramoisy et le grand commerce du livre au XVIIe siècle, *Gutenberg-Jahrhbuch*, 1957, 179~188쪽.

35 J. Chapelain, 『서신집』*Correspondance*, ed. Tamizey de Larroque, 1880~1883.

36 205~206쪽 참고.

37 M. H. Clément-Janin, 『디종 지역 인쇄업자에 관한 연구』*Recherches sur les imprimeurs dijonnais*, 30~43쪽.

38 P.J. H. Baudet, 『블라외의 작품과 생애』*Leven en Werken van W. J. Blaeu*, Utrecht, 1871.

39 H.J. Martin, 「세바스티앙 크라무아지와 17세기의 대규모 도서 거래」, 위의 책.

40 F. Lachèvre, 『파리 고등법원에서의 마구잡이식 재판—테오필 드 비오의 재판을 중심으

로』*Le Libertinage devant le Parlement de Paris. Le procès de Théophile de Viau*, Paris, 1909, 2권.

41 H. J. Martin, 『파스칼과 포르 루아얄의 인쇄업자 기욤 데프레』*Guillaume Desprez, imprimeur de Pascal et de Port-Royal*, 위의 책.

42 G. Mongrédien, 『루이 14세 치하의 생활상』*La vie quotidienne sous Louis XIV*, Paris, 1948, 175쪽.

43 (부이용) 대공박물관, 「백과전서 학회보와 인쇄업계—피에르 루소 헌정 전시」Le Journal encyclopédique et la société typographique. Exposition en hommage à Pierre Rousseau(I716-1785) et Charles-Auguste de Weissenbruch(1744-1826), Bouillon, 1955.

44 281쪽 참고.

45 Voltaire, 『인쇄업자 가브리엘 크라메에게 보내는 미간행 서신』*Lettres inédites à son imprimeur Gabriel Cramer*, Geneva, 1952(ed. Gagnebin).

46 W. Bennett, 『버밍엄 인쇄업자 존 배스커빌』*John Baskerville, the Birmingham printer*, Birmingham, 1931; J. H. Benton, 『폰트 주조자 겸 인쇄업자 존 배스커빌』*John Baskerville, typefounder and printer*, 1706~1775, Boston, 1914.

47 R. Bertieri, *L'Arte Giambattista Bodoni*, Milano, 1913.

48 L. de Peluson, 「디도 가에 관하여」Les Didot, *Arts et Métiers graphiques*, 1929~1930, 779~789쪽.

49 223, 254쪽 참고.

50 J. Hoyoux, 「에라스무스의 생계 수단」Les moyens d'existence d'Érasme, *Bibliothèque d'Humanisme et Renaissance*, t. VI, 1944, 7~59쪽.

51 M. Rooses, *Christophe Plantin*, 2판, 257쪽.

52 H. J. Martin, 「17세기 파리 출판업계의 몇 가지 양상」Quelques aspects de l'édition parisienne au XVIIe siècle, 7년차 『연감』, 1952, 309~319쪽.

53 G. Mongrédien, 『17세기 문학계』*La vie littéraire au XVIIe siècle*, Paris, 1947, 257쪽.

54 같은 책, 275쪽부터.

55 H.-J. Martin, 위의 책.

56 L. Kirschbaum, 「1640년 이전 영국에서의 저작권 문제」Author's copyright in England, before 1640, *The Papers of Bibl. soc. of America*, 1946, 43~80쪽, H. Falk, 『구체제 하에서의 도서판매 윤허권』*Les Privilèges de librairie sous l'Ancien Régime*, Paris, 1906, F. milkau, 『문헌경제학 입문』*Handbuch des Bibliothekswissenschaft*, t. I, 905쪽부터.

57 W. W. Greg, 『1550~1650년 시기 런던 인쇄업계의 몇 가지 양상과 문제점들』*Some aspects and problems of London publishing between 1550 and 1650*, Oxford, 1956.

58 M. Pelisson, 『18세기의 문인들』*Les Hommes de lettres au XVIIIe siècle*, Paris, 1911.

59 R. Bouvier, E. Maynial, 『발자크의 비참한 수입 통계』*Les Comptes dramatiques de Balzac*, Paris, 1938.

6장 책의 지리적 분포도

1 장송Jenson이 맡았을 특사 임무에 대해서는 다음을 참고. A. Claudin, 『프랑스 인쇄사 I』*Histoire de l'imprimerie en France I*, 11쪽, n° 2; J. Guignard, *Bulletin de la Société des Antiquaires de France*, 1945~1947, 39쪽.

2 316~317쪽 지도 참고.

3 K. Haebler, 『16세기 해외에서의 독일어 인쇄본』*Die deutschen Buchdrucker des XV. Jahrhunderts im Auslande*, Münich, 1924, 2절판.

4 A. Claudin, 『랑그도크 지방 알비 지역 인쇄술의 기원(1480~1484)—구텐베르크의 직인 J. 노이마이스터의 독일, 이탈리아, 프랑스 순례기』*Les origines de l'imprimerie à Albi en Languedoc(1480–1484). Les pérégrinations de J. Neumeister, compagnon de Gutenberg en Allemagne, en Italie et en France(1483-1484)*, Paris, 1880; L. Charlesbelley, 「어느 구텐베르크 직인의 알비 이틀 체류기」Les deux séjours à Albi d'un compagnon de Gutenberg, *Revue du Tarn*, 1881, 81~91쪽.

5 J. Marchand, 『1701년 3월, 기엔 지역 인쇄업과 도서업에 관한 조사』*Une enquête sur l'imprimerie et la librairie en Guyenne, mars 1701*, Bordeaux, 1939.

6 A. Claudin, 『16세기 프랑스 특유의 인쇄산업』*Les Imprimeries particulières en France au XVIe siècle*, Paris, 1897, 8절판; A. De La Borderie, 『15세기 브르타뉴의 인쇄술』*L'Imprimerie en Bretagne au XVe Siècle*, Nantes, 1878.

7 M. Langlois, 『1482년 인쇄된 샤르트르 미사경본』*Le Missel de Chartres imprimé en 1482*, Chartres, 1904.

8 J. Janssen, 『독일과 종교개혁』*L'Allemagne et la Réforme*, Paris, 1887~1914, 9권, t. I, 7쪽부터.

9 L. Delisle, 『15세기 클루니의 인쇄본』*Livres imprimés à Cluny au XV*e *siècle*, Paris, 1897, 8절판.

10 M. H. Clément-Janin, 『디종 및 코트도르 지역 인쇄업자에 관한 연구』*Recherches sur les imprimeurs dijonnais et sur les imprimeurs de la Côte-d'Or*, Dijon, 1883, 8절판, 1쪽부터.

11 J. Janssen, 앞의 책, 14쪽부터.

12 같은 책.

13 V. Fineschi, 『리폴리 인쇄 사료』*Notizie storiche sopra la stamperia di Ripoli*, Firenze, 1781; G. Galli, 「리폴리에서의 후기 인쇄 자료 및 플라톤 인쇄 자료」Gli ultimi mesi della stamperia di Ripoli e la stampa del Platone, *Studi e ricerche Sulla storia della stampa del Quattrocento*, Milano, 1942, 159~184쪽.

14 A. Renaudet, 『1차 이탈리아 전쟁 중 파리에서의 인문주의와 종교개혁 발아기』*Préréforme et humanisme à Paris pendant les premières guerres d'Italie (1494-1517)*, Paris, 1953, passim; A. Claudin, 『파리 인쇄술의 기원—소르본 최초의 인쇄소』*Origines de l'imprimerie à Paris. La première presse à la Sorbonne*, Paris, 1899, 8절판; J. Monfrin, 「소르본 도서관 대출 기록을 통해 살펴본 기욤 피셰 및 요하네스 하인린의 구독 현황」Les Lectures de Guillaume Fichet et de Jean Heylin d'après les registres de prêt de la Bibliothèque de la Sorbonne, *Bibliothèque d'Humanisme et Renaissance*, t. XVII, 1955, 7, 23쪽.

15 A. Willems, 『엘제비어 가家』*Les Elzevier*, Bruxelles, 1880.

16 E. Pasquier, V. Dauphin, 『앙주 지역의 인쇄업자와 서적상』*Imprimeurs et libraires de l'Anjou*, Angers, 1932.

17 G. Lepreux, 『프랑스 지역의 인쇄술—노르망디 지역』*Gallia typographica. Province de Normandie*, t. I; A. De La Bouralière, 『16세기 푸아티에에서의 인쇄업과 도서업』*L'Imprimerie et la librairie à Poitiers pendant le XVI*e *siècle*; E. F. Kossmann, 『헤이그의 도서 산업』*De boekhandel te 's Gravenhage*, Hague, 1937.

18 E. Pasquier, V. Dauphin, 앞의 책.

19 211쪽부터 참고.

20 224쪽부터 참고.

21 322~323쪽 지도 참고. 각 도시에 인쇄술이 등장한 시기와 관련해서는 저마다 논란이 분분하다. 여기에서 그 문제를 정리할 수는 없다. 다만 참고문헌에 명시된 주요 참고 자료들을 바탕으로, 통상 받아들여지는 몇몇 시기만을 표시했다.

22 A. Claudin, 『프랑스 인쇄사』, t. I, 67쪽부터; H. Leiimann-Haupt, 『겐즈하임과 마인츠

에서의 페터 셰퍼』Peter Schaeffer of Gernsheim and Mainz, Rochester, New York, 1900.

23 P. Pansier, 『14세기에서 16세기까지 아비뇽의 인쇄업 및 책의 역사』*Histoire du livre et de l'imprimerie à Avignon, du XIVe au XVIe siècle*, 129쪽부터.

24 296~297쪽 참고.

25 물론 이 수치는 단지 비율을 알아보기 위한 자료로, K. Burger, 『15세기 인쇄업자와 출판업자의 명부와 작품』*The Printers and the publishers of the XVth century with lists of their works*, Münich, 1902의 주석 삽입본에 근거한 수치다.

26 420쪽부터 참고.

27 국립도서관, L. Voet, 「플랑탱과 루벤스의 도시 안트베르펜」Anvers, ville de Plantin et de Rubens, 『박람회 카탈로그』, 95쪽부터.

28 F. Ritter, 『15세기 및 16세기 알자스 인쇄업의 역사』*Histoire de l'imprimerie alsacienne aux XVe et XVIe siècles*.

29 16세기 독일의 출판업계에 관해서는 다음을 참고. F. Milkau, 『문헌경제학 입문』*Handbuch der Bibliotheks-Wissenschaft*, 2판. de Georg Leyn, t. I: 『책과 글』*Schrift und Buch*, Wiesbaden, 1952, 490쪽부터; J. Benzing, 『16세기 인쇄본 관련 용어: 독일어권 지역을 중심으로』*Buchdrucker-lexicon des 16.Jahrhunderts: Deutsches Sprachgebiet*, Francfort, 1952.

30 G. Lepreux, 「프랑스 도시로의 인쇄술 도입」Introduction de l'imprimerie dans les villes de France, 『인쇄 장인 연합 회보』*Supplément au Bulletin officiel de l'Union des maîtres imprimeurs* 특별호 별책, 1925년 12월, 9쪽부터.

31 P. Renouard, 『1530년 프랑스의 출판업』*L'Édition française en 1530*, Paris, 1931.

32 C. Perez Pastor, 『마드리드 서지』*Bibliografia Madrilena*, Madrid, 1891~1907, vol. 3. 이 서지 연구 자료에 따르면 1566년에서 1600년까지 마드리드에서는 총 769종의 도서가 인쇄되었으며, 1601년에서 1626년 기간에는 1,461종의 도서가 인쇄되었다.

33 H. S. Benett, 『1475~1557년 영어권 도서와 독자』*English books and readers, 1475 to 1557*, Cambridge, 1952; M. Plant, 『영어권 도서의 거래』*The English book trade*, London, 1939; F. A. Mumby, *Publishing and bookselling…*, London & New York, 1949.

34 494쪽부터 참고.

35 490쪽부터 참고.

36 531쪽부터 참고.

37 390쪽부터 참고.

38 P. J. H. Baudet, 『블라외의 생애와 작품』*Leven en Werk van W. J. Blaeu*, Utrecht, 1871.

39 H. J. Martin, 「17세기 파리 출판업계의 몇 가지 양상」, 7년차 『연감』, 1952, 309~319쪽.

40 P. Mellotée, 『인쇄 경제사』, 458쪽부터.

41 이 분야와 관련해 참고했던 기본 자료는 M. Kleerkoope 및 W. P. Van Stockum, 『암스테르담의 도서산업—17세기를 중심으로』*De boekhandel te Amsterdam, voornamelijk in de 17, eeuw*..., Hague, 1914, 5권으로 상당히 훌륭한 자료집이다.

42 『장 자크 루소가 마르크 미셸 레이에게 보낸 미간행 서신』*Lettres inédites de Jean-Jacques Rousseau à Marc-Michel Rey*, ed. J. Bosscha, Amsterdam & Paris, 1858 참고.

43 참고 자료 704쪽을 참고.

7장 책의 매매

1 K. Haebler, 『인큐내뷸러 연구』*The Study of incunabula*, New York, 1933, 8절판, 171쪽부터.

2 O. von Hase, 『코베르거 가』*Die Koberger*, 2판, Leipzig, 1885, 8절판.

3 P. Renouard, 『조스 바드의 인쇄물과 출간서 서지 연구』*Bibliographie des impressions et des oeuvres de Josse Bade*, t. I, 57~59쪽; t. II, 155쪽.

4 E. Coyecque, 『파리 역사에 관한 공증 서류집』*Recueil d'actes notariés relatifs à l'histoire de Paris*, t. I, n° 866.

5 같은 책, n° 1262.

6 P. Pansier, 『14세기에서 16세기까지 아비뇽의 인쇄업 및 책의 역사』*Histoire du livre et de l'imprimerie àAvignon du XIVe au XVIe siècle*, Avignon, 1922, 85쪽부터, 100쪽부터.

7 A. Hanauer, 『아그노의 인쇄업자들』*Les imprimeurs de Haguenau*, 23쪽.

8 P. Renouard, 『시몽 드 콜린 출판물 서지 연구』*Bibliographie des éditions de Simon de Colines*, 96쪽부터, 461쪽. 이외에도 『비블리오테카 벨지카』*Bibliotheca Belgica* 2부, E. 466 참고.

9 P. Renouard, 『시몽 드 콜린 출판물 서지 연구』*Bibl. des édit. de Simon de Colines*, 23쪽.

10 503쪽부터 참고.

11 M. Rooses, 『크리스토프 플랑탱』*Christophe Plantin*, 2판.

12 1587년에 영국의 서적출판업 조합은 식자공들의 일이 부족하지 않은 수준에서 발행 부수를 제한했다. 다만 일부 도서의 경우에 한해서만 1,250~1,500부 이상으로 출간할 수

있었는데, 문법서나 기도서, 교리서, 규약집과 성명서, 달력, 책력, 예언서 등이 이에 해당했다. 사실 이 같은 발행 부수 제한이 있다고 해도 인쇄 장인들은 전혀 불편함을 못 느꼈는데, 세익스피어의 4절 판형 책들도 발행 부수가 1,000부 이상을 넘지 않았기 때문이다. 1635년에 이르면 발행 부수의 상한선이 더 높아진다. E. Boswell, W. Greg, 『서적출판업 조합 법정 자료』*Records of the court of Stationer's Company, 1576-1602, from register B*. London, 1930, XLIII쪽부터 참고; M. Plant, 『영어권 도서의 거래』*The English book trade*, London, 1939.

13 국립도서관, ms. fr. 22074, pièce n° 2.

14 G. Mongrédien, 『17세기의 문학』*La Vie littéraire au XVIIe siècle*, 272쪽.

15 국립도서관, ms. fr. 21856, f. 40.

16 같은 자료.

17 Kleerkooper, 「다니엘 엘제비어—영국과의 교류」Daniel Elzevier betrekkingen met Engeland, *Tijdschrift voor boek en bibliotheekvezen*, 1910.

18 G. Cohen, 『17세기 전반 네덜란드의 프랑스 작가들』*Écrivains français en Hollande dans la première partie du XVIIe siècle*, Paris, Champion, 1920.

19 P. Delalain, 『1634~1793년 아카데미 프랑세즈의 서적상과 인쇄업자』*Les libraires et imprimeurs de l'Académie française, de 1634 à 1793*, Paris, 1907, 57쪽.

20 같은 책.

21 1704년 10월 17일 자문회의 법령.

22 플랑탱 모레투스 고문서 보관소, 296, fts. 680~682.

23 M. M. Kleerkooper, W. Van Stockum, 『암스테르담의 도서산업』*De Boekhandel te Amsterdam...*. Hague, 1914, art, Halma.

24 같은 책.

25 H.J. Martin, 『기욤 데프레』*Guillaume Desprez*, 위의 책.

26 국립도서관, ms. fr, 22127, pièce n° 52.

27 리옹 고문서 보관소Archives de la ville de Lyon, HH 101.

28 국립도서관, ms. lat. 11915.

29 『파리 서적상과 인쇄업자들의 행태에 관한 연구 보고』, p. p. Lucien Faucou, Paris, 1879.

30 같은 책.

31 P. Mellotée, 『인쇄경제사』, 1권 「구체제」L'Ancien Régime, 449~452쪽.

32 부이용 대공박물관, 『백과전서 학회보와 인쇄업계』.

33 이와 관련해서는 『인쇄업자 가브리엘 크라메에게 보내는 미간행 서신』*Lettres inédites à son imprimeur Gabriel Cramer*(ed. Gagnebin, Geneva)에서 볼테르가 쓴 서문과 Bengesco, 『볼테르 서지』*Bibl. Voltaire*, I, 342쪽(1571년 12월 28일자 볼테르의 편지) 참고. 영국에서도 통상 2,000부를 찍었으며, 간혹 1만 부까지 부수가 올라가기도 했다. M. Plant, 『영어권 도서의 거래』*The English book trade*, London, 1939, 94쪽 참고.

34 M. Plant, 앞의 책, 257쪽.

35 플랑탱 모레투스 고문서 보관소, 148, fts. 163 vo-164. 주문이 들어온 책들 가운데 일부는 서적상 푸에Fouet에게 귀속된 영업 자산에서 나온 것이었으며, 이는 대략 20년 전에 인쇄된 것이었다. 이로 미루어볼 때, 그 당시 이 같은 도서 유통이 얼마나 느리게 진행되었는지 알 수 있다.

36 국립도서관, ms. fr. 21856, f. 40.

37 Voltaire, 『인쇄업자 가브리엘 크라메에게 보내는 미간행 서신』, 서문.

38 낭트가 중개 교역 도시로서의 역할을 한 것에 대해서는 프랑스와 에스파냐 사이에서 상인 겸 은행가 역할을 하던 루이스Ruiz 가문의 고문서 자료를 통해 정확히 알 수 있다. 16세기 중엽, 안드레와 시몬 루이스는 프랑스 종이를 에스파냐로 발송하는 일을 맡았다. 이에 따라 안드레 루이스는 프랑스 중부 티에Thiers 지역의 제지상들과 밀접한 교류관계를 맺고 있었다. 이 지역은 특히 현지에서의 수송을 위한 에스파냐의 파견업자들이 많은 곳이었다. 1552년에 그는 에스파냐로 종이 꾸러미 2,041개를 보냈는데, 각 꾸러미 한 개마다 500매 묶음(1연) 18개에서 24개가량이 들어 있었다. 꾸러미의 수는 1553년에 826개, 1554년에는 383개, 1555년 436개 등이었다. 한편 1557년에서 1564년 사이에는 모두 1,057개의 책 꾸러미를 보냈는데, 그중 919개는 리옹에서, 103개는 파리에서 온 것이었고, 파리에서 온 물량도 대개는 리옹 사람들의 주문에 따른 것이었다. 매매는 부르고스, 바야돌리드, 살라망카 등지에서 이루어졌다. 하지만 도서 거래의 중심지는 메디나 델 캄포였다. 리옹 서적상 가운데서는 센느통Senneton과 페노Pesnot가 이 같은 거래의 대표주자격이었다(회사 사주의 조카였던 샤를 페노는 메디나로 파견되어 현지업무를 담당한 뒤, 이후 리옹으로 돌아와 자신이 대신 회사의 운영을 도맡는다). 아울러 지운타 가와 루이유-포르토나리 그룹, 그리고 밀리스 가가 그 뒤를 이었다. 이들 모두 메디나 델 캄포에 현지 파견 인력을 두어 현장업무를 맡겼다. 한편 1574년에 안드레 루이스는 안트베르펜에서 온 교회 서적 126꾸러미를 에스파냐로 보내는 일을 맡는다. 참고로 안드레 루이스와 프란치스코 드 라

프레사Francisco de la Presa는 1578년, 에스파냐에 중고책을 공급할 목적으로 대형 인쇄소를 차리려는 시도를 한다. 이들의 사업 시도는 결국 실패로 끝났지만, 이들의 고문서 사료에 대한 연구에 따르면 그 당시 에스파냐에서는 50여 개의 주교구가 있었고, 각 주교구마다 1,500권의 성무일과서 수요가 있었다. 카스틸라Catille에는 총 40여 개 인쇄소가 운영 중에 있었으며, 매년 4만 권의 미사경본과 4만 권의 성무일과서를 제작했다(H. Lapeyre, 『상인 가문 루이스』*Une famille de marchands, les Ruys*, Paris, 1955, 566쪽부터 참고). 낭트 지역이 중개 교역 도시로서 역할을 한 건 루아르 하구에 위치한 지리적 특성 때문이었다. 강을 통한 수송은 육로를 통하는 경우보다 운송비가 더 적게 들어가기 때문이다. 이와 관련한 자료는 H. Lapeyre(앞의 책, 570쪽), E. Trocmé와 M. Delafosse의 책 『15세기 말에서 17세기 초까지 라 로셸 지역에서의 상거래』*Le commerce rochelais de la fin du XVe siècle au début du XVIIe siècle*, Paris, 1952, 95쪽에서 찾아볼 수 있다.

1563년 라 로셸을 통해 리옹에서 에스파냐 및 포르투갈로 책 꾸러미 하나를 보내는 운송비는 아래와 같다.

리옹 — 라 로셸(육로 수레 운송) 5~6리브르/t

라 로셸 — 빌바오: 14~16솔/t (1/8)

라 로셸 — 리스본: 20솔/t (1/6)

라 로셸 — 세비야: 1리브르 10솔 (1/4)

리옹에서 낭트를 통해 메디나 델 캄포로 21권 한 묶음(한 꾸러미보다 적은 양)을 보내는 운송비는 다음을 참고.

리옹 — 낭트(육로를 통해 옮긴 뒤, 루아르 강을 통해 운송): 1리브르 7솔/t …… 563mrs.

해상 보험: 4%, 365mrs

빌바오 — 메디나: 488mrs

이 자료만 비교해보더라도 왜 리옹-라로셸 경로를 이용하는 경우가 드물었는지, 그리고 서적상들이 왜 루아르-낭트 경로를 통해 물건을 배송하기를 선호했는지 그 이유를 쉽게 짐작할 수 있다.

39 특히 이 책에서 주목하는 부분은 '책과 책'의 물물거래다. 그런데 어느 시대건 서적상들은 대개 다른 물건으로 협상하며 거래 균형을 맞추었다. 따라서 거의 대부분이 이 같은 목적에서 종이 꾸러미를 보내거나 받거나 했다. 아울러 소도시 서적상을 중심으로 한 일부 상인들은 현지 특산물을 갖고 거래했는데, 가령 17세기 중반 그르노블 서적상 니콜라의 예가 이에 해당한다. 은행가이자 부유한 상인이었던 그는 파리와 리옹으로 셈 가죽과 장갑

을 보내주었고, 이로써 그는 자신에게 책을 보내준 리옹과 파리 지역 출판업자들에게 대금을 치를 수 있었다(H. J. Martin, 『18세기 그르노블의 지식 생활상』*La vie intellectuelle à Grenoble au XVIII*[e] *siècle*).

40 A. Claudin, 『인쇄사』*Histoire de l'imprimerie*, t. I, 67쪽부터; F. Milkau, 『문헌경제학 입문』*Handbuch der Bibliothekswissenschaft*, t. I, 875쪽부터.

41 M. Plant, 『영어권 도서의 거래』*The English book trade*, 262쪽부터.

42 H. Brésard, 『15세기와 16세기의 리옹박람회』*Les foires de Lyon au XV*[e] *et au XVI*[e] *siècle*, Lyon, 1914.

43 J. Guignard, 「라블레의 첫 출판사들」Les premiers éditeurs de Rabelais, *Association des bibliothécaires français*, *Bulletin d'information*, n° 13, 1954년 3월, 13쪽부터.

44 F. Milkau, 앞의 책, t. I, 879쪽부터; Fr. Kapp, J. Golfriedrich, 『독일어 도서 거래의 역사』*Geschichte des deutschen Buchhandels*, Leipzig, 1886; H. Estienne, 『프랑크푸르트도서박람회』*The Francfort book fair*, J. W. Thompson 서문, Chicago, 1911.

45 이와 관련해서는 다음을 참고. Kapp & Goldfriedrich, 앞의 책, t. I; H. Estienne, 앞의 책. 아울러 다음도 참고. A. Dietz, 『프랑크푸르트 책의 역사』*Zur Geschichte der Frankfurter Büchermesse, 1462-1792*, Francfort, 1921.

46 A. Growoll, 『영어권 도서 거래 300년』*Three centuries of English book trade bibliography*, New York, 1903.

47 F. Milkau, 앞의 책, 894쪽.

48 A. Growoll, 앞의 책과 위의 주석 45번에 인용된 도서 참고.

49 G. Weill, 『신문—정기간행물의 기원과 발전』*Le Journal, origine, évolution de la presse périodique*, Paris, 1934(『인류의 진화』 XCV권), 19쪽부터.

50 P. Renouard, 『조스 바드 아센시우스의 인쇄물과 출간서 서지 연구』, 서문.

51 H. Falk, 『구체제에서의 도서판매 윤허권』*Les Privilèges de librairie sous l'Ancien Régime*, Paris, 1906.

52 『1669~1672 베르뒤센 형제 서신집』*Briefwisseling van de Gebroeders Verdussen, 1669-1672*, ed. M. Sabbe, Antwerpen-Hague, 1936, 2권; H. J. Martin, 「17세기 파리 출판업계의 몇 가지 양상」Quelques aspects de l'édition parisienne au XVIIe siècle, 7년차 『연감』, 1952, 309~319쪽.

53 Putman, 앞의 책.

1 물론 이 같은 계산치에서 우리가 중점을 두고 있는 건 오직 수량적인 측면이다. 블라디미르 루빈스키Vladimir Loublinsky에 따르면, 이 시기 생산된 출판물 규모가 1,200만에서 2,000만 부 정도일 거라는 계산이다. 『세계 문화사 보고』*Vestonik Istorii Minovoi Kultury*, Moscou, 1959, n° 4에서의 본서 1판 보고 내용 참고.

2 『프랑스 백과사전』*Encyclopédie française*, 18권 「문자 문명」La Civilisation écrite, Paris, 1939 ; R. Steele, 「15세기 도서에 관하여」What fifteenth century books are about, *Library*, new series, V, 1903~1907 ; J. M. Lehnart, 『종교개혁 이전의 인쇄본—통계와 서지 중심의 연구』*Pre-Reformation printed books. A study in statistical and applied bibliography*, New York, 1935.

3 W. A. Copinger 『인큐내뷸러 성서본 또는 라틴어 성서본의 반세기』*Incunabula biblica, or the first half century of latin Bible*, London, 1892. 부록을 통해 저자는 16세기에 출간된 전체 도서목록 중 성서 항목 437개 판본을 인용한다. 물론 앞으로 이어지는 페이지에서 제시되는 수치들의 경우, 다양한 참고 도서 자료에서 발췌한 것으로, 이를 절대적으로 받아들이기보다는 단순히 참고용으로만 보는 게 나을 듯하다.

4 M. Pellechet, 『야코부스 데 보라지네—15세기 출간된 도서 출판 목록』*Jacques de Voragine. Liste des éditions de ses ouvrages publiées au XVe siècle*(*Revue des bibliothèques* 1895년 4월호에서 발췌).

5 앞의 내용과 관련해서는 특히 다음을 참고. B. Woledge, 『1500년 이전의 산문소설 서지 연구』*Bibliographie des romans et nouvelles en prose antérieurs à 1500*, Geneva, 1954.

6 15세기의 학술서 출간에 관해서는 다음을 참고. G. Sarton, 「인큐내뷸러를 통해 본 학술서 출간」The Scientific literature transmitted through the incunabula, 『오시리스』*Osiris*, t. V, 1938, 41~245쪽.

7 B. Gilles, 「서서히 이루어지는 기술 발전」Lents progrès de la technique, *Revue de Synthèse*, 32호, 1953, 69~88쪽.

8 E. P. Goldschmidt, 『중세 문헌과 그 최초의 인쇄본 등장』*Medieval texts and their first appearance in print*, London-Oxford, 1943.

9 파리 관련 수치의 경우, P. Renouard가 모아놓은 기록을 참고했으며, 그 가운데 『16세기 파리 인쇄물 서지』*Bibliographie des impressions parisiennes au XVIe siècle*는 차기에 출간될

예정이다. 리옹 관련 수치의 경우, J. Baudrier의 『리옹 서지』*La Bibliographie lyonnaise*를 참고하고, 영국과 관련해서는 『간추린 표제목록』*Short title Catalogue*를 참고. 독일과 베네치아의 경우, 출간 예정인 J. Benzing의 『서지 연구』*Bibliographie*를 참고한다.

10 여기에 나와 있는 수치는 고등 문헌 학교École des chartes의 니콜 부르델Nicole Bourdel이 쓴 논문 자료에서 발췌한 것이다. 이를 활용할 수 있게 해준 니콜 부르델에게 감사를 표한다. 아울러 다음 도서의 내용도 참고. R. Doucet, 『16세기 파리의 도서관』*Les Bibliothèques parisiennes au XVIe siècle*, Paris, 1956, A. H. Schutz, 『16세기 파리 개인 서고의 고유한 도서 유형』*Vernacular books in parisian private libraries of the sixteenth century*, Chapel Hill, 1956.

11 R. Doucet, 앞의 책 참고.

12 P. Ritter, 『15세기 및 16세기 알자스 인쇄업의 역사』*Histoire de l'imprimerie alsacienne au XVe et au XVIe siècle*, 463쪽부터.

13 P. Renouard의 자료 기록.

14 R. Proctor, 『15세기 그리스어 도서 인쇄』*The Printing of greek in the fifteenth century*, Oxford, 1900; 『그리스 인쇄 형태』*Greek printing types, 1465-1927*, London, 1927.

15 Paul Colomies, 『동갈리아』*Gallia orientalis*, Hague, 1665; 같은 저자, 『동이탈리아와 에스파냐』*Italia et Hispania orientalis*, Hague, 1730; Wilhelm Bacher, 『10~16세기 히브리어 언어학자』*Die hebräische Sprachwissenschaft vom 10. bis zum 16. Jahrhundert*, Trier, 1892; Bernhard Walde, 『중세 말기 독일에서의 기독교도 히브리어학자』*Christliche Hebraisten Deutschlands am Ausgang des Mittelalters*, Münster-in-Westfalen, 1916; 『유대 백과사전』*Encyclopedia Judaica*, 『히브리어 연구』*Hebräische Sprache(Christliche Hebraisten)*; Daniel Mierowski, 『시대별 히브리어 문법 및 문법학자』*Hebrew grammar and grammarians throughout the ages*, Johannesbourg, 1955(박사학위 논문 복사); L. Kukenheim, 『르네상스 시대 그리스어, 라틴어, 히브리어 문법사 논고』*Contribution à l'histoire de la grammaire grecque, latine et hébraïque à l'époque de la Renaissance*, Leyde, 1951; 이전 시기에 관해서는 다음을 참고. J. Soury, 『서구 기독교인의 히브리어 및 주해 연구』*Des études hébraïques et exégétiques chez les chrétiens d'Occident*, Paris, 1867; Samuel Berger, 『중세 프랑스에서 히브리어를 알았던 기독교인들』*Quem notitiam linguae hebraicae habuerint Christiani medii aevi temporibus in Gallia*, Nancy, 1893.

16 D. W. Amram, 『이탈리아의 히브리어 도서 제작자들』*The makers of Hebrew books in Italy*, Philadelphie, 1909; C. B. Friedberg, 『이탈리아, 에스파냐, 포르투갈, 터키 및 동양 국

가 내 인쇄술의 역사』*Toledoth ha-defous ha-ivri bi-medinoth Italya, Aspamya- Portugalya, Togarma we-arstoth hakedem*, Antwerpen, 1934; 손치노Soncino에 관해서는 다음을 참고. Giacomo Manzoni, 『손치노 인쇄 연감』*Annali tipografici dei Soncini*, t. II와 IV, Bologna, 1883~1886.

17 C. B. Friedberg, 『중부 유럽 도시 인쇄술의 역사』*Toledoth ha-defous ha-ivri be-arim ha-éle chèbe-Eropa ha-tikhona: Augsbourg, Offenbach*, Antwerpen, 1935, K. Haebler, 『15세기 독일의 인쇄업』*Die deutschen Buchdrucker des XV. Jahrhunderts*, München, 1924('Die hebräische Drucker 1475~1500'에 관한 장).

18 C. B. Friedberg, 『폴란드 히브리어 인쇄술의 역사』*Toledoth ha-defous ha-ivri be Polonye*, Anvers, 1933.

19 이와 관련해서는 다음을 참고. H. Omont, 『16세기 파리에서 출간된 그리스어와 히브리어 알파벳 교본』*Alphabets grecs et hébreux publiés à Paris au XVIe siècle*, Paris, 1885(『파리 및 일드프랑스 지역의 역사에 관한 사회 연구 보고』*Mémoires de la Société de l'histoire de Paris et de 1'Ile-de-France*에서 발췌); 같은 작가, 『파리 및 베네치아에서 기욤 르베가 새긴 히브리어 서체 견본』*Spécimens de caractères hébreux gravés à Paris et à Venise par Guillaume Le Bé(1546-1574)*, Paris, 1887(『파리 지역의 역사에 관한 사회 연구 보고』*Mémoires de la Société de l'Histoire de Paris*에서 발췌) 및 『파리 및 베네치아에서 기욤 르베가 새긴 히브리어, 그리스어, 라틴어 서체 및 음표 견본』*Spécimens de caractères hébreux, grecs, latins et de musique, gravés à Venise et à Paris par Guillaume Le Bé(1545-1592)*, Paris, 1889(동일 연구 보고에서 발췌); E. Howe, 「히브리어 인쇄 입문」An Introduction to Hebrew typography 및 「르베 가」The Le Bé family, *Signature*, 5(1937)와 8(1938).

20 R. N. Rabbinowicz, 『탈무드 출판에 관한 연구』*Maamar 'al hadpassath ha-Talmoud*, München, 1877; 2판, Jerusalem, 1940.

21 Alexander Marx, 『히브리어 인큐내뷸러 인쇄 대상 도서의 선택』*The Choice of books by the printers of Hebrew incunables*(reprinted from: To Doclor R., Philadelphie, 1948).

22 끝으로 한 가지 짚고 넘어가야 할 부분은 에스파냐에 이어 포르투갈에서도 추방당한 유대인 인쇄업자들이 인쇄기와 활자를 들고 터키로 건너가 인쇄업 개척자로서 환대를 받았다는 점이다. 이로써 터키는 히브리어 인쇄산업의 요람 중 하나로 발돋움했으며, 1493~1503년부터는 야곱 벤 아쉐르Jacob fils d'Aser가 쓴 중요한 유대 법전 『아르바 투림』*Arba'a tourim*(혹은 『4단서』*Quatre Rangées*)가 출간된다. 1503년 투르크제국에서 활동

하는 유대 인쇄업자들의 수는 여럿이었다. 그 가운데 특히 유명한 인물이 손치노의 게르손이었는데, 이 도시 저 도시를 떠돌며 1489년에서 1534년 사이 이탈리아의 여덟 개 도시에서 작업하던 그는 다른 업자들의 표절과 경쟁에 못 이겨 결국 터키로 떠난다. 이 지역에서는 1527년 살로니카와 이어 콘스탄티노플에서 제일 처음으로 그의 인쇄 로고가 등장한다(G. Manzoni의 『손치노 인쇄 연감』*Annali tipografici dei Soncino*과 A. M. Habermann의 『손치노 가문의 인쇄업자들』*Hamadpissim bené Soncino*(Vienne, 1933 참고). 따라서 니콜라 드 니콜레이Nicolas de Nicolay는 자신의 책 『터키 지역으로의 항해·순례·여행기』*Discours et histoires véritables des navigations, pérégrinations et voyages faits en Turquie*에서 유대인들이 "콘스탄티노플에 인쇄소를 차렸으며, 그 전에 이 지역에서는 이런 형태의 작업소를 결코 볼 수 없었다"며 다소 과장 섞인 주장을 한다. 아울러 그는 "이들 덕분에 그리스어, 라틴어, 이탈리아어, 에스파냐어, 그리고 레반트 지역에서 사용되는 언어로 된 다양한 언어권의 책들이 각광을 받게 되었다"고 덧붙인다(A. Blum, 「터키 정복 이후 콘스탄티노플에서의 헬레니즘」L'Hellénisme à Constantinople après la conquête turque, *Revue des Deux-Mondes* 1943년 5월호, 98쪽 및 s., et C. Roth, 「15세기 및 16세기 유대계와 비유대계 인쇄업자의 도서」Jewish printers of non Jewish books in the fifteenth and sixteenth century, *Journal of Jewish studies* IV, 3, London, 1953 참고).

23 F. Brunot, 『프랑스어의 역사』*Histoire de la langue française*, t. II: 16세기편, 3쪽.

24 H. B. Lathrop, 『영어로의 고전 번역—캑스턴에서 채프먼까지』*Translations from the classics into English from Caxton to Chapmann(1477-1620)*, Madison, 1933.

25 G. Mambelli, 『베르길리우스 출판 연감』*Gli Annali delle edizioni Virgiliane*, Firenze, 1954.

26 A. J. Festugière, 『마르실리오 피치노의 연애철학과 16세기 프랑스 문학에 미친 영향』*La Philosophie de l'amour de Marsile Ficin et son influence sur la littérature française du XVIe siècle*, 2판, Paris, 1944.

27 『비블리오테카 벨지카』*Bibliotheca Belgica*, 2판, t. VI-XIV.

28 P. P. Plan, 『1532~1711년 라블레의 출판사』*Les Éditions de Rabelais de 1532 à 1711*, Paris, 1904 참고.

29 G. Duplessis, 『알치아의 문장』*Les Emblèmes d'Alciat*, Paris, 1884; M. Praz, 『16세기 도상학 연구』*Studies in seventeenth century imagery*, London, 1939, 2권.

30 L. Febvre, 『16세기의 무신앙 문제: 라블레의 종교를 중심으로』*Le problème de l'incroyance au XVIe siècle: la religion de Rabelais*, Paris, 1968(rééd.); L. Thorndike, 『15세기의 학문

과 사상』*Science and thought in the XVth century*, New York, 1929. 여기에서는 이 두 책을 인용하는 정도로 이 문제에 관해 간단히 넘어가고자 한다. 아울러 미국에서 출간된 귀중한 참고 자료도 소개한다. George Sarton, 『르네상스 시기 고대 및 중세 학문 조명』*The appreciation of ancient and medieval science during the Renaissance*, Philadelphie, 1955.

31 L. Febvre, 『16세기의 무신앙 문제』, 358~359쪽(1968년판)에서 인용.

32 처음에는 다소 환상이 가미된 방식으로 나타나던 삽화는 점차 정교해지는 양상을 띠고, 직접 관찰한 것을 그대로 표현하는 방향으로 나아갔다. 이에 관해서는 Sarton의 앞의 책, 89쪽부터 참고.

33 B. Penrose, 『르네상스 시기 여행과 발견』*Travel and discovery in the Renaissance*, Cambridge, 1952; G. Atkinson, 『프랑스 르네상스기의 새로운 시야』*Les Nouveaux Horizons de la Renaissance française*, Paris, 1935.

34 Van Tieghem, 「르네상스기의 라틴 문학」*La Littérature latine de la Renaissance*, *Bibliothèque d'Humanisme et Renaissance*, VI, 1944, 177~409쪽.

35 448쪽 도표 참고.

36 H. Hauser, 『신교의 태동』*La Naissance du protestantisme*, Paris, 1940 및 『프랑스 종교개혁에 관한 연구』*Études sur la Réforme française*, Paris, 1909, 86쪽부터, 255쪽부터 참고.

37 J. P. Seguin, 「15세기 말 프랑스에서의 선전홍보물」L'Information à la fin du XVe siècle en France, 『민중 예술과 전통』*Arts et traditions populaires*, 10월호·12월호, 1956, n° 4 및 1957, n° 1과 2.

38 울리히 폰 후텐의 도서 유통에 관해서는 다음을 참고. Josef Benzing, 『울리히 폰 후텐과 그의 인쇄업자』*Ulrich von Hutten und seine Drucker*, Wiesbaden, 1956.

39 L. Febvre, 『마르틴 루터의 운명』*Un destin: Martin Luther*, Paris, 1928.

40 M. Gravier, 『루터와 대중 여론』*Luther et l'opinion publique*, Paris, 1942

41 A. Goetze, 『종교개혁 시기 고지독일어 인쇄업자』*Die Hochdeutschen Drucker der Reformationszeit*, Strasbourg, 1905.

42 F. Ritter, 『15~16세기 알자스 인쇄업의 역사』*Histoire de l'imprimerie alsacienne aux XVe et XVIe siècles*, 384~396쪽.

43 이와 관련해서는 바이마르 출판사를 참고. 아울러 O. Clemen, 『루터의 종교개혁과 인쇄업』*Die Lutherische Reformation und der Buchdruck*, Leipzig, 1939 참고.

44 P. Imbart De La Tour, 『종교개혁의 기원』*Les Origines de la Réforme*, Paris, 1914, t. III.

45 이와 관련해서는 다음을 참고. W. G. Moore, 『독일의 종교개혁과 프랑스의 문학—프랑스 내 루터의 명성에 관한 연구』*La Réforme allemande et la littérature française. Recherches sur la notoriété de Luther en France*, Strasbourg, 1930.

46 A. Tricard, 「프랑스 내의 복음 전파—인쇄업자 시몽 뒤부아에 관해」La Propagande évangélique en France: l'imprimeur Simon Dubois(1526-1534), 『종교 선전의 양상』*Aspects de, la propagande religieuse*, Geneva, 1957, 1~37쪽.

47 J. Baudrier, 『리옹 서지』*Bibliographie 1yonnaise*, t. VIII; J. Plattard, 「바젤의 에퀴」L'Écu de Bâle, *Revue du XVIe siècle*, t. XIII, 1926, 282~285쪽; P. Renouard, 「파리의 인쇄업자들—특색 있는 서적상 및 판매인」Imprimeurs parisiens, libraires et vendeurs de caractères, 앞의 책, art, Cabiller, Resch 및 Vidoue; E. Hubert, 「파리의 인쇄업자 크레티앙 베셸」Chrétien Wechel, imprimeur à Paris, *Gutenberg-Jahrbuch*, 1954, 181~187쪽.

48 L. Delisle, 『1505~1533년 기간 중 파리 신학대학 조서 명부에 관한 요약본』*Notice sur un registre des procès-verbaux de la Faculté de théologie de Paris pendant les années 1505-1533*, 『국립도서관 및 그 외 도서관 필사본 발췌본 및 요약본』*Notices et extraits des manuscrits de la Bibliothèque nationale et autres bibliothèques*, t. XXXVI, 1899 별쇄본, 17~27쪽; J. Guignard, 「파리의 인쇄업자 및 서적상」Imprimeurs et libraires parisiens, 1525-1536, *Bulletin de l'Association Guillaume Budé*, 3부, n° 2, 1953년 6월, 74쪽 참고.

49 J. Veyrin-Forrer, 「파리의 인쇄업자 겸 활자 각인사 앙투안 오주로」Antoine Augereau, graveur de lettres et imprimeur parisien(vers 1485-1534), 『파리와 일드프랑스—파리 및 일드프랑스 지역 역사학회연합이 펴낸 논문집』*Paris et Ile-de-France. Mémoires publiés par la Fédération des sociétés historiques... de Paris et de 1'Ile-de-France*, 1957.

50 N. Weiss, 「장 뒤 벨레, 신교도와 소르본」Jean Du Bellay, les Protestants et la Sorbonne(1529-1535), Paris, 1904.

51 W. G. Moore, 『독일의 종교개혁과 프랑스 문학』*La Réforme allemande et la littérature française*, 446쪽부터 이곳저곳.

52 N. Weiss et V. L. Bourilly, 「장 뒤 벨레, 신교도와 소르본」, *Le Bulletin de la Société de l'Histoire du Protestantisme français*, t. LIII, 1904, 97~143쪽; L. Febvre, 「1534년 벽보의 기원」L'origine des placards de 1534, *Bibliothèque d'Humanisme et Renaissance*, t. VII, 1945, 62~75쪽; R. Hari, 「1534년 벽보」Les Placards de 1534, 『종교 선전의 양상』*Aspects de la Propagande religieuse*, Geneva, Droz, 1957, 8절판, 79~142쪽. 주목할 만한

논문들이 수록된 논문집인 이 마지막 책은 우리가 이번 장을 인쇄기에 집어넣은 바로 그 순간 막 출간되었다(1957). 이런 면에 있어 원하는 만큼 이 책의 내용을 참고할 수 없었던 점에 대해 유감으로 생각한다.

53 H. Hauser, 『프랑스 종교개혁에 관한 연구』*Études sur la Réforme française*, 255~298쪽.

54 T. Dufour, 『칼뱅의 신앙고백과 교리에 관한 서지 개요(1537) 및 그 외 종교개혁 초기 제네바와 뇌샤텔에서 인쇄된 책들에 관한 개요(1533~1540)』*Notice bibliographique sur le catéchisme et la confession de foi de Calvin(1537) et sur les autres livres imprimés à Genève et à Neuchâtel dans les premiers temps de la Réforme(1533-1540)*, CCX-CCLXXXVIII쪽; 『칼뱅의 프랑스어 교리문답』*Le Catéchisme français de Calvin*, Geneva, 1878; J. Guinchard, 『뇌샤텔의 인쇄술 도입과 피에르 드 뱅글』*L'introduction de 1'imprimerie à Neuchâtel et Pierre de Vingle*, Neuchâtel, 1933; H. Delarue 「제네바의 올리베탕과 피에르 드 뱅글」Olivétan et Pierre de Vingle à Genève 1532-1533, *Bibliothèque d'Humanisme et Renaissance*, t. VIII, 1946, 105~118쪽; E. Droz, 「파렐의 인쇄업자 피에르 드 뱅글」Pierre de Vingle, l'imprimeur de Farel, G. Berthoud, 「신교 내용을 담은 가톨릭 위서」Livres pseudo-catholiques de contenu protestant, 『종교 선전의 양상』, 38~78쪽, 143~166쪽.

55 이와 관련해서는 다음을 참고. P. Chaix, 『1550~1564년 제네바 인쇄업에 관한 연구』*Recherches sur l'imprimerie à Genève de 1550 à 1564*, Geneva, 1954, M. Kingdom, 『프랑스 종교전쟁의 유입과 제네바의 상황』*Geneva and the coming of Wars of religion in France, 1555-1563*, Geneva, 1956.

56 P. Imbart De La Tour, 『종교개혁의 기원』*Les origines de la Réforme*, Paris, 1935, t. IV, 292~299쪽.

57 H. L. Schlaepfer, 「로랑 드 노르망디」Laurent de Normandie, 『종교 선전의 양상』, 176~230쪽.

58 E. Droz, 「앙투안 뱅상—시편집을 통한 신교 포교」Antoine Vincent. La propagande protestante par le Psautier, 『종교 선전의 양상』, 276~293쪽.

59 A. Meillet, 『새로워진 유럽에서의 언어문제』*Les Langues dans l'Europe nouvelle*, Paris, 1928, 16쪽 참고.

60 같은 책, 160쪽.

61 F. Brunot, 『프랑스어의 역사』*Histoire de la langue française*, 2권, 16세기편, 2쪽부터.

62 국립도서관, L. Voet, 「플랑탱과 루벤스의 도시 안트베르펜」Anvers, ville de Plantin et de

Rubens, 『박람회 카탈로그』, 95쪽.

63 J. M. Sanchez, 『16세기 아라곤 지방 서지』*Bibliografia aragonesa del siglo XVIe*, Madrid, 1913, 2권.

64 P. Renouard 자료에 기재된 정보.

65 E. Weiler, 『인쇄 총람—1500~1525년 시기의 독일어 문학』*Repertorium typographicum. Die deutsche Literatur im ersten viertel des sechzehnten Jahrhunderts*, Nordlingen, 1864; F. Milkau, 『문헌경제학 입문』, t. I, 516쪽부터; B. Clausse, 「16세기 저지독일어 인쇄」Niederdeutsche Drucke im XVI. Jahrhundert, *Zeitschrift für Bibliothekswesen*, 29, 1912, 201쪽부터.

66 E. Tonnelat, 『독일어의 역사』*Histoire de la langue allemande*, Paris, 1927, 127~145쪽.

67 E. Tonnelat, 앞의 책, 125쪽 참고.

68 F. Mossé, 『영어 역사 개요』*Esquisse d'une histoire de la langue anglaise*, Lyon, 1947, 105쪽부터.

69 F. Mossé의 글에서 인용.

70 F. Brunot, 『프랑스어의 역사』*Histoire de la langue française*, 2권, 16세기편, Paris, 1931; C. Beaulieux, 『프랑스 철자법의 역사』*Histoire de l'orthographe française*, Paris, 1927, 2권.

71 R. Menéndez Pidal, 「16세기의 언어」El Lenguaje del siglo XVI, *Cruz y Raya*, 6, 1933년 9월 15일, 7~63쪽.

발문

1 L. Mohr, 『인쇄 및 문학 50주년』*Die Jubilefest der Buchdruckerkunst und ihre Literatur*, Wien, 1882. A. Tronnier, Die, 『인쇄기술 연례 보고』*Jahresbericht der Buchdruckerkunst, 1540-1940*, Mainz, 1937.

2 『인쇄술의 기원과 초기 발전의 역사』*L'histoire de l'origine et des premiers progrès de l'imprimerie*, Hague, Veuve Leevier & Pierre Paupie, 1740.

3 「책의 항로」Livres Parcours... 전시 도록에서 차용, Valenciennes, 시립도서관, 1995, 41쪽, 오토 란호스트Otto Lankhorst 주석.

4 주석과 관련해 저자가 다음과 같이 필요 이상으로 타협적인 태도를 보인 것을 눈여겨볼

필요가 있다. "주석 가운데 몇몇은 다소 길게 느껴질 수도 있다. 하지만 이를 찬찬히 읽어 본다면, 그리고 여기에 들어 있는 내용이 주세와 관련해 반드시 꼭 필요한 내용임을 이해한다면, 바라건대 주석의 내용이 그보다 더 짧아질 수 없음을 알게 될 것이다."

5 Ambroise Firmin-Didot, 『에스티엔 가家』*Les Estienne*, 파리의 피르맹디도 형제 출판사에서 출간한 『신 인명사전』*Nouvelle biographie générale*에서 발췌. 이외에도 앙드레 잠므André Jammes가 재출간한 카탈로그 「디도 가: 서지학과 장서 문화 3세기의 역사」Les Didot: trois siècles de bibliographique et de bibliophilie 1698~1998도 참고(Paris, 파리 문화원, 1998, 192호.

6 Ambroise Firmin-Didot, 『베네치아의 헬레니즘 문화와 알도 마누치오』*Alde Manuce et l'hellénisme à Venise...*, Paris, Firmin-Didot, 1875, 2권.

7 Ambroise Firmin-Didot, 『목판화의 역사에 관한 인쇄학과 서지학적 접근』*Essai typographique et bibliographique sur l'histoire de la gravure sur bois*, Paris, Firmin-Didot frères et fils, 1863.

8 Frédéric Barbier, 슈아젤 구피에 공작의 『그리스 기행』*Le Voyage pittoresque de la Grèce*, 몽펠리에 학회 보고서, 1998.

9 『프리드리히 니콜라이: 계몽주의 시대 어느 프러시아 서적상의 작품 출간』*Friedrich Nicolai: die Verlagswerke eines preussischen Buchhändlers der Aufklärung, 1759-1811*, Wolfenbüttel, Herzog August Bibliothek, 1983.

10 Frédéric Barbier, 「프랑스와 독일: 서지학 관행」Entre la France et l'Allemagne: les pratiques bibliographiques, in *Le commerce culturel des nations: France-Allemagne, XVIII-XIX siècle*, 프랑크푸르트암마인 학회 보고서, 1989, 1992, *Revue de synthèse* 1~2호에 게재, 41~53쪽 참고.

11 Friedrich Christophe Perthes, 『독문학 생존 요건으로서의 독일어 도서 거래』*Der deutsche Buchhandel als Bedingung des Daseins einer deutschen Literatur*, Hambourg, Perthes, 1816. Herbert G. Göpfert의 최신 연구 『독문학 생존 요건으로서의 독일어 도서 거래: 크리스토프 페르테스의 문학 개념에 대하여』*Der deutsche Buchhandel als Bedingung des Daseins einer deutschen Literatur: Zum Literaturbegriff von Christoph Perthes*도 참고. 『라이프치히 문헌사 연감』*Leipziger Jahrbuch zur Buchgeschichte I*, 1991, 13~22쪽.

12 "프랑스 국민들 사이에서 교육의 진보와 발전이 자유에 대한 애정을 만들어냈다고 확신합니다. 이에 기여함에 있어 제가 생각하는 유일한 방법은 고대의 언어를 공부한 사람뿐만 아니라 일반 국민들도 읽을 수 있도록 통속어로 쓰인 장문의 서문과 함께 그리스 작가

들의 작품을 출간하는 것이었습니다."(『코라이가 샤르동 드 라 로셰트에게 보내는 미출간 서신집』*Lettres inédites de Coraÿ à Chardon de la Rochette*, Paris, Firmin-Didot et Cie, 1877, XXXIV쪽)

13 이 같은 타이틀에 대해 코라이는 (루이 16세의 유언을 포함한) 작은 책자 꾸러미에 동봉된 한 편지에서 웃으며 다음과 같이 이야기한다. "폴의 부친으로 유명한 클루츠 남작의 자료도 몇 권 함께 송부합니다. 이집트인들과 미국인들에 이어 최근에는 그리스인에 대한 연구까지 진행한 인물입니다. (……) 도입부에서 '인류의 대사'라는 겸손한 타이틀을 사용했더군요."(『코라이가 샤르동 드 라 로셰트에게 보내는 미출간 서신집』, 앞의 책, 84쪽부터. 스미르나의 네덜란드 교회 목사 베르나르 퀸Bernard Keun에게 보내는 편지, 6 우월雨月 I[=1793년 1월 25일])

14 Frédéric Barbier, 『산업화에 직면한 인쇄업자·서적상, 베르제-레브로』*Un imprimeur-libraire face à l'industrialisation: Berger-Levrault, 1821-1881*, Geneva, 인쇄 중.

15 Anatole Claudin, 『15~16세기 프랑스 인쇄 역사』*Histoire de l'imprimerie en France aux XVe et XVIe siècles*, Paris, 국립인쇄소, 1900~1914, 4권, 1976년 Nendeln(FL)에서 재인쇄.

16 바이에른 주립도서관Bayeriche Staatsbibliothek, Einbl. VIII, lm. 종이 위에는 다음과 같은 자필 메모가 쓰여 있다. "Venditor librorum reparibilis est in hospicio dicto Zum wilden Mann"(='춤 빌덴 만'Zum wilden Mann(미개인)이라는 여관에 가면 (이) 도서들의 판매인을 만날 수 있다.) 『425년 역사의 바이에른 주립도서관』*Thesaurus librorum: 425 Jahre Bayerische Staatsbibliothek*, Wiesbaden, Ludwig Reichert, 1983, 95호, 220~221쪽.

17 G. Schwetske, 『독일 도서시장 연감』*Codex nundinarius Germaniae litteratae bisecularis*, Halle, 1850, 2권. 이어 1594년에는 프랑크푸르트 박람회의 북 카탈로그를 본 떠 라이프치히 박람회에서도 북 카탈로그를 제작한다. 한 서적상의 작품이기도 한 이 최초의 국내 소급 서지는 앤드루 마운셀A. Maunsell을 통해 런던에도 전해졌으며, 실제로 독일의 연대와 겹친다(1595년).

18 J. Goldfriedrich, O. Kapp, 『독일 도서 거래사』*Geschichte des deutschen Buchhandels*, Leipzig, Börsenverein des deutschen Buchhandels, 1886~1903, 4권.

19 고문서 자료 외에도 수많은 인쇄연감과 인쇄목록이 존재한다. 특히 18세기 파리의 인쇄물을 총망라한 자료가 대표적인데, 가령 『1708년 인쇄출판물 수용률 순서에 따른 파리 지역 인쇄업자, 서적상 목록』*Liste des libraires et imprimeurs de Paris suivant l'ordre de leurs réceptions imprimée pour l'année 1708*(Paris, Aux dépens de la Communauté, de

l'imprimerie de Jean-Baptiste Cusson[1708], BN, Fol Fm 12-493[1])과 『서적상 책력』*Almanach de la librairie...*(Antoine Perrin, Paris, 1781) 등이 있다. 대혁명기에도 마찬가지로 『상업계 책력』*Almanache du commerce*과 이어 『도서 출판인, 인쇄업자, 서적상 일람』*Tableau des libraires, imprimeurs et éditeurs de livres*, Paris, 1804 등이 차례로 출간되었다.

20 Conrad Gessner, 『국제서지』*Bibliotheca unwersalis*, Tiguri[=Zurich], Foschauer, 1545, 2절판.

21 Michel Maittaire, 『인쇄 연감』*Annales typographici*, Hague, 1719~1741, 초판 5권, 4절판.

22 A. Reusch, 『금서목록』*Der Index der verbotenen Bücher*, Bonn, 1883~1885, 2권. J.-M de Bujanda, 『금서목록』*Index des livres interdits...*, Geneva, 1987. 가장 최근의 금서목록은 1948년에 제정.

23 Rolf Engelsing, 『근대 독자층 연구』*Die Perioden der Lesergeschichte in der Neuzeit*, 「독일 중산층 및 하층민의 사회사에 관하여」Zur Sozialgeschichte deutscher Mittel- und Unterschichten, Göttingen, 1973, 112~154쪽. 특히 같은 저자의 다음 책을 참고. 『부르주아 독자층—1500~1800년대 독일 독자층 연구』*Der Bürger als Leser: Lesergeschichte in Deutschland, 1500-1800*, Stuttgart, 1974. 현대 대중의 변화에 관한 연구의 전신은 다음 책, Richard D. Altick, 『1800~1900년 영국의 일반 독자층: 대중 독자층의 사회사』*The English Common Reader: A social History of Mass Reading Public, 1800-1900*(Chicago, 1957)이다.

24 Michel de Montaigne, 『수상록』*Essais*, 2권 X장.

25 Henri Berr, 『철학의 미래—역사 기반 지식의 종합화에 관한 밑그림』*L'avenir de la philosophie. Esquisse d'une synthèse des connaissances fondés sur l'histoire*, Paris, 1899.

26 기본적인 구상안은 뒤르켐이 『종교생활의 원초적인 형태』*Les formes élémentaires de la vie religieuse*에서 마련한 구상안과 거의 동일하다. 사회집단이 특정 의식구조를 통해 각자의 개성을 드러내는 반면, 역사학은 경험적 사례들을 제공하며 가능한 비교 사례들을 확립하고 유기적으로 구성해 사회학에 도움을 준다.

27 『종합 평론지』*Revue de synthèse* 기획, I, 1900, 1쪽부터.

28 Jacqueline Pluet-Deapatin, 「편집자 앙리 베르」, 『앙리 베르와 20세기 문화』*Henri Berr et la culture du XXe siècles*, Paris, Albin Michel, 1997, 240~267쪽.

29 Georges Weill, 『잡지: 정기간행물의 기원과 변천사와 그 역할』*Le journal: origines, évolutions et rôle de la presse périodique*, Paris, La Renaissance du livre, 1934('인류의 진화'

XCIV, 4부, 20세기 초의 세계, V).

30 L. Febvre, 「심리학과 역사학」Psychologie et Histoire, 『프랑스 백과사전』*Encyclopédie française*, VIII, Paris, Sté de gestion de l'Encyclopédie française, 1938. 이 문제에 관해서는 『사상, 언어, 수학 등 의식의 도구』*L'outillage mental. Pensée. Langage. Mathématique*를 참고, 같은 책, 1937.

31 Bertrand Müller, 「뤼시앵 페브르와 앙리 베르」Lucien Gebvre et Henri Berr, 『앙리 베르와 20세기 문화』*Henri Berr et la culture du XXe siècle*, 39~59쪽.

32 L. Febvre, 『16세기의 무신앙 문제』, Paris, Albin Michel, 1942.

33 하지만 그로부터 10년 후인 1953년, 페브르는 여전히 자신의 저서 『16세기의 종교』*Les religions du XVIe siècle* 작업에 몰두하고 있었다.

34 Jean Ehrard, 『18세기의 자연 관념』*L'idée de nature en France dans la première moitié du XVIIIe siècle*, Paris, 1963; nlle. éd., 1994.

35 Michèle Duchet, 『계몽시대 인류학과 역사학』*Anthropologie et histoire au siècle des Lumières*, 클로드 블랑카에르트Claude Blankaert의 발문, nlle éd., Paris, 1995.

36 Pierre Chaunu, 『파리에서의 죽음』*La mort à Paris(XVe-XVIIIe S.)*, Paris, Fayard, 1978. 미셸 보벨Michel Vovelle, 『죽음과 서구 사회—1300년 이후 지금까지』*La mort et l'Occident, de 1300 à nos jours*, Paris, Gallimard, 1983.

37 Charles Blondel, 『집단 심리학 입문』*Introduction à la psychologie collective*, Paris, 1928.

38 Robert Mandrou, 『근대 프랑스 입문(1500~1640): 역사심리학 논고』*Introduction à la France moderne(1500-1640): essai de psychologie historique*, Paris, Albin Michel, 1961; nlle éd., 1998. 알퐁스 뒤프롱Alphonse DUPRONT의 「전체 심리학사의 문제와 방법론」Problèmes et méthodes d'une histoire de la psychologie collective, in *A.E.S.C.*, 1961, 1~3월호, 3~11쪽.

39 뒷부분 가운데 관점에 대해 페브르가 말한 부분을 참고.

40 『아날』 지의 옛 명칭인 *A.E.S.C.*(경제·사회·문명 연감) 지에는 이 주제와 관련이 있어 보이는 수많은 논문과 주석들이 실려 있으며, 특히 1984년 뒤프롱Dupront(747쪽부터)과 1988년 르벨J. Revel(295쪽부터), 그리고 같은 해인 1988년 로슈D. Roche(429쪽부터)의 글을 참고.

41 Robert Mandrou, 『17세기 프랑스에서의 법관과 주술사: 역사심리학적 분석』*Magistrats et sorciers en France au XVIIe siècle: une analyse de psychologie historique*, Paris, Plon, 1968.

42 Mona Ozouf, 『1789~1799년 혁명 축제』*La fête révolutionnaire, 1789-1799*, Paris,

Gallimard, 1976.

43 Robert Mandrou, 『17세기와 18세기의 대중문화에 관하여: 트루아 기사도 문학을 중심으로』*De la culture populaire aux XVIIe et XVIIIe siècles: la Bibliothèque bleue de Troyes*, Paris, Stock, 1965. 이와 관련해 기본 토대를 마련한 앙리 장 마르탱의 논문 「서사문화와 구전문화, 학술문화와 대중문화」Culture écrite et culture orale, culture savante et culture populaire(『주르날 데 사방』에 게재), 1975, 237～274쪽 참고. 수많은 연구가 이루어진 '기사도 문학'과 관련해서는 거의 완벽에 가까운 연구 도구를 제공해준 모랭, 『트루아 기사도 문학 상세 도록』*Catalogue descriptif de la Bibliothèque bleue de Troyes*(Geneva, Droz, 1974)을 참고.

44 Augustin Renaudet, 『1차 이탈리아 전쟁 기간 중 파리에서 이뤄진 개혁 전야와 인문주의』*Préréforme et humanisme à Paris pendant les premières guerres d'Italie(1494-1517)*, Paris, Champion, 1916(문학부 국가 박사학위 논문). Henri Hauser, Augustin Renaudet, 『근대의 시작: 르네상스와 종교개혁』*Les débuts de l'âge moderne: la Renaissance et la Réforme*, Paris, Alcan, 1929('인간과 문명'Peuples et civilisations 시리즈, 8권).

45 플뤼에 데파텡J. Pluet-Despatins이 인용, 248쪽.

46 Bryce & Mary Lyon, 『앙리 피렌느에게 보내는 뤼시앵 페브르와 마르크 블로크의 서신』*The letters of Lucien Febvre and Marc Bloch to Henri Pirenne(1921-1935)*, Bruxelles, 1991, 120쪽부터.

47 L. Febvre, 『종합 평론지에서 아날 지로: 앙리 베르에게 보내는 서신』*De la Revue de synthèse aux Annales: lettres à Henri Berr*, 자클린 플뤼에Jacqueline Pluet와 질 캉다르Gilles Candar가 출간, Paris, Fayard, 1997, 445쪽.

48 같은 책.

49 "오제는 실종됐고, 르노데는 두 눈이 멀어 달리 방도가 없었다네." 뤼시앵 페브르가 앙리 베르에게 보낸 1953년 4월 17일자 편지, L. Febvre, 앞의 책, 618쪽.

50 "전집 '인류의 진화' 시리즈는 모든 책이 무척 우수하며, 내용이 견실하고 훌륭해 100권 가운데 두세 권 정도만 우리가 애초에 생각했던 것보다 기대에 어긋난다."(*A.E.S.C.*, 1955, 1호, 1～3월호)

51 최종 출간된 제목은 『근대 프랑스 개관』*Introduction à la France*으로, 로베르 망드루가 집필했다.

52 뤼시앵 페브르가 앙리 베르에게 보낸 1953년 4월 17일자 편지, L. Febvre, 앞의 책, 618쪽.

53 「외스타슈 르 노블: 루이 14세 시대의 논객」Un polémiste sous LOUIS XIV: Eustache Le Noble(1643-1711), 『국립 고문서 학교 학회보』*Bibliothèque de l'École des chartes CVII(1947-1948)* 참고.

54 쥘리앵 캥은 뤼시앵 페브르가 공동으로 주재한 『프랑스 백과사전』 18권을 맡았으며, 이는 '쓰기 문명'에 관한 책이었다.

55 하지만 앙리 장 마르탱도 늘 신경 쓰고 있었듯이, 도서관 하나만 하더라도 그 규모가 상당히 컸기 때문에 전체를 집계한 결과를 다루는 데 있어서는 지극히 신중해야 했다. 프랑스 국립도서관 자료를 우선적으로 활용할 경우, 구체제 기간 중이나 현대에 이르기까지도 지방에서 인쇄된 출간물을 간과하기 쉽다. 그뿐만 아니라 도시 내의 인쇄기 대다수에서 뽑아내던 대형 인쇄물 역시 도외시하기 십상이다. 북 카탈로그를 기준 자료로 삼으면, 물론 (보유 장서에 대한 이야기나 장서의 구축에 대한 내용 등) 장서의 역사에 대해서는 많은 사실을 알 수 있지만, 순수하게 책 그 자체에 대해서만은 많은 내용을 알지 못한다. 따라서 매우 상세하고 꼼꼼하게 자료 분석이 이뤄져야 한다. 분석의 항목 역시 언제나 문제가 되는데, 제기해야 할 문제가 달라진다거나 문헌사가에게 있어서도 연구의 대상이 되는 시기 또한 달라져야 하기 때문이다.

56 『유럽 르네상스기의 책—투르 인문주의자 연구에 관한 28차 국제 심포지엄 논문집』*Le Livre dans l'Europe de la Renaissance. Actes du XXVIIIe Colloque international d'études humanistes de Tours*, Paris, Promodis/Cercle de la Librairie, 1988, 17~38쪽에 수록된 「필리프 르누아르에게 경의를 표하며」Hommage à Philippe Renouard라는 논문 참고.

57 이러한 시도는 앙리 장 마르탱이 지도한 수준 높은 논문들로 연장되었고, 그 가운데 여러 개가 출간된 바 있으며, Annie Parent, 『16세기 파리에서의 서적 부문 직업들』*Les métiers du livre à Paris au XVIe siècle*, Geneva, Droz, 1974, Denis Pallier, 『신성 동맹 기간 동안 파리 인쇄업에 대한 연구』*Recherches sur l'imprimerie à Paris pendant la Ligue(1585-1594)*, 같은 책, 1976 등이 대표적이다. 그 외에도 아래 내용 또한 참고.

58 Henri-Jean Martin, 「파스칼과 포르루아얄의 서적상 기욤 데프레」Guillaume Desprez, libraire de Pascal et de Port-Royal, 『파리 및 일드프랑스 역사학회·고고학회 연합』*Fédération des sociétés historiques et archéologiques de Paris et d'Île de France*, II(1950), 205~228쪽.

59 Henri-Jean Martin, 『17세기 파리의 출판업: 몇 가지 경제 양상을 중심으로』*L'édition parisienne au XVIIe: quelques aspects économiques*, *A.E.S.C.*, 1952, 303~318쪽.

60 맨 처음 앙리 장 마르탱을 지도하고 있던 인물은 에밀 쿠르나에르트Émile Coornaert이며,

공저자를 찾던 뤼시앵 페브르에게 앙리 장 마르탱을 보내준 것도 바로 그였다.

61 뤼시앵 페브르의 수기 서신과 메모, 개인 소장 자료.

62 뤼시앵 페브르가 앙리 베르에게 보낸 1953년 5월의 편지, 뤼시앵 페브르, 『종합 평론지에서 아날 지로: 앙리 베르에게 보내는 서신』, 621쪽.

63 Paul-Henri Michel, 『15세기의 이상적 인간형』*Un idéal humain au XVe siècle: la pensée de L. B. Alberti(1404-1472)*, Paris, Les Belles Lettres, 1930(문학부 박사 논문). 폴앙리 미셸 또한 수많은 이탈리어 문헌의 출판인이자 번역가로, 특히 그는 지오르다노 브루노Giordano Bruno의 책을 주로 작업했다.

64 뤼시앵 페브르가 타자기로 친 1953년 5월 26일자 편지, 개인 소장 자료.

66 페브르는 일반적인 의미로 'chose'(~인 것)을 지칭하기 위해 통상 'la'라는 관사 하나만을 사용했다(번역문에서는 이를 '인쇄술'로 해석했다—옮긴이).

67 실제로 『책의 탄생』 1958년 초판본 177~180쪽에서 그 그림이 그려진다.

68 "정치·지리적 발견과 대항해, 자금, (실제와 준) 학문, 동양학의 태동, 잡지의 태동기."

69 "5월 20일자 편지 잘 받았네. (……) 작업의 진행 경과에 대해 좋은 소식을 알려주어 무척 기뻤어. (……) 작업한 부분에 대해 내게 보내줄 수 있다면, (프랑슈콩테로) 가지고 가겠네. (……) 자네와 떨어져 있는 시간이 길다는 게 마음에 좀 걸리기는 하지만, 내가 하기로 했던 수많은 것들을 제대로 다 해내려면 불가피한 선택이라네." 뤼시앵 페브르가 타자기로 친 1954년 5월 27일자 편지, 개인 소장 자료.

70 수기 편지, 개인 소장 자료.

71 'Des'를 'qqs'에 겹쳐 쓴 부분.

72 'Des'를 'qq'에 겹쳐 쓴 부분.

73 "정말 사소한 부분이라네. 그리고 다시 한번 말하건대, 이 원고 상태 그대로 인쇄에 들어가게 될 걸세. 우리는 아마 좋은 소리밖에 안 듣게 될 거야."

74 이 같은 생각은 인쇄된 텍스트에서 다시 차용되었으며, 초판본 162쪽부터와 특히 171~172쪽을 참고.

75 이러한 지적은 1928년 『종합 평론지』(nlle éd., 「역사 논문집」Mélanges historique, Paris, 1983, 2 vol., t. I, 16~40쪽)에 실린 마르크 블로크의 글 가운데 한 단락의 내용과 겹치는 부분이 많다. "민속학자에 따른 비교 연구는 일종의 정신적인 충격으로 말미암아 이국적이고 다른 것에 관한 느낌을 되살려준다. 이는 과거에 대해 바로 알기 위한 필수조건이다." 페브르 또한 서적상의 상점에 관한 접근에서 같은 고민을 한 바 있다.

76 앙리 장 마르탱이 이끌던 도서연구회가 개최한 '책의 공간'에 관한 심포지엄에서도 이 같은 문제가 본격적으로 논의되었다. 앙리 장 마르탱이 발표한 내용은 논문집에 다시 수록되었다. 『구체제하에서의 프랑스 도서』*Le livre français sous l'Ancien Régime*, Prais, Promodis, Éd., du Cercle de la librairie, 1987.

77 Jacques Monfrin, 『오노레 샹피옹과 그의 서점』*Honoré Champion et sa librairie, 1874-1978*, Paris〔Champion〕, 1978.

78 페브르 역시 자신의 저서 『16세기의 무신앙 문제』에서 이에 관해 언급했는데, 런던에서 돌아와 "신간을 들춰보기 위해" 그리프의 서점으로 발걸음을 재촉하는 니콜라 부르봉 Nicolas Bourbon의 그림도 함께 실렸다(수기본 편지, 개인 소장 자료와 『16세기의 무신앙 문제』, nlle éd., Paris, Albin Michel, 1968, 52쪽).

79 이후 (18세기, 빈이 오스만제국으로부터 헝가리제국을 탈환한) 중유럽과 동유럽 등 상황이 좀더 좋지 않았던 지역에서도 이 같은 현상을 찾아볼 수 있었다.

80 페브르가 16세기 자료를 찾기 위해 돌Dôle 고등법원 고문서 자료를 중점적으로 탐색했다는 것은 이미 잘 알려진 사실이다. 『프랑슈콩테 지역의 종교개혁과 종교재판에 관한 문서와 자료—돌 고등법원 고문서 발췌』*Notes et documents sur la Réforme et l'Inquisition en Franche-Comté, extraits des archives du Parlement de Dôle*, Paris, 1911 참고.

81 'de'가 'digne des'로 수정.

82 'Parfait'라는 단어가 'très réussi'로 수정되어 이후 바로 나오는 내용과의 중복을 피함.

83 두 차례 강조.

84 페브르의 만족감은 그가 세밑에 앙리 베르에게 보낸 편지에서도 나타난다. "책에 관한 이 책이 한창 작업 중에 있다는 건 아마 전혀 생각하지 못했을 걸세. 나는 이미 두 달 전부터 매우 상세한 출간계획까지 잡아두었다네. 책의 출간은 마르탱의 손에 달렸지, 젊은 연구팀이 모두 필사본에 관한 연구에 매진하고 있지. (……) 그러고 보니 이 책에 대한 이야기만 하고 있군그래. 하지만 다른 일들은 잘되어가고 있네."(뤼시앵 페브르, 『종합 평론지에서 아날 지로: 앙리 베르에게 보내는 서신』, 625쪽)

확실히 페브르는 친구인 앙리 베르의 마음을 기쁘게 해주려고 했던 것으로 보인다. '젊은 연구팀'이라는 표현을 썼지만, 실제로 그런 팀은 분명 존재하지 않았다. '잘되어가고' 있는 다른 책이란 아마도 그 당시 페브르가 자료를 모으고 있던 『16세기 입문』*Introduction au XVIe siècle*을 가리키는 듯하다.

85 1954년 11월 19일.

86 '지식적'intellectuelle이라는 표현은 삭제됨. 다만 편지는 다음과 같은 추신으로 끝나고 있다. "하지만 'intellectuelle'이라는 표현을 추가해야 할 것 같기도 하네." 뤼시앵 페브르의 수기본 편지, 개인 소장 자료.

87 페브르는 조금 다르게 '책의 역사—기술·경제·사회적 작용 중심으로'라는 표현을 제안했다.

88 뤼시앵 페브르의 1956년 1월 20일자 수기본 편지, 개인 소장 자료. 페브르가 편지 말미에서 자신의 연구 협력자에게 더없는 우애를 과시하고 그에 대한 높은 평가를 아끼지 않았다는 점에 대해 다시 한번 강조해야 할 필요가 있다. 아울러 페브르는 앙리 장 마르탱의 개인사에 있어서도 중요한 삶의 순간에 대해 진지한 고민을 나눠준다.

89 2판, 11쪽.

90 1판, 477쪽. "여기에서 이 문제를 언급할 수밖에 없었는데, 다음 권에서 이에 대해 다시 다루게 될 것이다." 주석은 2판 439쪽에서 다시 수록된다(1971).

91 Roger Doucet, 『16세기 파리의 도서관』*Les bibliothèques parisiennes au XVIe siècle*, Paris, A.와 J. Picard, 1956. *A.E.S.C.*, 1957, 675~678, 678~680쪽.

92 Paris, Albin Michel, 1958, XXXII-558, p., XXIV pl., 2 cartes en un dépl. h. t. 1957년 12월 31일에 인쇄가 완료되었으며, 책은 1971년에 재출간된다.

93 Charles Samaran, 「책의 역사에 관한 몇 가지 문제에 관하여」Sur quelques problèmes d'histoire du livre, *Journal des savants*, 4~6월호, 1958, 7~72쪽.

94 『국립 고문서 학교 학회보』, CXVI(1958), 261~263쪽.

95 『르뷔 드 파리』, 1958년 5월 5호, 154~156쪽.

96 에스파냐어 번역본 *La Apparicion del libro*, Augustin Millares Carlo 역譯, Mexico, Union tipographica Hispano Americana, 1962.

97 영어 번역본 *The Coming of Books: the Impact of Printing 1450-1800*, David Gerard 역, London, N.L.B., 1962, 2판 발행; London, New York, Verso, 1990.

98 이탈리아어 번역본 *La nascita des libro*, Armando Petrucci 역, Roma, Bari, Ed. Laterza, 1977, 2권으로 발행, 2판 발행; 같은 책, 1983.

99 일본어 번역본, 『書物の出現』, 세키네 모토코關根素子 외 공역, 도쿄, 1985.

100 『글쓰기와 민족심리학』*L'Écriture et la psychologie des peuples*, Paris, Armand Colin, 1957.

101 Henri-Jean Martin, 『17세기 파리에서의 책, 권력, 그리고 사회』*Livre, pouvoir et société à Paris au XVIIe siècle(1598-1701)*, Genève, Paris, Droz, 1969, 2권, 영어 번역본 *Print, Power and People*..., David Gerard 역, Metuchen(N.J.), London, 1993.

102 Henri-Jean Martin, Roger Chartier, 『프랑스 출판사』*Histoire de l'édition française*, 지도, Paris, Promodis, 1983~1986, 4권, 2판; Paris, Fayard, Cercle de la librairie, 1989~1991, 4권.

103 「고문서와 공공도서 분류학」Classement des archives et des bibliothèques publiques의 이전 강좌: 여기에서 문헌사학은 역사학의 보조 학문으로만 여겨졌다.

104 Pierre Bourdieu, 『구별 짓기』*La Distinction, critique sociale du jugement*, Paris, Éditions de Minuit, 1979(최종철 역, 새물결, 2005).

105 Henri-Jean Martin, Jean Vézin, 『필사본의 단락과 페이지 구성』*Mise en page et mise en texte du livre manuscrit*, Paris, Cercle de la librairie, Promodis, 1990.

106 앙리 장 마르탱 미발표 인터뷰.

107 Elisabeth Eisenstein, 『변화 주체로서의 인쇄기』*The Printing Press as an Agent of the Change*, Cambridge Univ. Press, 1979; 프랑스어 부분 번역, 『근대 유럽 태동기의 인쇄본 혁명』*La révolution de l'imprimé à l'aube de l'Europe moderne*, Paris, La Découverte, 1991.

108 Carla Hesse, 『파리 혁명기 동안의 출판 및 문화 정책』*Publishing and Cultural Politics un Revolutionary Paris, 1789-1819...*, Berjekey, Los Angeles, Univ. of California Press, 1991.

109 기준 모델은 로베르 에스티발Robert Estivals의 『18세기 군주제하에서의 프랑스 도서 통계』*La statistique bibliographique de la France sous la monarche au XVIIIe siècle*, Paris, 1965. 이 외에도 알퐁스 뒤프롱Alphonse Dupront이 참여한 『18세기 프랑스에서의 책과 사회』*Livre et société dans la France du XVIIIe siècle*(프랑수아 퓌레François Furet 지도), Paris, Hague, Mouton, 1965~1970, 2권.

110 댕빌P. de Dainville이 쓴 논문 「1764~1945년 프랑스 도서 지리학의 어제와 오늘」D'aujourd'hui à hier: la géographie du libre en France de 1764 à 1945, *Le Courrier graphique*, 1951, 1월호 43쪽부터, 3월호 33쪽부터.

111 Daniel Mornet, 『프랑스 혁명의 지적 기원』*Les origines intellectuelles de la Révolution française(1715-1787)*, 6판, Paris, Armand Colin, 1967, 특히 「18세기의 민간 사서 교육」Les enseignements des bibliothèques privées au XVIIIe siècle, *Revue d'histoire littéraire de la France*, t. XVII, 1910, 449~496쪽. 다니엘 모르네는 기본적으로 18세기 계몽주의 시대에 관한 연구와 문제의식의 선구자로, 특히 '잡지와 도서', '서신', '계몽주의 시대의 학회 및 소모임', '작가와 문인', '프리메이슨단', '교육' 등 『프랑스 혁명의 지적 기원』 내부에 실린 장별 표제와 부제목만 보더라도 이를 잘 알 수 있다.

112 프랑수아 퓌레 지도, 『18세기 프랑스에서의 책과 사회』, Paris, Hague, Mouton, 1965~1970, 2권 중에서 '역사'Histoire와 '방법'Méthode의 용이 사용 연구에 관한 내용 참고.

113 인큐내뷸러 생산분은 확실히 가장 집계가 잘된 축에 속한다. 프랑스의 경우, 16세기는 과거 르누아르의 도서목록을 통해 상대적으로 잘 알려진 편이며, 특히 (리옹의) 보드리에 Baudrier나 『비블리오테카 비블리오그라피카 아우렐리아나』*Bibliotheca bibliographica aureliana*(Baden Baden, Velentin Körner, 1968) 등의 도서목록이 기여한 바가 컸다. 이 서지는 이후 17~18세기에 대해서도 도서집계에 들어간다. 게다가 (Arbour, Conlon, Monglond 등의) 시기별로 특화된 집계자료도 있고, (영국 도서관, 프랑스 국립도서관, 북미 종합 문헌 목록 등의) 대형 도서관 자료도 보유하고 있다.

114 가장 좋은 예는 『1788~1799년 리무쟁의 인쇄본』*Les imprimés limousins, 1788-1799*, Limoges, Presses universitaires, 1994를 참고.

115 「프랑스 출판산업과 18세기 출판시장: 출판계 동향」Entre librairie française et marché du livre au XVIIIe siècle: repères pour un paysage éditorial, 『책과 역사가: 앙리 장 마르탱 교수 헌정』*Le livre et l'historien: études offertes en l'honneur du professeur Henri-Jean MARTIN*, Genève, Droz, 1997. 493~517쪽, 특히 496~497쪽을 참고.

116 프랑스에서 미시경제적 접근법을 통한 연구가 수월했던 이유는 파리와 캉의 현대 출판 기록 연구소가 있었기 때문이다.

117 Frédéric Barbier, 『서적산업과 인쇄산업의 300년 역사』*Trois cents ans de librairie et d'imprimerie; Berger-Levrault, 1676-1830*, Geneva, Droz, 1979. 이러한 개별 연구 가운데 상당수는 고등문헌학교에서 앙리 장 마르탱이 주재한 연구 차원에서 이뤄진 것이었다. 하지만 이들 논문이 개별적으로 출간되지는 않았다. 그 가운데 눈여겨볼 연구로는 질 에볼리Gilles Éboli(1981년 입학)가 「18세기 액상프로방스에서 인쇄업자 겸 서적상으로 활동하던 다비드 가家」Les David, imprimeur-libraires à Aix-en-Provence au XVIIIe siècle에 대해서 쓴 글이나, 페르낭 오비에Fernand Aubier에 대해 쓴 발레리 테니에르Valérie Tesnière의 글, 『프리바 가문』*La maison Privat*에 관한 베네딕트 브레제Bénédicte Brezet(1991년 입학)의 글, 벨기에 '카스테르만'Casterman 출판사에 관해 세르주 부광주Serge Bouggange(1992년 입학)가 쓴 책(éd., Geneva, Droz, 1996) 등이 있다.

118 『유럽과 책: 16~19세기 서적상 업무의 관행과 업무망』*L'Europe et le livre: réseaux et pratiques du négoce de librairie*(지도: 프레데릭 바르비에, 사빈 쥐라틱Sabine Juratix, 도

미니크 바리Dominique Varry), Paris, IMEC Éditions, Éditions de la M.S.H., 1997(In octavo).

119 Robert Darnton, 『계몽주의 시대의 출판사업: 백과전서 출판 이야기』*The Business of Enlightenment: A Publishing History of the Encyclopédie(1775-1800)*, Cambridge(Mass), 1979; 프랑스어 번역본 *L'aventure de l'Encyclopédie: 1775-1800, un best-seller au siècles des Lumières*, Prais, Le Seuil, 1992.

120 Robert Escarpit, 『출판사회학』*Sociologie de la littérature*, 1판, Paris, P.U.F., 1958('Que sais-je?'), 부분 개정판 『글과 소통』*L'écrit et la communication*, Paris, P.U.F., 1973('Que sais-je?'). 2차 도서혁명에 관한 이 모든 고민은 프레데릭 바르비에와 카트린 베르톨라브니르Catherine Bertholavenir 공저 『미디어의 역사—디드로에서 인터넷 시대에 이르기까지』*Histoire des médias, de Diderot à Internet*, Paris, Armand Colin, coll. U, 1996에서 종합된다.

121 고민을 연장시켜보면 시대와 시대 간의 갈등에 관한 문제에 이른다. 시기별 특성이나 시대에서 시대로 이행하는 논리와 관련한 문제가 대두되는 것이다. 특히 무언가 새로운 게 발명됨에 따라 시대 간의 구분이 생기는 경우가 이에 해당하는데, 부르크하르트Burckhardt는 일단 '급진적인 르네상스'Renaissance radicale(『이탈리아 르네상스 문명』*La civilisation de la Renaissance en Italie*, 1860년 출간)에서 이 문제를 다룬 후, 논의의 방향을 바꾸어 중세에 대해 연구하며 이 시기를 '오늘날의 원류가 되는 황금기'로 정의한다. 오토 게르하르트 왹슬레Otto Gerhard Oexle, 「중세시대의 사회집단과 근대 사회학의 태동기」(*A.E.S.C.*, 1992, 3호, 751~765쪽), 문헌사학의 특정 연대에 관해서는 『1788~1799년 리무쟁의 인쇄본』(앞에서 인용)에 게재된 발문(215~237쪽)을 참고.

122 정치적 요인의 발견에 관한 최근 사례에 대해서는 『르네상스 시기 책의 위력』*Le pouvoir des livres à la Renaissance*(고등문헌학교 도미니크 드 쿠르셀Dominique de Courcelles 지도, 1998, '연구와 만남' 3)을 참고. 일반적으로 변화가 있었던 것은 아니라는 사실을 짚고 넘어갈 필요가 있는데, 출판산업 부문의 모든 분야는 20세기 후반까지 구체제하에서의 도서산업과 같은 논리에 따라 움직였으며, 또한 인쇄술이 보편화된 이후에도 필사본이 무시 못 할 수준으로 생산되었다. 가령 러시아의 경우가 이에 해당한다. 다만 러시아 책에 관한 프랑스어 자료는 드문 편이다(「러시아에서의 책과 독서」Livre et lecture en Russie, 알렉상드르 스트로에프Alexandre Stroev, Paris, IMEC Éditions, Éditions de la M.S.H., 1996, 'In octavo' 2 참고). 가장 편하게 볼 수 있는 입문서는 이오지프 바렌바움Iosif E. Barenbaum

의 『소비에트 체제에서의 러시아 도서산업사』*Geschichte des Buchhandels in Russland und in der Sowjetuion*(Wiesbaden, Harrassowitz, 1991)이다.

123 Jean Quéniart, 『18세기 프랑스 서부의 문화와 도시 사회』*Culture et société urbaine dans la France de l'Ouest au XVIIIe siècle*, Paris, Klincksiech, 1978.

124 R. Moulinas, 『18세기 아비뇽에서의 인쇄산업, 도서산업과 언론문화』*L'imprimerie, la librairie et la presse à Avignon au XVIIIe siècle*, Grenoble, Presses universitaires de Grenoble, 1974.

125 Jean-Dominique Mellot, 「지방에서의 활기와 파리로의 집중: 루앙의 출판업과 그 시장」 Dynamisme provincial et centralisme parisien: l'édition rouennaise et ses marchés, Grenoble, Presses universitaires de Grenoble, 1974.

126 「사회사와 일반사? 1989년 1월 27~28일 학회 논문집」Histoire sociale, histoire globale? Actes du colloque des 27-28 janvier 1989, 크리스토프 샤를Christophe Charle 지도와 출간, Paris, Éditions de la M.S.H., 1993.

127 요컨대 이렇듯 서로 방향의 차이가 생기는 이유는 과거 문학과 문학사가 갖는 지위의 차이 때문이다. 이에 따라 결국 나라별로 문헌사학의 지위도 달라졌다. 프랑스의 경우, 로제 샤르티에의 『구체제 프랑스에서의 독서와 독자』*Lectures et lecteurs dans la France d'Ancien Régime*(Paris, Le Seuil, 1987)를 참고. 아울러 로제 샤르티에가 지도한 『서구 사회 독서의 역사』*Histoire de la lecture dans le monde occidental*(Paris, Le Seuil, 1997)도 참고.

128 Henri-Jean Martin, 「책의 비교사학에 관한 몇 가지 관점」Pour une histoire comparative du livre: quelques points de vue, 『문헌사학의 새로운 방향』*Histoires du livre, nouvelles orientations*, Paris, IMEC Éd., Éd. de la M.S.H., 1995, 417~432쪽.

129 Frédéric Barbier, 『19세기 독일과 프랑스에서의 책과 산업경제 및 사회』*Livre, économie et société industrielles en Allemagne et en France au XIXe siècle...*, 국가 박사학위 논문, Paris, 1987, 3권, Éd. partielles, 『책의 제국: 인쇄본과 근대 독일의 형성』*L'empire du livre: le livre imprimé et la construction de l'Allemagne contemporaine(1815-1914)*, Paris, Éd. du Cerf, 1995(프랑스-독일 총서Bibliothèque franco-allemande).

130 에스파냐와 관련해서는 장프랑수아 보렐Jean-Francois Botrel의 연구를 참고. 그 가운데 특히 세부적인 도서산업 연구에 관해서는 『에스파냐 내 책의 전파』*La diffusion du livre en Espagne(1868-1914)*, Madrid, Casa de Velazquez, 1988을 참고(카사 데 벨라스케스 총서 Bibliothèque de la Casa de Velazque, 5).

131 이오니아 제도가 서구 유럽 관할하에 있던 1798년 당시 그리스 코르푸Corfou 섬에 설립된 인쇄소의 존재를 짚고 넘어가야 할 듯하다. 서지를 보면, 그리스에 관한 *Revue française d'histoire du livre* 지 두 개 호의 정보가 실려 있다(98~99호, 1998, 1사분기와 2사분기).

132 『책과 역사가—앙리 장 마르탱 교수 헌정 책의 역사 논문집』*Le livre et l'hisrotien. Mélanges d'histoire du livre offerts au professeur Henri-Jean Martin*, Geneva, Droz, 1997, XVII−817, p., ill(프랑스 고등연구원 6차 역사학부와 철학부, 「책의 역사와 문명」Histoire et civilisation du livre 24호).

| 참고문헌 |*

목차

---

* 초판 참고문헌에 나와 있지 않은 도서 자료는 앞에 '*' 표시를 해두었다.

I. 총론 자료

Atkinson (G.), *Les nouveaux horizons de la Renaissance française*, Paris, 1935.

Bataillon (M.), *Érasme et l'Espagne*, Paris, 1937.

____________, *Étude sur le Portugal au temps de l'humanisme*, Coimbre, 1952.

Beaulieux (C.), *Histoire de la formation de l'orthographe française des origines au milieu du XVIe siècle*, Paris, 1927.

Berger (S.), *La Bible française au Moyen Age*, Paris, 1884.

__________, *La Bible au XVIe siècle*, Paris, 1879.

Bovet (F.), *Histoire du Psautier des églises réformées. Neuchâtel*, Paris, 1872.

Brunot (F.), *Histoire de la langue française, des origines à 1900*, Paris, 1905-1953. 13 vol.

Burckhardt (J.), *Die Kultur der Renaissance in Italien*, Leipzig, 1928, 2 vol(Trad. française, Paris, Plon et Nourrit, 1885, 2 vol).

Busson (H.), *Les Sources et le développement du rationalisme dans la littérature française de la Renaissance, 1553-1601*, Paris, 1920.

Calvin et la Réforme en France, par un groupe de professeurs de la Faculté de théologie protestante d'Aix-en-Provence [E. Bourilly, E.-G. Léonard, J.-M. Nicole, P. Guelfucci, E. Caldesaignes, M.-J. Vercier, H. Bruston], Aix-en-Provence, 1944.

Calvin et la Réforme française. Exposition organisée à l'occasion du quatrième centenaire de la publication de l'Institution de la religion chrétienne, Paris, 1935.

* Catach (N.), *L'Orthographe française à l'époque de la Renaissance*(*Auteurs. Imprimeurs. Ateliers d'imprimerie*), Genève, 1968.

Cioranescu (A.), *L'Arioste en France, des origines à la fin du XVIIIe siècle*, Paris, 1939, 2 vol.

Curtius (E. R.), *La Littérature européenne et le Moyen Age latin*, Paris, 1956.

Dainville (Le P. F. de), *Les Jésuites et l'éducation de la société française, la naissance de l'humanisme moderne*, Tome I, Paris, 1940.

Delaruelle (L.), *L'Étude du grec à Paris de 1514 à 1530*, dans: *Revue du XVIe siècle*, t. IX(1922), p. 51-62 et 132-149.

Delisle (L.), *Notice sur un registre des procès-verbaux de la Faculté de théologie de Paris pendant les années 1505-1533*, Paris, 1899.

Devoto (G.), *Profilo di storia linguistica italiana*, Florence, 1953.

Dictionnaire des Lettres françaises... Le XVIe siècle, Paris, 1956.

Doucet (R.), *Les Bibliothèques parisiennes au XVIe siècle*, Paris, 1956.

Douen (O.), *Clément Marot et le Psautier huguenot*, Paris, 1878.

Doutrepont (G.), *Les mises en prose des épopées et des romans chevaleresques du XIVe au XVIe siècle*, Bruxelles, 1939.

Duhem (P.), *Le Système du Monde, histoire des doctrines cosmologiques, de Platon à Copernic*, Paris, 1913-1917, 5 vol.

Febvre (L.), *Au cœur religieux du XVIe siècle*, Paris, 1957.

________, *Combats pour l'histoire*, Paris, 1953.

________, *Origène et Des Périers, ou l'Énigme du 'Cymbalum mundi'*, Paris, 1942.

________, *Le problème de l'incroyance au XVIe siècle, la religion de Rabelais*, Paris, 1942[Nouv. éd., en 1968].

________, *Un destin Martin Luther*, Paris, 1928.

________, *Un histoire obscure: la publication du 'Cymbalum mundi'*, dans *Revue du XVIe siècle*, t. XVII(1930), p. 1-41.

Feret (L'abbé P.), *La Faculté de théologie de Paris et ses docteurs les plus célèbres. Époque moderne, XVIe siècle*, Paris, 1900.

Festugière (Le P. A.-J.), *La Philosophie de l'amour de Marsile Ficin et son influence sur la littérature française du XVIe siècle*, 2e éd., Paris, 1944.

Gilson (É.), *La Philosophie au Moyen Age, des origines patristiques à la fin du XIVe siècle*, 2e éd., Paris, 1944.

Goldschmidt (E.-Ph.), *Medieval texts and their first appearance in print*, dans *Supplement to the Bibliographical Society's Transactions*, n° 16, Londres, 1943.

Gravier (M.), *Luther et l'opnion publique*, Paris, 1942.

* Hahn (A.) et Dumaître (P.) *Histoire de la médecine et du livre médical à la lumière des collections de la Bibliothèque de la Faculté de médecine de Paris...*, Paris, 1960.

Hauser (H.), *Études sur la Réforme française*, Paris, 1909.

________, *La naissance du protestantisme*, Paris, 1940.

Herminjard (A.-L.), *Correspondance des réformateurs dans les pays de langue française*,

Genève, 1866–1897, 9 vol.

Hulubei (A.), *Virgile en France au XVIe siècle: éditions, traductions, imitations*, dans *Revue du XVIe siècle*, t. XVIII(1931), p. 1–74.

Imbart De La Tour (P.), *Les Origines de la Réforme*,

________________, I. *La France moderne* (rééd. avec bibliographie par Y. Lanhers et J. de Pins, Paris, 1949),

________________, II. *L'Église catholique, la crise et la Renaissance* (idem).

________________, III. *L'Évangélisme, 1521-1538*, Paris, 1914.

________________, IV. *Calvin et l'Institution chrétienne*, Paris, 1914.

Janssens (J.), *L'Allemagne et la Réforme*, Paris, 1887–1914, 9 vol.

Keyser (S.), *Contribution à l'étude de la fortune littéraire de l'Arioste en France*, Leyde, 1933.

Kingdon (R. M.), *Geneva and the coming of the wars of Religion in France, 1555-1563*, Genève, 1956.

Kluge (F.), *Von Luther bis Lessing*, Strasbourg, 1888.

Kukenheim (L.), *Contribution à l'histoire de la grammaire italienne, espagnole et française à l'époque de la Renaissance*, Amsterdam, 1932.

____________, *Contribution à l'histoire de la grammaire grecque, latine et hébraïque à l'époque de la Renaissance*, Leyde, 1951.

Lenhardt (J. M.), *Pre-Reformation printed books, a study on statistical and applied bibliography*, New York, 1935.

Leonard (I. A.), *Books of the brave*, Cambridge, Mass., 1949.

Livet (Ch.-L.), *La Grammaire française et les grammairiens du XVIe siècle*, Paris, 1859.

Luther, *Werke*, Weimar, H. Böhlau, 1910–1959.

Male (É.) *L'Art religieux de la fin du Moyen Age en France*, Paris, 1922.

* Martin (H.-J.) *Ce qu'on lisait à Paris au XVIe siècle*, dans *Bibliothèque d'Humanisme et Renaissance*, 21(1959), p. 222–230.

Meillet (A.), *Les Langues dans l'Europe nouvelle*, Paris, 1928.

Menendez Pidal (Ramon), *El Lenguage del siglo XVI*, dans *Cruz y Raya*, t. VI(1933), p. 9–63.

Moore (W. G.), *La Réforme allemande et la littérature française*, Strasbourg, 1930.

Mossé (F.), *Esquisse d'une histoire de la langue anglaise*, Lyon, 1947.

Olschki (L.), *Geschichte der neuesprachlichen Wissenschaftlichen Literatur*, Leipzig, Florence, Rome, Genève, 1919.

Pétavel (E.), *La Bible en France, ou les traductions françaises des Saintes Écritures*, Paris, 1864.

Pietsch (P.), *Martin Luther und die Hochdeutsche Schriftsprache*, Breslau, 1883.

Renaudet (A.), *Pré-Réforme et humanisme à Paris pendant les premières guerres d'Italie (1494-1517)*, Paris, 1953.

___________, *Études érasmiennes(1521-1529)*, Paris, 1939.

___________, *Erasme et l'Italie*, Genève, 1954.

Sandys (J. E.), *A History of classical scholarship*, Cambridge, 1931, 3 vol.

Sarton (G.), *The Scientific literature transmitted through the incunabula*, dans *Osiris*, t. V (1938), p. 41–245.

_________, *The Appreciation of ancient and medieval science during the Renaissance (1450-1600)*, Philadelphie, 1955.

Schutz (A. H.), *Vernacular books in parisian private libraries of the sixteenth century*, Chapel Hill, 1956.

Tonnelat (E.), *Histoire de la langue allemande*, Paris, 1927.

Trabalza (C.), *Storia della grammatica italiana*, Milan, 1908.

Van Tieghem, *La Littérature latine de la Renaissance*, dans *Bibliothèque d'Humanism et Renaissance*, t. VI(1944), p. 177–409.

Walther (W.), *Luthers Deutsche Bibel*, Berlin, 1917.

Wartburg (E. von), *Évolution et structure de la langue française*, 3e éd., Berne, 1946.

Weiss (N.), *La Chambre ardente. Étude sur la liberté de conscience en France sous François Ier et Henri II(1540-1550)*, Paris, 1889.

Weiss (N.) et Bourilly (V.-L.) *Jean Du Bellay, les Protestants et la Sorbonne(1529-1535)*, Paris, 1904(Extrait de: *Bulletin de la Société de l'histoire du Protestantisme français*, mars-avril, mai-juin 1903, mars-avril 1904).

II. 종이

Alibaux (H.), *Les Premières papeteries françaises*, Paris, 1926.

Audin (M.), *Le Papier à la forme*, dans *Causeries typographiques*, fascicule IV, 1921.

Babinet De Rencogne (G.), *Recherches sur l'origine des moulins à papier de l'Angoumois, dans Bulletin de la Société archéologique et histoque de la Charente*, 5e série, 2e année(1878–1879), p. 161 suiv.

* Basanoff (A.), *Itinerario della carta dall'Oriente all Occident e sua diffusione in Europa*, Milan, 1965.

Blanchard (R.), *L'industrie du papier dans la France du Sud-Est, dans Bulletin de la Société scientifique du Dauphiné*, t. XLVI(1925), p. 279–480.

Blanchet (A.), *Essai sur l'histoire du papier et sa fabrication*, 1re partie, Paris, 1900.

Blum (André), *Les Origines du papier, de l'imprimerie et de la gravure*, Paris, 1936.

____________, *La Route du papier*, Grenoble, 1946.

Boissonnade (P.), *L'Industrie du papier en Charente et son Histoire*, Ligugé, 1899.

* Bofarull Y Sans (F. de), *Animals in watermarks*...(transl. by A. J. Henschke), Hilversum, 1959.

* __________________, *Heraldic watermarks or la heraldica en la filigrana del papel*, translated by A. J. Henschel, Hilversum, 1956.

Briquet (C. M.), *Les Filigranes. Dictionnaire historique des marques de papier. A fac-simile of the 1907 edition with supplementary material contributed by a number of scholars*, ed. by Allan Stevenson, Amsterdam, 4 vol(*The new Briquet jubilee edition*).

Chobaut (H.), *Les Débuts de l'industrie du papier dans le Comtat Venaissin*, dans *Le Bibliographe moderne*, t. XXIV(1928–1929), p. 157–215.

____________, *Notes sur l'industrie du papier en Provence*, dans *Mémoires de l'Institut historique de Provence*, t. VII(1930), p. 71–79.

____________, *Contribution à l'histoire de la papeterie en France*, Grenoble, 1933–1934, 12 fascicules(série de bonnes monographies).

Churchill (W. A.), *Watermarks in paper in Holland, England, France etc., in the XVII and XVIII centuries and their interconnaction*..., Amsterdam, 1935(Réimpr, 1965).

Cottier (E.), *L'Histoire d'un vieux métier*, Clermont-Ferrand (s. d.).

Creveaux (E.), *L'Évolution de l'industrie papetière au XVIIe siècle*, dans *Le Papier*, 41e année (mars 1938), p. 193-197 ; (avril 1938), p. 289-295.

____________, *L'Industrie papetière pendant la Révolution*, ibid., 38e année, 1935, p. 307 et 15 mai 1935, p. 405 suiv.

Enschedé (J.-W.), *Papier en papierhandel in Noord-Nederland gedurende de zeventiende eeuw*, dans *Tijdschrift voor boek en bibliothekswezen*, t. VII (1909), p. 97-111, 173-188, 205-211.

Gauthier (J.), *L'Industrie du papier dans les hautes vallées franc-comtoises du XVe au XVIIIe siècle*, Montbéliard, Victor Barbier, 1897 (Extrait des *Mémoires de la Société d'émulation de Montbéliard*, XXVIe volume, 1897-1899, p. 15 suiv).

Gazel (H.), *Les Anciens ouvriers papetiers d'Auvergne*, Clermont-Fer-rand, 1910.

* Geraklitov (A. A.), *Watermarks of the XVIIth century in papers of manuscripts and printed documents of Russian origin*, Moscou, 1963.

Hunter (D.), *Papermaking. The History and technique of an ancien craft*, 2nd. ed. rev., New York, 1957.

Imberdis (J.), *Papyrus, sive Ars conficiendae papyri, a latin poem*, Hillversum, 1952.

Janot (Jean-Marie), *Les Moulins à papier de la région vosgienne*, Paris, 1952.

Le Clert (L.), *Le Papier. Recherches et notes pour servir à l'histoire du papier, principalement à Troyes et aux environs, depuis le XIVe siècle*, Paris, 1926, 2 vol.

Monumenta Chartae papyraceae historiam illustrantia or Collection of works and documents illustrating the history of paper (General editor E. J. Labarre), Hilversum, The Paper Publications Society.

— I. Heawood (Edward), *Watermarks, mainly of the 17th and 18th centuries*, 1950.

— II. *The Briquet album, a miscellany on watermarks supplementing D. Briquet's, 'Les Filigranes' by various paper scholars*, 1952.

— III. Zonghi (Aurelio et Augusto) et Gasparinetti (A. F.), *Zonghi's watermarks. Aurelio et Augusto Zonghi. A. F. Gasparinetti*, 1953.

— IV. Briquet (Charles-Moïse), *Briquet's opuscula, the complete works of Dr. C. M. Briquet without 'Les Filigranes'*, 1955.

—— V. *The Nostitz papers. Notes on watermarks found in the German imperial archives of the 17th and 18th centuries, and essays showing the evolution of a number of watermarks*, 1956.

—— VI * Shorter (Alfred H.), *Paper mills and paper makers in England, 1495-1800*, 1957.

—— VII. * Tschudin (W. Fr.), *The ancient paper-mills of Basle and their marks*, 1958.

—— VIII. * Eineder (Georg), *The ancient paper-mills of the former Austro-Hungarian Empire and their watermarks*, 1950.

—— IX. * Uchastkina (Zoya Vasil'evna), *A History of Russian handpaper-mills and their watermarks by Zoya Vasil' evna Uchastkina, edited by J. S. G. Simmons*, 1962.

—— X. * Linot (Johann), *The Paper-mills of Berne and their watermarks 1465-1589, with the German original*, 1964.

—— XI. * Tromonin (Kornilii Jakolevich), *Tromonin's watermarks album, a facsimile of the Moscow 1844 edition with additional materials by S. A. Klepinkov, edited, translated by J. S. G. Simmons*, 1965.

* Mosin (Vladimir) et Groz Danovic-Pajic (Mira), *Agneau pascal*, Belgrade, 1967 (Album des filigranes I).

Nicolai (A.), *Histoire des moulins à papier du Sud-Est de la France(1300-1800)*, Bordeaux, 1935, 2 vol.

Renker (A.), *Das Buch vom Papier*, Leipzig, 1950.

Schute (A.), *Die ältesten Papiermühlen der Rheinlande*, dans *Guterberg-Jahrbuch*, 1932, p. 44-52.

________, Papiermühlen und Wasserzeichenforschung, dans Gutenberg-Jahrbuch, 1934, p. 9-27.

Stein (H.), *La Papeterie de Saint-Cloud*, Besançon, 1904.

Thiel (V.), *Die Anfänge der Papiererzeugung auf deutschem Boden*, dans *Buch und Schrift*, t. IV, p. 31-94.

Tiffon (M.), *L'Industrie du papier à Angoulême*, Angoulême, 1909.

III. 인쇄본

A. 참고 자료와 연구 도구

이 책의 초판본이 나온 이후, 책의 역사에 관한 연구가 전방위로 대폭 늘어났다. 서지학자 루이즈 노엘 말클레스Louise-Noëlle Malclès의 책 『서지 연구의 원천』*Les Sources du travail bibliohraphique*(2판, 1권, Paris, 1970)에서는 그 가운데 가장 비중 있는 연구들이 언급되어 있다. 안트베르펜 대학도서관 관장 베르블리에Vervliet의 제안으로 국제사서연합총연맹Fédération internationales des associations de bibliothécaires이 후원한 국제 서지 작성 작업이 조만간 마무리될 것으로 예상되는 가운데, 전문 학술지를 참고하여 최근 정보 업데이트를 해야 할 듯하다. 그중 각국별로 가장 비중 있는 학술지는 다음과 같다.

독일: *Archiv für Geschichte des Buchwesens*(Francfort), *Beiträge zur Geschichte des Buchwesens*(Leipzig), Gutenbert Jahrbuch(Mayence: 서평은 없으나, 국제협력으로 진행된 비중 있는 논문이 자주 게재됨).

벨기에: *De Gulden Passer*(안트베르펜 플랑탱 박물관 발행지).

미국: *The Papers of the bibliographical society of America*(New York), *Studies in bibliography(Charlottesville*, 바워스Bowers 교수 간행지).

영국: *The Book collecter*, *Journal of the Printing historical society*, *The Library*. *Transaction of the bibliographical Society*.

이탈리아: *Bibliofilia: rivista di storia del libro*, *dell arti grafiche*, *di bibliografia ed erudizione*(ed., Florence).

네덜란드: *Het Book*(ed., Amsterdam — 개편 중)

프랑스: *Bulletin du Bibliophile*(최근 리뉴얼됨), *Bulletin des Bibliophilies de Guyenne*을 전신으로 하는 *Revue française d'histoire du livre*. 이외에도 1965년 이전까지의 연구 작업에 대해서는 Kolb (A.)의 *Bibliographie des Französischen Buches im 16. Jahrhundert*. *Druck*. *Illustration*. *Einband*. *Papiergeschichte*(Wiesbaden, 1966)을 참고.

***

책과 그 역사에 대한 연구는 인쇄물의 정보를 알려주는 참고 자료와 서지 자료에 대한 조사를 기반으로 할 때만 다양한 연구의 시도가 가능하다. 앞서 언급된 말클레스의 서지 외에도 다음의 자료를 참고하면 이 분야와 관련해 도움이 될 것이라 생각된다.

Bertermann (Th.), *Early printed books to the end of the sixteenth century. A Bibliography of bibliographies*, 2nd ed., Genève, 1961.

일찍이 16세기부터, 그리고 특히 18세기부터 이런 종류의 참고문헌 작성 작업이 시도된 바 있다. 그 가운데 매우 빈번하게 사용되는 문헌은 아래와 같다.

Brunet (J. C.), *Manuel du libraire et de l'amateur de livres*, 5e édition, Paris, 1860-1865, 6 vol(2 vol. de suppléments, par Pierre Deschamps et Pierre Gustave Brunet, Paris, 1878-1880).

Grasse (J. G. T.), *Trésor des libres rares et précieux*, Dresde, 1859-1869, 8 vol(독일 문헌에 관해서는 브뤼네의 책보다 더 풍부한 자료가 수록되어 있다).

Maittaire (M.), *Annales typographici ab artis inventae origine ad annym MD*, 1719.

__________, II. *Ab anno MD ad annum MDXXXVI cintinuati*, 1722.

__________, III. *Ab anno MDXXXVI ad annum MDLVII continuati*, 1725.

__________, IV. *Annales typographici ab artis inventae origine ad annum MDCLXIV. Ed nova auctior et emandatior tomi primi*, 1733.

__________, V. *Annalium typographicum tomus quintus et ultimus*, 1741(일부 주요 인쇄업자의 인쇄물 목록을 중심으로 연대순 정리).

Panzer (G. W.), *Annales typographici ab artis inventae origine ad annum MD post Maittairii Denissi aliorumque doctissimorum virorum curas in ordinem redacti emendati et aucti*, I-V, 1793-1797. *Ab anno MDI ad annum MDXXXVI continuati*, VI-XI, 1798-1803, Nuremberg, impre. de E. Zeh, 11 vol. in-4°(발행지와 인쇄업자 순).

인큐내뷸러 참고목록

약 3만 5,000종으로 상대적으로 출간물의 수가 많지 않았던 인큐내뷸러는 자료도 더 귀하고 드물었다. 따라서 일찍이 별도의 참고목록이 작성되었는데, 특히 작업이 까다로운 인큐내뷸러 관련 연구는 전문가들을 주축으로 한 고유의 학문 영역으로 거듭난다.

인큐내뷸러 관련 연구의 포문을 연 것은 Panzer와 Maittaire, Hain의 자료가 있는데, 그중에서 특히 Hain의 자료는 수많은 부록과 더불어 오늘날에도 여전히 주요 문헌으로 자리잡고 있다.

Hain (L.), *Repertorium bibliographicum in quo libri omnes ab arte typographica inventa usque ad annum MD typis expressi*, Stuttgart et Paris, 1826-1838, 4 vol.

Copinger (W. A.), *Supplement to Hain's Repertorium bibliographicum*, Londres, 1895-1902, 2 parties en 3 vol.

Burger (K.), *The Printers and publishers of the XVth century with lists of their works*, Londres, 1902.

__________, *Ludwig Hain's Repertorium bibliographicum Register*, Leipzig, 1891. Reichling (D.), *Appendices ad Hainii-Cipingeri Repertorium bibliographicum*, Munich, 1905-1911, 7 vol.

__________, *Supplementum... cum indice urbium et typographorum, accedit Index auctorum generalis totius operis*, Munich, 1914.

1925년 독일에서는 1904년에 시도된 인큐내뷸러 총람의 발간이 시작되었다. 이 방대한 작업은 1939년 전쟁으로 잠시 중단되었는데, 그전에도 이미 수많은 낱권들이 출간된 바 있다.

Gesamtkatalog der Wiegendrucke..., Leipzig, Karl W. Hiersemann, t. I-VIII, n° 1(1925-1940)

이와 동시에 독일의 전문가들은 인큐내뷸러 연구를 수월하게 해주는 참고목록과 서지를 발간했다.

Der Buchdruck des 16. Jahrhunderts. Eine bibliographische Uebersicht herausgegeben von der Wiegendrucke-Gesellschaft. Berlin, Wiegendruck-Gesellschaft-1929-1936.

Haebler (K.), *Typenrepertorium der Wiegendrucke*, Halle, H. Haupt, 1905-1925, 5 t. en 4 vol.

현재 *Gesamtkatalog*(도서 종합 목록)의 재발간 작업이 알려지면서 새로운 준비 단계 연구물의 출간이 이미 시작되었다.

* Beiträge zur Inkunabelkunde, Berlin, 1965～.

이 작업이 마무리되기 전까지는 국내 종합 목록을 살펴보면 되는데, 그 가운데 주요 도서목록은 *Catalogue of books printed in the XVth century now in the British Museum*(Londre, 1908-1970, 9 vol. in-fol.) 등이 있다(상세 주석과 함께 국가별·인쇄업자별로 분류가 되어 있어 더없이 훌륭한 연구 자료가 되어주고 있으며, 최근에 출간된 책은 G. Painter의 연구물이다. 목록은 최근 출간 순으로 정리).

* Goff (F. R.), *Incunabula in American libraries, a third census of fifteenth century books*

recorded in North American collections, New York, 1964.

* Guanareschi (T. M.) et Valenziani (E.), *Indice generale degli Incunabuli delle biblioteche d'Italia*, Rome, 1943~, 4 vol, parus(lettres A-R).

Pellechet (M.), *Catalogue général des incunables des bibliothèques publiques de France*, Paris, 1897-1903, 3 vol(2권부터는 L. Polain과 공동작업, 곧이어 작업 재개 예정).

Polain (L.), *Catalogue des libres imprimés au XVe siècle des bibliothèques de Belgique*, Bruxelles, 1932, 4 vol.

16세기의 도서

16세기의 출판물은 국가와 발행지, 출판사, 서적상, 주요 작가별로 약식 서지 작성 작업이 이뤄졌다. 이 주제와 관련해서는 앞서 언급된 Malclès, Bestermann, Kolb 외에도 '지역별 연구' Études locales라고 표기되어 있는 아래 항목을 참조하라.

여기에서는 영국 박물관의 '약식 편람'Short title catalogues에서 나온 상당한 자료 내용만을 언급할 생각인데, 이 자료는 영국 박물관 내에 소장되어 있는 16세기 각국의 인쇄물 목록을 담은 책자다. 아울러 특히 중요한 총람 작업이었던 *Index Aureliensis. Catalogues librorum sedeum saeculo impressorum*(Baden-Baden, 1965~, 3 vol. A-BEN) 역시 인용하도록 한다.

다른 여러 참고목록 가운데 특히 다음을 소개하고자 한다.

Atkinson (G.), *La Littérature géoraphique française de la Renaissance. Répertoire bibliographique*, Paris, 1927.

Bengesco (G.), *Voltaire. Bibliographie de ses œuvres*, Paris, 1882-1890, 4 vol(table par Th. Besterman).

Benzing (J.), *Lutherbibliographie. Verzichnis der gedrucken Schriften Martin Luthers bis zu dessen Tod*, Baden-Baden, 1966.

Bohatta (H.), *Bibliographie der Breviere, 1502-1850*, Leipzig, 1937.

__________, *Bibliographie der 'livres d'heures' des XV. und XVI. Jahrhunderts*, Vienne, 1924.

Bohatta (H.) et Weale (W. H.), *Bibliographie liturgicev. Catalogus missalium ritus latini*, Londres, 1928.

Buisson (F.), *Répertoire des ouvrages pédagogiques du XVIe siècle*, Paris, 1880.

Bunker (R.), *A Biliographical study of Greek works and translations published in France during the Renaissance. Décade 1540-1550*, New York, 1939.

Burmeister (K. H.), *Sebastien Munster. Eine Bibliographie*, Wiesbaden, 1964.

Cioranescu (A.), *Bibliographie de la littérature française du XVIe siècle*, Paris, 1959.

____________, *Bibliographie de la littérature française du XVIe siècle*, Paris, 1965–1966, 3 vol.

* Darlow (T. H.) et Moule (H. F.), *Historical catalogue of the printed editions of Holy Scripture in the library of British and Foreign Bible Society*, New York, 1963, 4 vol(réimpr).

Duplessis (G.), *Essai sur les différentes éditions des Icones Veteris Testamenti d'Holbein*, Paris, 1884[Extrait de *Mémoires de la Société des Antiquaires de France*, t. XLIV(1883)], p. 45–64.

____________, *Essai bibliographique sur les différentes éditions des œuvres d'Ovide ornées de planches publiées au XVe et au XVIe siècle*, Paris, 1889.

____________, *Les Livres à gravures du XVIe siècle. Les Emblèmes d'Alciat*, Paris, 1884.

Harrisse (H.) *Excerpta Columbiniana. Bibliographie de quatre cents pièces gothiques françaises, italiennes et latines du commencement du XVIe siècle*, Paris, 1887.

Heitz (P.), et Ritter (F.), *Versuch einer Zusammenstellung der deutschen Volksbücher des 15. und 16. Jahrhunderts*, Strasbourg, 1924.

* Klesczewski (R.), *Die Französischen Übersetzungen des 'Cortegiano' von Baldassare Castigliono*, Heidelberg, 1966.

Lacombe (P.), *Livres d'heures imprimés au XVe siècle, conservés dans les Bibliothèques publiques de France*, Paris, 1907.

Legrand (E.), *Bibliographie hellénique ou Description raisonnée des ouvrages publiés par des Grecs aux XVe et XVIe siècles*, Paris, 1885–1906.

____________, *Bibliographie hellénique... au XVIIe siècle*, Paris, 1894–1903. 5 vol.

____________, *Bibliographie hellénique... au XVIIe siècle*, compel, et publ. Paris, 1908–1928, 2 vol.

Mambelli (G.), *Gli Annali delle edizioni Virgilane*, Florence, 1954.

Picot (É.), *Catalogue des livres composant la bibliothèque de feu M. le baron James de Rothschild*, Paris, 1884–1920, 5 vol.

Plan (P.-P.), *Bibliographie rabelaisienne. Les éditions de Rabelais de 1532 à 1711*, Paris,

1904.

Porcher (J.) *Bibliothèque Nationale. Expositon organisée à l'occasion du quatrième centenaire de la pulication de Pantagruel*, Pris, 1933.

Sommervogel (Le P. C.) et Backer (A. de), *Bibliothèque de la Compagnie de Jésus*, Bruxelles, Paris, 1890-1900, 9 vol.

Van Eys (W. J.), *Bibliographie des Bibles et des Nouveaux Testaments en langue française des XVe et XVIe siècles*, Genève, 1900-1901, 2 vol.

* Vogel (P. H.), *Europäische Bibeldrucke des XV. und XVI. Jahrhunderts in den Volksspachen*, Baden-Baden, 1962.

Weale (W. H. J.), *Bibliographia liturgica. Catalogus missalium ritus latini ab anno 1475 impressorum*, Londres, 1886.

Woledge (B.), *Bibliographie des romans et nouvelles en prose française antérieurs à 1500*, Genève, Lille, 1954.

B. 종합 연구 자료

* Adwers (A.), *Storia del libro*, Florence, 1963.

Audin (M.), *Histoire de l'imprimerie par l'image*, Paris, 1928-1929, 4 vol.

__________, *Le Livre, son architecture, sa technique*, Paris, 1924.

__________, *Somme typographique*, Paris, 1947-1948, 2 vol. *Les Origines* (avec le concours de Maurice Audin et Robert Marichal), *L'atelier et le matériel*.

Barge (H.), et Bogeng (G. A. E.), *Geschichte der Buchdruckerkunst*, Dresde, 1939-1941, 2 vol.

Dahl (Svend), *Histoire du livre, de l'antiquité à nos jours*, 3e éd., Paris, 1967.

* Floccon (A.), *L'Univers du livre*, Paris, 1961.

* Labarre (A.), *Histoire du livre*, Paris, 1970.

Lufling (H.), *Neue Literatur zur Geschichte des Buchwesens*, dans *Archiv für Kulturgeschichte*, t. XXXVII, fasc. 2, 1955, p. 244-263, 최근 연구 보고.

Mac Murtie (D.), *The book, the story of printing and bookmaking*, 3rd ed., New York, Toronto, 1943.

Malo-Renault (J.), *L'art du livre*, Paris, Garnier, 1931.

Milkau (F.) et Leyh (G.), *Handbuch der Bibliothekswissenchaft, 2. Aufl*, Wiesbaden, 1952-1961, 4 vol.

Oswald (J. C.), *A History of printing*, Londres, 1928.

Peddie (R. Alex. A.), *Printing, a short history of the art*, Londres, 1927. IN-8°(국가별 구성, 각 챕터별로 한 전문가가 작성).

Pollard (A. W.), *Fine book*, Londres, 1912.

* Presser (H.), *Das Buch vom Buch*, Brême, 1962.

Printing and the mind of Man. The impact on five centuries of western civilization, ed. by J. Carter and P. H. Muir. Cambridge, 1967.

Putman (G. H.), *Books and their makers during the Middle Age, a study of the conditions of the production and distribution of literature from the fall of the Roman Empire to the close of the XVIIth century*, Londres et New York, 1896-1897, 2 vol.

* Schottenloher (K.), *Bücher bewegten die Welt, 2. Aufl*, Stuttgart, 1968.

Steinberg (S. H.), *Five hundred years of printing*, Harmondworth, 1955.

Teichl (R.), *Der Wiegendruck im Kartenbild*, Vienne, 1926.

* Widmann (H.), *Der Deutsche Buchhandel in Urkunden und Quelle*, Hambourg, 1963, 2 vol.

Wroth (C. C.), édit., *History of the printed book*, New York, 1938.

끝으로 다음은 특히 혁신적인 내용을 담은 자료에 해당한다.

* Mac Luhan (H. M.), *La Galaxie Gutenberg face à l'ère électronique* (trad. J. Paré). Tours, 1967.

이 저서들에 더해 다음의 주요 논문집도 참고하라.

Benzing 논문집

* *Festschrift für Josef Benzing zum sechzigsten Geburtstag, 4 Februar 1964*, Wiesbaden, 1964.

J. Cain 논문집

* *Humanisme actif. Mélanges d'art et de littérature offerts à Julien Cain* (éd. J. Porcher et A. Masson), Paris 1968, 2 vol.

F. Calot 논문집

* *Mélanges d'histoire du livre et des bibliothèques offerts à M. Frantz Calot*, Paris, d'Argences, 1965.

G. Hogmann 논문집

* *Buch und Welt. Festschrift für Gustav Hofmann zum 65. Geburtstag dargebracht*, Wiesbaden, 1968.

A. Kolb 논문집

* *Refugium animae bibliotheca. Mélanges offerts à Albert Kolb* (éd. E. Van der Vekene), Wiesbaden, G. Pressler, 1969.

C. 몇 가지 주요 문제점들

1. 목판술과 금속판화

Blum (A.), *Les Origins de la gravure en France, les estampes sur bois et sur métal, les incunables xylographiques*, Paris, 1927.

Bouchot (H.), Bibliothèque Nationale. *Les deux cents incunables xylographiques du Département des Estampes. Origines de la gravure sur bois*, I. Texte. Paris, 1903.

Bouvy (E.), *La Gravure en France au XVIIe siècle: la gravure de portrait et d'allégorie*, Paris, 1903.

Conway (W. M.), *The Woodcutters of the Netherlands in the fifteenth century*, Cambridge, 1884.

Courboin (F.), *Graveurs et marchands d'estampes au XVIIIe siècle*, Paris, 1914.

Courboin (F.) et Roux (M.), *La Gravure française, essai de bibliographie*, 1927-1928, 3 vol.

Dacier (E.), *La Gravure française*, Paris, 1944.

Delen (A.J.J.) *Histoire de la gravure dans les anciens Pays-Bas*, Paris, 1924-1935, 3 vol (Le t. III est consacré à l'illustration du livre).

Duchartre (P. L.) et Saulnier (René), *L'Imagerie populaire. Les images de toutes les provinces française, du XVe siècle au Second Empire*, Paris, 1925.

Gusman (P.), *La Gravure sur bois et d'épargne sur métal, du XIVe auXX^{e} siècle*, Paris, 1916.

Hind (A. M.) *An Introduction to a history of woodcuts, with a detailed survey of work done in the fifteenth century*, Londres, 1936, 2 vol.

Hind (A. M.) et Colvin (S.), *Catalogue of early italian engravings preserved in the Department of Print and drawings in the British Museum*, Londres, 1909-1910, 2 vol.

Hodnett (E.), *English woodcuts, 1480-1535*, Londres, 1935.

Lemoisne (J.), *Les Xylographies du XIVe et du XVe siècle au Cabinet des Estampes*, Paris, 1927-1930, 2 vol.

Lieure (J.), *L'École française de gravure des origines à la fin du XVIe siècle*, Paris, 1928.

Pittaluga (M.), *L'Incisione italiana nel C'inquecento*, Milan, (s.d.).

Rosenthal (L.), *La Gravure*, 2e éd. revue et augmentée, Paris, 1939.

Schreiber (W. L.), *Manuel de l'amateur de la gravure sur bois et sur métal au XVe siècle*, 5 vol. in-8° et un atlas. Berlin, 1891-1911.

____________, I-II. *Gravures xylographiques*.

____________, III. *Gravures sur métal*.

____________, IV. *Livres Suisse, Autriche-Hongri et Scandinavie* (Essentiel. Édition allemande, Leipzig, 1927).

Sotheby (S. L.), *Principia typographica. The block books*, Londres, 1858, 3 vol.

2. 인쇄술의 '발견'

Audin (M.), *La Métallographie et le problème du livre*, dans *Gutenberg-Jahrbuch*, 1930, p. 11-52.

________, *Typographie et stéréographie*, dans *Gutenberg-Jahrbuch* 1931, p. 28-37.

Blum (R.), *Der Prozess Fust gegen Gutenberg*, Wiesbaden, O. Harras-sowitz, 1954.

Claudin (A.), *Les Origines de l'imprimerie en France: les premiers essais à Avignon en 1444*, dans *Bulletin du bibliophile*, 1898, p. 1-14, et *Mémoires de l'Académie de Vaucluse*, 2e siècle, t. V, 65e année(1919), p. 153-160.

Blum (A.), *Les Origines du papier, de l'imprimerie et de la gravure*, Paris, 1935.

Drelser (A.), *Hat Gutenberg in Bamberg gedruckt?* dans *Das Antiquaria*, oct. 1955, p. 197-

200, nov. 1955, p. 229-231.

Duhamel (L.), *Les Origines de l'imprimerie à Avignon, Notes sur les documents découverts par M. l'abbé Requin*, Avignon, 1890.

Fuhrmann (Otto W.), *Gutenberg and the Strasbourg documents of 1439, Sketches by Fritz Kredel*, New York, 1940.

* Guignard (J.), *Gutenberg et son œuvre*, 2e ed., Paris, 1970.

Hodgin (J. E.), *Rariora, being notes of some of the printed books*, Londres, 1900-1901, 2 vol.

Lborde (L. de), *Débuts de l'imprimerie à Strasbourg ou Recherches sur les travaux mystérieux de Gutenberg dans cette ville*, Paris, 1840.

Mac Murtrie (D.), *The Invention of printing : a bibliography*, Chicago, 1942.

_______________, *Was hat Gutenberg erfunden? Ein Rückblick auf die Technik des Schriftgusses*, dans *Gutenberg-Gesellschaft*, 1921.

Mortet (C.), *Les Origines et les débuts de l'imprimerie d'après les recherches les plus récentes*, Paris, 1922.

* Palau Y Dulcet (A.), *De los origines de la imprenta y desu introduccion en España*, Barcelone, 1952.

Requin (Abbé H.), 'Documents inédits sur les origines de la typographie', dans *Bulletin historique et philogique du Comité des travaux historiques et scientifiques*, 1890, p. 288-289, 328-350.

_______________, *L'Imprimerie à Avignon en 1444*, Paris, 1890.

Ricci (Seymour de), 'Catalogue raisonné des premières impressions de Mayence'*(1445-1467)*, Mayence, 1911(*Veröffentlichungen der Gutenberg-Gesellschaft*, VIII-IX).

Rupple (A.), *Johannes Gutenberg, sein Luben und sein Werk*, 2te Aufl., Berlin, 1947(Excellente bibliographie).

Schorbach (K.), *Die urkundlichen Nachrichten über Gutenberg*, dans *Festschrift zum 500 en Geburtstages von Joh. Gutenberg*(*Beiheft zum Zentralblatt für Bibliothekswesen*, XXIII, 1900, p. 256).

Schmidt-Kunsemüller (F. A.), *Die Erfindung des Buchdrucks als technisches Phänomen*, Mayence, 1951.

Scholderer (V.). *The Invention of printing*, dans *The Library*, 4e série, vol. XXI, 1940, p.

1-25.

* *Fifty essays in fifteenth and sixteenth centuries bibliography*, Amsterdam, 1966.

Van Der Linde (A.), *Geschichte der Erfindung der Buchdruckerkunst*, Berlin, 1886, 3 vol.

Wehmer (C.), *Mainzer Probedrucke in der type des sogenannten astronomischen Kalenders für 1448*, Munich, 1948.

Zedler (G.), *Von Coster zu Gutenberg*, Leipzig, 1921.

_________, *Das Mainzer Catholicon von 1460*, dans *Zentralblatt für Bibliothekswesen*, LIX(nov.-déc. 1942), p. 461-478.

3. 도서 관련 기술과 형태서지학

일부 고전적인 참고 자료부터 언급하자면 아래와 같다.

인큐내뷸러 분야:

Haebler (K.), *Handbuch der Inkunabelkunde*, 2te Auflage, Stuttgart, A. Hiersman, 1966.

수공업 시기 도서 분야:

Mc Kerrow (R. B.), *An introduction to bibliography for literary students*, 2d ed., Oxford, 1927.

* Esdaile (A.), *Esdaile's manual of bibliography. Revised edition by Roy Stokes*, Londres, 1967.

순전히 기술적인 문제에 관해서는 아래를 참고하라.

Audin (M.), *A propos des premières techniques typographiques*, dans *Bibiothèque d'Humanisme et Renaissance*, t. XVIII(1956). p. 161-170.

_________, *Bibliothèque Nationale. Les types lyonnais primitifs conservés au Département des Imprimés*, Paris, Bibliothèque Nationale, 1955.

_________, *Types du XVe siècle*, dans *Gutenberg-Jahrbuch*, 1954, p. 84-100.

Bauer (F.), *Kunst und Technik in der Schriftgiesserei*, dans *Gutenberg-Festschrift*, 1925, p. 85-88.

_________, *Technisches in der Geschichte der Schriftgiesserei*, dans *Gutenberg-Festschrift*, 1927, p. 209-214.

_________, *Die Deutsche Schriftgiessersprache*, dans *Gutenberg-Jahrbuch*, 1935, p. 134-

142.
* Bliss (C. S.), *Some aspects of seventeenth century English printing, with special references to Joseph Moxon*, Los Angeles, 1965.

Dietrichs (P.), *Die Buchdruck Hund Press von Johannes Gutenberg bis Friedrich König*, dans *28 Jahresbericht der Gutenberg-Gesellschaft*, Mayence, 1930.

Enschedé (J. W.), *Houten handpersen in de zestiende eeuw*, dans *Tijdschrift voor boek-en bibliothekswezen*, t. IV(1906), p. 195-215, 262-277.

Fertel (D.), *La Science pratique de l'imprimerie*, Amiens, 1723.

Fournier (P.-S.), *Manuel typographique*. Paris, Barbou, 1764-1766, 2 vol.

Gieeseke (A.), *Das Schriftmetall Gutenbergs*, dans *Gutenberg-Jahrbuch*, 1944-1949, p. 63-65.

Haebler (K.), *Schriftguss und Schriftandel in der Frühdruckzeit*, dans *Zentralblatt für Bibliothekswesen*, 41(1924), p. 81-104. Publié aussi dans *Typographische Jahrbücher* 45(1924), p. 382-386. Traduction anglaise dans *Ars typographica*, t. III(1926), p. 3-35.

Hupp (Otto), *Der Neudruck der Canon Missae und der Sandguss*, dans *Gutenberg-Jahrbuch*, 1942-1943, p. 49-71.

Johnson (A. F.), *The Supply of types in the sixteenth century*, dans *The Library*, 4th serie, vol. XXIV(1945), p. 47-65.

Momoro (A. -F.), *Traité élémentaire de l'imprimerie*, Paris, 1793.

Mortet (C.), *Le Format des livres. Notions pratiques suivies de recherches historiques*, Paris, 1925.

Moxon (J.) *Mechanick exercises, or the doctrines of handy works*, Londres, 1683.

서체의 역사, 인쇄, 동일화에 대해서는 아래를 참고하라.

Audin (M.), *La Fonderie de lettres les fondeurs français*, dans *Arts et métiers graphiques*, juin 1933 n° 35, p. 27 suiv.

__________, *Les Livrets typographiques des fonderies français avant 1800, Étude historique et bibliographique*, Paris, 1933.

* Balsamo (L.) et Tinto (A.), *Origini del corsivo nella tipographia italiananel Cinquecento*,

Milan, 1967.

Brun (R.), *Les beaux livres d'autrefois, Le XVIe siècle*, Paris, 1931.

Enschedé (Ch.), *Fonderies de caractères et leur matériel dans les Pays-Bas du XVe au XIXe siècle*, Haarlem, 1908.

Hellinga (W. et L.), *The Fifteenth century printing types of the Low Countries*, Amsterdam, 1966.

Howe (E.), *French type specimen books*, dans *The Library*, 5th serie, VI (1951), p. 28-41.

Johnson (A. F.), *Types designs, their history and development*, Londres, 1959.

Johnson (A. F.), Turner Berry (W.), *Catalogue of specimens of printing types by English and Scottish printers and founders, 1665-1830*, Londres, The Oxford University Press, 1935(Introduction historique générale de Stanley Morisson).

* Mores (E. R.), *A Dissertation upon English typographical founders and foundries, with appendix by John Nichols, edited by D. B, Updike*, New York, 1924.

Morisson (S.), *Towards an ideal type*, dans *The Fleuron*, t. II(1924), p. 57-76.

__________, *On Script types*, dans *The Fleuron*, t. IV(1925), p. 1-42.

__________, *The Chancery types of Italy and France*, dans *The Fleuron*, t. III(1925), p. 53-60.

__________, *The Typographic art*, Cambridge, 1950.

__________, *The Typographic book, 1450-1935. A study of fine typography through five centuries*, Londres, 1963.

Mortet (C.), *Observations sur les influences qui ont diversifié les caractères employés par les imprimeurs du XVe siècle*, dans *Gutenberg Festschrift*, 1925, p. 210-213.

Updike (D. B.), *Printing types, their history, forms and use. A study in survivals*, 3rd ed., Cambridge, Mass. et Londres, 1962.

* Vervliet (H. L. D.) *Sixteenth century printing types of the Low Countries*, Amsterdam, 1908.

* Veyrin-Forrer (J.), *Campionari di caratteri nella tipografia del Settecento*, Milan, 1963.

히브리어 인쇄에 관해서는 특히 아래를 참고하라.

Rossi (G. B. de), *Annales hebrao-typographici sec. XV*, Parme, 1795.

____________, *Annales hebraeo-typographici ab anno 1501ad 1540*, Parme, 1799.

* Steinschneider (M.) et Cassel (D.), *Jüdische Typographie und jüdischer Buchhandel*, Leipzig, 1851(*In: Esch-Gruber-Allgemeine Encyclopaedie der Wissenschafte und Künste*). Réimpression : Jérusalem, 1938.

Chwolson (Danial), *Yevreiskiya staropechatnyya knigi 1475-1500*, Saint-Pétersbourg, 1896(Traduction en hébreu : Varsovie, 1897).

Yevreiskiya entsiklopedia, v. *Tipografskoe dyelo u yevreev*(par I. Berlin), Saint-Pétersbourg, 1912.

Jewish Encyclopaedia, v. *Inkunabula* (par Joseph Jacobs) et *Typography*(par J. Jacobs et M. Franco), New York et Londres(1916).

Jüdisches Lexicon, v. *Inkunabeln* (par I. Markon), Berlin(1929).

Encyclopaedia judaïca, v. *Drukwesen* (par Isaiah Sonne), Berlin(1930?).

Encyclopédie hébraïque, v. *Inkounabuloth* (par A. M. Habermann), Jérusalem, 1951.

Freimann (A.), *Ueber hebräische Inkunabeln*, Leipzig, 1902.

___________, *Ha-otsar li-melèkheth ha-defous ha-'ivri ha-richona* (Collection de reproductions), Berlin, 1924-1931.

___________, *A Gazetteer of Hebrew printing*, New York, 1946.

Howe (E.), *An Introduction to Hebrew typography*, dans *Signature*, 1937.

Kaplan (Mitchell M.), *Panorama of ancient letters... Bibliographical notes and descriptions of 1000 rare manuscripts... illustr. with reproduction of 300 title pages*, New York, 1942.

Schwab (Moïse), *Les Incunables hébreux*, dans *Revue des Études juives*, 1881.

____________, *Les Incunables orientaux et les impressions orientales au commencement du XVI*[e] *siècle*, Paris, 1883.

____________, *Les Manuscrits et Incunables(1477-1508) hébreux de la Bibliothèque de l'Alliance Israélite Universelle*, Paris, 1904(Reproduit de la Revue des Études juives).

Halévy (Meyer Abraham), *Catalogue des Manuscrits et Incunables(1489-1538) de l'École rabbinique de France*, Paris, 1924(Supplément à la *Revue des Études juives*, 1925).

Habermann (A. M.), *Toledoth ha-séfer ha-'ivri* ('Histoire du livre hé-braïque'), Jérusalem, 1945.

Chefs-d'œuvre hébraïques de la Bibliothèque royale de Copenhague (Notamment: André Blum, *Le livre hébraïque et sa placc dans l'histoire de l'imprimerie*), Strasbourg, 1954.

그리스어 서체의 인쇄에 관해서는 다음을 참고하라.

* Finazzi (M.), *La Stampa greca a Venezi nei secoli XV° e XVI°*, Venise, 1968.

Proctor (R.), *The Printing of Greek in the fifteenth century*, Oxford, 1900.

Scholderer (V.), *Greek printing types, 1465-1927*, Londres, 1927.

Loewe (B.), *Die Ausbreitung der griechischen typographie in Deutschland*, dans *Gutenberg Jahrbuch*, 1940, p. 297-316.

책의 외관과 삽화에 있어서는 특히 다음을 참고하라.

필사본에서 인쇄본으로의 이행 관련 자료:

* Buhler (C.), *The Fifteenth-century book. The scribes. The printers. The decorators*, Philadelphie, The University of Pennsylvaria Press, 1960.

Guignard (J.), *Du manuscrit au livre*, dans *La France graphique*, février, 1955, p. 8-16.

Goldschmidt (E. P.), *The Printed books of the Renaissance*, Cambridge, 1950.

* Hirsch (R.), *Printing in France and Humanismus, 1470-1480*, dans *Library Quaterly*, XXX(1960), p. 111-125.

도서 삽화의 몇 가지 양상:

Pollard (A. W.), *The Transference of woodcuts in the 15th and 16th centuries*, dans *Bibliografica*, t. II (1896), p. 343-368.

Johnson (A. F.), *Baster ornaments on Paris books, 1519-1536*, dans *The Library*, 4th serie, vol. VIII(1927-1928), p. 355-360.

____________, *A Catalogue of engraved and etched English title pages down the death of William Feithorne*, Oxford, for the Bibliographical Society, 1934.

____________, *French XVIth century printing*, Londres, Benn.

____________, *German Renaissance title borders*, Oxford, 1929.

____________, 'The Title borders of Hans Holbein', dans *Gutenberg-Jahrbuch*, 1937, p. 115-120.

* Praz (M.), *Studies in the seventeenth century imagery*, 2d ed., Rome, 1964.

Hofer (P.), *Baroque book illustration, a short survey from the collection in the Department of grafic art*, Harvard College library, Cambridge, 1951. In-4°.

4. 책의 제본

Brun (R.), *Manual de l'amateur de reliure ancienne*, dans *Bulletin du Bibliophile*, 1935-1937.

Diehl (E.), *Bookbinding, its background and technique*, New York, 1946, 2 vol.

Goldschmidt (E. Ph.), *Gothic and Renaissance bookbindings*, Londres, Boston et New York, 1928, 2 vol.

__________________, I. *Text*.

__________________, II, *Plates*.

Helwig (H.), *Handbuch der Einbandkunde*, Hambourg, 1953-1955, 3 vol.

Horson (G. D.), *Les reliures à la fanfare, Le problème de l'S fermé*, Londres, 1935.

Michel (M.), *La Reliure française commerciale et industrielle*, Paris, D. Morzaud et C. Fatout, 1881, 2 vol.

Michon (L.-M.), *La Reliure française*, Paris, Larousse, 1951.

Ramsden (C.). *French bookbinders, 1789-1848*, Londres, C. Ramsden, 1950.

Thoinan (E.), *Les Relieurs français(1500-1800)*, Paris, E. Paul, L. Huard et Guillemin, 1893.

* De marinis (T.), *La Legature artistica in Italia nei secoli XV e XVI*, Florence, 1966. 3 vol.

* Devauchelle (R.), *La Reliure en France des origines à nos jours*, I. *Des origines à la fin du XVIIe siècle*, Paris, 1959.

* Guignard (J.) *Jean Grolier et la reliure en France au XVIe siècle*, dans *Art de France*, n° 1, p. 306-310, 3 pl.

5. 책의 세계

Audin (M.) M *Les Grèves dans l'imprimerie à Lyon au XVIe siècle*, dans *Gutenberg-Jahrbuch*, 1935, p. 172-189.

* Chauvet (P.), *Les Ouvriers du livre en France des origines à la Révolution de 1789*, Paris,

1959.

Crapelet (G.-A.), *Études pratiques et littéraires sur la typographie*, Paris, Crapelet, 1837. In-8°.

Haebler (K.), *Die deutschen Buchdrucker des XV. Jahrhunderts im Auslande*, Munich, 1924.

Hauser (H.), *Ouvriers du temps passé*, Paris, F. Alcan, 1917.

Marchand (J.), *Une enquête sur l'imprimerie et la librairie en Guyenne, mars 1701*, Bordeaux, Taffard, 1939.

Michon (L.-M.), *A propos des grèves d'imprimeurs à Paris et à Lyon au XVIe siècle*, dans *Fédération des sociétés historiques et archéologiques de Paris et de l'Ile-de-France, Mémoires*, 1954, p. 103-115.

Morin (L.), *Les Apprentis imprimeurs du temps passé*, Lyon, 1898.

________, *Essai sur la police des compagnons imprimeurs sous l'Ancien Régime*, Lyon, 1898.

Pallmann (H.), *Ein Buchdruckerstreik zu Frankfurt a. M. im Jahre 1597*, dans *Archiv für Geschichte des deutschen Buchhandels*, t. VI (1883), p. 11-21.

________, *Frankfurts Buchdruckerordnungen*, dans *Archiv für Geschichte des deutschen Buchhandels*, t. IV (1881), p. 261-273.

Radiguer (G.), *Maîtres imprimeurs et ouvriers typographes (1470-1903)*, Paris, 1903.

Mongredien (G.), *La Vie littéraire au XVIIe siècle*, Paris, 1947.

________, *La Vie quotidienne sous Louis XIV*, Paris, 1948.

Pelisson (M.), *Les Hommes de lettres au XVIIIe siècle*, Paris, 1911.

Pollard (A. W.). *Some notes on the history of Copyright in England, 1662-1774*, dans *The Library*, 4th serie, vol. III (1923), p. 97-114.

Pollard (G.), *The Company of Stationers before 1557*, dans *The Library*, 4th serie, t. XXVIII (1937-1938), p. 1-38.

Renouard (A. C.), *Traité des droits d'auteur*, Paris, 1838, 2 vol.

Sheavyn (P.), *The Literary profession in the Elizabethan Age*, Londres, 1909.

Schottenloher (K.), *Die Druckprivilegine des XVI. Jahrhunderts*, dans *Gutenberg-Jahrbuch*, 1933, p. 89-94.

Stolfi (N.), *Traité théorique et pratique de la propriété littéraire et artistique*, Paris, M. Giard et E. Brière, 1916.

Vanel (J.-B.), *Les Bénédictins de Saint-Germain-des-Prés et les savants lyonnais*, Paris-Lyon, 1894.

6. 출판 규제와 경제—저작권, 도서의 판매

Belin (J.-P.), *Le Commerce des livres prohibés à Paris, de 1750 à 1789*, Paris, 1913.

Boswell (E.), et Greg (W.), *Records of the court of Stationers Company, 1576-1602, from Register B*, Londres, 1930.

Bowker (R. R.), *Copyright, its history and law*, Boston-New York, 1912.

Boraful Y Sans (F.), *La Bala, la resma y la mamo de papel*, dans *Rivista grafica*, 1901-1902, p. 103-106.

Bouvier (R.) et Maynial (É), *Les Comptes dramatiques de Balzac*, Paris, 1938.

Broglie (E. de), *Mabillon et la Société de Saint-Germain-des-Prés au XVIIIe siècle*, Paris, 1888, 2 vol.

Dainville (Le P. F. de), *D'Aujourd'hui à hier. La Géographie du livre en France de 1764 à 1945*, dans *Le courrier graphique*, t. VIII, janvier-février 1951(n° 50), p. 43-50, et mars-avril 1951(n° 51), p. 33-36.

Dietz (A.), *Zur Geschichte der Frankfurter Büchermesse, 1462-1792*, Francfort-sur-le Main, 1921.

Dubosq (Y. Z.) *Le Livre français et son commerce en Hollande*, Amsterdam, 1925.

Estienne (H.), *The Francfort book fair*(Introduction de James Westfall Thompson), Chicago, 1911.

Falk (H.), *Les Privilèges de librairie sous l'Ancien Régime*, Paris, 1906.

Greg (W. W.), *Entrance, licence and publication*, dans *The Library*, t. XXV(juin-septembre 1944), p. 1-22.

__________, *Some aspects and problems of London publishing between 1550 and 1650*, Oxford, 1956.

Growoll (A.), *Three centuries of English book trade bibliography*, New York, 1903.

Guiffrey (G.) et Laboulaye (E. de), *La Propriété littéraire au XVIIIe siècle*, Paris, 1859.

Guignard (J.), *Les premiers Éditeurs de Rabelais*, dans *Association des bibliothécaires français, Bulletin d'information*, mars 1954, p. 13 29.

* Hirsch (R.), *Printing, reading and selling, 1450-1550*, Wiesbaden, 1967.

Hoyoux (J.), *Les Moyens d'existence d'Érasme*, dans *Bibliothèque d'Humanisme et Renaissance*, e. V(1944), p. 7-59.

Kirchoff (A.), *Die Leipziger Büchermesse von 1550 bis 1650*, dans *Archiv für Geschichte des deutschen Buchhandels*, t. XI(1888), p. 183-203.

Kirschbaum (L.), *Author's copyright in England before 1640*, dans *The Papers of Bibliographical Society of America*, t. XL(1946), p. 43-80.

Krieg (W.), *Materialien zu einer Geschichte des Buchhonorars vom 15. bis 20. Jarhhundert*, dans *Antiquariat*, 7(1951), p. 249-254, 302-306, 349-354.

Lachèvre (F.), *Le Libertinage devant le Parlement de Paris, Le Procès de Théophile de Viau*, Paris, 1909, 2 vol.

Lebègue (R.), *Les Correspondants de Peiresc dans les anciens Pays-Bas*, Bruxelles, 1943.

Los Rios (J.-F. de), *L'Art scientifique pour connaître et exercer le commerce de la librairie*, Lyon, 1789.

Lonchamps (F.), *Esquisse d'une histoire du développement du commerce et des industries du livre à Leipzig, depuis les origines jusqu'à nos jours*, dans *Le Bibliographe moderne*, t. XVI(1912-1913), p. 81-137.

* Madersteig (G.), *La singolare cronoca della nascita di un incunabulo*, Vérone, Valdonega, 1967. In-8°(인큐내뷸러의 인쇄 견적에 관한 상세 정보 수록).

IV. 지역별 연구

A. 국가별 연구

독일

Benzing (J.), *Buchdruckerlexicon des 16.Jahrhunderts(Deutsches Sprachgebiet)*, Francfort, 1952.

Claussen (B.), *Niederdeutsche Drucke im 16. Jahrhunderts* dans *Zentralblatt für Bibliothekswsen*, t. XXIX(1912), p. 201-209.

* Geldner (F.), *Die deutschen Inkunabeldrucker, ein Handbuch der deutschen Buchdrucker des XV. Jahrhundert nach Druckorten*, I. *Das deutsche Sprachgebiet*, Stuttgart, 1968.

Kapp (F.), et Goldfriedrich (J.), *Geschichte des deutschen Buchhandels*, Leipzig, Verlag des Börsevereins der deutschen Buchhändler, 1886-1903, 4 v.

Muther (R.), *Die deutsche Bücherillustration der Gothik und Früh-Renaissance(1460-1530)*, Munich; Leipzig, 1884.

Pflugk-Harttung (J. von), *Rahmen deutscher Buchtitel im 16. Jahrhundert*, Stuttgart, F. Lehman Verlag, 1909. In-8°.

Benzing (J.), *Die Buchdrucker des 16. und 17. Jahrhunderts im deutschen Sprachgebiet*, Wiesbaden, 1963.

벨기에

* *Bibliotheca Belgica, Bibliographie générale des Pays-Bas fondée par Ferd, Van der Haeghen, publiée sous la direction de Marie-Thérése Lenger*, Bruxelles, 1964(Livraison 231 suiv., en cours).

에스파냐와 포르투갈*

Bibliografia geral Portugueza, Lisbonne, 1941-1944.

* Bohigas (K.), *El Libro español(ensayo historico)*, Barcelona, 1962.

Burger (K.), *Die Drucker und Verleger in Spanien und Portugal von 1501-1536*, Leipzig, 1913.

(*Exposicion historica del libro. Unmilenio del libro español*), Madrid, 1952.

---

*에스파냐와 포르투갈 지역에서의 서지에 관해 좀더 상세한 정보를 얻으려면 본 도서의 에스파냐어 판본을 참고: *La Aparicion del libro*, Mexico, Union tipografica hispano-americana, 1959, in-8°(trad. Agustin Millares Carlo).

Haebler (K.), *The Early printers of Spain and Portugal*, Londres, 1896.

__________, *Geschichte des spanischen Frühdruckcs in Stammbäumcn*, Lcipzig, 1923 (*Bibliotheca Aragonesa*).

Lyelle (J. P. R.), *Early book illustration in Spain. Introduction Konrad Haebler*, Londres, 1926.

Palay Y Dulcet (A.) *Manuel del librero hipano-amerino. Inventario bibliografico de la production cientifica y literaria de España y de la America latina desde la invencion de la imprenta hasta nuestros dias*, Barcelone, 1948-1970, 21 vol. in-8°(2e éd. en cours).
에스파냐 및 에스파냐어권 미 대륙의 활판인쇄물 전체를 포괄하는 참고 자료.

Sanchez (J. M.), *Bibliografia aragonesa del siglo XVI*, Madrid, 1913. 2 vol.

* Schulte (H. F.), *The Spanish press, 1470-1966, Print, power and politics*, Urbana, 1968.

Vindel (F.), *El Arte tipografico en España durante el siglo XV*, Madrid, Tall. Gongora, 1945-1951. In-4°.

__________, I. *Cataluña* (1945).

__________, II. *Salamanca. Zamora. Coria y Reño de Galicia* (1946).

__________, III. *Valencia. Mallorca y Murcia* (1947).

__________, IV. *Zaragoza* (1949).

__________, V. *Sevilla y Granada*.

__________, VI. *Valladolid, Toledo, Huete y Pamplona*.

__________, VII. *Burgos y Guadalajara*.

__________, VIII. *Dudosos de lugar de impresión. Adiciones y correcciones*.

__________, IX. *Indices generales*.

프랑스

Blum (A.), *Les Origines du livre à gravures en France. Les incunables typographiques*, Paris et Bruxelles, G. Van Oest, 1928.

* Bollême (G.), *Les Almanaches populaires aux XVIIe et XVIe siècles. Essais d'histoire sociale*, Paris, 1969.

Brochon (P.), *Le Livre de Colportage en France depuis le XVIe siècle*, Paris, 1954.

Brun (R.), *Le Livre français*, 2e éd., Paris, 1969.

__________, *Le Livre français illustré de la Renaissance*, 2e éd., Paris, 1970.

__________, *Plaquettes gothiques françaises du XVe et du XVIe siècle*, dans *Sources*, première série, fascicule I(1943), p. 9-23.

__________, *La Typographie en France au XVIe siècle*, Paris, 1938.

Colot (F.), Michon (L.-M.) et Angoulvent (P.-J.), *L'Art du livre en France*, Paris, 1931.

Claudin (A.), *Histoire de l'imprimerie en France*. Paris, 1900-1905. 4 vol(최근작은 라콩브P. Lacombe가 펴냄).

__________, *Les Imprimeries particulières en France au XVe siècle*, Paris, 1897.

Claudin (A.), et Ricci (Seymour de), *Documents sur la typographie et la gravure en France aux XVe et XVIe siècle*, réunis par A. Claudin, publiés et commentés par Seymour de Ricci. Londres, 1926. 2 vol.

Cohen (H.), *Guide de l'amateur de livures du XVIIIe siècle*, 6e édition, Paris, 1912.

Delalain (Paul), *Essai de bibliographie de l' histoire de l'imprimerie typographique et de la librairie en France*, Paris, 1903.

Duportal (J.), *Contribution au Catalogue général des livres à figures du XVIIe siècle*, Paris, 1930.

__________, *Étude sur les livres à figures édités en France de 1601 à 1660*, Paris, 1914.

Fürstenberg(H.), *Das Französische Buch im Achtzehnten Jahrhundert und in der Empirezeit*, Weimar, 1929.

Labande (L. H.), *L'Imprimerie en France au XVe siècle*, Mayence, P. von Zaber, 1900. Extrait de: *Festschrift zum fünfhundertjährigen Geburtstage von Johannes Gutenberg*, 1900.

Lepreux (G.), *Gallia typographica*, ou *Répertoire biographique et chronologique de tous les imprimeurs de France depuis les origines de l'imprimerie jusqu'à la Révolution*, Paris, Champion, 1909-1913. 7 vol. in-8°. *Série parisienne*.

__________, *Paris et l'Ile-France. Livre d'Or des imprimeurs du roi*, 1911, 2 vol. *Série départementale*.

__________, I. *Flandre, Artois, Picardie*, 1909.

__________, II. *Provinces de Champagne et Barrois*, 1911.

__________, III. *Province de Normandie*, 1912, 2 vol.

__________, IV. *Province de Bretagne*, 1914.

__________, *Introduction à l'imprimerie dans les villes de France*, dans *Supplément au Bulletin officiel des maîtres imprimeurs*, n° spécial, déc. 1925, p. 10-22.

Martin (A.), *Le Livre illustré en France au XVe siècle*, Paris, 1931.

Mellotée (P.) *Histoire économique de l'imprimerie*. T. I: *L'imprimerie sous l'Ancien Régime, 1439-1789*, Paris, 1905(T. I seul paru).

Nisard (C.), *Historie des livres populaires, ou De la littérature de colportage depuis le XVe siècle*, Paris, 1854, 2 vol.

* Pottinger (D. T.), *The French book trade in the Ancient Régime, 1500-1791*, Cambridge, 1958.

Renouard (p.), *L'Édition française en 1530*, dans *La Bibliographie de la France. Chronique*, 1931, n° 45 et 46(et tirages à part).

Thomas (H.), *Short-title Catalogue of books printed in France and of French books printed in other countries rom 1470 to 1600, in the British Museum*, Londres, 1929.

영국

Benett (H. S.), *English books and readers, 1475 to 1557*, 2e éd., Cambridge, 1969.

Bibliothèque Nationale. *Le Livre anglais. Trésors des collections anglaises*(Catalogue d'exposition), Paris, 1951.

* Clair (C.), *A History of printers in Britain*, Londres, 1965.

Duff (E. G.), *A Century of the English book trade, Short notices of all printers, stationers, bookbinders and others connected with it from issue of the first dated book in 1457 to the incorporation of the Company of Stationers in 1557*, Londres, printed for the Bibliographical Society, 1905.

__________, *The printers, stationers and bookbinders of Westminster and London from 1476 to 1535*, Cambridge, 1906.

__________, *A Dictionary of printers and bookbinders in England, Scotland and Ireland, and of foreign printers of English books 1557-1640*, General edition R. B. Mac Kerrow, Londres, printed for the Bibliographical Society, 1910.

__________, *A Hand-List of English printers, 1501-1556*, Londres, printed for the

Bibliographical Society, 1895-1905. 4 parties en 2 vol(Articles rédigés par E. G. Duff, W. W. Greg, R. B. Mac Kerrow, H. R. Plomer, R. Proctor et A. W. Polland).

__________, *Fifteenth century English books*, Londres, 1917.

Heilbronner (W. L.), *Printed and the book in fifteenth century England. A bibliographical survey*, Chalottesville, 1967.

Mac Kerrow (R. B.) et Ferguson (F. S.), *Title-page borders used in England and Scotland*, Londres, 1932.

Plant (M.), *The English book trade*, 2e éd., Londres, 1965.

Plomer (H. R.), *A Dictionary of the booksellers and printers who were at work in England, Scotland and Ireland from 1641 to 1667*, Londres, 1907.

____________, *A Dictionary of the booksellers and printers..., from 1668-1725*, Oxford, 1922.

Plomer (H. R.), *A short history of English printers 1476-1898*, Londres, 1900.

Plomer (H. R.), Bushnell (G. H.), et Dix (E. R.), *A Dictionary of the booksellers and printers, from 1726 to 1775*, Oxford, 1937.

Pollard (A. W.) et Redgrave (G. R.), *A Short-title catalogue of books printed in England, Scotland and Ireland, and of English books printed about 1475-1640*, Londres, 1926(1950년에 목록 발간).

Stationer's Company. Transcript of the registers of the company, 1554-1640, edited by Edward Arbers, Londres, 1875-1894, 5 vol. *Continued for 1645-1708*, edited by G. J. E. B. Eyre, transcribed by H.-R., *Plomer*, Londres, 1913-1914. 3 vol.

Wing (D.), *Short-title Catalogue of books printed in England, Scotland, Ireland, Wales and British America and of English books printed in other contries, 1641-1700*, New York, 1945.

이탈리아

Angeleri (C.), *Bibliografia delle stanpe popolari a carattere profano dei secoli XVIe e XVIIe consernate nella Biblioteca nazionale di Firenze*, Florence, 1953.

Ascarelli (F.), *La Tipografia cinquecentina italiana*, Florence, 1953.

Bibliothèque Nationale, *Trésors des bibliothèques d'Italie, IVe-XVIe siècle* (Catalogue d'exposition), Paris, 1950.

* *Contributi alla storia del libro italiano. Miscellenea in onore di Lamberto Donati*, Florence, 1969.

De Gregori (L.), *Bibliografia e censimento dei libri italiani del secolo XVI*, Roma, Ist. poligrafico dello Stato, 1930-1931(Tirage à part du vol. III des *Atti del I° congresso mondiale delle biblioteche e di bibliografia*, Rome, Venise, 15-30 juin 1929).

Fumagalli (G.), *Lexicon typographicum Italiœ*, 『이탈리아 인쇄 역사를 위한 이탈리아 지리 사전』, Florence, Olschki, 1905.

Supplément par Fumagalli(*Giunta e correzioni al Lexicon typographicum Italiae*, Florence, Olschki, 1938), et Marino Parenti(*Nuova giunta al Lexicon typographicum Italiae*, Milan, tip. Allegretti di Campi, 1940; et *Seconda giunta*, Florence, Sansoni, 1949).

* Norton (F.J.), *Italian Printers, 1501-1520*, Londres, 1958.

Sander (M.), *Le Livre à figures italien depuis 1467 jusqu' à 1530*, Milan, 1942, 6 vol(Préface historique au t. IV).

* *Supplément*: Rava (C. E.), *Supplément à Max Sander, le Livre à figures italien de la Renaissance*, Milan, 1969.

* *Studi bibliografici: Atti del Convegno dedicato alla storia del libro italiano nel V centenario dell'introsuzione dell'arte tipografica in Italia, Bolzano, 7-8 ottobre 1965*, Florence, 1967.

네덜란드

Campbell (M. F.), *Annales de la typographie néerlandaise au XVe s*, La Haye, 1874. — 4 vol. de suppl., 1878-1890. Additions par R. Proctor(Londres, 1897, in-8°). Table par M. Pellechet, dans *Rev. des Bibl*, t. VII(1897), p. 1-45.

* Cockx-Indestege (E.) et Glorieux (G.), *Belgica typographica. 1541-1600. Catalogus librorum impressorum ab anno MDXL ad annum MDC in regionibus quae nunc regni Belgarum partes sunt. I. Bibliotheca regia Bruxellensis*, Nieuwkop, 1968.

Dronckers (E.), *Catalogus der Bibliotheek van de Vereeninging ter bevordering van de belangen des boekhandels te Amsterdam*, La Haye, M. Nijhoff, 1920, 5 vol.

Funck (M.), *Le Livre belge à gravures*, Paris et Bruxelles, G. Van Oest, 1925.

Kruseman (A. C.), *Aantekeningen betreffende den boekhandel van Noord-Nederland in de 17de en 18de eeuw*, Amsterdam, P. N. Van Kampen en zoon, 1893.

Histoire du Livre et de l'Imprimerie en Belgique, des origines à nos jours(par A. Vincent, A. J. J. Delen, M. Sabbé, J. Brassinne, P. Bergmans), Bruxelles, Musée du Livre, 1923-1934, 6 vol.

Ledeboer (A. M.), *Alfabetishe lijst der Boekdrukers boekverkopers en uitgevers in Noord-Nederland sedert de uitvinding van de boekdrukkunst tot den aanvang der negentiende eeuw*, Utreche, 1876-1877.

______________, *De Boekdrukkers boekverkopers, en uitgevers in Noord-Nederland sedert de uitvindinging van de boekdrukkunst tot den aanvang der negentiende eeuw*, Deventer, 1872.

Nijhoff (W.), *L'art typographique dans les Pays-Bas pendant les années 1500 à 1540*, La Haye, 1926-1935, 3 vol.

Nijhoff (W.) et Kronenberg (M. E.), *Nederlandsche bibliographie van 1500 tot 1540*, La Haye, 1919-1951, 2 vol. et 2 suppléments.

스칸디나비아 지역

* Collijn (I.), *Sveriges bibliografi intill ar 1600*, Upsal, Svenska litteratursällsk, 1927-1938, 3 vol.

Nielsen (L.), *Dansk bibliografi, 1482-1550*, Copenhague, 1919.

__________, *Dansk bibliografi, 1551-1600*, Copenhague, 1931-1933.

스위스

Besson (M.), *L'Église et l'imprimerie dans les anciens diocèses de Lausanne et de Genève jusqu'en 1525*, Genève, H. Trono, 193(???)-1938, 2 vol.

Buechler (E.), *Die Anfänge des Buchdrucks in der Schweiz*, Berne, 1951.

* Longchamp (f. c.), *Manuel du bibliophile suisse*, Paris et Lausanne, 1927.

B. 서유럽 이외 지역에서의 인쇄산업과 인쇄기술

* Müller (J.) et Roth (E.), *Aussereuropäische Druckereien im 16. Jahrhundert. Bibliographie der Drucke*, Baden-Baden, 1969.

1) 슬라브 지역

Karataev (I.), *Opisanie slavjano russkikh knig..., 1491-1730*, Saint Pétersborg, Impr. B. S. Balašev, 1878.

Tobolka (Z.), *Ceske protisky*, Prague, 1910.

__________, *Cejiny ceskoslovenského knihtisku v dobè nejstarši*, Prague, 1930.

Volf (J.), *Dejiny ceskeho knihtisku do roku 1848*, Prague, 1926.

Ptasnik (L.), *Ed. Monumenta Poloniae typographica XV-XVI saeculorum*, Lvov, 1922.

Bernacki (L.), *Pierwsza ksiazka polska*, Lvov, 1918.

Russische Rundschau, Prague, 1933.

2) 미 대륙

Furlong (Le p. g.), S. J. — *Origenes de l'arte tipogragico en America, especialmente en la Republica Argentina*, Buenos-Aires, 1947.

Gonzalez Cossio (F.), *La Imprenta de Mexico, 1594-1820*, Mexico, 1947.

Icazbalceta (J. G.), *Bibliogrfia mexicana del siglo XVI*, Mexico, Andrade y Morales, 1886.

Lehmann-Medina (J.), *The book in America*, 2nd ed., New York, R. R. Bowker, 1951.

Toribio-Medina (J.), *La Imprenta en Mexico(1539-1821)*, Santiago de Chili, 1907-1912, 8 vol.

Oswald (J.-C.), *Printing in the Americas*, New York(s. d.).

Valton (E.), *Impresos mexicanos del siglo XVI*, Mexico, 1935.

C. 지역별 혹은 도시별 연구

알자스

Ritter (F.), *Histoire de l'imprimerie alsacienne aux XVe et XVIe siècles*, Paris, Strasbourg, 1955.

아미앵

* Labarre (A.), *Recherches sur le commerce du livre à Amiens à la fin du XVe et XVIe siècles*, dans *Bull. Hum. soc. antiq. Picardie*, 1963, p. 11-42.

암스테르담

Kleerkooper (M. M.) et Van Stockum (W. P.), *De boekhandel te Amsterdam, voornamelijk in de 17° eeuw, bibliographische en geschiedkundlige aantekenigen*, La Haye, Mijhoff, 1914(*Bijdragen tot de geschiedenis van den nederlandschen boekhandel*, X).

Moes (E. W.), *De Amsterdamsche boekdrukkers en outgevers inde 3 estiende eeuw*, Amsterdam, 1896-1905, 4 vol.

* Van Eeghem (I. -H.), *De Amsterdamse boekhandel, 1680-1725*, Amsterdam, 1960, 1967, 4 vol(en cours).

앙주

Pasquier (E.), et Dauphin (V.), *Imprimeurs et libraires de l'Anjou*, Angers, 1932.

안트베르펜

Bibliothèque Nationale, *Anvers, ville de Plantin et de Rubens. Catalogue de l'exposition organisée à la Galerie Mazarine(mars-avil 1954)*, Paris, éd, 1954(보에M. L. Voet와 안트베르펜 박물관 학예사들이 작성한 도서목록).

Dermuhl (Am.) et Bouchery (H. F.), *Bibliographie betreffende de Antwersche drukker met een histirische inleideng door Hermann F. Bouchery*, Anvers, 1938.

Mémorial des Journées Plantin: Gedenboek der Plantin Dagen, Anvers, 1956.

아라공

* Sanchez (J. M.), *Bibliografia aragonesa del sigle XVI*, Madrid, 1913-1914, 2 vol.

아우크스부르크

* Zapf (G. W.), *Augsburgs Buchdrucker Geschichte nebst den Jahrbüchern derselben*, Leipzig, 1968, 2 vol.

아비뇽

Pansier (P.), *Histoire du livre et de l'imprimerie à Avignon du XIVe au XVe siècle*, Avignon, 1922, 3 vol.

바젤

Harisse (H.), *Les premiers Incunables bâlois et leurs dérivés: Toulouse, Lyon, Vienne-en-Dauphiné, Spire, Eltville, etc. 1471-1484. Essai de synthèse typographique*, 2e éd., revue et augmentée, Paris, 1902.

Heckethorn (C. -W.), *The Printers of Basle in the XVth and XVIth centuries, their biographies, printed books and devises*, Londres, 1897.

Johnson (A. F.), *The first century of printing at Basle*, Londres, Benn, 1926.

* Bietenholz (P. G.), *Basle and France in the Sixteenth Century. The Basle Humanists and Printers in thire Contacts with Francophone Culture*. Genève, 1970.

바르셀로나

* Madurel Marimon (J.) et Rubio Y Balaguer (J.), *Documentos para la historia de la imprenta y libreria en Barcelona(1474-1553)*, Barcelone, 1955.

본

* Wenig (O.), *Buchdruck und Buchhandel in Bonn*, Bonn, 1968.

브르타뉴

La Borderie (A. de), *L'Imprimerie en Bretagne au XVe siècle*, Nantes, 1878.

캉

Delisle (L.), *Catalogue des livres imprimés ou publiés à Caen avant le milieu du XVIe siècle*, Caen, 1903-1904, 2 vol(*Bulletin de la Société des Antiquaires de Normandie*, t. XXIII-XXIV).

카탈루냐

* Carreres Vallis (R.), *El elibre a Catalunya 1338-1590*, Barcelone, 1936.

샤르트르

Langlois (M.), *Le Missel de Chartres imprimé en 1482*, Chartres, 1904.

클뤼니

Delisle (L.), *Livres imprimés à Cluny au XVe siècle*, Paris, 1897.

쾰른

Schramm (Albert.), *Die Kölner Drucker*, Leipzig, 1924, dans *Der Bilderschmuck der Frühdrucke*, 8.

Voullieme (E.), *Der Buchdruck Kölns bis zum Ende des fünfzehnten Jahrhunderts. Ein Beitrag zur Inkunabelbibliographie*, Bonn, 1903, dans *Publikationen der Gesellschaft für Rheinische Geschichtskunde*, 24.

디종

Clément-Janin (M.-H.), *Recherches sur les imprimeurs dijonnais et sur les imprimeurs de la Côte-d'Or*, Dijon, 1883.

에르푸르트

* Hase (M. von), *Bibliographie der Erfurter Drucke*..., Nieuwkop, 1968.

폴리뇨

Valenti (T.), *Gl'inizi della tipografia degli Orfini in Foligno(1470)*, dans *Bibliofilia*, XXVII, 1925-1926, p. 348-370(Voei aussi *Neumeister*).

프랑스 남서부

* Desgraves (L.), *Études sur l'Imprimerie dans le Sud-Ouest de la France aux XVe, XVIe et XVIIe siècles*, Amsterdam, 1968.

제네바

Cartier (A.), *Arrêts du Conseil de Genève sur le fait de l'imprimerie et de la librairie de 1541 à 1550*, Genève, 1893.

Chaix (P.), *Recherches sur l'imprimerie à Genève de 1550 à 1564*, Genève, 1954.

* Chaix (P.), Dufour (A.) et Moeckli (G.), *Les Livres imprimé à Genève de 1550 à 1600. Nouvelle édition revue et augmentée par G. Moeckli*, Genève, 1966.

Dufour (*Théophile*), *Notice sur les livres imprimés à Genève et à Neuchâtel dans les premiers temps de la Réforme*, Genève, 1878.

Caullieur (E.-H.), *Études sur la typographie genevoise*, dans: *Bulletin de l'Institut national genevois*, t. II, 1855, p. 33-292.

아그노

Hanauer (A.), *Les Imprimeurs de Haguenau*, Strasbourg, 1904.

함부르크

* Kayser (W.) et Dehn (Cl.), *Bibliographie der Hamburger Drucke des 16. Jahrhundert*, Hambourg, 1968.

헤이그

Kossmann (E. F.), *De boekhandel te 's Gravenhage tot bed eind van de 18e eeuw. Biographisch woordenboek* (La Haye, 1937), (*Bijdragen tot de geschiedenis van den nederlandschen boekhandel*, XIII.)

랑그도크

Desbarreaux-Bernard (Le Dr T.), *Établissement de l'imprimerie dans la province de Languedoc*, Toulouse, Privat, 1975(『랑그도크 일반사』*Histoire générale du Languedoc* 7권에서 발췌).

Pellechet (M.), *Quelques hypothèses sur l'imprimerie en Longuedoc au XVe siècle*, dans *Journal général de l'imprimerie et de la librairie*. *Chronique* (1893), t. LXXXII, p. 9-15.

* Desgraves (L.), et Droz (E.), *L'Imprimerie à La Rochelle*, Genève, 1960:

________________, I. *Barthélemy Berton(1563-1573)*, par E. Droz.

________________, II. *Les Haultin(1571-1623)*, par L. Desgraves.

________________, III. *La veuve Berton et Jean Portan(1573-1590)*, par E. Droz.

런던

Duff (E. G.), *The Printers, stationers and bookbinders of Westminster and London from 1476 to 1535*, Cambridge, 1906.

리옹

Baudrier (Le Pt. Jules), *Bibliographie lyonnaise. Rechrches sur les imprimeurs... de Lyon au XVe siècle*, Lyon, 1895–1921, 12 vol(*Tables* par George Tricou, Genève, E. Droz; Lille, Giard, 1950). 트리쿠J. Tricou의 목차 수정본, Paris, 1963.

Vingtrinier (A.), *Histoire de l'imprimerie à Lyon, de l'origine jusqu'à nos jours*, Lyon, 1894.

마드리드

C. Perez Pastor, *Bibliografia Madrileña*, Madrid, 1891–1907, 3 vol.

마인츠

Benzing (J.) et Presser (H.), *Fünfhundert Jahre Mainzer Buchdruck*, Mayence, 1905.

메츠

Chabert (F. M.), *Histoire résumée de l'imprimerie dans la ville de Metz, 1482–1800*, Metz, 1851.

Ricci (Seymour de), *Le premier livre imprimé à Metz*, dans *Bulletin du Bibliophile*, 1925, p. 10–22.

밀라노

Sholderer (V.), *Printing at Milan in the Fifteenth century*, dans *The Library*, 4e siècle, VII,

1926-1927, p. 335.

나폴리

Fava (M.), et Bresciano (G.), *La Stampa a Napoli del XVe secolo*, Leipzig, 1911, un vol. et un atlas.

파리

Claudin (A.), *Liste chronologique des imprimeurs parisiens du XVe siècle (1470-1500)*, dans *Bulletin du Bibliophile*, 1901, p. 309-327.

__________, *Orgines de l'imprimerie à Paris: la première presse à la Sorbonne*, Paris, 1899.

Coyecque (E.), *Cinq libraires parisiens sous François I^er(1521-1529)*, dans *Mémoires de la Société d'histoire de Paris et de l'Ile-de-France*, t. XXI(1894), p. 53-136.

__________, *Recueil d'actes notariés relatifs à l'histoire de Paris au XVIe siècle, 1498-1545*, Paris, 1905-1929, 2 vol.

Delalain (P.), *Étude sur le libraire parisien du XIIIe au XVe siècle, d'après les documents publiés dans le Cartulaire de l'Université de Paris*, Paris, 1891.

Guignard (J.), *Imprimeurs et libraires parisiens, 1525-1536*, extrait du *Bulletin de l'Association Guillaume Budé*, 2e siècle, n° 2(1953), p. 43-73.

La Caille (J. De), *Histoire de l'Imprimerie et de la Librairie à Paris*, Paris, 1689.

Livre et société dans la France du XVIIIe siècle(par G. Bollême, J. Ehrard, F. Furet, D. Roche et J. Roger; postface de A. Dupront), Paris, La Haye, 1965.

Martin (H.-J.), *Quelques aspects de l'édition parisienne au XVIIe siècle*, dans *Annales*, juillet-septembre 1952, p. 309-319.

* __________, *Livre, pouvoirs et société à Paris au XVIIe siècle(1598-1701)*, Genève, 1969, 2 vol.

Monfrin (J.), *Les Lectures de Guillaume Fichet et Jean Heynlin, d'après le registre de prêt de la Bibliothèque de la Sorbonne*, dans *Bibliothèque d'Humanisme et Renaissance*, 1955, p. 7-23.

Philippe (J.), *Origines de l'imprimerie à Paris*, d'après des documents inédits, Paris, 1885.

Pichon (le Baron J.), et Vicaire (G.), *Documents pour servir à l'histoire des libraires de Paris, 1486-1600*, Paris, 1895.

Renouard (Ph.), *Documents sur les imprimeurs, libraires, cartiers, graveurs, fondeurs de lettres, relieurs, doreurs de livres, faiseurs de fermoirs, enlumineurs, parcheminiers et papetiers ayant exercé à Paris de 1450 à 1600*, Paris, 1901.

* ___________, *Répertoire des imprimeurs parisiens, libraires, fondeurs de caractères depuis l'introduction de l'imprimerie(1470) jusqu'à la fin du XVIe siècle*, éd. J. Veyrin-Forrer et B. Moreau. Paris, 1965.

* ___________, *Imprimeurs et libraires parisiens du XVIe siècle*, ouvrage publié d'après les manuscrits de Philippe Renouard..., T. I (A). T. II(Baaleubanville), Paris, 1964-1969.

Weiss (N.), *La Sorbonne et la librairie parisienne. Requête des vingt-quatre libraires jurés de l'Université au Parlement, 29-30 juin 1545*, dans *Société de l'histoire du protesttantisme français, Bulletin historique et littéraire*, t. XL(1891), p. 634-638.

Wiggishoff (J. C.), *Imprimeurs et libraires parisiens, correcteurs, graveurs et fondeurs, 1470 à 1600*, dans *Bulletin du Bibliophile*, 1900, p. 417-438, 499-508, 538-547.

푸아티에

La Bouralière (A. De), *L'Imprimerie et la librairie à Poitiers pendant le XVIe siècle, précédées d'un chapitre rétrospectif sur les débuts de l'imprimerie dans la même ville*, Paris, 1900.

프로방스

* Billioud (J.), *Le livre en Provence du XVe au XVIIIe siècle*, Marseille, 1962.

로이틀링겐

* Widmann (H.), *Aus der Geschichte des Reutlinger Druck-und Verlagswesen*, Reutlingen, 1968.

루앙

* Queniart (J.), *L'Imprimerie et la librairie à Rouen au XVIIe siècle*, Paris, 1969.

사르데냐

* Balsamo (L.), *La Stampa in Sardegna nei secoli XV° e XVI°*, Florence, L. Olschti, 1968.

스트라스부르크

Kristeller (P.), *Die Strassburger Bücherillustration im XV. und im Anfange des XVI. Jahrhunderts*, Leipzig, 1888.

Schmidt (C.), *Répertoire bibliographique strasbourgeois jusque vers 1530*, Strasbourg, 1893-1896.

수비아코

Bach (G.), *Die Druckerei von Subiaco*, dans *Italien*, I, 1928, p. 193-251.

Brun (R.), *Rome ou Subiaco*, dans *Trésors des Bibliothèques de France*, VI(1938), p. 70-80.

툴루즈

* Caillet (M.), *L'Œuvre des imprimeurs toulousains aux XVIe et XVIIe siècles*, Toulouse, 1963.

Claudin (A.), *Les enlumineurs, les relieurs les libraires et les imprimeurs de Toulouse aux XVe et XVIe siècles(1480-1530)*, Paris, 1893(Extrait du *Bulletin du Bibliophile*).

Desbarreaux-Bernard (Le Dr T.), *L'Imprimerie à Toulouse aux XVe, XVIe et XVIIe siècles. Première partie: Catalogue raisonné des livres imprimés au XVe siècle*, Toulouse, 1865.

________________, *L'Imprimerie à Toulouse au XVIe siècle*, Toulouse, 1879 (*Extrait des Mémoires de l'Académie des Sciences, Inscriptions et Belleslettres de Toulouse*).

Macary (S.), *Étude sur les origines et la propagation de l'imprimerie à Toulouse au XVe siècle*, dans *Bulletin historique et philologique du Commité des travaux historiques et *scientifiques*, 1898, p. 242–251.

투르

Guignard (J.), *Recherches pour servir à l'histoire du livre à Tours*, dans *École nationale des chartes. Positions des thèses* (1938), p. 36–44.

Giraudet (E.), *Les Origines de l'imprimerie à Tours(1467-1550)*, Tours, 1881.

트란실바니아

* Jako (Z.), *Die Hermannstädter Druckerei im 16. Jahrhundert und ihre Bedeutung für die rumänische Kulturgeschichte*, dans *Forschungen zur Volks-und Landeskunde*, Bd. 9.

트루아

Morin (L.), *Histoire corporative des artisans du livre à Troyes*, Troyes, 1900.

우르비노

* Moranti (L.), *L'Arte tipografica in Urbino(1493-1800) con appendice di documenti e annali*, Florence, 1967.

베네치아

Brown (H. F.), *The Venetian printer press*, Londres, J. C. Nimms, 1891.

Fulin (R.), *Documenti per servire alla storia della tipografia veneziana*, dans *Archivio veneto*, t. XXIII (1882), p. 84–212, 390–405.

Massena (Victor, prince d'Essling duc Rivoli), *Études sur l'art de la gravure sur bois à Venise. Les livres à figures vénitiens de la fin du XVe et du commencement du XVIe siècle*, Florence, Paris, 1907–1914. 5 vol.

Pastorello (E.), *Tipografi, Editori, Librai a Venezia nel secolo XVI*, Florence, 1924 (*Biblioteca di Bivliografia Italiana*, 5).

Dibdin (T.), *Early printers in the city of Venice*, New York, 1924. In–8°.

* Scholderer (V.), *Printing at Venice to the end of 1481*, dans *The Library*, 4e série, vol. V (1924), p. 129–152.

D. 인쇄업자 개별 연구

알두스

Renouard (A.-A.), *Annales de l'imprimerie des Alde*, 3e éd., Paris, 1834, 3 vol.

Baschet (A.), *Alde Manuce, lettres et documents*, Venise, 1867.

Devinne (T.-L.), *Aldus Pius Manutius*, San Francisco, 1924.

Firmin-Didot (A.), *Alde Manuce et l'hellénisme à Venise*, Paris, 1875.

Fock (G.), *Bibliotheca aldina. Eine Sammlung von 800 Drucken des Aldus Manutius und seiner Nachfolger*, Leipzig(1930).

Noliiac (P. de), *Les Correspondants d'Alde Manuce*, Rome, 1888.

Pastorello (E.), *Inventario cronologico dell'epistolario manuziano, 1483-1597*, dans *Bibliofilia*, t. XXX(1928), p. 40-55, 166-173, 296-303; t. XXXI(1929), p. 365-372 t. XXXII(1930), p. 161-168, 232-239; t. XXXIII(1931), p. 38-41.

아메르바흐

Amerbachkorrespondenz[Ed. A. Hartmann], Bâle, 1942-1947, 3 vol.

오주로

Veyrin-Forrer (J.), *Antoine Augereau graveur de lettres et imprimeur parisien(vers 1485-1534)*, dans *Paris et Ile-de France. Mémoires publiés par la Fédération des sociétés historiques et philologiques de Paris et de l'Ile-de-France*, 1957.

조스 바드

Renouard (P.), *Bibliographie des impressions et des œuvres de Josse Bade Ascensius, imprimeur et humaniste, 1462-1535*, Paris, 1909. 3 vol(2e éd.: voir *Bibliographie parisienne*, t. II, p. xx).

발라르

Lesure (F.) et Thibault (G.), *Bibliographie des éditions d'Adrian Le Roy et Robert Ballard*, Paris, 1955. *Société française de musicologie*, t. XI.

__________, Supplément dans *Revue française de musicologie*, vol. XL, décembre 1957, p. 166-172.

바르부

Ducourtieux (P.), *Les Barbou imprimeurs, Lyon, Limoges, Paris, 1524-1823*, Limoges, 1895-1898.

바스커빌

Benett (W.), *John Baskerville, the Birmingham printer, his press, relations and friends*, Birmingham, 1931.

Benton (J. H.), *John Baskerville, typefounder and printer, 1706-1775*, Boston, 1914.

블라외

Baudet (P. J. H.), *Leven en Werken van W. Janszoon Blaeu*, Utrecht, 1871.

Stevenson (E. L.), *Willem Janszoon Blaeu*, New York, 1914.

보도니

Bertieri (R.), *L'Arte di Giambattista Bodoni, con una notizia biograpjica a cura di Giuseppe Fumagalli*, Milan, Bertieri et Vanzetti, 1913.

Brooks (H. C.), *Compendiosa bibliografia di edizioni Bodonianae*, Florence, 1927.

* Lama (G. de), *Vita del cav. Gio. Butt. Bodoni, tipografo italiano, e catalogo cronologico delle sue edizioni*, Parme, 1816, 2 vol.

기욤 브르통

* Wildenstein (G.), *L'Imprimeur Richard Breton et son inventaire après décès(1571)*, dans *Bibliothèque d'Humanisme et Renaissance*(1959), p. 364-379.

바르텔레미 뷔예

Perrat (C.), *Barthélemy Buyer et les débuts de l'imprimerie à Lyon*, dans *Bibliothèque d'Humanisme et Renaissance*, t. X(1935), p. 103-121, 349-387.

윌리엄 캑스턴

Plomer (H. R.), *William Caxton, 1424 1491*, Londres, 1925.

시몽 드 콜린

Renouard (P.), *Bibliographie des éditions de Simon de Colines, imprimeur-libraire à Paris, 1520-1546*, avec une notice biographoque, Paris, 1894.

질 코로제

Bouchereaux-Michel (S.), *Recherches bibliographiques sur Gilles Corrozet*, dans *Bulletin bibliographique*, mars 1948 à avril 1949.

____________________, *Les Beaux livres parisiens de Gilles Corrozet*, dans *De Gulden Passer*, 1950.

크라메

Voltaire, *Lettres inédites à son imprimeur Gabriel Cramer*[Éd. Bernard Gagnebin], Genève, 1922.

크라무아지

Martin (H. J.), *Un grand éditeur parisien au XVIIe siècle, Sébastien Cramoisy*, dans *Gutenberg-Jahrbuch*, 1957, p. 179-188.

데프레

Martin (H.J.), *Guillaume Desprez, libraire de Pascal et de Port-Royal*, dans *Fédération des sociétés historiques et archéologiques de Paris et de l'Ile-de-France. Mémoires*, 1952, p. 205-228.

디도

Feluson (L. de), *Les Didot*, dans *Arts et métiers graphiques*, 1929-1930, p. 779-789.

에티엔 돌레

Chassaigne (M.), *Étienne Dolet*, Paris, 1930.

Christie (R. G.), *Étienne Dolet*, Londres, 1899.

Febvre (L.), *Dolet propagateur de l'Évangile*, dans *Bibliothèque d'Humanisme et Renaissance*, t. VI(1945), p. 98–170.

시몬 뒤 부아

Clutton (G.), *Simon Du Bois of Paris and Alençon*, dans *Gutenberg Jahrbuch*, 1937, p. 124–130.

* Delarue (H.), *Les premiers imprimeurs de la Réforme du France: Simon Su Bois et Pierr de Vingle*, dans *Musée de Genève*, année 15(1958) n° 5, p. 1 suiv., n° 6 p. 1 suiv.

(앞서 언급된 *Aspects de la propagande religieuse*의 트리카르A. Tricard 논문도 참고.)

갈리오 뒤 프레

Connat-Jurgens (M.), *Galliot Du Pré et sa famille, documents inédits*, dans *Bibliothèque d'Humanisme et Renaissance*, 1944, t. IV, p. 427–435.

Delalain (P.), *Notice sur Galliot Du Pré, libraire parisien, de 1512 à 1560*, Paris, 1890.

엘제비어

Copinger (H. B.), *The Elzevier Press. A handlist of the production of the Elzevier press at Leyden, Amsterdam, the Hague and Utrecht with references to Willems*..., Londres, 1927.

Kleerkooper, *Danial Elzvier betrekkingen met Engeland*, dans *Tijdschrift voor boek en bibliotheekwezen*, 1910.

Willems (A.), *Les Elzevier*, Bruxelles, Paris, La Haye, 1880.

에스티엔

Renouard (A. A.), *Annales de l'imprimerie des Estienne*, 2e éd., Paris, 1843.

Tyler (A. E.), *Robert Estienne and his privileges, 1526-1550*, dans *The Library*, 5th. ser. V (1950), p. 225–237.

Armstrong (E.), *Robert Estienne, royal printer*..., Cambridge, 1954.

푸르니에

Warde (B.), sous le pseud, Paul Beaujon, *Pierre-Simon Fournier(1712-1768) and the XVIIIth century French typograpy*, Londres, 1926.

프랭클린

Adams (R. G.), *The Passport printed by Benjamin Franklin at hiss Passy Press*, Ann Arbor, 1925.

Eddy (G. S.), *A Work book of the printing house of Benjamin Franklin and David Hall, 1759-1766*, dans *New York Public library Bulletin*, 1950, p. 575-589.

Livingstione (L. S.), *Franklin and his press at Passy*, New York, 1914. In-8° .

Mcmurtrie (D. C.), *Benjamin Franklin type founder*, New York, 1925.

가라몽

* Warde (B.), sous le pseud. de Paul Beaujon, *The Garamond types*, dans *The Fleuron*, t, IV, 1926, p. 131-182.

엘로이 지비에

* Desgraves (L.), *Éloi Gibier, imprimeur à Orléans*, Genève et Paris, 1969.

그랑종

Dalbanne (C.), *Robert Granjon, imprimeur de musique*, dans *Gutenberg-Jahrbuch*, 1939, p. 226-232.

* Vervliet (H. D. L.), *Robert Granjon à Rome, 1578-1589, Notes préliminaires à une histoire de la typographie romaine à la fin du XVIe siècle*, Amsterdam, 1967.

볼프강 호필

Stein (H.), *Wolfgang Hopyl, imprimeur-libraire parisien du XVe siècle. Note sur son atelier typographique*, Fontainebleau, 1891.

________, *Nouveaux documents sur Wolfgang Hopyl, imprimeur à Paris*, dans *Le Bibliographe moderne*, 1905, p. 178–193.

위게탕

Von Biena (E.), *Les Huguetan de Mercur et de Vrijhœven*, La Haye, 1918.

궁중 인쇄소

Bernard (A.), *Hitoire de l'Imprimerie royale du Louvre*, Paris, 1867. In–8°.

Bibliothèque Nationale, *L'Art du levre à l'Imprimerie Nationale* (Catalogue de l'exposition), Paris, 1951.

드니 자노

Omont (H.), *Catalogue des éditons françaises de Denys Janot, libraire parisien(1529-1545)*, Paris, 1899.

코베르거

* Hase (O.), *Die Koberger, 3. Aufl*, Weisbaden, 1967.

르 베

* Carter (H.), *Sixteenth-century type founders: The Le Bé memorandum* (éd. H. Carter; préface de S. Morison), Paris, 1967.

Howe (E.), *The Le Bé family*, dans *Signature*, 8(1938).

한스 루프트

* Mejer (W.), *Der Buchdrucker Hans Luft zu Wittenberg*, Nieuwkop, 1965.

마외

Coyecque (E.), *La Librairie de Didier Maheu en 1520*, dans *Bulletin de la Société d'histoire de Paris et de l'Ile-de France*, t. XXI(1894), p. 197–205.

티에리 마르텐

Bergmann (P.), *Thierry Martens*, dans *Revue des Bibliothèques*, t. V(1895), p. 201-213.

시몬 밀랑주

Dast Le Vacher De Boisville, *Simon Millanges, imprimeur à Bordeaux de 1572 à 1623*, dans *Bulletin historique et philologique du Comité des travaux historiques et scientifiques*, 1896, p. 788-812.

Desgraves (Louis), *Bibliographie des ouvrages imprimés par Simon Millanges, 1572 à 1623*, Bordeaux, Société des bibliophiles de Guyenne, 1951(Extrait du *Bulletin de la Société des Bibliophiles de Guyenne*, n° 53sq.).

Loirette (G.), *Simon Millanges ou la profession de maître-imprimeur en 1598*, dans *Bulletin de la Société des Bibliophiles de Guyenne*, 1936, p. 177-185.

자크 모데른

* Pogue (S. F.), *Jacques Modern, Lyons music printers of the sixteenth century*, Genève, 1969.

페데리크 모렐

Dumoulin (J.), *Vie et mœurs de Fédéric Morel, imprimeur depuis 1577 jusqu'à 1583*, Paris, 1901.

노이마이스터

Charles-Bellet (L.), *Les deux séjours à Albi d'un compagnon de Gutenberg*, dans *Revue du Tarn*, nouvelle série n° 2(15 juin 1935), p. 81-91.

Claudin (A.), *Les Origines de l'Imprimerie à Albi, en Languedoc(1480-1484). Les pérégrinations de J. Neumeister, compagnon de Gutenberg, en Allemagne, en Italie et en France(1483-1484)*, Paris, 1880.

Haebler (K.), *Les Incunables d'Albi*, dans *Revue de Tarn*, nouvelle série, n° 2(15 juin 1935), p. 92-104(Trad. d'une étude parue dans *Beiträge zur Forschung, Studien aus dem Antiquariat*, Jacques Rosenthal, Neue Folge, Heft 2, Munich, 1929).

오포린

* Steinmann (M.), *J. Oporinus. Ein Basler Buchdrucker um die Mitte des XVI. Jahrhunderts*, Bâle, 1967.

미셸 파르망티에

Plattard (J.), *A l'Écu de Bâle*, dans *Revue du seizème siècle*, t. XIII(1926), p. 282-285.

장 프티

Renouard (P.), *Quelques documents sur les Petit, libraires parisiens et leur famille(XVe et XVIe siècles)*, dans *Bulletin de la Société de l'histoire de Paris et de l'Ile-de-Frnace*, t. XXIII(1896), p. 133-153.

플랑탱-모레투스

Plantin (C.), *Correspondance*, éd. J. Denucé. Anvers, 1914-1918, 5 vol.

Rooses (M.), *Christophe Plantin*, 2e éd. Anvers, 1892.

Ruelens (C.) et De Backer (A.), *Annales plantiniennes*, Paris, 1866.

Sabbe (M.), *L'œuvre de Christophe Plantin et de ses successeurs*, Bruxelles, *Notre temps*, 1937.

* Voet (L.), *The Golden compasses. The history of the house of Plantin-Moretus*, Amsterdam, Londres, New York, 1969, 2 vol.

플랑탱 모레투스 관련 고문서 자료는 다음을 참고하라.

Denucé (J.), *Inventaris op het Plantinus archief. Inventaire des Archives plantiniennes*, Anvers, 1926.

에르하르트 라트돌트

Redgrave (G. G.), *Erhard Ratdolt and his works at Venice*, Londres, 1894.

마르크 미셸 레이

Rousseau (J.-J.), *Lettres inédites de Jean-Jacques Rousseau à Marc-Michel Rey*(Éd. J. Bosscha), Amsterdam, Paris, 1858.

쇠퍼

Lehmann-Haupt (H.), *Peter Schöffer of Gernsheim and Mainz*, Rochester-New York, 1950.

토레사니 디 아솔라

Bernoni (D.), *Dei Torresani, Blado e Ragazzoni*, Milan, 1890.

토리

Bernard (A.), *Geoffroy Tory*, Paris, 1865.

Tory (G.), *Champ fleury*. Paris, 1931(Reproduction phototypique. Avant-propos de Gustave Cohen).

투른

Cartier (A.), Audin (M.) et Vial (E.), *Bibliographie des éditions de Tournes*, Paris, 1937.

앙투안 베라르

Macfarlane (John), *Antoine Vérard, libraire parisien*, Londres, 1899.

베르뒤센

Briefwisseling van de Gebroeders Verdussen, 1669-1672, uitgeven door Dr. Maurits Sabbe, Anvers, La Haye, 1936, 2 vol.

피에르 드 뱅글

Delarue (H.), *Olivétan et Pierre de Vingle à Genève, 1532-1533*, dans *Bibliothèque d'humanisme et Renaissance*, VIII(1946), p. 105-118.

Voir aussi : *Du Bois(Simon)*.

바에스베르게

Ledeboer (A.), *Het Gelacht van Waesberghe*, 2e éd. La Haye, 1869.

베셀

Élie (H.), *Chrétien Wechel, imprimeur à Paris*, dans *Gutenberg-Jahrbuch*, 1954, p. 181-197.

바이센브뤼흐

Bouillon. *Musée ducal. Le Journal encyclopédique et la Société typographique. Exposition en hommage à Pierre Rousseau(1716-1785) et Charles-Auguste de Weissenbruch(1744-1826)*, Bouillon, 1955.

| 찾아보기 |

ㄴ

ㄷ

ㄹ

ㅁ

ㅂ

ㅅ

ㅇ

ㅈ

ㅊ

ㅋ

ㅌ

ㅍ

ㅎ

옮긴이 소개

강주헌 한국외국어대학교 프랑스어과를 졸업하고 같은 학교에서 석·박사학위를 받은 뒤 프랑스 브장송 대학교에서 수학했다. 한국외국어대학교와 건국대학교 등에서 강의했고, 현재 전문 번역가로 활동하면서 '펍헙 번역 그룹'을 통해 후진 양성에도 힘쓰고 있다. 2003년 '올해의 출판인 특별상'을 수상했다. 지은 책으로는 『기획에는 국경도 없다』, 『편집자로 산다는 것』(공저) 등이 있고, 옮긴 책으로는 『지중해의 기억』, 『책 읽는 사람들』, 『밤의 도서관』, 『유럽사 산책』, 『촘스키처럼 생각하는 법』, 『권력에 맞선 이성』, 『지식인의 책무』, 『어제까지의 세계』, 『20세기의 셔츠』, 『컬처 쇼크』, 『습관의 힘』, 『슬럼독 밀리어네어』 등 400여 권이 있다.

배영란 한국외국어대학교 통번역대학원에서 순차 통역 및 번역 석사학위를 받았고, 현재 전문 번역가로 활동 중이다. 옮긴 책으로는 『미래를 심는 사람』, 『내 감정 사용법』, 『인간이란 무엇인가』, 『여자 남자 차이의 구축』, 『우리 안의 돼지』, 『실수 없이 제대로 사랑할 수 있을까』, 『불온한 생태학』, 『피에르 라비의 자발적 소박함』 등이 있으며, 『르몽드 디플로마티크』 한국어판 번역에도 참여하고 있다.

책의 탄생
책은 어떻게 지식의 혁명과 사상의 전파를 이끌었는가

뤼시앵 페브르·앙리 장 마르탱 지음 | 강주헌·배영란 옮김

2014년 2월 17일 초판 1쇄 발행
2021년 6월 21일 초판 3쇄 발행

펴낸이 한철희 | 펴낸곳 돌베개 | 등록 1979년 8월 25일 제406-2003-000018호
주소 (10881) 경기도 파주시 회동길 77-20 (문발동)
전화 (031) 955-5020 | 팩스 (031) 955-5050
홈페이지 www.dolbegae.co.kr | 전자우편 book@dolbegae.co.kr
블로그 blog.naver.com/imdol79 | 트위터 @Dolbegae79 | 페이스북 /dolbegae

책임편집 소은주
표지디자인 민진기 | 본문디자인 이선희·이은정·이연경
마케팅 심찬식·고운성·조원형 | 제작·관리 윤국중·이수민
인쇄·제본 영신사

ISBN 978-89-7199-585-3 (93920)

이 도서의 국립중앙도서관 출판시도서목록(CIP)은 e-CIP홈페이지(http://www.nl.go.kr/ecip)에서 이용하실 수 있습니다.(CIP제어번호: CIP2014003034)

책값은 뒤표지에 있습니다.

* 저작권자와 연락이 닿지 않은 일부 컬러 도판은 확인되는 대로 통상의 사용료를 지불하겠습니다.